시대에듀# 자격증은 합격콘텐츠가 팡팡!
2주 합격 프로젝트

1 전강 무료 저자 직강

- 과목별 빈출개념 핵심 특강
- 과목별 대표기출 40제 전 문제풀이

유튜브(YouTube)
검색 [에프에이스포츠]

2 합격선 UP! PDF 학습자료

- 빈출형광펜 모음.zip
- 최근 5개년(2024~2020년) 기출문제+해설

로그인 ⊙ 도서업데이트 ⊙
제목 검색 [스포츠지도사 2급 필기 2주 합격]

3 D-30 합격 온라인스터디

필기시험 한 달 전, 유튜브 합격 온라인스터디 진행
교재 수록 모의고사 3회 전 문제풀이

유튜브(YouTube)
검색 [에프에이스포츠]

2주 합격 프로젝트
스포츠지도사 교수진

집 필

김종걸

학력
- 한국체육대학교 대학원 스포츠의학 석사
- 한국체육대학원 체육학 박사
- 홍익대학교 광고홍보학 박사
- 동국대학교 법학 박사
- 경기대학교 경호안전학 박사

경력
- 세한대학교 스포츠의학과 겸임교수
- (주)에프에이스포츠 대표이사
- 대한체육회 디지털혁신위원회 위원
- 체대입시학원협회 회장
- 대한MBT연맹 부회장
- 한국스포츠학회 부회장

신승아

학력
- 한양대학교 체육학 학사
- 국민대학교 대학원 체육학 석사
- 국민대학교 대학원 체육학 박사

경력
- 한국외국어대학교 특임강의교수
- 국민대학교 학술연구교수
- 한국스포츠학회 상임이사
- (前)세한대학교 스포츠레저산업학과 조교수
- (前)국민체육진흥공단 체육진흥기금지원사업 성과평가위원
- (前)한국체육대학교 외래교수
- (前)한국스포츠과학원 초빙연구원

전기제

학력
- 국민대학교 체육학 학사
- 국민대학교 대학원 체육학 석사
- 국민대학교 대학원 체육학 박사

경력
- 국민대학교 학술연구교수
- Gym90 서울시청점 대표
- (前)신안산대학교 겸임교수
- (前)공군사관학교 항공체육처 조교수
- 서울시검도회 경기력강화위원

최광휘

학력
- 한국체육대학교 체육학 학사
- 한국체육대학교 체육학 석사
- 한국체육대학교 체육학 박사 수료

경력
- 한국인재개발원 강사(유아체육, 체형교정, 스포츠마사지)
- 대한장애인사격연맹
- 대한장애인배드민턴 의무트레이너
- 코드엠트레이닝 대표

감 수

#나의 합격증 미리 채우기

스포츠지도사 자격증

성　　명 :
생년월일 :
자격종목 :

「국민체육진흥법 시행령」 및 같은 법 시행규칙에 따라
위와 같이 스포츠지도사 자격이 있음을 증명합니다.

자격취득일 : 2026년　　월　　일
발　급　일 : 2026년　　월　　일

문화체육관광부

#파이팅 #나의각오

스포츠지도사 2주 합격 프로젝트 선택의 이유

스포츠지도사 Special! 과목 탐색&선택 가이드
- ☑ 최근 3개년 기출 전 문항 분석
- ☑ 기출문제로 알아보는 과목 선택 — 미니테스트

1. 알 것만 잘 골라 딱 알려주는 깔끔한 핵심 개념

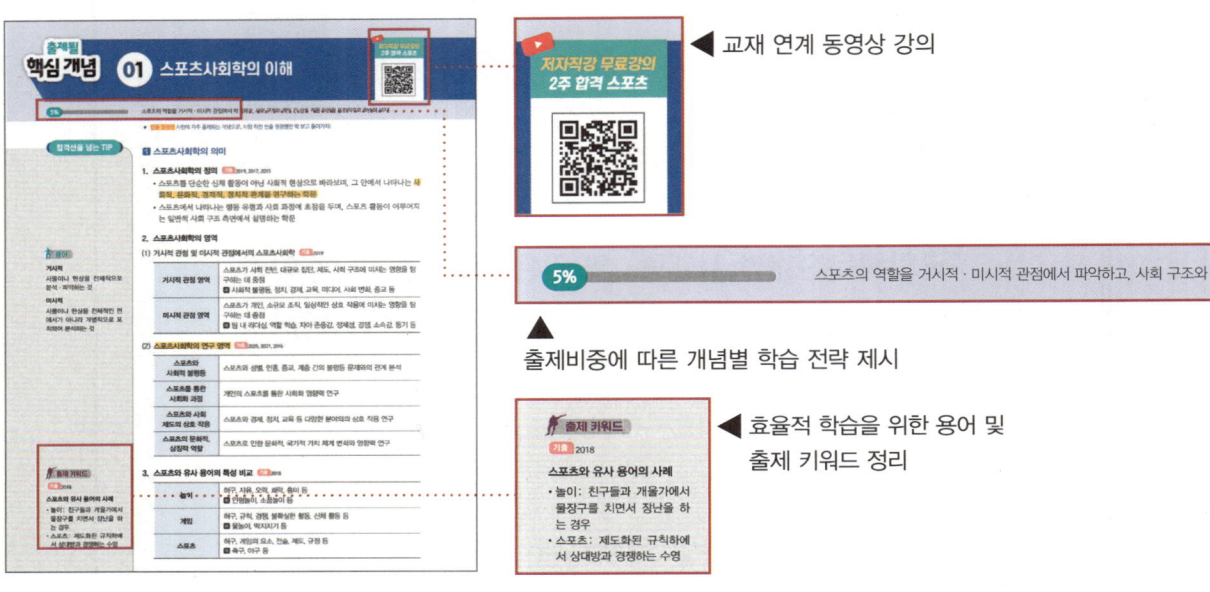

- ◀ 교재 연계 동영상 강의
- ▲ 출제비중에 따른 개념별 학습 전략 제시
- ◀ 효율적 학습을 위한 용어 및 출제 키워드 정리

2. 개념복습과 실력점검 효과를 동시에! 기출지문 OX

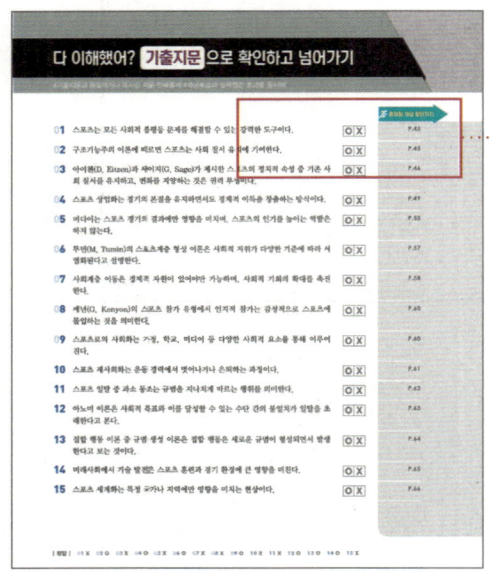

▲ 기출지문 OX 학습을 통한 스포츠지도사 필기시험 반복 출제 개념의 효과적 점검 및 대비

3. 기출문제가 최고의 예상문제! 과락 없이 안정권 합격을 위한 **필수 기출**

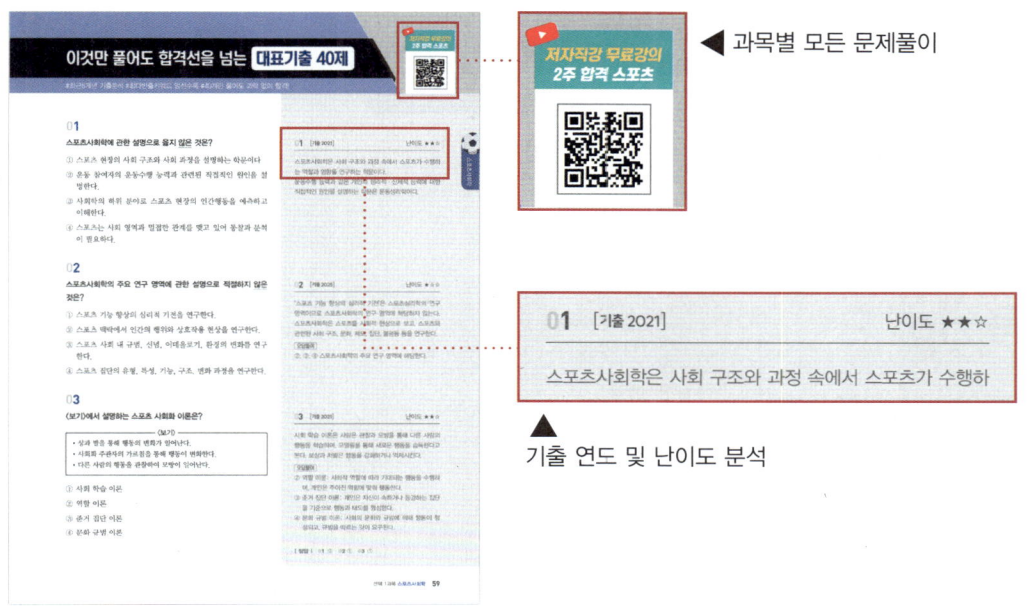

◀ 과목별 모든 문제풀이

▲ 기출 연도 및 난이도 분석

4. 실전 대비 최종점검! 모의고사 3회와 2025년 필기 기출문제

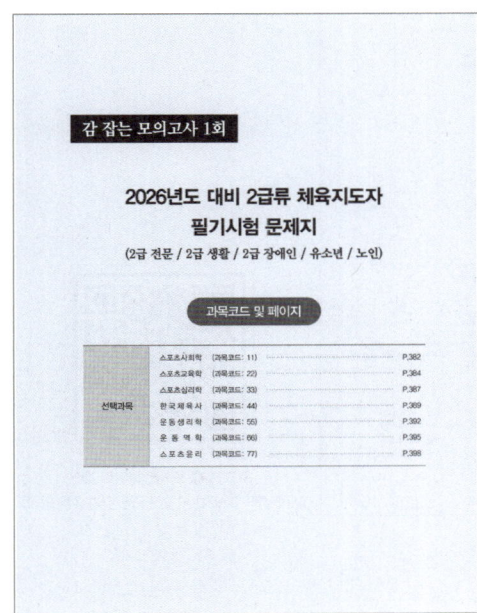
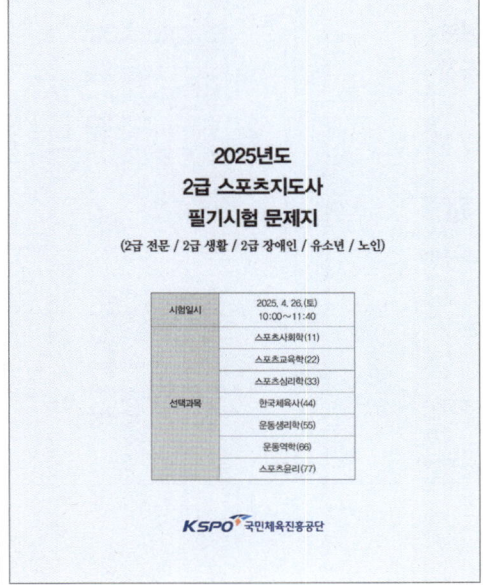

스포츠지도사 2주 합격 프로젝트 선택의 이유

5. 어디서든 틈틈이 외우자! 빈출형광펜 모음.zip

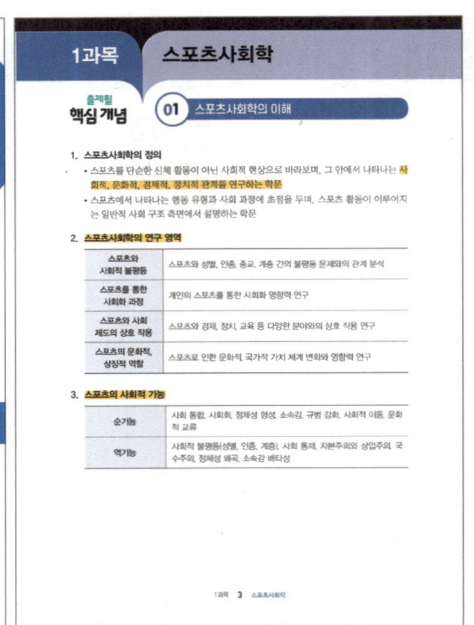

로그인 ◑ 도서업데이트 ◑
제목 검색 [스포츠지도사 2급 필기 2주 합격]

6. 합격에 부족함은 없다! 2024~2020년 기출문제 PDF 제공

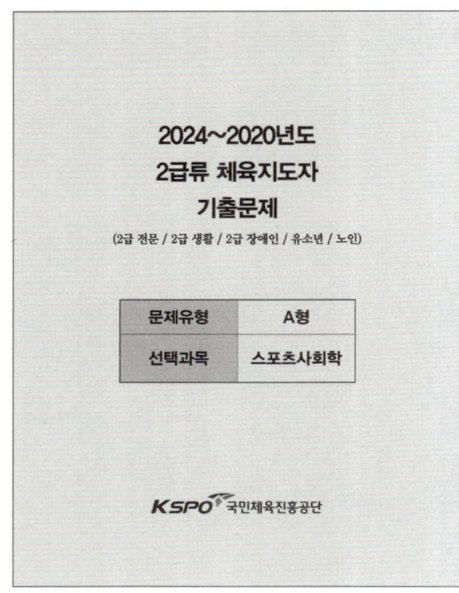
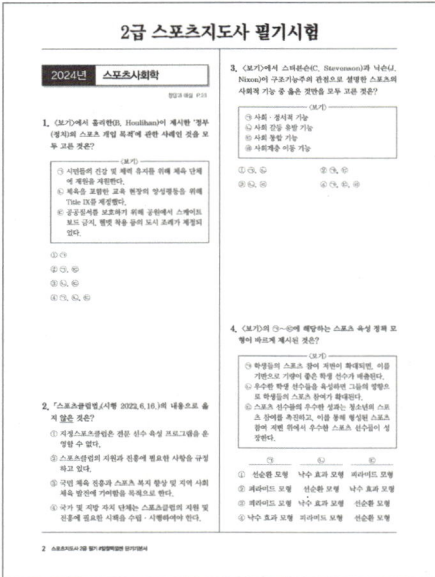

로그인 ◑ 도서업데이트 ◑
제목 검색 [스포츠지도사 2급 필기 2주 합격]

Feel Good~!

스포츠지도사 2주 합격 프로젝트 Special!
과목 탐색&선택 가이드

기출문제로 알아보는 과목 선택 미니테스트
최근 3개년 기출 전 문항 분석

기출문제로 알아보는 과목 선택 미니테스트

#기출문제를 통해 나에게 잘 맞는 과목 확인 #본격 학습 전 강점 파악 #자신 있는 과목으로 학습 시작

※ 2016년도(미니테스트용으로 적합한 난이도) 2급 전문/2급 생활/2급 장애인/노인/유소년 필기시험 문제 중 일부를 재구성하였습니다.

1. 스포츠사회학을 적용한 연구 사례로 옳지 않은 것은?

① 종교가 스포츠 보급에 미치는 영향을 분석하였다.
② 운동선수들의 은퇴 후 사회 적응 과정을 분석하였다.
③ 스포츠 활동과 생활 만족도 간의 관계를 연구하였다.
④ 걷기의 운동량이 다이어트에 효과가 있는지를 규명하였다.

2. 스포츠계층의 특성에 대한 설명으로 옳은 것은?

① 보편성: 스포츠계층은 사회적 상황에 따라 다르게 형성된다.
② 고래성: 스포츠계층은 역사발전 과정을 거치며 변천해 왔다.
③ 경쟁성: 스포츠계층은 사회계층을 반영한다.
④ 다양성: 스포츠계층은 모든 국가와 사회에 존재한다.

3. 거트만(A. Guttmann)의 근대 스포츠 특성에 관한 설명으로 옳지 않은 것은?

① 수량화: 시간, 거리, 점수 등 측정 가능한 숫자로 표현한다.
② 합리화: 자산, 지위, 계층과 관계없이 동일한 종목에 참여한다.
③ 전문화: 포지션의 분화와 리그의 세분화를 촉진한다.
④ 관료화: 규칙을 제정하고 경기를 조직적으로 운영한다.

4. 스포츠에서의 사회계층에 관한 설명으로 옳지 않은 것은?

① 스포츠라는 사회 체계 내에서 계층이 형성되는 것을 의미한다.
② 스포츠는 상이한 계층 간의 사회적 상호 작용을 가능하게 한다.
③ 사회계층은 선호하는 스포츠 종목에 영향을 미친다.
④ 사회적 지위가 높을수록 일차적 관람보다 이차적 관람을 선호하는 경향이 있다.

5. 스포츠일탈에 관한 설명으로 옳지 않은 것은?

① 페어플레이 정신과 스포츠맨십에 위반되는 행동이다.
② 스포츠 참가자의 사회화에 부정적인 영향을 미칠 수 있다.
③ 부정적 일탈은 규범 지향적이고, 긍정적 일탈은 반규범 지향적이다.
④ 시간, 장소, 사회적 상황, 평가하는 사람에 따라 다양하게 평가된다.

6. 〈보기〉에서 설명하는 현상은?

〈보기〉
• 외국 선수의 국내 유입과 자국 선수의 해외 진출이 자유롭게 이루어지고 있다.
• 나이키와 아디다스 같은 스포츠 기업이 다국적 기업으로 성장하고 있다.
• 태권도가 올림픽 정식 종목으로 채택되면서 많은 국가에 보급되고 있다.

① 스포츠의 세계화　② 스포츠의 전문화
③ 스포츠의 평등화　④ 스포츠의 세속화

스포츠사회학

7. 역대 올림픽 경기에서 정치가 영향을 미친 사례에 대한 설명으로 옳지 <u>않은</u> 것은?

① 베를린 올림픽(1936년): 히틀러 정부는 나치의 민족우월주의를 선전하였다.
② 뮌헨 올림픽(1972년): 팔레스타인 테러리스트들은 이스라엘 선수들을 살해하였다.
③ 모스크바 올림픽(1980년): 미국은 구소련의 아프가니스탄 침공에 항의하며 불참하였다.
④ LA 올림픽(1984년): 동유럽권 국가들은 구소련의 헝가리 침공에 항의하며 불참하였다.

8. 프로 스포츠의 역기능이 <u>아닌</u> 것은?

① 우수 선수의 스카우트 경쟁 심화
② 국민들의 사행심 감소
③ 스포츠의 물질만능주의 확대
④ 인기 종목과 비인기 종목의 불균형 초래

9. <보기>에서 괄호 안에 적합한 용어는?

<보기>
( )이란 스포츠라는 특정 사회 제도 내에서 개인의 사회적, 문화적, 생물학적 특성에 따라 권력, 부, 사회적 평가, 심리적 만족 등이 특정 집단이나 개인 및 종목에 차별적으로 배분되어 상호 서열의 위계적 체계를 의미한다.

① 스포츠집단
② 스포츠조직
③ 스포츠계층
④ 스포츠경쟁

10. 미래사회의 스포츠 변화에 대한 예측으로 옳지 <u>않은</u> 것은?

① 용품, 장비, 시설 등 스포츠 환경이 더욱 개선될 것이다.
② 전자 매체의 발달로 관람 스포츠의 형태가 변화될 것이다.
③ 새로운 형태의 스포츠가 지속적으로 생겨날 것이다.
④ 소비 성향의 변화에 따라 노인의 스포츠 참여율은 감소될 것이다.

| 정답 | 1④ 2② 3② 4④ 5③ 6① 7④ 8② 9③ 10④

기출문제로 알아보는 과목 선택 미니테스트

#기출문제를 통해 나에게 잘 맞는 과목 확인 #본격 학습 전 강점 파악 #자신 있는 과목으로 학습 시작

※ 2016년도(미니테스트용으로 적합한 난이도) 2급 전문/2급 생활/2급 장애인/노인/유소년 필기시험 문제 중 일부를 재구성하였습니다.

1. 〈보기〉의 내용을 포함하고 있는 정책은?

〈보기〉
- '언제나' 향유할 수 있는 참여 기회 제공
- '어디서나' 이용 가능한 시설 제공
- 세대와 문화를 넘어 '함께' 참여하는 생활체육

① 스포츠 7330
② 스포츠비전 2018
③ 스마일 100
④ 신체활동 7560⁺

2. 스포츠교육학에 관한 설명으로 옳지 않은 것은?

① 학교체육, 생활체육, 전문체육을 모두 포괄한다.
② 체육 교육과정, 체육 수업, 체육 교사 교육 등을 연구 영역으로 한다.
③ 체육 학문화 운동으로 스포츠교육학은 1940년 대에 학문적으로 체계화되었다.
④ 교육적 관점에서 모든 연령층의 신체 활동을 다룬다.

3. 〈보기〉에서 설명하는 교수법은?

〈보기〉
참여자는 체육지도자가 묻는 질문에 대답하면서 한 가지 개념적 아이디어를 찾아낸다.

① 지시형
② 자기 점검형
③ 연습형
④ 유도 발견형

4. 생활체육 분야에서 체육 지도자의 자질 및 역할로 옳지 않은 것은?

① 다양한 연령층을 대상으로 하는 프로그램을 구성하고 지도한다.
② 사회·문화적 책임감을 갖고 스포츠 활동을 지도한다.
③ 참여자가 지속적으로 스포츠 활동에 참여하도록 안내한다.
④ 운동 기능을 지도하는 데 필요한 이론적 지식은 갖추지 않아도 무방하다.

5. 〈보기〉에서 설명하고 있는 지식은?

〈보기〉
체육 지도자가 유소년에게 농구 기본 기술을 지도하는 방법에 대한 지식

① 교육과정 지식
② 교육 환경 지식
③ 내용 교수법 지식
④ 내용 지식

6. 체육 지도자가 학교 스포츠 클럽 지도를 계획할 때 고려해야 할 요소가 아닌 것은?

① 학생의 흥미보다는 지도자 자신의 흥미 고려
② 학생의 운동 경험에 따른 자발적 참여 유도
③ 다양한 활동 시간을 고려하여 운영
④ 스포츠와 관련된 문화 체험 기회 제공

스포츠교육학

7. <보기>에서 박 코치가 태호에게 제시하고 있는 피드백 방식은?

―<보기>―

박 코치: "태호야. 테니스 서브를 할 때, 베이스라인을 밟았네. 다음부터는 라인을 밟지 않도록 해라."
태 호: "네, 그렇게 하겠습니다."

① 교정적 피드백
② 부정적 피드백
③ 긍정적 피드백
④ 가치적 피드백

8. 협동 학습 모형이 추구하는 지도 목표가 아닌 것은?

① 긍정적인 팀 관계 격려
② 상호 작용을 기반으로 개인의 책임감 증진
③ 팀 내 개인 간 경쟁 도모
④ 자아 존중감 개발

9. <보기>에서 제시하고 있는 포괄형 스타일의 특징은?

―<보기>―

• 유 코치는 높이뛰기를 지도하기 위해서 바(bar)의 높이를 110cm, 130cm, 150cm로 준비하였다.
• 참여자들은 자신의 수준에 적합한 바의 높이를 선택하였다.

① 지도자가 참여자의 출발점을 결정한다.
② 과제 수행 능력에 대한 개인의 차이를 인정한다.
③ 모든 참여자가 동일한 수준의 과제를 수행한다.
④ 지도자는 참여자가 선택한 수준에 대해 가치가 담긴 피드백을 제공한다.

10. 「학교체육진흥법」에 따른 학교체육 진흥의 조치에서 학생의 체력 증진과 체육 활동 활성화 방안에 포함되지 않는 것은?

① 장애 학생의 체육 활동 활성화
② 여학생의 체육 활동 활성화
③ 우수 선수의 발굴 및 지원
④ 체육 수업의 질 제고

|정답| 1③ 2③ 3④ 4④ 5③ 6① 7① 8③ 9② 10③

기출문제로 알아보는 과목 선택 미니테스트

#기출문제를 통해 나에게 잘 맞는 과목 확인 #본격 학습 전 강점 파악 #자신 있는 과목으로 학습 시작

※ 2016년도(미니테스트용으로 적합한 난이도) 2급 전문/2급 생활/2급 장애인/노인/유소년 필기시험 문제 중 일부를 재구성하였습니다.

1. 광의의 스포츠심리학 하위 학문 영역으로 옳지 않은 것은?

① 운동발달
② 운동학습
③ 운동제어
④ 운동처방

2. 팀 응집력 요구 수준이 가장 높은 스포츠 종목은?

① 축구
② 양궁
③ 스키
④ 사격

3. 운동학습의 개념에 대한 설명으로 옳지 않은 것은?

① 운동학습은 연습과 경험에 의해서 나타난다.
② 운동학습 과정은 직접적으로 관찰할 수 없다.
③ 운동학습은 비교적 영구적인 변화를 유도하는 내적 과정이다.
④ 운동학습은 성숙이나 동기에 의한 일시적 수행 변화를 말한다.

4. 운동실천에 영향을 주는 요인에 대한 설명으로 옳지 않은 것은?

① 운동 시설 근접성이 좋을수록 운동 참여율이 높아진다.
② 지도자의 지도 방식은 운동실천에 영향을 주지 않는다.
③ 운동 참여의 즐거움이 클수록 운동 참여율이 높아진다.
④ 가족, 친구, 동료의 사회적 지지는 운동실천에 영향을 준다.

5. 〈보기〉의 불안과 운동수행 간의 관계를 설명하는 이론은?

―〈보기〉―
인지불안이 높아지면, 생리적 각성이 증가함에 따라 운동수행도 점차 증가하지만 적정 수준을 넘어서면 수행의 급격한 추락 현상이 발생한다.

① 추동 이론
② 역U 이론
③ 카타스트로피(격변) 이론
④ 심리 에너지 이론

6. 〈보기〉에서 설명하는 자결성 이론의 규제 유형은?

―〈보기〉―
외적 보상을 받으려는 욕구가 활동의 원동력이며, 외적 보상을 얻기 위해 스포츠 활동에 참여한다.

① 무규제
② 외적 규제
③ 부적 규제
④ 내적 규제

스포츠심리학

7. 연습 시간이 휴식 시간보다 상대적으로 긴 연습 방법은?

① 집중 연습
② 분산 연습
③ 구획 연습
④ 무선 연습

8. 번스타인(N. Bernstein)의 운동학습 단계를 바르게 연결한 것은?

① 협응 단계-제어 단계
② 인지 단계-연합 단계-자동화 단계
③ 움직임 개념 습득 단계-고정화 및 다양화 단계
④ 자유도의 고정 단계-자유도의 풀림 단계-반작용의 활용 단계

9. <보기>의 괄호 안에 들어갈 용어는?

―〈보기〉―
(   )은/는 모든 감각을 활용하여 과거의 성공 경험을 회상하거나 미래의 성공적 운동수행을 마음속으로 상상함으로써 자신감을 향상시키고 집중력을 높인다.

① 심상
② 목표 설정
③ 인지적 재구성
④ 체계적 둔감화

10. <보기>의 괄호 안에 들어갈 용어는?

―〈보기〉―
운동기술의 요소와 처리 과정이 유사하여 과거의 학습이 새로운 학습에 도움이 되는 것을 (   )(이)라고 한다.

① 부호화
② 정적 전이
③ 파지
④ 표상

| 정답 | 1④ 2① 3④ 4② 5③ 6② 7① 8④ 9① 10②

※과목 맛보기용으로 정답만 제공합니다.

기출문제로 알아보는 과목 선택 미니테스트

#기출문제를 통해 나에게 잘 맞는 과목 확인 #본격 학습 전 강점 파악 #자신 있는 과목으로 학습 시작

※ 2016년도(미니테스트용으로 적합한 난이도) 2급 전문/2급 생활/2급 장애인/노인/유소년 필기시험 문제 중 일부를 재구성하였습니다.

1. 체육사의 연구 내용에 대한 설명으로 옳지 <u>않은</u> 것은?

① 스포츠를 통해 시대별로 파생된 여러 문화 현상을 다룬다.
② 스포츠 경쟁의 도덕적 조건과 가치 있는 승리의 의미를 다룬다.
③ 스포츠의 기원 또는 발달 과정을 다룬다.
④ 스포츠 종목의 발생 원인 및 조건을 다룬다.

2. 〈보기〉에서 설명하고 있는 부족국가 시대의 민속 스포츠는?

〈보기〉
- 여러 사람이 모여 즐기던 놀이 중 하나로 지금까지 행해지고 있다.
- 저포라는 용어로 지칭되었다.
- 다섯 개(현재 4개)의 나무막대기를 이용하여 승부를 겨루는 놀이이다.

① 윷놀이
② 투호
③ 추천
④ 수박

3. 신라 화랑도의 세속오계(世俗五戒)에 해당하는 것은?

① 부자유친(父子有親)
② 사군이충(事君以忠)
③ 장유유서(長幼有序)
④ 붕우유신(朋友有信)

4. 〈보기〉의 괄호 안에 들어갈 용어는?

〈보기〉
삼국시대에는 오늘날 체육의 한 유형인 각종 무예 교육이 시행되었다. 고구려의 대표적인 무예는 (㉠)과 궁술이다. 평민층 교육 기관인 경당의 주된 교육 내용은 경서암송과 (㉡)이다.

① ㉠ 기마술, ㉡ 궁술
② ㉠ 기창, ㉡ 수박
③ ㉠ 기창, ㉡ 축국
④ ㉠ 기마술, ㉡ 방응

5. 삼국시대에 시행된 민속 스포츠에 대한 설명으로 옳은 것은?

① 격구: 돌팔매질을 하여 승부를 겨룬다.
② 축국: 매를 길들여 사냥한다.
③ 각저: 두 사람이 맞잡고 힘을 겨룬다.
④ 방응: 막대기로 공을 쳐서 상대편의 문에 넣는다.

6. 〈보기〉의 괄호 안에 들어갈 용어는?

〈보기〉
신라 화랑은 야외 활동을 통해서 호연지기를 함양하고, (㉠)에 대한 신성함과 존엄성을 교육받았다. 이를 (㉡)이라고 한다.

① ㉠ 편력, ㉡ 신체미 숭배 사상
② ㉠ 풍류, ㉡ 심신일체론 사상
③ ㉠ 국선, ㉡ 세속오계 사상
④ ㉠ 국토, ㉡ 불국토 사상

한국체육사

7. 고려시대의 대표적인 국립 교육 기관으로 7재에 강예재를 두어 무예를 실시하였던 기관은?

① 국자감
② 서당
③ 서원
④ 성균관

8. 고려시대의 석전에 대한 성격으로 옳지 <u>않은</u> 것은?

① 세시풍속의 민속 스포츠이다.
② 군사 훈련으로 활용되었다.
③ 관람 스포츠의 형태를 지니기도 했다.
④ 심신 단련 체조법이다.

9. 임진왜란 이후 조선에서 무예를 체계화하고 발전시키기 위해 편찬된 무예 서적이 <u>아닌</u> 것은?

① 기효신서
② 무예제보
③ 무예신보
④ 무예도보통지

10. 조선시대의 활쏘기에 대한 설명으로 옳지 <u>않은</u> 것은?

① 군사 훈련의 수단으로 활용되었다.
② 심신 수련의 중요한 교육 활동으로 인식되었다.
③ 유·불·선 사상을 토대로 한 행동 양식이었다.
④ 무과 시험에서 인재를 선발하는 실기 과목이었다.

| 정답 | 1② 2① 3② 4① 5③ 6④ 7① 8④ 9① 10③

※과목 맛보기용으로 정답만 제공합니다.

기출문제로 알아보는 과목 선택 미니테스트

#기출문제를 통해 나에게 잘 맞는 과목 확인 #본격 학습 전 강점 파악 #자신 있는 과목으로 학습 시작

※ 2016년도(미니테스트용으로 적합한 난이도) 2급 전문/2급 생활/2급 장애인/노인/유소년 필기시험 문제 중 일부를 재구성하였습니다.

1. 운동기술 관련 체력(skill-related fitness) 요소가 **아닌** 것은?

① 민첩성　　② 순발력
③ 신체조성　④ 스피드

2. <보기>에서 괄호에 들어갈 명칭은?

<보기>
미국 운동생리학의 역사는 1920년대 호흡생리학의 권위자인 핸더슨(L. Henderson)이 설립한 (　　)에서 시작되었으며, 이곳에서 최대 산소 섭취량과 산소 부채, 탄수화물과 지방 대사, 환경생리학, 임상생리학, 노화, 혈액 및 체력 등 여러 분야의 연구가 수행되었다.

① 하버드피로연구소(Harvard Fatigue Lab.)
② 아우구스트크로그연구소(August Krogh Lab.)
③ 크리스티안보어연구소(Christian Bohr Lab.)
④ 카롤린스카연구소(Karolinska Institute)

3. 혈압을 상승시키는 요인이 **아닌** 것은?

① 혈액량 증가
② 혈관 저항 증가
③ 혈관 탄성 증가
④ 1회 박출량 증가

4. 안정 시 폐용적과 폐용량의 개념에 대한 설명으로 옳지 **않은** 것은?

① 1회 호흡량(Tidal Volume): 안정 시 호기 후 최대 흡기량
② 기능적 잔기량(Functional Residual Capacity): 안정 시 호기 후 폐의 잔기량
③ 폐활량(Vital Capacity): 최대 흡기 후 최대 호기량
④ 총폐용적(Total Lung Capacity): 최대 흡기 시 폐내 총 가스량

5. <보기>에서 에너지 공급 시스템에 관한 옳은 설명만으로 묶인 것은?

<보기>
㉠ 유산소 대사는 주 에너지 공급원으로 글루코스 외에도 유리 지방산이 많이 이용되며 장시간의 운동을 수행할 때 주로 사용된다.
㉡ 유산소 대사는 미토콘드리아에서 크렙스회로(Krebscycle)와 전자 전달계(Electron Transport Chain)를 통해 이루어진다.
㉢ ATP-PCr 시스템은 빠르게 에너지를 공급하며, 마라톤과 같은 장시간 지속되는 운동의 주 에너지 시스템이다.
㉣ 피루브산은 무산소성 해당 과정에서 생성되는 물질이다.

① ㉠, ㉡, ㉢　　② ㉡, ㉢, ㉣
③ ㉠, ㉢, ㉣　　④ ㉠, ㉡, ㉣

6. 주 에너지 공급 시스템이 **다른** 종목은?

① 100m 달리기　　② 800m 수영
③ 다이빙　　　　　④ 역도

운동생리학

7. 〈보기〉에서 괄호에 들어갈 용어로 바르게 묶인 것은?

―〈보기〉―
체내의 대사과정(metabolism)은 물질을 합성하여 에너지를 저장하는 (㉠)과 물질을 분해하여 에너지를 소비하는 (㉡)으로 구분된다.

① ㉠ 화학 작용, ㉡ 물리 작용
② ㉠ 물리 작용, ㉡ 화학 작용
③ ㉠ 동화 작용, ㉡ 이화 작용
④ ㉠ 이화 작용, ㉡ 동화 작용

8. 신경 세포에서 전기적 신호 전달 순서로 옳은 것은?

① 신경 자극 → 수상 돌기 → 세포체 → 축삭 → 축삭 종말
② 신경 자극 → 세포체 → 수상 돌기 → 축삭 → 축삭 종말
③ 신경 자극 → 축삭 → 세포체 → 수상 돌기 → 축삭 종말
④ 신경 자극 → 수상 돌기 → 축삭 → 세포체 → 축삭 종말

9. 뇌(brain)에서 〈보기〉의 기능을 모두 가진 영역은?

―〈보기〉―
㉠ 골격근 기능의 조절
㉡ 근 긴장 유지
㉢ 심혈관계와 호흡계의 기능 조절
㉣ 의식 상태의 결정(각성과 수면)

① 사이뇌(간뇌, diencephalon)
② 소뇌(cerebellum)
③ 바닥핵(기저핵, basal ganglia)
④ 뇌줄기(뇌간, brainstem)

10. 근섬유의 구조와 기능에 대한 설명으로 옳지 않은 것은?

① 근형질세망(sarcoplasmic reticulum): 칼슘 저장
② 가로세관(transverse-tubule): 산·염기 평형 유지
③ 근형질(sarcoplasm): 글리코겐과 미오글로빈 저장
④ 근초(sarcolemma): 뼈에 부착된 건과 융합

기출문제로 알아보는 과목 선택 미니테스트

#기출문제를 통해 나에게 잘 맞는 과목 확인 #본격 학습 전 강점 파악 #자신 있는 과목으로 학습 시작

※ 2016년도(미니테스트용으로 적합한 난이도) 2급 전문/2급 생활/2급 장애인/노인/유소년 필기시험 문제 중 일부를 재구성하였습니다.

1. 학문 영역에 대한 설명으로 옳지 않은 것은?
① 정역학(Statics): 인체측정학적 요인을 연구하는 학문
② 동역학(Dynamics): 가속에 영향을 받는 시스템을 연구하는 학문
③ 운동학(Kinematics): 공간이나 시간을 고려하여 움직임을 기술하는 학문
④ 운동역학(Kinetics): 힘의 작용을 연구하는 학문

2. 운동역학의 주요 연구 목적에 포함되지 않는 것은?
① 경기력 및 운동기술의 향상
② 스포츠 현장에서의 상해 예방
③ 스포츠 선수의 심리 조절
④ 경기력 향상을 위한 운동 장비 개발

3. 팔꿈 관절(주관절)을 축으로 시행하는 암컬(arm-curl) 동작은 어떻게 이루어지는가?
① 벌림과 모음(외전과 내전)
② 굽힘과 폄(굴곡과 신전)
③ 휘돌림과 돌림(회선과 회전)
④ 손바닥 안쪽 돌림과 바깥쪽 돌림(회내와 회외)

4. 운동학(Kinematics)적 분석의 예로 옳은 것은?
① 테니스 포핸드 스트로크에서 그립 압력(grip pressure)의 크기 측정
② 스쿼트 동작에서 대퇴 사두근의 근활성도 측정
③ 축구 헤딩 후 착지 시 무릎 관절의 모멘트 계산
④ 골프 드라이버 스윙 시 클럽 헤드의 최대 속도 계산

5. 운동역학(Kinetics)적 분석의 예로 옳은 것은?
① 축구에서 드리블하는 동안의 이동 거리 측정
② 보행 시 지면 반력 측정
③ 100m 달리기 시 신체 중심의 구간별 속도 측정
④ 멀리뛰기 발구름 시 발목 관절의 각도 측정

6. 선운동에 해당되지 않는 것은?
① 스키 점프 비행 구간에서 신체 중심의 이동 궤적
② 선수의 손을 떠난 투포환 질량 중심의 투사 궤적
③ 100m 달리기 시 신체 중심의 이동 궤적
④ 체조의 대차돌기 시 신체 중심의 이동 궤적

운동역학

7. 각운동에 대한 설명으로 옳은 것은?

① 직선 경로로 움직이는 운동과 축을 중심으로 회전하는 운동이 복합된 운동 형태

② 물체나 신체를 구성하는 모든 질점(particle)의 경로가 평행하게 곡선을 이루는 운동 형태

③ 물체나 신체를 구성하는 모든 질점이 일정한 시간 동안 같은 거리, 같은 방향으로 평행하게 움직이는 운동 형태

④ 물체나 신체가 고정된 축을 중심으로 일정 시간 동안 회전하는 운동 형태

8. 경기력 향상을 위해 무게 중심을 효과적으로 활용하는 상황이 아닌 것은?

① 높이뛰기 선수가 바를 효과적으로 넘기 위해 배면뛰기 기술을 구사한다.

② 레슬링 선수가 안정성 증가를 위해 무게 중심을 낮춘다.

③ 단거리 크라우칭 스타트(crouching start) 시 빠른 출발을 위해 무게 중심을 낮춘다.

④ 배구 스파이크 시 타점을 높이기 위해 무게 중심을 높인다.

9. 시소의 중심으로부터 1.50m 지점에 몸무게가 500N의 사람이 앉아 있다. 몸무게가 600N인 사람이 반대편에 앉아 시소의 평형을 유지하기 위해서는 시소의 중심으로부터 몇 m 지점에 앉아야 하는가?

① 1.20m

② 1.25m

③ 1.30m

④ 1.35m

10. 거리(distance)와 변위(displacement)에 대한 설명으로 옳지 않은 것은?

① 거리: 물체가 실제로 이동한 경로

② 거리: 스칼라량으로써 크기만 존재

③ 변위: 벡터량으로써 크기만 존재

④ 변위: 두 지점을 잇는 최단 직선거리

| 정답 | 1① 2③ 3② 4② 5② 6② 7④ 8③ 9② 10③

기출문제로 알아보는 과목 선택 미니테스트

#기출문제를 통해 나에게 잘 맞는 과목 확인 #본격 학습 전 강점 파악 #자신 있는 과목으로 학습 시작

※ 2016년도(미니테스트용으로 적합한 난이도) 2급 전문/2급 생활/2급 장애인/노인/유소년 필기시험 문제 중 일부를 재구성하였습니다.

1. 가치판단적 진술이 <u>아닌</u> 것은?

① 추신수는 정직한 선수이다.
② 페어플레이는 좋은 행위이다.
③ 감독은 선수를 체벌해서는 안 된다.
④ 김연아는 올림픽 경기에서 금메달을 땄다.

2. 스포츠윤리의 독자성에 대한 설명으로 옳지 <u>않은</u> 것은?

① 스포츠의 문제 해결과 관련하여 법의 필요성을 강조한다.
② 경쟁의 도덕적 조건과 가치 있는 승리의 의미를 밝힌다.
③ 비도덕적 행위의 유형과 공정성의 조건을 제시한다.
④ 스포츠를 통한 도덕적 자질과 인격의 함양을 추구한다.

3. 스포츠의 가장 포괄적인 도덕규범으로 볼 수 있는 것은?

① 규칙의 준수
② 스포츠맨십
③ 아마추어리즘
④ 상대 선수의 존중

4. 운동선수가 갖추어야 할 덕목으로서 탁월성 또는 덕으로 번역될 수 있는 용어는?

① 에토스(ethos)
② 아곤(agon)
③ 아레테(arete)
④ 로고스(logos)

5. <보기>에서 주장하는 이론적 입장은?

<보기>
남성은 여성에 비해 선천적으로 우월한 신체 능력을 갖고 태어나기 때문에 신체 능력에 크게 의존하는 스포츠에서 남녀 차별은 불가피하다.

① 자유주의적 페미니즘
② 생물학적 환원주의
③ 사회주의적 페미니즘
④ 여성 보호주의

6. 스포츠에서 성차별을 극복하기 위한 방안으로 볼 수 <u>없는</u> 것은?

① 전통적인 여성상에서 탈피하려는 노력
② 인기 종목 위주의 스포츠 보도
③ 남성 선수와의 연봉 불균형 개선
④ 능력에 대한 공정한 평가

스포츠윤리

7. 〈보기〉의 사례에서 투수가 선택한 윤리 체계는?

〈보기〉
야구 경기 중 코치가 빈볼(머리를 겨누어 던지는 투구)을 지시했지만, 투수는 이것이 도덕 원칙에 어긋난다고 생각하여 정상적으로 투구했다.

① 의무론
② 결과론
③ 인간중심주의
④ 공리주의

8. 장애인의 스포츠 활동 참여를 어렵게 만드는 요인이 <u>아닌</u> 것은?

① 장애인의 접근이 어려운 지역 사회 스포츠 시설
② 장애인에 대한 이해와 교수 방법이 부족한 지도자
③ 동료 참여자들의 편견과 부정적 시선
④ 장애인스포츠 관련 법 규정의 부재

9. 형식적 공정에 위배되는 선수의 행위는?

① 실수로 파울을 범한 상대 선수를 화난 표정을 지으며 노려보는 행위
② 이기고 있는 팀이 시합 종료까지 시간을 끌기 위해 공을 돌리는 행위
③ 경기력 향상을 위해 금지 약물을 은밀하게 복용하는 행위
④ 자신의 이익을 위해 심판의 오심을 알고도 묵인하는 행위

10. 스포츠 활동 과정에서 다른 생명체를 해치는 행위는 테일러(P. Taylor)가 제시한 인간의 4가지 의무 중 어떤 조항에 위배되는가?

① 신뢰의 의무
② 불간섭의 의무
③ 불침해의 의무
④ 보상적 정의의 의무

| 정답 | 1④ 2① 3② 4③ 5② 6② 7① 8④ 9③ 10③

스포츠사회학 최근 3개년 기출 전 문항 분석

문제번호	2025년 출제기준	2025년 기출 키워드	2024년 출제기준	2024년 기출 키워드	2023년 출제기준	2023년 기출 키워드
1	스포츠 사회학의 이해	스포츠사회학의 주요 연구 영역	스포츠와 정치	정부의 스포츠 개입 목적	스포츠와 교육	스포츠의 교육적 순기능
2	스포츠와 교육	스포츠의 교육적 순기능	스포츠와 경제	스포츠클럽법	스포츠와 경제	상업주의에 따른 스포츠의 변화
3	스포츠와 미디어	미디어스포츠 수용자의 욕구 유형	스포츠 사회학의 이해	구조기능주의적 스포츠 분석	미래사회의 스포츠	스포츠 세계화의 원인
4	스포츠와 경제	국제스포츠이벤트가 지역 사회에 미치는 영향	스포츠와 경제	스포츠 육성 정책 모형	스포츠와 사회화	스포츠 참가 유형
5	미래사회의 스포츠	미래 스포츠 특성	미래사회의 스포츠	스포츠 세계화의 동인	스포츠와 경제	근대 스포츠 특징
6	스포츠와 사회계급/계층	투민의 계층 특성과 베블런의 이론	스포츠와 사회계급/계층	사회계층 특성	스포츠와 사회화	스포츠 사회화의 전이 조건
7	스포츠와 미디어	스포츠가 미디어에 미친 영향	스포츠와 사회계급/계층	사회계층 이동	스포츠와 미디어	스포츠 미디어를 통해 충족할 수 있는 욕구
8	스포츠 사회학의 이해	스포츠사회학 이론	스포츠와 일탈	스포츠 일탈 이론	스포츠와 미디어	저널리즘 유형 -옐로 저널리즘
9	스포츠와 정치	국제스포츠 사례	스포츠와 일탈	경기장 내 신체 폭력 유형	스포츠와 경제	프로 스포츠의 제도
10	미래사회의 스포츠	세방화, 스포츠 노동 이주 유형	스포츠와 경제	상업주의와 관련된 스포츠 규칙 변화	스포츠와 일탈	스포츠 일탈의 순기능
11	스포츠와 일탈	머튼의 일탈행동 유형	스포츠와 사회화	AGIL 이론	스포츠와 정치	국제 정치에서 스포츠의 기능
12	스포츠와 사회계급/계층	스포츠 계층 이동 유형과 사례	스포츠와 정치	스포츠의 정치적 속성	스포츠와 사회계급/계층	문화 자본 유형
13	스포츠와 사회화	스포츠사회화 이론	스포츠와 정치	국제 정치 관계에서 스포츠 기능	스포츠와 사회계급/계층	스포츠계층 특성
14	스포츠와 교육	양적/질적 연구, 피라미드/선순환 모델	미래사회의 스포츠	스포츠 세계화의 특징	스포츠와 일탈	집합 행동 이론
15	스포츠 사회학의 이해	거트만이 제시한 근대 스포츠의 특징	스포츠와 교육	스포츠의 교육적 역기능	미래사회의 스포츠	스포츠 노동 이주의 유형
16	스포츠와 일탈	베커의 스포츠 일탈 이론	스포츠와 미디어	스포츠 미디어가 생산하는 성차별 이데올로기	스포츠와 일탈	스포츠 일탈 과잉 동조
17	스포츠와 경제	코클리의 상업주의 스포츠 출현 조건	스포츠와 일탈	스포츠 일탈 유형과 윤리 규범	스포츠와 사회화	사회 학습 이론의 의미
18	스포츠와 정치	정치가 스포츠를 이용하는 방법	스포츠와 사회화	사회 학습 이론	스포츠와 정치	스포츠의 정치적 속성
19	스포츠와 사회화	스포츠사회화 과정	스포츠와 사회화	스포츠로부터의 탈사회화	스포츠와 사회화	사회화 경로
20	스포츠와 사회화	사회화 주관자	미래사회의 스포츠	과학 기술 발전에 따른 스포츠 변화	스포츠사회학의 이해	스포츠사회학 이론

스포츠교육학 최근 3개년 기출 전 문항 분석

문제번호	2025년 출제기준	2025년 기출 키워드	2024년 출제기준	2024년 기출 키워드	2023년 출제기준	2023년 기출 키워드
1	스포츠교육의 프로그램론	생활스포츠 교육 프로그램의 내용 선정 원리	스포츠교육의 프로그램론	교사 지식 유형	스포츠교육의 평가론	신뢰도 검사
2	스포츠교육의 지도방법론	학교스포츠클럽 지도 시 과제 제시 방법	스포츠교육의 평가론	동료 평가	스포츠교육의 지도방법론	교수 스타일
3	스포츠교육의 평가론	진단평가/종합평가/형성평가/총괄평가	스포츠교육의 지도방법론	상규적 활동	스포츠교육자의 전문적 성장	학습 성취
4	스포츠교육의 프로그램론	생활스포츠 교육 프로그램의 지도 원리	스포츠교육의 지도방법론	인성 강조 수업 모형	스포츠교육의 지도방법론	교수 전략
5	스포츠교육의 지도방법론	링크의 내용 발달 과제	스포츠교육의 지도방법론	교사 행동 용어	스포츠교육의 정책과 제도	국민체육진흥법
6	스포츠교육의 지도방법론	협동 학습 모형의 전략	스포츠교육의 지도방법론	기본 움직임 기술	스포츠교육의 지도방법론	스포츠교육 프로그램의 지도 원리
7	스포츠교육의 정책과 제도	생활체육진흥법	스포츠교육의 정책과 제도	학교체육진흥법	스포츠교육의 지도방법론	직접 교수 모형
8	스포츠교육의 지도방법론	링크의 교수 전략	스포츠교육의 지도방법론	상호 학습형 교수 스타일	스포츠교육의 정책과 제도	스포츠기본법
9	스포츠교육의 지도방법론	모스턴의 교수 스타일	스포츠교육자의 전문적 성장	학교체육 전문인 자질	스포츠교육의 지도방법론	포괄형 교수 스타일
10	스포츠교육의 평가론	그리핀, 미첼, 오슬린의 게임수행 평가도구	스포츠교육의 지도방법론	인지 과정	스포츠교육의 지도방법론	학습 과제 연습 방법
11	스포츠교육의 지도방법론	모스턴의 교수 스타일	스포츠교육의 정책과 제도	국민체육진흥법	스포츠교육의 지도방법론	상황 이해
12	스포츠교육의 지도방법론	소프, 벙커, 알몬드의 게임수업모형의 단계	스포츠교육의 지도방법론	수업 주도성 프로파일	스포츠교육의 평가론	사건 기록법
13	스포츠교육의 정책과 제도	학교스포츠클럽 대회 운영 방식	스포츠교육의 지도방법론	교수 기능 연습법	스포츠교육의 지도방법론	스포츠 지도 방법
14	스포츠교육의 정책과 제도	국민체육진흥법	스포츠교육의 정책과 제도	스포츠 강사의 자격 조건	스포츠교육의 지도방법론	학습 목표 설정
15	스포츠교육의 평가론	사건 기록법	스포츠교육의 지도방법론	체육 학습 활동	스포츠교육의 지도방법론	탐구 수업 모형
16	스포츠교육의 배경과 개념	인지적 영역	스포츠교육의 지도방법론	스포츠교육 모형	스포츠교육의 지도방법론	심동적 영역
17	스포츠교육의 정책과 제도	수업 운영 시간	스포츠교육자의 전문적 성장	체육 수업 연구 방법	스포츠교육의 지도방법론	학습 전이 유형
18	스포츠교육의 지도방법론	온스타인과 레빈의 부정적 행동 관리 전략	스포츠교육의 지도방법론	동시 처리	스포츠교육의 프로그램론	스포츠교육 프로그램의 구성 요소
19	스포츠교육의 프로그램론	마튼스의 전문체육 프로그램 개발 단계	스포츠교육의 정책과 제도	국민 체력 100 운영 체계	스포츠교육의 지도방법론	개별화 지도 모형
20	스포츠교육의 지도방법론	질문 유형과 운동 기능 유형	스포츠교육의 평가론	평정 척도	스포츠교육의 정책과 제도	학교체육진흥법 시행령

스포츠심리학 최근 3개년 기출 전 문항 분석

문제번호	2025년 출제기준	2025년 기출 키워드	2024년 출제기준	2024년 기출 키워드	2023년 출제기준	2023년 기출 키워드
1	스포츠심리학의 개관	스포츠심리학자의 역할	스포츠수행의 심리적 요인	사회 학습 이론	스포츠심리학의 개관	스포츠심리학 연구 동향
2	스포츠수행의 심리적 요인	심상	인간운동행동의 이해	개방 운동 기술	운동심리학	자기 결정 이론 무동기
3	스포츠수행의 심리적 요인	내적동기 향상 전략	스포츠수행의 심리적 요인	내적 동기, 외적 동기	스포츠수행의 심리적 요인	칵테일 파티 효과
4	스포츠수행의 심리적 요인	목표설정 원리	인간운동행동의 이해	자극 확인	인간운동행동의 이해	젠타일(A. Gentile)
5	운동심리학	모노아민 가설	스포츠수행의 심리적 요인	인지 재구성	인간운동행동의 이해	움직임의 제한
6	스포츠심리학의 개관	콜먼 그리피스	인간운동행동의 이해	운동발달 단계	인간운동행동의 이해	운동발달의 원리
7	인간운동행동의 이해	고원 현상	스포츠수행의 심리적 요인	반두라의 자기 효능감	스포츠수행의 사회 심리적 요인	스포츠를 통한 인성 발달 장려(공격성)
8	스포츠수행의 심리적 요인	루틴	인간운동행동의 이해	집중 연습, 무선 연습	스포츠수행의 심리적 요인	수행 목표 과정 목표
9	스포츠수행의 심리적 요인	월피의 체계적 둔감화	스포츠심리상담	스포츠심리상담 윤리 규정	스포츠수행의 사회 심리적 요인	CET 핵심 원칙
10	인간운동행동의 이해	스포츠 상황과 반응시간 유형 연결	인간운동행동의 이해	절차적 기억	인간운동행동의 이해	뇌 구조
11	스포츠심리상담	스포츠심리상담사의 상담 윤리	스포츠수행의 사회 심리적 요인	피들러 리더십 모형	스포츠수행의 사회 심리적 요인	파지 검사
12	스포츠수행의 심리적 요인	추동 이론	인간운동행동의 이해	운동학습 인지 역할	인간운동행동의 이해	일반화된 운동 프로그램
13	스포츠수행의 사회 심리적 요인	링겔만, 사회적 태만	운동심리학	아이젠 계획 행동 이론	인간운동행동의 이해	운동기술 학습으로 인한 변화
14	스포츠수행의 심리적 요인	질문지 측정법 도구	인간운동행동의 이해	정보 처리 이론	스포츠수행의 사회 심리적 요인	공격성에 관한 설명과 이론(가설)
15	운동심리학	무관심 단계의 운동 실천 전략	스포츠수행의 사회 심리적 요인	사회적 촉진, 단순 존재	운동심리학	유능성 동기 이론
16	스포츠수행의 사회 심리적 요인	본능 이론	인간운동행동의 이해	힉스 법칙	인간운동행동의 이해	번스타인
17	스포츠수행의 심리적 요인	베일리의 스포츠자신감 원천	스포츠수행의 심리적 요인	심상 조절력	스포츠수행의 심리적 요인	목표 설정
18	스포츠수행의 심리적 요인	주의 집중을 높이는 방법	스포츠수행의 심리적 요인	천장 효과	인간운동행동의 이해	피드백 유형
19	스포츠수행의 사회 심리적 요인	지도자의 처벌 행동 지침	운동심리학	운동 실천 환경적 영향 요인	스포츠수행의 심리적 요인	몰입
20	인간운동행동의 이해	맥락간섭의 양에 따른 연습 형태와 코치	인간운동행동의 이해	심리적 불응기	스포츠수행의 심리적 요인	귀인 재훈련

한국체육사 최근 3개년 기출 전 문항 분석

문제번호	2025년 출제기준	2025년 기출 키워드	2024년 출제기준	2024년 기출 키워드	2023년 출제기준	2023년 기출 키워드
1	선사·삼국시대	고구려의 씨름에 관한 물적 사료	체육사의 의미	한국체육사 연구	체육사의 의미	체육사 연구의 사관
2	체육사의 의미	체육사관	선사·삼국시대	제천 의식과 부족국가	한국 근·현대	갑오경장
3	선사·삼국시대	부족국가 시대의 신체 활동	선사·삼국시대	부족국가시대 신체 활동	고려·조선시대	민속놀이
4	선사·삼국시대	신라 화랑도의 체육활동과 사상	선사·삼국시대	삼국시대의 무예	선사·삼국시대	화랑도
5	선사·삼국시대	고구려 사료 관련 용어	고려·조선시대	무학 교육	선사·삼국시대	축국
6	고려·조선시대	고려의 민속놀이	고려·조선시대	고려시대의 신체 활동	선사·삼국시대	민속놀이
7	고려·조선시대	방응	고려·조선시대	석전의 성격	고려·조선시대	고려시대의 수박
8	고려·조선시대	훈련원	고려·조선시대	조선시대의 민속놀이	고려·조선시대	조선시대의 훈련원
9	고려·조선시대	활인심방	고려·조선시대	조선시대의 무예서	고려·조선시대	조선시대의 궁술
10	고려·조선시대	식년무과	고려·조선시대	조선시대의 궁술	고려·조선시대	무예도보통지
11	한국 근·현대	개화기 병식체조	한국 근·현대	교육입국조서의 삼양	한국 근·현대	민족사립학교
12	한국 근·현대	일제 강점기 황국신민체조 수행 시기	한국 근·현대	경신학당	한국 근·현대	개화기 체육사
13	한국 근·현대	서상천의 활동	한국 근·현대	개화기 학교 운동회	한국 근·현대	개화기의 체육 단체
14	한국 근·현대	개화기 교육 기관	한국 근·현대	개화기 설립 단체	한국 근·현대	일제 강점기 체육사
15	한국 근·현대	1991년 남북한 단일팀	한국 근·현대	체육사상가	한국 근·현대	황성기독교청년회
16	한국 근·현대	제5공화국의 스포츠 정책	한국 근·현대	일제 강점기의 체육사적 사실	한국 근·현대	박정희 정부의 체력장 제도
17	한국 근·현대	광복 이후 우리나라 최초 참가 올림픽	한국 근·현대	일제 강점기의 조선체육회	한국 근·현대	태권도의 역사
18	한국 근·현대	광복 이후 제5공화국까지의 체육 사상적 특징	한국 근·현대	체육사상가	한국 근·현대	1948 동계 올림픽
19	한국 근·현대	국민생활체육진흥종합계획(호돌이 계획)	한국 근·현대	대한민국 정부의 체육 정책 담당 부서	한국 근·현대	하계 아시아 경기 대회
20	한국 근·현대	광복 이후 1940년대 말까지 체육	한국 근·현대	대한민국의 대표팀 성과	한국 근·현대	남한과 북한의 스포츠 화합

운동생리학 최근 3개년 기출 전 문항 분석

문제 번호	2025년 출제기준	2025년 기출 키워드	2024년 출제기준	2024년 기출 키워드	2023년 출제기준	2023년 기출 키워드
1	에너지 대사와 운동	1분자 글루코스 분해로 얻을 수 있는 ATP 수	골격근과 운동	지근 섬유의 생리적 변화	에너지 대사와 운동	에너지원
2	에너지 대사와 운동	중-고강도 운동 시 ATP 합성	에너지 대사와 운동	유산소성 트레이닝	골격근과 운동	근형질세망
3	에너지 대사와 운동	장기간 무산소 트레이닝에 따른 생리학적 적응	내분비계와 운동	지방 분해 촉진 요인	호흡·순환계와 운동	초과 산소 섭취량 (EPOC)
4	에너지 대사와 운동	해당 과정(젖산 시스템)	호흡·순환계와 운동	심혈관 반응	환경과 운동	수중 운동 시 체온 유지를 위한 요인
5	골격근과 운동	감각 수용기	호흡·순환계와 운동	심근 산소 소비량	골격근과 운동	근섬유의 동원
6	에너지 대사와 운동	장기간 유산소 트레이닝에 의한 생리적 적응	골격근과 운동	골격근의 수축 특성을 결정하는 요인	에너지 대사와 운동	최대 운동 시 나타나는 심폐 기능의 적응
7	골격근과 운동	골격근 수축 과정	골격근과 운동	근육 내 수용기	운동생리학의 개관	부적 피드백
8	호흡·순환계와 운동	산소-헤모글로빈 해리 곡선	골격근과 운동	도피 반사와 교차 신전 반사	에너지 대사와 운동	1회 박출량
9	운동생리학의 개관	건강관련체력 요인	환경과 운동	고온 환경에서의 운동 수행 능력 저하 요인	에너지 대사와 운동	운동 강도에 따른 에너지원의 사용
10	호흡·순환계와 운동	동방결절	환경과 운동	트레드밀 운동	신경 조절과 운동	소뇌의 기능
11	호흡·순환계와 운동	심장 주기에 따른 좌심실의 용적과 압력	에너지 대사와 운동	에너지 대사 과정	호흡·순환계와 운동	운동에 따른 환기량의 변화
12	환경과 운동	고지대 환경 장기간 노출 시 생리학적 적응	골격근과 운동	근육의 힘, 파워, 속도의 관계	에너지 대사와 운동	크렙스(TCA) 회로
13	내분비계와 운동	운동 자극에 관한 신체 내 기관과 기능	내분비계와 운동	카테콜라민	에너지 대사와 운동	대사 방정식
14	골격근과 운동	단축성 수축 시 그림의 골격근 초미세구조	에너지 대사와 운동	에너지 대사 과정	에너지 대사와 운동	세포의 전기적 활동
15	골격근과 운동	속근섬유(type II)	내분비계와 운동	혈중 포도당 농도를 유지하기 위한 호르몬	에너지 대사와 운동	최대 산소 섭취량
16	호흡·순환계와 운동	순환계의 구조와 기능	내분비계와 운동	운동 중 수분과 전해질 균형	운동생리학의 개관	심폐지구력
17	내분비계와 운동	글루카곤	호흡·순환계와 운동	폐환기 검사	내분비계와 운동	호르몬의 특성
18	골격근과 운동	골격근의 운동 단위 동원	에너지 대사와 운동	1회 박출량	골격근과 운동	근방추
19	호흡·순환계와 운동	혈액 관련 용어(마이오글로빈+적혈구 용적률)	골격근과 운동	골격근 섬유	골격근과 운동	근력 결정 요인
20	호흡·순환계와 운동	운동 중 혈류 재분배	골격근과 운동	속근 섬유의 특성	골격근과 운동	근육 수축 형태

운동역학 최근 3개년 기출 전 문항 분석

문제 번호	2025년 출제기준	2025년 기출 키워드	2024년 출제기준	2024년 기출 키워드	2023년 출제기준	2023년 기출 키워드
1	운동역학 개요	운동역학의 내용과 목적	운동역학의 스포츠 적용	뉴턴의 운동 법칙	운동역학 개요	운동역학
2	운동역학 개요	동작분석 방법	운동역학의 스포츠 적용	힘	운동역학의 이해	근육의 신장성(원심성) 수축
3	운동역학의 이해	운동의 종류에 관한 설명	운동역학의 스포츠 적용	원심력과 구심력	운동학의 스포츠 적용	속도
4	운동역학의 이해	운동역학 사슬	운동역학의 스포츠 적용	선운동량, 충격량	다양한 운동 기술의 분석	지면 반력기
5	운동역학의 스포츠 적용	신체에 작용하는 역학적 부하	운동역학 개요	운동학적 분석과 운동역학적 분석	운동역학의 이해	시상(전후)면에서의 움직임
6	운동역학의 스포츠 적용	내력	운동역학의 스포츠 적용	물리량	운동역학의 이해	복합 운동
7	운동학의 스포츠 적용	항속 구간 평균 보행속도	운동역학의 스포츠 적용	항력	인체역학	무게 중심
8	운동학의 스포츠 적용	각가속도	다양한 운동 기술의 분석	배율법	운동학의 스포츠 적용	농구 자유투에서 투사된 농구공의 운동
9	운동역학의 스포츠 적용	착지전략 그래프 - 충격량	운동학의 스포츠 적용	각운동	운동학의 스포츠 적용	공의 충돌 운동
10	운동역학의 스포츠 적용	선속도	운동역학의 스포츠 적용	부력	운동역학의 스포츠 적용	수평 속도
11	운동학의 스포츠 적용	각속도	운동역학의 스포츠 적용	회전 운동	운동역학의 스포츠 적용	충격량
12	운동역학의 스포츠 적용	토크	인체역학	지레의 원리	일과 에너지	역학적 일
13	운동역학의 스포츠 적용	인체의 관성모멘트 감소 사례	운동역학의 스포츠 적용	수직 점프 동작에 관한 운동역학적 특성	운동역학의 스포츠 적용	마그누스 효과
14	운동역학의 스포츠 적용	충돌 전후 공의 운동에너지	운동역학의 이해	회전 운동	일과 에너지	역학적 에너지
15	다양한 운동기술의 분석	압력중심점(COP)	인체역학	인체의 무게 중심	운동역학의 스포츠 적용	회전력
16	일과 에너지	일과 에너지	운동학의 스포츠 적용	중력 가속도	인체역학	인체 지레
17	운동학의 스포츠 적용	이동 거리와 변위	운동역학의 이해	근골격계	운동역학의 스포츠 적용	관성 모멘트
18	일과 에너지	일과 일률	인체역학	안정성	운동학의 스포츠 적용	투사 거리
19	인체역학	인체의 안정성을 결정짓는 요인	일과 에너지	역학적 일과 일률	일과 에너지	일률
20	운동역학의 스포츠 적용	마찰력	운동역학 개요	스포츠 현장 적용 사례	인체역학	안정성

스포츠윤리 최근 3개년 기출 전 문항 분석

문제번호	2025년 출제기준	2025년 기출 키워드	2024년 출제기준	2024년 기출 키워드	2023년 출제기준	2023년 기출 키워드
1	스포츠 조직과 윤리	스포츠윤리센터의 주요 역할	스포츠와 인권	스포츠기본법	경쟁과 페어플레이	스포츠맨십
2	스포츠와 윤리	스포츠에 관한 가치 판단	스포츠와 폭력	스포츠 폭력 유형	스포츠윤리의 개관	결과론적 윤리
3	스포츠와 폭력	게발트, 스포츠 폭력의 이중성	스포츠와 불평등	여성 차별	스포츠와 불평등	인종 차별
4	스포츠와 불평등	타이틀 나인(Title IX)	스포츠에서 환경과 동물윤리	테일러 환경윤리	경기력 향상과 공정성	도핑
5	경기력 향상과 공정성	세계도핑방지기구(WADA)의 금지 방법 목록	스포츠와 불평등	인종 차별	스포츠윤리의 개관	스포츠윤리 역할
6	스포츠에서 환경과 동물윤리	레건의 동물 권리론	스포츠윤리의 개관	의무주의	스포츠윤리의 개관	선의지/칸트
7	스포츠 조직과 윤리	절차적 정의	경쟁과 페어플레이	스포츠맨십 페어플레이	경기력 향상과 공정성	유전자 도핑
8	경쟁과 페어플레이	롤랜드가 분류한 규칙 위반의 유형	경쟁과 페어플레이	스포츠 품성 아크라시아	스포츠 조직과 윤리	평균적 정의
9	스포츠와 윤리	칸트의 의무론에 부합하는 행위 유형	스포츠윤리의 개관	정언 명령 가언 명령	경쟁과 페어플레이	윤리 이론의 난점
10	스포츠에서 환경과 동물윤리	부올레가 분류한 스포츠 환경	스포츠윤리의 개관	공리주의	스포츠와 폭력	행위적 폭력
11	스포츠와 인권	뒤르켐의 도덕 교육론	스포츠 조직과 윤리	절차적 정의	경기력 향상과 공정성	기술 도핑
12	스포츠 조직과 윤리	스포츠조직의 윤리경영	스포츠와 인권	충서(忠恕)	경쟁과 페어플레이	형식주의, 비형식주의
13	스포츠와 윤리	사례에서 심판의 자질과 맹자의 사단	스포츠윤리의 개관	칸트 정언 명령	스포츠와 폭력	측은지심, 수오지심
14	스포츠와 윤리	공리주의 윤리 규범의 스포츠 적용	경쟁과 페어플레이	의도적 구성 반칙	스포츠와 불평등	장애인 스포츠 참여
15	스포츠와 불평등	장애 차별 개선을 위한 스포츠 실천의 조건	스포츠에서 환경과 동물윤리	종차별주의	스포츠에서 환경과 동물윤리	스포츠 지속 가능한 발전
16	스포츠와 폭력	한나 아렌트, 악의 평범성	스포츠윤리의 개관	윤리적 태도	경쟁과 페어플레이	스포츠맨십 페어플레이
17	스포츠와 윤리	의무주의 윤리 규범	스포츠윤리의 개관	스포츠윤리 특징	경기력 향상과 공정성	체육인 인권 보호 스포츠 윤리 센터
18	스포츠와 불평등	트랜스젠더 여성의 여성 스포츠 참여	스포츠와 인권	학생 운동선수 학습권	스포츠와 인권	과학 기술 발전 스포츠 불공정
19	스포츠와 폭력	함무라비 법전의 탈리오 법칙	스포츠윤리의 개관	윤리적 상대주의	스포츠와 불평등	성차별 원인
20	스포츠와 불평등	인종 차별과 관련된 사례	경기력 향상과 공정성	기술 도핑	스포츠 조직과 윤리	심판 윤리 의미

스포츠지도사 [2급] 자격증 A to Z

1. "스포츠지도사" 자격정의

구분	내용
전문/생활스포츠지도사	학교·직장·지역 사회 또는 체육 단체 등에서 체육을 지도할 수 있도록 「국민체육진흥법」에 따라 해당 자격을 취득한 사람
장애인스포츠지도사	장애 유형에 따른 운동 방법 등에 대한 지식을 갖추고 해당 자격종목에 대하여 장애인을 대상으로 전문체육이나 생활체육을 지도하는 사람
노인스포츠지도사	노인의 신체적·정신적 변화 등에 대한 지식을 갖추고 해당 자격종목에 대하여 노인을 대상으로 생활체육을 지도하는 사람
유소년스포츠지도사	유소년(만3세부터 중학교 취학 전까지를 말함)의 행동 양식, 신체 발달 등에 대한 지식을 갖추고 해당 자격종목에 대하여 유소년을 대상으로 체육을 지도하는 사람

2. 필기시험 개요

- 필기시험 일정(2025년 기준)

구분	2급 전문	2급 생활, 2급 장애인, 노인, 유소년
원서접수	3월 20일~3월 24일	4월 3일~4월 4일
증빙서류 제출	3월 20일~3월 26일	증빙서류 제출 불필요
응시수수료 납부		4월 3일~4월 4일
필기시험	4월 26일	
합격자 발표	5월 16일	

- 시험 과목

구분		2급 전문	2급 생활	2급 장애인	노인	유소년
		선택 5과목	선택 5과목	선택 4과목 + 필수 1과목		
선택	스포츠사회학	○	○	○	○	○
	스포츠교육학	○	○	○	○	○
	스포츠심리학	○	○	○	○	○
	한국체육사	○	○	○	○	○
	운동생리학	○	○	○	○	○
	운동역학	○	○	○	○	○
	스포츠윤리	○	○	○	○	○
필수	특수체육론			○		
	노인체육론				○	
	유아체육론					○

※ 2026년 시험 일정 및 자세한 사항은 국민체육진흥공단 체육지도자 홈페이지(https://sqms.kspo.or.kr)에서 확인하세요.

스포츠지도사 2주 합격 프로젝트 차례

선택 1과목　스포츠사회학

01 스포츠사회학의 이해	34
02 스포츠와 정치	36
03 스포츠와 경제	39
04 스포츠와 교육	42
05 스포츠와 미디어	44
06 스포츠와 사회계급/계층	46
07 스포츠와 사회화	49
08 스포츠와 일탈	52
09 미래사회의 스포츠	55
기출지문으로 확인하고 넘어가기	58
대표기출 40제	59

선택 3과목　스포츠심리학

01 스포츠심리학의 개관	140
02 인간운동행동의 이해	144
03 스포츠수행의 심리적 요인	150
04 스포츠수행의 사회 심리적 요인	164
05 운동심리학	169
06 스포츠심리상담	172
기출지문으로 확인하고 넘어가기	175
대표기출 40제	176

선택 2과목　스포츠교육학

01 스포츠교육의 배경과 개념	80
02 스포츠교육의 정책과 제도	84
03 스포츠교육의 참여자 이해론	93
04 스포츠교육의 프로그램론	99
05 스포츠교육의 지도방법론	104
06 스포츠교육의 평가론	113
07 스포츠교육자의 전문적 성장	116
기출지문으로 확인하고 넘어가기	119
대표기출 40제	120

선택 4과목　한국체육사

01 체육사의 의미	198
02 선사·삼국시대	200
03 고려·조선시대	204
04 한국 근·현대	212
기출지문으로 확인하고 넘어가기	225
대표기출 40제	226

선택 5과목 　운동생리학

01 운동생리학의 개관	244
02 에너지 대사와 운동	247
03 신경 조절과 운동	252
04 골격근과 운동	256
05 내분비계와 운동	260
06 호흡·순환계와 운동	263
07 환경과 운동	268
기출지문으로 확인하고 넘어가기	270
대표기출 40제	**271**

선택 7과목 　스포츠윤리

01 스포츠와 윤리	326
02 경쟁과 페어플레이	329
03 스포츠와 불평등	332
04 스포츠에서 환경과 동물윤리	336
05 스포츠와 폭력	339
06 경기력 향상과 공정성	342
07 스포츠와 인권	345
08 스포츠 조직과 윤리	348
기출지문으로 확인하고 넘어가기	351
대표기출 40제	**352**

선택 6과목 　운동역학

01 운동역학 개요	288
02 운동역학의 이해	290
03 인체역학	294
04 운동학의 스포츠 적용	296
05 운동역학의 스포츠 적용	299
06 일과 에너지	303
07 다양한 운동기술의 분석	305
기출지문으로 확인하고 넘어가기	307
대표기출 40제	**308**

부록 　★교재 수록!

감 잡는 모의고사 1회	371
감 익히는 모의고사 2회	397
감 다지는 모의고사 3회	423
2025년 2급 스포츠지도사 필기시험 문제지	451
[별책] 정답과 해설	

선택 1과목
스포츠사회학

합격생들의 과목 선택 Tip

합격을 위한 과목 추천 ★★★★★

난이도 ★★☆☆☆

\# 스포츠와 사회의 관계를 다루는 과목

\# 1회독만 해도 대강 맞는 말을 고르면 과락은 면하는 수준, 꼭 선택하기를 추천!!

\# 비교적 이해하기 쉬운 편으로 정답인 것 같은데? 하는 용어들 선택하면 정답임

\# 사회학이니까 이론에 해당되는 인물들을 외워야 함

\# 개념 자체는 읽기 수월

최근 5개년 개념별 출제비중

> 2021년 이후 난도가 높아진 출제경향을 반영, 최근 5개년 기출 분석으로 집중 대비!

- 01 스포츠사회학의 이해 — 5%
- 02 스포츠와 정치 — 13% ★ 평균 2~3문제 출제
- 03 스포츠와 경제 — 12%
- 04 스포츠와 교육 — 5%
- 05 스포츠와 미디어 — 11%
- 06 스포츠와 사회계급/계층 — 11%
- 07 스포츠와 사회화 — 16% ★★★ 평균 3~4문제 출제
- 08 스포츠와 일탈 — 16% ★★ 평균 3문제 출제
- 09 미래사회의 스포츠 — 11%

최신 3개년 스포츠사회학 출제 경향

2025년	2024년	2023년
☑ 작년보다 난이도 하락	☑ 난이도 평이	☑ 작년보다 난이도 상승
☑ 개념 확인문제와 응용문제가 골고루 출제됨	☑ 응용문제의 출제비중이 높아짐	☑ 근대 스포츠의 특징을 묻는 문제가 처음 출제됨
☑ 스포츠 육성 정책 모델은 사례 적용 방식으로 변형·확장됨	☑ 스포츠와 정치, 스포츠와 일탈의 다양한 유형을 다룬 문제들이 주요 출제영역으로 자리 잡음	☑ 학자들의 이론을 묻는 문제가 많이 출제됨

합격 프로젝트
2026 출제 예언

1. 이론을 사례에 적용하는 문제의 출제 비중이 여전히 높을 것으로 예상합니다.
2. 스포츠 성차별, 학생 선수 인권, 국제 스포츠 이벤트의 파급 효과 등 현실 이슈가 기존 이론과 연계되어 출제될 것으로 예상합니다.
3. 스포츠 사회화 이론과 일탈 이론, 스포츠 상업주의 등은 빈출 핵심 개념이므로 반드시 학습해야 하며, 관련 영역까지 학습 범위를 확장하는 전략이 요구됩니다.

01 스포츠사회학의 이해

스포츠의 역할을 거시적·미시적 관점에서 파악하고, 사회 구조와 개인 간 상호 작용 이론을 통합적으로 학습해 보자!

★ **빈출 형광펜** 시험에 자주 출제되는 개념으로, 시험 직전 빈출 형광펜만 딱 보고 들어가자!

합격선을 넘는 TIP

1 스포츠사회학의 의미

1. 스포츠사회학의 정의 기출 2019, 2017, 2015

- 스포츠를 단순한 신체 활동이 아닌 사회적 현상으로 바라보며, 그 안에서 나타나는 **사회적, 문화적, 경제적, 정치적 관계를 연구하는 학문**
- 스포츠에서 나타나는 행동 유형과 사회 과정에 초점을 두며, 스포츠 활동이 이루어지는 일반적 사회 구조 측면에서 설명하는 학문

2. 스포츠사회학의 영역

(1) 거시적 관점 및 미시적 관점에서의 스포츠사회학 기출 2019

거시적 관점 영역	스포츠가 사회 전반, 대규모 집단, 제도, 사회 구조에 미치는 영향을 탐구하는 데 중점 예 사회적 불평등, 정치, 경제, 교육, 미디어, 사회 변화, 종교 등
미시적 관점 영역	스포츠가 개인, 소규모 조직, 일상적인 상호 작용에 미치는 영향을 탐구하는 데 중점 예 팀 내 리더십, 역할 학습, 자아 존중감, 정체성, 경쟁, 소속감, 동기 등

용어

거시적
사물이나 현상을 전체적으로 분석·파악하는 것

미시적
사물이나 현상을 전체적인 면에서가 아니라 개별적으로 포착하여 분석하는 것

(2) **스포츠사회학의 연구 영역** 기출 2025, 2021, 2016

스포츠와 사회적 불평등	스포츠와 성별, 인종, 종교, 계층 간의 불평등 문제와의 관계 분석
스포츠를 통한 사회화 과정	개인의 스포츠를 통한 사회화 영향력 연구
스포츠와 사회 제도의 상호 작용	스포츠와 경제, 정치, 교육 등 다양한 분야와의 상호 작용 연구
스포츠의 문화적, 상징적 역할	스포츠로 인한 문화적, 국가적 가치 체계 변화와 영향력 연구

3. 스포츠와 유사 용어의 특성 비교 기출 2018

놀이	허구, 자유, 오락, 쾌락, 흥미 등 예 인형놀이, 소꿉놀이 등
게임	허구, 규칙, 경쟁, 불확실한 활동, 신체 활동 등 예 윷놀이, 딱지치기 등
스포츠	허구, 게임의 요소, 전술, 제도, 규정 등 예 축구, 야구 등

출제 키워드

기출 2018

스포츠와 유사 용어의 사례
- 놀이: 친구들과 개울가에서 물장구를 치면서 장난을 하는 경우
- 스포츠: 제도화된 규칙하에서 상대방과 경쟁하는 수영

4. 거트만(A. Guttmann)의 근대 스포츠 특징 기출 2025, 2023, 2016

세속화	즐거움, 건강, 경제적 이익, 명예 등 세속적 관심의 충족을 추구
평등화	모든 경쟁자가 똑같은 조건에서 차별 없이 스포츠에 참가
전문화	포지션의 분화와 리그의 세분화
합리화	명시된 규칙이 규제와 경쟁을 지배
관료화	규칙을 제정하고 경기를 조직적으로 운영
수량화	시간, 거리, 점수 등을 측정 가능한 숫자로 표현
기록화	기록을 세우고 깨뜨리는 것을 중시

2 스포츠의 사회적 기능

1. **스포츠의 사회적 기능** 기출 2020, 2019, 2018, 2015

순기능	사회 통합, 사회화, 정체성 형성, 소속감, 규범 강화, 사회적 이동, 문화적 교류
역기능	사회적 불평등(성별, 인종, 계층), 사회 통제, 자본주의와 상업주의, 국수주의, 정체성 왜곡, 소속감 배타성

2. **스포츠사회학 관련 이론** 기출 2025, 2024, 2023, 2020

갈등 이론	권력과 자원의 불균형이 스포츠에서도 나타나며, 상류층의 이익을 위해 스포츠를 이용
상징적 상호 작용 이론	미시적 관점의 이론으로, 스포츠는 사회적 상호 작용의 장으로서 개인의 역할과 행동을 규정
비판 이론	스포츠가 사회적 불평등과 억압을 어떻게 재생산하는지 비판적으로 고찰
페미니즘 이론	여성의 스포츠 참여가 제한되는 구조적 문제를 고찰
구조기능주의 이론	스포츠가 사회 시스템의 안정성과 기능성을 유지하는 데 기여함
문화적 헤게모니 이론	스포츠를 통해 대중의 관심을 돌리고 지배적인 이데올로기를 주입하는 과정을 설명
포스트모더니즘	스포츠 현상은 고정된 의미가 아닌 다양한 맥락에서 해석될 수 있음
비판적 인종 이론	인종 문제가 스포츠 내에서 어떻게 재현되고, 인종 간 갈등이 어떻게 형성되는지 고찰
교환 이론	개인은 스포츠 참여를 통해 얻는 보상이 그에 따른 비용보다 크다고 느낄 때 스포츠 활동에 참여함

합격선을 넘는 TIP

출제 키워드 기출 2023

거트만(A. Guttmann)의 근대 스포츠 특징 사례
- 관료화: 국제 스포츠 조직은 규칙의 제정, 대회의 운영, 종목 진흥 등의 역할을 담당
- 전문화: 투수라는 같은 포지션 내에서도 선발, 중간, 마무리 등으로 구분

용어

국수주의
자국의 문화, 전통, 이익을 극단적으로 강조하는 이념

출제 키워드 기출 2020

갈등 이론
- 지배 계급은 피지배 계급을 억압하고 착취
- 재화의 불평등한 분배는 사회의 본질적 속성
- 스포츠는 일부 지배 계급에 의해 그들의 이익을 증대시키는 데 이용

출제될 핵심개념 02 스포츠와 정치

13%

스포츠가 정치적 도구로 활용되는 방식과 그 결과를 분석하며, 정치적 사건과 스포츠의 상호 작용을 사례와 함께 학습해 보자!

★ **빈출 형광펜** 시험에 자주 출제되는 개념으로, 시험 직전 빈출 형광펜만 딱 보고 들어가자!

합격선을 넘는 TIP

1 스포츠와 정치의 결합

1. 스포츠와 정치의 관련성

사회적 통합 및 국민 단결	스포츠는 사회적 통합과 정치적 안정에 기여
정치적 선전 도구	스포츠는 정치적 메시지의 전달 수단으로 사용
국가 이미지 표출	스포츠는 국가의 우월성을 나타내는 수단으로 사용
외교적 수단	스포츠는 외교 관계 강화 및 갈등 완화에 기여
스포츠 조직의 권력 배분	스포츠 조직의 권력 배분은 정치적 의사 결정에 영향을 미침
조세 혜택 및 정책적 지원	스포츠 조직은 정책적 혜택과 지원의 대상

출제 키워드
기출 2017

스포츠의 정치적 이용 방식: 외교적 항의의 사례
- 남아프리카 공화국의 인종 차별 정책에 반대하는 많은 국가들이 남아프리카 공화국에서 개최된 국제 대회에 불참
- 구소련의 아프가니스탄 침공을 문제 삼아 미국을 비롯한 서방 국가들이 1980년 모스크바 올림픽 경기 대회에 불참

2. 스포츠가 정치에 미치는 영향(스포츠 → 정치) 기출 2017

순기능	역기능
• 국가 인지도 및 이미지 개선 • 사회적 통합의 일체감 조성 • 외교적 도구로 활용 • 정치적 메시지 전달	• 정치적 선전 도구로 악용 • 국수주의 강화 • 정치적 갈등 심화 • 정치적 중립성 훼손 • 사회 통제 기능

3. 정치가 스포츠에 미치는 영향(정치 → 스포츠) 기출 2024, 2021

순기능	역기능
• 정책적 지원 및 인프라 구축 • 스포츠 규정 및 법률 제정 • 스포츠 장려 및 참여 기회 확대 • 재정적 지원	• 스포츠 중립성 훼손 • 자원 불균형 및 특정 종목에 집중 • 정치적 갈등으로 인한 보이콧 • 스포츠 이벤트의 정치화

출제 키워드
기출 2024, 2021

훌리한(B. Houlihan)이 제시한 정부(정치)가 스포츠에 개입한 목적
- 시민들의 건강 및 체력 유지
- 공공질서 보호
- 국가적 단합과 우월성 표출

4. 아이첸(D. Eitzen)과 세이지(G. Sage)의 스포츠의 정치적 속성 기출 2024, 2023, 2022, 2020

보수성	스포츠는 기존 사회 질서와 권력 구조 유지에 기여하며, 변화를 지양함
상호 의존성	스포츠는 국가와 제도 간 밀접한 관계를 형성, 국위 선양에 활용
대표성	국가대표 선수들의 성과가 국가 이미지 및 자부심과 연결
권력 투쟁	스포츠는 정치적 이익과 권력 증대를 위한 장으로 활용

5. **스포츠와 정치의 결합 방법** `기출` 2025, 2022, 2020, 2019, 2018, 2015

동일화	• **스포츠와 국가 동일시**: 스포츠는 국가와 정치 체제와 동일시됨 • **국가적 정체성 형성**: 국민은 스포츠를 통해 국가 정체성을 형성 • **성공과 자부심**: 국가대표의 성공을 개인의 성공으로 동일시하며 자부심을 느낌 • **국가-스포츠 결합**: 스포츠와 국가가 밀접하게 결합한 경우 두드러짐 • **사례**: 2002년 한일 월드컵, 미국 드림팀 농구, 잉글랜드 축구 애국심
상징	• **정치적 상징 전달**: 스포츠는 정치적 이념과 국가 메시지를 상징적으로 전달 • **국가 위상 강화**: 국가나 정치 체제가 스포츠에서 상징적 의미를 부여해 위상과 정당성을 강화함 • **정치적 상징 활용**: 국기, 국가, 유니폼 등이 국민의 애국심과 자부심을 고취하는 데 활용됨 • **사례**: 올림픽 성화, 국기 게양, 월드컵 트로피 등
조작	• **정치적 목적 조작**: 스포츠는 정치적 목적을 위해 의도적으로 조작될 수 있음 • **국민 관심 전환**: 정치적 이익을 위해 국민의 관심을 스포츠로 돌림 • **정당성 강화 및 통제**: 정치적 정당성을 강화하거나 국민을 통제하는 수단으로 사용됨 • **사례**: 2018년 평창 올림픽에서 남북 단일팀 결성으로 국제 이미지 개선

6. **스포츠에 국가의 정치적 개입이 미치는 영향력** `기출` 2024

- 국가 위상 제고
- 주류 이데올로기 확산 및 가치 강조
- 애국심 고취와 국민적 단결 촉진
- 지역 및 국가 경제 활성화
- 사회적 연대 강화
- 국가 이미지와 정체성 강화
- 공공질서 보호
- 체력과 신체적 능력 유지

2 스포츠와 국내 정치

1. **스포츠와 지역 사회** `기출` 2025

경제적 활성화	스포츠 이벤트로 인한 관광, 상권, 고용 창출 효과
지역 사회 통합	스포츠를 통해 주민 간 결속력과 소속감 증대
지역 정체성 강화	지역 스포츠 팀이나 행사를 통해 지역 자부심 고취
인프라 발전	스포츠 시설과 기반 시설의 개선 및 확장
건강 증진 및 참여 확대	지역 스포츠 프로그램을 통한 주민 건강 및 참여 증가

2. **스포츠와 국가**

국위 선양	국제 대회에서 성과를 통해 국가 위상을 높임
국가적 정체성 강화	스포츠를 통해 애국심과 국민적 정체성 확립

합격선을 넘는 TIP

용어

동일화
자아가 그 역할을 수행하기 원하는 타자에게 감정을 이입시키거나 타자와 일체가 되어 동화하는 것

상징
직접 자각할 수 없는 의미나 가치 등을 유사적인 표현을 사용해 구상화하는 것

조작
행동하고자 하는 욕구가 큰 상황에서 반응을 통제하고 계속 압력을 증대시키고자 하는 목적에서 행해지는 상징 조정

출제 키워드

`기출` 2025

국제 스포츠 이벤트가 지역 사회에 미치는 긍정적 영향
- 도시 브랜드 가치 향상
- 사회 간접 자본 시설의 확충
- 지역 사회 구성원의 문화 정체성 강화
- 스포츠 참여 기회 확대 및 건강 증진 효과

합격선을 넘는 TIP

정치적 영향력 증대	스포츠 외교를 통해 국제적 관계 개선
경제 발전	대규모 스포츠 이벤트로 인한 경제적 효과
사회적 통합	스포츠를 통해 국민 단결 및 사회적 연대를 강화

3 스포츠와 국제 정치

1. 국제 정치에서 스포츠의 역할 기출 2023, 2018, 2015

기출 2023

국제 정치에서 스포츠의 기능
- 국위 선양: 2002년 한일 월드컵 4강 진출로 대한민국이 축구 강국으로 인식
- 외교적 항의: 1980년 모스크바 올림픽에서 서방 국가들의 보이콧 선언
- 정치 이념 선전: 1936년 베를린 올림픽에서 나치즘의 정당성과 우월성 과시

- 국가 경제력 과시
- 국제적 위상 강화
- 갈등과 분쟁의 촉매
- 외교 수단으로 활용
- 국제 협력과 평화 증진
- 국제 문화 교류 촉진
- 이념 및 정치 체제 홍보
- 외교적 반대 표현
- 국내 정치적 안정 도모

2. 스포츠 국제 이벤트에서 정치적 주요 사건 기출 2025, 2022, 2021, 2020, 2017, 2016

1936년 베를린 올림픽	나치 독일이 베를린 올림픽을 통해 아리아 인종의 우월성을 선전
1968년 멕시코시티 올림픽	미국 육상 선수들이 시상대에서 블랙 파워 경례를 하며 인종 차별에 대한 항의 의사를 표명
1969년 축구 전쟁	제9회 멕시코 월드컵 지역 예선 경기에서 온두라스와 엘살바도르의 나라 간 갈등이 과열되면서 전쟁 발발
1972년 뮌헨 올림픽	팔레스타인 무장 단체가 이스라엘 선수단을 인질로 삼아 벌인 테러 사건인 '검은 구월단 사건'이 발생
1980년 모스크바 올림픽	미국을 포함한 65개국이 소련의 아프가니스탄 침공에 대한 항의로 대회 불참
1995년 남아공 럭비 월드컵	아파르트헤이트 철폐 후 열린 첫 대형 스포츠 이벤트로, 만델라는 럭비를 국민 통합에 활용했고 스프링복스의 우승은 인종 화합과 화해의 상징이 됨
2002년 한일 월드컵	한국과 일본이 공동 개최하여 아시아 축구의 위상을 높임
2018년 평창 동계 올림픽	남북한은 여자 아이스하키 종목에서 남북 단일팀을 결성하여 한반도 긴장 완화를 위한 정치적 메시지를 전달함

3. 올림픽과 정치의 관계 기출 2017

기출 2017

올림픽 경기의 정치화 요인
- 민족주의 심화
- 정치 권력 강화
- 상업주의 팽창

긍정적	부정적
• 국가 이미지 개선 • 외교적 소통의 장 • 평화 증진과 사회적 통합 • 국제적 영향력 확대 • 경제 발전 촉진 • 국민적 자긍심 고취	• 국가 간 정치적 대립 심화 • 상업화 부작용 • 민족주의 갈증 증대 • 정치적 도구화 • 정치적 보이콧과 갈등 • 인권 및 사회 문제 악화 • 과도한 경제적 부담

출제될 핵심 개념 03 스포츠와 경제

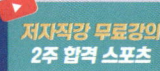

12% 상업주의와 스포츠 간의 관계 및 상업화가 스포츠에 미치는 영향을 분석하고, 이를 실질적 사례와 연계하여 학습해 보자!

★ 빈출 형광펜 시험에 자주 출제되는 개념으로, 시험 직전 빈출 형광펜만 딱 보고 들어가자!

1 상업주의와 스포츠

1. 스포츠 상업화의 의미
- 스포츠가 경제적 이익을 창출하는 수단으로 발전하고, 그 과정에서 스포츠가 상품처럼 거래되는 현상
- 스포츠 상업화는 스포츠 산업의 성장과 발전에 기여하면서도 지나친 이익 추구는 스포츠 가치와 공정성을 훼손할 수 있다.

2. 스포츠 상업주의의 원인 기출 2018

미디어 발달	TV, 인터넷 중계와 디지털 플랫폼을 통한 스포츠 상업화 및 팬 소통 강화
스폰서십 확대	기업 후원과 스타 마케팅으로 스포츠 상업화 촉진
글로벌화	스포츠 대회와 글로벌 팬층 증가로 상업적 기회 확장
스포츠 산업의 전문화	프로 리그 형성과 스포츠 마케팅 회사의 등장으로 스포츠가 상품화됨

3. 스포츠 상업주의로 인한 현상 기출 2024, 2023, 2022, 2021, 2019, 2018, 2017, 2015

긍정적 측면	부정적 측면
• 스포츠 산업의 발전과 일자리 창출 • 스포츠 인프라 확충 • 스포츠 인기 증가 • 스타 선수의 상업적 가치 상승 • 국제적인 팬층 형성과 스포츠 리그 확장 • 스포츠와 브랜드 협업 • 지역 경제 활성화	• 스포츠 본질 왜곡(구조 및 규칙 등) • 비윤리적 행위 증가 • 비인기 종목 소외 • 경제적 불평등 • 과도한 상업화 • 기업의 과도한 개입 • 선수의 과도한 경기 출전 • 팬의 상업적 부담 증가

4. 코클리(J. Coakley)가 제시한 상업주의 스포츠 출현의 조건 기출 2025

인구 밀도가 높은 대도시	스포츠 흥행 성공 가능성 증가
소비 문화의 발전	스포츠를 오락·상품으로 소비하려는 문화 확산
자본주의 시장 경제 체제	스포츠 관련 경제적 보상·수익 구조 마련
자본의 집중	대형 체육 시설 건설·유지 가능
대중 매체 발달	스포츠 중계·보도의 발달로 광고·홍보 효과 확대
교통·통신 발달	경기 관람과 스포츠 확산

합격선을 넘는 TIP

출제 키워드

기출 2018

상업주의 스포츠 출현 및 발전의 사회·경제적 조건
- 인구가 밀집되어 있는 도시
- 스포츠 기반 시설 구축을 위한 거대 자본
- 자본주의적 시장 경제 체제

출제 키워드

기출 2017, 2015

상업주의로 인한 스포츠 변화의 순기능과 역기능
- 순기능: 득점 체계 다양화, 극적인 요소의 극대화, 광고를 위한 경기 시간 조정
- 역기능: 아마추어리즘의 퇴조

합격선을 넘는 TIP

용어

심미적 가치와 영웅적 가치의 특성 비교
- 심미적 가치: 운동의 아름다움과 즐거움, 기술적 능력과 완숙도, 한계를 파악하려는 의지, 지속적 참여를 위한 헌신
- 영웅적 가치: 운동의 흥미와 위험성, 극적 표현의 형태 완성도, 한계를 뛰어넘으려는 의지, 팀의 승리와 성공에 대한 헌신

용어

프로 스포츠의 상업화
스포츠가 자본주의 경제 체제에서 큰 비중을 차지하게 된 과정으로, 스포츠 자체가 경제적 이익을 창출하는 중요한 수단이 됨

출제 키워드

기출 2022

드래프트(draft)
- 프로 스포츠 리그의 신인 선수 선발방식 중 하나
- 신인 선수 쟁탈에 따른 폐단을 막기 위해 도입됨
- 계약금 인상 경쟁을 막기 위한 방법으로 고안됨

출제 키워드

기출 2016

스폰서십(sponsorship)의 사례
올림픽에서 스폰서십을 시행함으로써 IOC는 기업으로부터 금전 및 물자를 제공받고, 기업은 자사 제품 광고 및 홍보에 올림픽 공식 로고와 휘장을 사용할 수 있는 권한을 얻음

---

5. 코클리(J. Coakley)가 제시한 상업주의에 따른 스포츠의 변화 기출 2024, 2023, 2022

스포츠 조직 변화	스포츠 조직의 대형화, 전문화, 복잡한 운영
스포츠 구조 변화	경기 규칙 및 시간 조정, 득점 다양화, 리그 체계 변화, 프로그램 구성 변화
스포츠 목적 변화	상업적 이익, 국가 자부심 확대, 스타 선수의 상업적 가치 증가
스포츠 내용 변화	관중의 흥미 극대화, 상업 광고에 시간 할애, 미디어 연계 콘텐츠 중시, 심미적 가치보다 영웅적 가치 중시

6. 프로 스포츠

(1) 프로 스포츠의 상업화

TV 중계권 판매	미디어와 협력해 주요 수익원 창출
스폰서십과 광고	팀, 리그, 선수가 기업과 협력해 계약 체결
팬 기반 소비	티켓, 경기 관람, 스포츠용품 판매로 상업화
글로벌 팬덤	국제 팬층 확장과 글로벌 마케팅

(2) 프로 스포츠에서 시행되는 주요 제도 기출 2023, 2022, 2019, 2016

최저 연봉	선수의 경제적 안정성을 위해 선수 연봉에 하한선 설정
샐러리 캡	경쟁 불균형 방지를 위해 한 팀의 연봉 총액에 상한선을 설정
럭셔리 택스	샐러리 캡 초과 구단에 부과되는 세금
트레이드	선수 교환을 통해 팀 전력을 강화하고 재정 균형을 맞춤
드래프트	신인 선수를 공정하게 배분해 경쟁의 균형 유지
보류 조항	계약 만료 후에도 팀이 선수를 보유할 수 있는 권리로, 자유로운 계약과 이적을 막는 조항
자유 계약(FA)	계약 만료 후 자유롭게 다른 팀과 계약할 수 있는 상태
프랜차이즈 태그	자유 계약 이전 특정 선수에게 1년 계약을 제안하는 권리
연봉 조정 신청제	중재 기관이 연봉을 결정하는 제도
옵트 아웃	계약 조건에 따라 중도 해지가 가능한 권리
우선 협상권	구단이 계약 종료 선수와 우선 협상할 수 있는 권리
스폰서십	기업이 팀이나 리그를 후원하며 자금 지원
독점 반영권	특정 방송사가 경기를 독점 중계할 수 있는 권리
웨이버 조항	팀이 선수를 공개해 다른 팀에서 영입할 수 있도록 하는 절차
선수 대리인	선수를 대신해 계약 협상 및 대리 업무를 수행하는 전문가

(3) **프로 스포츠의 기능** 기출 2021

순기능	역기능
• 스포츠 대중화 • 아마추어 활성화 • 지역 사회 결속력 증가 • 스포츠 참여 증가	• 사회적 불평등 심화 • 팬덤의 과열 • 과열된 경쟁 • 스포츠 본질 훼손

2 국제 스포츠 이벤트의 영향과 가치

1. 국제 스포츠 이벤트가 지역 사회에 미치는 영향 기출 2025, 2015

긍정적 영향	부정적 영향
• **도시 브랜드 가치 향상**: 도시 이미지 제고, 관광 활성화, 글로벌 홍보 효과 • **사회 간접 자본(SOC) 확충**: 교통, 통신, 경기장 등 인프라 개선 및 지역 발전 기반 마련 • **문화 정체성 강화**: 공동체 의식 고양, 지역민 자부심 및 문화 교류 증대 • **경제적 파급 효과**: 고용 창출, 지역 상권 활성화, 관광 수익 증대 • **스포츠 참여 기회 확대**: 지역 주민의 체육 활동 증가, 건강 증진 효과 • **국제 교류 증대**: 문화 교류, 외국인 유입으로 다문화 이해 확산 • **교육·청소년 효과**: 스포츠 가치 학습, 미래 세대의 동기 부여	• **재정 부담**: 막대한 개최 비용, 개최 후 적자 문제 • **시설 활용 저조**: 대회 후 경기장·시설의 사후 관리 문제 • **지역민 소외**: 일부 지역민은 이익을 누리지 못하고 세금 부담만 떠안음 • **사회 갈등**: 임대료 상승, 계층 간 갈등 심화

2. 국제 스포츠 이벤트가 가지는 경제적 가치

직접적인 경제 효과	티켓 판매, 방송 중계권, 스폰서십, 광고 수익으로 경제적 이익 창출
관광 산업 활성화	전 세계 관광객 유치로 관광 산업에 기여
장기적 투자 효과	교통, 통신, 숙박 시설이 지역 경제 활성화에 기여
스폰서십 및 마케팅 기회	글로벌 기업이 참여해 브랜드 가치를 홍보
국가 브랜드 및 투자 유치	긍정적 국가 이미지 상승으로 경제 성장 촉진
국내 경제 촉진	내수 진작 효과로 소비와 투자를 촉진, 경제 활동 활성화

합격선을 넘는 TIP

출제 키워드
기출 2025, 2015

국제 스포츠 이벤트의 사회적 기능
• 지역 주민의 자긍심 제고
• 개최 지역의 이미지 제고
• 기반 시설의 확충

내수
국내에서의 수요

출제될 핵심 개념 04 스포츠와 교육

5%

스포츠의 교육적 순기능과 역기능을 명확히 구분하여 이해하고, 신체적·정신적 발달에 대한 전인적 성장 관점에서 학습해 보자!

★ 빈출 형광펜 시험에 자주 출제되는 개념으로, 시험 직전 빈출 형광펜만 딱 보고 들어가자!

합격선을 넘는 TIP

1 스포츠의 교육적 기능

1. 스포츠와 교육의 관계

신체적·정신적 발달	스포츠는 신체 능력과 정신적 균형, 자제력 발달에 기여
사회적 기술 학습	스포츠를 통해 협동심, 리더십, 규칙 준수 등 사회적 기술 습득
교육과정 내 스포츠의 중요성	스포츠는 학생들의 전인적 성장을 촉진하는 교육과정의 중요한 요소

2. 스포츠의 교육적 순기능과 역기능 기출 2025, 2024, 2023, 2022, 2021, 2020, 2018, 2015

순기능	전인적 성장	• 신체적·정서적 발달 • 학업 장려 • 도전 정신, 팀워크 등의 사회화
	사회적 통합	• 학교 내 통합(소속감) • 규칙과 질서 준수 • 문화적 다양성 수용 • 학교와 지역 사회 통합
	사회 선도	• 사회적 모범 • 성차별 의식 개선(여권 신장) • 사회적 관심 증대 • 평생 체육과 연계 • 장애인의 삶의 질 향상
역기능	교육 목표의 훼손	• 학문적 성취 저하 • 균형 잡힌 교육의 결핍 • 경쟁의 과잉 • 참가 기회의 제한
	스포츠윤리 문제	• 승부 조작 및 비윤리적 행동 • 폭력 및 과도한 경쟁 • 일탈 조장 • 스포츠 상업화 조장
	편향된 인재 양성	• 독재적 코치 • 엘리트 스포츠의 집중화 • 비인간적 훈련

출제 키워드

기출 2017

스포츠의 교육적 순기능: 학교 내 통합 사례

○○중학교는 학생 상호 간, 학생과 교사 간 교류가 줄어들면서 '우리'라는 공동체 의식을 형성하지 못한 채 갈등을 겪고 있음. ○○중학교는 이러한 문제를 해결하기 위해 스포츠를 적극 활용하려고 함

출제 키워드

기출 2021

교육 현장에서 스포츠의 역기능 사례

• 비과학적 훈련 방법으로 학생 선수 혹사
• 승리지상주의 심화로 인한 교육 목표 결핍
• 학교와 팀의 성공을 위해 학생 선수의 의도적 유급, 성적 위조 등을 조장

2 한국의 학원 스포츠

1. 학원 스포츠의 의미
- 학교 교육과정 내에서 이루어지는 체육 활동의 발전된 형태로, 전문성을 갖춘 코치나 지도자를 통해 운영되며, 대회 참가와 성과를 목표로 한다.
- 대부분 엘리트 선수 육성에 중점을 둔다.

2. 학원 스포츠의 순기능과 역기능 기출 2022

순기능	역기능
• 건강 증진 • 인성 교육 • 사회적 발달 • 학교 명성 강화 • 전문 선수 양성	• 과도한 성적 지향 • 불공정한 경쟁 • 학업 소홀 • 엘리트 중심 구조 • 부상 위험

3. 학원 스포츠 문제점 해결 방안 기출 2017, 2016, 2015

학업과 운동의 균형 강화	학업과 운동을 병행할 수 있는 제도적 지원 강화 예 최저 학력제 도입, 학력 증진 프로그램 제공
안전 관리 강화	부상 방지를 위한 훈련 및 경기 안전 기준 강화
공평한 참여 기회 제공	엘리트 중심 구조 개선, 모든 학생에게 스포츠 참여 기회 확대
학생 중심 교육	성적보다 전인적 성장을 위한 프로그램 운영
스포츠교육의 윤리적 강화	스포츠맨십과 윤리 교육으로 공정한 스포츠 환경 조성
운동부 지도자의 처우 개선	지도자의 처우와 근로 조건 개선으로 전문성과 안정성 증대

4. 학원 스포츠의 문화적 특성 기출 2019

섬 문화	외부와의 교류가 제한된 지리적 특성으로 인해 독특한 생활 방식과 전통을 형성한 문화
승리지상주의 문화	참여나 즐거움보다 승리만을 중요시하여 과도한 훈련이나 경쟁을 유발하는 문화
군사주의 문화	코치 자신에게 절대적인 권한이 부여되어 있고, 부여되어야 한다고 믿는 문화
신체 소외 문화	선수를 학원 또는 코치의 목적 달성을 위한 도구로 생각하여 무자비하게 훈련시키는 문화

5. 스포츠 육성 정책 모델 기출 2025, 2024

선순환 모델	엘리트 성과가 대중 참여를 늘리고, 이는 다시 엘리트 선수 배출과 국가 이미지 향상으로 이어지는 순환 구조
피라미드 모델	많은 사람이 스포츠에 참여할수록 그중에서 선발된 선수가 단계적으로 성장해 최정상 엘리트 선수가 되는 구조
낙수 효과 모델	엘리트 선수에게 집중적인 투자와 전문적 훈련을 제공하고, 그 성과가 대중의 참여와 국가 이미지 제고로 확산되는 구조

합격선을 넘는 TIP

용어

최저 학력제
학생들이 일정 수준 이상의 학업 성취를 달성해야만 상급 학년으로 진급하거나 졸업할 수 있도록 하는 제도

출제 키워드
기출 2019
학원 스포츠의 문화적 특성: 섬 문화 사례
학생 선수들은 교실 공간과 분리되어 합숙소와 운동장에서 주로 생활하며 그들만의 공동체 문화를 만들어감. 또한 그들만의 동질감을 바탕으로 끈끈한 인간관계를 맺지만, 일반 학생들과는 이질화되고 있음

05 스포츠와 미디어

스포츠와 미디어의 상호 관계를 이해하고, 미디어 이론을 스포츠와 연결하여 구체적으로 학습해 보자!

★ **빈출 형광펜** 시험에 자주 출제되는 개념으로, 시험 직전 빈출 형광펜만 딱 보고 들어가자!

1 스포츠와 미디어의 이해

1. 미디어의 개념과 기능 `기출` 2017

개념	미디어는 정보를 전달하고 공유하는 수단이나 도구를 의미
기능	정보 전달, 오락 제공, 여론 형성, 사회 통합, 감시

2. 버렐(S. Birrell)과 로이(J. Roy)의 스포츠 미디어로 충족할 수 있는 욕구 유형

`기출` 2025, 2023, 2020

인지적 욕구	스포츠에 대한 지식, 경기 결과 및 팀과 선수에 대한 통계적 지식 제공
정의적 욕구	스포츠에 대한 즐거움, 흥미, 관심을 불러일으킴
통합적 욕구	스포츠로 사회 구성원들을 통합, 공동체 의식을 갖게 함
도피적 욕구	스트레스, 불안 등의 감정을 스포츠를 통해 해소

3. 스포츠 미디어 이론

(1) 스포츠 미디어 이론 `기출` 2023, 2022, 2021

의제 설정 이론	미디어 보도가 대중의 관심사 형성에 영향
문화 규범 이론	스포츠가 대중문화로 상업화되고, 미디어가 대중을 통제 및 동질화시킴
개인차 이론	사람들은 자신의 욕구에 맞게 미디어를 선택해 적극적으로 이용
프레이밍 이론	미디어의 사건 '프레임' 방식이 대중의 해석에 영향
사회 범주 이론	미디어의 영향이 개인의 사회적 특성에 따라 다름
사회관계 이론	스포츠 미디어가 사람들 간 관계를 형성하고 강화함

(2) 맥루한(McLuhan)의 매체 이론 `기출` 2022, 2020, 2016, 2015

핫 매체 (문자 미디어)	• **정보 풍부, 참여 적음**: 명확한 정보 제공(정의성 높음), 수용자는 수동적 참여 • **속도 느림, 사전 계획**: 느린 속도로 사전 계획된 정보 전달 • **주입식 정보 전달**: 수용자는 개입 불가, 정보 주입이 목적 예 서적, 신문, 잡지 등
쿨 매체 (전자 미디어)	• **정보 불완전, 참여 필요**: 불완전한 정보 제공(정의성 낮음), 수용자는 능동적 참여와 해석 필요 • **즉흥적 정보, 속도 빠름**: 즉흥적이고 빠른 속도로 정보 전달 • **주관적 개입, 반응 유도**: 수용자의 주관적 해석을 이끌어내며 반응을 유도 예 TV 보도, 라디오, SNS 등

합격선을 넘는 TIP

출제 키워드
`기출` 2023

맥퍼슨(B. McPherson)의 스포츠 미디어 이론: 사회관계 이론
- 대중 매체를 통한 개인의 스포츠 소비 형태는 중요 타자의 가치와 소비 행동에 의해 영향을 받음
- 스포츠 수용자 역할로의 사회화는 스포츠에 참여하는 가족 구성원으로부터 받은 스포츠 소비에 대한 승인 정도가 중요하게 작용함

출제 키워드
`기출` 2020, 2016

매체 스포츠
매체를 통해 대중에게 전달되는 스포츠 정보
- 핫 매체 스포츠: 야구, 테니스, 골프, 볼링 등
- 쿨 매체 스포츠: 축구, 핸드볼, 농구, 럭비, 아이스하키 등

4. **저널리즘 유형** 기출 2023, 2018

탐사 저널리즘	심층 조사로 감춰진 사실을 파헤치는 저널리즘
옐로 저널리즘	자극적이고 선정적인 내용을 보도해 대중의 관심을 끄는 저널리즘
뉴 저널리즘	문학적 기법으로 사건을 생생하게 전달하는 저널리즘
팩 저널리즘	여러 매체가 비슷한 내용을 획일적으로 보도하는 저널리즘
하이에나 저널리즘	약한 사람들을 공격적으로 파헤치는 저널리즘
시민 저널리즘	일반 대중이 직접 뉴스와 정보를 수집해 전달하는 저널리즘

2 스포츠와 미디어의 상호 관계

1. **스포츠와 미디어의 관계**

상호 보완적 관계	스포츠와 미디어는 서로를 지원하며 발전
스포츠 인기 증대	미디어는 스포츠를 대중에게 전달해 인기를 증대함
미디어 수익 창출	스포츠는 미디어에 콘텐츠와 수익을 제공해 산업 활성화
상호 발전 촉진	스포츠와 미디어는 서로의 발전을 촉진하는 중요한 역할을 함

2. **스포츠가 미디어에 미치는 영향(스포츠 → 미디어)** 기출 2025, 2016, 2015

- 다양한 미디어 콘텐츠 제공
- 미디어 장비 및 인프라 확장
- 중계권을 통한 수익 창출
- 미디어 기술 발전 촉진
- 미디어의 위상 강화
- 스포츠를 통한 광고 및 마케팅 기회 확대

3. **미디어가 스포츠에 미치는 영향(미디어 → 스포츠)** 기출 2022, 2020, 2018

긍정적	부정적
• 스포츠의 대중화 • 스포츠 산업 성장 • 경기 기술 및 전략 발전 • 경기 규칙 및 환경 개선 • 스포츠 참여 기회 증대	• 상업화로 인한 경기 일정 과부하 • 스포츠 본질 왜곡 • 선수의 프라이버시 침해 • 규칙 변경의 부작용 • 비인기 종목의 소외

합격선을 넘는 TIP

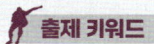 **출제 키워드**

기출 2023, 2018

스포츠 저널리즘 관련 용어
- 보편적 접근권: 국민의 관심이 높은 스포츠 경기를 무료 혹은 저렴한 비용으로 시청할 수 있는 권리
- 옐로 저널리즘: 선수 개인의 사생활을 중심으로 대중을 자극하고 호기심에 호소하는 흥미 위주의 스포츠 관련 보도를 지칭

 **출제 키워드**

기출 2025, 2020

스포츠와 미디어의 상호 관계 사례
- 영국 프리미어 리그 경기는 방송사에 수준 높은 콘텐츠를 제공하고 있음: 스포츠 → 미디어
- 방송사의 편익을 위해 배구의 랠리 포인트제, 농구의 쿼터제 등 경기 규칙을 변경함: 미디어 → 스포츠
- 손흥민, 류현진 선수 등의 활약으로 스포츠 관련 방송 시장이 확대됨: 스포츠 → 미디어
- 시청자의 욕구를 충족시켜 주기 위해 슬로우 영상, 반복 영상 등을 제공함: 스포츠 → 미디어
- 탁구공 색깔이 흰색에서 주황색으로 변경: 미디어 → 스포츠

출제될 핵심 개념 06 스포츠와 사회계급/계층

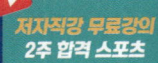

11%

사회계층이 스포츠 참여에 미치는 영향과 계층 이동 가능성을 이해하고, 이를 다양한 사회적 요소와 연계하여 학습해 보자!

★ 빈출 형광펜 시험에 자주 출제되는 개념으로, 시험 직전 빈출 형광펜만 딱 보고 들어가자!

합격선을 넘는 TIP

출제 키워드
기출 2023

스포츠계층의 특성: 보편성 사례
- 스포츠는 인기 종목과 비인기 종목으로 구분
- 종합 격투기는 체급에 따라 대전료와 중계권료 등에 차등이 존재

출제 키워드
기출 2023

브루디외(P. Bourdieu)의 문화자본 유형
- 체화된 문화자본: 개인이 학습과 교육으로 습득한 지식, 기술, 언어, 취향 등
- 객관화된 문화자본: 책, 예술품 등 물질적 문화재 등
- 제도화된 문화자본: 학위나 자격증 같은 공식 인증

1 사회계층의 이해

1. 사회계층과 계급의 의미 기출 2016

사회계층	• 계층은 사회적 위치를 나타내며, 교육, 소득, 직업 등 다양한 기준에 따라 사람들을 상하로 구분하는 구조를 의미 • 계층은 개인의 노력과 환경에 따라 이동 가능(유동적)
사회계급	• 계급은 주로 경제적 자원에 의해 구분되는 집단을 의미 • 재산이나 자본 소유 여부에 따라 상류층, 중산층, 하류층과 같은 고정된 집단

2. 스포츠계층의 특성 기출 2025, 2024, 2023, 2018, 2016, 2015

사회성	개인의 위치는 사회적 상호 작용과 구조에 따라 결정됨
역사성	계층 구조는 오랜 시간에 걸쳐 형성되고 변화됨
보편성(편재성)	모든 사회에서 계층 구조가 존재하는 공통적 현상임
다양성	소득, 교육, 직업 등 다양한 기준으로 계층이 나뉨
영향성	계층은 개인의 삶에 큰 영향을 미치며, 여러 분야에서 차이를 유발

3. 스포츠와 계층과의 관계 이론 기출 2025, 2023, 2019

카를 마르크스의 계급론	스포츠는 지배계급의 이익을 위한 노동 통제와 이데올로기 재생산 수단
막스 베버의 계층론	계급, 지위, 정당이 스포츠 참여 양식과 접근을 결정
부르디외의 문화자본론	• 상류층은 요트, 승마 등 자신들만의 스포츠 문화를 통해 계층적 차이를 강화 • 문화자본의 세가지 형태: 체화된, 객관화된, 제도화된
브루디외의 아비투스	개인이 의식적으로 배우지 않아도 계층·가정·학교·문화적 배경 속에서 자연스럽게 형성된 성향, 습관 등
라이트의 계급론	스포츠는 계급 간 불평등과 착취 구조를 드러내고, 지배계급의 이익을 재생산하는 도구로 작용
그람시의 헤게모니론	스포츠가 지배계급의 이데올로기를 사람들의 동의를 통해 상식처럼 만드는 과정
베블런의 유한(사회)계급론	상류층은 과시적 소비와 여가를 통해 자신의 사회적 지위를 드러냄

4. **스포츠계층 형성 과정 – 투민(M. Tumin)의 이론** 기출 2024, 2022, 2021, 2020, 2018, 2015

투민은 스포츠계층이 불평등을 정당화하고 고착시키는 구조적 요인들을 강조

지위의 분화	사회에 다양한 직업과 역할이 존재하며, 각기 다른 지위를 가짐
↓	
지위의 서열화	사회는 지위를 중요성에 따라 서열화함
↓	
평가	각 지위는 기여도에 따라 다르게 평가됨
↓	
보수 부여	높은 평가를 받은 지위는 더 많은 보수를 받음

합격선을 넘는 TIP

출제 키워드
기출 2022, 2021

투민(M. Tumin)의 스포츠계층 형성 과정: 지위의 서열화

- 스포츠 종목에서 요구되는 우수한 운동수행 능력을 갖추어야 함
- 뛰어난 경기력뿐만 아니라 탁월한 개인적 특성을 갖추어야 함
- 스포츠 팀 구성원으로 자신의 능력이 팀 승리에 미치는 영향력이 커야 함

2 사회계층과 스포츠 참가

1. **하류 계층의 스포츠 참가 한계 요인**

경제적 제약	장비, 시설, 수업료 등의 비용 부담
시간 부족	생계 유지로 인한 시간 부족
교육 및 훈련 기회 부족	스포츠교육이나 훈련 접근성이 낮음
문화적 자원 부족	스포츠 참여 인식이나 문화적 자본의 결핍

2. **계층에 따른 스포츠 참가 유형** 기출 2020, 2017

상류 계층	고급 스포츠	골프, 승마, 요트, 테니스와 같은 고가 스포츠와 개인 스포츠 참여를 주로 함
	사회적 네트워킹	스포츠를 통해 사회적 지위를 유지하고, 엘리트 네트워크를 형성
	전문적인 시설 이용	개인 트레이너, 고급 스포츠 클럽 등 고급 시설에서 활동
하류 계층	대중 스포츠	축구, 농구, 달리기, 배구와 같은 비교적 저렴한 비용의 스포츠에 참여
	공공시설 이용	공공 체육관, 학교 운동장, 무료 또는 저렴한 스포츠 시설을 주로 이용
	계층 이동 수단으로 스포츠 활용	엘리트 선수가 되어 사회적 상승을 목표로 함

출제 키워드
기출 2020

상류 계급의 스포츠 참가 특징

- 과시적 소비 성향의 스포츠 선호
- 요트, 승마와 같은 자연 친화적 개인 스포츠 선호
- 사생활이 보호되는 장소에서 소수 인원이 즐기는 스포츠 참여 선호

합격선을 넘는 TIP

용어

사회 이동
집단, 개인이 어떤 사회적 위치에서 다른 사회적 위치로 이동 또는 변화하는 현상

출제 키워드

기출 2022

기든스(A. Giddens)의 사회계층 이동 준거와 유형의 사례

> K는 가난한 가정에서 태어나 끊임없는 훈련을 통해 축구 월드 스타가 되었다. 월드 스타가 되고 난 후, 축구 장학 재단을 만들어 개발 도상국에 축구 학교를 설립하여 후진 양성에 큰 역할을 하고 있다.

- 이동 준거: 개인
- 이동 방향: 수직 이동
- 시간적 거리: 세대 내 이동

출제 키워드

기출 2021

로이(J. Loy)와 레오나르드(G. Leonard)가 제시한 사회 이동 기제로써 스포츠 역할

- 프로 스포츠 선수들은 다양한 형태의 후원 및 광고 출연의 기회가 있음
- 조직적인 스포츠 참가는 직·간접적으로 교육적 성취도를 향상시킴
- 사회생활을 하는 데 가치 있다고 여겨지는 태도 및 행동 양식을 학습시킴

---

3 스포츠와 계층 이동

1. 사회 이동의 유형 기출 2025, 2024, 2022, 2020, 2019, 2015

대상에 따른 이동 (이동 준거)	개인적 이동	개인의 노력이나 외부 요인에 의한 지위 변화
	집단적 이동	집단 전체의 사회적·경제적 위치 변화
방향에 따른 이동 (이동 방향)	수직 이동	상향(지위 상승) 또는 하향(지위 하락) 이동
	수평 이동	지위 변화 없이 직업이나 지역만 변경
세대에 따른 이동 (시간적 거리)	세대 간 이동	부모와 자녀 세대 간의 계층 이동
	세대 내 이동	개인이 자신의 삶에서 경험하는 지위 이동

2. 사회계층 이동에 스포츠가 미치는 영향 기출 2021, 2016

긍정적	부정적
• 건전한 태도 형성 • 교육 기회 확대 • 사회적 상승 기회 제공 • 사회적 기술 습득 • 직업적 기회 창출	• 성공 신화의 부작용 • 교육 자원의 편중 • 단기적 성공에 의존 • 사회적 불평등 심화 • 스포츠 실패 시 복귀 어려움

3. 사회 이동 기제로서 스포츠의 역할 기출 2021

- 스포츠 참가는 직업적 태도 및 행동 발달로 사회적 상승 이동 촉진
- 조직적 스포츠 참가는 직·간접적 교육적 성취도 향상과 후원 기회 제공
- 어린 시절 스포츠 참가는 신체적 기량 발달로 전문 직종 입문 가능성 확대

출제될 핵심 개념 07 스포츠와 사회화

16% 스포츠 사회화 과정에서 개인과 사회에 미치는 영향을 이해하고, 사회화 이론을 사례 중심으로 학습해 보자!

★ 빈출 형광펜 시험에 자주 출제되는 개념으로, 시험 직전 빈출 형광펜만 딱 보고 들어가자!

1 스포츠 사회화의 의미와 과정

1. 스포츠 사회화의 의미
개인이 스포츠 활동을 통해 사회적 규범, 가치, 태도를 학습하고, 사회의 일원으로서 기능하는 과정

2. 스포츠 사회화의 과정 기출 2025, 2022, 2021, 2020, 2018, 2017, 2016

스포츠로의 사회화	가정, 학교, 또래 집단의 영향을 받아 스포츠에 처음 참여
스포츠를 통한 사회화	스포츠를 통해 협동심, 규칙 준수, 팀워크 등 사회적 가치 학습
스포츠로부터의 탈사회화	스포츠 활동을 중단하거나 은퇴하는 과정
스포츠로의 재사회화	스포츠 중단 후 다시 복귀하거나 새로운 스포츠 활동을 시작하는 과정

3. 스포츠 사회화 이론 기출 2025, 2024, 2022, 2021, 2019, 2017

사회 학습 이론	타인 행동을 관찰하고 모방하며 사회적 행동을 학습
구조기능 이론	스포츠는 사회 질서 유지와 통합을 촉진하는 기능
상징적 상호 작용 이론	상호 작용을 통해 사회적 의미와 정체성을 형성
역할 이론	스포츠에서 개인은 역할에 맞는 행동을 학습하고 수행
준거 집단 이론	소속 팀이나 그룹을 통해 규범과 행동을 학습하고 조정

4. 파슨스(T. Parsons)의 사회적 기능 모형(AGIL) 기출 2024, 2022, 2021

적응 (Adaptation)	사회가 환경에 적응하고 자원을 효율적으로 활용하는 기능
목표 성취 (Goal attainment)	사회가 목표를 설정하고 이를 달성하기 위한 과정
통합 (Integration)	사회 구성원 간의 조화를 유지하고 규범을 통해 통합을 이루는 기능
유형 유지(Latent pattern maintenance)	사회가 문화와 가치를 유지하며 다음 세대에 전수하는 기능

합격선을 넘는 TIP

출제 키워드 기출 2016

스포츠 사회화 과정의 사례
- 중학생 고영주는 학교 스포츠 클럽에 참가하면서 교우 관계가 원만해짐: 스포츠를 통한 사회화
- 프로 야구 강동훈 선수는 부상으로 은퇴한 후, 해설가로 활동하면서 사회인 야구의 감독을 맡고 있음: 스포츠로의 재사회화

출제 키워드 기출 2024, 2023, 2022

사회 학습 이론의 관점
- 강화: 상과 벌을 통해 행동이 변화
- 관찰 학습: 다른 사람의 행동을 관찰하여 모방이 일어남
- 코칭: 사회화 주관자의 가르침을 통해 행동이 변화

출제 키워드 기출 2024

파슨스(T. Parsons)의 AGIL 모형에 근거한 스포츠의 사회적 기능
- 체제 유지 및 긴장 처리 기능
- 사회 구성원을 통합시키는 기능
- 사회 구성원이 사회 체제에 적응하게 하는 기능

합격선을 넘는 TIP

출제 키워드

기출 2023

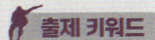

케년(G. Kenyon)의 스포츠 참가 유형 사례
- 특정 선수의 사인볼 수집: 행동적 참가
- 특정 스포츠 관련 SNS 활동: 인지적 참가
- 특정 스포츠 물품에 대한 애착: 정의적 참가

---

5. **케년(G. Kenyon)의 스포츠 참가 유형** 기출 2023, 2020, 2018, 2017

행동적 참가	1차적 참여	스포츠에 직접 참가하는 선수(주전, 후보), 승자, 패자 등
	2차적 참여	스포츠에 간접 참가하는 것으로 생산자와 소비자로 구분됨 • 생산자: 코치, 심판, 관중, 스포츠 시설 운영자 등 • 소비자: 팬
인지적 참가		스포츠에 대한 지식과 정보를 습득하고 분석하는 참가 유형
정의적 참가		스포츠에 대한 감정적 참가 유형

2 스포츠로의 사회화와 스포츠를 통한 사회화

1. 스포츠로의 사회화

(1) **스포츠로의 사회화 의미**: 스포츠와의 초기 접촉과 그 경험을 통해서 스포츠에 대한 관심과 참여 수준이 높아지거나 낮아지는 과정

(2) **스포츠로의 사회화 촉진 요소** 기출 2025

가족	부모나 형제의 참여가 어린 시절 스포츠 입문에 큰 역할을 함
또래 집단	친구들의 스포츠 활동이 참여를 촉진시킴
학교 및 교육기관	체육 수업과 방과 후 활동이 스포츠 사회화를 촉진시킴
미디어	유명 선수와 경기를 접하며 스포츠에 대한 관심 증가
역할 모델	유명 선수나 지도자가 스포츠 참여 동기를 강화
스포츠 정책 지원	정부와 지역 사회 지원 프로그램이 스포츠 참여 기회 제공
문화적 배경	사회나 문화에서 스포츠가 중요한 역할을 할 때 사회화가 촉진됨

2. 스포츠를 통한 사회화

(1) **스포츠를 통한 사회화 의미**: 개인이 스포츠 활동에 참여하면서 사회적 규범, 가치, 행동 양식 등을 학습하고 내면화하는 과정

(2) **스포츠를 통한 사회화에 영향을 미치는 요소**

참가 자발성	스포츠 참가의 자발성에 따라 사회화 효과가 달라짐
개인적·사회적 특성	성격, 동기, 사회적 배경이 스포츠 사회화에 영향을 미침
참가 정도	참가 빈도와 깊이에 따라 사회적 규범 학습이 달라짐
사회관계의 본질	스포츠 내 대인 관계의 질과 깊이가 사회화에 중요함

3 스포츠 탈사회화와 재사회화

1. 스포츠로부터의 탈사회화

(1) 스포츠로부터의 탈사회화의 의미 `기출` 2024, 2017

① 개인이 스포츠 활동에서 벗어나거나 중단하는 과정

② 개인적 선택 등 다양한 이유로 인해 스포츠와 관련된 규범, 역할, 행동에서 이탈하게 되는 현상

(2) 스포츠로부터의 탈사회화에 영향을 미치는 요인

- 부상
- 은퇴
- 개인적 동기 상실
- 외부 환경 변화
- 경제적 이유
- 사회적 관계 변화
- 심리적 스트레스

2. 스포츠로의 재사회화

(1) 스포츠로의 재사회화의 의미

① 개인이 스포츠 활동을 중단한 후 다시 스포츠에 참여하거나 복귀하는 과정

② 중단했던 선수가 다시 경기에 나서거나 새로운 스포츠 활동에 적응하는 것을 포함한다.

(2) 스포츠로의 재사회화 유형 `기출` 2017, 2015

선수 복귀	은퇴나 활동 중단 후 다시 운동을 재개해 경기장에 복귀
새로운 스포츠 종목 참여	기존 스포츠에서 벗어나 다른 종목에 새롭게 참여
스포츠 지도자로의 전환	선수 생활 후 코치나 감독으로 스포츠에 참여
아마추어 스포츠 복귀	프로 스포츠를 그만두고 여가로 아마추어 스포츠에 참여
자원봉사 및 행정 참여	스포츠 행정이나 자원봉사 활동으로 스포츠에 기여

합격선을 넘는 TIP

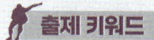

출제 키워드

`기출` 2017

스포츠의 탈사회화

- 운동선수의 스포츠 탈사회화는 선수 은퇴를 의미함
- 환경, 취업, 정서 등의 요인은 운동선수의 스포츠 탈사회화에 영향을 미침

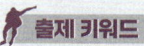

출제 키워드

`기출` 2024

스포츠로부터 탈사회화의 제약 요인

- 내재적 요인: 개인의 심리 상태, 성격, 능력, 지식, 경험, 태도 등
- 대인적 요인: 가족, 또래 집단, 문화 등
- 구조적 요인: 사회적, 경제적, 기술적 요인 등

08 스포츠와 일탈

16%

스포츠 일탈의 유형과 원인을 파악하고, 방지 전략을 구체적으로 이해하며 스포츠 사례와 연계하여 학습해 보자!

★ **빈출 형광펜** 시험에 자주 출제되는 개념으로, 시험 직전 빈출 형광펜만 딱 보고 들어가자!

합격선을 넘는 TIP

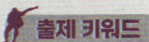

긍정적 일탈
정상적으로 받아들여지는 행동에 대한 무비판적 수용

부정적 일탈
일반적인 일탈로 규범을 위반하는 행동

출제 키워드
기출 2023

코클리(J. Coakley)가 제시한 스포츠 일탈

- 상대론적 접근에 따르면 스포츠 일탈이 용인되는 범위는 사회적으로 타협하는 과정을 통해 구성됨
- 과잉 동조는 과훈련(over-training), 부상 투혼 등을 거부감 없이 무비판적으로 수용하는 것임

1 스포츠 일탈의 이해

1. 스포츠 일탈의 의미 **기출** 2020, 2017, 2016
- 스포츠 활동 내에서 사회적 규범이나 규칙을 어기는 행동
- 경기 중 부정행위, 규칙 위반, 스포츠맨십 결여 등 형태가 다양하다.
- 스포츠 일탈의 형태: 긍정적 일탈 → 규범 지향적 / 부정적 일탈 → 반규범 지향적

2. **스포츠 일탈의 원인과 특성** **기출** 2024, 2023, 2020, 2017

원인	• **경쟁 과열**: 승리에 대한 강박적인 집착 • **경제적 이익 추구**: 상업화와 금전적 유혹 • **사회적 압력**: 주변의 기대와 압박 • **심리적 요인**: 스트레스, 불안 또는 감정 조절의 어려움 • **제도적 결함**: 규칙의 허점이나 제재의 부족 • **문화적 요인**: 특정 스포츠 문화에서 반칙이나 일탈 행동을 묵인하거나 영웅화
특성	• **과소 동조**: 규범이나 규칙을 무시하는 일탈 행동 　예 고의적인 반칙, 규칙 위반 • **과잉 동조**: 규범이나 규칙에 지나치게 따르며 극단적인 헌신을 추구하는 일탈 　예 팀을 위해 건강이나 안전을 희생하는 과도한 행동

3. 코클리(J. Coakley)의 일탈적 과잉 동조 유발 요인 **기출** 2022

구분 짓기 규범	다른 선수들과 차별화되기 위해 뛰어난 성과를 추구해야 함
인내 규범	위험을 감수하고, 고통 속에서도 계속해서 경기에 임함
몰입 규범	스포츠에 전념하고, 이를 삶에서 최우선으로 삼아야 함
도전 규범	스포츠에서 성공하기 위해 어려움과 역경을 이겨내야 함

4. 스포츠 일탈 방지 전략

- 윤리 교육 강화
- 도핑 검사 및 예방 프로그램
- 공정한 경기 문화 조성
- 코치 및 지도자의 역할 중요성 강조
- 엄격한 규칙 적용 및 처벌
- 심리적 지원 및 스트레스 관리
- 미디어의 역할 강화
- 사회적 책임 강화

5. **스포츠 일탈 관련 이론** 기출 2025, 2024, 2022, 2021, 2020, 2019, 2018

차별 교제 이론	개인은 사회적 집단의 규범을 학습하며, 일탈 행동도 사회적 상호 작용을 통해 배움	
낙인 이론	일탈자로 낙인 찍힌 개인은 지속적인 일탈 행동을 할 가능성이 높음	
사회 통제 이론	규범에 대한 통제력이 약해지면 일탈 행동이 증가	
기회 이론	일탈 기회가 많을수록 일탈 행동 발생 가능성이 높음	
긴장 이론	사회적 압박이나 스트레스를 해소하기 위해 일탈 행동이 발생	
문화 규범 이론	서로 다른 문화적 규범이 충돌할 때 일탈 발생 가능성 증가	
구조기능 이론	스포츠 일탈은 사회 규범을 위반하며, 이를 통해 규범을 재확인하고 강화하는 기회가 됨	
중화 이론	일탈을 정당화하기 위해 변명이나 합리화를 사용하는 이론	
아노미 이론	사회 구조와 문화적 목표 간의 괴리로 인해 개인이 규범에서 일탈하는 행동을 설명하는 이론	
	도피주의	사회적 목표와 수단을 모두 포기
	동조주의	사회적 규범을 따르며 목표 추구
	의례주의	사회적 목표는 포기하고 수단만 따름
	혁신주의	새로운 수단으로 목표를 달성하는 일탈적 방식
	반역주의	새로운 목표 달성을 위해 자신만의 독창적인 방법이나 수단 사용

② 스포츠 일탈의 유형

1. **스포츠 일탈의 유형** 기출 2018

공격적 일탈	스포츠 폭력	상대에게 해를 가하는 의도적 폭력
	관중 폭력	군중 심리로 인한 폭력적 행동
윤리적 일탈	승부 조작	경기 결과를 조작해 부당한 이익을 얻는 행위
	부정행위	고의적 반칙이나 규칙 위반
	도핑	불법 약물로 경기 능력을 부정하게 향상시키는 행동
	스포츠맨십 결여	상대를 존중하지 않는 비윤리적 행동
구조적 일탈	스포츠 협회의 부정부패	금전적 부정, 권력 남용
	관리 부실	불투명한 선수 관리나 경기 운영
	스포츠 자금 비리	자금을 개인 이익으로 부당 사용
	조직 내 권력 남용	권력을 남용해 부당 대우

합격선을 넘는 TIP

🏃 **출제 키워드**

기출 2025, 2022

머튼(R. Merton)의 아노미 이론 사례

- 도피주의: 스포츠에 내재된 비인간성, 승리지상주의, 상업주의, 학업 결손 등에 염증을 느껴 스포츠 참가 포기
- 동조주의: 전략적 시간 끌기 작전, 경기 규칙이 허용하는 범위 내에서의 파울 행위 등
- 의례주의: 승패에 집착하지 않고 참가에 의의를 두는 것, 결과보다는 경기 내용 중시
- 혁신주의: 불법 스카우트, 금지 약물 복용, 경기장 폭력, 승부 조작 등

🏃 **출제 키워드**

기출 2018

스포츠 현장에서 발생하는 일탈적 부정행위 사례

- 경기력 향상을 위한 금지 약물 복용
- 상급 학교 진학을 위한 승부 조작
- 승리를 위한 심판 매수 및 금품 제공

합격선을 넘는 TIP

2. 스포츠 일탈의 기능 [기출 2023, 2018]

순기능	역기능
• 스포츠 시스템 개선과 혁신 유도 • 스포츠 불공정 문제와 제도적 결함 인식 • 스포츠 규범 및 규칙 재검토 및 수정 • 스포츠 공동체의 결속과 통합 촉진 • 새로운 전략 방식 도입과 변화 촉진	• 스포츠 공정성 훼손 • 선수 건강 및 안전 위협 • 스포츠 규범 약화 • 팬들의 실망 및 스포츠 인식 저하 • 사회적 불안 및 갈등 조성

3. 관중 폭력

(1) 관중 폭력의 발생 원인 [기출 2017, 2015]

과도한 경쟁	라이벌 경기나 결승전에서 긴장감 고조
대규모 군중	집단 속에서 책임감 약화, 군중 심리 활성화
알코올 및 약물 남용	충동적, 공격적 행동 유발
열악한 보안 관리	보안 인력 부족 시 폭력 통제 어려움
경기 결과 반응	패배나 심판 판정에 대한 극단적 반응
군중 심리	집단행동에 동조, 폭력 확산 가능성
사회적 갈등	사회적, 정치적 대립이 경기로 반영될 때 폭력 증가
물리적 환경 문제	혼잡한 경기장 구조가 폭력 사태 촉발
관중 밀집도	서 있는 관중 수

(2) 스미스(M. Smith)의 경기장 내 신체 폭력 유형 [기출 2024]

단순한 신체 접촉	스포츠 규칙에 준하는 모든 신체 접촉
경계 폭력	스포츠의 공식적 규칙에는 위반되지만, 일반적으로 용인되는 수준
유사 범죄 폭력	스포츠의 공식적·비공식적 규칙 모두 위반하는 수준
격렬한 신체 접촉	부상을 유발할 수 있는 형태의 강한 신체 접촉으로 선수들 사이에서 스포츠 참가의 일부로 받아들여짐

(3) 집합 행동 이론 [기출 2023, 2021, 2020]

전염 이론	집합 행동은 감정이 전염되듯이 퍼짐
수렴 이론	집합 행동은 특정 상황에서 개인들이 유사한 성향을 보이고 모이게 되어 나타남
규범 생성 이론	집합 행동은 새로운 규범이 형성되면서 발생
부가 가치 이론	집합 행동은 사회적, 문화적, 구조적 요인들이 누적되어 폭발적으로 나타남

출제 키워드 [기출 2017]

드워(C. Dewar)가 제시한 프로 야구 경기의 관중 난동 요인

관중이 많을수록, 경기의 후반부일수록, 기온이 올라갈수록, 시즌의 막바지로 접어들수록 난동 발생 가능성이 높음

출제 키워드 [기출 2024]

스미스(M. Smith)가 제시한 경기장 내 신체 폭력 유형: 경계 폭력

• 경기의 규칙을 위반하는 행위지만, 대부분의 선수나 지도자들이 용인하는 폭력 행위 유형
• 경기 전략의 하나로 활용되며, 상대방의 보복 행위를 유발할 수 있음

 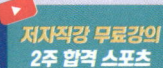 

09 미래사회의 스포츠

11% 기술 발전과 글로벌화가 스포츠에 미치는 영향을 이해하고, 미래 스포츠 변화 가능성을 예측하며 학습해 보자!

★ 빈출 형광펜 시험에 자주 출제되는 개념으로, 시험 직전 빈출 형광펜만 딱 보고 들어가자!

1 스포츠 변화에 영향을 미치는 요인

1. 미래사회의 스포츠 변화 요인

(1) **기술 발전과 스포츠 혁신** 기출 2024, 2021, 2016

첨단 기술 도입	과학 기술 발전으로 스포츠가 정밀하고 효율적으로 변화(앱 개발, 스마트 웨어러블, AI 등)
훈련 방법 혁신	데이터 분석을 통한 맞춤형 훈련으로 선수 능력 극대화
안전 장비 발전	기록 향상과 안전을 위한 장비 성능 개선

(2) **미디어와 통신 기술의 확장** 기출 2015

디지털 미디어 성장	다양한 온라인 플랫폼과 소셜 미디어에서 실시간 스포츠 관람 가능
시청 몰입 기술 발전	VR, AR, 4D 등 기술을 통해 몰입감 높은 시청 경험 제공
스포츠 중계 기술	고화질(4K, 8K) 중계, 드론 촬영, 다양한 카메라 앵글 제공, AI를 활용한 자동 하이라이트 생성 및 경기 분석

(3) 스포츠 상업화와 경제적 변화

소비자 중심 스포츠	스포츠가 관람을 넘어 장비, 구독 서비스, 회원권 등 소비 활동 중심 산업으로 성장
스포츠 마케팅 확대	경기 결과보다 콘텐츠와 브랜드 가치를 중심으로 한 마케팅 중요

(4) 문화적 융합과 글로벌화

글로벌 스포츠 문화	다양한 민족과 문화가 섞여 새로운 스포츠 문화 형성
다문화 스포츠 환경	다양한 인종과 배경의 선수들이 세계 무대에서 활약

(5) 환경과 지속 가능성에 대한 인식 변화

친환경 스포츠 도입	환경 보호를 위해 지속 가능한 스포츠 인프라와 이벤트가 주목받음
에코 스포츠 장비	재활용 소재로 제작된 장비와 환경 영향을 최소화한 제품 개발

(6) 조직화 및 합리화

극적인 재미 추구	스포츠 참가의 즐거움보다 극적인 재미 요소를 위해 육체 활동이 조직화됨
결과 중심	획일적인 기준에 따라 목표 달성에 치중하게 되어 스포츠의 다양성이 배제됨

합격선을 넘는 TIP

용어

스마트 웨어러블
시계, 밴드, 안경, 의류 등과 같은 데일리 웨어러블의 지능형 디자인 및 개발에 사용되는 총칭

출제 키워드

기출 2024

과학 기술의 발전에 따른 스포츠의 변화
- IoT, 웨어러블 디바이스 발전으로 경기력 측정의 혁신을 가져옴
- 4차 산업 혁명에 따른 초지능, 초연결은 스포츠 빅데이터의 활용을 확대시킴
- VR, XR 디바이스의 발전으로 가상 현실 공간을 활용한 트레이닝이 가능해짐

2. 미래사회와 스포츠의 관계성 `기출 2025, 2019, 2016`

엘리트 스포츠 발전	더 전문적이고 과학적인 훈련 방식으로 발전
웰빙 수단	스포츠는 신체적·정신적 건강을 위한 중요한 도구로 활용됨
첨단 기술 융합	훈련, 관람 등 다양한 스포츠 산업과 첨단 기술의 융합
성평등 가치	여성과 소수자의 스포츠 참여가 활발해지며, 성평등이 중요한 가치가 됨
헬스케어 산업 발전	인구 변화와 고령화에 따른 맞춤형 헬스케어 산업의 발전
친환경 스포츠	지속 가능한 시설과 친환경 스포츠 행사의 강조
사회적 결속 도구	스포츠는 지역 사회의 결속과 소통을 촉진하는 도구로 활용됨

2 스포츠 세계화

1. 스포츠 세계화 의미 `기출 2016`

특정 국가나 지역에 국한되지 않고, 스포츠가 전 세계적으로 확산되고 공통된 문화로 자리 잡는 과정

2. 스포츠 세계화의 특징과 이점 `기출 2024, 2022`

특징	이점
• 국제 스포츠 이벤트 개최 • 스포츠 스타 글로벌 영향력 • 스포츠 산업의 다국적화 • 문화 간 스포츠 교류 • 미디어와 스포츠의 글로벌화 • 스포츠 규범의 국제적 표준화	• 국제 협력 강화 • 문화 교류 활성화 • 스포츠 관련 기술 및 훈련 발전 • 세계적 스포츠 인프라 구축 • 사회적 통합 촉진 • 글로벌 경제 활성화 • 다국적 기업의 스폰서 및 투자 증가

3. 스포츠 세계화 관련 용어 `기출 2025, 2022`

세방화	글로벌 스포츠가 지역 특성에 맞게 변화하는 현상
스포츠화	스포츠가 사회 전반에 확산되고 체계화되는 과정
세계 표준화	스포츠 규칙, 경기 방식, 장비 등이 전 세계적으로 통일되는 현상
세계 스포츠 시장	스포츠 산업이 글로벌하게 연결되어 상품, 서비스, 미디어가 거래되는 현상
미국화	미국식 스포츠 문화와 스타일이 전 세계로 확산되는 현상
다문화 스포츠	다양한 문화적 배경을 가진 사람들이 참여하는 스포츠 활동
스포츠 외교	국가 간 정치적·외교적 관계 개선을 위해 스포츠를 활용하는 전략적 활동

합격선을 넘는 TIP

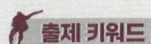

출제 키워드 `기출 2016`

스포츠 세계화의 사례
- 외국 선수의 국내 유입과 자국 선수의 해외 진출이 자유롭게 이루어짐
- 나이키와 아디다스 같은 스포츠 기업이 다국적 기업으로 성장함
- 태권도가 올림픽 정식 종목으로 채택되면서 많은 국가에 보급됨

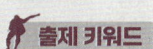

출제 키워드 `기출 2024`

베일(J. Bale)이 제시한 스포츠 세계화의 특징
- IOC, FIFA 등 국제 스포츠 기구가 성장
- 다국적 기업의 국제적 스폰서십 및 마케팅 증가
- 글로벌 미디어 기업의 스포츠에 관한 개입 증가

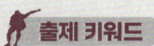

출제 키워드 `기출 2025, 2022`

세방화(Glocalization)
- 로버트슨(R. Roberston)이 제시한 용어
- LA 다저스 팀이 박찬호 선수를 영입하여 좋은 경기력을 펼치면서 메이저 리그 경기가 한국에서 인기가 높아짐
- 맨체스터 유나이티드 팀이 박지성 선수를 영입하면서 프리미어 리그 경기가 한국에서 인기가 높아짐

4. **스포츠 세계화의 동인** 기출 2024, 2023, 2020, 2019, 2018, 2017

제국주의와 식민지 확장	식민지 확장을 통해 서구 스포츠가 세계로 퍼짐
민족주의	국가 명예를 위한 경쟁이 스포츠 세계화 촉진
종교	종교적 가치와 스포츠가 결합하며 스포츠 확산
기술 발전의 진보	인터넷, TV, 소셜 미디어가 스포츠의 글로벌 전파를 촉진
미디어와 상업화	미디어 중계와 다국적 기업의 후원이 세계화를 가속화함
국제 스포츠 이벤트	올림픽, 월드컵 등 대규모 이벤트가 스포츠 교류 촉진
정치 및 외교	스포츠 외교를 통해 국가 간 관계 개선
경제적 요인	스포츠 산업의 상업화와 글로벌 시장 확장
문화적 융합	스포츠가 다양한 문화를 연결하며 세계적으로 확산
인종 차별 및 편견 완화	다양한 문화와 인종의 교류로 인종에 대한 편견과 차별이 줄어듦
스포츠 노동 이주	선수, 코치, 트레이너 등 다양한 스포츠 관련 직종의 인력이 국경을 넘어 이주

5. **매기(J. Magee)와 서덴(J. Sugden)의 노동 이주 유형** 기출 2025, 2023, 2021

개척자형	새로운 스포츠 기회를 찾아 미개발 지역으로 이주하는 유형
정착민형	한 지역에 장기적으로 정착하여 활동하는 유형
귀향민형	해외에서 활동 후 본국으로 복귀하는 유형
유목민형	여러 나라를 옮겨 다니며 활동하는 유형

6. **스포츠 세계화가 스포츠에 미치는 영향**

- 스포츠 상업화
- 스포츠 브랜드 확장
- 스포츠 규칙 및 표준화
- 스포츠 외교 활성화
- 스포츠 기술 발전
- 스포츠 자본주의 심화
- 글로벌 팬덤 형성
- 선수 노동 이주
- 다문화 스포츠 환경 조성
- 스포츠 문화 다양성
- 스포츠 외교 갈등
- 국제 스포츠 이벤트 증가 및 비용 부담

합격선을 넘는 TIP

기출 2023

제국주의의 사례

'코먼웰스 게임(commonwealth games)'은 영연방 국가들이 참가하는 스포츠 메가 이벤트로 영연방 국가의 통합에 기여하는 측면이 있으며, 영국의 스포츠로 알려진 크리켓과 럭비는 대부분 영국의 식민지였던 영연방 국가에서 인기가 있음

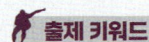

기출 2021

매기(J. Magee)와 서덴(J. Sugden)이 제시한 스포츠의 노동 이주 유형: 유목민형

- 종목의 특성으로 인해 국가 간 이동이 발생
- 개인의 취향에 의해 선택하는 경우도 발생
- 흥미로운 장소를 돌면서 스포츠를 즐기는 유형

다 이해했어? 기출지문으로 확인하고 넘어가기

#기출지문과 동일하거나 유사한 지문 반복출제 #개념복습과 실력점검 효과를 동시에!

출제될 개념 찾아가기

01 스포츠사회학은 스포츠를 운동 수행에 미치는 심리적 메커니즘을 분석하는 학문이다. O X P.34

02 상징적 상호 작용 이론은 사회 구조보다 개인이 부여하는 의미와 상호작용 과정을 중시한다. O X P.35

03 스포츠가 정치에 미치는 영향은 국가 이미지 제고, 국위 선양, 외교적 활용 등이 있다. O X P.36

04 스포츠와 정치의 결합 방법 중 동일화는 국가대표의 성과를 국민 개인의 성취와 연결해 자부심을 주는 것이다. O X P.37

05 1980년 모스크바 올림픽은 국제 협력의 대표적 사례로 꼽힌다. O X P.38

06 코클리(J. Coakley)가 제시한 상업주의에 따른 스포츠의 변화 중 경기 규칙 및 시간 조정, 리그 체계 변화, 득점 다양화 등은 스포츠 내용의 변화에 포함된다. O X P.40

07 스포츠의 교육적 순기능 중 여권 신장은 여성의 스포츠 참여 확대와 지위 향상을 의미한다. O X P.42

08 낙수 효과 모델은 대중의 참여가 먼저 확대되고, 그 성과가 엘리트 스포츠 발전으로 이어진다. O X P.43

09 버렐(S. Birrell)과 로이(J. Roy)의 정의적 요구는 스포츠에 대한 지식, 경기 결과 등의 지식 제공을 의미한다. O X P.44

10 맥루한의 핫 매체는 정의성이 높고, 수용자의 참여도가 낮은 매체이다. O X P.44

11 미디어는 스포츠의 대중화와 인기 확산에 긍정적으로만 작용한다. O X P.45

12 베블런의 유한계급론은 상류층의 과시적 소비와 여가를 통한 지위 과시를 설명한다. O X P.46

13 투민의 사회계층 형성과정은 지위 서열화 → 평가 → 보수 부여 → 지위 분화의 순서이다. O X P.47

14 파슨스의 AGIL 모형에서 '적응'은 가치 전수와 문화 유지 기능을 의미한다. O X P.49

15 매기(J. Magee)와 서덴(J. Sugden)의 노동 이주 유형 중 유목민형은 여러 나라를 다니며 활동하는 유형을 말한다. O X P.57

| 정답 | 01 X 02 O 03 O 04 O 05 X 06 X 07 O 08 X 09 O 10 O 11 X 12 O 13 X 14 X 15 O

이것만 풀어도 합격선을 넘는 대표기출 40제

#최근5개년 기출분석 #최다빈출키워드 엄선수록 #40개만 풀어도 과락 없이 합격!

01

스포츠사회학에 관한 설명으로 옳지 <u>않은</u> 것은?

① 스포츠 현장의 사회 구조와 사회 과정을 설명하는 학문이다.
② 운동 참여자의 운동수행 능력과 관련된 직접적인 원인을 설명한다.
③ 사회학의 하위 분야로 스포츠 현장의 인간행동을 예측하고 이해한다.
④ 스포츠는 사회 영역과 밀접한 관계를 맺고 있어 통찰과 분석이 필요하다.

01 [기출 2021]   난이도 ★★☆

스포츠사회학은 사회 구조와 과정 속에서 스포츠가 수행하는 역할과 영향을 연구하는 학문이다.
운동수행 능력과 같은 개인의 생리적·신체적 능력에 대한 직접적인 원인을 설명하는 학문은 운동생리학이다.

02

스포츠사회학의 주요 연구 영역에 관한 설명으로 적절하지 <u>않은</u> 것은?

① 스포츠 기능 향상의 심리적 기전을 연구한다.
② 스포츠 맥락에서 인간의 행위와 상호작용 현상을 연구한다.
③ 스포츠 사회 내 규범, 신념, 이데올로기, 환경의 변화를 연구한다.
④ 스포츠 집단의 유형, 특성, 기능, 구조, 변화 과정을 연구한다.

02 [기출 2025]   난이도 ★☆☆

'스포츠 기능 향상의 심리적 기전'은 스포츠심리학의 연구 영역이므로 스포츠사회학의 연구 영역에 해당하지 않는다.
스포츠사회학은 스포츠를 사회적 현상으로 보고, 스포츠와 관련된 사회 구조, 문화, 제도, 집단, 불평등 등을 연구한다.

[오답풀이]
②, ③, ④ 스포츠사회학의 주요 연구 영역에 해당한다.

03

〈보기〉에서 설명하는 스포츠 사회화 이론은?

─── 〈보기〉 ───
- 상과 벌을 통해 행동의 변화가 일어난다.
- 사회화 주관자의 가르침을 통해 행동이 변화한다.
- 다른 사람의 행동을 관찰하여 모방이 일어난다.

① 사회 학습 이론
② 역할 이론
③ 준거 집단 이론
④ 문화 규범 이론

03 [기출 2021]   난이도 ★★☆

사회 학습 이론은 사람은 관찰과 모방을 통해 다른 사람의 행동을 학습하며, 모델링을 통해 새로운 행동을 습득한다고 본다. 보상과 처벌은 행동을 강화하거나 억제시킨다.

[오답풀이]
② 역할 이론: 사회적 역할에 따라 기대되는 행동을 수행하며, 개인은 주어진 역할에 맞춰 행동한다.
③ 준거 집단 이론: 개인은 자신이 속하거나 동경하는 집단을 기준으로 행동과 태도를 형성한다.
④ 문화 규범 이론: 사회의 문화와 규범에 의해 행동이 형성되고, 규범을 따르는 것이 요구된다.

| 정답 | 01 ②   02 ①   03 ①

04

〈보기〉의 내용과 관련이 깊은 사회학 이론은?

―〈보기〉―
- 미시적 관점의 이론이다.
- 인간은 사회 제도나 규칙에 대해 능동적으로 사고하고 의미를 부여하며 행동한다.
- 스포츠 팀의 주장은 리더십이 필요하기 때문에 점차 그 역할에 맞는 리더십을 발휘한다.

① 갈등 이론
② 교환 이론
③ 상징적 상호 작용 이론
④ 기능주의 이론

04 [기출 2024, 2023, 2022, 2021] 난이도 ★★☆

상징적 상호 작용 이론은 사람들이 사회적 상호 작용을 통해 의미를 부여하고, 그에 따라 행동한다는 이론이다.

[오답풀이]
① 갈등 이론: 사회는 권력과 자원을 두고 갈등과 대립이 발생하며, 변화는 갈등의 결과로 이루어진다.
② 교환 이론: 인간은 이익과 보상을 극대화하려는 상호 교환을 통해 사회적 행동을 결정한다.
④ 기능주의 이론: 사회는 유기체처럼 구조와 기능이 조화롭게 작용하여 안정과 질서를 유지한다.

05

〈보기〉의 사례에 해당하는 정치가 스포츠를 이용하는 방법으로 가장 적절한 것은?

―〈보기〉―
스포츠는 정치인에게 권력을 강화하는 수단이 되기도 한다. 12.12 군사 쿠데타와 5.18 민주화 운동을 거치며, 당시 사회는 극도의 불안감과 정권에 대한 불신이 극에 달했다. 정권은 언론을 통제하고 정치적 발언을 통제하려 했지만, 뜻대로 되지 않았다. 그래서 국민의 관심을 돌리고 정권을 유지하기 위해 프로 스포츠를 장려했다.

출처: M사, 시사교양(2005. 6.)

① 상징
② 조작
③ 동일화
④ 전문화

05 [기출 2025] 난이도 ★★☆

스포츠와 정치의 결합 방법은 '상징', '동일화', '조작'으로 구분할 수 있다. 이 중 국민의 관심을 다른 사회 문제에서 돌리거나, 정권 유지·정당성을 확보하기 위해 스포츠를 이용하는 방법은 '조작'에 해당한다.

[오답풀이]
① 상징: 스포츠를 국가적 상징으로 활용하여 애국심과 국민적 단결을 고취하는 방법
③ 동일화: 국민이 국가 대표팀이나 선수의 성과를 자신의 성취처럼 여기도록 유도하는 방법
④ 전문화: 정치적 목적 달성을 위해 특정 스포츠에 집중적으로 투자하고 체계적으로 육성하는 방법

| 정답 | 04 ③ 05 ②

06

국제 사회에서 발생한 스포츠 사건에 관한 설명으로 옳은 것은?

① 남아프리카 공화국은 아파르트헤이트(apartheid)로 인해 국제 대회 참여가 거부되었다.
② 구소련의 아프가니스탄 침공을 이유로 1984년 LA 올림픽 경기 대회에 많은 자유 진영 국가가 불참하였다.
③ 2018년 평창 동계 올림픽 경기 대회에서 메달 획득을 위해 여자 아이스하키 남북 단일팀이 결성되었다.
④ 1936년 베를린 올림픽 경기 대회에서 검은 구월단 무장 단체가 선수촌에 침입하여 이스라엘 선수를 살해하였다.

06 [기출 2022] 난이도 ★☆☆

아파르트헤이트는 남아프리카 공화국 정부가 시행한 인종 차별 정책으로, 국제 사회는 이러한 인종 차별에 대해 강하게 반대했으며, 올림픽을 비롯한 다양한 국제 스포츠 기구들이 남아프리카 공화국의 대회 참가를 금지하였다.

[오답풀이]
② 1980년 모스크바 올림픽: 구소련의 아프가니스탄 침공을 이유로 미국 등 서방 국가들이 대회에 불참하였다.
③ 2018년 평창 동계 올림픽: 민족 화합과 더불어 국제적 평화와 이해 증진에 기여하기 위해 여자 아이스하키 종목에서 남북 단일팀이 결성되었다.
④ 1972년 뮌헨 올림픽: 팔레스타인 무장 단체가 이스라엘 선수단을 인질로 삼아 벌인 테러 사건인 '검은 구월단 사건'이 발생하였다.

07

아이첸(D. Eitzen)과 세이지(G. Sage)가 제시한 스포츠의 정치적 속성 중 〈보기〉의 설명에 해당하는 것은?

―〈보기〉―
• 국가대표 선수는 스포츠를 통해 국위를 선양하고 국가는 선수에게 혜택을 준다.
• 국가대표 선수가 올림픽에 출전하여 메달을 획득하면 군복무 면제의 혜택을 준다.

① 보수성
② 대표성
③ 상호 의존성
④ 권력 투쟁

07 [기출 2024] 난이도 ★★☆

스포츠의 정치적 속성 중 상호 의존성에 대한 설명이다. 스포츠는 정치와 경제 등 다양한 제도와 상호 의존적인 관계를 형성하며, 정치적 목적으로 활용되기도 한다.

[오답풀이]
① 보수성: 스포츠는 기존 사회 질서와 권력 구조 유지에 기여하며 변화를 지양한다.
② 대표성: 국가대표 선수들의 성과가 국가 이미지 및 자부심과 연결된다.
④ 권력 투쟁: 스포츠는 정치적 이익과 권력 증대의 장으로 활용된다.

| 정답 | 06 ① 07 ③

08

〈보기〉에서 스포츠 상업화에 따른 변화를 모두 고른 것은?

―〈보기〉―
㉠ 프로페셔널리즘 추구
㉡ 심미적 가치의 경시
㉢ 직업 선수의 등장
㉣ 아마추어리즘의 강조
㉤ 스포츠 조직의 세계화
㉥ 농구 쿼터제 도입

① ㉠, ㉡, ㉢, ㉥
② ㉠, ㉢, ㉤, ㉥
③ ㉡, ㉢, ㉣, ㉤
④ ㉡, ㉣, ㉤, ㉥

08 [기출 2021] 난이도 ★★☆

오답풀이
㉡ 심미적 가치를 경시한 것이 아니라 영웅적 가치를 더 중요시하게 되었다.
㉣ 아마추어리즘보다 프로페셔널리즘을 추구하게 되었다.

09

〈보기〉에서 설명하는 프로 스포츠의 제도는?

―〈보기〉―
• 프로 스포츠 리그의 신인 선수 선발 방식 중 하나이다.
• 신인 선수 쟁탈에 따른 폐단을 막기 위해 도입되었다.
• 계약금 인상 경쟁을 막기 위한 방법으로 고안되었다.

① FA(free agent)
② 샐러리 캡(salary cap)
③ 드래프트(draft)
④ 최저 연봉(minimum salary)

09 [기출 2022] 난이도 ★★☆

드래프트는 프로 스포츠 리그에서 신인 선수 선발을 위해 사용되는 제도로, 신인 선수를 공정하게 배분해 경쟁의 균형을 유지한다.

오답풀이
① FA(자유 계약): 계약 만료 후 자유롭게 다른 팀과 계약할 수 있는 상태
② 샐러리 캡: 한 팀의 연봉 총액에 상한선을 설정하여 지출을 규제하는 제도
④ 최저 연봉: 선수의 경제적 안정성을 위해 선수 연봉에 하한선을 설정하는 제도

| 정답 | 08 ② 09 ③

10

〈보기〉에서 설명하는 프로 스포츠의 제도는?

― 〈보기〉 ―
- 프로 스포츠 구단이 소속 선수와의 계약을 해지하고 다른 구단에게 해당 선수를 양도받을 의향이 있는지 공개적으로 묻는 제도이다.
- 기량이 떨어지거나 심각한 부상을 당한 선수를 방출하는 수단으로 이용하고 있다.

① 보류 조항(reserve clause)
② 웨이버 조항(waiver rule)
③ 선수 대리인(agent)
④ 자유 계약(free agent)

10 [기출 2023]　　난이도 ★★☆

웨이버 조항은 구단이 선수를 방출할 때, 다른 팀에서 영입할 수 있도록 하는 절차이다.

[오답풀이]
① 보류 조항: 계약 만료 후에도 팀이 선수를 보유할 수 있는 권리
③ 선수 대리인: 선수를 대신해 계약 협상 및 대리 업무를 수행하는 전문가
④ FA(자유 계약): 계약 만료 후 자유롭게 다른 팀과 계약할 수 있는 상태

11

스포츠의 교육적 순기능에 관한 설명으로 옳지 <u>않은</u> 것은?

① 사회화를 촉진하여 전인 교육 기능을 한다.
② 승리 지상주의를 학습시켜 사회 통합 기능을 한다.
③ 장애인의 적응력 배양으로 사회 선도 기능을 한다.
④ 여성의 참여 증가를 통한 여권 신장으로 사회 선도 기능을 한다.

11 [기출 2025]　　난이도 ★☆☆

승리 지상주의는 스포츠의 교육적 순기능이 아니라 오히려 역기능(과도한 경쟁, 교육 목표 훼손, 비윤리적 행동 조장)에 해당한다.

| 정답 | 10 ②　11 ② |

12

교육 현장에서 스포츠의 역기능에 관한 설명으로 옳지 않은 것은?

① 비과학적 훈련 방법은 학생 선수를 혹사시킨다.
② 승리지상주의 심화로 인해 교육 목표를 결핍시킨다.
③ 참여 기회의 제한으로 장애인의 적응력을 배양시킨다.
④ 학교와 팀의 성공을 위해 학생 선수의 의도적 유급, 성적 위조 등을 조장한다.

12 [기출 2024, 2021] 난이도 ★★☆

참여 기회의 제한은 장애인의 적응력을 배양하는 것이 아니라 오히려 방해할 수 있으며, 이는 스포츠의 교육적 역기능 중 교육 목표의 훼손에 해당한다.

13

스포츠의 교육적 순기능 중 사회 선도 기능이 아닌 것은?

① 여권 신장
② 학교 내 통합
③ 평생 체육과의 연계
④ 장애인의 삶의 질 향상

13 [기출 2023, 2022] 난이도 ★☆☆

학교 내 통합은 교육적인 측면에서 사회 선도 기능이 아닌 사회적 통합 기능에 포함된다. 스포츠의 교육적 순기능은 전인적 성장(신체적, 정서적 성장, 학업 장려, 도전 정신, 팀워크 등의 사회화), 사회적 통합(학교 내 통합(소속감), 규칙과 질서 준수, 문화적 다양성 수용, 학교와 지역 사회 통합), 사회 선도(사회적 모범, 여권 신장(성차별 의식 개선), 사회적 관심 증대, 평생 체육과 연계)로 구분된다.

14

〈보기〉에서 스포츠의 교육적 순기능으로만 묶인 것은?

─── 〈보기〉 ───
㉠ 학교와 지역 사회의 통합
㉡ 평생 체육의 연계
㉢ 스포츠의 상업화
㉣ 학업 활동의 격려
㉤ 참여 기회의 제한
㉥ 승리지상주의

① ㉠, ㉡, ㉣
② ㉠, ㉢, ㉤
③ ㉡, ㉢, ㉣
④ ㉡, ㉤, ㉥

14 [기출 2023, 2022] 난이도 ★★☆

스포츠의 교육적 역기능은 승리지상주의, 비인격화, 과도한 경쟁, 스포츠 상업주의, 경기력 중심 평가, 폭력 및 일탈, 불공정한 기회 등이 있다.
㉢, ㉤, ㉥은 스포츠의 교육적 역기능에 해당하는 내용이다.

| 정답 | 12 ③ 13 ② 14 ①

15

맥루한(M. McLuhan)의 미디어 이론에 따른 구분 및 특성을 바르게 제시한 것은?

구분 \ 특성	정의성	감각 참여성	감각 몰입성	경기 진행 속도
① 핫 미디어 스포츠	높음	낮음	높음	빠름
② 쿨 미디어 스포츠	낮음	낮음	낮음	느림
③ 핫 미디어 스포츠	높음	높음	낮음	느림
④ 쿨 미디어 스포츠	낮음	높음	높음	빠름

15 [기출 2022]   난이도 ★★☆

맥루한(M. McLuhan)의 미디어 이론에 따르면, 쿨 미디어는 낮은 정의성을 가지고 있어 수용자의 적극적인 참여가 요구된다. 또한 감각 몰입성이 높으며 경기 진행 속도가 빠른 특성을 지닌다.

16

스포츠 미디어 이론에 관한 설명으로 옳지 <u>않은</u> 것은?

① 문화 규범 이론 – 문화적 차이에 의해 핫 미디어와 쿨 미디어로 나누어진다.
② 사회 범주 이론 – 미디어의 영향력은 성, 연령, 계층 등에 따라 다르게 반영된다.
③ 개인차 이론 – 대중들은 능동적 수용자로서 심리적 욕구를 만족하기 위해 매스 미디어를 활용한다.
④ 사회관계 이론 – 미디어를 통한 개인의 스포츠 소비 형태는 중요 타자의 가치와 소비 행동에 의해 영향을 받는다.

16 [기출 2021]   난이도 ★★☆

문화 규범 이론은 특정 사회나 집단 내에서 공통으로 받아들여지는 규범이나 가치관이 개인의 행동과 사회적 상호 작용에 영향을 미친다는 이론이다.
문화적 차이에 의해 핫 미디어와 쿨 미디어로 나누어지는 것은 맥루한(McLuhan)의 매체 이론에 해당하는 설명이다.

| 정답 | 15 ④   16 ①

17

⟨보기⟩에서 설명하는 스포츠 미디어 이론은?

―――――⟨보기⟩―――――
대중들은 능동적 수용자로서 특수한 심리적 욕구를 만족시키기 위해 매스 미디어를 적극 이용한다. 이에 미디어 수용자는 인지적, 정의적, 도피적, 통합적 욕구를 충족시키기 위해 스포츠를 주제로 다루는 매스 미디어를 이용한다.

① 사회 범주 이론
② 개인차 이론
③ 사회관계 이론
④ 문화 규범 이론

17 [기출 2023, 2022, 2021]   난이도 ★★☆

개인차 이론은 대중들이 각자의 심리적 욕구를 충족시키기 위해 미디어를 다르게 사용하는 것에 중점을 둔다.

[오답풀이]
① 사회 범주 이론: 사람들은 공통의 특성이나 범주에 속한 집단으로 자신을 구분하고, 이에 따라 행동과 태도가 형성된다.
③ 사회관계 이론: 개인의 행동은 사회적 관계와 상호 작용 속에서 형성되며, 인간은 관계 속에서 역할을 수행한다.
④ 문화 규범 이론: 문화와 규범이 개인의 행동을 규제하며, 사회는 구성원에게 규범을 따를 것을 요구한다.

18

맥루한(M. McLuhan)의 매체 이론에 관한 설명으로 옳지 않은 것은?

① 핫(hot) 미디어 스포츠는 관람자의 감각 참여성이 낮다.
② 쿨(cool) 미디어 스포츠는 관람자의 감각 몰입성이 높다.
③ 핫(hot) 미디어 스포츠는 경기 진행 속도가 빠르다.
④ 쿨(cool) 미디어 스포츠는 메시지의 정의성이 낮다.

18 [기출 2022]   난이도 ★★☆

핫 미디어 스포츠는 경기 진행 속도가 느리고, 메시지의 정의성이 높아 관람자가 감각적 참여가 적고 수동적으로 정보를 수용한다.
쿨 미디어 스포츠는 경기 진행 속도가 빠르고, 메시지의 정의성이 낮아 관람자가 감각적 참여를 더 많이 요구받고 적극적으로 해석한다.

| 정답 | 17 ② 18 ③

19

〈보기〉에서 설명하는 맥퍼슨(B. McPherson)의 스포츠 미디어 이론은?

〈보기〉
- 대중 매체를 통한 개인의 스포츠 소비 형태는 중요 타자의 가치와 소비 행동에 의해 영향을 받는다.
- 스포츠 수용자 역할로의 사회화는 스포츠에 참여하는 가족 구성원으로부터 받은 스포츠 소비에 대한 승인 정도가 중요하게 작용한다.

① 개인차 이론
② 사회 범주 이론
③ 문화 규범 이론
④ 사회관계 이론

19 [기출 2023, 2022, 2021]   난이도 ★★☆

사회관계 이론은 스포츠와 미디어 간의 상호 작용을 분석하는 접근법으로, 스포츠 이벤트가 미디어를 통해 어떻게 사회적 관계를 형성하고 재구성하는지를 탐구한다.

오답풀이
① 개인차 이론: 사람들은 자신의 욕구에 맞게 미디어를 선택해 적극적으로 이용한다.
② 사회 범주 이론: 미디어의 영향이 개인의 사회적 특성에 따라 다르다.
③ 문화 규범 이론: 스포츠가 대중문화로 상업화되고, 미디어가 대중을 통제 및 동질화한다.

20

〈보기〉 중 스포츠가 미디어에 미친 영향에 해당하는 것으로만 묶은 것은?

〈보기〉
㉠ 탁구공의 색이 흰색에서 주황색으로 변경되었다.
㉡ 월드컵, 올림픽은 미디어 보급 및 확산에 기여하였다.
㉢ 정지 화면, 느린 화면, 클로즈업 등의 방송 기법이 발달하였다.
㉣ 스포츠 관람 인구가 증가하고, 스포츠 활동이 생활의 일부로 확산되었다.

① ㉠, ㉡
② ㉠, ㉣
③ ㉡, ㉢
④ ㉡, ㉣

20 [기출 2025]   난이도 ★★☆

㉡ 월드컵, 올림픽 등 국제 스포츠 행사는 미디어 보급 및 확산을 촉진하였다(스포츠 → 미디어).
㉢ 스포츠 경기 중계 과정에서 정확한 판단을 위해 정지 화면, 느린 화면, 클로즈업 등의 방송 기법이 발달하였다(스포츠 → 미디어).

오답풀이
㉠ 탁구공 색상 변경은 TV 중계 가시성을 위한 조치로 미디어가 스포츠에 미친 영향을 나타낸다(미디어 → 스포츠).
㉣ 스포츠 관람 인구 증가와 스포츠 활동 생활화는 미디어 보급으로 가능해졌다(미디어 → 스포츠).

| 정답 | 19 ④ 20 ③

21

〈보기〉에서 대중 매체가 스포츠에 미치는 영향에 해당되는 것만을 모두 고른 것은?

〈보기〉
- ㉠ 대중 매체의 기술이 발전한다.
- ㉡ 스포츠 인구가 증가한다.
- ㉢ 새로운 스포츠 종목이 창출된다.
- ㉣ 미디어 콘텐츠를 제공한다.
- ㉤ 경기 규칙과 경기 일정이 변경된다.
- ㉥ 스포츠 용구가 변화한다.

① ㉠, ㉡, ㉢
② ㉠, ㉢, ㉣
③ ㉡, ㉢, ㉣, ㉤
④ ㉡, ㉢, ㉤, ㉥

21 [기출 2022]   난이도 ★★☆

미디어가 스포츠에 미치는 영향은 스포츠 인기 상승, 상업화 촉진, 경기 규칙 및 용구 변경, 스타 선수 부각, 방송 중계 수익 증가, 스포츠 이벤트 확대, 스포츠 글로벌, 선수 경기력 및 기술 향상, 경기 일정 조정, 광고 및 스폰서십 확대 등이 있다.

[오답풀이]
㉠, ㉣ 스포츠가 대중 매체에 미치는 영향에 해당한다.

22

〈보기〉에서 투민(M. Tumin)이 제시한 스포츠계층의 특성 중 보편성(편재성)에 해당하는 것으로만 묶인 것은?

〈보기〉
- ㉠ 스포츠는 인기 종목과 비인기 종목으로 구분된다.
- ㉡ 과거에 비해 운동선수들의 지위가 향상되고 있다.
- ㉢ 종합 격투기는 체급에 따라 대전료와 중계권료 등에 차등이 있다.
- ㉣ 계층에 따라 스포츠 참여 빈도, 유형, 종목이 달라지며, 이러한 차이는 개인의 삶에 영향을 미친다.

① ㉠, ㉡
② ㉠, ㉢
③ ㉡, ㉣
④ ㉢, ㉣

22 [기출 2023, 2022, 2021]   난이도 ★★☆

보편성은 모든 사회에서 계층 구조가 존재하는 공통적 현상으로 ㉠, ㉢이 해당한다.

[오답풀이]
㉡은 역사성, ㉣은 영향성에 해당하는 설명이다.

| 정답 | 21 ④   22 ②

23

투민(M. Tumin)이 제시한 사회계층의 특성을 스포츠에 적용한 설명으로 옳은 것은?

① 보편성: 대부분의 스포츠 현상에는 계층 불평등이 나타난다.
② 역사성: 현대 스포츠에서 계층은 종목 내, 종목 간에서 나타난다.
③ 영향성: 스포츠에서 계층 불평등은 역사 발전 과정을 거치며 변천해 왔다.
④ 다양성: 스포츠 참여에서 나타나는 사회적 불평등은 일상생활에도 유사하게 나타난다.

23 [기출 2024, 2023] 난이도 ★★☆

① 보편성: 사회 어느 곳에서나 계층 불평등이 존재한다.

오답풀이
② 역사성: 계층 불평등은 시간에 따라 변화한다.
③ 영향성: 계층 불평등은 다른 사회적 현상에 영향을 미친다.
④ 다양성: 계층 불평등은 사회 내 여러 형태로 나타난다.

24

〈보기〉의 A선수에 해당하는 사회계층 이동의 유형을 바르게 연결한 것은?

〈보기〉
A선수는 2002년부터 2019년까지 프로 축구 리그 S팀의 주전 선수로 활동하면서 MVP 3회 수상 등 축구 선수로서 명성을 얻었다. 은퇴 후, 2020년부터 프로 축구 A팀의 수석 코치로 활동하게 되었다.

	이동의 방향	시간적 거리	이동의 주체
①	수평 이동	세대 간 이동	집단 이동
②	수평 이동	세대 내 이동	개인 이동
③	수직 이동	세대 간 이동	집단 이동
④	수직 이동	세대 내 이동	개인 이동

24 [기출 2024] 난이도 ★★☆

- A선수는 자신의 노력과 성취로 프로 축구에서 성공을 거두었으며, 이는 사회계층 내에서 수직 이동을 의미한다.
- 선수 경력이 같은 세대 안에서 이루어졌으므로 세대 내 이동이다.
- 개인의 능력에 의한 지위 변화이므로 개인 이동에 해당한다.

| 정답 | 23 ① 24 ④

25

⟨보기⟩의 내용을 기든스(A. Giddens)의 사회계층 이동 준거와 유형으로 바르게 묶은 것은?

─────⟨보기⟩─────
- K는 가난한 가정에서 태어나 끊임없는 훈련을 통해 축구 월드 스타가 되었다.
- 월드 스타가 되고 난 후, 축구 장학 재단을 만들어 개발 도상국에 축구 학교를 설립하여 후진 양성에 큰 역할을 하고 있다.

	이동 주체	이동 방향	시간적 거리
①	개인	수직 이동	세대 내 이동
②	개인	수평 이동	세대 간 이동
③	집단	수직 이동	세대 간 이동
④	집단	수평 이동	세대 내 이동

25 [기출 2022]   난이도 ★★☆

- K는 개인의 노력과 훈련을 통해 성공한 상황이므로 이동의 주체는 개인이다.
- K는 가난한 가정에서 태어나 축구 월드 스타가 되었으므로 사회적 지위가 크게 상승하는 수직 이동에 해당한다.
- K는 자신의 세대 내에서 사회적 지위를 바꾸었으므로, 세대 내 이동이다.

26

스포츠에서 나타나는 사회계층 이동에 대한 설명으로 옳지 않은 것은?

① 스포츠는 계층 이동을 위한 수단으로 활용된다.
② 사회계층의 이동은 사회적 상황과 개인적 상황을 반영한다.
③ 사회 지위나 보상 체계에 차이가 뚜렷하게 발생하는 계층 이동은 '수직 이동'이다.
④ 사회계층의 이동 유형은 이동 방향에 따라 '세대 내 이동', '세대 간 이동'으로 구분한다.

26 [기출 2024, 2022]   난이도 ★★☆

세대 내 이동, 세대 간 이동은 세대에 따른 이동에 포함된다. 이동 방향에 따른 이동은 수직 이동과 수평 이동이 포함된다.
- 세대 간 이동: 부모와 자녀 세대 간의 계층 이동
- 세대 내 이동: 개인이 자신의 삶에서 경험하는 지위 이동
- 수직 이동: 상향(지위 상승) 또는 하향(지위 하락) 이동
- 수평 이동: 지위 변화 없이 직업이나 지역만 변경

| 정답 | 25 ①   26 ④

27

〈보기〉의 사례에 해당하는 스포츠사회화 과정이 바르게 연결된 것은?

―〈보기〉―
- ㉠ 소영이는 '골때리는 그녀'라는 TV 프로그램을 보고 축구에 매력을 느껴 축구 클럽에 가입하게 되었다.
- ㉡ 소영이는 축구에 흥미를 잃어 축구 클럽을 탈퇴하였고, 6개월이 지났을 무렵, 친구의 권유로 테니스 클럽에 가입하게 되었다.
- ㉢ 소영이는 테니스 활동을 하며 테니스 규칙, 기술, 매너 등을 잘 숙지한 테니스 동호인이 되었다.
- ㉣ 소영이는 무릎과 팔꿈치 부상이 잦아지면서 결국 좋아하는 테니스를 그만두게 되었다.

	㉠	㉡	㉢	㉣
①	스포츠로의 재사회화	스포츠로의 사회화	스포츠를 통한 사회화	스포츠 탈사회화
②	스포츠로의 재사회화	스포츠를 통한 사회화	스포츠로의 사회화	스포츠 탈사회화
③	스포츠로의 사회화	스포츠를 통한 사회화	스포츠로의 재사회화	스포츠 탈사회화
④	스포츠로의 사회화	스포츠로의 재사회화	스포츠를 통한 사회화	스포츠 탈사회화

27 [기출 2025] 난이도 ★★☆

㉠ 스포츠에 관심을 가지고 처음 참여하는 것은 '스포츠로의 사회화'에 해당한다.
㉡ 다른 스포츠로 재적응하는 것은 '스포츠로의 재사회화'에 해당한다.
㉢ 스포츠 활동을 하면서 사회적 가치를 학습하는 것은 '스포츠를 통한 사회화'에 해당한다.
㉣ 스포츠 활동을 중단한 것은 '스포츠 탈사회화'에 해당한다.

28

파슨스(T. Parsons)의 AGIL 모형에 근거한 스포츠의 사회적 기능으로 적절하지 <u>않은</u> 것은?

① 적응
② 통합
③ 목표 성취
④ 상업주의

28 [기출 2024, 2021] 난이도 ★★☆

파슨스(T. Parsons)의 사회적 기능 모형(AGIL)은 사회 시스템의 균형을 위하여 적응, 목표 성취, 통합, 유형 유지로 구분된다.

| 정답 | 27 ④ 28 ④

29

〈보기〉에 해당하는 스포츠 사회화 과정이 바르게 연결된 것은?

〈보기〉
- (㉠): 손목 수술 후유증으로 인해 골프 선수를 그만두게 되었다.
- (㉡): 골프의 매력에 빠져 골프 선수가 되어 사회성, 체력, 준법정신이 함양되었다.
- (㉢): 아빠와 함께 골프 연습장에 자주 가면서 골프를 배우게 되었다.
- (㉣): 골프 선수 은퇴 후 골프 아카데미 원장으로 부임하면서 골프 꿈나무를 양성하게 되었다.

	㉠	㉡	㉢	㉣
①	스포츠로의 재사회화	스포츠를 통한 사회화	스포츠로의 사회화	스포츠 탈사회화
②	스포츠로의 재사회화	스포츠로의 사회화	스포츠를 통한 사회화	스포츠 탈사회화
③	스포츠 탈사회화	스포츠를 통한 사회화	스포츠로의 사회화	스포츠로의 재사회화
④	스포츠 탈사회화	스포츠로의 사회화	스포츠를 통한 사회화	스포츠로의 재사회화

29 [기출 2022, 2021] 난이도 ★★☆

㉠ 부상에 의한 은퇴는 스포츠 탈사회화에 해당한다.
㉡ 골프에 참여함으로써 사회생활에 필요한 태도 등이 함양된 것은 스포츠를 통한 사회화에 해당한다.
㉢ 아빠를 통해 골프를 접한 경험이 바탕이 되어 처음 참여하게 되었으므로 스포츠로의 사회화에 해당한다.
㉣ 선수 은퇴 후 아카데미 원장으로서 다시 스포츠에 참여하는 것은 스포츠로의 재사회화에 해당한다.

30

〈보기〉에서 설명하는 케년(G. Kenyon)의 스포츠 참가 유형은?

〈보기〉
- 스포츠 상황 내에서 다양한 지위와 규범을 이행함으로써 스포츠에 실질적으로 참가하는 형태
- 생활체육 동호인, 선수, 감독, 심판, 해설자로 활동

① 행동적 참가 ② 인지적 참가
③ 정의적 참가 ④ 조직적 참가

30 [기출 2023] 난이도 ★☆☆

행동적 참가는 실제 스포츠에 참여하는 것을 의미하며, 〈보기〉의 설명은 행동적 참가 중 2차적 참여에 대한 것이다. 2차적 참여는 스포츠에 간접적으로 참여하는 것으로 코치, 관중, 심판, 시설 운영자 등이 포함된다.

오답풀이
② 인지적 참가: 스포츠에 대한 지식과 정보를 습득하고 분석하는 참가 유형
③ 정의적 참가: 스포츠에 대한 감정적 참가 유형

| 정답 | 29 ③ 30 ①

31

〈보기〉의 사례에 해당하는 베커(H. Becker)의 스포츠 일탈 이론은?

―〈보기〉―
생활체육 배드민턴 동호회에서 신입 회원이 실력이 부족하다는 이유로 민폐 회원이라는 별명을 듣게 되었다. 어떤 회원은 게임에서 그를 배제하거나 눈치를 주었고, 몇몇은 노골적으로 비난했다. 시간이 지날수록 신입 회원은 자신이 정말 방해가 된다고 느끼며 위축되었고, 결국 동호회를 그만두고 운동도 포기하였다.

① 중화 이론(neutralization theory)
② 낙인 이론(labeling theory)
③ 욕구 위계 이론(hierarchy of needs theory)
④ 인지 발달 이론(cognitive development theory)

31 [기출 2025]   난이도 ★★☆

동호회 내 신입 회원이 '민폐 회원'이라는 낙인을 받고 배제·비난당하면서 스스로 위축되어 결국 운동을 포기한 사례로, 일탈자로 낙인 찍힌 개인은 그 역할에 맞춰 지속적인 일탈 행동을 할 가능성이 높다는 낙인 이론의 관점을 설명한다.

[오답풀이]
① 중화 이론: 일탈 행동을 합리화·정당화하는 것이다.
③ 욕구 위계 이론: 매슬로우가 제시한 이론으로, 인간의 성격 발달을 기본 욕구에서 자아실현까지의 5단계 욕구 계층에 따라 설명한 것이다.
④ 인지 발달 이론: 피아제, 콜버그가 제시한 이론으로, 인간은 발달 단계에 따라 사고 능력(인지 구조)이 성장한다는 것이다.

32

스포츠 일탈을 설명하는 이론과 그 특징이 바르게 연결된 것은?

① 갈등 이론 – 선수의 금지 약물 복용 등과 같은 일탈적 행위는 개인의 윤리적 문제이다.
② 아노미 이론 – 선수의 승리에 대한 목표와 수단의 괴리로 인해 일탈이 발생한다.
③ 차별 교제 이론 – 팀 내 우수 선수가 금지 약물을 복용해도 동료들은 복용하지 않는다.
④ 낙인 이론 – 선수에게 부여된 악동, 풍운아 같은 이미지는 선수 생활에 영향을 미치지 않는다.

32 [기출 2024]   난이도 ★★☆

아노미 이론은 개인이 사회적 목표와 이를 달성할 수단 간의 괴리에서 오는 혼란 상태를 설명한다.

[오답풀이]
① 갈등 이론: 사회는 불평등한 권력과 자원 분배로 인해 갈등이 발생하며, 지배층이 이를 통해 이익을 유지한다.
③ 차별 교제 이론: 범죄나 일탈 행동은 차별적인 사회적 교제를 통해 학습되며, 일탈적 집단과의 접촉이 많을수록 일탈 가능성이 높아진다.
④ 낙인 이론: 개인이 일탈 행동을 했을 때 사회가 낙인을 찍으면, 그 사람이 그 낙인에 맞는 행동을 하게 되고, 이는 자아 정체성에 영향을 미친다.

| 정답 | 31 ②   32 ②

33

〈보기〉의 ㉠~㉣에 해당하는 머튼(R. Merton)의 아노미 이론에서 제시한 일탈 행동 유형이 바르게 연결된 것은?

─〈보기〉─
㉠ 벤 존슨은 불법 약물 복용으로 올림픽 금메달을 박탈당했다.
㉡ 승리에 대한 집념보다는 규칙을 지키며 최선을 다해 경기에 참여한다.
㉢ 스스로 실력의 한계를 느끼고 운동부에서 탈퇴한다.
㉣ 학생 선수의 학습권을 보장하기 위해 최저 학력제를 도입하였다.

	㉠	㉡	㉢	㉣
①	혁신주의	반역주의	도피주의	의례주의
②	반역주의	혁신주의	의례주의	도피주의
③	혁신주의	의례주의	도피주의	반역주의
④	의례주의	반역주의	혁신주의	도피주의

33 [기출 2021]   난이도 ★★☆

㉠ 금메달을 따기 위해 불법 약물을 복용한 것은 수단을 가리지 않고 성공하려는 행위로 혁신주의에 해당한다.
㉡ 경기 결과보다는 과정을 중시한 것으로 의례주의에 해당한다.
㉢ 운동부에서 탈퇴하는 것은 목표와 수단을 모두 거부하는 도피주의에 해당한다.
㉣ 최저 학력제라는 새로운 제도를 도입하는 것은 반역주의에 해당한다.

34

〈보기〉의 설명은 머튼(R. Merton)의 아노미(anomie) 이론에 대한 것이다. ㉠~㉢에 해당하는 적응 유형이 바르게 연결된 것은?

─〈보기〉─
• 도피주의 – 스포츠에 내재된 비인간성, 승리지상주의, 상업주의, 학업 결손 등에 염증을 느껴 스포츠 참가 포기
• (㉠) – 승패에 집착하지 않고 참가에 의의를 두는 것, 결과보다는 경기 내용 중시
• (㉡) – 불법 스카우트, 금지 약물 복용, 경기장 폭력, 승부 조작 등
• (㉢) – 전략적 시간 끌기 작전, 경기 규칙이 허용하는 범위 내에서의 파울 행위 등

	㉠	㉡	㉢
①	혁신주의	동조주의	의례주의
②	의례주의	혁신주의	동조주의
③	의례주의	동조주의	혁신주의
④	혁신주의	의례주의	동조주의

34 [기출 2022, 2021]   난이도 ★★☆

㉠ 의례주의: 목표는 거부하면서 제도적 수단은 수용한다.
㉡ 혁신주의: 목표는 수용하면서 제도적 수단은 거부한다.
㉢ 동조주의: 기존의 목표와 제도적 수단을 모두 수용하며, 사회 규범에 맞게 행동한다.

| 정답 | 33 ③   34 ②

35

<보기>의 ㉠이 설명하는 집합 행동의 유형과 관련된 이론은?

─〈보기〉─
A: 어제 축구 봤어? 경기 도중 관중 폭력이 발생했잖아.
B: 나도 방송에서 봤는데 관중 폭력의 원인이 인종 차별 때문이래.
C: ㉠ 인종 차별과 같은 사회 구조적·문화적 선행 요건이 없었다면, 두 팀 관중들 간에 폭력은 없었을 거야.

① 전염 이론
② 수렴 이론
③ 규범 생성 이론
④ 부가 가치 이론

35 [기출 2023, 2021]   난이도 ★★☆

부가 가치 이론은 집합 행동이 사회적, 문화적, 구조적 요인들이 누적되어 그 결과 폭발적으로 발생한다고 설명한다.

오답풀이
① 전염 이론: 집합 행동은 감정이 전염되듯이 퍼진다.
② 수렴 이론: 집합 행동은 특정 상황에서 개인들이 유사한 성향을 가지고 모이게 되어 나타난다.
③ 규범 생성 이론: 집합 행동은 새로운 규범이 형성되면서 발생한다.

36

<보기>에서 설명하는 스포츠 일탈과 관련된 이론은?

─〈보기〉─
• 스포츠 일탈을 상호 작용론 관점으로 설명한다.
• 일탈 규범을 내면화하는 사회화 과정이 존재한다.
• 다른 사람과 상호 작용을 통해 스포츠 일탈 행동을 학습한다.

① 문화 규범 이론
② 차별 교제 이론
③ 개인차 이론
④ 아노미 이론

36 [기출 2024]   난이도 ★★☆

차별 교제 이론은 사람들이 타인과의 상호 작용을 통해 특정 행동이나 규범을 학습한다는 것을 설명하는 이론이다.

오답풀이
① 문화 규범 이론: 사회의 문화와 규범에 의해 행동이 형성되고, 규범을 따르는 것이 요구된다.
③ 개인차 이론: 사람들은 자신의 욕구에 맞게 미디어를 선택해 적극적으로 이용한다는 이론으로, 스포츠 미디어 이론과 관련이 있다.
④ 아노미 이론: 목표와 수단 간 불일치가 일탈 행동을 유발할 수 있다.

| 정답 | 35 ④ 36 ②

37

미래스포츠의 변화와 전망에 관한 설명으로 옳지 않은 것은?

① 정보 통신 기술의 발달로 스포츠 관람 형태가 다양해진다.
② '기술 도핑(technical doping)'은 스포츠의 공정성을 훼손한다.
③ 다양한 신소재의 개발은 스포츠의 용품 및 장비 개발에 활용된다.
④ 통신 및 전자 매체의 발달로 스포츠에서 미디어의 영향력이 감소된다.

37 [기출 2021] 난이도 ★☆☆

통신 및 전자 매체의 발달은 스포츠 미디어의 영향력을 더 강화시킨다.

38

스포츠 세계화의 특징으로 옳지 않은 것은?

① 스포츠 시장의 경계가 국경을 초월해 전 세계로 확대되었다.
② 모든 나라의 전통 스포츠(folk sports)가 세계적으로 확대되었다.
③ 세계인이 표준화된 스포츠 상품과 스포츠 문화를 소비하게 되었다.
④ 프로 스포츠 시장의 이윤 극대화로 빈익빈 부익부 현상이 심화되었다.

38 [기출 2024, 2022, 2021] 난이도 ★☆☆

실제로는 일부 인기 있는 스포츠(예 축구, 농구 등)가 세계적으로 확산되었지만, 모든 나라의 전통 스포츠가 세계적으로 확대된 것은 아니다.

| 정답 | 37 ④ 38 ②

39

〈보기〉에서 설명하는 스포츠 세계화의 원인은?

─〈보기〉─
'코먼웰스 게임(commonwealth games)'은 영연방 국가들이 참가하는 스포츠 메가 이벤트로, 영연방 국가의 통합에 기여하는 측면이 있다. 영국의 스포츠로 알려진 크리켓과 럭비는 대부분 영국의 식민지였던 영연방 국가에서 인기가 있다.

① 제국주의
② 민족주의
③ 다문화주의
④ 문화적 상대주의

39 [기출 2023, 2022, 2021] 난이도 ★★☆

제국주의는 한 국가가 정치적, 경제적, 군사적 영향력을 바탕으로 다른 나라나 지역을 지배하거나 통제하는 정책이나 사상을 의미한다.

오답풀이
② 민족주의: 자국의 민족적 정체성과 문화를 강조하며, 국가의 통일성과 우월성을 지지하는 이념
③ 다문화주의: 다양한 문화가 공존하는 사회를 지향하며, 문화적 차이를 인정하고 존중하는 태도
④ 문화적 상대주의: 각 문화는 고유한 맥락에서 이해되어야 하며, 다른 문화를 자신의 기준으로 평가하지 말아야 한다는 입장

40

〈보기〉에서 스포츠 세계화의 동인으로 옳은 것만을 모두 고른 것은?

─〈보기〉─
㉠ 민족주의
㉡ 제국주의 확대
㉢ 종교 전파
㉣ 과학 기술의 발전
㉤ 인종 차별의 심화

① ㉠, ㉡, ㉢
② ㉡, ㉢, ㉤
③ ㉠, ㉡, ㉢, ㉣
④ ㉠, ㉢, ㉣, ㉤

40 [기출 2024, 2023, 2022, 2021] 난이도 ★☆☆

스포츠의 세계화는 다양한 문화와 인종이 상호 작용할 수 있는 기회를 제공하면서 인종 간 장벽을 허물고, 인종 차별이 점차 감소하는 데 기여하였다.

기출이 더 풀고 싶을 때
최근 5개년 기출 바로가기

| 정답 | 39 ① 40 ③

선택 2과목
스포츠교육학

합격생들의 과목 선택 Tip

합격을 위한 과목 추천 ★★★★☆

난이도 ★★★☆☆

\# 스포츠 지도방법과 교육이론을 다루는 과목으로, 실제 지도 현장에서 매우 유용한 내용을 배울 수 있음

\# 비슷한 방식의 교육학들이 너무 많고 단어 하나나 미세한 뉘앙스 차이로 답이 달라지는 경우도 있어서 화가 남

\# 맞는 말만 선택하면 되어 상대적으로 쉬움. 다만, 교육학적 이론과 학자들의 이름 매칭이 잘 안 되어서 키워드 위주의 공부가 필요함

\# 문과생이면 추천, 사회문화 과목 공부하는 느낌!

\# 스포츠교육의 정책과 제도, 평가론 등은 반복 학습을 통해 내용 숙지 필요

최근 5개년 개념별 출제비중

> 2021년 이후 난도가 높아진 출제경향을 반영, 최근 5개년 기출 분석으로 집중 대비!

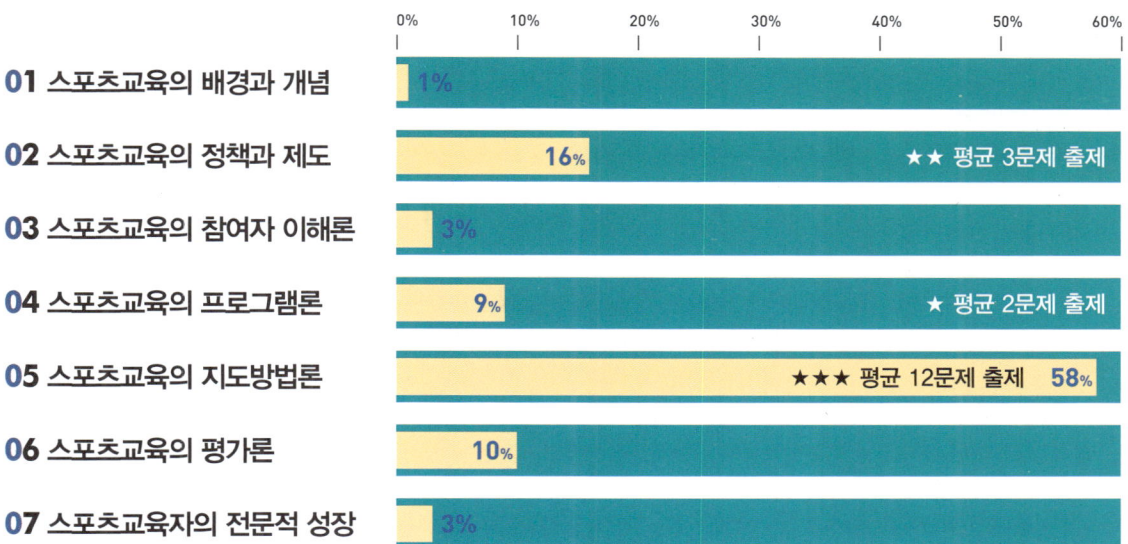

- 01 스포츠교육의 배경과 개념 — 1%
- 02 스포츠교육의 정책과 제도 — 16% ★★ 평균 3문제 출제
- 03 스포츠교육의 참여자 이해론 — 3%
- 04 스포츠교육의 프로그램론 — 9% ★ 평균 2문제 출제
- 05 스포츠교육의 지도방법론 — 58% ★★★ 평균 12문제 출제
- 06 스포츠교육의 평가론 — 10%
- 07 스포츠교육자의 전문적 성장 — 3%

최신 3개년 스포츠교육학 출제 경향

2025년	2024년	2023년
☑ 난이도 중상	☑ 예년 수준의 난이도로 출제	☑ 작년보다 난이도 상승
☑ 표·도식 자료 해석, 판별형 출제비중이 높았음	☑ 이론적 배경과 다양한 교수 학습 모형 관련 문제 출제비중이 높아짐	☑ 스포츠교육의 지도방법론에서 집중적으로 문제가 출제됨
☑ 개념 이해와 수업·경기 운영의 현장 적용 능력 평가의 균형 잡힌 분포	☑ 수업에서의 실제 적용 가능성을 중시한 문제들이 주로 출제됨	☑ 정책과 법 관련 문제 출제비중이 줄고, 교육 평가 내용이 새로 출제됨

합격 프로젝트 2026 출제 예언

1. 수업 맥락에 적용·추론하는 문제 유형은 여전히 강세를 보일 것으로 예상합니다.
2. 교수 모형, 평가 단계, 리그 방식 등은 표나 도식 자료를 활용한 형태로 출제될 가능성이 높습니다.
3. 기본 개념을 정확히 이해하고, 개념 간 연계 구조를 파악하여 실제 교육 현장의 수업 설계·운영 사례에 대입해 이론을 구체화하는 연습이 필요합니다.

출제될 핵심개념 01 스포츠교육의 배경과 개념

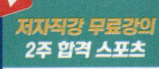

1%

스포츠교육의 기본 개념과 철학적 배경을 이해하고, 이를 실제 교육 현장과 연결 지어 학습해 보자!

★ 빈출 형광펜 시험에 자주 출제되는 개념으로, 시험 직전 빈출 형광펜만 딱 보고 들어가자!

합격선을 넘는 TIP

1 스포츠교육의 역사

1. 19세기 초·중반: 체조 중심의 체육과 기독교적 가치

체조 중심 체육		스포츠교육의 초기 형태는 체조 중심으로, 유럽식 체조체육과 미국식 체조체육으로 구분됨
	유럽식 체조체육	• 민족주의적 체조로, 독일은 전쟁 대비와 개인 능력을 향상하기 위해 기구를 사용한 체조를 강조 • 스웨덴은 정확한 동작과 아름다움을 중시하는 체조교육을 시행
	미국식 체조체육	• 신체적·도덕적 혜택과 건강상의 이익을 추구하는 체조교육 • 개인의 건강을 증진시키는 것을 목표로 함
건강 중심적 기독교주의		• 산업화와 도시화로 인해 청교도주의의 영향력이 약화됨 → 신체적 건강과 정신적·도덕적 발전을 강조하는 건강 중심적 기독교주의가 대두되었으며, 종교적 가치를 체육 활동에 접목하여 스포츠와 종교가 타협을 이루게 됨 • 건강 중심적 기독교주의는 스포츠, 건강, 종교를 하나로 통합하여 시민 종교를 탄생시킴
이상적인 남성과 여성의 역할		• 체육은 주로 남성 중심의 활동으로 인식되었고, 당시 미국은 강대국이 되기 위해 남성들이 더 강해야 한다는 인식을 가짐 • 여성은 동정심, 순결, 복종심, 가정 중심적 사고를 미덕으로 강조하며 사회적으로 여성화된 역할을 수행하도록 교육됨

출제 키워드

 기출 2018

스포츠교육의 발전 과정
- 체력 중심의 교육(19세기 초·중반): 체조 중심의 체육으로 건강 중심적 기독교주의, 이상적인 남성상, 아마추어리즘과 페어플레이 정신을 강조함
- 진보주의 교육(19세기 후반~20세기 초반): 신체와 정신은 서로 분리될 수 없으며, 모든 교육적 활동은 지적, 도덕적, 신체적 결과를 동시에 가져다준다는 것을 강조함. 체육교육의 목적이 '체조 중심의 체육'에서 '신체를 통한 교육'으로 전환되는 철학적 근거를 마련해 줌
- 신체의 교육(20세기 초반): 학교체육의 이론적 기반인 '신체의 교육'에 바탕을 두고, 신체의 발달과 건강을 위한 '신체 기능 교육' 중심의 교과로 편성함
- 움직임교육(1950년대 이후): 교육 체조, 교육 무용, 교육 게임으로 구분됨

2. 19세기 후반 ~ 20세기 초반: 신 체육과 체조의 발전 기출 2018

(1) 아마추어리즘과 페어플레이 정신
① 19세기 후반에는 스포츠 부흥과 함께 아마추어리즘과 페어플레이 정신이 스포츠교육의 중요한 가치로 자리 잡았다.
② 1896년 제1회 올림픽에서 아마추어리즘과 페어플레이 정신이 명확하게 표현되었다.

(2) 신(新) 체육
① 신체의 교육에서 신체를 통한 교육으로 전환되었다.
② 존 듀이(John Dewey)는 교육이 지적·도덕적·신체적 결과를 제공해야 한다고 주장하였다.

(3) 체조의 구분

독일식 체조	기구를 활용, 전쟁과 비상시에 대비한 개인 능력 향상
스웨덴식 체조	정확한 동작 활용, 건강, 표현력, 운동수행의 아름다움 증진

히치코크식 체조	가벼운 기구 활용, 운동과 건강 위생 강조
서전트식 체조	기구 활용, 개별화된 운동을 통해 위생적, 교육적, 교정적 효과 추구
YMCA식 체조	전인적 자질을 계발하기 위한 체육교육 실천
미국식 절충 체계	여러 시스템을 변형시켜 개발된 미국식 체조교육 시스템

3. 20세기 중반 이후: 스포츠교육의 철학적 확장 기출 2021, 2016

휴먼 무브먼트와 움직임교육 (1950년대 이후)	• 라반(Laban)의 현대 교육 무용 이론은 대학, 초·중·고등학교의 체육 교육과정 개선에 기초가 됨 • 움직임교육은 교육 체조, 교육 무용, 교육 게임으로 구분되며, 탐색과 발견을 교육 방법으로 활용함
인간주의 스포츠와 체육교육 (1960년대 이후)	• 인간주의적 교육 철학은 열린 교육, 정서 교육, 가치관 확립 등을 강조 • 헬리슨(Hellison)의 인간주의적 체육교육 이론은 체육을 인간 중심으로 전환하며, 학교체육에서 인성 발달, 자기 표현력 향상, 대인 관계 향상 등을 강조 • 미국을 중심으로 체육 학문화 운동이 전개됨
놀이교육과 스포츠교육 (1970년대 이후)	• 놀이교육은 아이들이 운동기술을 습득하고 신체 활동에 대한 애정을 가질 수 있도록 돕는 것을 목적으로 함 • 스포츠교육은 스포츠 기능과 지식, 태도를 교육하여 학생들이 스포츠를 즐기고 건전한 스포츠 문화에 기여하도록 함
신체 운동학 (1990년대 이후)	• 오늘날 스포츠교육은 신체 활동을 교육의 주요 내용으로 삼고 있으며, 스포츠교육의 목적과 내용을 더욱 확장시킴 • 골격근에 의한 신체 움직임을 통한 다양한 활동(스포츠, 운동, 게임, 무용 등)이 스포츠교육의 중요한 내용으로 포함됨

2 스포츠교육의 개념

1. 광의의 스포츠교육 기출 2019, 2016

의미	• 단순한 신체 활동을 넘어서, 운동, 스포츠, 인간의 움직임 전반을 포함하여 상호 관계를 형성하는 포괄적인 교육을 의미함 • 신체적·정신적·사회적 측면에서 개인의 전인적 성장을 목표로 함
대상	• 모든 연령대와 다양한 배경을 가진 사람들에게 적용됨 • 유아, 청소년, 성인, 노인, 장애인 등 다양한 학습자를 포함
목표	전인 교육(Whole Person Education)을 추구하여 학습자가 신체적으로 건강할 뿐 아니라, 정신적 안정을 도모하고, 사회적으로도 바람직한 인간관계를 형성하는 데 기여함
특징	• 교육 목표, 내용, 방법에 있어 통합적이고 다양화된 방식을 채택하여 학습자의 개별적 특성을 반영함 • 스포츠교육은 개개인의 발달 단계와 신체적 조건을 고려하여 다양하게 변형될 수 있으며, 전체적인 성장과 복지 향상에 기여함

합격선을 넘는 TIP

출제 키워드
기출 2021, 2016

체육 학문화 운동
- 1960년대 중반 미국을 중심으로 전개된 체육 학문화 운동은 스포츠교육학이 체육학의 하위 학문 분야로 성장하는데 촉매제 역할을 함
- 신체 활동을 지도할 때 학문을 기반으로 한 이론적 지식을 스포츠 참여자에게 가르쳐야 한다는 주장이 본격적으로 제기되기 시작함

출제 키워드
기출 2019

스포츠교육의 지향점
- 활동 목표와 내용, 방법에 있어 통합화와 다양화를 추진
- 훈련 과정에서 학습자 개인의 특성과 현재 수준을 종합적으로 고려하여 지도함
- 유아, 청소년, 성인, 노인, 장애인 등 다양한 학습자를 대상으로 함
- 학교체육-생활체육-전문체육을 연계적으로 발전시키고자 함

합격선을 넘는 TIP

2. 협의의 스포츠교육

의미	• 특정 규칙 안에서 이루어지는 신체 활동을 통해 경쟁과 협력의 가치를 배우는 교육을 의미함 • 선의의 경쟁을 강조하며, 규칙에 기반한 스포츠 활동을 통해 목표를 달성하고, 스포츠 활동이 인간의 긍정적인 면을 끌어내도록 하는 것을 목적으로 함
목표	협력과 경쟁의 균형을 맞추어 스포츠맨십, 리더십, 책임감 등을 기르고, 개인의 신체적 능력을 향상시키는 동시에 사회적 관계 속에서 긍정적인 성격을 개발함
특징	스포츠의 구체적인 규칙을 통해 신체 활동을 체계화하며, 정해진 규칙 속에서 이루어지는 경쟁을 통해 성취감과 공동체 의식을 함양함

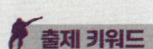

출제 키워드

기출 2015

스포츠교육학의 연구 영역
- 교사(지도자) 교육
- 교수(수업) 방법
- 교육과정(프로그램)

3. 스포츠교육학의 연구 영역 기출 2015

체육 교사(지도자) 교육	체육 교사의 역량을 강화하기 위한 교육
체육 교수(수업) 방법	체육 수업에서 효과적인 교수법 연구
체육 교육과정(프로그램)	체육 교육과정 및 프로그램을 개발하고 운영

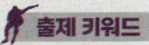

출제 키워드

기출 2015

스포츠교육학이 추구하는 가치 영역
- 인지적 영역
- 심동적 영역
- 정의적 영역

4. 스포츠교육학이 추구하는 가치 영역 기출 2025, 2015

신체적 가치	건강 및 체력 증진, 스포츠 기능 습득
인지적 가치	학업 성적 향상, 지적 기능 발달, 문해력과 수리력 향상
정의적 가치	심리적 건강, 사회적 기술, 도덕적 인격 함양

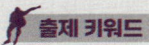

출제 키워드

기출 2025

인지적 영역이 학습 영역의 1순위인 학습자
- 전술 게임 모형에서의 학습자
- 스포츠 교육 모형에서 코치의 역할을 부여받은 학습자
- 동료 교수 모형에서 개인 교사 역할을 부여받은 학습자

3 스포츠교육의 현재 [기출 2018]

1. 학교체육

(1) 체육 교과 활동과 비교과 체육 활동

체육 교과 활동	• 국가 수준 체육과 교육과정에서 활동의 목표와 내용, 방법과 평가를 제시함 • 학생들이 체육 수업을 통해 다양한 학습을 경험하도록 하는 교육으로, 주당 2~3시간 진행함	
비교과 체육 활동 (창의적 체험 활동)	학생들이 다양한 스포츠 활동을 경험하며 건강 및 인성의 발달을 도모할 수 있도록 제공하는 교육	
	학교 스포츠 클럽	연간 34~68시간 운영
	토요 스포츠데이 활동	일부 학생을 대상으로 연간 34시간 운영

(2) 주요 추진 과제
① 체육 교육과정과 자율 체육 활동을 활성화한다.
② 학생들의 건강과 체력 증진을 도모한다.
③ 스포츠 클럽의 확대 및 지역과의 연계를 통한 체육 활동을 장려한다.

2. 생활체육

정의	스포츠를 개인적·사회적으로 확대하여 삶의 질을 높이는 활동
내용	• **유아기**: 신체 움직임의 즐거움을 추구 • **아동·청소년기**: 다양한 스포츠 활동 경험 • **성인기**: 건강 유지와 다양한 종목 선택을 통해 지속적인 즐거움과 성취감을 경험 • **노인기**: 타인과의 교류와 건강 유지를 목적으로 스포츠 활동을 시행

3. 전문체육
• 엘리트(전문) 선수와 전문 지도자 양성
• 체계적인 지도와 인권 보호를 중시하며 선수들의 활동을 지원

합격선을 넘는 TIP

 **출제 키워드**

[기출 2018]

비교과 체육 활동: 학교 스포츠 클럽

2015 초·중등학교 교육과정 총론에 의하면, 중학교 '학교 스포츠 클럽 활동'은 정규 교육과정의 교과 활동에 편제되어 있지 않으며, 창의적 체험 활동의 동아리 활동에 매학기 편성하도록 하고 있음

02 스포츠교육의 정책과 제도

정책과 법령의 변천 과정을 암기하며, 현재 스포츠교육 제도의 운영 원리를 체계적으로 정리하여 학습해 보자!

★ **빈출 형광펜** 시험에 자주 출제되는 개념으로, 시험 직전 빈출 형광펜만 딱 보고 들어가자!

합격선을 넘는 TIP

1 학교체육

1. 학교체육진흥법 기출 2025, 2024, 2023, 2022, 2021, 2020, 2019, 2018, 2017, 2016, 2015

제1조(목적) 이 법은 학생의 체육 활동 강화 및 학교 운동부 육성 등 학교체육 활성화에 필요한 사항을 정함으로써 학생들이 건강하고 균형 잡힌 신체와 정신을 가질 수 있도록 하는 데 기여함을 목적으로 한다.

제2조(정의) 이 법에서 사용하는 용어의 뜻은 다음과 같다.
1. "학교체육"이란 학교에서 학생을 대상으로 이루어지는 체육 활동을 말한다.
2. "학교"란 「유아교육법」에 따른 유치원 및 「초·중등교육법」에 따른 학교를 말한다.
3. "학교 운동부"란 학생 선수로 구성된 학교 내 운동부를 말한다.
4. "학생 선수"란 학교 운동부에 소속되어 운동하는 학생이나 「국민체육진흥법」에 따른 체육 단체에 등록되어 선수로 활동하는 학생을 말한다.
5. "학교 스포츠 클럽"이란 체육 활동에 취미를 가진 같은 학교의 학생으로 구성되어 학교가 운영하는 스포츠 클럽을 말한다.
6. "학교 운동부 지도자"란 학교에 소속되어 학교 운동부를 지도·감독하는 사람을 말한다.
7. "스포츠 강사"란 「초·중등교육법」에 따른 초등학교에서 정규 체육 수업 보조 및 학교 스포츠 클럽을 지도하는 체육 전문 강사를 말한다.
8. "학교체육 진흥원"이란 학교체육 진흥을 위한 연구, 정책 개발, 연수 등을 실시하는 조직을 말한다.

제3조(학교체육 진흥 시책과 권장) 국가 및 지방 자치 단체(교육감을 포함한다)는 학교체육 진흥에 필요한 시책을 마련하고 학생의 자발적인 체육 활동을 권장·보호 및 육성하여야 한다.

제4조(기본 시책의 수립 등) ① 교육부 장관은 문화 체육 관광부 장관과 협의하여 학교체육 진흥에 관한 기본 시책을 5년마다 수립·시행한다.
② 특별시·광역시·특별자치시·도 및 특별자치도 교육감(이하 "교육감"이라 한다)은 제1항의 기본 시책에 따라 해당 지방 자치 단체의 학교체육 진흥 계획을 수립·시행하여야 한다.

제5조(협조) 교육부 장관과 문화 체육 관광부 장관은 제4조에 따른 시책을 수립·시행하기 위하여 필요한 경우 지방 자치 단체의 장, 교육감 및 관계 기관 또는 단체의 장에게 협조를 요청할 수 있다. 이 경우 지방 자치 단체의 장, 교육감 및 관계 기관 또는 단체의 장은 특별한 사유가 없으면 이에 따라야 한다.

제6조(학교체육 진흥의 조치 등) ① 학교의 장은 학생의 체력 증진과 체육 활동 활성화를 위하여 다음 각 호의 조치를 취하여야 한다.
1. 체육 교육과정 운영 충실 및 체육 수업의 질 제고
2. 제8조에 따른 학생 건강 체력 평가 및 제9조에 따라 비만 판정을 받은 학생에 대한 대책
3. 제10조에 따른 학교 스포츠 클럽 및 제11조에 따른 학교 운동부 운영
4. 학생 선수의 학습권 보장 및 인권 보호
5. 여학생 체육 활동 활성화
6. 유아 및 장애 학생의 체육 활동 활성화
7. 학교 체육행사의 정기적 개최
8. 학교 간 경기 대회 등 체육 교류 활동 활성화
9. 교원의 체육 관련 직무 연수 강화 및 장려
10. 그 밖에 학교체육 활성화를 위하여 필요한 사항

② 학교의 장은 제1항에 따른 조치를 시행하기 위하여 필요한 경비를 학교 예산의 범위에서 확보하여야 한다.
③ 교육부 장관과 교육감은 제1항에 따른 조치가 적절하게 취하여지고 있는지를 대통령령으로 정하는 바에 따라 주기적으로 감독하여야 한다.

제7조(학교체육 시설 설치 등) ① 국가 및 지방 자치 단체는 학생의 체육 활동에 필요한 운동장, 체육관 등 기반 시설을 확충하여야 한다.
② 학교의 장은 교육부 장관이 정하는 바에 따라 학생의 체육 활동 진흥에 필요한 체육 교재 및 기자재, 용품 등을 확보하여야 한다.
③ 학교의 장은 대통령령으로 정하는 바에 따라 학생에 대한 폭력, 성폭력 등 인권 침해의 우려가 있는 학교체육 시설 관련 주요 지점에 「개인정보 보호법」에 따른 고정형 영상 정보 처리 기기를 설치·관리할 수 있다.
④ 이 법에서 정한 사항 외에 고정형 영상 정보 처리 기기의 설치·관리 등에 관한 사항은 「개인정보 보호법」에 따른다.
⑤ 제1항에 따른 체육 활동 기반 시설 확충과 제2항에 따른 체육 교재 및 기자재, 용품 등의 확보에 필요한 사항은 교육부령으로 정한다.

제8조(학생 건강 체력 평가 실시 계획의 수립 및 실시) ① 국가는 학생의 건강 체력 상태를 측정하기 위하여 매년 3월 31일까지 학생 건강 체력 평가 실시 계획을 수립하고 학교의 장은 실시 계획에 따라 학생 건강 체력 평가를 실시하여야 한다.
② 제1항에 따라 학생 건강 체력 평가를 실시한 학교의 장은 평가 결과를 교육 정보 시스템에 등록하여야 하며, 해당 학생과 학부모에게 알려야 한다.
③ 제1항에 따른 학생 건강 체력 평가는 「고등교육법」에 따른 대학이나 전문 기관·단체 등에 위탁할 수 있다.
④ 제1항부터 제3항까지의 규정에 따라 학생 건강 체력 평가를 실시한 경우에는 「학교보건법」에 따른 건강 검사 중 신체 능력 검사를 실시한 것으로 본다.
⑤ 제1항부터 제3항까지의 규정에 따른 학생 건강 체력 평가의 시기, 방법, 평가 항목, 평가 결과 등록 및 학생 건강 체력 평가를 위탁받을 수 있는 대학이나 전문 기관·단체 등의 자격 요건 등에 필요한 사항은 교육부령으로 정한다.

합격선을 넘는 TIP

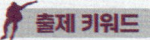

기출 2017

학교체육진흥법의 주요 내용
- 학생 선수의 최저 학력이 보장될 수 있도록 노력해야 함
- 저체력 및 비만 판정을 받은 학생을 위한 건강 체력 교실을 운영해야 함
- 학생들의 체육 활동 참여 기회 확대를 위해 학교 스포츠 클럽을 운영해야 함

기출 2016

학교체육 진흥의 조치
- 장애 학생의 체육 활동 활성화
- 여학생의 체육 활동 활성화
- 체육 수업의 질 제고

합격선을 넘는 TIP

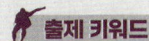

출제 키워드

기출 2025, 2024, 2022

학교 스포츠 클럽 운영

- 학교 스포츠 클럽을 운영하는 경우 전담 교사를 지정해야 함
- 전담 교사에게 학교 예산의 범위에서 소정의 지도수당을 지급함
- 활동 내용은 학교생활 기록부에 기록하여 상급 학교 진학 자료로 활용할 수 있도록 해야 함
- 학교의 장은 학교 스포츠 클럽을 운영하여 학생들의 체육 활동 참여 기회를 확대해야 함

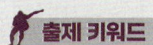

출제 키워드

기출 2018

학교 운동부 운영 등

- 학교의 장은 학생 선수의 최저 학력이 보장될 수 있도록 노력해야 하며, 경기 대회 출전을 제한할 수 있음
- 기초 학력 보장 프로그램의 운영 등에 필요한 사항은 교육부령으로 정함
- 국가 및 지방 자치 단체는 예산의 범위에서 학교 운동부 운영과 관련된 경비를 지원할 수 있음

제9조(건강 체력 교실 등 운영) ① 학교의 장은 제8조에 따른 학생 건강 체력 평가에서 저체력 또는 비만 판정을 받은 학생을 대상으로 건강 체력 증진을 위하여 정규 또는 비정규 프로그램(이하 "건강 체력 교실"이라 한다)을 운영하여야 한다.
② 건강 체력 교실 등의 설치 및 운영 등에 관하여 필요한 사항은 교육부령으로 정한다.

제10조(학교 스포츠 클럽 운영) ① 학교의 장은 학생들이 신체 활동 프로그램에 참여할 수 있도록 학교 스포츠 클럽을 운영하여 학생들의 체육 활동 참여 기회를 확대하여야 한다.
② 학교의 장은 제1항에 따라 학교 스포츠 클럽을 운영하는 경우 학교 스포츠 클럽 전담 교사를 지정하여야 한다.
③ 제2항에 따른 학교 스포츠 클럽 전담 교사에게는 학교 예산의 범위에서 소정의 지도수당을 지급한다.
④ 학교의 장은 학교 스포츠 클럽 활동 내용을 학교생활 기록부에 기록하여 상급 학교 진학 자료로 활용할 수 있도록 하여야 한다.
⑤ 학교의 장은 교육부령으로 정하는 바에 따라 일정 비율 이상의 학교 스포츠 클럽을 해당 학교의 여학생들이 선호하는 종목의 학교 스포츠 클럽으로 운영하여야 한다.

제11조(학교 운동부 운영 등) ① 학교의 장은 학생 선수가 일정 수준의 학력 기준(이하 "최저학력"이라 한다)에 도달하지 못한 경우에는 교육부령으로 정하는 경기 대회의 참가를 허용하여서는 아니 된다. 다만, 「초·중등교육법」에 따른 고등학교 또는 이에 준하는 학교에 재학 중인 학생 선수가 기초 학력 보장 프로그램을 이수한 경우에는 그 참가를 허용할 수 있다.
② 학교의 장은 최저 학력에 도달하지 못한 학생 선수에게 별도의 기초 학력 보장 프로그램을 제공하여야 한다.
③ 최저 학력의 기준 및 실시 시기에 필요한 사항과 기초 학력 보장 프로그램의 운영 등에 필요한 사항은 교육부령으로 정한다.
④ 학교의 장은 학생 선수의 학습권 보장 및 신체적·정서적 발달을 위하여 학기 중의 상시 합숙 훈련이 근절될 수 있도록 노력하여야 한다. 다만, 경기 대회 참가 등을 위하여 불가피하게 합숙 훈련을 실시하는 경우에는 학생 선수의 안전 및 인권 보호를 위하여 필요한 조치를 하여야 한다.
⑤ 학교의 장은 원거리에서 통학하는 학생 선수를 위하여 기숙사를 운영할 수 있다. 이 경우 필요한 사항은 교육부령으로 정한다.
⑥ 학교의 장은 학교 운동부 관련 후원금을 「초·중등교육법」에 따라 설치된 학교 회계에 편입시켜 운영하여야 한다.
⑦ 국가 및 지방 자치 단체는 예산의 범위에서 학교 운동부 운영과 관련된 경비를 지원할 수 있다.

제12조(학교 운동부 지도자) ① 학교의 장은 학생 선수의 훈련과 지도를 위하여 학교 운동부에 지도자(이하 "학교 운동부 지도자"라 한다)를 둘 수 있다.
② 국가는 학교 운동부 지도자의 자질 향상 및 전문성 강화를 위하여 연수 교육 계획을 수립하고, 이를 실시하여야 한다. 이 경우 연수 교육을 관련 단체에 위탁할 수 있다.
③ 국가 및 지방 자치 단체는 학교 운동부 지도자의 급여에 필요한 경비를 지원하도록 노력하여야 하며, 학교의 장은 학교 운동부 지도자 임용에 필요한 경비를 「초·중등교육법」에 따라 설치된 학교 회계에 반영하여 집행하여야 한다.

④ 학교의 장은 학교 운동부 지도자가 학생 선수의 학습권을 박탈하거나 폭력, 금품·향응 수수(授受) 등의 부적절한 행위를 하였을 경우 학교 운영 위원회의 심의를 거쳐 계약을 해지할 수 있다.

⑤ 교육감은 학교 운동부 지도자의 지도 등을 위하여 학교 운동부 지도자 관리 위원회를 설치한다.

⑥ 교육감은 제4항의 사유 이외에 학교의 장이 부당하게 학교 운동부 지도자를 계약 해지하였을 경우 학교 운동부 지도자 관리 위원회의 심의를 거쳐 관련 계약 해지를 철회할 수 있다.

⑦ 그 밖에 학교 운동부 지도자의 자격 기준, 임용, 급여, 신분, 직무 등에 필요한 사항은 대통령령으로 정한다.

제12조의2(도핑 방지 교육) ① 국가와 지방 자치 단체는 도핑을 방지하기 위하여 학생 선수와 학교 운동부 지도자를 대상으로 도핑 방지 교육을 실시하여야 한다.

② 제1항에 따른 도핑 방지 교육의 방법 및 절차 등에 필요한 사항은 대통령령으로 정한다.

제12조의3(스포츠 분야 인권 교육 등) ① 국가와 지방 자치 단체는 학생 선수의 인권 보호를 위하여 학생 선수와 학교 운동부 지도자를 대상으로 스포츠 분야 인권 교육을 실시하여야 한다.

② 국가와 지방 자치 단체는 학생 선수에 대한 폭력, 성폭력 등 인권 침해가 발생한 때에는 학생 선수와 학교 운동부 지도자를 대상으로 심리 치료 및 안전 조치를 하여야 한다.

③ 제1항 및 제2항에 따른 스포츠 분야 인권 교육, 심리 치료 및 안전 조치에 관하여 필요한 사항은 대통령령으로 정한다.

제13조(스포츠 강사의 배치) ① 국가 및 지방 자치 단체는 학생의 체육 수업 흥미 제고 및 체육 활동 활성화를 위하여 「초·중등교육법」에 따른 초등학교에 스포츠 강사를 배치할 수 있다.

② 제1항에 따른 스포츠 강사의 자격 기준, 임용 등에 필요한 사항은 대통령령으로 정한다.

제13조의2(여학생 체육 활동 활성화 지원) ① 교육부 장관은 여학생의 체육 활동 활성화에 필요한 기본지침을 수립하여 교육감 및 학교의 장에게 통보하여야 하고, 학교의 장은 기본지침에 따라 매년 여학생 체육 활동 활성화 계획을 수립·시행하여야 한다.

② 교육부 장관은 제1항에 따른 계획의 수립·시행에 대하여 평가하고 그 평가 결과를 반영하여 「지방교육재정교부금법」에 따른 교부금을 대통령령으로 정하는 바에 따라 특별지원할 수 있다.

제14조(유아 및 장애 학생 체육 활동 지원) ① 국가 및 지방 자치 단체는 「유아교육법」에 따라 설립된 유치원에 재원 중인 유아 및 「장애인 등에 대한 특수교육법」에 따라 일반학교 또는 특수학교에 배치된 특수교육 대상자에 대하여 적절한 체육 활동 프로그램을 운영하여야 한다.

② 유치원의 장 및 학교의 장은 제1항에 따른 체육 활동 프로그램의 운영을 대통령령으로 정하는 관련 단체 및 「고등교육법」에 따른 대학의 체육계열학과 등에 위탁할 수 있다.

합격선을 넘는 TIP

용어

도핑
선수의 운동 능력을 강화시키기 위하여 문화 체육 관광부 장관이 고시하는 금지 목록에 포함된 약물 또는 방법을 복용하거나 사용하는 것

2. 학교체육진흥법 시행령 기출 2024, 2023, 2019

제3조(학교 운동부 지도자의 자격 기준 등) ① 학교의 장은 「국민체육진흥법」에 따른 체육지도자 중에서 학교 운동부 지도자를 임용할 수 있다.
② 학교 운동부 지도자의 급여는 학교의 장이 지도 경력과 실적을 고려하여 정한다.
③ 학교 운동부 지도자는 다음 각 호의 직무를 수행한다.
  1. 학생 선수에 대한 훈련 계획 작성, 지도 및 관리
  2. 학생 선수의 각종 대회 출전 지원 및 인솔
  2의2. 훈련 및 각종 대회 출전 시 학생 선수의 안전 관리
  3. 경기력 분석 및 훈련 일지 작성
  4. 훈련장의 안전 관리
④ 학교의 장은 학교 운동부 지도자를 재임용할 때에는 다음 각 호의 사항을 평가한 후 그 결과에 따라 재임용 여부를 결정해야 한다.
  1. 제3항 각 호의 직무 수행 실적
  2. 복무 태도
  3. 학교 운동부 운영 성과
  4. 학생 선수의 학습권 및 인권 침해 여부

제4조(스포츠 강사의 자격 기준 등) ① 초등학교의 장은 「국민체육진흥법」에 따른 체육 지도자 중에서 스포츠 강사를 임용할 수 있다.
② 초등학교의 장은 스포츠 강사를 1년 단위로 계약하여 임용할 수 있다.
③ 초등학교의 장은 스포츠 강사를 재임용할 때에는 다음 각 호의 사항을 평가한 후 그 결과에 따라 재임용 여부를 결정하여야 한다.
  1. 강사로서의 자질
  2. 복무 태도
  3. 학생의 만족도

합격선을 넘는 TIP

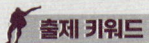

출제 키워드 기출 2023

학교체육진흥법 시행령 제3조(학교 운동부 지도자의 자격 기준 등)에서 제시한 학교 운동부 지도자의 재임용 평가 기준
- 직무 수행 실적
- 복무 태도
- 학교 운동부 운영 성과
- 학생 선수의 학습권 및 인권 침해 여부

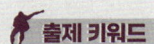

출제 키워드 기출 2019

스포츠 강사의 재임용 평가 사항
- 복무 태도
- 학생의 만족도
- 강사로서의 자질

2 생활체육

1. 국민체육진흥법 기출 2024, 2023, 2022, 2021, 2019, 2018, 2015

제1조(목적) 이 법은 국민체육을 진흥하여 국민의 체력을 증진하고, 체육 활동으로 연대감을 높이며, 공정한 스포츠 정신으로 체육인 인권을 보호하고, 국민의 행복과 자긍심을 높여 건강한 공동체의 실현에 이바지함을 목적으로 한다.

제2조(정의) 이 법에서 사용하는 용어의 뜻은 다음과 같다.
1. "체육"이란 운동 경기·야외 운동 등 신체 활동을 통하여 건전한 신체와 정신을 기르고 여가를 선용하는 것을 말한다.
3. "생활체육"이란 건강과 체력 증진을 위하여 행하는 자발적이고 일상적인 체육 활동을 말한다.
6. "체육 지도자"란 학교·직장·지역 사회 또는 체육 단체 등에서 체육을 지도할 수 있도록 이 법에 따라 다음 각 목의 어느 하나에 해당하는 자격을 취득한 사람을 말한다.
   가. 스포츠지도사
   나. 건강운동관리사
   다. 장애인스포츠지도사
   라. 유소년스포츠지도사
   마. 노인스포츠지도사
7. "체육 동호인 조직"이란 같은 생활체육 활동에 지속적으로 참여하는 자의 모임을 말한다.
9. "체육 단체"란 체육에 관한 활동이나 사업을 목적으로 설립된 다음 각 목의 어느 하나에 해당하는 법인이나 단체를 말한다.
11의2. "스포츠 비리"란 체육의 공정성을 저해하는 다음 각 목의 어느 하나에 해당하는 행위를 말한다.
   가. 체육 단체의 운영 중 발생하는 회계 부정, 배임, 횡령 및 뇌물 수수 등 체육 단체의 투명하고 민주적인 운영을 저해하는 행위
   나. 운동 경기 활동 중 발생하는 승부 조작, 편파 판정 등 운동 경기의 공정한 운영을 저해하는 행위

제10조(직장체육의 진흥) ① 국가와 지방 자치 단체는 직장체육 진흥에 필요한 시책을 마련하여야 한다.
② 직장의 장은 대통령령으로 정하는 바에 따라 체육 동호인 조직과 체육 진흥 관리 위원회를 설치하는 등 직장인의 체력 증진과 체육 활동 육성에 필요한 조치를 마련하여야 한다.
③ 대통령령으로 정하는 직장에는 직장인의 체력 증진과 체육 활동 지도·육성을 위하여 체육 지도자를 두어야 한다.
④ 「공공기관의 운영에 관한 법률」에 따른 공공기관 중 대통령령으로 정하는 기관(이하 "공공기관"이라 한다)과 대통령령으로 정하는 직장에는 한 종목 이상의 운동 경기부를 설치·운영하고 체육 지도자를 두어야 한다.
⑤ 제2항부터 제4항까지의 규정에 따른 직장체육에 관한 업무는 시장·군수·구청장(자치구의 구청장을 말한다. 이하 같다)이 지도·감독한다.

합격선을 넘는 TIP

출제 키워드 기출 2019

체육 지도자의 명칭과 역할
- 스포츠지도사: 문화 체육 관광부 장관이 정하여 고시하는 자격 종목에 대하여 전문체육이나 생활체육을 지도하는 사람
- 노인스포츠지도사: 노인의 신체적·정신적 변화 등에 대한 지식을 갖추고 문화 체육 관광부 장관이 정하여 고시하는 자격 종목에 대하여 노인을 대상으로 생활체육을 지도하는 사람
- 유소년스포츠지도사: 유소년(만 3세부터 중학교 취학 전까지를 말함)의 행동 양식, 신체 발달 등에 대한 지식을 갖추고 문화 체육 관광부 장관이 정하여 고시하는 자격 종목에 대하여 유소년을 대상으로 체육을 지도하는 사람
- 장애인스포츠지도사: 장애 유형에 따른 운동 방법 등에 대한 지식을 갖추고 문화 체육 관광부 장관이 정하여 고시하는 자격 종목에 대하여 장애인을 대상으로 전문체육이나 생활체육을 지도하는 사람

합격선을 넘는 TIP

출제 키워드

기출 2024

스포츠윤리 교육과정
- 도핑 방지 교육
- 성폭력 등 폭력 예방 교육
- 문화 체육 관광부령으로 정하는 교육
- 스포츠 비리 및 체육계 인권 침해 방지를 위한 예방 교육

제11조(체육 지도자의 양성) ① 국가는 국민 체육 진흥을 위한 체육 지도자의 양성과 자질 향상을 위하여 필요한 시책을 마련하여야 한다.

② 문화 체육 관광부 장관은 대통령령으로 정하는 자격 요건을 갖춘 사람으로서 체육 지도자 자격 검정(이하 "자격 검정"이라 한다)에 합격하고 체육 지도자 연수 과정(이하 "연수 과정"이라 한다)을 이수한 사람에게 문화 체육 관광부령으로 정하는 바에 따라 체육 지도자의 자격증을 발급한다. 다만, 학교체육 교사 및 선수(문화 체육 관광부 장관이 지정하는 프로 스포츠 단체에 등록된 프로 스포츠 선수를 포함한다) 등 대통령령으로 정하는 사람에게는 대통령령으로 정하는 바에 따라 자격 검정이나 연수 과정의 일부(제3항에 따른 스포츠윤리 교육은 제외한다)를 면제할 수 있다.

③ 연수 과정에는 다음 각 호의 사항으로 구성된 스포츠윤리 교육과정이 포함되어야 한다.
1. 성폭력 등 폭력 예방 교육
2. 스포츠 비리 및 체육계 인권 침해 방지를 위한 예방 교육
3. 도핑 방지 교육
4. 그 밖에 체육의 공정성 확보와 체육인의 인권 보호를 위하여 문화 체육 관광부령으로 정하는 교육

제12조의3(체육계 인권 침해 및 스포츠 비리 관련 명단 공개) ① 문화 체육 관광부 장관은 체육 지도자 및 체육 단체의 책임이 있는 자가 체육계 인권 침해 및 스포츠 비리와 관련하여 유죄 판결이 확정되는 경우에는 운영 위원회의 심의·의결을 거쳐 그 인적 사항 및 비위 사실 등을 공개할 수 있다.

② 제1항에 따른 공개의 구체적인 내용 및 절차 등에 관하여 필요한 사항은 대통령령으로 정한다.

제13조(체육 시설의 설치 등) ① 국가와 지방 자치 단체는 국민의 체육 활동에 필요한 시설의 적정한 확보와 이용에 필요한 시책을 마련하여야 한다.

② 국가와 지방 자치 단체는 장애인체육 활동에 필요한 시설의 설치와 운영에 필요한 시책을 마련하여야 하며, 장애인이 체육 시설을 우선적으로 이용할 수 있도록 필요한 조치를 할 수 있다.

③ 국가와 지방 자치 단체는 노인 체육 활동에 필요한 시설의 적정한 확보와 그 운영에 필요한 시책을 마련하여야 한다.

④ 직장의 장은 종업원의 체육 활동에 필요한 시설을 설치·운영하여야 하며, 학교의 체육 시설은 학교 교육에 지장이 없는 범위에서 지역 주민에게 개방·이용되어야 한다.

⑤ 국가와 지방 자치 단체는 민간의 체육 시설 설치를 권장하고 건전하게 운영되도록 하여야 한다.

⑥ 제1항부터 제5항까지에 따른 체육 시설의 설치·이용 등에 필요한 사항은 따로 법률로 정한다.

제18조의3(스포츠 윤리 센터의 설립) ① 체육의 공정성 확보와 체육인의 인권 보호를 위하여 스포츠 윤리 센터를 설립한다.

② 스포츠 윤리 센터는 법인으로 한다.

③ 스포츠 윤리 센터는 다음 각 호의 사업을 한다.
1. 다음 각 목에 해당하는 체육계 인권 침해 및 스포츠 비리 등에 대한 신고 접수와 조사
   가. 선수에 대한 체육 지도자 등의 성폭력 등 폭력에 관한 사항
   나. 승부 조작 또는 편파 판정 등 불공정에 관한 사항

　　　　다. 체육 관련 입시비리에 관한 사항
　　　　라. 체육 단체·경기 단체 및 그 임직원의 횡령·배임 및 뇌물수수 및 「보조금 관리에 관한 법률」에 따른 보조금 및 「지방재정법」에 따른 지방 보조금의 용도 외 사용 금지 위반에 관한 사항
　　　　마. 그 밖에 체육계 인권 침해 및 스포츠 비리에 해당된다고 인정되는 사항
　　2. 신고자 및 피해자에 대한 치료 및 상담, 법률 지원, 임시 보호 및 연계
　　3. 긴급 보호가 필요한 신고자 및 피해자를 위한 임시 보호 시설 운영
　　4. 체육계 현장의 인권 침해 조사·조치 상황 등을 상시 점검할 수 있는 인권 감시관 운영
　　5. 스포츠 비리 및 체육계 인권 침해에 대한 실태 조사 및 예방을 위한 연구
　　6. 스포츠 비리 및 체육계 인권 침해 방지를 위한 예방 교육
　　7. 그 밖에 체육의 공정성 확보 및 체육인의 인권 보호를 위하여 필요한 사업
④ 스포츠 윤리 센터의 운영, 이사회의 구성 및 권한, 임원의 선임, 감독 등 스포츠 윤리 센터의 정관에 기재할 사항은 대통령령으로 정한다.
⑤ 스포츠 윤리 센터의 장은 업무 수행에 필요하다고 인정될 때에는 문화 체육 관광부 장관의 승인을 받아 관계 행정 기관 소속 공무원이나 관계 기관·단체 소속 임직원의 스포츠 윤리 센터 파견 또는 지원을 요청할 수 있다.
⑥ 스포츠 윤리 센터가 아닌 자는 스포츠 윤리 센터 또는 이와 비슷한 명칭을 사용하지 못한다.
⑦ 스포츠 윤리 센터는 문화 체육 관광부 장관이 감독한다. 이 경우 문화 체육 관광부 장관은 스포츠 윤리 센터가 제3항 각 호의 사업을 독립적으로 수행할 수 있도록 필요한 시책을 강구하고 보장하여야 한다.
⑧ 스포츠 윤리 센터에 관하여 이 법에서 정한 것을 제외하고는 「민법」 중 재단 법인에 관한 규정을 준용한다.

2. 국민체육진흥정책 기출 2022, 2018, 2016

(1) 생활체육 참여 기회 확대

시·도 생활체육 교실	지방 자치 단체의 특성에 맞게 학교체육 시설 및 공공체육 시설 등을 활용하여 운영
생활체육 광장	지역 주민들이 근접한 곳에서 생활체육에 참여할 수 있도록 참여 환경 제공
생활체육 홍보	'스포츠 7330 캠페인'(일주일에 세 번 이상 하루 30분 운동하자) 추진

(2) 생활체육 동호인 육성

동호인 클럽 육성	지역 또는 클럽 간 체육 교류 활동 및 클럽 육성을 통한 생활체육 참여 인구 확대
생활체육 대회 개최	전국 생활체육 대축전, 종목별 생활체육 대회 개최
동호인 리그	종목별 동호인 리그를 통해 지역 동호인 클럽 활성화

> **합격선을 넘는 TIP**
>
>  출제 키워드
>
> 기출 2024
>
> **국민 체력 100**
> - 국민의 체력 및 건강 증진에 목적을 두고 체력 상태를 과학적으로 측정·평가하여 상담 및 처방해 주는 대국민 무상 스포츠 복지 서비스
> - 체력 인증 센터 제공 서비스: 체력 측정 서비스, 맞춤형 운동 처방, 국민 체력 인증서 발급

합격선을 넘는 TIP

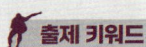

출제 키워드

기출 2022, 2018

소외 계층 체육 진흥 정책
- 행복 나눔 스포츠 교실
- 스포츠 강좌 이용권 사업
- 스포츠 버스(bus)를 활용한 움직이는 체육관 및 작은 운동회

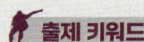

출제 키워드

기출 2019

국민체육진흥법의 주요 내용
- 지방 자치 단체는 직장인 체육 대회를 연 1회 이상 개최하여야 함
- 국가와 지방 자치 단체는 우수 선수와 체육 지도자 육성을 위해 필요한 표창 제도를 마련하여야 함
- 체육 동호인 조직이란 같은 생활체육 활동에 지속적으로 참여하는 자의 모임을 말함

---

(3) 직장체육 육성

직장 종목별 클럽 리그제 운영	직장 생활체육 동호인 활동의 확산 및 직장체육의 활성화
찾아가는 생활체육 서비스 운영	직장 및 단체에 지도자가 직접 방문하여 생활체육 보급을 통해 직장 체육 활성화

(4) 소외 계층 체육 활동 지원

소외 계층 생활체육 프로그램	소외 계층에게 체육 활동 참여 기회 제공 및 건강 증진, 여가 활동 여건 조성
소외 계층 운동용구 지원	소외 계층에게 운동용구 지원을 통해 체육 활동 참여 및 여가 선용 여건 조성

3 전문체육

1. 국민체육진흥법 기출 2019

> **제2조(정의)** 이 법에서 사용하는 용어의 뜻은 다음과 같다.
> 2. "전문체육"이란 선수들이 행하는 운동 경기 활동을 말한다.
> 4. "선수"란 경기 단체에 선수로 등록된 자를 말한다.
> 4의2. "국가대표 선수"란 대한 체육회, 대한 장애인 체육회 또는 경기 단체가 국제 경기 대회(친선 경기 대회는 제외한다)에 우리나라의 대표로 파견하기 위하여 선발·확정한 사람을 말한다.
> 8. "운동 경기부"란 선수로 구성된 국가, 지방 자치 단체, 학교나 직장 등의 운동부를 말한다.
> 10. "도핑"이란 선수의 운동 능력을 강화시키기 위하여 문화 체육 관광부 장관이 고시하는 금지 목록에 포함된 약물 또는 방법을 복용하거나 사용하는 것을 말한다.
> 11. "경기 단체"란 특정 경기 종목에 관한 활동과 사업을 목적으로 설립되고 대한 체육회나 대한 장애인 체육회에 가맹된 법인이나 단체 또는 문화 체육 관광부 장관이 지정하는 프로스포츠 단체를 말한다.
>
> **제14조(선수 등의 육성)** ① 국가와 지방 자치 단체는 선수와 체육 지도자에 대하여 필요한 육성을 하여야 한다.
> ② 국가와 지방 자치 단체는 우수 선수와 체육 지도자 육성을 위하여 필요한 표창 제도를 마련하여야 한다.
> ③ 국가, 지방 자치 단체, 공공기관, 그 밖에 대통령령으로 정하는 단체는 대통령령으로 정하는 우수 선수에게 아마추어 경기 생활을 할 수 있게 하기 위하여 문화 체육 관광부 장관이 요청하면 우수 선수와 체육 지도자를 고용하여야 한다.
>
> **제15조(도핑 방지 활동)** ① 국가는 스포츠 활동에서 약물 등으로부터 선수를 보호하고 공정한 경쟁을 통한 스포츠 정신을 높이기 위하여 도핑 방지를 위한 시책을 수립하여야 한다.
> ② 국가는 도핑을 예방하기 위하여 선수와 체육 지도자를 대상으로 교육과 홍보를 실시하여야 하고, 체육 단체 및 경기 단체의 도핑 방지 활동을 지도·감독하여야 한다.

03 스포츠교육의 참여자 이해론

3% 연령별, 성별, 특성별 참여자의 신체적·정신적 요구를 고려하여 맞춤형 교육 방안을 학습해 보자!

★ 빈출 형광펜 시험에 자주 출제되는 개념으로, 시험 직전 빈출 형광펜만 딱 보고 들어가자!

1 스포츠교육 지도자

1. 체육 교사

정의	체육 교사 자격증을 소지하고 있으며, 체육교육에 대한 폭넓은 지식과 인격적 자질을 갖춘 교사
역할	• 학생들의 체육 학습을 지도 및 보조 • 학생들의 인성 교육을 담당하고, 롤 모델로서 행동 • 신체 활동을 통해 건강한 생활 습관을 형성할 수 있도록 지도 • 체육 수업을 계획하고 운영하며, 수업 내용을 평가하고 개선 • 체육 관련 행사 및 대회 기획과 운영
필요 자질	• **인성 및 사명감**: 학생들에게 긍정적 영향을 미칠 수 있는 올바른 인성과 체육교육에 대한 열정을 가져야 함 • **학생 발달 이해**: 학생들의 신체적·심리적 발달 단계를 이해하고 이에 맞는 교육을 제공할 수 있어야 함 • **전문 지식**: 체육 과목에 대한 깊은 이해와 체계적인 지식 • **교육과정 개발 및 운영 능력**: 효과적인 수업 계획 및 교육과정 운영을 할 수 있어야 함 • **평가 및 피드백 능력**: 학생들의 신체 활동을 관찰하고 정확하게 평가하며, 이를 바탕으로 적절한 피드백을 제공함 • **자기 발전**: 지속적으로 자신의 전문성을 발전시키기 위한 학습과 자기 반성, 실천이 필요함

2. 스포츠 강사 2018

정의	정규 체육 수업을 보조하며, 학교 스포츠 클럽 및 방과 후 활동을 지도하는 전문가
역할	• 학생들에게 체육 활동을 지도하며, 체육 수업 및 학교 스포츠 클럽에서 보조자 및 전문가 역할을 수행 • 방과 후 활동 및 스포츠 행사 기획과 운영 • 학생들이 다양한 스포츠를 접할 수 있도록 지도하고, 건강한 신체 발달과 운동 습관 형성을 돕는 역할
필요 자질	• **인성 및 사명감**: 학생들을 존중하고 이들을 지도하는 데 있어 성실함과 열정을 지녀야 함 • **학생과의 관계 형성 능력**: 학생들을 이해하고 그들과 긍정적인 유대 관계를 형성할 수 있어야 함 • **전문 지식**: 체육교육과 스포츠 관련 지식이 충분히 갖춰져 있어야 하며, 다양한 스포츠 종목에 대한 지식과 경험이 필요함 • **행사 기획 능력**: 다양한 스포츠 관련 행사를 계획하고 운영할 수 있어야 함

합격선을 넘는 TIP

용어

사명감
주어진 임무를 잘 수행하려는 마음가짐

출제 키워드

 2018

초등학교 스포츠 강사의 역할
• 학교 스포츠 클럽 및 방과 후 체육 활동 등을 지도
• 체육 수업에 대한 흥미를 유발하고 즐거운 경험의 기회를 제공
• 학교 스포츠 클럽 리그 및 토너먼트 경기를 기획하고 운동 프로그램을 개발

합격선을 넘는 TIP

3. 전문스포츠지도사

정의	선수들의 경기력 향상과 팀 성과를 높이기 위해 스포츠과학 지식과 체계적인 지도 능력을 갖춘 지도자
역할	• **경기 지도 및 스포츠과학 결합**: 스포츠과학적 지식을 활용하여 선수들의 경기력을 향상시키는 지도 • **다양한 역할 수행**: 경기 전략 개발자, 실행자, 선수 독려자, 팀 통합자, 선수 및 팀의 대변자 역할을 수행 • **경기력 평가 및 피드백**: 선수들의 경기력 분석과 피드백 제공을 통해 개선 방향을 제시 • **훈련 프로그램 개발**: 선수 개개인의 특성과 능력을 고려한 맞춤형 훈련 프로그램을 설계 및 운영
필요 자질	• **전문 지식**: 스포츠과학에 대한 깊이 있는 이해와 종목별 특화된 지식을 갖추어야 함 • **선수 이해 능력**: 선수들의 신체적·심리적 특성을 잘 이해하고 그에 맞는 지도 방식을 적용함 • **의사소통 능력**: 명확하고 효과적인 의사소통을 통해 선수과 원활한 상호 작용을 유지함 • **공정성 및 책임감**: 지도 과정에서 공정성과 책임감을 유지하며, 선수들을 공평하게 대함 • **사명감 및 도덕성**: 선수들의 성장을 위해 헌신하며, 높은 도덕성을 지켜야 함

4. 생활스포츠지도사

정의	생활체육 참여자들에게 적합한 프로그램을 제공하며, 이들의 지속적인 스포츠 활동을 지원하는 지도자
역할	• **프로그램 개발 및 제공**: 생활체육 참여자들의 수준과 요구에 맞춘 체육 프로그램 설계 및 지도 • **삶의 질 향상**: 참여자들의 신체 건강과 정신적 행복을 높이기 위한 목표 설정 및 지도방법 개발 • **관계 형성 및 유지**: 참여자들과 신뢰를 바탕으로 한 관계를 형성하고 유지하며, 지속적인 참여를 독려 • **스포츠 활동 지원**: 다양한 연령대와 체력 수준에 맞는 프로그램을 운영하고 참여자들이 꾸준히 스포츠 활동을 이어갈 수 있도록 지원
필요 자질	• **사명감**: 생활체육 지도자로서 참여자들의 건강과 행복을 책임진다는 강한 사명감을 가져야 함 • **신뢰성 및 친근감**: 참여자들과 신뢰를 형성하고 친근하게 소통할 수 있는 능력이 중요함 • **도덕적 성품**: 도덕적 기준을 지키며, 참여자들에게 모범적인 지도자의 모습을 보여야 함 • **공정성**: 모든 참여자들에게 공정하게 대하며, 스포츠 활동을 통해 모두가 즐길 수 있는 환경을 조성해야 함

2 스포츠교육 학습자

1. 스포츠교육 학습자의 정의
- 체계적인 스포츠 프로그램을 통해 신체적·정신적 발달을 도모하고, 운동기술과 스포츠 정신을 습득하는 개인이나 집단
- 학습자는 유아부터 성인에 이르기까지 다양한 연령층을 포함하며, 각자의 발달 단계와 목표에 맞춰 스포츠 활동을 통해 성장한다.

2. 스포츠교육 학습자의 특징 기출 2021, 2016

발달 단계별 차이	• 학습자의 신체적·인지적·정서적 발달 수준에 따라 스포츠교육의 내용과 접근 방식이 달라짐 • 유아기에는 기초적인 운동 능력 습득이 중요하며, 청소년기에는 기술 향상과 사회성 발달, 성인기와 노년기에는 건강 유지와 사회적 교류가 강조됨
개인화된 요구	학습자마다 신체 능력, 흥미, 목표가 다르므로, 각자의 수준과 요구에 맞춘 맞춤형 교육이 필요함
주도적 학습 경향	학습자는 스포츠 활동에서 능동적이고 주도적인 역할을 하며, 자기주도적인 학습을 통해 목표를 설정하고 달성하려는 경향을 보임
정서적 반응	학습자는 스포츠를 통해 성취감, 도전 의식, 협력심, 경쟁심 등을 경험하며, 이러한 정서적 경험은 신체적 성장뿐 아니라 인성 발달에도 중요한 역할을 함

3. 생애주기별 스포츠 기출 2021

(1) 유소년 및 청소년 스포츠

① 유소년 스포츠(유아 및 아동)

목적	유아와 아동의 신체적·인지적 발달을 촉진하고, 기본적인 사회관계 형성을 돕는 스포츠 활동
특징	• **신체 발달 촉진**: 근육 발달과 운동 능력 향상에 도움을 주는 기초적인 신체 활동 중심 • **인지 발달 지원**: 놀이와 게임을 통해 인지적 능력을 키우고, 창의적 사고와 문제 해결 능력을 촉진 • **사회성 형성**: 팀워크와 규칙을 배우며, 또래 친구들과의 상호 작용을 통해 사회성을 기르고 협동심을 발달시킴
프로그램 예시	• 기초적인 달리기, 점프, 밸런스 잡기 등 신체 활동을 포함한 놀이형 프로그램 • 간단한 규칙을 가진 스포츠 게임을 통해 규칙 준수와 협동을 배우는 프로그램

합격선을 넘는 TIP

🏃 **출제 키워드**

기출 2021

스포츠지도자가 고려해야 할 학습자의 특성
- 학습자의 발달 및 동기 수준
- 학습자의 체격 및 체력
- 학습자의 인지 및 감정 코칭 능력

🏃 **출제 키워드**

기출 2021

성장 단계별 스포츠 프로그램의 목적
- 유소년 스포츠: 유아와 아동의 신체적·인지적 발달 도모, 기본적인 사회관계 형성
- 청소년 스포츠: 운동 기능 습득, 삶의 즐거움과 활력 찾기, 또래 친구와의 여가 활동 참여
- 성인 스포츠: 신체적 건강 유지, 사교, 흥미 확대, 사회적 안정 추구

합격선을 넘는 TIP

용어

자기 효능감
특정한 상황에서 자신이 적절한 행동을 함으로써 문제를 해결할 수 있다고 믿는 신념 또는 기대감

② 청소년 스포츠

목적	운동 기능을 습득하고, 삶의 활력을 찾으며, 또래 친구들과 함께하는 여가 활동에 참여할 수 있는 스포츠 활동
특징	• **운동 기능 향상**: 다양한 운동기술을 습득하며, 자신의 운동 능력을 발전시키는 데 중점을 둠 • **사회적 활동**: 또래 친구들과 함께하는 팀 스포츠를 통해 사회적 관계를 강화하고, 협력과 경쟁의 균형을 학습 • **삶의 활력 제공**: 청소년 시기에 겪는 스트레스 해소와 자기 효능감을 증대시키는 역할
프로그램 예시	• 축구, 농구, 배구 등 팀 스포츠를 통한 운동 기능 및 사회적 관계 형성 프로그램 • 야외 활동 및 모험 스포츠를 통해 청소년기의 도전 정신과 성취감을 증대시키는 프로그램

③ 유소년 및 청소년 스포츠의 차이점

구분	유소년 스포츠	청소년 스포츠
발달 초점	신체적·인지적 발달 촉진	운동 기능 향상
사회성	기초적인 사회성 형성	사회적 관계 강화와 협력·경쟁 학습
프로그램 성격	놀이형 프로그램	팀 스포츠 및 도전적 활동

(2) 성인 및 노인 스포츠

① 성인 스포츠

목적	신체 건강을 유지하며, 사회적 교류를 넓히고, 취미와 흥미를 확대하며, 사회적 인정 욕구를 충족시키는 스포츠 활동
특징	• **신체 건강 유지**: 규칙적인 운동을 통해 성인기의 신체적 건강과 체력을 유지하는 데 중점을 둠 • **사회적 교류**: 스포츠 활동을 통해 다양한 사회적 네트워크를 형성하고, 사회적 관계를 확대 • **스트레스 해소**: 직장 생활이나 가정에서 오는 스트레스를 해소하고, 정서적 균형을 유지할 수 있는 기회 제공
프로그램 예시	• 요가, 필라테스, 헬스 트레이닝 등을 통해 신체 건강과 유연성을 유지하는 프로그램 • 배드민턴, 테니스 등 사교적인 스포츠 활동을 통한 사회적 교류 프로그램

② 노인 스포츠

목적	신체적·정신적 쇠퇴를 방지하고, 건강 유지와 생활의 균형을 맞추며, 노화를 늦추는 스포츠 활동
특징	• 신체 기능 유지: 근력과 유연성, 심폐 기능을 유지하며, 신체적 쇠퇴를 예방하는 데 중점을 둠 • 정신 건강 향상: 규칙적인 신체 활동을 통해 우울증과 같은 정신적 건강 문제를 예방 • 사회적 소속감 강화: 또래 그룹과의 스포츠 활동을 통해 고립감을 줄이고, 사회적 소속감을 제공
프로그램 예시	• 걷기, 수영, 가벼운 스트레칭 등 저강도 신체 활동을 통한 신체 기능 유지 프로그램 • 실버 요가, 실버 탁구 등 친목을 도모하며 즐길 수 있는 운동 프로그램

③ 성인 및 노인 스포츠의 차이점

구분	성인 스포츠	노인 스포츠
건강 유지에 초점	신체 건강 유지와 스트레스 해소	신체 기능 유지와 노화 방지
사회적 목표	사회적 교류와 네트워크 형성	고립감 감소와 소속감 강화
운동 강도	중강도 운동(요가, 배드민턴 등)	저강도 운동(걷기, 실버 요가 등)

4. **스포츠교육 학습자의 역할**

스포츠 활동 참여자	• 학습자는 다양한 스포츠 활동에 직접 참여하며, 운동기술을 배우고 신체 능력을 발전시킴 • 스포츠교육은 학습자의 능동적 참여를 통해 학습 효과를 극대화함
성취 목표 설정자	• 학습자는 자신만의 목표를 설정하고, 스포츠를 통해 목표를 달성하기 위해 노력함 • 자기 효능감을 높이고, 도전 의식을 기름
사회적 관계 형성자	• 팀 스포츠나 집단 활동을 통해 또래 또는 동료와의 관계를 형성하고, 협력과 의사소통 능력을 키움 • 사회성 발달과 더불어 공동체 의식을 형성함
자기 피드백 수용자	• 학습자는 지도자의 피드백뿐만 아니라 자기 자신의 활동을 평가하고, 개선점을 찾아 발전하는 과정을 경험함 • 자기 성찰과 자기 주도적 학습 능력을 강화함

> **합격선을 넘는 TIP**

 용어

자기 성찰
자기 자신의 마음을 돌아보며 반성하고 살핌

자기 주도적 학습
학습자가 학습 참여 여부 결정, 학습 목표 설정, 학습 프로그램 선정, 학습 결과 평가 등 학습의 전체 과정을 본인의 의사에 따라 선택하고 결정하여 행하는 학습 형태

> 합격선을 넘는 TIP

3 스포츠교육 행정가

1. 스포츠교육 행정가의 정의

- 학교, 지역 사회, 스포츠 기관 등에서 스포츠교육 프로그램을 기획하고 운영하며, 스포츠교육 환경을 조성하고 관리하는 전문가
- 스포츠교육의 질을 향상시키기 위해 체계적인 행정적 지원을 제공하며, 스포츠교육의 원활한 운영을 총괄한다.

2. 스포츠교육 행정가의 특징

조직 및 운영 능력	• 스포츠교육 프로그램과 관련된 행정적 절차와 자원 관리에 대한 이해가 깊고, 이를 효율적으로 조직하고 운영함 • 예산 편성, 인력 배치, 시설 관리 등 다양한 행정 업무를 수행함
전략적 사고	• 스포츠교육 정책을 수립하고, 장기적 목표와 비전을 제시하며, 이를 달성하기 위한 전략을 구상함 • 교육 현장에서 발생하는 다양한 상황을 분석하고, 합리적인 의사 결정을 내림
커뮤니케이션 능력	학교, 지역 사회, 정부 기관 등 다양한 이해관계자와 협력하며, 원활한 소통을 통해 교육 현장의 요구를 파악하고 반영함
문제 해결 능력	• 스포츠교육 과정에서 발생하는 문제를 해결하고, 교육적 목표를 달성하기 위해 적극적으로 대응함 • 현장의 요구와 변화에 유연하게 대처함

3. 스포츠교육 행정가의 역할

스포츠교육 프로그램 기획 및 관리	• 학교나 스포츠 기관에서 스포츠교육 프로그램을 기획하고, 운영함 • 프로그램의 목적과 목표를 설정하고, 체계적으로 계획하여 실행되도록 지원함
예산 및 자원 관리	• 스포츠교육과 관련된 예산을 책정하고, 필요한 자원을 효율적으로 배분함 • 체육 시설, 장비, 인력 등을 관리하여 프로그램이 원활하게 운영될 수 있도록 함
정책 수립 및 실행	• 스포츠교육 정책을 수립하고, 해당 정책을 교육 현장에서 실행함 • 교육 관련 법규를 준수하고, 지역 사회 또는 정부와 협력하여 정책을 적용함
교육 품질 관리	• 스포츠교육의 질적 향상을 위해 교육 현장을 감독하고 평가함 • 교사나 지도자의 역량 강화를 위한 교육 및 훈련 프로그램을 제공하며, 학생들의 학습 효과를 극대화하는 환경을 조성함
이해관계자와의 협력	• 학생, 학부모, 교사, 지역 사회, 정부 기관 등 다양한 이해관계자와 협력하여 스포츠교육 목표를 달성함 • 교육 현장의 요구를 수렴하고, 이를 바탕으로 프로그램이나 정책을 수정 및 개선함

출제될 핵심 개념 04 스포츠교육의 프로그램론

9% 학자별 교육학적 이론을 구분하여 학습해 보자!

★ **빈출 형광펜** 시험에 자주 출제되는 개념으로, 시험 직전 빈출 형광펜만 딱 보고 들어가자!

1 학교체육 프로그램 개발 및 실천

1. 학교체육 프로그램 개발 기출 2021, 2019, 2018, 2017, 2015

교과 활동	• 체육 교육과정에 따라 체계적으로 계획된 체육 수업을 제공함 • 학생들이 신체 활동을 통해 건강 증진, 협동, 스포츠 정신을 학습할 수 있도록 구성됨
비교과 활동	• 학생들이 자발적으로 참여하는 체육 활동을 포함하며, 스포츠에 흥미를 느낀 학생들에게 다양한 참여 기회를 제공함 • 방과 후 프로그램, 교내 대회 등이 이에 해당함

2. 체육 수업 프로그램 개발 기출 2025

학습자 중심 설계	학습자의 적성과 흥미를 고려한 프로그램을 설계하여 참여를 촉진하고, 학습자들의 특성을 반영함
구체적인 목표 설정	명확한 교육 목표를 설정하여 학생들이 체계적으로 신체 능력과 스포츠 기술을 습득할 수 있도록 함
미래 지향적 학습 방향	학생들이 체육 수업을 통해 건강한 생활 습관과 사회적 기술을 습득할 수 있도록 장기적인 학습 방향을 제공함
창의적 환경 조성	창의적이고 활기찬 학습 환경을 조성하여 학생들의 자율적 학습과 인성 발달을 촉진함
통합적 교수 학습 방법	이론과 실기를 통합한 교수법을 사용하여, 다양한 상황에서 적용할 수 있는 체계적인 교수 학습 방식을 채택함

3. 교사 지식과 내용 발달 단계

(1) 슐만(L. Shulman)의 7가지 교사 지식 기출 2024, 2021

내용 지식	가르칠 교과 내용에 대한 깊이 있는 이해로, 체육의 이론적 지식과 스포츠 기술에 대한 폭넓은 이해를 요구함
지도 방법 지식	효과적인 교수법에 대한 이해로, 다양한 체육교육 상황에 맞춰 교수법을 변형할 수 있는 능력
내용 교수법 지식	특정 상황과 학생들에게 적합한 교수 방법을 선택할 수 있는 능력
교육과정 지식	교육과정의 목표와 내용을 학년별 발달 수준에 맞게 적용할 수 있는 능력
교육 환경 지식	교실이나 운동장에서의 물리적 환경이 학습에 미치는 영향을 이해하고, 적절하게 관리할 수 있는 능력

합격선을 넘는 TIP

🏃 출제 키워드
기출 2021

방과 후 학교체육 활동 프로그램 개발 시 고려 사항
- 구체적인 목표와 미래 지향적인 방향 설정
- 학습자의 적성과 흥미
- 학교 내·외적인 환경
- 통합적이고 효율적인 교수 학습 환경
- 창의·인성을 지향하는 학습 환경

🏃 출제 키워드
기출 2021

슐만(L. Shulman)의 교사 지식: 학습자와 학습자 특성 지식
- 노인의 신체적·정신적 변화 등에 관한 지식
- 장애 유형에 따른 운동 방법 등에 관한 지식
- 유소년의 행동 양식, 신체 발달 등에 관한 지식

합격선을 넘는 TIP

출제 키워드
기출 2020

메츨러(M. Metzler)의 절차적 지식
- 지도자가 학습자에게 움직임 패턴을 연습할 수 있게 하고 이를 경기에 적용할 수 있는 지식
- 학습자가 과제를 연습하는 동안 이를 관찰하고 정확한 피드백을 제공할 수 있는 지식
- 지도자가 실제로 체육 프로그램 전, 중, 후에 적용할 수 있는 지식

출제 키워드
기출 2020

체육 프로그램의 목표
- 축구에서 인사이드 패스를 실행할 수 있음 → 심동적 영역
- 야구에서 스윙 동작을 분석하고 평가할 수 있음 → 인지적 영역
- 배구에서 동료와 협력할 수 있음 → 정의적 영역
- 농구에서 지역 방어 전략을 사용할 수 있음 → 인지적 영역

학습자와 학습자 특성 지식	학습자들의 발달 수준과 개별 학습 특성을 이해하여 맞춤형 교육을 제공할 수 있는 능력
교육 목적 지식	체육교육의 목적과 그 구조에 대한 깊이 있는 이해로, 교육의 방향성을 명확히 인지함

(2) 메츨러(M. Metzler)의 3가지 교사 지식 `기출 2020`

명제적 지식	체육 수업에 필요한 이론적 정보와 관련된 지식으로, 체육교육에 대한 이론적 배경과 스포츠과학의 지식을 포함함
절차적 지식	수업을 실제로 운영하고 관리하는 능력으로, 학급 운영, 시간 관리, 수업 조직 방법 등을 포함함
상황적 지식	다양한 수업 상황에서 적절한 결정을 내릴 수 있는 능력으로, 예기치 않은 상황에서 적절한 대처 능력을 요구함

(3) 링크(Rink)의 내용 발달 단계 `기출 2025, 2023, 2022`

링크(Rink)의 내용 발달 단계는 '시작 과제 → 확대 과제 → 세련 과제 → 적용 과제'의 흐름으로 기술 학습을 설계·운영하는 체계이다. 각 단계는 무엇을(목표), 어떻게(과제 설계 원리), 언제(전환 기준)를 명확히 하여 학습의 효과성과 연계성을 극대화하도록 돕는다.

시작 과제 (Initial Task)	기술의 핵심 형태와 안전·규칙 등 기초 틀을 형성하는 형태 확보 단계
확대 과제 (Extension Task)	거리·속도·빈도·상황 변인을 조정해 난이도·범위를 확장하는 조건 확장 단계
세련 과제 (Refinement Task)	단서어(cues)와 피드백으로 질(정확성·타이밍·리듬)을 개선하는 질 개선 단계
적용 과제 (Application Task)	실제·준실전 상황에서 의사결정과 전이를 검증하는 상황 활용 단계

4. 학교체육 프로그램의 목표 `기출 2023, 2021, 2020`

(1) 심슨과 해로우(Simpson & Harrow)의 심동적 영역

반사 동작	자극에 즉각 반응하여 자동으로 이루어지는 무의식적인 움직임 예 학생은 올바른 자세를 자발적으로 취할 수 있음
기초 기능	반사 동작이 결합되어 자연스럽게 나타나는 기본적인 운동 패턴 예 학생은 달리기, 걷기, 뛰기, 도약 등 기본 운동을 수행할 수 있음
지각 능력	감각을 통해 받은 자극을 해석하거나, 다른 자극으로 이어지는 행동을 표현함 예 학생은 던져진 공을 향해 자연스럽게 반응하고 쫓아갈 수 있음

신체 능력	기본 운동 능력과 지각 능력을 조합하여 단순한 운동기술을 실행함 예 학생은 체조와 같은 신체 활동을 수행할 수 있음
복합 기술	체력과 효율성을 바탕으로 여러 신체 능력을 결합하여 보다 높은 수준의 기술을 구현함 예 학생은 장애물을 넘는 훈련을 성공적으로 마칠 수 있음
운동 해석 능력	신체적 움직임을 통해 감정이나 메시지를 표현하는 능력 예 학생은 춤을 창작하여 관중들에게 기쁨을 표현할 수 있음

(2) 블룸(B. Bloom)의 인지적 영역

지식	배운 내용을 기억하고 회상할 수 있는 능력 예 학생은 테니스 라켓의 각 부분을 설명할 수 있음
이해	학습한 정보나 개념의 의미를 이해하고 설명할 수 있는 능력 예 학생은 풋워크의 중요성을 명확하게 설명할 수 있음
적용	학습한 내용을 새로운 상황에 맞게 응용할 수 있는 능력 예 학생은 규칙을 적용하여 더욱 공정한 시합을 진행할 수 있음
분석	자료를 구성 요소로 나누고 그 관계를 분석하여 이해하는 능력 예 학생은 동료의 실수를 찾아내고 이를 분석할 수 있음
종합	개별 요소들을 결합하여 하나의 전체적인 계획이나 전략을 세울 수 있는 능력 예 학생은 플래그 풋볼 경기에서 전략적인 공격 계획을 수립할 수 있음
평가	서로 다른 의견이나 정보를 바탕으로 가치를 판단하고 평가할 수 있는 능력 예 학생은 체조 경기를 심판하고 올바르게 판정할 수 있음

(3) 크래스홀(Krathwhol)의 정의적 영역

수용화	• 학습자가 정보를 얻기 위해 주의 깊게 보고 듣는 능력 • 학습 과정에서 관심을 가지고 내용을 받아들이는 것을 의미함 예 학생은 미국 여성 스포츠 역사에 관한 자료를 읽고 그 내용을 받아들일 수 있음
반응화	• 학습자가 얻은 정보에 대해 자신의 의견을 표출하고, 논쟁이나 토론을 통해 입장을 밝히는 능력 • 듣거나 본 것에 대해 동의 또는 비동의를 표현할 수 있음 예 학생은 자신이 체육을 좋아하는 이유를 다섯 가지로 나열하며, 개인적인 견해를 공유할 수 있음
가치화	• 특정 활동이나 상황의 중요성을 평가하고, 그 가치를 판단할 수 있는 능력 • 가치에 대한 결정을 통해 행위의 중요성을 인식하는 과정임 예 학생은 사람들이 꾸준히 운동을 해야 하는 이유를 이해하고, 운동의 중요성을 인식할 수 있음

합격선을 넘는 TIP

합격선을 넘는 TIP

조직화	• 여러 가지 가치를 비교하고, 이를 판단과 선택을 위한 체계로 구성하는 능력 • 다양한 가치들 사이에서 우선순위를 정하고 이를 체계적으로 정리하여 자신의 결정에 반영함 **예** 학생은 건강 체력 활동의 중요성을 설명하며, 이를 자신의 일상생활에 체계적으로 적용할 수 있음
인격화	• 학습자가 내면화한 가치를 실생활에서 행동으로 실천하는 능력 • 개인의 가치관과 태도가 일관성 있게 행동으로 나타남 **예** 학생은 수업 시간 외에도 게임 규칙과 스포츠 예절을 준수하며, 일상에서도 스포츠 정신을 실천할 수 있음

2 생활체육 프로그램 개발 및 실천

1. 생활체육 프로그램 개발   기출 2022, 2019, 2017

목표 설정	• 생활체육 프로그램의 구체적인 목표를 설정하고, 기대하는 성과를 명확히 제시해야 함 • 프로그램에서 제공할 세부적인 체육 활동의 내용을 구체적으로 기술해야 함 • 전개 방향을 일관되게 설정하여, 목표 달성 여부를 객관적으로 평가할 수 있는 기준을 마련해야 함
요구 분석	• 프로그램을 설계하기 전, 지역 사회와 참여자의 요구를 면밀히 분석 • 지역 사회와 참여자의 요구를 충족시키기 위해 필요한 사항을 반영하여 문제 해결 능력을 강화하고 지역 사회에 기여할 수 있는 프로그램 개발 • 다양한 연령층과 체력 수준을 고려하여, 모든 참여자가 즐길 수 있는 체육 활동을 제안

2. 생활 체육 프로그램 실천

설계	• 참여자의 요구와 목표에 맞춘 맞춤형 프로그램을 설계 • 프로그램이 목표에 부합하도록 체계적으로 구성
평가	• 프로그램이 실행된 후, 목표 달성 여부를 평가하는 과정을 도입하여 프로그램의 효과 측정 • 평가 결과를 바탕으로 프로그램의 성과를 분석하고, 필요시 개선 방안을 마련하여 프로그램의 질을 지속적으로 향상시킴

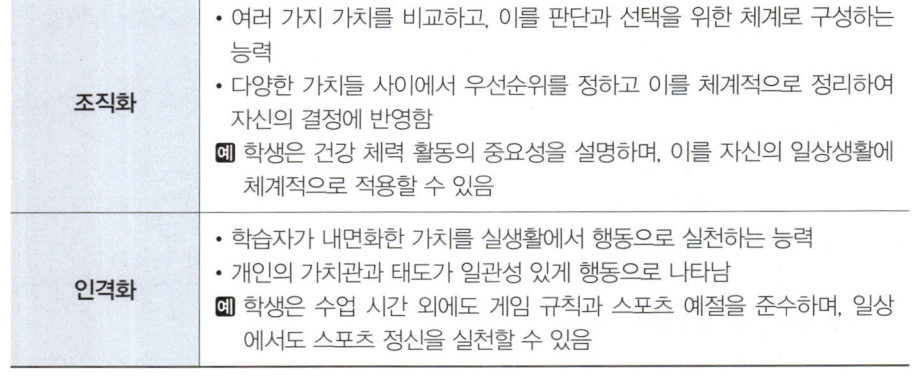

출제 키워드

기출 2022

생활스포츠 프로그램의 교육 목표
- 프로그램의 목표는 구체적으로 진술
- 학습 내용과 기대되는 행동을 동시에 진술
- 스포츠 참여자에게 기대하는 행동의 변화에 따라 동사를 다르게 진술
- 해당 스포츠 활동이 끝났을 때 참여자에게 나타난 최종 행동 변화 용어로 진술

❸ 전문체육 프로그램 개발 및 실천

1. 마튼스(R. Martens)의 지도 계획 6단계 `기출` 2025, 2022, 2017

선수 기술 파악	• 코치는 각 선수에게 필요한 기술을 면밀히 분석하여 선수에게 맞는 지도 방법을 설정함 • 각자의 기량과 발전 가능성을 고려하여 세밀한 기술 지도를 수행함
선수 이해	• 선수의 신체적·심리적·사회적 발달 단계를 파악하고, 개별 선수의 특성에 맞춰 지도함 • 개별 선수의 성격, 동기, 심리적 상태 등을 충분히 이해하는 것이 중요함
상황 분석	• 훈련 환경과 외부 요인(시설, 기후, 상대팀의 전략 등)을 분석하여 훈련 계획을 수립함 • 선수들의 경기 환경을 최대한 반영하여 실전에 대비할 수 있도록 훈련 계획을 조정함
우선순위 결정 및 목표 설정	• 상황에 맞는 구체적이고 성취 가능한 목표를 설정함 • 경기력 향상에 필요한 요소들을 우선순위로 나누고, 장단기 목표를 명확히 함
지도 방법 선택	• 선수들이 성공적으로 기술을 습득할 수 있도록 적절한 지도 방법을 선택 • 다양한 훈련 기법을 적용하여 선수들의 기량을 극대화함
연습 계획 수립	• 경기력을 최대화하기 위한 연간 훈련 계획과 일일 연습 계획을 수립함 • 주기적인 평가를 통해 훈련 과정을 점검하고, 상황에 맞게 조정함

2. 전문체육 프로그램 실천

(1) 청소년 스포츠 프로그램

선수 중심의 접근	• 청소년 스포츠는 코칭 중심에서 선수 중심의 관점으로 전환함 • 선수 개개인의 발달과 자율성을 존중하는 방식으로, 청소년기의 특성에 맞는 지도 방식임
인성 중심 지도	• 기술 훈련뿐만 아니라 스포츠를 통해 인성을 함양할 수 있도록 인성 중심의 지도를 실천함 • 협동심, 리더십, 책임감 등의 사회적 기술을 키우는 데 기여함
일상생활로의 전이	스포츠에서 배운 기술과 태도를 일상생활에 적용할 수 있도록 지도하여, 스포츠가 단순한 활동을 넘어 삶의 일부로 자리 잡을 수 있도록 함

(2) 성인 스포츠 프로그램

목표 설정	• 성인은 명확한 자신의 목표를 설정하고, 이를 달성하기 위한 자기 주도적인 계획을 세움 • 개인의 성취 동기와 자발성을 촉진함
자기 주도적인 환경 조성	• 성인 선수는 자신의 훈련 과정을 주도할 수 있는 환경을 조성함 • 성인이 책임감을 가지고 자신의 훈련을 관리하고 발전할 수 있도록 함
지속적인 자기 성찰	• 성인은 자신의 성과를 지속적으로 평가하고 개선할 기회를 제공받음 • 스스로 발전을 도모하고, 운동의 지속성을 높임

합격선을 넘는 TIP

출제 키워드

`기출` 2025, 2017

마튼스(R. Martens)의 전문체육 프로그램 지도 개발 단계
- 1단계: 선수에게 필요한 기술 파악
- 2단계: 선수 이해
- 3단계: 상황 분석
- 4단계: 우선순위 결정 및 목표 설정
- 5단계: 지도 방법 선택
- 6단계: 연습 계획 수립

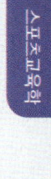

출제될 핵심개념 05 스포츠교육의 지도방법론

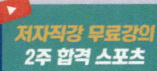

58%

교수법과 교육 모형의 특성 및 우선순위를 이해하고, 상황에 맞는 지도법을 선택할 수 있도록 학습해 보자!

★ 빈출 형광펜 시험에 자주 출제되는 개념으로, 시험 직전 빈출 형광펜만 딱 보고 들어가자!

합격선을 넘는 TIP

용어
교육 모형
교수가 사용하는 수업 모형

출제 키워드
기출 2023
직접 교수 모형의 특징
- 학습 영역의 우선순위는 심동적 영역임
- 스키너(B. Skinner)의 조작적 조건화 이론에 근거함
- 수업의 단계는 '전시 과제 → 복습 → 새 과제 제시 → 초기 과제 연습 → 피드백과 교정 → 독자적 연습 → 본시 복습'의 순으로 진행됨

출제 키워드
기출 2021
개별화 지도 모형의 특성
- 학습자는 각 과제의 수행 기준에 도달할 책임이 있음
- 학습자는 많은 피드백과 높은 수준의 언어적 상호 작용의 기회를 가짐
- 지도자는 내용 선정과 과제 제시를 주도하고, 학습자는 수업 진도를 결정함

1 스포츠 지도를 위한 교육 모형

1. 직접 교수 모형 기출 2025, 2023, 2020, 2019, 2017, 2015

주제	교사가 수업을 주도하며, 학생들의 신체적 학습을 체계적으로 지도함
우선순위	심동적 학습 > 인지적 학습 > 정의적 학습
교사의 역할	수업 내용과 과제를 제시하고, 수업 관리 및 모든 의사 결정을 주도하며 학생의 신체 활동을 직접적으로 지도함

직접적 ――――― 상호 작용적 ――――― 간접적

- 내용 선정
- 수업 운영
- 과제 제시
- 참여 형태
- 교수적 상호 작용
- 학습 진도 (교사 ――― 학생)
- 과제 전개

2. 개별화 지도 모형 기출 2023, 2021, 2018

주제	학생 개별의 학습 속도에 맞춰 자기 주도적으로 학습하도록 유도함
우선순위	심동적 학습 > 인지적 학습 > 정의적 학습
교사의 역할	• 학생들이 각자의 속도에 맞춰 학습할 수 있도록 지도함 • 개별적으로 피드백을 제공하며, 필요시 학습 과정을 수정하거나 보완함

직접적 ――――― 상호 작용적 ――――― 간접적

- 내용 선정
- 수업 운영
- 과제 제시
- 참여 형태
- 교수적 상호 작용
- 학습 진도
- 과제 전개

3. 협동 학습 모형 `기출` 2025, 2024, 2022, 2021, 2019, 2016

주제	학생들이 팀을 이루어 협력하여 목표를 달성하고, 협동 학습을 통해 사회적 관계를 형성함
우선순위	• 인지적 학습에 초점: 정의적 학습 = 인지적 학습 > 심동적 학습 • 심동적 학습에 초점: 정의적 학습 = 심동적 학습 > 인지적 학습
구성 요소	팀 보상, 개인 책무성, 평등한 기회 제공
목표	협력적 학습을 통해 팀워크를 증진하고, 긍정적인 사회적 관계를 형성함

합격선을 넘는 TIP

출제 키워드 `기출` 2022

협동 학습 모형의 사례
- 모든 팀원은 자신의 팀에 할당된 과제를 익힌 후, 교사가 되어 다른 팀에게 자신이 학습한 내용을 지도함
- 각 팀원들이 서로 다른 내용을 배운 다음, 동일한 내용을 배운 사람끼리 모여 전문가 집단을 구성함. 이들은 자신이 배운 내용을 공유하며, 원래 자신의 집단으로 돌아가 배운 것을 다른 팀원들에게 지도함

4. 스포츠교육 모형 `기출` 2021, 2019, 2018, 2017

주제	학생들이 유능하고, 박식하며, 열정적인 스포츠인으로 성장할 수 있도록 지원함
특징	시즌, 팀 소속, 공식 경기, 기록 보존 등의 요소를 활용하여 학생들에게 실제 스포츠 경험을 제공함
우선순위	• 선수로서 경기 수행: 심동적 학습 > 인지적 학습 > 정의적 학습 • 코치로서 경기 수행: 인지적 학습 > 정의적 학습 > 심동적 학습 • 팀원으로서 임무: 정의적 학습 > 인지적 학습 > 심동적 학습

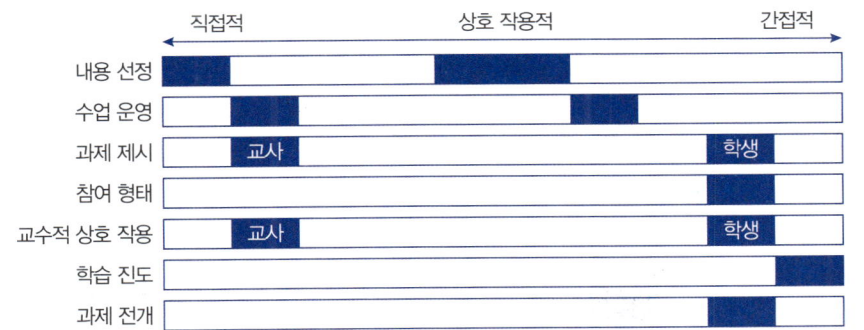

출제 키워드 `기출` 2021

시덴탑(D. Siedentop)의 스포츠교육 모형의 6가지 핵심적인 특성
- 시즌: 전통적인 체육 단원 대신 '시즌'이라는 개념을 적용함
- 팀 소속: 시즌 기간 동안 한 팀의 일원으로 활동
- 공식 경기: 시즌의 조직과 운영에 관한 의사 결정에 참여
- 결승전 이벤트: 시즌은 토너먼트, 팀 또는 개인 경쟁 등의 다양한 이벤트로 마무리됨
- 기록 유지: 경기 결과는 전략 교육이나 팀 간의 흥미를 높이는 데 사용되며 평가에도 반영됨
- 축제화: 시즌 동안 경기는 축제 분위기 속에서 진행됨

합격선을 넘는 TIP

출제 키워드
기출 2023

메츨러(M. Metzler)의 탐구 수업 모형의 특성
- 모형의 주제는 '문제 해결자로서의 학습자'임
- 학습 영역의 우선순위는 인지적, 심동적, 정의적 순임
- 지도자는 학습자가 '생각하고 움직이기'를 할 수 있도록 과제를 제시함
- 교사는 학생들이 스스로 문제를 해결할 수 있도록 질문을 유도함

출제 키워드
기출 2021

알몬드(L. Almond)의 게임 유형: 필드형
- 야구, 티볼, 크리켓, 소프트볼 등 팀 구성원 모두가 공격과 수비에 번갈아 참여함
- 개인의 역할 수행이 경기에 중요한 영향을 미치므로, 자신의 역할에 대한 이해와 책임감이 강조됨

---

5. 탐구 수업 모형 기출 2023, 2018, 2017, 2015

주제	학생들이 문제 해결 과정을 통해 신체 활동을 탐구하도록 유도함
우선순위	인지적 학습 > 심동적 학습 > 정의적 학습
교사의 역할	학생들이 스스로 문제를 해결할 수 있도록 질문을 통해 유도하며, 신체 활동을 스스로 탐구할 수 있도록 지원함

직접적 — 상호 작용적 — 간접적
- 내용 선정: 직접적
- 수업 운영: 직접적
- 과제 제시: 직접적
- 참여 형태: 간접적
- 교수적 상호 작용: 상호 작용적
- 학습 진도: 교사 ↔ 학생
- 과제 전개: 직접적

6. 전술 게임 모형 기출 2022, 2021, 2017

주제	전술과 기술을 통합적으로 지도하여, 학생들이 게임의 전술적 측면을 이해하고 적용할 수 있도록 지도함
우선순위	인지적 학습 > 심동적 학습 > 정의적 학습
6단계	게임 소개 → 게임 이해 → 전술 인지 → 의사 결정 → 기술 연습 → 실제 게임 수행
게임 유형	• **영역(침범)형**: 상대팀 영역을 침범하여 득점하거나 상대방 공격을 막아내는 경기 예 농구, 하키, 풋볼, 축구 • **필드형**: 넓은 공간에서 치고 달리기, 던지고 받기 등을 하면서 목표 지점을 많이 돌아오는가를 겨루는 경기 예 야구, 킥볼, 소프트볼 • **표적형**: 표적을 맞추는 것에 중점을 두는 경기로, 경기 성적에서 정확도가 가장 중요함 예 당구, 볼링, 골프 • **네트형**: 네트를 사이에 두고 공격 또는 수비하는 경기 예 배드민턴, 탁구, 배구

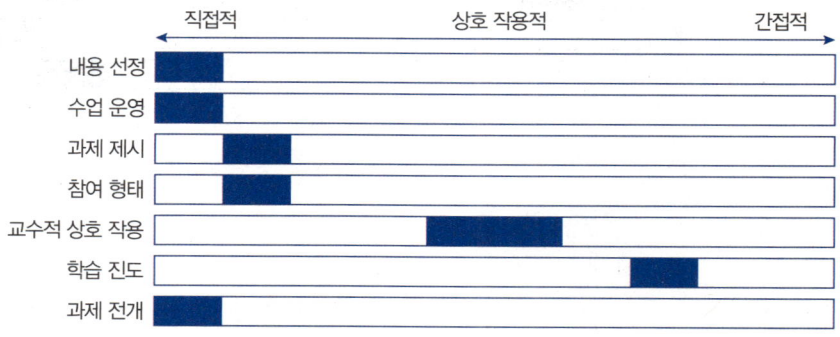

7. 개인적·사회적 책임감 지도 모형(TPSR) 기출 2024, 2022, 2020, 2017, 2015

주제	학생들이 스스로 책임을 지고, 타인과의 관계에서 사회적 책임을 실천할 수 있도록 지도함
책임감 수준	무책임 단계부터 전이 단계까지 6단계로 구분하여 사회적 책임을 점진적으로 학습함
우선순위	학습 활동의 중점을 어디에 두느냐에 따라 다르게 결정됨

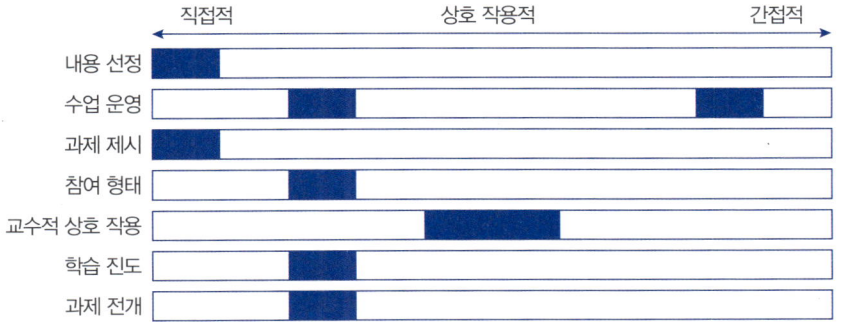

합격선을 넘는 TIP

출제 키워드

기출 2017

책임감 발달의 수준
- 0단계 – 무책임: 참여 의지가 없고 다른 사람을 방해하려는 시도 수준
- 1단계 – 타인 존중: 다른 사람을 방해하지 않고 참여하는 수준
- 2단계 – 참여와 노력: 자발적 참여를 하는 단계
- 3단계 – 자기 방향 설정: 교사의 감독 없이도 과제를 완수하며 부정적인 외부 영향에 대응 가능
- 4단계 – 돌봄과 배려: 타인의 요구와 감정을 인정하며, 거드름 피우지 않고 도움
- 5단계 – 전이: 지역 사회에서 타인을 가르치거나 청소년 스포츠 코치로 지원이 가능. 스스로 프로그램을 실천하는 단계

8. 동료 교수 모형 기출 2024, 2022, 2019

주제	학생들이 교사 역할과 학습자 역할을 번갈아 가며 협력하여 과제를 완수하는 방식으로, 인지 발달과 학습 능력을 향상시킬 수 있는 잠재력을 가짐
우선순위	• 학습자(실행자 역할): 심동적 학습 > 인지적 학습 > 정의적 학습 • 개인 교사(관찰자 역할): 인지적 학습 > 정의적 학습 > 심동적 학습
교사 전문성	• 발달 단계에 맞는 수업 제공(개인 교사의 성숙도와 책임감 고려) • 과제 분석 및 내용 전개(기능과 개념을 순차적으로 제시) • 개인 교사가 평가자 역할 수행 • 사회적·감정적 분위기 조성(책임감을 공유하는 학습 환경)

	직접적	상호 작용적	간접적
내용 선정	▮		
수업 운영	▮▮		
과제 제시			
참여 형태			
교수적 상호 작용	교사	학생	
학습 진도			▮
과제 전개	▮		

9. 하나로 수업 모형 기출 2017

주제	스포츠의 심법적 차원(전통, 정신)을 가르쳐 인성을 함양하며, 스포츠를 기술적 차원(기술, 전술)과 문화적 차원(전통, 정신)으로 구분함
수업 방법과 운영	• 수업 방법: 직접 체험(기법적 차원 경험), 간접 체험(심법적 차원 경험) • 수업 운영: 직접 교수(기법적 차원 지도), 간접 교수(심법적 차원 지도)

출제 키워드

기출 2017

하나로 수업 모형: 간접 체험
- 스포츠의 심법적 차원(전통, 안목, 정신)을 가르침
- 스포츠를 잘 알 수 있도록 함
- 스포츠 문화에로의 입문을 도와줌

합격선을 넘는 TIP

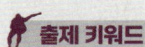

출제 키워드

기출 2023

스포츠교육 프로그램의 지도 원리
- 개별성의 원리: 개인차를 고려한 다양한 수준별 지도
- 효율성의 원리: 최소의 노력으로 최대 효과를 얻을 수 있도록 지도
- 적합성의 원리: 지도자의 창의적인 지도 활동을 적합하게 선정하여 지도
- 통합성의 원리: 교수 학습 내용의 다양화와 신체 활동의 총체적 체험을 위한 지도

출제 키워드

기출 2022

메츨러(M. Metzler)의 지도 계획안 구성 요소
- 수업 맥락의 간단한 기술
- 학습 목표
- 시간과 공간의 배정
- 학습 활동 목록
- 과제 제시와 과제 구조
- 평가

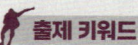

출제 키워드

기출 2022

링크(J. Rink)의 내용 발달 단계 순서
시작 과제 → 확대 과제 → 세련 과제 → 적용 과제

2 스포츠 지도를 위한 교수 기법

1. 지도 준비 과정

맥락 분석	• 수업이 성공적으로 이루어지기 위해 학습 환경, 수업 시간, 자원, 참여자의 특성을 분석 • 이러한 요소들은 학습에 영향을 미치며, 효과적인 수업 환경을 조성하는 데 중요한 역할을 함
내용 분석	학습 목표에 맞춰 수업 내용을 체계적으로 정리하고, 학습자의 현재 능력 수준과 지식, 태도, 소요 시간을 고려하여 수업 내용을 순차적으로 배치
학습 목표 분석	일반 목표와 행동 목표로 나누어 설정 • 일반 목표: 학습의 포괄적인 방향을 제시 • 행동 목표: 구체적으로 성취해야 할 운동수행 기준을 명확히 설정
관리 구조 설정	• 안전하고 효율적인 학습 환경을 위해 수업 규칙과 절차를 명확히 설정 • 수업 장소의 활용, 기자재 관리, 안전 규칙, 학습자의 참여 관리 방법을 포함함
평가 계획 수립	학습자의 성취도를 평가하기 위해 진단 평가, 형성 평가, 총괄 평가 등 다양한 평가 방법을 설정하여 성과를 점검
역할 분담	• 학습 목표에 따라 지도자의 역할이 결정됨 • 모방 학습에서는 지도자가 지시자의 역할을, 창조 학습에서는 촉진자의 역할을 수행하며 학습자가 자신에게 맞는 역할을 충실히 수행할 수 있도록 도움

2. 지도 계획안의 설계 기출 2023, 2022, 2021

수업의 시작과 종료 계획	• 수업의 시작과 종료 시점을 명확히 설정하여 수업 흐름을 체계적으로 관리함 • 학습 상황을 점검하고, 필요한 경우 수업 계획을 수정하여 학습 효과를 극대화함
메츨러 (M. Metzler)의 지도 계획안	• 수업 시간, 신체 활동 참여 시간, 과제별 학습 시간, 성공적인 학습 시간을 고려한 세부 계획을 수립함 • 학습자의 특성과 목표에 맞춰 구체적인 계획을 세워 체계적으로 수업을 진행함

3. 지도 내용 전달 기출 2025, 2022, 2021, 2019

링크(J. Rink)의 내용 발달 단계	시작(전달)	학습자에게 새로 가르칠 기능이나 전략을 먼저 제시
	확대	기초 기능에서 시작하여 점진적으로 복잡한 기술로 발전시키는 방식으로 지도함
	세련	학습자가 질 높은 기술을 습득하고, 책임감 있는 태도를 형성할 수 있도록 지도함
	응용(적용)	학습자가 습득한 기능을 실제 상황에 적용하고 응용하도록 지도하여 학습 효과를 극대화함

과제 제시 전략	주의 집중	학습자가 과제에 집중할 수 있도록 방해 요소를 제거하고, 간결하고 명확한 설명 및 시범을 통해 학습 내용을 전달함
	시범 제공	시범을 통해 학습자가 시각적 단서를 얻고, 과제를 보다 쉽게 이해하도록 도움

4. 과제 제시의 전략

(1) 과제 제시 방법 기출 2020, 2019

언어적 전달	• 전체 학습자에게 많은 양을 설명할 때 효율적 • 경험이 높지 않은 학습자에게 언어의 전달만으로는 한계 존재
시범	• 학습자에게 시각적 단서를 제공하는 방법 • 정확한 시범을 보이는 것이 효과적이며 학습자의 시범도 활용 가능
매체	• 말이나 행동만으로 전달하기 어려운 내용을 이동식 칠판, IT 매체를 활용하여 전달 • 강조할 부분을 반복해서 보거나 느리게 볼 수 있음

(2) 주의 집중 전략 기출 2018

방해 요인 통제	지도자가 해를 마주 봐야 함
주의 집중 신호화 절차 확립 및 연습	사전에 약속된 신호를 활용하여 절차를 연습
지도자 가까이에 집합 후 설명	학습자들을 지도자 가까이에 모이게 한 후 설명
간략한 과제 제시	간단할 땐 개별적, 복잡할 땐 전체적으로 설명

5. 효과적인 관리 운영

상규적 활동 관리	• 출석 체크, 기자재 관리 등의 상규적 활동을 규칙화하여 학습 시간이 효율적으로 사용되도록 관리함 • 수업 시간을 최대한 학습에 집중할 수 있게 조정함
예방적 수업 운영	• 수업의 흐름을 유지하고 학습자들이 수업에 적극적으로 참여하도록 유도함 • 긍정적인 피드백과 격려를 통해 학습자의 참여를 촉진하고 수업의 질을 높임

합격선을 넘는 TIP

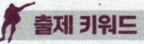

출제 키워드

기출 2020

지도 정보 단서

- 조작 단서: 지도자가 의사 전달을 위해 학습자의 신체를 올바른 자세로 직접 고쳐 주는 방법으로 단서 제공
- 언어 단서: 운동수행의 향상 방법에 대한 구두 정보
- 시청각 단서: 영상, 그림, 사진 등 시청각 매체를 통해 제공하는 단서

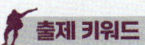

출제 키워드

기출 2018

스포츠 지도 시 주의 집중 전략

- 주위가 소란할 때는 학습자와 사전에 약속된 신호를 사용하는 것이 필요함
- 학습자의 주의가 기구에 집중되면 기구를 정리한 후 집합하여 설명하는 것이 좋음
- 학습자의 주의를 집중하기 위해 지도자가 해를 마주 봐야 함
- 학습자가 설명을 정확하게 이해하도록 지도자는 학습자 가까이에서 설명하는 것이 좋음

용어

상규

보통의 경우에 널리 적용되는 규칙이나 규정

합격선을 넘는 TIP

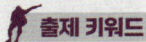

기출 2020

알버노(P. Alberno)와 트라웃맨(A. Troutman)의 행동 수정 기법: 토큰 수집

학습자가 적절한 행동을 할 때마다 지도자가 점수, 스티커, 쿠폰 등을 제공하는 기법

6. 학습자의 행동 수정 기출 2023, 2020

행동 계약	학습자와 미리 정한 규칙에 따라 부적절한 행동을 수정함
프리맥 원리	학습자가 좋아하는 활동을 보상으로 사용하여 덜 선호하는 활동을 수행하도록 유도함
타임 아웃	부적절한 행동을 한 학습자를 일정 시간 동안 수업에서 제외함으로써 행동을 수정함
토큰 수집	학습자가 적절한 행동을 할 때마다 점수, 스티커, 쿠폰 등을 제공하는 기법

7. 피드백

(1) 피드백 전략

① 학습자들이 연습할 때 지도자는 학습자에게 적절한 피드백을 제공한다.
② 구체적이고 즉각적으로 한다.

(2) 피드백의 분류 기출 2022, 2019, 2016

제공자 (정보의 출처)	내재적	스스로 운동 기능을 수행한 결과를 관찰하여 얻는 피드백
	외재적	다른 사람이나 대리자로부터 운동수행 정보를 제공
제공 방식	언어적	운동수행 결과를 언어로만 제공
	비언어적	운동수행 결과를 행동으로 제공
평가 방식	긍정적	운동수행 결과에 만족
	부정적	운동수행 결과에 불만족
	중립적	운동수행 결과에 만족과 불만족 표시가 불분명
방향성	개별적	수업에 참여한 학습자 한 명 한 명에게 제공
	집단	수업에서 구분한 집단에게 제공
	전체 수업	수업에 참여하는 모든 학습자에게 제공

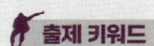

기출 2022, 2019

모스턴(M. Mosston)의 4가지 피드백 유형

- 가치적 피드백: 긍정적·부정적 판단 언어를 포함
- 교정적 피드백: 문제점을 규정하고 개선 및 수정 방법 제시
- 중립적 피드백: 사실적 행동을 기술할 뿐 판단이나 수정 지시는 하지 않으며 다른 피드백 형태로 옮겨 감
- 불분명한 피드백: 구체적인 정보가 없어 잘못된 이해의 원인이 되기도 함

8. IT 활용 기출 2020

- IT 기술을 통해 학습자의 동작을 빠르게 분석하고, 즉각적인 피드백을 제공하여 학습 효과를 극대화한다.
- 양방향 소통을 통해 학습자와 교사 간의 피드백이 원활하게 이루어지며, 학습자가 자신의 동작을 즉시 평가하고 개선 사항을 인지할 수 있도록 돕는다.

3 세부 지도 목적에 따른 교수 기법

1. 모스턴(M. Mosston)의 체육 교수 스타일 기출 2025, 2024, 2023, 2022, 2021, 2020, 2019, 2018, 2016

- 모스턴(M. Mosston)은 체육 교수 스타일을 수업의 연속적 의사 결정 과정으로 정의하며, 교사와 학생이 교수 스타일의 구조 내에서 의사 결정을 할 수 있다고 제시하였다.
- 인간의 두 가지 기본 능력인 모방과 창조를 반영하여 교수 스타일을 구분하였으며, A~E 스타일은 기존 지식의 재생산을, F~K 스타일은 새로운 지식의 창조를 강조하였다.

지시형(명령식) 스타일 – A	교사가 모든 수업 활동을 지시하고, 학습자는 지도자의 결정에 따라 수업에 참여함
연습형 스타일 – B	• 학습자가 스스로 연습할 수 있는 시간을 제공하며, 교사가 개별 피드백을 제공함 • 학습자는 수업 장소, 속도, 리듬 등 9가지 요소를 스스로 결정함
교류형(상호 학습형) 스타일 – C	• 학습자들이 짝을 이루어 상호 작용하며 학습하고, 짝에게 피드백을 제공함 • 한 학습자는 실시자, 다른 학습자는 관찰자가 되어 학습함
자검식(자기 점검형) 스타일 – D	학습자가 자신의 수행을 스스로 점검하고 교정하는 방식으로, 비교와 대조, 결론 도출 능력을 스스로 적용함
포함식(포괄형) 스타일 – E	• 학습자들이 자신에게 맞는 난이도를 선택해 과제를 수행하며, 자신의 학습을 점검함 • 다양한 수준의 학습자들이 개별화된 학습이 가능함
유도 발견형 스타일 – F	교사가 제시한 논리적 질문에 대해 학습자가 스스로 답을 찾는 방식으로, 개념과 기능을 발견하게 유도함
수렴 발견형 스타일 – G	학습자는 논리적 추론을 통해 문제의 해결책을 발견하고, 비판적 사고 및 문제 해결 능력을 발달시킴
확산 생산형(확산 발견형) 스타일 – H	학습자가 다양한 해결책을 탐구하고 선택하며, 창의적 사고를 통해 다양한 답을 발견함
자기 설계형 스타일 – I	• 학습자가 교과 내용을 스스로 탐구하고, 지도자가 제시한 주제에 대해 자신만의 문제를 설정하고 해결함 • 창의성을 촉진함
자기 주도식 스타일 – J	학습자가 학습 과정의 모든 요소를 스스로 주도하며, 자신의 진도를 정하고, 탐구와 발견을 통해 학습을 진행함
자기 학습식 스타일 – K	학습자가 교사의 역할과 학생의 역할을 모두 수행하며, 학습에 대한 모든 결정을 스스로 내림

합격선을 넘는 TIP

 출제 키워드

기출 2019

모스턴(M. Mosston)의 교수(teaching) 스타일

- 교수 스타일 A~E까지는 모방(reproduction)이 중심이 됨
- 교수 스타일의 구조는 과제 활동 전, 중, 후 결정군으로 구성됨
- 교수는 지도자와 학습자의 연속되는 의사 결정 과정을 전제로 함
- 교수 스타일은 모방과 창조를 반영하여 구분함

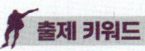 출제 키워드

기출 2024

모스턴(M. Mosston)의 교수 스타일의 인지(사고) 과정

- 자극: 사람을 인지적 부조화 상태, 욕구가 나타나는 상황으로 이동시킴
- 인지적 불일치: 학습자가 목표를 설정하고 이를 실행하면서 목표 달성에 어려움을 느낄 때 나타나며, 새로운 정보나 행동을 배울 때 발생하는 갈등과 혼란을 의미함
- 사색: 부조화를 줄이는 해답, 해결책이나 반응에 대한 탐색은 기억 과정, 발견 과정, 창조 과정으로 이루어짐
- 반응: 해답, 해결, 새로운 아이디어 및 움직임 패턴 형태로 이어짐

합격선을 넘는 TIP

출제 키워드
기출 2024

시덴탑(D. Siedentop)의 교수 기능 연습법: 반성적 교수
- 학생 6~8명의 소집단을 대상으로 학습 목표와 평가 방법을 설명한 후, 수업을 진행함
- 수업에 참여한 학생들의 질문지 자료를 토대로 교사와 학생, 다른 관찰자들이 모여 교사의 교수법에 대해 토의를 함
- 객관적인 자료를 근거로 교수 기능 효과를 살핌

출제 키워드
기출 2023

쿠닌(J. Kounin)의 교수 기능: 상황 이해
- 지도자가 자신의 머리 뒤에도 눈이 있다는 듯이 학습자들의 행동을 파악하는 것
- 지도자가 학습자들 간에 발생하는 사건을 인지하는 것

출제 키워드
기출 2023

메이거(R. Mager)가 제시한 학습 목표 설정 요소
- 운동수행에 필요한 상황과 조건
- 학습자에게 기대되는 성취 행위
- 설정된 운동수행 기준

---

2. 교수 기능의 연습 방법 `기출 2024, 2023, 2016`

1인 연습	거울 앞에서 자신의 말과 행동을 관찰하며 교수 기능을 연습
마이크로 티칭 (축소 수업)	모의 상황에서 소수의 동료나 학습자를 대상으로 교수 기능을 일정 시간 내에 연습
동료 교수	소집단의 동료와 함께 수업 상황을 모의로 구성하여 교수 기능을 연습
반성적 교수	수업 목표와 평가 방법을 설명한 후, 수업이 끝나고 교수 내용 평가 및 피드백을 제공
스테이션 교수	학습자들을 수업 목표에 맞게 구분하고, 수업 장소를 이동하면서 여러 과제를 동시에 진행하는 협력 수업 방법
실제 교수	직전 교사가 일정 기간 실제 학급에서 수업을 담당하며 교수 기능을 실습

3. 쿠닌(J. Kounin)의 교수 기능 `기출 2024, 2023`

- 수업에서 <mark>교사의 예방적 관리와 수업 흐름 유지를 강조</mark>하였다.
- <mark>학습자의 행동을 미리 파악하고, 수업의 흐름을 원활하게 유지</mark>하는 것이 수업의 효과를 높이는 중요한 요소이다.

예방 관리 교수 기능	• **상황 이해**: 교사가 학습자의 행동을 예측하고 상황을 파악하여 사전 예방을 하는 능력 • **동시 처리**: 교사가 여러 가지 수업 활동을 동시에 처리하는 능력 • **유연한 수업**: 수업 중 흐름을 끊김 없이 유연하게 이어가는 능력 • **여세 유지**: 수업의 활력을 유지하며, 학습자들이 학습에 계속 몰입하도록 유도하는 능력 • **집단 경각**: 학생들이 수업에 집중하도록 하여, 학습 효과를 높이는 기능 • **학생 책무성**: 학생들에게 과제 수행에 대한 책임감을 부여하여, 학습 참여를 독려함
수업 관리	• **학습 활동 침해**: 교사의 부적절한 개입으로 수업이 중단되는 것을 방지 • **탈선**: 수업 계획에서 벗어나 다른 행동에 집중하지 않도록 관리함 • **중도 포기 및 전환–회기**: 수업 중 과제를 완전히 포기하거나 다른 과제로 전환하지 않도록 유도함 • **과잉 설명**: 불필요한 설명을 줄이고 간결하게 수업을 진행함 • **세분화**: 전체 과제를 작은 부분으로 나누어 지도하는 능력

4. 메이거(R. Mager)의 교수 목표 `기출 2023`

- 교수 목표 진술 시 구체성을 강조하였다.
- 모호성을 줄이고 수업 평가에 활용될 수 있도록 목표를 명확히 설정할 것을 제안하였다.

도착점 행동	학생이 학습 후에 나타내는 구체적인 행동을 목표로 설정함
조건 명시	특정 상황이나 조건에서 해당 행동이 이루어질 때를 명시함
수락 기준	목표 달성의 수준을 명시하여, 어느 정도 성취했을 때 목표가 달성된 것으로 평가할지 기준을 설정함

06 스포츠교육의 평가론

10% 교육 성과를 평가하는 다양한 방법론을 숙지하고, 평가 기준을 설정하는 연습을 반복해 보자.

★ 빈출 형광펜 시험에 자주 출제되는 개념으로, 시험 직전 빈출 형광펜만 딱 보고 들어가자!

1 평가의 이론적 측면

1. 평가의 개요 기출 2025, 2022, 2021, 2020, 2019, 2017, 2016, 2015

(1) 평가의 개념
① 측정보다 더 포괄적인 개념으로, 교육과정, 교수 활동, 교육 환경 등의 가치를 판단하는 과정
② 교육 활동에 대한 피드백을 제공하며, 교육 목적 달성을 위한 중요한 수단으로 작용한다.

(2) 평가의 하위 요소

측정	특정 기준에 따라 같은 유형의 양을 수치로 표현하는 과정
검사	특정 대상이나 물질의 구성 요소를 조사하는 과정
평가	자료를 수집하여 대상의 변화를 분석하는 과정
사정	평가 자료를 바탕으로 의사 결정을 위한 해석을 제공하는 과정

(3) 평가의 목적
① 교수–학습의 효과성을 높이고, 학습자의 운동수행 능력 및 참여 동기를 촉진한다.
② 학습 상태와 지도 방향을 점검하여 교육 프로그램의 적절성을 판단한다.
③ 교육과정의 진행 상태를 평가해 지도 활동을 개선하는 데 기여한다.

(4) 평가의 유형과 기능

진단 평가	• 교육 프로그램 시작 전에 학습자 또는 참여자의 특성을 파악하고, 그들의 학습 방향을 설정하여 학습에 방해가 되는 원인을 확인하는 과정 • 이를 통해 학습자의 수준을 파악하고 맞춤형 지도 계획을 수립함
형성 평가	• 학습 과정 중에 학습 방법이나 과정을 개선하기 위해 이루어지는 과정 중심의 평가 • 학습 도중 피드백을 제공하고, 교육 프로그램과 지도 방법의 수정에 중요한 역할을 함
총괄 평가	• 교육 프로그램이 완료된 후 학습자의 성취도와 프로그램의 효율성을 종합적으로 판단하는 평가 • 교육과정의 성공 여부를 판단하고, 향후 교육 프로그램의 개선 방향을 설정함

합격선을 넘는 TIP

출제 키워드
기출 2019

평가의 개념과 목적
• 평가의 유사 개념에는 측정, 사정, 검사 등이 있음
• 평가는 가치 지향적인 활동임
• 평가는 학습자의 학습 상태와 지도에 관한 정보를 제공할 수 있음
• 평가는 지도 활동에 대한 피드백이 될 수 있음

출제 키워드
기출 2022

평가 방법
• 진단 평가: 수업 전 학습 목표에 따른 참여자 수준을 결정하고, 학습 과정에서 참여자가 계속적인 오류 상황을 발생시킬 때 적절한 의사 결정을 하도록 함
• 총괄 평가: 학생들에게 자신의 높이뛰기 목표와 운동 계획을 수립하게 한 다음 육상 단원이 끝나는 시점에서 종합적 목표 달성 여부 확인을 위해 평가를 실시함

합격선을 넘는 TIP

출제 키워드
기출 2015

평가의 타당도를 측정하는 방법
- 내용 타당도
- 준거 타당도
- 구인 타당도

2. 평가의 양호도 기출 2023, 2017, 2015

(1) 타당도
① 평가 도구가 측정하고자 하는 대상을 정확하게 측정하는 정도
② 평가의 정확성을 판단하는 중요한 기준이다.

내용 타당도	• 평가 문항이 평가하려는 내용을 적절히 대표하는지를 평가 • 교육 내용의 모든 영역이 검사 문항에 반영되었는지 판단함	
준거 타당도	평가 결과가 신뢰할 만한 기준과 얼마나 일치하는지를 평가함	
	예측 타당도	평가 결과가 미래의 성취도나 결과를 얼마나 정확하게 예측할 수 있는지를 판단함
	공인 타당도	평가 결과가 이미 신뢰성이 입증된 다른 평가 결과와 얼마나 일치하는지를 평가함
구인 타당도	• 측정 도구가 심리적 특성을 얼마나 잘 측정하고 있는지를 평가함 • 평가가 이론적 개념과 일치하는지를 확인함	

(2) 신뢰도
① 평가 도구가 일관성 있는 결과를 도출할 수 있는 정도
② 같은 조건에서 반복해도 동일한 결과를 낼 수 있는 능력을 평가한다.

검사-재검사	• 시간차를 두고 같은 검사를 반복 실시해 결과의 일관성을 평가함 • 시간이 지나도 결과가 일관되면 신뢰도가 높다고 판단함
동형 검사	동일한 대상을 두 개의 동일한 구조의 검사지를 사용해 측정하고 그 결과를 비교해 신뢰도를 평가함
내적 일관성 검사	• 하나의 검사 내에서 문항들이 일관성 있게 연관되어 있는지 평가함 • 검사 도구 내 문항들이 측정하려는 동일한 개념을 얼마나 잘 반영하는지 확인함
반분 신뢰도 검사	한 번 실시한 검사를 두 부분으로 나누어 두 부분의 상관관계로 신뢰도를 추정함

합격선을 넘는 TIP

출제 키워드
기출 2023

신뢰도 검사 방법: 검사-재검사
- 동일한 검사에 대해 시간 차이를 두고 2회 측정해서 측정값을 비교해 차이가 작으면 신뢰도가 높고, 크면 신뢰도가 낮은 것으로 판단함
- 첫 번째와 두 번째 측정 사이의 시간 차이가 너무 길거나 짧으면 신뢰도가 낮게 나올 수 있음

2 평가의 실천적 측면

1. 평가 기준 기출 2021, 2020, 2016, 2015

준거 지향 평가 (절대 평가)	• 학습자가 정해진 기준을 얼마나 충족하는지 평가하는 방식으로, 평가 기준 자체가 목표가 됨 • 학습자가 목표 기준을 달성했는지 여부에 따라 평가가 이루어짐 예 특정 기술 수행에서 정해진 목표를 달성했는지 여부를 평가
규준 지향 평가 (상대 평가)	• 학습자의 성취도를 다른 학습자와 비교하여 상대적으로 평가하는 방법 • 학습자의 성취가 전체 집단 내에서 어느 위치에 있는지를 판단함 예 성적이 학급 내에서 상위 10%에 포함되는지 평가

자기 지향 평가	• 학습자가 자신의 목표나 과제를 설정하고, 그 목표에 도달했는지 스스로 판단하는 평가 방식 • 자기 평가를 통해 스스로 발전 상황을 확인하고 조정함 예 개인이 설정한 목표에 도달했는지 스스로 평가하는 방법
수행 평가	• 학습자의 실제 행동이나 산출물을 평가하는 방식으로, 과제를 수행하는 과정에서 나타나는 활동을 직접 관찰하여 평가함 • 학습자의 실생활에서의 적용 능력이나 실습 과정을 중점적으로 평가함 예 스포츠 경기 중 전략 수행 평가

2. 평가 기법 기출 2025, 2024, 2023, 2022, 2019, 2018

체크리스트	• 학습자의 특정 행동이나 과제 수행 여부를 간단하게 확인하는 도구 • 빠르고 명확하게 학습자의 성취 여부를 평가할 수 있음 예 특정 운동기술의 수행 여부 체크
평정 척도	• 행동의 질적 수준을 평가하는 방법 • 학습자의 수행을 일정한 기준에 따라 평가하며, 등급을 부여하여 수행 수준을 판단함 예 학습자의 수행을 1~5점 척도로 평가
루브릭	• 평가 기준을 명확하게 제시하여 학습자가 평가 과정에 적극적으로 참여할 수 있도록 하는 도구 • 평가 기준을 세분화하여 학습자가 스스로 성취 기준을 이해하고 목표에 도달할 수 있도록 도움 예 스포츠 기술 평가 루브릭을 통해 학습자가 평가 기준을 이해
관찰법	• 학습자의 행동을 직접 관찰하고 기록하는 방법 • 수업 중이나 경기 상황에서 학습자의 행동을 관찰하고, 그에 대한 분석을 통해 평가함 예 경기 영상을 촬영하여 분석
학습자 일지	• 학습자가 자신의 학습 진행 상황을 기록하며 자기 평가에 활용하는 도구 • 학습자 스스로 학습 과정을 돌아보고, 성취도를 점검함 예 학습 일지에 운동 연습 과정 기록
학습자 면접과 설문	• 학습자에게 직접 질문하거나 설문 조사를 통해 프로그램에 대한 생각과 피드백을 수집하는 방법 • 학습자의 의견을 직접적으로 수집하여 평가에 반영함 예 학습 후 설문지를 통해 학습자의 만족도 조사
동료 평가	• 집단 내에서 구성원들이 서로의 성취나 행동을 평가하여 상호 발전을 도모하는 방법 • 협동 학습 환경에서 활용되며, 동료의 평가를 통해 학습자의 상호 협력 및 발전을 유도함 예 팀 프로젝트에서 동료 간의 역할 수행 평가
사건 기록법	• 특정한 사건이나 행동을 미리 설정한 기준에 따라 관찰하고 기록하는 방법 • 특정 목표에 맞춰 학습자가 행동했는지 여부를 평가함 예 경기 중 전략적 판단 능력 기록

합격선을 넘는 TIP

 출제 키워드

기출 2020

평가 방법: 실제 평가

• 멕티게(J. McTighe)가 제시한 개념으로, 수행 평가의 한 형태임
• 학습자가 배운 내용을 경기 상황에서 구현하는 정도를 평가하는 방법

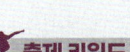 출제 키워드

기출 2024

동료 평가(peer assessment)

• 학생들의 비평 능력이 향상될 수 있음
• 교사는 학생에게 평가의 정확한 방법을 숙지시킴
• 학생은 교사에게 받은 점검표를 통해 서로 평가함

출제될 핵심 개념 07 스포츠교육자의 전문적 성장

스포츠교육자의 지속적인 학습과 역량 강화 전략을 이해하고, 자기 주도적 성장을 위해 필요한 자질을 학습해 보자!

★ **빈출 형광펜** 시험에 자주 출제되는 개념으로, 시험 직전 빈출 형광펜만 딱 보고 들어가자!

합격선을 넘는 TIP

출제 키워드
기출 2024

학교체육 전문인의 자질
- 지식: 학습자 이해, 교과 지식
- 수행: 교육과정 운영 및 개발, 수업 계획 및 운영, 학습 모니터 및 평가, 협력 관계 구축
- 태도: 교직 인성, 사명감, 전문성 개발

출제 키워드
기출 2016

체육 지도자의 인지적 자질
- 스포츠생리학, 운동역학 등과 관련된 스포츠과학 지식이 요구됨
- 참여자와의 상담을 위해 기본적인 상담 지식을 갖추어야 함
- 클럽 운영과 관련된 지식, 정책 및 법령에 대한 이해가 필요함

1 스포츠교육 전문인의 전문 역량

1. 학교체육 전문인의 핵심 역량 `기출 2024`

인지적 자질	• 학생의 개인적 특성과 신체 활동 학습 및 발달 수준을 이해하는 능력 • 체육 교과에 대한 전문 지식을 바탕으로 학생들에게 효과적인 체육 학습을 지도할 수 있는 능력 • 체육교육의 이론과 원리를 이해하고, 이를 학습 상황에 적용하는 능력
수행적 자질	• 교육과정에 맞는 체육 수업을 개발하고 운영할 수 있는 능력 • 학생들의 신체 활동 과정을 관찰하고, 그에 맞게 평가할 수 있는 능력 • 체육 공동체의 구성원들과 원활하게 협력 관계를 구축할 수 있는 능력 • 다양한 교육 환경에 맞춰 적절한 교수법을 적용하는 능력
태도적 자질	• 전문성 향상을 위한 지속적인 자기반성과 실천 • 건전한 인성과 교직에 대한 책임감을 갖춘 태도 • 학생들의 신체 발달과 체육교육의 목표 달성을 위한 사명감을 지닌 태도

2. 생활체육 전문인의 핵심 역량 `기출 2016`

인지적 자질	• 생활체육 참여자의 신체적·심리적·사회적 특성에 대한 이해 • 생활체육 종목에 대한 전문 지식 • 생활체육 활동을 위한 효과적인 교수법에 대한 지식 • 교육 환경의 특성을 이해하고 이를 고려한 프로그램 운영 능력
기능적 자질	• **프로그램 개발 능력**: 생활체육 참여자들의 수준과 요구에 맞는 프로그램을 개발하고 이를 실행할 수 있는 능력 • **종목 지도 및 관리**: 특정 종목에 대한 지도 능력과 프로그램의 원활한 운영을 위한 관리 능력
인성적 자질	• 생활체육 참여자의 신체적·심리적·사회적 특성을 이해하고 이에 맞춰 지도할 수 있는 능력 • 참여자들과의 소통 능력과 신뢰 관계를 형성할 수 있는 인성적 자질 • 생활체육 전문인은 이러한 역량을 바탕으로 참여자의 신체적 건강 증진과 사회적 교류를 도모하는 프로그램을 성공적으로 운영할 수 있음

3. 전문체육 전문인의 핵심 역량

철학 및 윤리	스포츠 철학과 윤리적 가치를 이해하고, 이를 지도 및 경기 운영에 적용하는 능력
안전 및 상해 예방	선수의 안전을 보호하고, 상해를 예방할 수 있는 전문 지식과 기술
신체적 컨디셔닝	체력 강화와 컨디셔닝을 위한 효과적인 훈련 프로그램을 설계하고 운영할 수 있는 능력

성장 및 발달	선수들의 신체적 성장과 심리적 발달 단계를 이해하고, 그에 맞는 맞춤형 지도법을 적용할 수 있는 능력
지도법 및 커뮤니케이션	선수들과의 원활한 의사소통과 지시 전달을 통해 경기력 향상을 위한 효과적인 지도법을 사용할 수 있는 능력
운동 기능 및 전술	운동기술과 전술적 지식을 바탕으로 팀 또는 선수에게 필요한 기술 훈련과 전략적 사고를 지도할 수 있는 능력
조직과 운영	팀 운영 및 경기 관리 능력을 발휘해 훈련 일정, 시설, 자원 관리 등을 체계적으로 조직하고 운영할 수 있는 능력
평가	선수들의 경기력 및 발전 정도를 평가하고, 이를 바탕으로 훈련 및 전략을 개선할 수 있는 능력

2 장기적 전문인 성장 및 발달

1. 형식적 성장 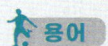 2015

개념	• 정규 교육과정을 통해 이루어지는 성장으로, 체계적이고 제도화된 교육을 의미함 • 성적, 학위, 자격증 등 공식적인 평가를 통해 성취도가 판단되며, 전문적인 자격을 갖추는 데 필수적임
사례	• 대학의 체육 관련 학위 과정(학사, 석사, 박사) • 체육 지도자 연수 과정 • 체육 관련 자격증 프로그램(체육 교사, 스포츠지도사 등) • 체육 단체 및 협회에서 제공하는 공인 교육 프로그램

2. 무형식적 성장 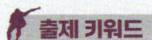 2016, 2015

개념	• 공식 교육 기관의 외부에서 제공되는 다양한 비공식적 학습 기회를 통해 이루어지는 성장 • 주로 자발적으로 이루어지며, 단기간에 전문 지식을 확장할 수 있는 기회를 제공함 • 현업 전문가로부터 지식을 얻을 수 있는 기회를 포함함
사례	• 코칭 콘퍼런스, 세미나, 워크숍 등 비정규 학습 프로그램 • 소규모 그룹 활동이나 전문가 주도 강의 • 특정 주제에 대한 단기 교육과정

> **합격선을 넘는 TIP**
>
> **용어**
>
> **스포츠교육 전문인의 장기적 성장 및 발달**
> 전문인이 지속적으로 전문성을 확장하고 깊이를 더해 가는 과정
>
> **출제 키워드**
>
> 2016
>
> **무형식적 성장의 방법**
> • 세미나 참여
> • 워크숍 참여
> • 클리닉 참여

합격선을 넘는 TIP

출제 키워드

기출 2017

스포츠교육 전문인의 성장 방식: 비형식적 성장 사례
선수 시절 경험을 정리해 보거나, 코칭 관련 책과 잡지를 읽으면서 다양한 지식을 얻음

3. 비형식적 성장 기출 2017, 2015

개념	• 일상 경험과 자기 주도적 학습을 통해 이루어지는 성장 • 체계적인 교육과정을 따르지 않지만, 실제 경험과 반성적 사고를 통해 전문성을 개발함 • 스포츠교육 전문인은 일상적인 경험에서 얻은 직관적 학습과 자기 성찰을 통해 성장함
사례	• 과거 선수로서의 경험을 통한 학습 • 비공식적 멘토링 관계를 통한 학습 • 실제 코칭 경험을 통해 축적되는 실무 능력 • 동료 코치나 선수들과의 대화 • 인터넷 자료, 독서, 스포츠 관련 저널 및 잡지 탐독 • 스포츠과학 관련 영상 시청

다 이해했어? 기출지문으로 확인하고 넘어가기

#기출지문과 동일하거나 유사한 지문 반복출제 #개념복습과 실력점검 효과를 동시에!

출제될 개념 찾아가기

01 인간주의 스포츠교육은 1990년대 이후 신체 운동학과 함께 발전했으며, 골격근 움직임을 통한 활동이 핵심이다. O X P.81

02 광의의 스포츠교육은 신체적 측면만을 강조하는 교육으로, 유아와 청소년을 대상으로 한다. O X P.81

03 학교체육진흥법에 따라 학생 선수는 학교 운동부에 소속되어 있거나 국민체육진흥법에 따른 체육 단체에 등록된 학생을 의미한다. O X P.84

04 국민체육진흥법에 따라 스포츠 윤리 센터는 체육계 인권 침해와 스포츠 비리 예방을 위해 설립되며, 그 주요 역할은 체육인의 인권 보호 및 공정성 확보이다. O X P.90

05 체육 교사는 체육 교육과정을 개발하고 운영할 능력이 필요하며, 학생들의 신체 활동 학습을 관찰하고 평가할 수 있어야 한다. O X P.93

06 슐만(L. Shulman)의 교사 지식 중 내용 교수법 지식은 특정 상황과 학생들에게 적합한 교수 방법을 의미한다. O X P.99

07 마튼스(R. Martens)의 지도 계획 6단계 중 상황 분석은 훈련 환경과 외부 요인을 분석하여 계획을 수립하는 단계이다. O X P.103

08 스포츠 지도를 위한 교육 모형에서 직접 교수 모형은 심동적 학습을 가장 우선시하며, 교사가 수업의 모든 의사 결정을 주도한다. O X P.104

09 협동 학습 모형의 우선순위는 심동적 학습 > 인지적 학습 > 정의적 학습 순이다. O X P.105

10 형성 평가는 교육 프로그램이 완료된 후 학습자의 성취도와 프로그램의 효율성을 종합적으로 판단하는 과정이다. O X P.113

11 타당도는 평가 도구가 측정하고자 하는 대상을 정확하게 측정하는 정도를 의미한다. O X P.114

12 준거 지향 평가는 학습자의 성취도를 다른 학습자와 비교해 상대적으로 평가하는 방식이다. O X P.114

13 루브릭 평가 기법은 평가 기준을 명확하게 제시하여 학습자가 스스로 평가 과정에 참여할 수 있도록 돕는 평가 도구이다. O X P.115

14 학교체육 전문인의 인지적 자질은 학생 개인의 특성과 신체 활동 학습 및 발달 정도를 이해하는 능력을 포함한다. O X P.116

15 형식적 성장은 스포츠교육 전문인이 공식적인 정규 교육과정을 통해 학위나 자격증을 취득하며 성장하는 과정이다. O X P.117

| 정답 | 01 X 02 X 03 O 04 O 05 O 06 O 07 O 08 O 09 X 10 X 11 O 12 X 13 O 14 O 15 O

이것만 풀어도 합격선을 넘는 대표기출 40제

#최근5개년 기출분석 #최다빈출키워드 엄선수록 #40개만 풀어도 과락 없이 합격!

01

〈보기〉의 설명에 해당하는 피드백 유형은?

―― 〈보기〉 ――
- 모스턴(M. Mosston)이 제시한 피드백 유형이며, 사실적으로 행동을 기술한다.
- 판단이나 수정 지시를 하지 않으나, 피드백 진술의 의미를 변경할 수 있다.
- 다른 피드백 형태로 옮겨가는 특징을 가지고 있다.

① 교정적 피드백(corrective statements)
② 가치적 피드백(value statements)
③ 중립적 피드백(neutral statements)
④ 불분명한 피드백(ambiguous statements)

02

스포츠교육 프로그램의 지도 원리에 관한 설명이 적절하지 <u>않은</u> 것은?

① 개별성의 원리: 개인차를 고려한 다양한 수준별 지도
② 효율성의 원리: 학습자 스스로 내용을 파악하고 문제 해결
③ 적합성의 원리: 지도자의 창의적인 지도 활동의 선정과 활용
④ 통합성의 원리: 교수·학습 내용의 다양화와 신체 활동의 총체적 체험

---

01 [기출 2022] 난이도 ★★☆

〈보기〉의 내용은 모스턴(M. Mosston)이 제시한 중립적 피드백에 해당한다. 중립적 피드백은 사실을 전달할 뿐, 옳고 그름에 대한 판단이나 수정 지시를 포함하지 않으며, 피드백의 진술이 행동을 변경하려는 의도가 없다.

[오답풀이]
① 교정적 피드백: 문제점을 규정하고 개선 및 수정 방법을 제시한다.
② 가치적 피드백: 긍정적, 부정적 판단 언어를 포함한다.
④ 불분명한 피드백: 구체적인 정보가 없어 잘못된 이해의 원인이 되기도 한다.

02 [기출 2023, 2022] 난이도 ★☆☆

효율성의 원리는 최소의 노력으로 최대의 효과를 얻는 것을 중시하는 원리로, 학습자가 스스로 내용을 파악하고 문제를 해결하는 것과는 관련이 없다.

| 정답 | 01 ③ 02 ②

03

동료 평가(peer assessment)에 관한 설명으로 적절하지 않은 것은?

① 학생들의 비평 능력이 향상될 수 있다.
② 교사는 학생에게 평가의 정확한 방법을 숙지시킨다.
③ 학생은 교사에게 받은 점검표를 통해 서로 평가한다.
④ 교사와 학생 간 대화를 통해 심층적인 정보를 수집한다.

03 [기출 2024] 난이도 ★★☆

동료 평가는 학생들 간의 상호 평가로, 집단 내에서 구성원들이 서로의 성취나 행동을 평가하여 상호 발전을 도모하는 평가 기법이다.
교사와 학생 간의 대화를 통해 심층적인 정보를 수집하는 것은 학습자 면접에 해당한다.

04

스포츠지도자의 자질과 지도 방법에 관한 내용으로 옳지 않은 것은?

① 지도자는 높은 성품 수준을 유지하며 모범을 보여야 한다.
② 선수가 수단과 방법을 가리지 않고 승리할 수 있도록 지도한다.
③ 지도자는 재능의 차원과 인성적 차원의 자질을 고루 갖추어야 한다.
④ 선수가 올바른 도덕적 의식을 가지고 자율적으로 실천하도록 지도한다.

04 [기출 2021] 난이도 ★☆☆

스포츠지도자는 선수들이 수단과 방법을 가리지 않고 승리하도록 지도하는 것이 아니라, 공정하고 올바른 방법으로 승리를 추구할 수 있도록 지도하여야 한다.

05

「학교체육진흥법」(2020.10.20, 일부 개정)의 제12조에서 규정하고 있는 내용으로 옳지 않은 것은?

① 교육감은 학교 운동부 지도자의 자질 향상 및 전문성 강화를 위하여 연수 교육 계획을 수립하고, 이를 실시하여야 한다.
② 학교의 장은 학교 운동부 지도자가 학생 선수의 학습권을 박탈하거나 폭력, 금품·향응 수수 등의 부적절한 행위를 하였을 경우 학교 운영 위원회의 심의를 거쳐 계약을 해지할 수 있다.
③ 국가 및 지방 자치 단체는 학교 운동부 지도자의 급여에 필요한 경비를 지원하도록 노력해야 한다.
④ 학교 운동부 지도자의 자격 기준, 임용, 급여, 신분, 직무 등에 필요한 사항은 대통령령으로 정한다.

05 [기출 2023, 2021] 난이도 ★★★

「학교체육진흥법」 제12조(학교 운동부 지도자)는 학교 운동부 지도자의 임무 및 권한, 처우에 대한 내용을 규정하고 있다.
국가는 학교 운동부 지도자의 자격 향상 및 전문성 강화를 위해 연수 교육 계획을 수립하고, 이를 실시해야 한다.

| 정답 | 03 ④ 04 ② 05 ①

06

모스턴(M. Mosston)의 수업 스타일 중 연습형의 특징으로 적절하지 않은 것은?

① 학습자가 스스로 과제를 평가하게 한다.
② 지도자는 학습자에게 개별적으로 피드백을 제공한다.
③ 학습자는 모방 과제를 스스로 연습할 수 있도록 지도한다.
④ 학습자는 숙련된 운동수행이 과제의 반복 연습과 관련 있음을 이해한다.

06 [기출 2021] 난이도 ★★☆

모스턴(M. Mosston)의 연습형 스타일은 학습자가 모방 과제를 보고 스스로 연습할 수 있도록 지도하는 것이 특징이다. 연습형은 교사가 학습자에게 과제를 스스로 연습할 수 있는 시간과 개별 피드백을 제공하는 방식이다.

07

〈보기〉에서 설명하는 생활스포츠 교육 프로그램의 지도 원리로 가장 적절한 것은?

―〈보기〉―
- 프로그램의 다양화를 지향한다.
- 직접 참여 활동과 간접 학습 활동을 균형 있게 제공한다.
- 스포츠 활동을 총체적으로 체험시켜 스포츠 학습의 질을 높인다.

① 개별성
② 자발성
③ 적합성
④ 통합성

07 [기출 2025] 난이도 ★★☆

〈보기〉의 항목들은 생활스포츠 교육 프로그램의 지도 원리 중 통합성에 해당하는 내용이다. 통합성의 원리는 교수·학습 내용의 다양화와 신체 활동의 총체적 체험, 즉 신체·정서·사회적 목표의 통합을 강조한다.

| 정답 | 06 ① 07 ④

08

학교스포츠클럽 지도 시 효과적인 과제 제시 방법으로 적절하지 않은 것은?

① 실제 상황처럼 정확하게 시범을 보인다.

② 동작 설명과 시각적 정보를 함께 활용한다.

③ 은유나 비유보다는 개념 자체를 그대로 전달한다.

④ 학생이 이해할 수 있는 적절한 속도로 분명하게 전달한다.

08 [기출 2025] 난이도 ★★☆

학교스포츠클럽 지도 시 효과적인 과제 제시를 위해서는 정확한 시범, 간결한 언어 단서 제공, 시각적 정보 활용, 이해 확인이 핵심이다. 따라서 시범 없이 말로만 개념을 장황하게 설명하는 방식은 비효율적이다.

09

링크(J. Rink)가 제시한 교수 전략(teaching strategy) 중 한 명의 지도자가 수업에서 공간을 나누어 두 가지 이상의 과제를 동시에 진행하는 것은?

① 자기 교수(self teaching)

② 팀 티칭(team teaching)

③ 상호 교수(interactive teaching)

④ 스테이션 교수(station teaching)

09 [기출 2023, 2022, 2021] 난이도 ★☆☆

스테이션 교수(station teaching)는 학생들이 여러 과제를 각 스테이션에서 동시에 수행하도록 하는 방식이다. 스테이션마다 다른 과제가 주어지며, 지도자는 전체를 관리하면서 각 스테이션에서 학생들이 과제를 수행하는 것을 돕는다.

| 정답 | 08 ③ 09 ④

10

㉠, ㉡에 해당하는 용어가 바르게 연결된 것은?

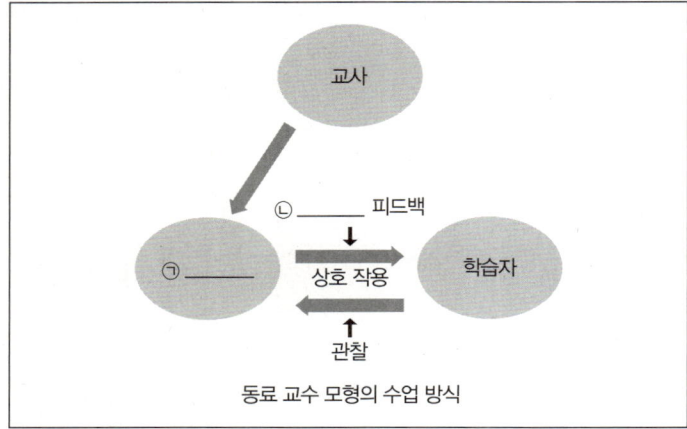

동료 교수 모형의 수업 방식

	㉠	㉡
①	관찰자	교정적
②	개인 교사	중립적
③	개인 교사	교정적
④	교사	가치적

10 [기출 2022]   난이도 ★★☆

동료 교수 모형에서는 학습자들 간의 상호 작용이 강조되며, 이 과정에서 개인 교사는 피드백을 제공하고, 학습자의 오류를 교정해 주는 역할을 한다. 여기서 ㉠은 개인 교사, ㉡은 교정적 피드백을 가리키며, 학습자가 자신의 과제를 수행하는 데 있어서 개인 교사가 피드백을 제공하여 교정하는 방식으로 이루어진다.

11

메츨러(M. Metzler)의 개별화 지도 모형의 주제로 적절한 것은?

① 지도자가 수업 리더 역할을 한다.
② 나는 너를, 너는 나를 가르친다.
③ 유능하고, 박식하며, 열정적인 스포츠인으로 성장한다.
④ 학습자가 가능한 한 빨리, 필요한 만큼 천천히 학습 속도를 조절한다.

11 [기출 2023, 2022, 2021]   난이도 ★★☆

메츨러(M. Metzler)의 개별화 지도 모형은 학습자가 자신의 능력에 맞춰 학습 속도를 조절할 수 있도록 하는 데 중점을 둔다. 즉, 학습자가 가능한 한 빨리 또는 필요에 따라 천천히 학습 속도를 조절하는 것이 개별화 지도 모형의 핵심이다.

[오답풀이]
①은 직접 교수 모형, ②는 동료 교수 모형, ③은 스포츠교육 모형에 대한 설명이다.

| 정답 | 10 ③ 11 ④

12

〈보기〉에서 설명하는 스포츠교육 평가의 신뢰도 검사 방법은?

─〈보기〉─
- 동일한 검사에 대해 시간 차이를 두고 2회 측정해서 측정값을 비교해 차이가 작으면 신뢰도가 높고, 크면 신뢰도가 낮은 것으로 판단한다.
- 첫 번째와 두 번째 측정 사이의 시간 차이가 너무 길거나 짧으면 신뢰도가 낮게 나올 수 있다.

① 검사-재검사
② 동형 검사
③ 반분 신뢰도 검사
④ 내적 일관성 검사

12 [기출 2023, 2022] 난이도 ★★☆

동일한 검사를 시간 차이를 두고 두 번 실시한 후, 두 결과를 비교하여 차이가 작으면 신뢰도가 높다고 판단하는 방식은 '검사-재검사' 방법에 해당한다.

[오답풀이]
② 동형 검사: 동일한 대상을 두 개의 동일한 구조의 검사지를 사용해 측정하고 그 결과를 비교해 신뢰도를 평가
③ 반분 신뢰도 검사: 한 번 실시한 검사를 두 부분으로 나누어 두 부분의 상관관계로 신뢰도를 추정
④ 내적 일관성 검사: 하나의 검사 내에서 문항들이 일관성 있게 연관되어 있는지를 평가

13

〈보기〉에서 설명하는 체육 수업 연구 방법으로 적절한 것은?

─〈보기〉─
- 연구의 특징은 집단적(협동적), 역동적, 연속적으로 이루어짐
- 연구의 절차는 문제 파악-개선 계획-실행-관찰-반성 등으로 순환하는 과정임
- 연구의 주체는 지도자가 동료나 연구자의 도움을 받아 자신의 수업을 탐구함

① 문헌(literature) 연구
② 실험(experiment) 연구
③ 현장 개선(action) 연구
④ 근거 이론(grounded theory) 연구

13 [기출 2024] 난이도 ★☆☆

연구가 실천적이고, '문제 파악-개선 계획-실행-관찰-반성'의 순환 과정을 거치는 특징은 현장 개선 연구에 해당한다. 현장 개선 연구는 실무자가 실제 현장에서 문제를 개선하고 발전시키기 위해 수행하는 연구 방법이다.

[오답풀이]
① 문헌 연구: 책, 논문 등의 자료를 파악하여 분석하는 연구
② 실험 연구: 실험을 통하여 얻은 결과를 통해 이론을 정립하는 연구
④ 근거 이론 연구: 수집된 자료를 근거로, 체계적으로 분석한 이론을 생성하는 연구

| 정답 | 12 ① 13 ③

14

학습자의 이탈 행동을 예방하고 과제 참여 유지를 위한 교수 기능 중 온스타인(A. Ornstein)과 레빈(D. Levine)이 제시한 '신호 간섭'에 해당하는 것은?

① 긴장 완화를 위해 유머를 활용하는 것이다.
② 시선, 손짓 등 지도자의 행동으로 학습자의 운동 참여 방해 행동을 제지하는 것이다.
③ 프로그램 진행을 방해하는 학습자에게 가까이 접근하거나 접촉하여 제지하는 것이다.
④ 프로그램에 참여하는 학습자에게 일상적 수업, 루틴 등과 같은 활동을 활용하는 것이다.

14 [기출 2021]   난이도 ★★★

신호 간섭은 학습자의 이탈 행동을 예방하고 과제에 집중하게 하기 위해 교사가 간단한 신호를 사용하여 학습자에게 알리는 방법이다. 이 방법은 시선 마주침, 손 움직임 등 학습자에게 특정 신호를 보냄으로써 학습자가 과제에서 이탈하지 않도록 하는 것을 의미한다.

[오답풀이]
①은 긴장 완화, ③은 접근 통제, ④는 상규적 행동의 지원에 해당한다.

15

직접 교수 모형에 관한 설명으로 적절하지 <u>않은</u> 것은?

① 학습 영역의 우선순위는 심동적 영역이다.
② 스키너(B. Skinner)의 조작적 조건화 이론에 근거한다.
③ 지도자 중심으로 의사 결정이 이루어져 학습자의 과제 참여 비율이 감소한다.
④ 수업의 단계는 전시 과제 복습, 새 과제 제시, 초기 과제 연습, 피드백과 교정, 독자적 연습, 본시 복습의 순으로 진행된다.

15 [기출 2023, 2022]   난이도 ★★☆

직접 교수 모형은 교사가 학습 과정의 중심 역할을 하며, 의사 결정을 포함한 수업의 모든 단계를 교사가 주도하는 방식이다. 직접 교수 모형에서는 학습자의 과제 참여 비율이 높아지도록 설계된다.

16

시덴탑(D. Siedentop)이 제시한 스포츠교육 모형의 6가지 핵심적인 특성에 해당하지 <u>않는</u> 것은?

① 축제화(festivity)
② 팀 소속(affiliation)
③ 유도 연습(guided practice)
④ 공식 경기(formal competition)

16 [기출 2021]   난이도 ★★☆

시덴탑(D. Siedentop)이 제시한 스포츠교육 모형의 6가지는 시즌 개념, 팀 소속, 공식 경기, 결승전 이벤트, 기록 유지, 축제화이며, 학생들이 팀 단위로 스포츠 활동을 체험하며 스포츠 문화를 경험할 수 있도록 하는 데 중점을 둔다.

| 정답 | 14 ②   15 ③   16 ③

17

학습자 비과제 행동을 예방하고 과제 지향적인 수업을 유지하기 위한 교수 기능 중 쿠닌(J. Kounin)이 제시한 '동시 처리(over-lappung)'에 해당하는 것은?

① 수업의 흐름을 유지하면서 수업 이탈 행동 학생을 제지하는 것이다.
② 학생들의 행동을 항상 인지하고 있다는 것을 알리는 것이다.
③ 학생의 학습 활동을 중단시키고 잠시 퇴장시키는 것이다.
④ 모든 학생에게 과제에 몰입하도록 경각심을 주는 것이다.

17 [기출 2024] 난이도 ★★☆

쿠닌(J. Kounin)의 '동시 처리(overlapping)'는 교사가 수업을 진행하면서 이탈하는 학생들을 동시에 제지하는 능력을 말한다. 즉, 수업의 흐름을 유지하면서도 방해 행동을 빠르게 처리하는 능력이 중요하다.

18

다음은 지도자의 교수 행동을 사건 기록법으로 관찰·기록한 표이다. 이 체계적 관찰 방법에 관한 설명으로 가장 적절한 것은?

행동	피드백 유형			
	긍정적	부정적	교정적	가치적
횟수	正正正正	正正	正正正	正
합계	20회	10회	15회	5회
비율	40%	20%	30%	10%

① 교수-학습에 관한 질적 정보를 얻기 위해 주로 활용한다.
② 지도자와 학생의 상호작용에 관한 기록을 간단히 측정할 수 있다.
③ 일정한 시간 간격을 기준으로 학생의 행동을 관찰하고 측정한다.
④ 교수-학습 시간 활용에 관한 구체적 정보가 필요할 때 사용한다.

18 [기출 2025] 난이도 ★★☆

제시된 표는 사건 기록법으로 교수자가 학습자에게 제공하는 피드백 유형(긍정적·부정적·교정적·가치적)을 관찰·기록한 것이다. 사건 기록법은 지도자와 학생의 상호작용을 유형별로 기록하고, 그 빈도와 비율을 간단히 산출할 수 있다.

오답풀이
① 질적 정보는 주로 면담, 참여 관찰, 질적 분석을 통해 얻는다. 사건 기록법은 양적 기록이 중심이다.
③ 일정한 시간 간격을 기준으로 하는 방법은 시간 표집법이다.
④ 교수-학습 시간 활용 분석은 시간 분석 기법에서 사용한다.

| 정답 | 17 ① 18 ②

19

〈보기〉와 같이 종목을 구분하는 근거로 적합한 것은?

―〈보기〉―
- 영역형: 농구, 축구, 하키, 풋볼
- 네트형: 배드민턴, 배구, 탁구
- 필드형: 야구, 소프트볼, 킥볼
- 표적형: 당구, 볼링, 골프

① 포지션의 수
② 게임 전술의 전이 가능성
③ 기술(skill)의 특성
④ 선수의 수

19 [기출 2022, 2021]   난이도 ★☆☆

전술 게임 모형에서는 게임 전술의 전이 가능성에 따라 다음과 같이 종목을 구분한다.
- 영역형: 상대팀 영역을 침범하여 득점하거나 상대방 공격을 막아내는 경기이다.
- 필드형: 넓은 공간에서 치고 달리기, 던지고 받기 등을 하면서 목표 지점을 많이 돌아오는가를 겨루는 경기이다.
- 표적형: 표적을 맞히는 것에 중점을 두는 경기이다.
- 네트형: 네트를 사이에 두고 공격 또는 수비를 하는 경기이다.

20

링크(J. Rink)의 내용 발달 단계가 순서대로 연결된 것은?

① 시작 과제 → 확대 과제 → 세련 과제 → 적용 과제
② 적용 과제 → 시작 과제 → 확대 과제 → 세련 과제
③ 세련 과제 → 적용 과제 → 시작 과제 → 확대 과제
④ 확대 과제 → 세련 과제 → 적용 과제 → 시작 과제

20 [기출 2022, 2021]   난이도 ★★★

링크(J. Rink)의 내용 발달 단계는 시작 과제에서 출발하여 학습자가 기본적인 개념과 기술을 익히고, 이후 확대 과제를 통해 이를 확장하며 다양한 상황에서 적용할 수 있는 능력을 기른다. 세련 과제는 운동수행의 질을 높이는 데 중점을 두고, 적용 과제는 배운 기술을 실제 상황에서 응용하여 사용하게 한다.

21

멕티게(J. McTighe)가 제시한 개념으로 학습자가 배운 내용을 경기 상황에서 구현하는 정도를 평가하는 방법은?

① 실제 평가(authentic assessment)
② 총괄 평가(summative assessment)
③ 규준 지향 평가(norm-referenced assessment)
④ 준거 지향 평가(criterion-referenced assessment)

21 [기출 2021]   난이도 ★★☆

실제 평가는 학습자가 배운 내용을 실제 상황, 즉 경기 상황에서 얼마나 잘 적용하는지를 평가하는 방법이다. 이 평가 방식은 단순한 지식의 암기가 아니라, 학습자가 습득한 기술과 전략을 실제 경기나 그와 유사한 상황에서 어떻게 적용하는지를 측정하는 데 중점을 둔다.

| 정답 | 19 ② 20 ① 21 ①

22

스포츠 참여자 평가에서 심동적(psychomotor) 영역에 해당하는 것은?

① 몰입
② 심폐지구력
③ 협동심
④ 경기 규칙 이해

23

〈보기〉에서 설명하는 모스턴(M. Mosston)의 교수 스타일의 '인지(사고) 과정' 단계는?

〈보기〉
- 학습자가 해답을 찾고자 하는 욕구가 있는 단계이다.
- 학습자에 대한 자극(질문)이 흥미, 욕구, 지식 수준과 적합할 때 이 단계가 발생한다.
- 학습자에게 알고자 하는 욕구를 실행에 옮기도록 동기화시키는 단계이다.

① 자극(stimulus)
② 반응(response)
③ 사색(meditation)
④ 인지적 불일치(dissonance)

24

배구 수업에서 운동 기능이 낮은 학습자의 참여 증진을 위한 스포츠 지도 방법으로 적절하지 <u>않은</u> 것은?

① 네트 높이를 낮춘다.
② 소프트한 배구공을 사용한다.
③ 서비스 라인을 네트와 가깝게 위치시킨다.
④ 정식 게임(full-sided game)으로 운영한다.

---

22 [기출 2023]   난이도 ★☆☆

심동적 영역은 운동 능력, 신체적 기술 및 체력과 관련된 영역을 말한다.
심폐지구력은 신체적 능력을 평가하는 대표적인 요소로, 심동적 영역에 해당한다.

23 [기출 2024]   난이도 ★★☆

모스턴(M. Mosston)의 '인지(사고) 과정에서 인지적 불일치(dissonance) 단계는 학습자가 목표를 설정하고 이를 실행하기 위해 동기화되면서, 목표 달성에 어려움을 느낄 때 나타나는 현상을 설명한다. 즉, 인지적 불일치는 학습자가 새로운 정보나 행동을 배울 때 발생하는 갈등과 혼란을 의미하며, 이로 인해 동기와 학습이 촉진된다.

24 [기출 2023, 2022, 2021]   난이도 ★☆☆

정식 게임(full-sided game)으로 운영하는 것은 운동 기능이 낮은 학습자들에게는 참여 기회를 줄이거나 부담을 줄 수 있는 방식이기 때문에 정식 게임보다는 단순하고 참여를 유도하는 활동들이 효과적이다.

| 정답 | 22 ②   23 ④   24 ④

25

〈보기〉의 ⊙, ⓒ에 해당하는 평가 방법을 바르게 연결한 것은?

〈보기〉
⊙ 수업 전 학습 목표에 따른 참여자 수준을 결정하고, 학습 과정에서 참여자가 계속적인 오류 상황을 발생시킬 때 적절한 의사 결정을 하도록 한다.
ⓒ 학생들에게 자신의 높이뛰기 목표와 운동 계획을 수립하게 한 다음 육상 단원이 끝나는 시점에서 종합적 목표 달성 여부 확인을 위해 평가를 실시한다.

	⊙	ⓒ
①	진단 평가	형성 평가
②	진단 평가	총괄 평가
③	형성 평가	총괄 평가
④	총괄 평가	형성 평가

25 [기출 2022] 난이도 ★★☆

⊙ 수업 전 학습자의 참여 수준을 결정하고 학습 과정에서 적절한 의사 결정을 하도록 하는 평가 방식이므로 진단 평가에 해당한다.
ⓒ 운동 목표 수행을 완료한 후 목표 달성 여부를 확인하는 평가로, 총괄 평가에 해당한다.

26

모스턴(M. Mosston)의 수업 스타일 중 학습자가 인지 작용을 통해 문제에 대한 다양한 해답을 찾는 유형은?

① 연습형
② 수렴 발견형
③ 상호 학습형
④ 확산 발견형

26 [기출 2021] 난이도 ★★☆

확산 발견형은 학습자가 인지 작용을 통해 문제에 대한 다양한 해결책을 찾아가는 유형이다. 이 유형은 창의적인 사고와 문제 해결 능력을 개발하는 데 중점을 두고 정해진 답을 찾기보다는 다양한 해결책을 탐구하는 스타일이다.

[오답풀이]
① 연습형: 학습자가 스스로 연습할 수 있는 시간을 제공하며, 교사가 개별 피드백을 제공한다.
② 수렴 발견형: 학습자는 논리적 추론을 통해 문제의 해결책을 발견하고, 비판적 사고 및 문제 해결 능력을 발달시킨다.
③ 상호 학습형: 학습자들이 짝을 이루어 상호 작용하며 학습하고, 짝에게 피드백을 제공한다.

| 정답 | 25 ② 26 ④

27

〈보기〉에서 활용된 스포츠 지도 행동의 관찰 기법은?

─────〈보기〉─────

- 지도자: 강 감독
- 관찰자: 김 코치
- 수업 내용: 농구 수비 전략
- 시간: 19:00~19:50

피드백의 유형		표기(빈도)	비율
대상	전체	∨∨∨∨∨ (5회)	50%
	소집단	∨∨∨ (3회)	30%
	개인	∨∨ (2회)	20%
성격	긍정	∨∨∨∨∨∨∨∨ (8회)	80%
	부정	∨∨ (2회)	20%
구체성	일반적	∨∨∨ (3회)	30%
	구체적	∨∨∨∨∨∨∨ (7회)	70%

① 사건 기록법(event recording)
② 평정 척도법(rating scale)
③ 일화 기록법(anecdotal recording)
④ 지속 시간 기록법(duration recording)

27 [기출 2023, 2022] 난이도 ★★★

사건 기록법은 특정 행동이 발생할 때마다 그 사건을 기록하는 방법이다. 〈보기〉에 제시된 표에서 행동이 발생한 횟수와 그에 대한 비율이 기록되어 있는 것으로 보아, 감독의 행동을 관찰할 때, 사건이 일어날 때마다 기록하는 방식인 사건 기록법을 사용하였음을 알 수 있다.

오답풀이
② 평정 척도법: 수행의 질적인 면을 수치나 척도로 평가하는 방법
③ 일화 기록법: 교사가 수업을 관찰한 후 관찰 사항을 서술하여 기록하는 방법
④ 지속 시간 기록법: 관찰하고자 하는 행동을 정하고, 그 행동의 시간을 측정하는 방법

28

〈보기〉에서 설명하는 협동 학습 모형의 전략은?

─────〈보기〉─────

- 1차 평가에서 모든 팀원의 점수를 합산하여 팀 점수로 발표한다.
- 지도자는 학생들과 토론하고 팀의 상호작용을 높일 수 있도록 조언한다.
- 모든 팀은 1차 평가와 동일한 과제를 반복해서 연습하고, 팀원 모두의 점수를 높이는 데 중점을 둔다.
- 2차 평가를 하여 1차 평가보다 향상된 정도에 따라 팀 점수를 부여한다.

① 직소(Jigsaw)
② 팀 – 보조수업(Team-Assisted Instruction)
③ 팀 게임 토너먼트(Team Games Tournament)
④ 학생 팀 – 성취 배분(Student Teams-Achievement Division)

28 [기출 2025] 난이도 ★★★

〈보기〉에서 제시된 특징은 학생 팀–성취 배분(STAD) 모형의 전형적인 절차를 설명하고 있다.

- 1차 평가: 학생 개개인의 점수를 합산하여 팀 점수를 산출한다.
- 팀 학습 활동: 지도자의 조언 아래 팀원 간 협동을 통해 과제를 반복 학습한다.
- 2차 평가: 학습 후 다시 평가를 실시하며, 이전 점수 대비 향상된 정도(개별 향상 점수)를 반영해 팀 점수를 부여한다.

오답풀이
① 직소(Jigsaw): 과제를 분할하여 각자가 맡은 부분을 학습하고 팀에 다시 가르치는 방식이다.
② 팀 – 보조 수업(TAI): 개별화 학습과 팀 협동을 결합한 모형이다.
③ 팀 게임 토너먼트(TGT): 퀴즈 게임 형식을 활용하여 팀 간 경쟁을 유도한다.

| 정답 | 27 ① 28 ④

29

「학교체육진흥법」(시행 2021.6.24.)의 제10조에서 규정하고 있는 학교장의 역할에 관한 내용으로 옳지 않은 것은?

① 학생들이 신체 활동 프로그램에 참여할 수 있도록 학교 스포츠 클럽을 운영하여 학생들의 체육 활동 참여 기회를 확대하여야 한다.
② 학교 스포츠 클럽을 운영하는 경우 전문 코치를 지정하여야 한다.
③ 학교 스포츠 클럽 활동 내용을 학교생활 기록부에 기록하여 상급 학교 진학 자료로 활용할 수 있도록 하여야 한다.
④ 교육부령으로 정하는 바에 따라 일정 비율 이상의 학교 스포츠 클럽을 해당 학교의 여학생들이 선호하는 종목으로 운영하여야 한다.

29 [기출 2024, 2023, 2022, 2021] 난이도 ★★★

「학교체육진흥법」 제10조(학교 스포츠 클럽 운영)에 따르면 학교 스포츠 클럽을 운영하는 경우 전문 코치가 아닌 학교 스포츠 클럽 전담 교사를 지정하여야 한다.

30

〈보기〉에서 설명하는 시덴탑(D. Siedentop)의 교수(teaching) 기능 연습법에 해당하는 용어로 적절한 것은?

―――〈보기〉―――
• 박 코치는 소수의 실제 학습자들 앞에서 지도 연습을 했다.
• 자신의 지도 행동을 관찰하기 위해 비디오 촬영을 병행했다.

① 1인 연습(self practice)
② 동료 교수(peer teaching)
③ 축소 수업(micro teaching)
④ 반성적 교수(reflective teaching)

30 [기출 2021] 난이도 ★★☆

박 코치가 자신의 지도 행동을 관찰하고 평가하기 위해 비디오 촬영을 한 것은 교수 연습의 한 방법인 축소 수업(micro teaching)으로, 소규모 학습자 앞에서 자신의 교수법을 연습하고 분석하는 방법이다.

[오답풀이]
① 1인 연습: 거울 앞에서 자신의 말과 행동을 관찰하며 교수 기능을 연습하는 방법
② 동료 교수: 소집단의 동료와 함께 수업 상황을 모의로 구성하여 교수 기능을 연습
④ 반성적 교수: 수업 목표와 평가 방법을 설명한 후, 수업이 끝나고 교수 내용 평가 및 피드백을 제공

| 정답 | 29 ② 30 ③

31

「스포츠기본법」(시행 2022.6.16.) 제7조 '스포츠 정책 수립·시행의 기본 원칙' 중 국가와 지방 자치 단체의 스포츠 정책에 관한 고려 사항에 해당하지 않는 것은?

① 스포츠 활동을 존중하고 사회 전반에 확산되도록 할 것
② 스포츠 대회 참가 목적을 국위 선양에 두어 지원할 것
③ 스포츠 활동 참여와 스포츠교육의 기회가 확대되도록 할 것
④ 스포츠의 가치를 존중하고 스포츠의 역동성을 높일 수 있을 것

31 [기출 2023, 2022]   난이도 ★★☆

「스포츠기본법」 제7조
국가와 지방 자치 단체는 스포츠에 관한 정책을 수립하고 시행할 때에는 다음 각 호의 사항을 충분히 고려하여야 한다.
1. 스포츠권을 보장할 것
2. 스포츠 활동을 존중하고 사회 전반에 확산되도록 할 것
3. 국민과 국가의 스포츠 역량을 높이기 위한 여건을 조성하고 지원할 것
4. 스포츠 활동 참여와 스포츠교육의 기회가 확대되도록 할 것
5. 스포츠의 가치를 존중하고 스포츠의 역동성을 높일 수 있을 것
6. 스포츠 활동과 관련한 안전사고를 방지할 것
7. 스포츠의 국제 교류·협력을 증진할 것

32

〈보기〉의 발달 특성을 가진 대상을 위한 스포츠 프로그램 구성 시 고려 사항으로 적절하지 않은 것은?

―〈보기〉―
- 신체적·정서적·사회적 발달이 뚜렷하다.
- 개인의 요구와 흥미가 뚜렷하게 나타난다.
- 2차 성징이 나타난다.

① 생활 패턴 고려
② 개인의 요구와 흥미 고려
③ 정적 운동 위주의 프로그램 구성
④ 스포츠 프로그램의 지속적 참여 고려

32 [기출 2022]   난이도 ★☆☆

〈보기〉는 청소년기의 발달 특성에 대한 내용이다. 청소년기의 스포츠는 신체적·정서적·사회적 발달을 도모하고, 개인의 요구와 흥미를 반영하는 프로그램이어야 하며, 지속적인 참여를 유도하는 것이 중요하다.

33

메이거(R. Mager)가 제시한 학습 목표 설정의 요소가 아닌 것은?

① 설정된 운동수행 기준
② 운동수행에 필요한 상황과 조건
③ 학습자에게 기대되는 성취 행위
④ 목표 달성이 불가능할 경우의 대처 방안

33 [기출 2023]   난이도 ★★☆

메이거(R. Mager)가 제시한 학습 목표 설정 요소에는 설정된 운동수행 기준, 운동수행에 필요한 상황과 조건, 학습자에게 기대되는 성취 행위가 포함된다.

| 정답 | 31 ②   32 ③   33 ④

34

〈보기〉의 내용에 해당하는 모스턴(M. Mosston)의 교수 스타일은?

― 〈보기〉 ―
- 지도자는 난이도가 다른 과제를 선정하고 조직한다.
- 학생은 자신에게 맞는 난이도의 과제를 선택하고 참여한다.
- 높이뛰기의 경우, 학생들은 바(bar)의 높이가 다른 연습 과제를 선택할 수 있다.

① 연습형
② 포괄형
③ 자기 점검형
④ 상호 학습형

34 [기출 2025]   난이도 ★☆☆

〈보기〉의 항목들은 포괄형에 관한 설명으로, 학습자들은 자신에게 맞는 난이도를 선택해 과제를 수행하고 자신의 학습을 점검한다. 따라서 포괄형 스타일은 다양한 수준의 학습자들이 개별화된 학습이 가능하다.

[오답풀이]
① 연습형: 학습자가 스스로 연습할 수 있는 시간을 제공하며, 교사가 개별 피드백을 제공한다.
③ 자기 점검형: 학습자가 자신의 수행을 스스로 점검하고 교정하는 방식이다.
④ 상호 학습형: 학습자들이 짝을 이루어 하나는 실시자, 다른 하나는 관찰자가 되어 학습하고 피드백을 제공한다.

35

〈그림〉은 '국민 체력100'의 운영 체계이다. 체력 인증 센터가 이용자에게 제공하는 서비스가 아닌 것은?

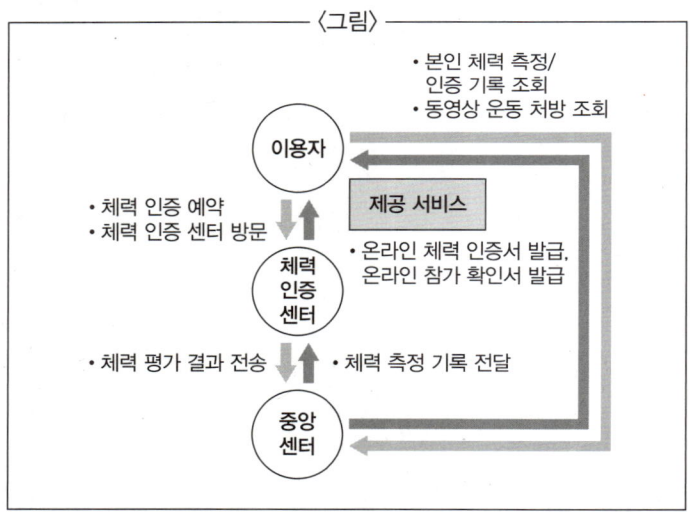

① 체력 측정 서비스
② 맞춤형 운동 처방
③ 국민 체력 인증서 발급
④ 스포츠 클럽 등록 및 운영 지원

35 [기출 2024]   난이도 ★★☆

체력 인증 센터는 이용자에게 체력 측정 및 평가, 운동 처방 등 직접적인 서비스를 제공하지만, 스포츠 클럽 등록 및 운영 지원은 제공하지 않는다.

| 정답 | 34 ②   35 ④

36

〈보기〉에서 해당하는 평가 기법으로 적절한 것은?

〈보기〉
- 운동수행을 평가하는 데 자주 사용하는 평가 방법이다.
- 운동수행의 질적인 면을 파악하여 수준이나 숫자를 부여하는 평가 방법이다.

① 평정 척도
② 사건 기록법
③ 학생 저널
④ 체크리스트

36 [기출 2024] 난이도 ★☆☆

평정 척도는 운동수행을 평가할 때 자주 사용하는 방법이며, 수행의 질적인 면을 수치나 척도로 평가하는 방식이다.

37

슐만(L. Shulman)의 '교사 지식 유형' 중 가르칠 교과목 내용에 관한 지식에 해당하는 것은?

① 내용 지식(content knowledge)
② 내용 교수법 지식(pedagogical content knowledge)
③ 교육 환경 지식(knowledge of educational contexts)
④ 학습자와 학습자 특성 지식(knowledge of learners and their characteristics)

37 [기출 2024, 2021] 난이도 ★★☆

내용 지식은 교사가 가르칠 특정 교과목의 개념, 사실, 구조 등을 깊이 있게 이해하는 지식을 말한다.

[오답풀이]
② 내용 교수법 지식: 교과목 내용을 효과적으로 가르치기 위한 교수법에 대한 지식
③ 교육 환경 지식: 교육이 이루어지는 환경에 대한 지식
④ 학습자와 학습자 특성 지식: 학습자들의 특성과 필요에 대한 지식

| 정답 | 36 ① 37 ①

38

그리핀(L. Griffin), 미첼(S. Mitchell), 오슬린(J. Oslin)의 게임 수행 평가 도구(GPAI)를 활용하여 학생의 게임 수행 능력을 측정한 표이다. 게임 수행 점수가 높은 학생 순으로 바르게 나열한 것은?

측정 항목 이름	의사 결정		기술 실행		보조하기	
	적절	부적절	효율적	비효율적	적절	부적절
다은	3회	1회	3회	1회	3회	1회
세연	2회	2회	5회	0회	2회	2회
유나	2회	2회	2회	0회	2회	0회

① 유나 → 세연 → 다은
② 다은 → 세연 → 유나
③ 유나 → 다은 → 세연
④ 다은 → 유나 → 세연

38 [기출 2025] 난이도 ★★☆

그리핀, 미첼, 오슬린의 게임 수행 평가 도구는
- 의사 결정: 적절÷(적절+부적절)
- 기술 실행: 효율적÷(효율적+비효율적)
- 보조하기: 적절÷(적절+부적절)

으로 영역별 긍정 지표 비율을 산출한 뒤, 이를 합산(또는 평균)하여 게임 수행 점수를 비교한다. 이에 따른 다은, 세연, 유나의 게임 수행 점수를 계산하면 다음과 같다.
- 다은: 의사 결정 3÷(2+2)=0.75,
  기술 실행 3÷(3+1)=0.75,
  보조하기 3÷(3+1)=0.75 → 합 2.25
- 세연: 의사 결정 2÷(2+2)=0.50,
  기술 실행 5÷(5+0)=1.00,
  보조하기 2÷(2+2)=0.50 → 합 2.00
- 유나: 의사 결정 2÷(2+2)=0.50,
  기술 실행 2÷(2+0)=1.00,
  보조하기 2÷(2+0)=1.00 → 합 2.50

따라서 유나(2.50) > 다은(2.25) > 세연(2.00) 순이다.

39

〈보기〉에서 설명하는 수업 주도성 프로파일의 특성을 나타내는 체육 수업 모형은?

― 〈보기〉 ―
- 학습자는 각 과제의 수행 기준에 도달할 책임이 있다.
- 학습자는 많은 피드백과 높은 수준의 언어적 상호 작용의 기회를 갖는다.
- 지도자는 내용 선정과 과제 제시를 주도하고, 학습자는 수업 진도를 결정한다.

① 전술 게임 모형
② 협동 학습 모형
③ 개별화 지도 모형
④ 개인적·사회적 책임감 지도 모형

39 [기출 2021] 난이도 ★★☆

개별화 지도 모형은 지도자가 내용 선정과 과제 제시를 주도하고, 학습자는 각 과제를 자신의 속도에 맞춰 수행하는 방식으로 이루어진다. 이 모형은 학습자의 능력에 맞춰 피드백과 지도를 제공하는 데 중점을 둔다.

[오답풀이]
① 전술 게임 모형: 전술과 기술을 통합적으로 지도하여, 학생들이 게임의 전술적 측면을 이해하고 적용할 수 있도록 한다.
② 협동 학습 모형: 학생들이 팀을 이루어 협력하여 목표를 달성하고, 협동 학습을 통해 사회적 관계를 형성한다.
④ 개인적·사회적 책임감 지도 모형: 학생들이 스스로 책임을 지고, 타인과의 관계에서 사회적 책임을 실천할 수 있도록 지도한다.

| 정답 | 38 ③ 39 ③

40

〈보기〉는 박 코치의 수업 일지 내용이다. ㉠, ㉡에 해당하는 용어가 바르게 연결된 것은?

―〈보기〉―

골프 수업에 참여한 학습자들이 골프 규칙을 비롯해, 골프와 유사한 스포츠의 개념적 특징을 비교·분석할 수 있도록 (㉠) 목표를 제시하였다. … (중략) … 또한 각 팀의 1등은 다른 팀의 1등끼리, 2등은 다른 팀의 2등끼리 점수를 비교하여 같은 등수에서 높은 점수를 얻은 학습자에게 정해진 상점을 부여했다. 이와 같이 협동 학습 모형의 과제 구조 중 (㉡) 전략을 사용하였다.

	㉠	㉡
①	정의적	직소 (Jigsaw)
②	정의적	팀-보조 수업 (Team-Assisted Instruction)
③	인지적	팀 게임 토너먼트 (Team Games Tournament)
④	인지적	학생 팀-성취 배분 (Student Teams-Achievement Division)

40 [기출 2023, 2021] 난이도 ★☆☆

㉠ 인지적 영역은 학습자가 정보를 처리하고 적용하는 능력을 평가하는 것으로, 지식 습득부터 문제 해결 능력에 이르는 다양한 사고 수준을 포함한다.

㉡ 팀 게임 토너먼트(TGT)는 학생을 팀별로 나눈 후 할당된 학습 과제를 연습하고 팀별로 시험을 치룬다. 팀 내의 등수로, 다른 팀에서 같은 등수인 학생의 점수를 비교하여 높은 점수를 얻은 학생이 속한 팀에 일정 상점을 부여한다.

| 정답 | 40 ③

선택 3과목
스포츠심리학

합격생들의 과목 선택 Tip

합격을 위한 과목 추천 ★★☆☆☆

난이도 ★★★☆☆

\# 운동선수나 일반인의 심리적 측면을 다루는 과목

\# 개인적 느낌으로 공부량이 가장 많은 것 같음

\# 개념이 많아 암기가 필요하지만, 실생활과 연관 지어 이해하면 훨씬 쉬움

\# 문과생들의 경우 익숙한 단어들이 많을 것으로, 암기보다는 다독을 통한 정확한 개념 이해 필요

\# 인간운동행동의 이해와 스포츠수행의 심리적 요인에서 주로 출제되므로 이 부분만 공부해도 과락은 넘을 수 있는 수준

최근 5개년 개념별 출제비중

> 2021년 이후 난도가 높아진 출제경향을 반영, 최근 5개년 기출 분석으로 집중 대비!

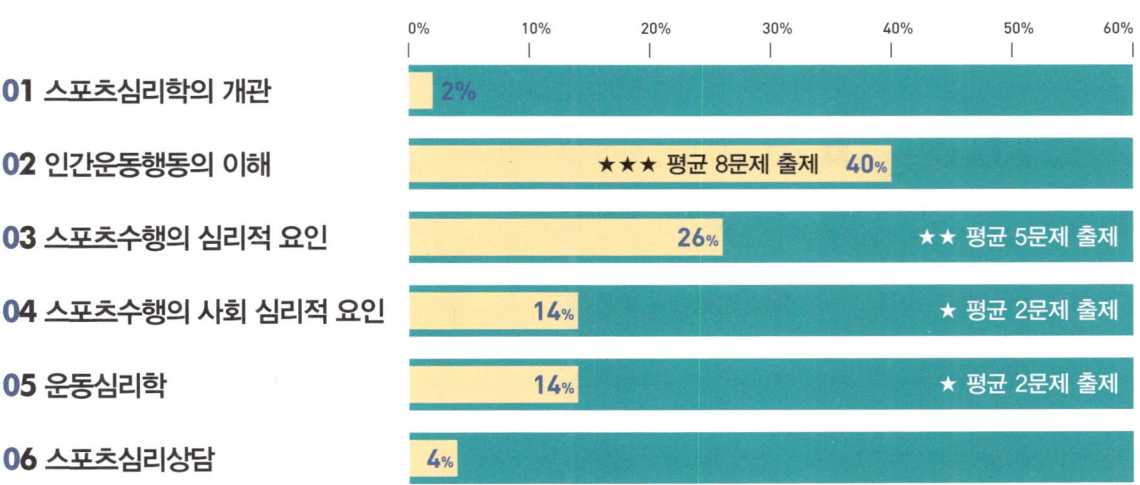

- **01 스포츠심리학의 개관** : 2%
- **02 인간운동행동의 이해** : 40% ★★★ 평균 8문제 출제
- **03 스포츠수행의 심리적 요인** : 26% ★★ 평균 5문제 출제
- **04 스포츠수행의 사회 심리적 요인** : 14% ★ 평균 2문제 출제
- **05 운동심리학** : 14% ★ 평균 2문제 출제
- **06 스포츠심리상담** : 4%

최신 3개년 스포츠심리학 출제 경향

2025년	2024년	2023년
☑ 작년과 비슷한 난이도	☑ 작년 대비 난이도 하락	☑ 난이도 중상 수준
☑ 동기 유발, 심상, 피드백 등 빈출 개념의 출제비중이 높았음	☑ 응용능력을 요구하는 문제의 출제 비중이 높아짐	☑ 이론과 응용문제가 균형을 이룸
☑ 스포츠 수행의 심리적·사회 심리적 요인을 더 집중적으로 제시함	☑ 응용과 사례를 바탕으로 한 개념 이해 문제가 주로 출제됨	☑ 인간운동행동의 이해, 스포츠수행의 심리적 요인에서 많은 문제가 출제됨

합격 프로젝트
2026 출제 예언

1. 스포츠 수행의 심리적·사회 심리적 요인, 운동 심리학 영역의 출제비중이 압도적으로 높으므로, 해당 영역은 반드시 암기해야 합니다.
2. 전문가적 태도와 현장 적용 능력을 평가하는 방향으로 출제가 변화하고 있어, 실제 적용 사례에 대입하는 문제 비중이 더욱 높아질 것으로 예상합니다.
3. 매년 새로운 이론과 개념이 일부 출제되므로, 모르는 개념이라도 제시된 단서를 활용해 답을 추론하는 연습이 필요합니다.

01 스포츠심리학의 개관

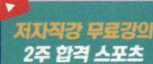

2% 스포츠심리학의 정의와 역사, 스포츠심리학자의 주요 역할을 이해하고 흐름을 파악하면서 학습해 보자!

★ 빈출 형광펜 시험에 자주 출제되는 개념으로, 시험 직전 빈출 형광펜만 딱 보고 들어가자!

합격선을 넘는 TIP

출제 키워드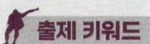

기출 2021

스포츠심리학의 목적 예시
- 운동수행 → 심리적 요인
  - 달리기는 우울증을 조절하는가?
  - 스포츠 클럽 활동은 사회성과 집중력을 높이는가?
  - 태권도 수련은 아동의 인성 발달에 도움이 되는가?
- 심리적 요인 → 운동수행
  - 수영에 대한 자신감이 수영 학습에 어떤 영향을 주는가?

출제 키워드

기출 2016

광의의 스포츠심리학 하위 학문 영역
- 운동발달
- 운동학습
- 운동제어

출제 키워드

기출 2025

콜먼 그리피스의 활동
- 주요 활동은 1921~1938년
- 최초로 스포츠심리학 실험실 설립
- 북미 스포츠심리학의 아버지
- 시카고 컵스 야구팀 스포츠 심리상담사
- 『코칭심리학』 책 출간

1 스포츠심리학 정의 및 의미

1. 스포츠심리학의 정의 기출 2021
- 스포츠심리학은 운동 경기와 스포츠 활동에서 나타나는 인간의 심리적 및 행동적 변화를 연구하는 학문이다.
- 선수의 경기력 향상뿐만 아니라, 심리적 요인들이 스포츠 성과에 미치는 영향을 분석한다.
- 스포츠 상황에서의 인간행동과 그 심리적 원인을 분석하여, 심리적 기술 훈련이나 멘탈 강화 전략을 개발한다.

2. 스포츠심리학의 의미 기출 2016

광의의 스포츠심리학	일반 심리학이 포괄하는 모든 측면을 스포츠 상황 및 그와 관련된 운동학습, 운동발달, 운동제어 등의 영역에 적용한 관점
협의의 스포츠심리학	스포츠수행 또는 운동수행에 초점을 두고, 운동 기능의 수행에 영향을 미치는 심리적·사회적 요인 및 그 과정을 규명하는 것

2 스포츠심리학의 역사 기출 2025

영역	내용
초기 연구	운동 경기와 심리의 관계 탐구 시작
1920~1930년대	콜먼 그리피스(Coleman Griffith)가 스포츠심리학 연구의 선구자 역할
1950~1960년대	스포츠심리학의 학문적 기틀 형성, 연구 기관 설립
1970~1980년대	• 스포츠심리학이 독립된 학문으로 발전, 올림픽 팀의 심리 지원 시작 • 학문적 시작과 함께 한국체육학회 산하에 스포츠심리학회 설립
1990년대 이후	• 응용 스포츠심리학 확산, 선수의 경기력 향상과 심리 훈련 강조 • 한국 엘리트 스포츠 중심의 심리학 연구와 경기력 향상을 위한 심리적 지원 확대 시작 • 응용 스포츠심리학 발전, 주요 국제 대회에서 심리적 지원 강화 • 정신 건강, 웰빙, 팀워크, 심리적 회복력 등 다양한 분야로 한국에서도 확장

3 스포츠심리학의 영역과 역할

1. 스포츠심리학의 영역 `기출` 2019, 2018, 2017

스포츠심리학	다양한 심리적 요인과 운동수행 및 정신 건강과의 관계를 연구
운동제어	움직임 생성과 조절의 신경적·생리적 기전 연구
운동학습	경험과 연습을 통해 운동기술 습득 과정 연구
운동발달	운동 기능 발달과 유전적 요인 탐구
응용 스포츠심리학	심리 이론을 현장에 적용해 경기력 향상과 정신 회복 지원
건강 운동 심리학	운동 참여와 정신 건강의 관계 연구

2. 스포츠심리학자의 역할 `기출` 2025, 2015

연구	심리적 요인이 경기력 및 운동수행에 미치는 영향을 분석하고 검증
교육	선수, 코치, 학습자 등을 대상으로 스포츠심리학의 학문적 지식을 전달
상담	심리상담을 필요로하는 대상에게 정신 건강 지원 및 불안 등의 심리상담 시행

3. 스포츠심리학의 주요 연구 분야 `기출` 2016, 2015

- 동기 유발
- 불안 감소
- 자기 효능감
- 심리적 회복
- 심리적 기술 훈련 등
- 상담 기술
- 스포츠 경기력
- 집중력 및 주의 조절
- 정신 건강 관리

합격선을 넘는 TIP

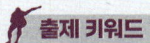

출제 키워드

`기출` 2019

스포츠심리학의 하위 분야: 운동제어 사례

- 야구에서 공을 잡은 외야수는 2루 주자의 주력과 경기 상황을 고려하여 홈으로 송구하기로 결정함. 그리고 홈까지의 거리와 위치를 확인하고 공을 던짐
- 운동제어 분야에서는 외야수가 경기 상황에서의 여러 정보를 종합·판단하여 어떻게 동작을 생성하고 조절하는지와 관련된 원리와 법칙을 밝히는 데 관심을 가짐

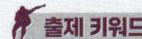

출제 키워드

`기출` 2025, 2015

스포츠심리학자의 역할

- 자신의 연구 성과를 발표하고 검증받기도 함
- 운동선수뿐만 아니라 상담이 필요한 수행자를 대상으로 상담을 실시하는 역할을 함
- 스포츠심리학, 운동학습, 운동제어, 운동발달 등을 가르침
- 상담을 통해 선수가 필요로 하는 심리 기술 훈련을 하기도 함

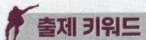

출제 키워드

`기출` 2015

스포츠심리학의 주요 연구 과제

- 동기 유발 전략
- 상담 기술 및 방법
- 체육 행정 정책 수립
- 불안 감소 전략

02 인간운동행동의 이해

40% 운동제어와 운동학습 이론을 중심으로 사례와 연관해 학습해 보자!

★ 빈출 형광펜 시험에 자주 출제되는 개념으로, 시험 직전 빈출 형광펜만 딱 보고 들어가자!

1 운동제어

1. 운동제어의 개념 기출 2017

인간의 움직임 생성과 조절에 대한 신경 심리적 과정과 생물학적 기전을 연구하는 학문

2. 운동제어의 주요 이론

(1) 정보 처리 이론 기출 2024, 2022

① 컴퓨터처럼 행동: 인간이 컴퓨터처럼 정보를 처리해 움직임을 만들어낸다는 이론
② 폐쇄 회로 및 개방 회로 이론

폐쇄 회로 이론	• 피드백을 통해 동작을 수정하는 과정으로, 주로 느린 움직임에 적용 • 동작 중 피드백을 받아 실시간으로 수정하고 조절한다고 설명하는 이론
개방 회로 이론	• 피드백 없이 빠르게 동작을 수행하는 과정으로, 주로 빠른 움직임에 적용 • 피드백 없이 처음 계획한 동작을 빠르게 수행한다고 설명하는 이론

(2) 생태학적 이론

① 환경과 상호 작용: 사람이 주변 환경을 지각하고 그에 맞게 움직임을 조절하는 이론
② 반복된 경험: 환경에서 얻은 경험이 기억에 쌓여가며 행동을 발전시킨다.

(3) 일반화된 운동 프로그램 기출 2024, 2022

① 일반화된 운동 프로그램은 폐쇄 회로 이론과 개방 회로 이론의 장점을 결합하여 인간의 움직임(정확성, 속도, 유연성 등)을 설명하는 이론이다.

가변 특성	• 운동의 세부 사항으로, 환경이나 상황에 따라 조정될 수 있는 요소들임 • 운동의 크기, 힘, 속도 등이 해당됨 예 같은 달리기라도 속도, 거리, 힘은 상황에 따라 변화 가능
불가변 특성	• 움직임의 구조적 요소 • 운동의 본질적인 패턴을 유지 예 달리기 동작에서 다리 움직임의 기본 순서, 동작의 리듬, 순서 같은 요소들은 변화하지 않음

② 슈미트(Schmidt)의 스키마 이론
- **재인 도식(느린 움직임-폐쇄 회로)**: 피드백을 통해 잘못된 동작을 수정
- **회상 도식(빠른 움직임-개방 회로)**: 과거 비슷한 경험을 바탕으로 새로운 운동을 계획

합격선을 넘는 TIP

출제 키워드 기출 2024

정보 처리 이론
- 정보 처리 이론은 인간을 능동적인 정보 처리자로 설명함
- 개방 회로 이론은 대뇌 피질에 저장된 운동 프로그램을 통해 움직임을 생성하고 제어한다고 설명함
- 폐쇄 회로 이론은 정확한 동작에 관한 기억을 수행 중인 움직임과 비교한 피드백 정보를 활용하여 움직임을 생성하고 제어한다고 설명함

출제 키워드 기출 2022

도식 이론(schema theory)
- 재인 도식은 피드백 정보를 통해 잘못된 동작을 수정
- 재인 도식은 과거의 실제 결과, 감각 귀결, 초기 조건의 관계를 바탕으로 형성됨

(4) 다이내믹 시스템 이론 `기출` 2020
① 운동학습을 신체, 환경, 과제의 상호 작용으로 설명한다.
② 운동은 자기 조직화를 통해 자연스럽게 형성되며, 학습자는 제약에 맞춰 동작을 조정하고 최적화한다.
③ 비선형적 과정에서 운동 패턴이 변화하고, 학습자는 다양한 상황에 적응하며 기술을 습득한다.

(5) 반사 이론
① 외부로부터 자극에 의해 운동행동이 생성된다는 이론
② 움직임을 생성하는 과정보다 움직임의 결과에 관심을 둔다.

3. 운동제어 체계 및 기억 체계

(1) 운동제어 체계 `기출` 2024, 2023, 2021, 2019, 2016
① 자극에 대한 반응이 실제 행동으로 이어지기까지의 과정
② 움직임을 계획하고 실행하며, 필요한 경우 수정하는 역할을 수행한다.

감각 지각 단계	환경에서 오는 자극을 인식하고 그 정보를 분석하는 단계 • 스트룹 효과: 여러 감각 정보가 일치하지 않는 자극을 처리할 때 일치하는 자극보다 반응 시간이 늦어지는 현상 • 칵테일 파티 효과: 필요한 특정 정보만 선택적으로 주의를 기울이거나 의식하게 되는 현상
반응 선택 단계	자극에 대해 어떻게 반응할지를 결정하는 단계 • 통제적 처리: 많은 주의가 요구되어 동시에 여러 과제를 수행하기 어려운 것으로, 주로 학습 초기 단계에 나타남 • 자동적 처리: 많은 주의가 요구되지 않아 동시에 다른 과제에도 주의를 기울일 수 있는 것으로, 주로 숙련된 수행자들에게 나타남
반응 실행 단계	선택된 반응을 실제 행동으로 옮기기 위해 근육을 움직이게 하는 단계

(2) 기억 체계 `기출` 2024, 2020, 2015
① 경험한 정보를 저장하고, 필요할 때 다시 불러오는 과정
② 새로운 경험이 기존 기억에 쌓이면서 학습이 이루어진다(장기 기억은 무제한).

지각 단계	기억할 내용을 인식하는 단계
저장 단계	인식한 내용을 기억에 저장하는 단계
인출 단계	저장된 기억을 필요할 때 불러내는 단계

합격선을 넘는 TIP

용어

비선형적
선처럼 길게 일렬로 나아가지 않는 또는 그런 것

출제 키워드
`기출` 2023

칵테일 파티 효과(cocktail party effect) 사례
체육관에서 관중의 함성과 응원 소리에도 불구하고, 작전 타임에서 코치와 선수는 서로 의사소통이 가능함

출제 키워드
`기출` 2024

기억의 유형
• 절차적 기억: 오랜 학습을 통해 자동화된 행동이나 기술을 기억하는 장기 기억
• 명제적 기억: 경기 규칙, 특정 상황에서의 운동기술 등 운동 상황에서 인지해야 되는 정보
• 감각 기억: 감각 정보를 매우 짧은 시간 동안 저장하는 단기 기억

합격선을 넘는 TIP

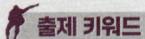

출제 키워드

기출 2019

운동학습의 정의 및 특성
- 직접 측정할 수 없고, 행동을 통해 간접적으로 측정하고 평가할 수 있음
- 신경 가소성(neural plasticity)의 특성을 나타냄
- 비교적 영구적인 운동수행의 향상으로 나타나는 일련의 내적 과정임
- 연습과 경험에 의해서 나타나는 현상이며, 성숙이나 동기 또는 훈련 등에 의해 일시적으로 변화하는 것은 포함하지 않음

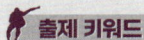

출제 키워드

기출 2019

반응 시간(reaction time)의 유형
- 변별 반응 시간
- 단순 반응 시간
- 선택 반응 시간

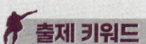

출제 키워드

기출 2025

고원 현상
운동 학습 과정에서 일정 기간 동안 수행 향상이 정체된 것처럼 보이는 현상

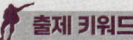

출제 키워드

기출 2023

공동 작용
번스타인(N. Bernstein)은 움직임의 효율적인 제어를 위해 중추 신경계가 자유도를 개별적으로 제어하지 않고, 의미 있는 단위로 묶어서 조절한다고 설명함

2 운동학습

1. 운동학습의 개념 기출 2019, 2017, 2016
- **반복적인 경험과 연습을 통해 운동기술을 습득하고 향상시키는 과정**을 연구하는 학문
- 운동수행 능력을 향상시키며, 비교적 영구적인 변화를 가져오는 내적 과정

2. 운동학습 이론

(1) **피츠(Fitts)와 포스너(Posner)의 3단계** 모델 기출 2020, 2018

인지 단계	기술을 이해하고 인지적으로 분석하는 단계
연합 단계(고정 단계)	기술의 기본 동작을 이해하고 연습하면서 오류를 줄여가는 단계
자동화 단계	의식적인 노력 없이도 정확하고 효율적으로 동작을 수행하는 단계

(2) 아담스(Adams)의 폐쇄 회로 이론: 피드백을 통해 동작을 수정하고 개선한다고 설명하는 이론으로, 운동수행을 '기준'과 '실제 수행'을 비교하여 수정·개선함

(3) 신경망 이론: 운동학습을 뇌의 신경 연결망을 통해 설명하는 이론

(4) 뉴웰(Newell)의 협응 변화 이론: 협응과 제어의 변화를 통해 운동학습을 설명하는 이론
기출 2023

(5) 젠타일(Gentile)의 2차원적 모델

움직임 개념 습득 단계	기본 동작을 배우고 환경 정보를 구분하는 단계
고정화 및 다양화 단계	기술을 고정화하거나 다양한 상황에 적응시키는 단계

(6) **손다이크(Thorndike)의 자극-반응(S-R) 이론**: 자극에 대한 반복된 반응을 통해 학습이 이루어진다는 이론 기출 2025, 2020, 2019

단순 반응	단일 자극에 대해 자동적이고 직접적인 반응을 보이는 것
변별 반응	여러 자극 중 하나를 구별하여 그에 맞는 반응을 선택하는 과정
선택 반응	여러 자극과 여러 반응 옵션 중에서 적절한 반응을 선택하는 과정

(7) **번스타인(Bernstein)의 학습 단계 이론** 기출 2023, 2022, 2016

자유도 고정	초기 단계에서 신체의 많은 자유도를 제한해 동작을 단순하게 만듦
자유도 풀림	중간 단계에서 점차 자유도를 풀어 더 유연하고 효율적인 동작을 학습
반작용 활용	최종 단계에서 자유도를 완전히 활용해 복잡한 동작을 능숙하게 수행

3. 운동학습의 주요 요인

(1) 기억과 망각

기억	학습한 내용을 저장하고 인출하는 과정
망각	시간이 지나면서 학습된 내용을 잊어버리는 현상

(2) 동기 부여: 목표 달성을 위한 의지로, 학습의 지속성과 성과에 영향을 미친다.

(3) 연습 [기출] 2025, 2024, 2021, 2020, 2018, 2016

① 반복적인 수행을 통해 운동기술을 향상시키는 과정
② 연습이 많을수록 동작이 더 정확하고 일관되게 발전한다.

전습법 (전신 연습)	전체 동작을 통째로 연습하는 방법 예 스윙 전체 동작을 연습하는 경우		
분습법	부분 동작을 나누어 각각 연습한 후, 전체 동작으로 통합 예 체조 동작을 나누어 연습하고 마지막에 전체 동작을 연습하는 경우		
	순수 분습법	각 부분을 독립적으로 연습 후 전체 동작으로 통합	
	점진적 분습법	순서대로 부분 동작을 점차 연결해 연습	
	반복적 분습법	부분 동작을 반복해 전체 동작으로 발전	
구획 연습 (맥락 간섭 낮음)	여러 가지 기술이나 과제를 구획으로 나누어 하나씩 반복해서 연습 예 농구에서 드리블을 반복 연습한 후 패스, 슈팅을 차례로 연습		
계열 연습 (맥락 간섭 중간)	순환형 방식으로, 여러 가지 기술을 일정한 순서대로 반복하여 연습 예 '자유투 → 3점 슛 → 레이업 → 다시 자유투' 순환		
무선 연습 (맥락 간섭 높음)	여러 가지 기술이나 동작을 무작위로 혼합하여 연습		
집중 연습	짧은 시간에 휴식 없이 몰아서 같은 기술 반복 예 자유투만 200개 연속으로 던지기 연습		
분산 연습	사이사이 휴식 시간을 충분히 갖고 여러 세션으로 분산하여 연습 예 하루에 30분씩 여러 번 나누어 연습		

(4) 자기 충족 예언: 학습자가 스스로 믿는 대로 결과가 나타나는 현상

(5) 파지: 연습을 통해 습득한 기술의 유지 정도를 측정 [기출] 2023, 2020, 2016

높은 파지	오랜 시간이 지나도 배운 기술을 잊지 않고 잘 수행
낮은 파지	학습 후 시간이 지나면서 기술을 잊거나 수행이 어려워짐

합격선을 넘는 TIP

출제 키워드
[기출] 2024

연습 방법
- 집중 연습: 연습 구간 사이의 휴식 시간이 연습 시간보다 짧게 이루어지는 연습 방법
- 무선 연습: 선택된 연습 과제들을 순서에 상관없이 무작위로 연습하는 방법
- 전습법: 한 가지 운동기술 과제를 구분 동작 없이 전체적으로 연습하는 방법

출제 키워드
[기출] 2023

파지 검사 사례
골프 퍼팅 과제를 100회 연습한 뒤, 24시간 후에 동일 과제에 대해 수행하는 검사

합격선을 넘는 TIP

출제 키워드 기출 2020

부적 전이(negative transfer) 사례

A는 오랫동안 배드민턴을 즐기다가 새롭게 테니스 교실에 등록함. 테니스 코치는 포핸드 스트로크를 지도할 때, A가 손목 스냅을 습관적으로 사용하는 것을 보고 손목을 고정하도록 지도함.

출제 키워드 기출 2023

피드백 유형
- 부적 피드백: 학습자의 수행에서 잘못된 부분을 지적하여 개선을 유도하는 피드백
- 부적합 피드백: 학습자의 수행과 관련 없는, 적절하지 않은 피드백

---

(6) **학습 전이**: 이전에 배운 기술이 새로운 기술 학습에 영향을 미치는 현상 기출 2020, 2016

정적 전이	이전 기술이 새로운 기술 학습에 도움을 줌 예 테니스 스윙이 배드민턴 스매시 학습에 도움을 줌
부적 전이	이전 기술이 새로운 기술 학습에 방해가 됨 예 테니스 백핸드가 배드민턴 백핸드 학습에 혼란을 줌
수평적 전이	유사한 난이도의 기술 간 전이, 한 기술이 다른 비슷한 기술에 영향을 미침 예 축구 발차기 기술이 풋살에 적용됨
수직적 전이	기초 기술에서 고급 기술로 발전하며 발생하는 전이 예 기본 드리블을 익힌 후 복잡한 드리블 학습
역전이	새로운 기술 학습이 이전에 배운 기술에 영향을 미침 예 새로운 배팅 기술을 배운 후, 이전 배팅 기술이 변경됨
제로 전이	이전 학습이 새로운 학습에 전혀 영향을 미치지 않음 예 수영 기술이 체스 학습에 미치는 영향이 없음

(7) **피드백** 기출 2023, 2021, 2020, 2019, 2018, 2015

① 학습자에게 주어지는 정보로, 자신의 동작을 수정하고 개선할 수 있게 도움을 준다.

② **피드백의 구분**

내재적 피드백 (감각 피드백)	신체 내부 감각 정보를 통해 자신의 움직임을 스스로 인식하는 피드백 예 운동 중 근육의 긴장감이나 동작의 정확성을 스스로 느끼는 것 • 뉴로 피드백: 뇌파 활동을 통해 신경 상태 조절 • 바이오 피드백: 생리적 신호(심박수, 호흡)로 신체 기능 조절 • 고유 감각 피드백: 근육과 관절에서 오는 신체 위치 감각
외재적 피드백 (보강 피드백)	외부 자원이나 타인으로부터 동작의 결과나 정확성을 알게 되는 피드백 예 코치의 코멘트, 동작의 비디오 분석, 점수판의 결과 • 자기 통제 피드백: 학습자 스스로 원할 때 선택적으로 요청하여 받는 피드백 • 결과 지식(KR): 행동의 결과에 대한 정보로, 목표에 얼마나 가까운지에 대한 피드백을 제공 • 수행 지식(KP): 행동의 수행 과정에 대한 정보로, 움직임이나 기술 자체가 어떻게 수행되었는지에 대한 피드백을 제공

③ 피드백의 기능

정보 기능	운동의 정확성이나 효과 개선에 필요한 정보를 제공함
강화 기능	올바른 동작을 강화하고 지속하도록 유도함 • **정적 강화**: 긍정적 보상을 통해 행동을 반복하게 함 　예 칭찬, 보너스 • **부적 강화**: 불쾌한 자극을 제거해 행동을 강화함 　예 스트레스 감소, 불편함 사라지기
동기 유발 기능	목표 달성을 위한 동기를 부여하고, 계속 노력하도록 격려함

(8) 시각 탐색: 주변 환경에서 제공되는 다양한 정보 중에서 적절한 단서에 시각적 주의를 기울이는 과정 기출 2022

4. 운동기술의 이해

(1) 운동기술의 개념 기출 2023
① 목표를 달성하기 위해 신체를 의도적이고 효율적으로 움직이는 능력
② 정밀한 조절과 효율성을 바탕으로 신체의 특정 동작을 수행하는 것을 말한다.

(2) 운동기술의 분류 기출 2024, 2023, 2019
① 일차원적 분류

근육 크기	• 대근육: 대부분의 스포츠 예 달리기, 던지기 • 소근육: 정밀하고 세밀한 운동 예 피아노 치기

움직임의 연속성	• 연속적: 시작과 끝이 명확하게 구분되지 않으며 특정 기술이 반복됨
	  예 수영, 달리기
	• 불연속적: 시작과 끝이 명확하게 구분되고 짧은 시간에 끝남
	  예 투구, 서브
	• 계열적: 불연속적 운동기술이 여러 개 더해진 것
	  예 야구의 받기

환경의 안전성	• 폐쇄: 안정적인 환경에서 수행 예 사격, 체조 • 개방: 지속적으로 변하는 환경에서 수행 예 축구

② 젠타일(A. Gentile)의 이차원적 분류

환경적 맥락	• 조절 조건: 움직임에 영향을 주는 환경 조건 • 동작 간 가변성: 수행하는 동안 동작의 가변성 여부
동작의 기능	• 신체의 이동 • 물체의 조작

(3) 운동기술의 연습 효과 기출 2025, 2024, 2019, 2017

맥락 간섭 효과	• 여러 기술을 혼합해 연습할 때 초기에는 어렵지만, 장기적으로 더 나은 성과를 보이는 현상 • 다양한 맥락에서 연습하면 기술 기억과 활용 능력이 향상됨
천장 효과	운동수행력이 이미 최대치에 가까워 더 이상 향상이 어려운 상태
바닥 효과	운동수행력이 매우 낮은 수준에 머물러 있어 더 나은 성과를 내기 어려운 상태

합격선을 넘는 TIP

출제 키워드
기출 2022
시각 탐색에 사용되는 안구 움직임의 형태
- 빠른 움직임
- 전정 안구 반사
- 부드러운 추적 움직임

출제 키워드
기출 2023
구스리(E. Guthrie)가 제시한 운동기술 학습으로 인한 변화
- 최대의 확실성으로 운동 과제를 수행할 수 있음
- 최소의 움직임 시간으로 운동 과제를 수행할 수 있음
- 최소의 에너지 소비로 운동 과제를 수행할 수 있음

출제 키워드
기출 2024
개방 운동기술(open motor skills) 사례
- 야구 경기에서 투수가 던진 공을 타격하기
- 자동차 경주에서 드라이버가 경쟁하면서 운전하기
- 미식축구 경기에서 쿼터백이 같은 팀 선수에게 패스하기

출제 키워드
기출 2025, 2017
운동기술 연습에서 발생하는 맥락 간섭 효과
- 높은 맥락 간섭은 연습수행에 부정적인 영향을 끼침
- 낮은 맥락 간섭은 연습수행에서의 효과가 높음
- 무선 연습은 분단 연습에 비해 파지 및 전이에 효과가 높음

합격선을 넘는 TIP

용어

운동발달
운동발달은 일생 동안 운동 능력이 어떻게 변화하고 성장하는지를 연구하는 분야

출제 키워드

기출 2023

게셀(A. Gesell)과 에임스(L. Ames)의 운동발달 원리
- 운동발달은 일련의 방향성을 가짐: 머리-꼬리 원리, 중앙-말초 원리
- 운동협응의 발달 순서가 있음: 양측-동측-교차 운동협응의 원리

출제 키워드

기출 2022

인간발달의 특징
- 개인적 측면은 발달에 영향을 미치는 요인이 개인마다 달라서 나타나는 현상임
- 다차원적 측면은 개인의 신체적·정서적 특성과 같은 내적 요인과 사회 환경과 같은 외적 요인으로 나눌 수 있음
- 계열적 측면은 기기와 서기의 단계를 거친 후에야 자신의 힘으로 스스로 걸을 수 있게 되는 것임
- 종합적 측면은 현재 나타나고 있는 움직임 양식이 과거 움직임의 경험이 축적되어 나타나는 것임

3 운동발달

1. 운동발달의 개념 기출 2021, 2017, 2015

신체적 성장	신체의 크기와 힘, 협응 능력의 발달
운동기술의 습득	운동기술과 전략의 발전
연령별 변화	아동기, 청소년기, 성인기에 따른 운동 능력의 변화
유전적 및 환경적 요인	유전적 요인과 환경적 요인이 운동발달에 미치는 영향

2. 운동발달의 원리 기출 2023, 2016

개인별 차이	각 개인의 운동발달 속도와 방식은 다름
중요 시기	발달의 특정 시점에서 경험이 특히 중요함
환경의 영향	운동발달은 주변 환경에 의해 영향을 받음
분화와 통합 과정	큰 근육 동작에서 세밀한 동작으로 발전함
신체 발달 순서	운동발달은 특정 순서(몸통에서 사지로)로 진행함
유전과 환경의 상호 작용	유전과 환경이 함께 발달에 영향을 미침
연속적 발전	운동능력은 점진적으로 변화하고 계속 발전함

3. 인간발달의 특징 기출 2022

개인차	발달에 영향을 미치는 요인은 개인마다 달라 다양한 결과를 가짐
다차원적 관점	발달은 신체적·심리적 요인과 사회적 환경의 영향을 받음
계열적 측면	발달은 특정 순서를 따름
질적 측면	발달은 같은 동작의 질적 변화가 반드시 수반됨

4. 운동발달의 영향 요인

(1) 개인적 요인

유전과 영양 요인	유전과 영양 상태는 운동발달에 중요한 역할을 함
체력 발달 요인	근력, 지구력, 유연성이 운동수행 능력에 영향을 미침
심리 요인	자아 존중감, 동기, 스트레스가 운동학습과 수행에 영향을 줌

(2) 사회적·문화적 요인

대중 매체	미디어에서 다루는 운동과 스포츠가 개인의 운동 습관에 영향을 줌
문화적 배경	문화의 태도와 관습이 운동발달에 영향을 미침
사회적 지지자	가족, 친구, 코치 등의 지지가 운동발달에 중요한 역할을 함
성 역할	사회의 성 역할 기대가 운동 참여와 발달에 영향을 미침

5. 운동발달 관련 이론

(1) 갤라휴(Gallahue)의 운동발달 단계 기출 2024, 2021, 2018

반사적 움직임 단계	• 출생 후 1년 이내, 본능적 반사 동작 중심 • 눈과 손의 협동, 도달 동작, 잡기 동작 발달
초기(초보적) 움직임 단계	• 약 2세까지로, 자의적이고 기본적인 움직임 가능 • 시력 발달, 기어다니기, 걷기, 달리기 등 가능 • 물건 구분 및 손잡이 구분 가능
기본적(기초적) 움직임 단계	• 2~6세의 유아기로, 신체 인식 및 균형 발달 • 달리기, 던지기, 차기, 회전 등 다양한 운동기술 가능
스포츠 기술(전문화) 단계	• 초등학생 시기로, 숙련된 운동과 협응력 발달 • 스포츠 참여 및 흥미에 따른 활동 선택 가능
성장과 세련 단계	• 청소년기로, 급격한 운동발달 • 신체적 성장과 성별, 사회·문화적 영향을 받음
최고 수행 단계	• 18~30세의 성인 초기로, 최상의 운동수행 시기임 • 근력, 심폐지구력, 신경 활동 최고
퇴보 단계	• 30세 이상으로, 운동 능력 쇠퇴 • 신경, 근육, 폐 기능 감소, 신체 반응 속도 느려짐 • 운동을 통해 퇴보 지연 가능

(2) 뉴웰(K. Newell)의 움직임 제한 요소 기출 2023

개인 제한	신체·물리적	키, 몸무게, 근육, 형태 등
	인지적	기억, 정서 상태, 동기 등
환경 제한	환경적	온도, 습도, 지지면 등
	사회·문화적	성별, 인종, 문화 등

합격선을 넘는 TIP

출제 키워드

기출 2024

운동발달의 단계

반사 단계 → 기초 단계 → 기본 움직임 단계 → 스포츠 기술 단계 → 성장과 세련 단계 → 최고 수행 단계 → 퇴보 단계

출제 키워드

기출 2023

뉴웰(K. Newell)이 제시한 움직임 제한(constraints) 요소의 유형

- 개인 제한 요소
  - 운동 능력이 움직임을 제한함
  - 인지, 동기, 정서 상태가 움직임을 제한함
  - 신장, 몸무게, 근육 형태가 움직임을 제한함
- 과제 제한 요소
  - 과제 목표와 특성, 규칙, 장비가 움직임을 제한함

03 스포츠수행의 심리적 요인

26%

성격, 불안, 피드백과 관련된 이론을 심도 있게 학습하고 응용능력을 키워 보자!

★ 빈출 형광펜 시험에 자주 출제되는 개념으로, 시험 직전 빈출 형광펜만 딱 보고 들어가자!

합격선을 넘는 TIP

용어
성격
다른 사람들과 구분되는 개인의 성질과 특성

출제 키워드
기출 2018
홀랜더(E. P. Hollander)의 성격 구조: 심리적 핵
- 깊숙이 내재되어 있는 실제 이미지를 의미함
- 자아, 태도, 가치, 흥미, 동기 등을 포함
- 일관성이 가장 높음

용어
매슬로우 욕구 단계 이론
- 1단계: 생리적 욕구
- 2단계: 안전 욕구
- 3단계: 사회적 욕구
- 4단계: 존경 욕구
- 5단계: 자아실현 욕구

출제 키워드
기출 2024
사회 학습 이론 사례
자기가 좋아하는 국가대표 선수가 무대위에서 진행된 올림픽 마라톤 경기에서 불굴의 정신력으로 완주하는 모습을 보고, 자기도 포기하지 않는 정신력으로 10km 마라톤을 완주함

1 성격

1. 성격의 구조와 특성

(1) **홀랜더(E. P. Hollander)의 성격 구조** 기출 2018, 2015

심리적 핵	가장 깊은 내면으로, 가치관, 신념, 자아상 등 변하지 않는 성격의 기반
전형적 반응	일상적인 상황에서 반복적으로 나타나는 행동 패턴
역할 행동	사회적 상황이나 역할에 따라 변하는 표면적 행동

(2) 성격의 특성

독특성	개인이 가진 개별적인 특성으로, 다른 사람과 구별됨
일관성	다양한 상황에서 성격 특성이 지속적으로 유지되는 정도
경향성	특정 방향으로 행동하거나 반응할 가능성. 성격이 행동 패턴에 미치는 영향

2. **성격 이론** 기출 2024, 2017

매슬로우(Abraham Maslow) – 욕구 위계 이론	인간의 성격 발달을 기본 욕구에서 자아실현까지의 5단계 욕구 계층에 따라 설명함
프로이트(Sigmund Freud) – 정신 분석(심리 역동) 이론	성격을 원초아(id), 자아(ego), 초자아(superego)로 구분하여 설명하며, 무의식과 심리적 갈등이 성격 형성에 영향을 미친다고 봄
카를 융(Carl Jung) – 분석 심리학	성격을 내향성과 외향성의 2가지 주요 차원으로 설명하고, 집단 무의식과 원형의 개념을 도입함
레이몬드 캐텔(Cattell) – 성격 특성 이론	성격을 16개의 주요 성격 특성으로 구성된다고 봄
로저스(Rogers) – 인본주의적 성격 이론	개인의 자아 개념과 자아실현을 중심으로 성격을 이해하며, 무조건적인 긍정적 존중의 중요성을 강조함
한스 아이젠크(Hans Eysenck) – 성격 3요인 모델	성격을 외향성, 신경증 성향, 정신병적 성향으로 설명함
셸던(Sheldon) – 체형 성격 이론	신체 유형(체형)이 성격과 행동에 영향을 미친다고 봄 • 내배엽형: 온화, 사교 • 중배엽형: 활동, 자신감 • 외배엽형: 예민, 내성적
반두라(Bandura) – 사회 학습 이론	사람들이 관찰과 모방을 통해 행동을 학습하며, 성격도 사회적 상호 작용과 모델링을 통해 형성된다고 봄

3. 성격 측정 기출 2025

(1) 면접법
① 연구자나 평가자가 응답자와 직접 대면하여 질문을 통해 그들의 성격을 평가하는 방법
② 주로 구조화된 질문이나 비구조화된 질문을 통해 성격 특성이나 행동 양식을 파악한다.

구조화된 면접	사전에 정해진 질문을 사용하여 면접을 진행
비구조화된 면접	면접자가 자유롭게 질문을 하여 응답자의 성격을 탐색
반구조화된 면접	일부 사전에 정해진 질문과 일부 자유로운 질문을 포함
심리적·사회적 면접	응답자의 심리적·사회적 배경을 평가
직무 면접	특정 직무와 관련된 성격 특성을 평가하기 위해 진행

(2) 질문지법
① 표준화된 문항에 응답자가 답변함으로써 성격을 평가하는 방법
② 객관적이고 정량적인 성격 평가를 제공한다.

MMPI 검사	성격과 정신 건강을 평가하는 가장 널리 사용되는 질문지
Big Five 성격 검사	외향성, 신경증 성향(정서 안정성), 개방성, 친화성, 성실성의 5가지 성격 특성을 측정
16PF 검사	레이몬드 캐텔의 16개 성격 요인을 측정하는 검사
NEO-PI-R 검사	성격 특성을 상세히 측정하는 도구
EPQ 검사	외향성, 신경증 성향, 정신병적 성향을 측정
MBTI 검사	네 가지 이분법으로 성격 유형을 16가지로 분류

(3) 투사법
① 응답자가 그림, 문장 등 모호한 자극에 반응함으로써 그들의 내면적인 성격과 감정을 드러내는 방법
② 개인의 무의식적인 생각이나 감정을 이해할 수 있다.

로르샤흐 검사	잉크 얼룩을 보고 무엇을 보는지에 따라 성격을 평가
주제 통각 검사(TAT)	모호한 그림을 보고 이야기를 통해 성격과 감정을 분석
CAT 검사	TAT의 아동 버전으로, 그림을 통해 아동의 상상력과 감정을 파악
문장 완성 검사	불완전한 문장을 완성하여 개인의 생각과 감정을 탐색
HTP 검사	집, 나무, 사람의 그림을 통해 내면 세계를 평가
KFD 검사	가족 활동 그림을 통해 가족 관계와 성격을 분석

합격선을 넘는 TIP

 용어

Big 5 성격 요인
- 외향성: 다른 사람과의 사교, 자극과 활력을 추구하는 성향
- 신경성: 분노, 우울함, 불안감과 같은 불쾌한 정서를 쉽게 느끼는 성향
- 개방성: 외부 세계에 관심을 기울이는 성향
- 친화성: 타인에게 협조적인 태도를 보이는 성향
- 성실성: 목표를 성취하기 위해 성실하게 노력하면서 충동을 조절하는 개인의 능력을 설명하는 성향

합격선을 넘는 TIP

4. 성격과 운동수행의 관계

우수 vs 비우수 선수	실력이 우수한 선수는 더 활력이 크고 긴장, 우울, 불안, 피로, 혼동이 적음
신체 접촉	신체 접촉이 있는 종목의 선수는 독립적이고 이기심이 적음
운동선수의 성격	운동선수는 불안 수준이 낮고 자신감, 외향성, 경쟁성, 사회성이 높음
성격 차이	운동선수와 일반인, 스포츠 종목, 포지션, 기술 수준에 따라 성격 차이가 있으며, 성별에 따른 차이는 미미함
단체 vs 개인 경기	단체 경기 선수는 개인 경기 선수보다 불안이 높고 의존성이 강하며 외향적임
구기 종목의 공격수 vs 수비수	구기 종목의 공격수는 수비수보다 정서적 불안정이 크고 외향적임

2 정서와 시합 불안

1. 정서

(1) **정서의 개념**: 특정 상황에 대한 개인의 감정적 반응으로, 기쁨, 슬픔, 분노, 두려움 등 다양한 감정을 포함한다.

(2) 정서 이론

제임스-랑게 이론	정서는 생리적 반응에 대한 인식에서 발생함
캐논-바드 이론	생리적 반응과 정서는 동시에 독립적으로 발생함
샤흐터-싱어 이론	정서는 생리적 반응과 인지적 해석의 결합으로 발생함
자기 인식 이론	사람들이 자신의 행동을 관찰함으로써 자신의 태도나 감정을 추론함
인지 평가 이론	보상은 동기를 높이기도 하지만, 잘못 주어지면 오히려 내재적 동기를 약화시킴(과잉 정당화 효과)

2. 재미와 몰입

(1) 재미와 몰입의 개념 [기출 2023]

재미	활동이 개인에게 즐거움이나 만족을 제공하는 정도
몰입	기술과 도전이 균형을 이룬 상황에서, 활동에 깊이 집중하고 완전히 몰두하여 시간을 잊는 상태

(2) 웨이스(M. Weiss)와 아모로스(A. Amoros)의 스포츠 재미 이론 [기출 2022]

사회적 소속	팀원 및 상대 선수와의 긍정적인 관계가 재미에 영향을 미침
기술적 숙련	자신의 기술이 향상되면 재미가 증가
동작 자체의 감각 체험	운동 과정에서의 신체적 감각과 즐거움이 재미를 더함

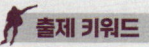 출제 키워드

[기출 2023]

칙센트미하이가 주장한 몰입의 개념
- 기술과 도전이 균형을 이루는 상황에서 운동수행에 완벽히 집중하는 것을 몰입(flow)이라 함
- 도전이 높고, 기술이 낮으면 불안을 느낌
- 도전이 낮고, 기술이 높으면 이완을 느낌

출제 키워드

[기출 2022]

웨이스와 아모로스(M. Weiss & A. Amorose, 2008)가 제시한 스포츠 재미(sport enjoyment)의 영향 요인
- 사회적 소속
- 숙달과 성취
- 동작 자체의 감각 체험

성취와 인정	성공적인 경기 결과와 외부의 인정이 재미를 더함
자율성	자기 결정권과 자율성이 높을수록 재미가 증가

3. 스포츠 전념

(1) 스포츠 전념의 의미: 스포츠에 지속적으로 참여하려는 개인의 욕구 및 결심

(2) 스포츠 전념의 요인

- 재미
- 가치 있는 기회
- 사회적 제약 및 지지
- 다른 일의 중요도
- 개인적 투자

4. 불안

(1) 불안과 시합 불안의 의미

불안	미래의 불확실한 위험이나 위협에 대해 걱정하거나 두려워하는 심리적 상태로, 신체적 반응과 감정적 긴장을 포함함
시합 불안	경기나 경쟁 상황에서 느끼는 긴장과 걱정 • 인지적 불안: 경기에 대한 걱정, 자신감 부족, 수행 실패에 대한 우려 등 • 신체적 불안: 심박수 증가, 땀 분비, 떨림 등 신체적 증상

(2) 불안의 종류 **기출** 2020, 2018, 2017

상태 불안	특정 상황에서 발생하는 일시적인 불안 예 경기 직전 긴장, 발표 전 불안, 시험장 긴장감, 면접 전 두근거림
특성 불안	개인의 성격으로 인해 일상적으로 느끼는 불안 예 평소 사소한 불안, 새로운 상황 불안, 작은 실수로 인한 과도한 걱정, 사회적 상황 불안
분리 불안	보호자와의 분리에 대한 극심한 두려움으로 주로 어린이에게 나타남
경쟁 불안	• 경쟁 상태 불안: 경쟁 상황에서 느끼는 일시적인 불안으로, 경기 직전에 두드러짐 • 경쟁 특성 불안: 경쟁 상황에서 느끼는 불안을 성격 특성으로 인식, 일상적으로 경험

(3) 불안 측정 척도 **기출** 2021

스필버거의 상태-특성 불안 척도(STAI)	상태 불안과 특성 불안을 구별하여 일시적 불안과 일반적 불안 성향을 측정
마튼즈의 스포츠 경쟁 불안 측정 척도	• SCAT: 스포츠 경기에서 느끼는 불안 수준을 평가 • CSAI-2: 스포츠 상태 불안을 측정하여 개인의 불안 감정을 평가
테일러의 현재 불안 측정 척도(TMAS)	MMPI 문항을 바탕으로 만든 자기보고식 질문지로, 개인의 표출된 불안 수준을 객관적으로 측정하는 도구
해밀턴의 불안 장애 평가 척도(HAM-A)	불안 증상의 심각도를 평가하는 척도로 임상 실험과 연구에 활용
베크의 불안 척도(BAI)	일상적인 불안 증상을 자기 보고식으로 측정

합격선을 넘는 TIP

출제 키워드

기출 2020

상태 불안 사례

피겨 스케이팅 경기에서 A는 앞 선수가 완벽에 가까운 연기를 펼치자, 불안해지고 긴장이 됨

출제 키워드

기출 2018

경쟁 불안의 발생 원인
- 실패에 대한 두려움
- 승리에 대한 압박감

출제 키워드

기출 2021

특성 불안을 측정하는 검사지
SCAT(Sport Competitive Anxiety Test)

합격선을 넘는 TIP

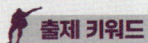

기출 2016

불안과 운동수행 간의 관계를 설명하는 이론: 카타스트로피 (격변) 이론

인지 불안이 높아지면, 생리적 각성이 증가함에 따라 운동수행도 점차 증가하지만 적정 수준을 넘어서면 수행의 급격한 추락 현상이 발생한다는 이론

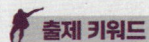

기출 2015

역U자 가설

각성이 아주 낮거나 지나치게 높으면 수행에 방해가 되고, 적정한 수준의 각성이 최고의 운동수행을 가져온다고 주장하는 이론

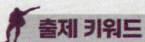

기출 2022

전환 이론(reversal theory)

- 선수가 불안을 어떻게 '해석'하느냐에 따라 운동수행이 달라질 수 있음
- 선수는 각성이 높은 상태를 기분 좋은 흥분 상태로 해석할 수도 있지만 불쾌한 불안으로 해석할 수도 있음

---

(4) 경쟁 불안과 경기력 관계 이론 **기출** 2025, 2022, 2021, 2019, 2018, 2017, 2016, 2015

① 카타스트로피 격변 이론: 각성이 증가하면서 운동수행이 개선되지만, 특정 수준을 넘어서면 급격히 수행 능력이 저하된다고 보는 이론

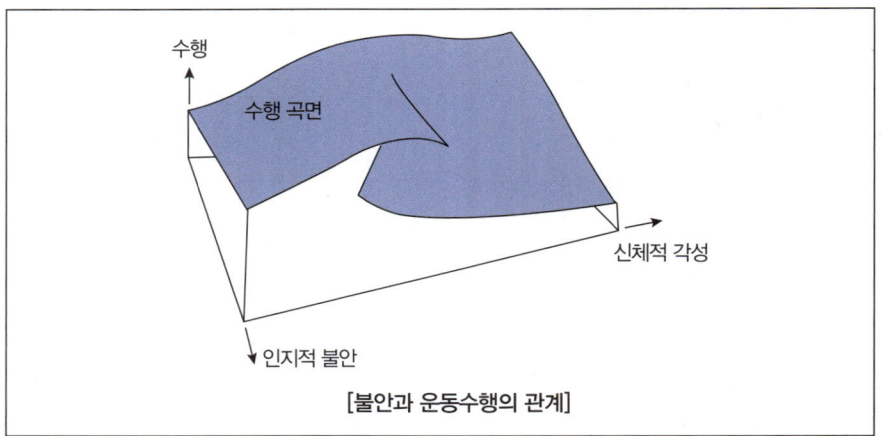

[불안과 운동수행의 관계]

② 여키스-도슨의 역U자 가설(적정 수준 이론): 각성 수준이 너무 낮거나 높으면 수행이 떨어지고, 중간 수준에서 최고 성과를 낸다고 보는 이론

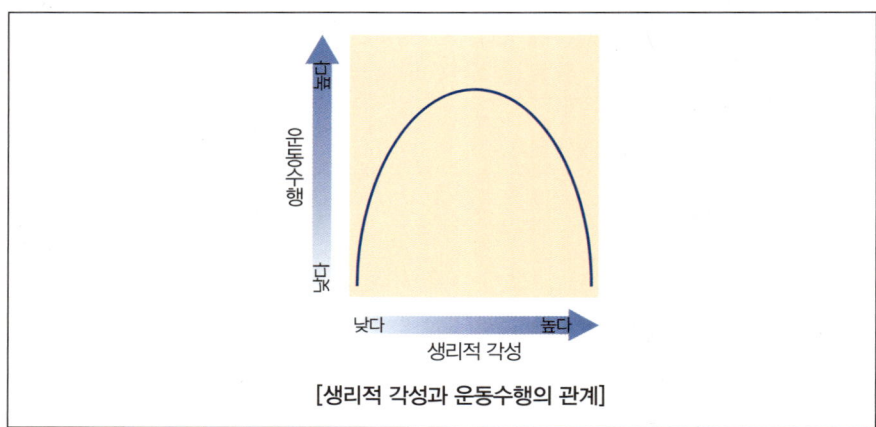

[생리적 각성과 운동수행의 관계]

③ 애프터의 반전 이론(전환 이론): 높은 각성 수준을 긍정적 흥분으로 느끼거나 부정적 불안으로 해석할 수 있다고 보는 이론

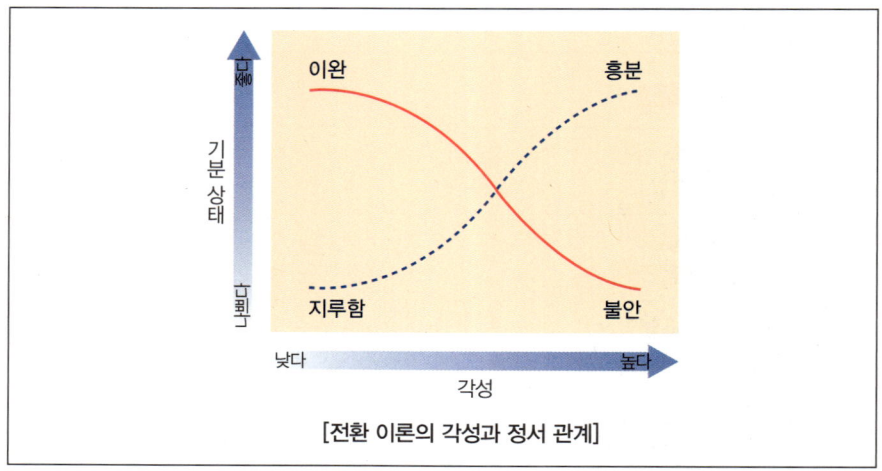

[전환 이론의 각성과 정서 관계]

④ **콕스의 다차원적 불안 이론**: 불안을 인지적 불안과 신체적 불안으로 구분하고, 인지적 불안과 신체적 불안이 모두 경기력에 영향을 미치지만, 그 방식은 서로 다르게 나타난다고 보는 이론

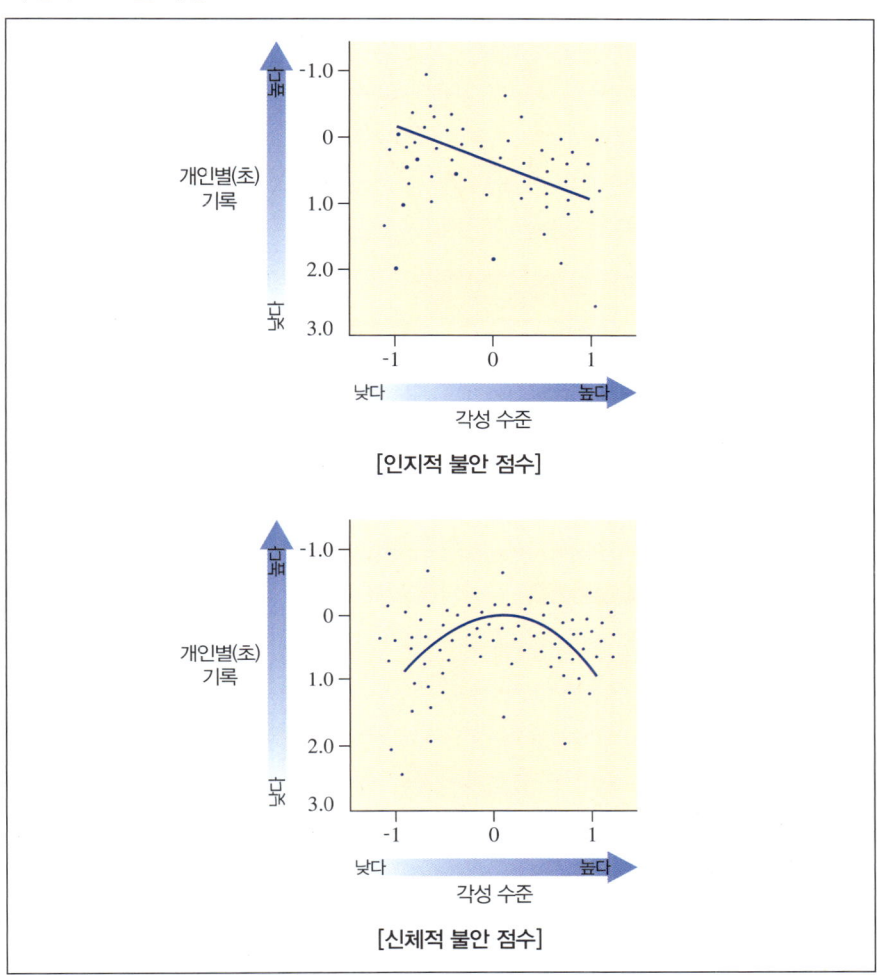

⑤ **스펜서의 추동(욕구) 이론**: 욕구 불만족 시 긴장 상태가 발생하며, 각성 수준이 수행에 영향을 미친다고 보는 이론

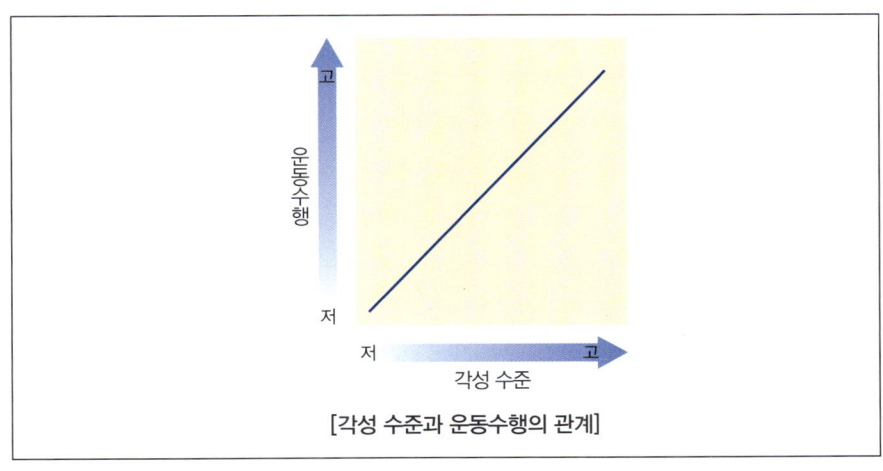

합격선을 넘는 TIP

출제 키워드

기출 2025, 2017

추동 이론
각성 수준과 운동수행 수준은 비례한다고 주장하는 이론

합격선을 넘는 TIP

⑥ **하닌의 최적 수행 지역 이론**(적정 기능 구역 이론): 각성 수준이 최적일 때 수행이 가장 좋다는 개념을 제시하며, 각 선수와 운동 종목별로 적정 각성이 다를 수 있다고 보는 이론

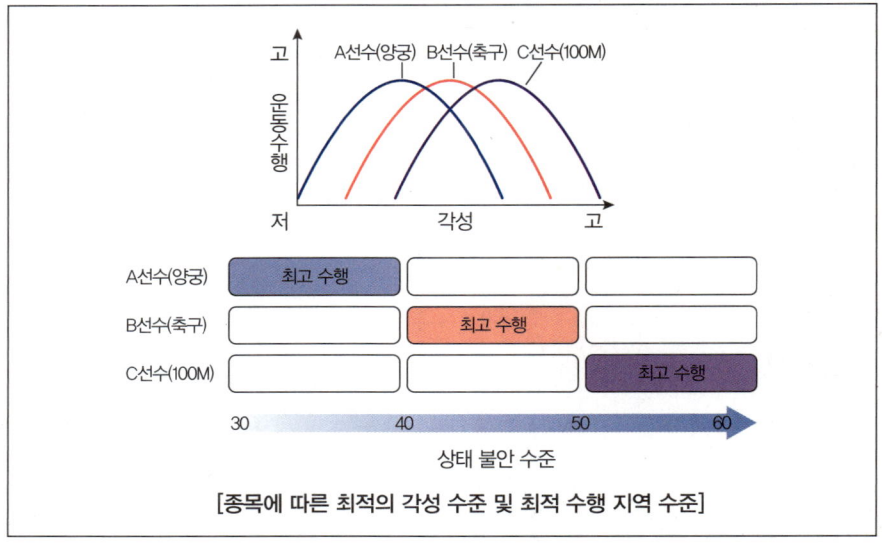

[종목에 따른 최적의 각성 수준 및 최적 수행 지역 수준]

⑦ **마틴스의 심리 에너지 이론**: 각성의 높낮이에 따라 긍정적 또는 부정적 에너지가 생성된다고 보는 이론

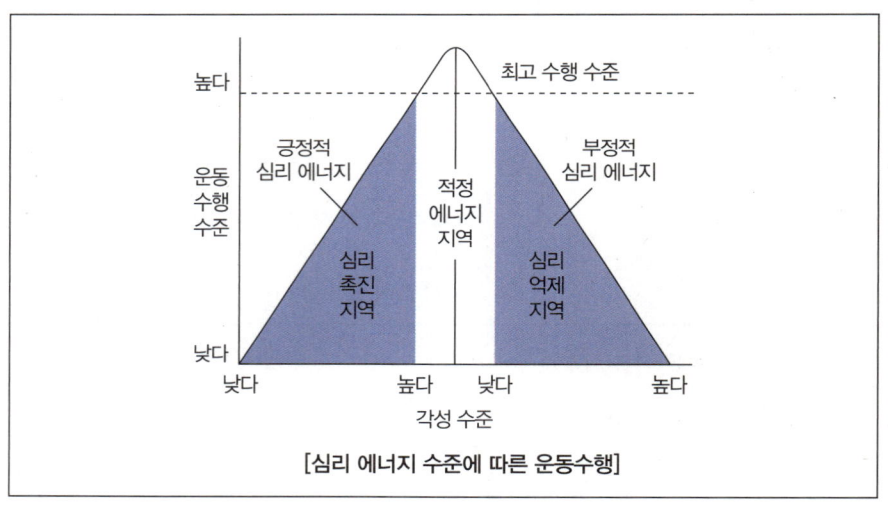

[심리 에너지 수준에 따른 운동수행]

출제 키워드

기출 2018

심리 에너지 이론 적용 사례
시합이 다가오면 누구나 불안을 느끼지만, 불안을 어떻게 해석하느냐에 따라 경기수행이 달라질 수 있음. 이때, 시합을 좀 더 긍정적이고 희망적인 것으로 해석하도록 노력함

5. 스트레스와 탈진

(1) 스트레스의 개념과 원인

개념	내부 및 외부의 압력에서 발생하는 압박으로, 신체적·심리적 반응을 유발
원인	• 경기 결과 압박 • 상대팀 실력 • 실수에 대한 두려움 • 중요 경기 스트레스 • 높은 기대 • 부상 두려움 • 코치나 동료의 비판

(2) 탈진의 개념과 원인 `기출` 2022

개념	과도한 신체적·심리적 에너지 사용으로 인한 피로와 의욕 저하로, 부정적인 태도와 갈등을 유발
원인	• **코칭 행동과 동기 분위기**: 비판적 코칭이나 비현실적 목표가 탈진을 유발할 수 있음 • **과훈련**: 지나치게 많은 훈련이 신체와 정신의 피로를 초래함 • **지나친 목표 성향과 동기**: 비현실적 목표는 과도한 압박을 주어 탈진을 유발할 수 있음 • **완벽주의**: 과도한 자기 기대가 스트레스와 탈진을 초래함

(3) 불안과 스트레스 관리 기법 `기출` 2025, 2022

생리적 기법	호흡 훈련	깊고 규칙적인 호흡으로 신체 이완과 스트레스 감소
	바이오 피드백	생리적 신호를 모니터링하고 조절하여 스트레스를 줄임
	점진적 이완	근육 그룹을 긴장시키고 이완하여 스트레스 완화
인지적 기법	체계적 둔감화	불안 자극에 점진적으로 노출해 이완 반응을 학습
	자화	긍정적 신체 감각을 통해 이완 상태를 유도
	자생 훈련	최면 상태로 스트레스와 불안을 감소
	인지 재구성	부정적 사고를 긍정적 사고로 바꾸어 스트레스 감소
	문제 해결 기술	문제를 분석하고 해결책을 찾아 스트레스를 줄임
	자기 대화	긍정적 자기 대화로 자신감을 높여 스트레스를 줄임
	사고 정지	부정적 사고를 멈추고, 긍정적 사고로 대체하여 긴장 감소

합격선을 넘는 TIP

 **출제 키워드**

`기출` 2022

레이데크(T. Raedeke)와 스미스(A. Smith)의 운동선수 탈진 질문지 측정 요인
- 성취감 저하
- 스포츠 평가 절하
- 신체적·정신적 고갈

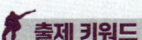 **출제 키워드**

`기출` 2025, 2022

자생 훈련과 체계적 둔감화
- 자생 훈련(autogenic training)은 불안을 감소시키기 위해 자기 최면을 사용하여 무거움과 따뜻함을 실제처럼 느끼도록 유도하는 방법
- 체계적 둔감화(systematic desensitization)는 불안을 유발하는 자극의 목록을 작성한 후, 하나씩 차례로 적용하여 유발 감각 자극에 대한 민감도를 줄여 불안 수준을 감소시키는 방법

합격선을 넘는 TIP

출제 키워드
기출 2024

동기 유발의 종류
- 동기: 노력의 방향과 강도로 설명됨
- 내적 동기: 스포츠 자체가 좋아서 참여함
- 외적 동기: 보상을 받거나 처벌을 피하고자 스포츠에 참여함

출제 키워드
기출 2025

내적 동기를 높이는 법
- 과정·과제 지향적인 성격이나 동기 강조
- 목표 설정과 의사 결정에 참여
- 성공 경험
- 실현 가능한 목표 제시
- 언어·비언어적 칭찬
- 연습 내용의 구성과 순서 다양화

용어
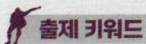

자기 결정성 이론의 핵심 요소
- 자율성: 개인이 자신의 행동을 스스로 결정할 수 있는 자유를 느낌
- 유능감: 개인이 자신의 능력을 효과적으로 발휘하고 성장할 수 있다는 느낌
- 관계성: 다른 사람들과의 긍정적인 관계와 소속감을 느끼는 것으로, 동기와 행동의 질을 향상시킬 수 있음

출제 키워드
기출 2023

데시(E. Deci)와 라이언(R. Ryan)이 제시한 자기 결정 이론에서 외적 동기 유형
- 확인 규제
- 통합 규제
- 의무감 규제

3 동기

1. 동기 유발 종류와 동기 이론

(1) **동기 유발의 종류** 기출 2025, 2024, 2019, 2015

외적 동기	• 외부의 보상(예 금전적 보상, 칭찬)이나 인정을 목표로 하여 경기에 참여하는 것 • 유형: 확인, 통합, 의무감
내적 동기	경기 자체의 즐거움이나 개인적 만족감을 위해 참여하는 것
무동기	참여에 대한 특별한 이유가 없으며, 동기가 결여된 상태로 무기력한 상태와 유사함

(2) **동기 이론** 기출 2023, 2021, 2019, 2018

자기 결정성 이론	• 사람의 동기와 행동의 질을 설명하는 이론으로, 주로 내적 동기와 자율성, 행동의 동기적 측면을 중심으로 다룸 • 동기는 무동기에서 시작해 외적에서 내적 동기로 발전함
성취 동기 이론	행동은 성취를 목표로 하며, 성취 지향 동기가 스포츠에서의 노력을 결정함
자기 효능감 이론	자신의 능력에 대한 신념이 행동에 영향을 미침
성취 목표 성향 이론	성취를 위한 노력은 성취 추구와 실패 회피 동기로 나뉨
동기 분위기 이론	소속 집단의 동기 분위기가 내적 동기에 큰 영향을 미침
기대-가치 이론	행동 동기는 기대와 가치의 조합에 의해 결정됨

2. 귀인과 귀인 모델

(1) **귀인의 의미**: 자신 혹은 타인이 특정 행동을 했을 경우 그 원인을 찾기 위하여 추론하는 과정

(2) **와이너(B. Weiner)의 3차원 귀인 모델** 기출 2022, 2020, 2019, 2017

구분	귀인 요소			
	능력	노력	운	과제 난이도
내적·외적	내적	내적	외적	외적
안정적·불안정적	안정적	불안정적	불안정적	안정적
통제 가능·통제 불가능	통제 불가능	통제 가능	통제 불가능	통제 불가능

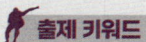

(3) 귀인 재훈련

구분	수행 결과	원인 및 정서 변화
바람직하지 못한 귀인	실패	통제 불가능 요인: 능력 부족, 부정적 정서, 타고난 한계, 무능감, 포기
바람직한 귀인	성공	통제 가능 요인: 노력, 전략, 내적 요인, 자기 효능감, 기대감 등
바람직한 귀인	실패	통제 가능 요인: 노력 부족, 전략 부족, 죄책감, 개선 가능성, 성공 기대 등

합격선을 넘는 TIP

출제 키워드
기출 2023

귀인 재훈련
- 바람직하지 못한 귀인을 변화시켜 바람직한 귀인 패턴으로 발전시키는 것
- 실패의 원인을 노력 부족이나 전략의 미흡으로 받아들이게 함

4 목표 설정

1. 목표의 유형과 설정 원리

(1) **목표의 유형** 기출 2023, 2020, 2016, 2015

주관적 목표	개인의 해석에 따라 달라질 수 있는 목표로, 기준이 개인 자신에게 있음
객관적 목표	구체적인 수행 기준을 설정하고 시간 내에 이를 달성하는 목표
수행 목표(과정 목표)	자신의 과거 기술 수준을 바탕으로 운동수행에 초점을 맞춘 목표
결과 목표(성과 목표)	조절할 수 없는 결과나 성과에 따라 설정되는 목표

용어
목표
어떤 목적을 이루려고 지향하는 실제적 대상

(2) 목표 설정 원리 기출 2025, 2023
  ① 목표는 동기 유발에 긍정적인 영향을 미친다.
  ② 결과 목표보다는 수행 목표를 더 강조한다.
  ③ 부정적인 목표보다 긍정적인 목표를 강조한다.
  ④ 구체적인 목표는 행동력을 보다 정확하게 유도한다.
  ⑤ 장기적 목표와 단기적 목표를 함께 설정하면 수행력이 향상된다.
  ⑥ 적절한 피드백과 어려운 목표는 수행력을 더욱 향상시킨다.
  ⑦ 높은 목표는 수행을 향상시키지만, 과도할 경우 자신감 상실 등의 부정적 결과를 초래할 수 있다.

2. 성취 목표 성향 이론 기출 2021, 2019

과제 목표 성향	• 자신과의 비교를 통해 목표를 설정(절대 평가) • 기술 향상과 학습에 집중함 • 약간 도전적인 과제를 제시하여 내적 동기와 몰입을 촉진함 • 자신의 기술 향상과 노력에 중점을 둠
자기 목표 성향	• 다른 사람과의 비교를 통해 목표를 설정(상대 평가) • 경쟁에서의 승리를 통해 유능감을 느낌 • 실천하기 어렵거나 쉬운 과제를 제시하여 내적 동기와 몰입을 낮춤 • 타인과 비교, 우월성에 중점을 둠

출제 키워드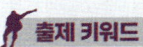
기출 2021

자기 목표 성향과 과제 목표 성향 사례에 대한 해석

인호와 영찬이는 수업에서 테니스를 배운다. 이 둘은 실력이 비슷하다. 하지만 수업에서 인호는 테니스 기술을 배우는 것보다 다른 친구와 테니스 게임을 하여 이기는 것을 좋아한다. 반면에 영찬이는 테니스 기술에 중점을 두며 테니스 기술을 연마할 때마다 뿌듯해 한다.

→ 인호는 영찬이를 이겼을 때 자신이 잘해서 승리하였다고 생각함

합격선을 넘는 TIP

출제 키워드
기출 2025

베일리(R. Vealey)의 스포츠 자신감 원천
- 성취 경험
- 사회적 분위기
- 자기 조절

출제 키워드
기출 2024

반두라(A. Bandura)가 제시한 4가지 정보원에서 자기 효능감에 가장 큰 영향력을 미치는 것
성취 경험

출제 키워드
기출 2023

하터(S. Harter)의 유능성 동기 이론 모형
- 심리적 요인과 관련된 다차원의 구성 개념
- 실패 경험은 부정적 정서를 갖게 하여 유능성 동기를 낮추고, 결국에는 운동을 중도 포기하게 함
- 성공 경험은 자기 효능감과 긍정적 정서를 갖게 하여 유능성 동기를 높이고 숙달(mastery)을 경험하게 함

---

5 자신감

1. 자신감의 개념과 유사 개념 [기출 2025]

자신감	• 자신의 능력이나 가치를 믿는 믿음 또는 의지 • 전반적인 능력에 대한 긍정적인 자기 평가(자기 신념, 포괄적인 믿음)
자기 효능감	• 문제를 자신의 능력으로 해결할 수 있다고 믿는 신념 • 특정 과제나 상황에서 수행 능력에 대한 믿음(구체적, 상황적인 믿음)
스포츠 자신감	스포츠에서 승리할 수 있는 능력에 대한 자신감
유능감	자신의 능력을 긍정적으로 평가하는 것
낙관주의	자신에게 긍정적인 일이 생길 것이라고 생각하는 성향

2. 자신감에 영향을 미치는 요인 [기출 2024, 2018, 2015]

성공 경험	많은 성공 경험은 자신감을 높이는 데 도움을 줌
대리 경험	자신과 유사한 사람의 성공을 보며 자신의 가능성을 믿게 됨
언어적 격려	감독, 코치, 가족, 동료 등이 선수에게 긍정적인 피드백을 주어 자신감을 강화함
신체적·정서적 상태	신체적 건강과 정서적 안정성은 경기 수행 시 자신감에 영향을 미침

3. 자신감 이론 [기출 2023, 2022, 2019]

자기 효능감 이론	과제 수행 능력에 대한 신념이 행동에 영향을 미침
성공-실패 이론	개인이 성공이나 실패를 어떻게 귀속시키는지 설명하는 이론
자아 존중감 이론	자아 존중감은 자신에 대한 긍정적 또는 부정적 평가를 나타냄
폭스(K. Fox)의 신체적 자기 개념	'스포츠 유능감, 신체적 힘, 신체 매력, 신체적 컨디션' 4가지로 자기 신체에 대한 가치를 느낌
하터(S. Harter)의 유능성 동기 이론	자신의 능력을 긍정적으로 평가하고, 기술이나 지식을 증진하려는 내적 동기를 중시함

6 심상

1. 심상의 개념과 유형 기출 2025, 2024, 2022, 2016

개념		이미지나 장면을 생생하게 떠올리며, 실제로 경험하지 않은 상황이나 감각을 상상하는 것
유형	내적 심상	내부 경험을 상상하며, 감정, 생각, 신체 감각을 포함함 예 수행자의 관점에서 자신의 몸이 특정 동작을 하는 것을 상상
	외적 심상	외부 상황을 상상하며, 장면이나 상황을 관찰하는 것처럼 상상하는 것 예 경기 중 특정 상황을 관찰자의 관점에서 상상

2. 심상 훈련의 실천 방법 기출 2017, 2015

적절한 장소 선정	외부 방해가 없는 편안한 장소를 선택
이완 상태 유지	편안한 상태에서 이완하는 것이 중요
동기 부여	운동수행에 대한 강력한 동기가 필요
실제 상황 상상	모든 감각을 활용하여 실제 경기와 유사한 상황을 상상
운동 장면 기록	자신의 운동 장면을 비디오로 촬영하여 분석
시간과 속도 고려	실제 시간과 속도를 상상에 반영
심상 기록	심상 연습 과정을 일지에 기록

3. 심상 관련 이론 기출 2022

심리 신경근 이론	심상을 할 때 실제 운동을 할 때와 유사한 근육의 전기적 활동이 일어남
상징 학습 이론	심상을 통해 운동을 실제로 수행하는 데 필요한 운동계획이나 전략을 머릿속으로 연습하면 운동수행을 더욱 원활하게 함
생물 정보 이론	• 심상은 자극 전제(상상해야 할 상황의 조건)와 반응 전제(심상의 결과로 일어나는 반응)로 구성됨 • 심상을 할 때 뇌는 실제 운동을 하는 것과 비슷하게 자극과 반응을 처리함

합격선을 넘는 TIP

출제 키워드 기출 2025

심상의 특징
- 동기 유발 · 강화
- 감정 조절에 도움
- 스포츠 전략 습득 · 연습

출제 키워드 기출 2024

심상 조절력
원하지 않는 부정적인 장면을 떠올리지 않고 자신에게 도움이 되는 심상을 떠올리는 능력

심상 선명도
심상에서 상상한 이미지나 장면이 얼마나 생생하고 뚜렷하게 떠오르는지를 의미하며, 떠오르는 이미지에 많은 감각을 활용할수록 이미지가 선명해짐

출제 키워드 기출 2022

심상 관련 이론
- 심리 신경근 이론에 따르면 심상을 하는 동안에 실제 동작에서 발생하는 근육의 전기 반응과 유사한 전기 반응이 근육에서 발생함
- 상징 학습 이론에 따르면 심상은 운동 과제(역도)보다 인지 과제(바둑)에서 더 효과적임
- 상징 학습 이론에 따르면 생리적 반응과 심리 반응을 함께하면 심상의 효과는 높아짐
- 생물 정보 이론에 따르면 심상은 상상해야 할 상황 조건인 자극 전제와 심상의 결과로 일어나는 반응 전제로 구성됨

합격선을 넘는 TIP

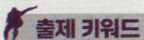
기출 2017

주의(attention)의 개념과 유형
- 주의는 관심을 기울일 대상의 선정임
- 주의 유형은 폭과 방향으로 구성됨
- 나이데퍼는 주의의 유형을 넓은-내적, 좁은-내적, 넓은-외적, 좁은-외적의 4가지로 구분해 설명함

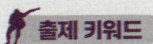
기출 2021

주의의 폭과 방향 사례: 광의 외적에서 협의 외적으로
배구 선수가 서브를 준비하면서 상대 진영을 살핀 후(광의-외적), 빈 곳을 확인하여 그곳으로 공을 서브함(협의-외적)

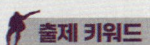
기출 2025, 2020

주의 집중 방법 사례
- 테니스 서브를 루틴에 따라 실행함
- 축구 경기에서 관중의 방해를 의식하지 않음
- 야구 경기에서 지난 이닝의 수비 실책은 잊고 현재 수행에 몰입함
- 골프 선수가 실제 시합과 유사한 상황을 만들어 놓고 모의 훈련을 함

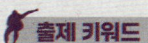
기출 2016

루틴(routine)
- 경기력의 일관성을 위해 개발된 습관화된 동작
- 최상 수행을 위한 선수들 자신만의 고유한 동작이나 절차

---

7 주의 집중

1. 나이데퍼(R. Nideffer)의 주의 집중의 유형 기출 2021, 2018, 2017

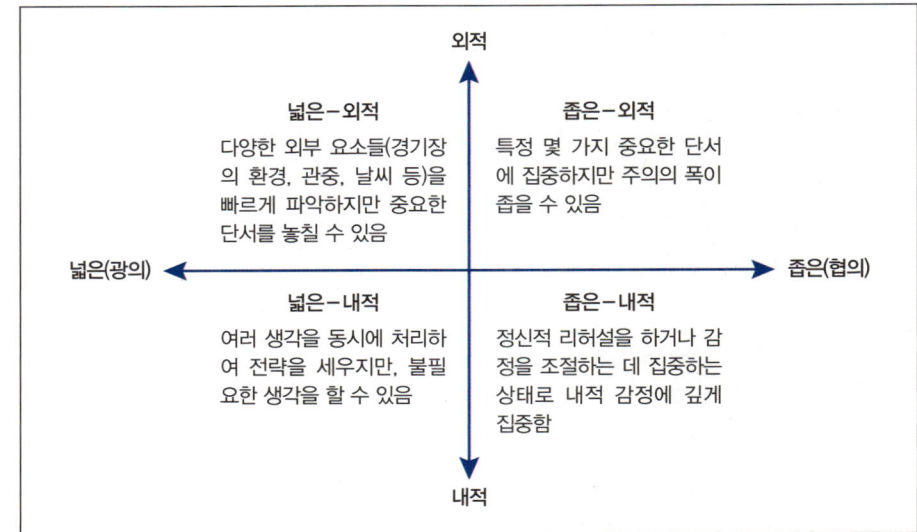

2. 주의 집중을 향상시키는 기법 기출 2025, 2020, 2018, 2015
- 현재 하고 있는 과업에 완전히 몰두한다.
- 주의 집중력을 향상시키기 위한 훈련을 한다.
- 다양한 상황에서 주의 초점을 반복적으로 전환하는 연습을 한다.
- 수행 전 루틴을 설정하고 반복적으로 연습한다.
- 최적의 각성 상태를 찾아낸다.
- 통제할 수 있는 요소에 주의를 집중하는 연습을 한다.

8 루틴

1. 루틴의 개념과 유형

(1) **루틴의 개념** 기출 2017, 2016
  ① 반복적인 행동이나 절차
  ② 특정 목표나 상황에 대비해 일정한 방식으로 수행되는 행동 패턴

(2) **루틴의 유형**

수행 전 루틴	수행을 시작하기 전에 신체와 정신을 준비하는 일련의 절차
수행 간 루틴	수행 도중에 일정한 패턴으로 반복되는 행동
수행 후 루틴	수행이 끝난 후 몸과 마음을 정리하고 복귀하는 과정
미니 루틴	짧은 시간 동안 수행할 수 있는 간단한 루틴으로, 긴장된 상황에서 빠르게 집중을 되찾기 위한 도구

2. 루틴과 활용과 효과 `기출` 2025, 2019

(1) 루틴의 활용

① 일관성 있는 수행을 돕는 역할을 한다.
② 외부의 방해 요소를 차단하여 집중력 유지에 도움을 준다.
③ 다음 행동을 떠올리며 수행 과정을 원활하게 한다.
④ 다음 작업에 대한 친숙함을 제공하여 안정감을 준다.

(2) 루틴의 효과

① 신체적·정신적 요소를 통합하여 수행할 수 있다.
② 통제 가능한 요인(불안, 집중)에 집중할 수 있다.
③ 철저한 준비를 돕고, 경기 당일에는 루틴 변경을 방지한다.
④ 자기 인식을 높여 외부 요인에 대한 대응력과 예기치 않은 상황에서의 대처 능력이 향상된다.
⑤ 심상, 혼잣말, 특정 행동을 포함한다.

3. 인지 재구성의 개념과 활용 `기출` 2020

개념	부정적이거나 비합리적인 생각을 긍정적이고 현실적인 생각으로 바꾸는 과정
활용	• 부정적인 자기 대화 교정 • 경기 전 불안 감소 • 대인 관계 개선 • 스트레스 관리 • 실패 후 회복

4. 자기 암시의 개념과 활용

개념	스스로에게 특정한 생각이나 믿음을 지속적으로 반복함으로써, 의식이나 무의식에 영향을 주는 심리적 기법
활용	• 자신감 향상 • 스트레스 관리 • 부정적 생각 극복 • 목표 집중 • 경기 전 심리 조절

합격선을 넘는 TIP

출제 키워드

`기출` 2019

루틴의 활용
- 불안을 감소시키고 집중력을 증대시킴
- 심상과 혼잣말이 포함될 수 있음
- 상황이 달라져도 편안함을 유지시킴

출제 키워드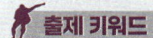

`기출` 2020

인지 재구성 사례

양궁 선수 A는 첫 엔드에서 6점을 한 발 기록함. 그러나 A는 바람 부는 상황으로 인해 총 36발의 슈팅 중에서 6점은 한 번 정도 나올 수 있는 점수이며, 첫 엔드에 나온 것이 다행이라고 긍정적으로 생각함

출제될 핵심개념 04 스포츠수행의 사회 심리적 요인

14% 집단 응집력 관련 개념과 리더십 이론을 다양한 상황에 적용해 학습해 보자!

★ **빈출 형광펜** 시험에 자주 출제되는 개념으로, 시험 직전 빈출 형광펜만 딱 보고 들어가자!

합격선을 넘는 TIP

1 집단 응집력

1. 집단 응집력의 개념
집단 구성원들이 목표를 공유하고 서로 단결하여 하나로 뭉치는 정도로, 팀의 인원이 많은 종목일수록 팀 응집력의 요구 수준이 높다.

2. 캐런(A.V. Carron)의 집단 응집력 결정 요인 기출 2021, 2019, 2017

출제 키워드
기출 2021

응집력의 결정 요인
- 팀 요인(team factor)
- 리더십 요인(leadership factor)
- 환경 요인(environment factor)
- 개인 요인(personal factor)

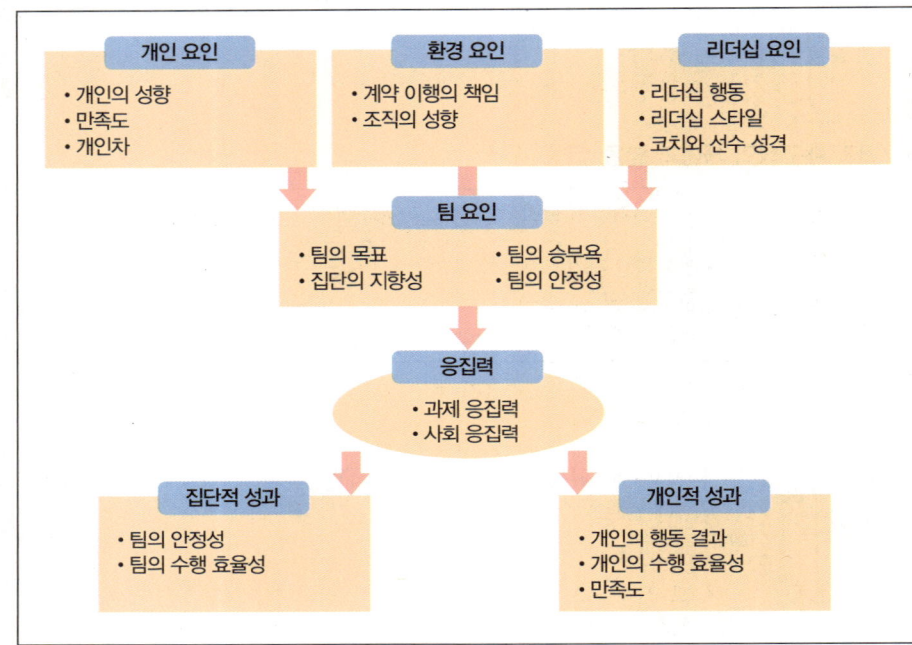

3. 집단의 사회적 태만과 방지하기 위한 전략

(1) 집단의 사회적 태만 기출 2025, 2020, 2018, 2017, 2016
① 사회적 태만이란 집단 속에서 개인의 책임감이 줄어들어 혼자일 때보다 노력과 성과가 감소하는 현상을 의미한다. 이와 유사한 개념인 링겔만 효과는 집단의 규모가 커질수록 개인의 평균 생산성(기여도)이 감소하는 현상을 말한다.
② 단, 링겔만 효과는 사회적 태만뿐 아니라 집단 협력 문제에서도 기인한다는 점에서 차이가 있다.

출제 키워드
기출 2020

링겔만 효과와 동기 손실
- 링겔만 효과: 줄다리기에서 집단이 내는 힘의 총합이 개인의 힘을 모두 합친 것보다 적게 나타내는 현상
- 동기 손실: 집단 구성원이 개인이 발휘할 수 있는 최대의 노력을 수행하지 않는 것

무임승차 전략	타인의 노력으로 혜택을 받고, 자신은 노력을 기울이지 않으려는 태도
반무임승차 전략	타인의 무임승차를 원하지 않기 때문에 자신의 노력을 줄이는 태도
최소화 전략	적은 노력으로 쉽게 결과를 얻고자 하는 방식
할당 전략	개인의 이익만을 위해 집중하며, 집단에서는 최소한의 노력만 하는 태도

(2) 사회적 태만을 방지하기 위한 전략 `기출` 2021

- 개인의 노력 확인
- 목표 설정
- 개인의 창의성 활용
- 다양한 역할 경험
- 책임감 부여
- 적극적 상호 작용
- 재충전 기회 제공

2 리더십

1. 리더십의 개념
집단의 목표를 달성하기 위해 다른 사람들에게 영향을 미치고, 동기를 부여하며, 방향을 제시하는 능력

2. 리더십 이론

특성적 리더십 이론	리더는 선천적 특성이나 자질로 구분되며, 타고난 성격과 신체적 특성이 중요함
행동적 리더십 이론	리더의 행동과 스타일에 초점. 특정 행동 패턴이 리더십을 효과적으로 발휘하게 함
상황적 리더십 이론	리더십은 상황에 따라 달라지며, 팀의 성숙도와 환경에 맞춰 조정됨

3. 다차원 리더십 모델 `기출` 2022, 2018
리더십을 상황적 요인, 리더 행동, 구성원 요구 등 다양한 측면에서 분석하는 모델

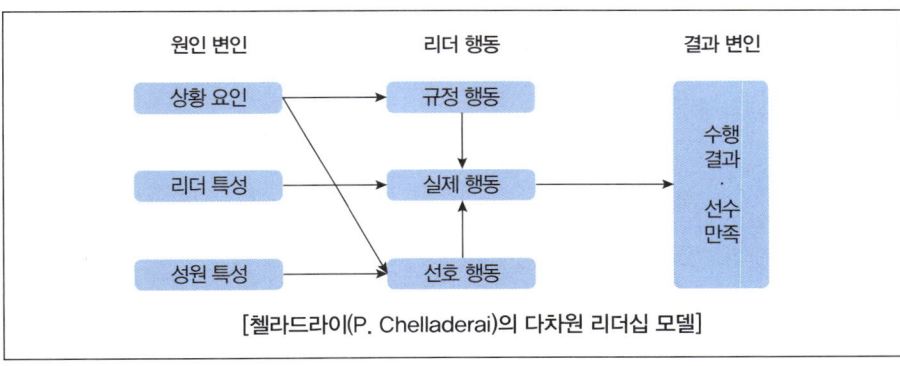

[첼라드라이(P. Chelladerai)의 다차원 리더십 모델]

4. 효과적인 리더십 구성 요인 `기출` 2020, 2015

상황 요인	과업 특성, 집단 규모, 스포츠 유형 등 상황에 따라 리더십 효과가 달라짐
구성원 특성	구성원의 성격, 동기, 능력이 리더십 수용과 발휘에 영향을 미침
리더십 스타일	리더의 의사소통 방식과 의사 결정 방법이 리더십 효과에 영향을 줌
지도자 특성	리더의 성격, 경험, 카리스마 등의 개인적 특성이 리더십 성공에 결정적 역할을 함

합격선을 넘는 TIP

🏃 **출제 키워드**

`기출` 2021

사회적 태만 현상을 극복하기 위한 지도 전략
- 사회적 태만 허용 상황을 미리 설정함
- 대집단보다는 소집단(포지션별)을 구성하여 훈련함
- 지도자는 선수 개개인의 노력을 확인하고 이를 인정함
- 선수들이 자신의 포지션뿐만 아니라 다른 역할도 경험하게 함

🏃 **출제 키워드**

`기출` 2022

첼라드라이(P. Chelladerai)의 다차원 리더십 모델
- 리더의 특성은 리더의 실제 행동에 영향을 줌
- 리더의 실제 행동과 선수의 선호 행동이 다르면 선수의 만족도가 낮아짐
- 리더 행동은 규정 행동(리더에게 요구되는 규정된 행동), 실제 행동(리더가 실제로 행하는 행동), 선호 행동(선수들이 선호하거나 바라는 리더의 행동)으로 구성됨

🏃 **출제 키워드**

`기출` 2015

지도자의 코칭 행동에 영향을 미치는 주요 선행 요인
- 리더의 특성
- 구성원의 특성
- 상황 요인

합격선을 넘는 TIP

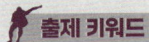

출제 키워드

기출 2024

피들러(F. Fiedler)의 상황 부합 리더십 모형
- 과제 지향 리더: 상황이 아주 유리하거나 불리한 상황일 때 효과적
- 관계 지향 리더: 상황이 유리하지도 불리하지도 않은 상황일 때 효과적

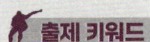

출제 키워드

기출 2017

운동지도에 활용할 수 있는 강화 전략
- 운동이 끝난 직후에 바로 강화
- 바람직한 행동을 찾아 강화
- 초보자에게 자주, 숙련자에게 가끔 강화
- 성취 결과보다는 노력 중심으로 강화

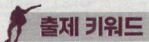

출제 키워드

기출 2025

지도자의 처벌 행동 지침
처벌이 필요한 경우에는 처벌의 이유를 정확하게 말해야 함

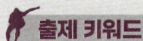

출제 키워드

기출 2021

와인버그(R.S. Weinberg)와 굴드(D. Gould)의 바람직한 처벌 행동 지침
- 사람이 아니라 행동을 처벌
- 동일한 규칙 위반에 대해서는 동일하게 처벌
- 규칙 위반에 관한 처벌 규정을 만들 때 선수의 의견을 반영

---

5. 리더십 유형 기출 2024

관계 중시형 리더	인간관계 강화, 신뢰와 소통, 팀 내 조화 유지
과제 지향형 리더	높은 성과 기대, 모범 행동, 빠른 결과 중시
민주형 리더	의사 결정 과정 참여, 팀원 의견 수렴, 집단 협력
전망 제시형 리더	비전 제시, 미래 방향 설정, 목표 달성을 위해 영감을 불어넣음
지시(권위)형 리더	명확한 지시, 권위적 스타일, 업무 중심 관리
코치형 리더	개별 피드백, 성장 촉진, 개인의 강점 개발

6. 강화와 처벌

(1) 강화의 개념과 종류 기출 2019, 2017, 2015

개념	행동의 빈도를 증가시키는 자극이나 결과로, 행동 반복 가능성을 높임
종류	• **정적 강화**: 보상 제공으로 행동을 강화 　예 좋은 성적을 받으면 칭찬 • **부적 강화**: 불쾌한 자극 제거로 행동을 강화 　예 좋은 성적을 받으면 훈련 시간을 줄여 줌 • 1차적 강화: 생리적 욕구를 충족시키는 강화 　예 음식, 물, 잠 • 2차적 강화: 학습된 보상으로, 1차적 강화물과 연결된 것 　예 돈, 칭찬, 점수 • 연속 강화: 매번 행동이 나타날 때마다 강화 제공 　예 정답을 맞출 때마다 보상 • 간헐 강화: 간헐적으로, 특정 간격이나 비율로 강화 제공 　예 때때로 칭찬 또는 보상

(2) 처벌의 개념과 종류 기출 2019

개념	행동의 빈도를 줄이기 위해 사용되는 자극이나 결과로, 행동을 반복하지 않도록 함
종류	• **정적 처벌**: 불쾌한 자극을 추가하여 행동을 감소 　예 잘못된 행동 시 꾸중 또는 벌 등의 부정적 자극 추가 • **부적 처벌**: 긍정적 자극을 제거하여 행동을 감소 　예 규칙을 어겼을 때 자유 시간이나 물건을 압수하는 등의 긍정적 자극 제거

(3) 처벌의 부정적 영향과 효과적인 처벌 방법 기출 2025, 2021

처벌의 부정적 영향	효과적인 처벌 방법
• 통제 효과 미흡 • 혐오감 학습 가능 • 무기력감 형성 • 처벌 행동 학습 • 자존감 저하 • 대안 없는 행동 교정	• 부정적 영향 주의 • 규칙 위반 시 공평한 처벌 • 행동에 초점을 맞춘 처벌 • 규정은 합의에 의해 작성 • 신체 활동을 처벌 수단으로 금지

3 사회적 촉진

1. 사회적 촉진의 개념과 이론

개념	• 타인의 존재가 개인의 수행에 긍정적 영향을 미쳐 성과가 향상되는 현상 • 관중 효과와 공행 효과를 모두 포함함
이론	• 트리플렛(Triplett)의 사회적 촉진 초기 실험: 경쟁자나 동료의 존재가 성과를 향상시킨다는 사회적 촉진 효과를 입증 • 본드(Bond)의 자아 이론: 타인의 존재가 수행자의 자의식을 높여, 인정받으려는 동기를 촉진해 수행에 영향을 미침 • 코트렐(Cottrell)의 평가 우려 이론: 타인의 평가에 대한 우려로 인해 개인이 더 열심히 하게 되어 성과가 높아짐 • 샌더스(Sanders)의 주의 분산·갈등 이론: 타인의 존재가 주위의 자원을 효율적으로 사용하게 만들어 성과를 향상시킴 • 자이언스(Zajonc)의 단순 존재 이론: 타인의 단순한 존재만으로도 자동화된 과업에서 성과가 향상됨

> **합격선을 넘는 TIP**
>
> **용어**
>
> **관중 효과**
> 관중이 있을 때 개인의 수행이 변화하는 현상
>
> **공행 효과**
> 같은 활동을 하되, 상호 작용이 전혀 없는 현상

2. 모델링의 기능과 효과

(1) 모델링의 기능

행동 학습	타인의 행동을 관찰하고 모방하여 새로운 행동을 학습
동기 부여	모델의 성공을 보고 동기를 부여받아 비슷한 행동을 시도
억제 또는 촉진	긍정적 결과가 행동을 촉진하고, 부정적 결과가 행동을 억제
대리 경험	타인의 경험을 통해 간접적으로 학습하여 위험이나 복잡한 상황을 미리 인지

(2) 반두라(A. Bandura)의 모델링 이론 – 보보 인형 실험(Bobo Doll Experiment)

① 인간은 직접적인 경험이나 보상 없이, 다른 사람의 행동과 그에 따른 결과를 관찰하는 것만으로도 학습할 수 있다는 것을 입증한 실험
② 반두라는 사람들이 타인의 행동을 보고 관찰하는 것만으로도 새로운 행동을 학습할 수 있다고 주장하며, 이러한 학습은 4가지 과정을 통해 이루어진다고 본다.

주의	학습자가 모델의 행동에 집중하는 단계
파지	모델의 행동을 저장하고 나중에 모방할 수 있는 능력
재생	기억한 행동을 실제로 실행할 수 있는 능력
동기화	학습자가 행동을 모방하려는 의지와 동기 부여

(3) 모델링의 효과

① 어린이에게는 비언어적 모델링이 효과적이다.
② 단계별 학습으로 복잡한 과제에 효과가 크다.
③ 기술이 우수한 모델 외에도 학습자와의 유사성도 중요하다.
④ 언어적 모델링은 공포 극복에 도움을 준다.

합격선을 넘는 TIP

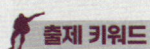

기출 2017

공격성
피해나 부상을 피하려고 하는 사람에게 피해나 상해를 입히기 위한 목적으로 가해지는 행동으로, 목표와 분노가 있었는지에 따라 적대적 공격성과 수단적 공격성으로 분류됨

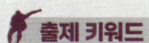

기출 2023

공격성 관련 이론
- 사회 학습 이론: 환경에서 관찰과 강화로 공격 행위를 학습함
- 본능 이론: 인간의 내부에는 공격성을 유발하는 에너지가 존재함
- 좌절–공격 가설: 좌절(예 목표를 추구하는 행위가 방해 받는 경험)이 공격 행동을 유발함
- 수정된 좌절–공격 가설: 좌절이 무조건 공격 행동을 유발하지 않고, 공격 행동이 적절하다는 외부적 단서가 있을 때 나타남

---

⑤ 자신감을 향상시킨다.
⑥ 스포츠 스타의 인격적 행동이 청소년의 사회성 발달에 긍정적 영향을 미친다.
⑦ 선수들의 공격적 행동에 특히 청소년이 민감하게 반응하므로 주의해야 한다.
⑧ 정서적 안정 및 사회적 역할 학습의 효과가 있다.

4 사회성 발달

1. 공격성

(1) 공격성의 구분 기출 2017

적대적 공격	고통을 주려는 의도에서 발생하며, 주로 분노나 감정에 의해 촉발됨
수단적 공격	목표 달성을 위해 공격이 수단으로 사용되며, 목표가 목적임

(2) 공격성 관련 이론 기출 2025, 2023, 2015

본능 이론	공격성은 본능적이고 타고난 충동에서 비롯됨
좌절–공격 이론	좌절이 공격성을 유발하는 직접적인 원인임
사회 학습 이론	공격성은 관찰과 모방을 통해 학습됨
진화론적 이론	공격성은 생존과 번식을 위한 진화적 적응으로 발전함
인지–정서 모델	공격성은 부정적 감정과 관련된 사건이나 자극에 의해 촉발됨
단서 촉발 이론	공격성은 좌절뿐만 아니라, 공격을 유발하는 단서에 의해 촉발됨
생리적 각성 이론	생리적 각성이 높을 때 작은 자극에도 과민하게 반응하여 공격성이 발생함
전이된 흥분 이론	이전 상황에서의 흥분이나 각성이 공격성으로 전이될 수 있음

2. 스포츠 참가와 인성 발달

(1) 스포츠 참가를 통한 인성 발달
① 인내력을 향상시킨다.
② 사회성을 발달시킨다.
③ 스포츠 규칙을 준수할 수 있게 된다.
④ 정서적으로 안정화된다.

(2) 스포츠를 통한 인성 발달 전략 기출 2023
① 상황에 맞는 바람직한 행동을 설명한다.
② 도덕적으로 적절한 행동에 대하여 설명한다.
③ 바람직한 행동을 강화하고, 적대적 공격 행동은 처벌한다.

05 운동심리학

14% — 자기 결정성 이론과 변화 단계 이론을 중심으로 동기 관련 이론을 정리해 학습해 보자!

★ **빈출 형광펜** 시험에 자주 출제되는 개념으로, 시험 직전 빈출 형광펜만 딱 보고 들어가자!

1 운동의 심리적 효과

1. 운동의 심리(정신)적 효과 기출 2018, 2016, 2015

- 스트레스 감소
- 불안 감소
- 인지 기능 향상
- 사회적 유대 강화
- 우울증 완화
- 자신감 향상
- 수면 개선
- 긍정적 정서 경험

2. 운동의 심리적 효과 가설 기출 2025, 2018

모노아민 가설	신경 전달 물질 분비 증가로 운동 후 정서적 변화와 우울증 완화에 기여
주의 분리 가설	운동이 일상에서 벗어나게 하여 불안 감소와 심리적 안정감을 유도
열 발생 가설	운동으로 체온 상승과 뇌에서 이완 신호를 보내어 신체가 편안해짐
뇌 변화 가설	운동 후 뇌 혈관 발달로 인지 능력이 향상됨
생리적 강인함 가설	규칙적인 운동이 스트레스 저항력을 키우고 정서적 안정을 강화
엔도르핀 가설	운동 중 엔도르핀 분비 증가로 기분이 좋아지고 스트레스가 완화됨
심리적 이완 가설	운동이 신경계를 진정시켜 불안과 긴장을 줄여주는 이완 효과 제공
사회 심리적 가설	운동에 대한 기대 효과로 위약 효과가 발생해 심리적 안정이 나타남
신경 영양 가설	운동이 뇌에서 신경 성장 인자를 촉진해 인지 기능과 정신 건강이 향상됨

3. 신체 활동과 심리 상태 측정 방법 기출 2025

기분 상태 검사(POMS)	최근 일주일 동안 운동 후의 정서를 65개 항목으로 평가
BRUMS	운동 전후의 짧은 시간 내에 기분 변화를 측정(POMS 축소 버전)
운동 자각도(RPE) 척도	운동 중 운동 강도에 대한 개인적 인식을 평가
여가 활동 질문지(LEQ)	일주일 동안의 운동량을 평가하는 여가 시간 운동 설문지
긍정적·부정적 감정 스케줄(PANAS)	현재 감정 상태를 20개 문항으로 평가
CES-D	운동 관련 우울증 정도를 측정
VAS	운동 후 느끼는 주관적 통증이나 피로 수준을 측정

합격선을 넘는 TIP

출제 키워드 기출 2018, 2015

운동의 심리적 효과
- 연령과 성별에 관계없이 긍정적 효과가 나타남
- 운동 참여 후 스트레스 해소 효과를 느낌
- 운동 참여자가 비참여자에 비해 자긍심이 높음
- 유·무산소 운동은 우울증을 감소시키는 효과가 있음

출제 키워드 기출 2018

모노아민 가설
운동이 우울증에 긍정적 효과가 있는 이유는 세로토닌, 노에피네프린, 도파민과 같은 뇌의 신경 전달 물질의 변화 때문임. 즉, 운동을 하면 신경원에 의한 신경 전달 물질의 분비와 수용이 촉진되어 신경원 간의 의사소통이 향상됨

출제 키워드 기출 2025

질문지 측정법 도구
- POMS
- MBTI
- 16PF

합격선을 넘는 TIP

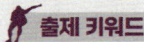

기출 2024

아이젠(I. Ajzen)의 계획 행동 이론
- 태도: 행동을 수행하는 것에 대한 개인의 정서적이고 평가적인 요소를 반영함
- 주관적 규범: 어떤 행동을 할 것인지 또는 안 할 것인지에 대해 개인이 느끼는 사회적 압력을 말함
- 의도: 어떠한 행동은 개인의 의도에 따라 그 행동 여부가 결정됨
- 행동 통제 인식: 어떤 행동을 하기가 쉽거나 어려운 정도에 대한 인식 정도를 의미함

기출 2025, 2020

프로차스카(J. Prochaska)의 운동 변화 단계 이론
- 의사 결정 균형이란 운동을 할 때 기대할 수 있는 혜택과 손실을 평가하는 것을 의미함
- 인지 과정과 행동 과정과 같은 변화 과정을 통해 이전 단계에서 다음 단계로 이동하게 됨
- 자기 효능감은 관심 단계보다 유지 단계에서 더 높음

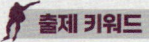

기출 2025

무관심 단계의 운동 실천 전략
운동의 긍정적 효과에 관한 정보 제공

2 운동심리 이론

1. 운동심리의 의미
- 운동과 신체 활동이 사람의 심리적 상태와 행동에 미치는 영향을 연구하는 학문
- 운동을 통해 정신적 건강, 동기 부여, 스트레스 관리, 감정 조절 등의 심리적 변화를 탐구하고, 이를 통해 운동수행과 심리적 상태 간의 관계를 분석한다.

2. 운동심리 이론 **기출** 2025, 2024, 2023, 2022, 2021, 2018, 2017, 2016, 2015

이론	내용
계획된 행동 이론 (TPB)	의도는 행동을 결정하며, 태도, 주관적 규범, 행동 통제 인식의 영향을 받음(태도+주관적 규범+행동 통제 인식 → 행동 의도 → 행동)
합리적 행동 이론 (TRA)	의도는 행동을 결정하며, 태도와 주관적 규범이 의도를 형성하되 행동 통제는 고려하지 않음(태도+주관적 규범 → 행동 의도 → 행동)
사회 생태학 이론	행동은 개인적·사회적·환경적 요인이 상호 작용하며 형성됨
유능성 동기 이론	유능감을 느끼는 상황에서 동기가 증가하고, 성공적인 수행이 자신감과 동기를 강화시킴
자기 결정성 이론 (자결성 이론)	자율성, 유능감, 관계성의 기본 욕구가 동기를 결정하며, 내재적 동기가 행동의 지속성을 촉진
건강 신념 모형	건강 행동은 문제의 심각성, 취약성, 이익과 장애 요인에 대한 인식에 의해 결정됨
자기 효능감 이론	자기 효능감(행동을 성공적으로 수행할 수 있다는 믿음)이 행동을 촉진
변화 단계 이론	행동 변화는 '무관심 → 관심 → 준비 → 실천 → 유지'의 5단계를 거쳐 이루어지며, 각 단계에 다른 전략이 필요함
	무관심 단계: 변화에 대한 의지가 없는 단계
	관심 단계: 변화에 대해 고려하고 생각하지만, 아직 행동으로 옮기지 않은 상태(6개월 이내에 운동 참여 의도 있음)
	준비 단계: 변화를 위한 구체적인 계획을 세우는 단계로, 곧 행동을 할 의지가 있는 상태(1개월 이내에 운동 참여 의도 있음)
	실천 단계: 실제로 행동을 시작하는 단계로, 계획된 변화를 실천하는 단계(6개월 미만 운동 실천 단계)
	유지 단계: 행동을 장기적으로 유지하는 단계로, 변화된 행동을 지속하면서 다시 원래 상태로 돌아가지 않도록 노력하는 단계(6개월 이상 지속 단계)

3 운동실천 중재 전략

1. 운동실천 중재 전략의 종류 기출 2021, 2018, 2017

행동 수정 전략	• 물리적 환경 변화 • 운동 장비 배치 • 접근성 개선
인지 전략	• **목표 설정**: 객관적 목표 설정, 운동 지속성 강화 • **의사 결정**: 운동의 혜택 인식, 참여 유도 • **동기 유발**: 운동의 의미 발견, 내적 동기 촉진
자기 규제 전략	• **시간 관리**: 운동 시간 확보, 일상에 통합 • **자기 모니터링**: 성과 평가, 목표 달성 추적
사회적 지원 전략	• **운동 파트너**: 책임감 강화, 동기 부여 • **가족/친구 격려**: 정서적 지원, 운동 참여 촉진
의사소통 전략	• **정보 제공**: 운동 이점 홍보, 교육 자료 배포 • **디지털 도구 활용**: 운동 앱, 웨어러블 기기 사용

2. 운동실천 관련 요인 기출 2024, 2018, 2017, 2016

개인적 요인	• **배경 요인**: 연령, 성별, 직업, 교육 수준, 건강 상태 등 • **신체적·정신적 상태**: 건강 상태, 체력, 운동에 대한 동기나 의지, 자기 효능감, 태도 등 • **습관과 경험**: 과거 운동 경험과 습관, 운동에 대한 선호도
사회적 요인 (사회적 환경 포함)	• **지도자**: 코치나 트레이너의 지도와 동기 부여 • **운동 집단**: 함께 운동하는 그룹이나 팀, 운동 공동체 • **사회적 지지**: 가족, 친구, 동료들의 응원과 격려, 자원 제공 • **문화적 요인**: 지역 사회의 규범, 신념, 사회적 관습
물리적 환경 요인	• **운동 시설과 장소**: 체육관, 공원 등 운동할 수 있는 물리적 공간 • **날씨와 환경**: 기후 조건과 운동하기에 적절한 안전한 환경

합격선을 넘는 TIP

기출 2024

운동실천을 위한 환경적 영향 요인
• 지도자
• 운동 집단
• 사회적 지지

기출 2018

사회적 지지의 유형
• 정서적 지지: 다른 사람을 격려하고 걱정하는 과정에서 생기는 지지
• 도구적 지지: 어떠한 도구적 힘을 활용하여 다른 사람을 돕고자 하는 과정에서 생기는 지지
• 비교 확인 지지: 다른 사람과의 비교를 통해 자신의 생각, 감정, 문제, 체험 등이 정상적이라는 확인을 하는 과정에서 생기는 지지
• 정보적 지지: 다른 사람의 운동 방법에 대해 안내와 조언을 하고, 진행 상황에 관한 피드백을 제시해 주는 과정에서 생기는 지지

핵심 개념 06 스포츠심리상담

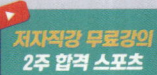

4% | 상담 윤리 규정과 기법을 학습하고, 실제 상황에 적용하는 연습을 해 보자!

★ 빈출 형광펜 시험에 자주 출제되는 개념으로, 시험 직전 빈출 형광펜만 딱 보고 들어가자!

합격선을 넘는 TIP

출제 키워드
기출 2017
스포츠심리상담
- 상담은 상담자와 내담자의 상호 협력 관계에 기초함
- 스포츠심리상담은 인간적 성장과 경기력 향상을 목표로 함
- 상담자는 상담 시작 전에 상담의 전 과정을 내담자에게 안내함

용어
내담자
상담실 따위에 자발적으로 찾아와서 이야기하는 사람

출제 키워드
기출 2024
미국 응용스포츠심리학회의 스포츠심리상담 윤리 규정
- 직무 수행상 자신의 한계를 인식하고 한계를 넘는 주장과 행동은 하지 않음
- 회원 스스로 윤리적인 행동을 실천하고 남에게 윤리적 행동을 하도록 적극적으로 권장함
- 다른 전문가에 의한 서비스 수행 촉진, 책무성 확보, 기관이나 법적 의무 완수 등의 목적을 위해 상담이나 연구 결과를 기록으로 남김

1 스포츠심리상담의 개념

1. 스포츠심리상담의 개념과 역할 [기출 2017, 2015]

개념	선수들이 심리적 도전과 스트레스를 극복하고, 최상의 경기력을 발휘할 수 있도록 돕는 상담 과정
역할	• 심리 평가: 선수의 정신적 상태와 심리적 강점을 진단 • 스트레스 관리: 불안, 긴장 등 스트레스 요인을 관리하는 방법 제공 • 집중력 강화: 주의 집중력 향상 및 경기 중 몰입 유도 • 자신감 증진: 심리적 훈련을 통해 자신감 회복 및 강화 • 목표 설정 지원: 장기적, 단기적 목표 설정 및 동기 부여 지원 • 심리 기술 훈련: 심상 훈련, 자기 대화, 호흡 조절 등의 심리 기법 제공 • 상담 및 지원: 개인적인 문제나 감정적 어려움에 대한 상담 • 팀 분위기 조성: 팀 내 긍정적 상호 작용과 응집력 강화

2. 스포츠심리상담 윤리

(1) 한국스포츠심리학회가 제시한 윤리 규정 [기출 2025, 2022, 2019, 2015]

이성 관계 금지	상담자와 학생 내담자 간 이성 관계 금지
미성년자 가족과 관계 금지	미성년 내담자의 가족과 개인적·금전적 관계 맺지 않음
사적 관계 금지	상담실 외 내담자와 사적 관계 형성 금지
이중 관계 금지	친구나 친척을 내담자로 수용 금지
전문성 유지	교육, 연구에 참여하여 최신 상담 지식 반영
사전 동의 절차	내담자의 권리 이해 및 참여 유도
비윤리적 행위 보고	비윤리적 상황 시 적절한 기관에 보고
내담자 자율성 존중	내담자의 결정권 보장

(2) 미국 응용스포츠심리학회(AAASP)의 일반 원칙과 일반 윤리 규정 [기출 2024, 2022, 2019]

목적		상담의 가치와 목적을 정의하는 큰 틀에서의 규범
일반 원칙	내용	• 전문성: 상담자는 전문 지식과 기술을 유지하고 발전시킴 • 정직성: 내담자와의 상호 작용에서 진실성과 투명성을 갖춘 태도 • 책임 의식: 상담자의 역할에 대한 책임감 유지 • 인권 보호: 내담자의 기본적인 권리와 존엄성 존중 • 사회적 의무: 상담자로서 사회에 대한 책임감 실천

일반 윤리	목적	상담자가 실질적으로 지켜야 할 행동 지침이나 행동 규범을 규정
	내용	• **권력 남용 방지**: 내담자를 대상으로 한 권력 남용과 위협 금지 • **의뢰와 위임**: 상담자가 자신의 능력을 넘는 문제는 타 전문가에게 의뢰 • **상담 비용**: 합리적인 비용을 책정하고 사전에 설명 • **물품 및 선물 수수 금지**: 내담자로부터의 물품이나 선물 수령 금지 • **부적절한 관계 회피**: 상담자와 내담자 간 부적절한 관계 형성 방지 • **비밀 유지**: 상담에서 다룬 내용의 기밀을 철저히 보호

2 스포츠심리상담의 적용

1. 스포츠심리상담의 절차 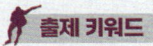 2015

초기	• 내담자와의 첫 연락 • 상담 필요성 파악 • 기본 정보 제공
접수	• 구체적인 문제 및 목표 논의 • 상담 방식 설명 • 기본적인 자료 및 정보 수집
심리 검사	• 심리적 상태 평가 • 심리 검사 도구 활용 • 내담자의 심리적 문제와 강점 분석
상담 결정	• 상담 목표 확정 • 상담 일정 및 방식 결정 • 상담 동의 및 절차 합의
상담 초기	• 신뢰 형성 • 상담 구조 및 방향 설정 • 내담자의 문제 심층 탐색
상담 중기	• 목표에 따른 심리적 개입 • 심리 기술 훈련(스트레스 관리, 집중력 강화 등) • 상담 진행에 대한 중간 점검
상담 후기	• 상담 목표 달성 여부 평가 • 향후 심리적 자립 계획 수립 • 상담 종료 및 피드백

> **합격선을 넘는 TIP**
>
> **출제 키워드**
>
> 기출 2015
>
> **스포츠심리상담의 절차**
> • 상담 초기에는 지도자와 선수 간의 친밀한 관계와 상호 신뢰의 형성이 중요함
> • 상담 중기에는 상담실뿐만 아니라 훈련장이나 경기장에서도 상담이 이루어질 수 있음
> • 상담 후기에는 면담이나 질문지 검사를 통해 상담 초기 선수가 지닌 목표를 평가함

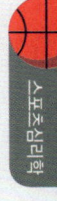

합격선을 넘는 TIP

 **용어**

신뢰
믿음, 진실성, 안정성, 약속 이행

수용
비판 없이 받아들임, 이해와 존중, 개방적 태도

관심 집중
집중된 주의, 의도적 관심, 주제에 몰입

경청
적극적 듣기, 이해를 위한 청취, 비언어적 신호 파악

공감적 이해
감정 이입, 상대방 관점 이해, 정서적 공감, 수용적 태도

출제 키워드

기출 2021

상담자가 활용할 수 있는 기법
- 적극적 경청: 내담자의 말에 적절하게 행동으로 반응
- 신뢰 형성: 내담자 개인의 정신적 고민이나 감정적 호소에 귀 기울임
- 공감적 이해: 내담자에게는 생각할 시간을 충분히 주고, 상담자는 반응을 짧게 함

2. 스포츠심리상담 기법  2021, 2020, 2017

신뢰	• 정확한 내담자 목표 파악 • 긍정적 기대를 형성 • 전문성 확보 및 유지 • 공감적 대화로 신뢰 구축 • 정직성, 비밀 유지 실천 • 내담자의 의견을 존중하며 피드백 제공 • 진솔한 태도로 일관성 있는 상담 유지
수용	• 내담자의 감정과 경험을 있는 그대로 수용 • 내담자를 판단하지 않고 수용 • 내담자의 실수를 자연스러운 과정으로 수용 • 내담자의 변화 속도를 존중 • 상담자가 내담자의 선택을 존중하고 수용
관심 집중	• 내담자에게 완전히 집중 • 신체 언어 관찰 • 눈 맞춤 유지 • 내담자의 말에 적절히 반응 • 긴장 완화를 위한 환경 조성 • 내담자의 말에 주의 깊게 경청하며 반영 • 상담 시 방해 요소 최소화(조용한 공간 확보)
경청	• 내담자가 표현하기 어려운 감정 읽어 내기 • 요약 및 재진술을 통해 이해한 내용 정확히 확인 • 언어 및 비언어적 메시지 경청 • 내담자의 의도 파악 • 긴장감을 줄이며 편안하게 대화
공감적 이해	• 내담자의 감정에 맞춰 반응 • 생각할 시간 제공 • 즉각적이고 적절한 반응
긍정적 존중	• 내담자의 잠재력에 대한 믿음을 표출 • 내담자를 긍정적이고 가치 있는 사람으로 대우 • 내담자의 성공과 발전을 칭찬하고 격려 • 내담자의 강점을 강조하며 자신감을 북돋음 • 상담 과정에서 부정적 측면보다 긍정적 요소를 더 중시
일치	• 상담자의 내적 감정과 외적 행동을 일치시킴 • 내담자에게 솔직하고 진솔한 태도로 대함 • 일관성 있는 행동으로 신뢰 형성 • 상담자 자신의 생각과 감정을 솔직히 표현 • 내담자가 느끼는 감정과 상담자의 반응이 조화롭게 맞아야 함

다 이해했어? 기출지문 으로 확인하고 넘어가기

#기출지문과 동일하거나 유사한 지문 반복출제 #개념복습과 실력점검 효과를 동시에!

출제될 개념 찾아가기

01 운동제어의 폐쇄 회로 이론은 피드백을 활용하여 운동수행을 수정하는 과정을 설명한다. O X — P.142

02 번스타인(Bernstein)의 이론에서는 자유도를 제한하지 않고 처음부터 모든 동작을 제어한다고 본다. O X — P.144

03 내재적 피드백은 주로 외부에서 제공받는 피드백이다. O X — P.146

04 불안은 심리적·신체적 요소로 구성되며 경기력에 긍정적 영향을 미칠 수 있다. O X — P.153

05 경쟁 불안과 경기력의 관계 이론 중 역U 가설은 각성이 적절한 수준에서 경기력이 최고조에 달한다고 본다. O X — P.154

06 동기 유발에는 외적 동기와 내적 동기가 포함되며, 내적 동기는 주로 금전적 보상에 의해 유발된다. O X — P.158

07 와이너의 3차원 귀인 모델에서 성공은 주로 통제 불가능한 요인에 귀인된다. O X — P.159

08 과제 목표 성향은 자신의 기술 향상에 중점을 두는 목표 성향이다. O X — P.159

09 심상은 실제 동작을 수행하지 않고 상상만으로 운동기술을 향상시킬 수 있는 방법이다. O X — P.161

10 루틴은 경기 전 불안을 증가시키고 주의 산만을 초래하는 과정이다. O X — P.162

11 집단 응집력은 팀 구성원 간의 상호 작용이 활발할수록 높아진다. O X — P.164

12 적대적 공격은 특정 목표를 달성하기 위해 수단으로 사용되는 공격이다. O X — P.168

13 계획된 행동 이론에서는 태도와 주관적 규범이 행동 의도에 영향을 미친다. O X — P.170

14 운동실천의 개인적 요인에는 연령, 성별, 자기 효능감이 포함된다. O X — P.171

15 스포츠심리상담에서 경청과 공감적 이해는 신뢰를 형성하는 중요한 요소이다. O X — P.174

| 정답 | 01 O 02 X 03 X 04 O 05 O 06 X 07 X 08 O 09 O 10 X 11 O 12 X 13 O 14 O 15 O

이것만 풀어도 합격선을 넘는 대표기출 40제

#최근5개년 기출분석 #최다빈출키워드 엄선수록 #40개만 풀어도 과락 없이 합격!

01

스포츠심리학의 주된 연구의 동향과 영역에 포함되지 <u>않는</u> 것은?

① 인지적 접근과 현장 연구
② 경험주의에 기초한 성격 연구
③ 생리학적 항상성에 관한 연구
④ 사회적 촉진 및 각성과 운동수행의 관계 연구

01 [기출 2023, 2021]   난이도 ★☆☆

스포츠심리학은 주로 심리적 요인과 운동수행 간의 관계를 연구하는 학문이다.
생리학적 항상성에 관한 연구는 운동생리학의 영역에 속한다.

02

〈보기〉에서 정보 처리 이론에 관한 설명으로 옳은 것만을 모두 고른 것은?

― 〈보기〉 ―
㉠ 정보 처리 이론은 인간을 능동적인 정보 처리자로 설명한다.
㉡ 도식 이론은 기억 흔적과 지각 흔적의 작용으로 움직임을 생성하고 제어한다고 설명한다.
㉢ 개방 회로 이론은 대뇌 피질에 저장된 운동 프로그램을 통해 움직임을 생성하고 제어한다고 설명한다.
㉣ 폐쇄 회로 이론은 정확한 동작에 관한 기억을 수행 중인 움직임과 비교해 피드백 정보를 활용하여 움직임을 생성하고 제어한다고 설명한다.

① ㉠, ㉡
② ㉢, ㉣
③ ㉠, ㉡, ㉣
④ ㉠, ㉢, ㉣

02 [기출 2024, 2021]   난이도 ★★☆

도식 이론은 빠른 운동과 느린 운동을 구별하고, 재인 도식(느린 움직임-폐쇄 회로)과 회상 도식(빠른 움직임-개방 회로)을 통해 다양한 운동 동작을 생성하고 제어한다고 설명한다.

| 정답 | 01 ③   02 ④

03

〈보기〉에 제시된 도식 이론(schema theory)에 관하여 옳은 설명으로 묶인 것은?

〈보기〉
- ㉠ 빠른 움직임과 느린 움직임을 구분하여 설명한다.
- ㉡ 재인 도식은 피드백 정보가 없는 빠른 운동을 조절하는 역할을 한다.
- ㉢ 회상 도식은 과거의 실제 결과, 감각 귀결, 초기 조건의 관계를 바탕으로 형성된다.
- ㉣ 200ms 이상의 시간이 필요한 느린 운동 과제의 제어에는 회상 도식과 재인 도식이 모두 동원된다.

① ㉠, ㉡
② ㉡, ㉢
③ ㉠, ㉣
④ ㉢, ㉣

03 [기출 2022]   난이도 ★★☆

오답풀이
㉡ 재인 도식은 운동 중 피드백을 활용하여 움직임을 조정하는 역할을 하며, 주로 느린 움직임에서 사용한다.
㉢ 회상 도식은 과거 비슷한 경험을 바탕으로 새로운 운동을 계획하는 역할을 하며, 주로 빠른 움직임에서 사용한다.

04

〈보기〉에 제시된 일반화된 운동 프로그램(Generalized Motor Program: GMP)에 관한 설명으로 바르게 묶인 것은?

〈보기〉
- ㉠ 인간의 운동은 자기 조직(self-organization)과 비선형성(nonlinear)의 원리에 의해 생성되고 변화한다.
- ㉡ 불변 매개변수(invariant parameter)에는 요소의 순서(order of element), 시상(phasing), 상대적인 힘(relative force)이 포함된다.
- ㉢ 가변 매개변수(variant parameter)에는 전체 동작 지속 시간(overall duration), 힘의 총량(overall force), 선택된 근육군(selected muscles)이 포함된다.
- ㉣ 환경 정보에 대한 지각 그리고 동작의 관계(perception-action coupling)를 강조한다.

① ㉠, ㉡
② ㉠, ㉢
③ ㉡, ㉢
④ ㉢, ㉣

04 [기출 2022, 2021]   난이도 ★★☆

오답풀이
㉠은 다이내믹 시스템 이론(Dynamic Systems Theory), ㉣은 생태학적 이론(Ecological Theory)과 관련이 있다.
다이내믹 시스템 이론에서는 인간의 움직임이 자기 조직 원리에 따라 환경과 상호 작용하며 비선형적으로 변화한다고 설명한다.
생태학적 이론은 지각과 동작이 환경과 밀접하게 상호 작용하는 방식에 초점을 맞춘다.

| 정답 | 03 ③   04 ③

05

〈보기〉의 ㉠, ㉡에 들어갈 정보 처리 단계를 바르게 나열한 것은?

― 〈보기〉 ―
- (㉠): 테니스 선수가 상대 코트에서 넘어오는 공의 궤적, 방향, 속도에 관한 환경 정보를 탐지한다.
- (㉡): 환경 정보를 토대로 어떤 종류의 기술로 어떻게 받아쳐야 할지 결정한다.

	㉠	㉡
①	반응 선택	자극 확인
②	자극 확인	반응 선택
③	반응/운동 프로그래밍	반응 선택
④	반응/운동 프로그래밍	자극 확인

05 [기출 2024, 2021] 난이도 ★★☆

㉠ 테니스 선수가 상대 코트에서 넘어오는 공의 궤적, 방향, 속도에 관한 환경 정보를 탐지하는 것은 첫 번째 단계인 자극 확인에 해당한다.
㉡ 환경 정보를 바탕으로 어떤 기술로 공을 받아쳐야 할지 결정하는 것은 반응 선택 단계에 해당한다.

06

〈보기〉의 정보 처리 과정과 반응 시간의 관계에서 ㉠~㉢에 들어갈 단계가 바르게 연결된 것은?

〈보기〉

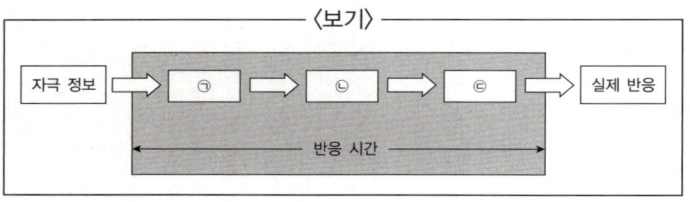

	㉠	㉡	㉢
①	의사 결정 단계	반응 선택 단계	반응 실행 단계
②	의사 결정 단계	반응 실행 단계	반응 선택 단계
③	감각, 지각 단계	반응 선택 단계	반응 실행 단계
④	감각, 지각 단계	반응 실행 단계	반응 선택 단계

06 [기출 2021] 난이도 ★★☆

㉠ 주어진 자극을 탐지하고 해석하는 과정이 이루어진다. 즉, 외부에서 받은 자극이 무엇인지를 인식하는 단계로, 감각, 지각 단계이다.
㉡ 감각, 지각 단계를 통해 받은 정보를 바탕으로, 이에 적절한 반응을 결정하는 과정으로 반응 선택 단계이다.
㉢ 선택한 반응을 실제로 수행하는 과정으로, 근육이나 신체의 움직임이 발현되는 단계인 반응 실행 단계이다.

| 정답 | 05 ② 06 ③

07

〈보기〉의 스포츠 상황과 반응시간 유형이 바르게 연결된 것은?

─〈보기〉─

스포츠 상황	가. 100m 달리기 출발 신호에 달려 나가는 상황 나. 타자가 다양한 구질 중 직구에만 타격하는 상황 다. 수비수들의 움직임에 따라 공격수가 각각 다르게 대응하는 상황
반응시간 유형	㉠ 적색 자극 → A 반응 ㉡ 적색·녹색·청색 자극 → A 반응 (녹색에만) ㉢ 적색·녹색·청색 자극 → 각각 다른 반응

	가	나	다
①	㉠	㉡	㉢
②	㉠	㉢	㉡
③	㉡	㉢	㉠
④	㉢	㉠	㉡

08

〈보기〉에서 설명하는 용어는?

─〈보기〉─

번스타인(N. Bernstein)은 움직임의 효율적 제어를 위해 중추신경계가 자유도를 개별적으로 제어하지 않고, 의미 있는 단위로 묶어서 조절한다고 설명하였다.

① 공동 작용(synergy)
② 상변이(phase transition)
③ 임계 요동(critical fluctuation)
④ 속도-정확성 상쇄 현상(speed-accuracy trade-off)

---

07 [기출 2025]   난이도 ★★★

손다이크(Thorndike) 자극-반응(S-R) 이론에 대한 내용이다.
㉠ 단순 반응 시간: 하나의 자극에 하나의 반응만 있는 경우
㉡ 선택 반응 시간: 여러 자극 중 하나에만 반응하는 경우
㉢ 변별 반응 시간: 여러 자극에 대해 각각 다른 반응을 해야 하는 경우

08 [기출 2023, 2022]   난이도 ★★☆

번스타인(N. Bernstein)은 신경계가 움직임을 효율적으로 제어하기 위해 자유도를 개별적으로 제어하지 않고, 의미 있는 단위로 묶어서 조절한다고 설명하였다. 이것은 여러 신체 부위가 협력하여 함께 움직이는 형태를 나타내며, 이를 공동 작용(synergy)이라고 부른다.

[오답풀이]
② 상변이(phase transition): 하나의 상태에서 다른 상태로 전환되는 과정(예 동작의 패턴 변화)이다.
③ 임계 요동(critical fluctuation): 시스템이 불안정한 상태에서 발생하는 작은 변동이 큰 변화로 이어질 수 있는 상황이다.
④ 속도-정확성 상쇄 현상(speed-accuracy trade-off): 움직임의 속도가 증가할수록 정확성이 감소하고, 반대로 정확성을 높이면 속도가 감소하는 현상이다.

| 정답 | 07 ②   08 ①

09

〈보기〉에 제시된 번스타인(N. Bernstein)의 운동학습 단계에 대한 설명으로 바르게 묶인 것은?

─〈보기〉─
㉠ 스케이트를 탈 때 고관절, 슬관절, 발목 관절을 활용하여 추진력을 갖게 한다.
㉡ 체중 이동을 통해 추진력을 확보하며 숙련된 동작을 실행하게 한다.
㉢ 스케이트를 신고 고관절, 슬관절, 발목 관절을 하나의 단위체로 걷게 한다.

	㉠	㉡	㉢
①	자유도 풀림	반작용 활용	자유도 고정
②	반작용 활용	자유도 풀림	자유도 고정
③	자유도 풀림	자유도 고정	반작용 활용
④	반작용 활용	자유도 고정	자유도 풀림

09 [기출 2023, 2022] 난이도 ★★☆

번스타인의 운동학습 단계는 '자유도 고정 → 자유도 풀림 → 반작용 활용'으로 이루어진다.
- 자유도 고정(㉢): 하나의 단위로 걷는 것은 자유도를 고정하여 동작을 단순하게 만든다.
- 자유도 풀림(㉠): 고관절, 슬관절, 발목 관절을 모두 활용해 추진력을 얻는 것은 자유도를 풀어서 다양한 관절을 사용하는 중간 단계에 해당한다.
- 반작용 활용(㉡): 체중 이동과 추진력을 통해 동작을 수행하는 것은 동작의 반작용과 외부 힘을 활용하여 에너지 소비를 줄이고 효율적인 수행을 하도록 하는 것이다.

10

〈보기〉의 운동 기능 연습법 내용과 관련 있는 것은?

─〈보기〉─
각 부분을 따로 연습한 후 전체 기술을 종합적으로 연습하는 순수 분습법(pure-part practice)과 전체 운동기술 중에 첫 번째와 두 번째 요소를 각각 연습한 후 그 두 요소를 결합하고 이후 다음 요소를 다시 연습하는 과정을 거쳐 전체 기술을 습득해 가는 점진적 분습법(progressive-part practice)으로 구분된다.

① 분절화
② 부분화
③ 분산 연습
④ 집중 연습

10 [기출 2024, 2021] 난이도 ★★☆

〈보기〉는 순수 분습법과 점진적 분습법을 통해 전체 기술을 학습하는 과정을 언급하고 있는데, 이는 동작의 각 부분을 연습한 후 이를 결합하여 전체 동작을 습득하는 방식인 분절화와 관련이 있다.

[오답풀이]
② 부분화: 전체 기술을 여러 부분으로 나누어 각각의 부분을 독립적으로 연습하는 방식
③ 분산 연습: 휴식 시간을 충분히 갖고 여러 번에 걸쳐서 연습하는 방식
④ 집중 연습: 휴식 시간을 최소화하고 짧은 시간 내에 여러 기술을 혼합하여 집중적으로 연습하는 방식

| 정답 | 09 ① 10 ①

11

〈보기〉에서 연습 방법에 관한 설명으로 옳은 것만을 모두 고른 것은?

― 〈보기〉 ―
㉠ 집중 연습은 연습 구간 사이의 휴식 시간이 연습 시간보다 짧게 이루어진 연습 방법이다.
㉡ 무선 연습은 선택된 연습 과제들을 순서에 상관없이 무작위로 연습하는 방법이다.
㉢ 분산 연습은 특정 운동기술 과제를 여러 개의 하위 단위로 나누어 연습하는 방법이다.
㉣ 전습법은 한 가지 운동기술 과제를 구분 동작 없이 전체적으로 연습하는 방법이다.

① ㉠, ㉡
② ㉢, ㉣
③ ㉠, ㉡, ㉣
④ ㉠, ㉢, ㉣

11 [기출 2024, 2021] 난이도 ★★☆

오답풀이
분산 연습은 휴식 시간이 충분한 상태에서 연습을 나누어 진행하는 방식이다. ㉢에서 '운동기술 과제를 여러 개의 하위 단위로 나누어'라고 설명한 것은 전체 기술을 나누어 연습하는 것이므로 분습법에 해당한다.

12

골프 퍼팅 과제를 100회 연습한 뒤, 24시간 후에 동일 과제에 대해 수행하는 검사는?

① 속도 검사(speed test)
② 파지 검사(retention test)
③ 전이 검사(transfer test)
④ 지능 검사(intelligence test)

12 [기출 2023] 난이도 ★★☆

파지 검사란 연습 후 일정 시간이 지난 뒤 동일한 과제를 다시 수행하여 얼마나 기억하고 유지하고 있는지를 평가하는 검사이다.

오답풀이
① 속도 검사(speed test): 주어진 과제를 얼마나 빠르게 수행할 수 있는지를 평가하는 검사
③ 전이 검사(transfer test): 학습한 기술이나 내용을 새로운 과제나 다른 상황에서 얼마나 잘 적용할 수 있는지를 평가하는 검사
④ 지능 검사(intelligence test): 개인의 지적 능력을 측정하는 검사

| 정답 | 11 ③ 12 ②

13

〈보기〉에서 설명하는 피드백 유형은?

〈보기〉
높이뛰기 도약 스텝 기술을 연습하게 한 후에 지도자는 학습자의 정확한 도약 기술 습득을 위해 각 발의 스텝 번호(지점)를 바닥에 표시해 주었다.

① 내적 피드백(intrinsic feedback)
② 부적 피드백(negative feedback)
③ 보강 피드백(augmented feedback)
④ 부적합 피드백(incongruent feedback)

13 [기출 2023, 2021] 난이도 ★★☆

보강 피드백은 학습자가 스스로 감지할 수 없는 정보를 외부에서 추가로 제공해 주는 피드백이다. 〈보기〉에서 지도자가 발의 스텝 번호를 표시해 주는 것은 학습자가 자신의 동작을 정확하게 이해하고 교정할 수 있도록 추가적인 정보를 제공하는 것이므로, 보강 피드백에 해당한다.

[오답풀이]
① 내적 피드백(intrinsic feedback): 학습자가 자신의 감각(시각, 청각, 촉각 등)을 통해 스스로 느끼고 평가할 수 있는 피드백
② 부적 피드백(negative feedback): 학습자의 수행에서 잘못된 부분을 지적하여 개선을 유도하는 피드백
④ 부적합 피드백(incongruent feedback): 학습자의 수행과 관련 없는, 적절하지 않은 피드백

14

〈보기〉에서 지도자가 제공하는 보강적 피드백의 유형으로 적절한 것은?

〈보기〉
지도자: 창하야! 다운스윙 전에 백스윙이 제대로 이루어지지 않았어.

① 내적 피드백(intrinsic feedback)
② 감각 피드백(sensory feedback)
③ 결과 지식(Knowledge of Result: KR)
④ 수행 지식(Knowledge of Performance: KP)

14 [기출 2023, 2021] 난이도 ★★☆

수행 지식(KP)은 동작의 과정에 대한 피드백으로 어떻게 움직였는지에 대한 정보를 제공한다. 〈보기〉의 피드백은 동작의 과정에 대한 지적이므로 수행 지식에 해당한다.

[오답풀이]
① 내적 피드백(intrinsic feedback): 학습자가 자신의 감각(시각, 청각, 촉각 등)을 통해 스스로 느끼고 평가할 수 있는 피드백
② 감각 피드백(sensory feedback): 동작을 수행할 때 느끼는 감각적인 정보에 대한 피드백
③ 결과 지식(Knowledge of Result: KR): 동작을 통해 얻어진 결과에 대한 피드백

| 정답 | 13 ③ 14 ④

15

〈보기〉의 ㉠~㉢에 들어갈 운동발달의 단계를 바르게 나열한 것은?

―――― 〈보기〉 ――――
반사 운동 단계 → (㉠) → (㉡) → 스포츠 기술 단계 → (㉢) → 최고 수행 단계 → 퇴보 단계

	㉠	㉡	㉢
①	초기 움직임 단계	성장과 세련 단계	기본 움직임 단계
②	초기 움직임 단계	기본 움직임 단계	성장과 세련 단계
③	기본 움직임 단계	성장과 세련 단계	초기 움직임 단계
④	기본 움직임 단계	초기 움직임 단계	성장과 세련 단계

16

〈보기〉에서 설명하는 게셀(A. Gesell)과 에임스(L. Ames)의 운동발달의 원리가 아닌 것은?

―――― 〈보기〉 ――――
- 머리에서 발 방향으로 발달한다.
- 운동발달은 일련의 방향성을 갖는다.
- 운동협응의 발달 순서가 있다.
  - 양측: 상지 혹은 하지의 양측을 동시에 움직이는 형태를 보인다.
  - 동측: 상하지를 동시에 움직이는 형태를 보인다.
  - 교차: 상하지를 동시에 움직이는 형태를 보인다.
- 운동기술의 습득 과정에서 몸통이나 어깨 근육을 조절하는 능력을 먼저 갖추고, 이후에 팔, 손목, 손, 그리고 손가락 근육을 조절하는 능력을 갖춘다.

① 머리-꼬리 원리(cephalocaudal principle)
② 중앙-말초 원리(proximodistal principle)
③ 개체 발생적 발달 원리(ontogenetic development principle)
④ 양측-동측-교차 운동협응의 원리(bilateral-unilateral(ipsilateral)-crosslateral principle)

---

15 [기출 2021] 난이도 ★★☆

〈보기〉의 내용은 갤라휴(Gallahue)가 제시한 운동발달 단계에 따른 것이다. 갤라휴는 인간이 운동기술을 발달시키는 과정을 여러 단계로 구분하여 설명한다.
- 반사 운동 단계: 신생아가 반사적인 움직임을 보이는 시기
- 초기 움직임 단계: 의도적이고 기본적인 움직임을 시작하는 시기로, 걷기, 달리기 등 가장 기초적인 동작들이 이 단계에서 발달
- 기본 움직임 단계: 신체가 성장하면서 기본적인 운동 능력을 발달시키는 단계로, 주요 운동기술을 배우는 시기
- 스포츠 기술 단계: 숙련된 운동과 협응력 발달 시기로, 흥미에 따른 활동 선택이 가능한 단계
- 성장과 세련 단계: 운동기술이 더욱 정교해지고, 스포츠와 같은 복잡한 기술을 연습하는 단계
- 최고 수행 단계: 운동기술을 최대한 발휘하는 단계로, 전문적인 운동수행 능력을 갖추는 시기
- 퇴보 단계: 나이가 들면서 신체 기능과 운동기술이 점차 퇴보하는 시기

16 [기출 2023, 2021] 난이도 ★★★

게셀(A. Gesell)과 에임스(L. Ames)가 제시한 운동발달의 원리는 머리에서 발 방향으로 발달하는 머리-꼬리 원리, 몸 중심에서 사지로 발달하는 중심-말초 원리, 양측성 및 교차성 운동발달의 원리이다.
개체 발생적 발달 원리는 개체가 발달하는 과정에서 나타나는 특이한 발달 과정을 설명하는 것으로, 게셀(A. Gesell)과 에임스(L. Ames)의 운동발달 원리와는 관련이 없다.

| 정답 | 15 ② 16 ③

17

〈보기〉에서 설명하는 개념은?

―〈보기〉―
- 1958년 월피(J. Wolpe)가 개발함
- 불안을 일으키는 상황을 중요도 순서에 따라 10단계 정도를 준비함
- 불안이 낮은 순서부터 극도의 불안을 일으키는 중요도가 높은 순서로 배열하고 훈련함
- 불안이나 스트레스를 유발하는 자극에 노출될 때 불안 반응 대신 편안한 반응을 나타냄으로써 불안이나 스트레스를 감소하는 기법임

① 자생 훈련(autogenic training)
② 점진적 이완(progressive relaxation)
③ 인지 재구성(cognitive restructuring)
④ 체계적 둔감화(systematic desensitization)

17 [기출 2025] 난이도 ★★☆

〈보기〉의 항목들은 체계적 둔감화를 설명한 내용이다. 체계적 둔감화란, 불안 자극에 점진적으로 노출하여 불안을 단계적으로 줄이는 방법이다.

[오답풀이]
① 자생 훈련: 자기 암시와 이완을 통해 스트레스와 불안을 감소하여 신체적 안정을 유도하는 기법이다.
② 점진적 이완: 근육의 긴장-이완을 반복하며 신체적 이완을 통해 스트레스를 완화하는 기법이다.
③ 인지 재구성: 부정적 사고를 긍정적 사고로 바꾸어 스트레스를 감소하는 기법이다.

18

〈보기〉에 제시된 불안과 운동수행의 관계를 설명하는 이론은?

―〈보기〉―
- 선수가 불안을 어떻게 '해석'하느냐에 따라 운동수행이 달라질 수 있다.
- 선수는 각성이 높은 상태를 기분 좋은 흥분 상태로 해석할 수도 있지만 불쾌한 불안으로 해석할 수도 있다.

① 역U 가설(inverted-U hypothesis)
② 전환 이론(reversal theory)
③ 격변 이론(catastrophe theory)
④ 적정 기능 지역 이론(zone of optimal functioning theory)

18 [기출 2022, 2021] 난이도 ★★☆

전환 이론은 개인이 불안이나 각성 상태를 어떻게 해석하느냐에 따라 운동수행이 달라질 수 있다고 보는 이론이다.

[오답풀이]
① 역U 가설(inverted-U hypothesis): 각성 수준이 너무 낮거나 높으면 수행이 저하되고, 적절한 중간 수준에서 최고의 수행을 할 수 있다는 이론
③ 격변 이론(catastrophe theory): 각성 수준이 일정 임계치를 넘으면 수행이 급격히 저하되는 것을 설명하는 이론
④ 적정 기능 지역 이론(zone of optimal functioning theory): 개인마다 가장 적합한 각성 수준이 있으며, 이 적정 수준에서 최고의 수행을 할 수 있다는 이론

| 정답 | 17 ④ 18 ②

19

〈보기〉의 내용과 관련 있는 불안 이론은?

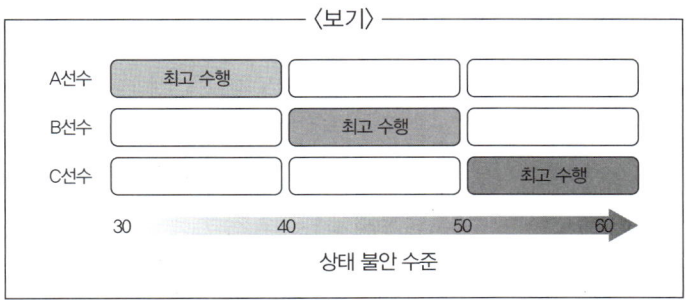

① 적정 수준 이론(optimal level theory)
② 전환 이론(reversal theory)
③ 다차원 불안 이론(multidimensional anxiety model)
④ 최적 수행 지역 이론(zone of optimal functioning theory)

19 [기출 2021]   난이도 ★★☆

최적 수행 지역 이론(zone of optimal functioning theory)은 각 선수마다 최고의 수행을 발휘할 수 있는 최적의 상태 불안 수준이 다르다는 이론이다.
〈보기〉에서 A선수는 낮은 불안 수준에서, B선수는 중간 불안 수준에서, C선수는 높은 불안 수준에서 최고 수행을 한다.

오답풀이

① 적정 수준 이론(optimal level theory): 각성 수준이 중간 정도일 때 최고의 수행을 한다는 이론으로, 모든 사람에게 동일한 각성 수준을 제시한다.
② 전환 이론(reversal theory): 각성 상태를 긍정적(흥분) 또는 부정적(불안)으로 해석하는 방식에 따라 수행이 달라질 수 있다는 이론이다.
③ 다차원 불안 이론(multidimensional anxiety model): 인지적 불안과 신체적 불안이 각각 수행에 미치는 영향을 다르게 설명하는 이론이다.

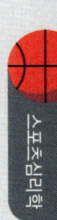

20

〈보기〉의 ㉠~㉢에 들어갈 개념을 바르게 나열한 것은?

― 〈보기〉 ―
- (㉠): 노력의 방향과 강도로 설명된다.
- (㉡): 스포츠 자체가 좋아서 참여한다.
- (㉢): 보상을 받거나 처벌을 피하고자 스포츠에 참여한다.

	㉠	㉡	㉢
①	동기	외적 동기	내적 동기
②	동기	내적 동기	외적 동기
③	귀인	내적 동기	외적 동기
④	귀인	외적 동기	내적 동기

20 [기출 2024, 2021]   난이도 ★☆☆

㉠ 동기: 사람의 행동을 유발하고 그 행동의 방향을 결정짓는 원동력을 말한다. 즉, 목표를 달성하기 위한 행동을 이끄는 힘이라고 할 수 있다. 동기는 크게 내적 동기와 외적 동기로 나뉜다.
㉡ 내적 동기: 활동 자체에 대한 즐거움이나 만족감에서 비롯되는 동기이다. 즉, 행동 그 자체가 보상이 되는 상황에서 나타나는 동기를 말한다.
㉢ 외적 동기: 외부에서 제공되는 보상이나 처벌과 같은 요인에 의해 유발되는 동기이다. 즉, 외부의 결과나 영향에 의해 행동을 하게 되는 경우가 해당한다.

| 정답 | 19 ④ 20 ②

21

〈보기〉에서 하터(S. Harter)의 유능성 동기 이론 모형에 관한 설명으로 옳은 것을 고른 것은?

―〈보기〉―
㉠ 심리적 요인과 관련된 단일 차원의 구성 개념이다.
㉡ 실패 경험은 부정적 정서를 갖게 하여 유능성 동기를 낮추고, 결국에는 운동을 중도 포기하게 한다.
㉢ 성공 경험은 자기 효능감과 긍정적 정서를 갖게 하여 유능성 동기를 높이고, 숙달(mastery)을 경험하게 한다.
㉣ 스포츠 상황에서 성공하기 위한 능력이 있다는 확신의 정도나 신념으로 특성 스포츠 자신감과 상태 스포츠 자신감으로 구분한다.

① ㉠, ㉡
② ㉠, ㉣
③ ㉡, ㉢
④ ㉡, ㉣

21 [기출 2023] 난이도 ★★☆

하터(S. Harter)의 유능성 동기 이론은 개인이 성공 경험을 통해 자기 효능감을 높이고, 이를 통해 유능성 동기가 증가하며 더 높은 목표를 추구하게 된다는 이론이다. 반대로, 실패 경험은 부정적 정서를 유발하고, 유능성 동기를 낮추어 운동이나 활동을 포기하게 만들 수 있다.

오답풀이
㉠ 심리적 요인과 관련된 다차원적 구성 개념이다.
㉣ 빌리(Vealey)의 스포츠 자신감 모형에 대한 설명이다.

22

와이너(B. Weiner)의 경기 승패에 대한 귀인 이론에 관한 설명으로 옳지 않은 것은?

① 노력은 내적이고 불안정하며 통제 가능한 요인이다.
② 능력은 내적이고 안정적이며 통제 불가능한 요인이다.
③ 운은 외적이고 불안정하며 통제 불가능한 요인이다.
④ 과제 난이도는 외적이고 불안정하며 통제할 수 있는 요인이다.

22 [기출 2022] 난이도 ★★☆

과제 난이도는 외적이고 안정적이며, 개인이 통제할 수 없는 요인이다. 즉, 과제 난이도는 개인의 힘으로 변경할 수 없는 외부의 고정된 조건이다.
와이너의 귀인 이론은 성공과 실패의 원인을 내적 요인과 외적 요인, 안정성, 통제 가능성의 세 가지 차원으로 설명한다.
- 내적/외적: 원인을 개인의 내부(능력, 노력)와 외부(과제 난이도, 운)로 구분
- 안정성: 원인을 시간이 지나도 변하지 않는 안정적인 것(능력)과 변할 수 있는 것(노력)으로 구분
- 통제 가능성: 원인을 개인이 통제할 수 있는 것(노력)과 통제할 수 없는 것(운, 과제 난이도)으로 구분

| 정답 | 21 ③ 22 ④

23

〈보기〉의 참가자를 위한 와이너(B. Weiner)의 귀인 이론에 기반한 지도 방법으로 옳은 것은?

― 〈보기〉 ―
수영 교실에 참가하는 A씨는 다른 참가자들보다 수영에 재능이 없어 기술 습득이 늦다고 생각한다. 이로 인해 결석이 잦고 운동 중단이 예상된다.

① 외적이며 안정적이고 통제 불가능한 개인의 노력에 귀인할 수 있도록 지도한다.
② 내적이며 불안정적이고 통제 가능한 개인의 노력에 귀인할 수 있도록 지도한다.
③ 외적이며 안정적이고 통제 불가능한 개인의 능력에 귀인할 수 있도록 지도한다.
④ 내적이며 안정적이고 통제 가능한 개인의 능력에 귀인할 수 있도록 지도한다.

24

〈보기〉는 성취 목표 성향 이론에서 자기 목표 성향(ego-goal orientation)과 과제 목표 성향(task-goal orientation)에 관한 예시이다. 이에 대한 해석이 옳은 것은?

― 〈보기〉 ―
인호와 영찬이는 수업에서 테니스를 배운다. 이 둘은 실력이 비슷하다. 하지만 수업에서 인호는 테니스 기술을 배우는 것보다 다른 친구와 테니스 게임을 하여 이기는 것을 좋아한다. 반면에 영찬이는 테니스 기술에 중점을 두며 테니스 기술을 연마할 때마다 뿌듯해 한다.

① 영찬이는 실현 불가능한 과제를 자주 선택할 것이다.
② 인호는 자신의 기술 향상을 위하여 개인 노력을 중시한다.
③ 인호는 영찬이를 이겼을 때 자신이 잘해서 승리하였다고 생각한다.
④ 인호는 학습의 증진과 연관된 자기-참고적(self-reference)인 목표를 가진 학생이다.

---

23 [기출 2023] 난이도 ★★☆

A씨는 수영에서 자신의 실패를 내적 요인(재능이 없다)으로 귀인하고 있으며, 통제할 수 없는 요인으로 인식하고 있다. 이런 귀인은 결과적으로 동기를 낮추고 운동을 중단하게 만드는 원인이 되므로 지도 시, 실패의 원인을 내적이며 불안정적이고 통제 가능한 요인(노력)으로 돌리게 지도해야 한다. 즉, A씨가 자신의 노력을 통해 상황을 개선할 수 있다고 생각하도록 유도하면, 결과적으로 동기가 상승하고 포기하지 않게 된다.

[오답풀이]
①, ③ 외적, 안정적 통제 불가능한 귀인 요소는 개인의 과제 난이도이다.
④ 내적, 안정적, 통제 불가능한 귀인 요소는 개인의 능력이다.

24 [기출 2021] 난이도 ★★☆

인호는 이겼을 때 자신이 더 잘했다고 생각하며, 이는 자기 목표 성향의 특징이다. 또한, 승리 자체에 중점을 두며, 타인과의 비교를 통해 자신을 평가한다.
- 자기 목표 성향(ego-goal orientation): 다른 사람과의 비교를 통해 목표를 설정하고, 다른 사람과의 비교에서 우위를 차지하는 것에 중점을 둔다.
- 과제 목표 성향(task-goal orientation): 자신과의 비교를 통해 목표를 설정하고, 자신의 기술 향상과 과정 자체에 더 중점을 둔다.

| 정답 | 23 ② 24 ③

25

〈보기〉에 제시된 심상에 대한 이론과 설명이 바르게 묶인 것은?

〈보기〉
- ㉠ 심리 신경근 이론에 따르면 심상을 하는 동안에 실제 동작에서 발생하는 근육의 전기 반응과 유사한 전기 반응이 근육에서 발생한다.
- ㉡ 상징 학습 이론에 따르면 심상은 인지 과제(바둑)보다 운동 과제(역도)에서 더 효과적이다.
- ㉢ 생물 정보 이론에 따르면 심상은 상상해야 할 상황 조건인 자극 전제와 심상의 결과로 일어나는 반응 전제로 구성된다.
- ㉣ 상징 학습 이론에 따르면 생리적 반응과 심리 반응을 함께하면 심상의 효과는 낮아진다.

① ㉠, ㉡
② ㉠, ㉢
③ ㉡, ㉢
④ ㉢, ㉣

25 [기출 2022] 난이도 ★★☆

㉠ 심리 신경근 이론(psychoneuromuscular theory): 심상을 할 때 실제 운동을 할 때와 유사한 근육의 전기적 활동이 일어난다고 본다.

㉢ 생물 정보 이론(bioinformational theory): 심상을 할 때 뇌는 실제 운동을 하는 것과 비슷하게 자극과 반응을 처리하며, 심상이 단순히 상상하는 것에 그치지 않고, 자극 정보(상황)와 반응 정보(신체 반응)로 구성된다는 것을 강조한다.

오답풀이

㉡, ㉣ 상징 학습 이론(symbolic learning theory): 심상을 통해, 운동을 실제로 수행하는 데 필요한 운동 계획이나 전략을 머릿속으로 연습하면 운동수행을 더욱 원활하게 한다고 본다. 심상은 운동 과제(역도)보다 인지 과제(바둑)에서 더 효과적이며, 생리적 반응과 심리 반응을 함께하면 심상의 효과는 높아진다.

26

〈보기〉의 ㉠에 들어갈 용어는?

〈보기〉
- 복싱 선수가 상대의 펀치를 맞고 실점하는 장면이 계속해서 떠오른다.
- 이 선수는 (㉠)을/를 높이는 훈련이 필요하다.

① 내적 심상
② 외적 심상
③ 심상 조절력
④ 심상 선명도

26 [기출 2024] 난이도 ★★☆

복싱 선수가 상대방에게 맞는 장면을 계속 떠올리는 상황은 부정적인 심상으로, 이 선수에게 필요한 것은 부정적인 심상을 통제하고, 긍정적인 심상을 떠올리는 심상 조절력이다. 심상 조절력은 원하지 않는 부정적인 장면을 떠올리지 않고, 자신에게 도움이 되는 심상을 떠올리는 능력을 말한다.

오답풀이
① 내적 심상: 자신의 몸이나 움직임을 상상하는 것
② 외적 심상: 외부에서 나를 바라보는 시각에서 심상을 떠올리는 것
④ 심상 선명도: 심상에서 상상한 이미지나 장면이 얼마나 생생하고 뚜렷하게 떠오르는지를 의미

| 정답 | 25 ② 26 ③

27

나이데퍼(R. Nideffer)의 주의 초점 모형을 근거로, 〈보기〉의 내용에 해당하는 주의의 폭과 방향은?

―〈보기〉―
배구 선수가 서브를 준비하면서 상대 진영을 살핀 후, 빈 곳을 확인하여 그곳으로 공을 서브하였다.

① 광의 외적에서 협의 외적으로
② 광의 내적에서 광의 외적으로
③ 협의 내적에서 광의 외적으로
④ 협의 외적에서 협의 외적으로

27 [기출 2021]　　난이도 ★★☆

배구 선수가 상대 진영을 살피고 빈 곳을 확인한 뒤, 그곳으로 공을 서브한 것은 먼저 넓은 시야로 상대 진영을 확인하고, 그다음 빈 곳을 집중적으로 찾아 서브를 넣는 과정이다. 이는 주의의 폭이 넓은 상태에서 좁은 상태로, 그리고 외부에 초점을 맞춘 상황이다.

- 광의(넓은)-외적: 넓은 범위에서 외부 환경을 인식하고, 주변 상황을 빠르게 살피는 주의 상태
- 협의(좁은)-외적: 외부의 특정 대상에 집중하는 주의 상태
- 광의(넓은)-내적: 여러 내적 정보를 한꺼번에 인식하고 분석하는 상태
- 협의(좁은)-내적: 특정 내부 감각이나 생각에 집중하는 주의 상태

28

〈보기〉에서 설명하는 심리 기술 훈련 기법은?

―〈보기〉―
- 멀리뛰기의 도움닫기에서 파울을 할 것 같은 부정적인 생각이 든다.
- 부정적인 생각은 그만하고 연습한 대로 구름판을 강하게 밟자고 생각한다.
- 스스로 통제할 수 있는 것에 집중하자고 다짐한다.

① 명상
② 자생 훈련
③ 인지 재구성
④ 인지적 왜곡

28 [기출 2024]　　난이도 ★★☆

인지 재구성은 부정적인 생각을 긍정적인 생각으로 바꾸는 과정을 의미한다. 〈보기〉에서 선수는 '파울을 할 것 같은 부정적인 생각'을 멈추고, '연습한 대로 구름판을 밟자'라고 긍정적인 생각으로 전환하고 있다. 이는 부정적 사고를 긍정적으로 바꾸는 인지 재구성의 예시이다.

[오답풀이]
① 명상: 마음을 가다듬고 내면에 집중하여 정신을 차분하게 유지하는 방법
② 자생 훈련: 신체적 이완과 함께 스스로를 통제하여 마음의 평정과 집중을 유지하는 훈련 방법
④ 인지적 왜곡: 상황을 왜곡하여 비합리적으로 해석하는 잘못된 사고 패턴을 말하며, 인지 재구성과 반대되는 개념

| 정답 | 27 ① 28 ③

29

심상에 관한 설명으로 옳지 않은 것은?

① 동기를 유발하고 강화한다.
② 감정을 조절하는 데 도움이 된다.
③ 스포츠 전략을 습득하고 연습할 수 있다.
④ 통증과 부상을 대처하는 데 도움이 되지 않는다.

29 [기출 2025] 난이도 ★★☆

심상이란, 마음속으로 동작이나 상황을 상상해 동기 유발, 감정 조절, 기술 습득 등에 도움을 주는 것이다. 그러므로 부상 회복과 통증 대처에도 심상은 도움이 된다.

30

캐런(A.V. Carron)의 팀 응집력 모형에서 응집력의 결정 요인으로만 묶인 것은?

① 리더십 요인(leadership factor), 발달 요인(development factor), 환경 요인(environment factor), 팀 요인(team factor)
② 리더십 요인(leadership factor), 팀 요인(team factor), 개인 요인(personal factor), 발달 요인(development factor)
③ 팀 요인(team factor), 리더십 요인(leadership factor), 환경 요인(environment factor), 개인 요인(personal factor)
④ 팀 요인(team factor), 발달 요인(development factor), 환경 요인(environment factor), 개인 요인(personal factor)

30 [기출 2021] 난이도 ★★☆

캐런(A.V. Carron)의 팀 응집력 모형에서 응집력의 결정 요인은 환경적 요인, 개인적 요인, 팀 요인, 리더십 요인이 포함된다.

| 정답 | 29 ④ 30 ③

31

〈보기〉의 ㉠, ㉡에 해당하는 용어가 바르게 나열된 것은?

― 〈보기〉 ―
교사: 줄다리기의 경우, 집단이 내는 힘의 총합은 개인의 힘을 모두 합친 것보다 작아지게 된다. 이것을 (㉠) 효과라고 해.
학생: "나 하나쯤이야." 하는 생각 때문에 힘을 덜 쓰는 거 같아요.
교사: 게으름을 피우는 사람으로 인해 집단 내에 동기의 손실이 생기는데 이것을 (㉡)이라고 해.

	㉠	㉡
①	링겔만	사회적 태만
②	링겔만	사회적 촉진
③	플라시보	사회적 태만
④	플라시보	사회적 촉진

31 [기출 2025] 난이도 ★★☆

㉠ 링겔만 효과: 집단 규모가 커질수록 개인이 발휘하는 평균적 노력이나 생산성이 감소하는 현상이다.
㉡ 사회적 태만: 집단 속에서 개인이 책임감을 덜 느끼고 의도적으로 노력이나 기여를 줄이는 행위를 말한다.

[오답풀이]
- 플라시보: 실제로는 치료 효과가 없는 자극(가짜 약, 의미 없는 처치 등)을 받았음에도 불구하고, 심리적 믿음으로 인해 긍정적인 신체적·심리적 변화가 나타나는 현상이다.
- 사회적 촉진: 타인의 존재(관중, 동료, 경쟁자 등)가 개인의 수행에 영향을 주는 현상으로, 과제 난이도와 숙련도에 따라 수행이 향상되거나 저하된다.

32

〈보기〉에 제시된 첼라드라이(P. Chelladerai)의 다차원 리더십 모델에 관한 설명으로 옳게 묶인 것은?

― 〈보기〉 ―
㉠ 리더의 특성은 리더의 실제 행동에 영향을 준다.
㉡ 규정 행동은 선수에게 규정된 행동을 말한다.
㉢ 선호 행동은 리더가 선호하거나 바라는 선수의 행동을 말한다.
㉣ 리더의 실제 행동과 선수의 선호 행동이 다르면 선수의 만족도가 낮아진다.

① ㉠, ㉡
② ㉠, ㉣
③ ㉡, ㉢
④ ㉢, ㉣

32 [기출 2022] 난이도 ★★☆

㉠ 리더십의 효율성은 상황 요인과 리더와 구성원의 특성에 의하여 결정되며, 리더의 특성은 리더의 실제 행동에 영향을 준다.
㉣ 리더의 행동은 규제 행동, 실제 행동, 선호 행동으로 구성되고, 리더의 효율성은 이 세 요인들이 얼마나 서로 일치하느냐에 달려 있다. 리더의 실제 행동과 선수의 선호 행동이 다르면 선수의 만족도는 낮아진다.

[오답풀이]
㉡ 규정 행동: 특정 상황이나 조직의 요구에 따라 리더가 반드시 수행해야 하는 행동
㉢ 선호 행동: 팀원(선수)들이 리더에게 바라는 행동

| 정답 | 31 ① 32 ②

33

와인버그(R.S. Weinberg)와 굴드(D. Gould)의 바람직한 처벌 행동 지침에 관한 내용으로 옳지 않은 것은?

① 사람이 아니라 행동을 처벌한다.
② 동일한 규칙 위반에 대해서는 동일하게 처벌한다.
③ 연습 중에 실수한 것에 대해서는 가볍게 처벌한다.
④ 규칙 위반에 관한 처벌 규정을 만들 때 선수의 의견을 반영한다.

33 [기출 2021]   난이도 ★☆☆

와인버그(R.S. Weinberg)와 굴드(D. Gould)가 제시한 바람직한 처벌 행동 지침은 연습 중에 한 실수는 처벌하지 않고 학습의 기회로 삼아야 한다는 것이 중요한 원칙이다.

34

〈보기〉에 제시된 공격성에 관한 설명과 이론(가설)이 바르게 연결된 것은?

〈보기〉
- (㉠) 환경에서 관찰과 강화로 공격 행위를 학습한다.
- (㉡) 인간의 내부에는 공격성을 유발하는 에너지가 존재한다.
- (㉢) 좌절(예: 목표를 추구하는 행위가 방해받는 경험)이 공격 행동을 유발한다.
- (㉣) 좌절이 무조건 공격 행동을 유발하지 않고, 공격 행동이 적절하다는 외부적 단서가 있을 때 나타난다.

	㉠	㉡	㉢	㉣
①	사회 학습 이론	본능 이론	좌절-공격 가설	수정된 좌절-공격 가설
②	사회 학습 이론	본능 이론	수정된 좌절-공격 가설	좌절-공격 가설
③	본능 이론	사회 학습 이론	좌절-공격 가설	수정된 좌절-공격 가설
④	본능 이론	사회 학습 이론	수정된 좌절-공격 가설	좌절-공격 가설

34 [기출 2023]   난이도 ★★☆

- 사회 학습 이론: 공격성은 다른 사람의 행동을 관찰하고 모방함으로써 학습된다.
- 본능 이론: 공격성은 인간의 본능적, 내재적 에너지에서 기인한다.
- 좌절-공격 가설: 좌절을 경험하면 공격적인 행동이 유발된다.
- 수정된 좌절-공격 가설: 좌절이 항상 공격성을 유발하는 것이 아니며, 외부적 단서가 있을 때만 공격 행동이 나타난다.

| 정답 | 33 ③   34 ①

35

스포츠와 운동의 참여가 개인의 심리적 발달에 미치는 영향에 관한 연구 주제로 적절하지 않은 것은?

① 달리기는 우울증을 조절하는가?
② 스포츠 클럽 활동은 사회성과 집중력을 높이는가?
③ 태권도 수련은 아동의 인성 발달에 도움이 되는가?
④ 수영에 대한 자신감이 수영 학습에 어떤 영향을 주는가?

35 [기출 2023, 2021]   난이도 ★★☆

④는 개인의 심리적 발달이 스포츠와 운동의 참여에 미치는 영향에 해당한다.

36

〈보기〉가 설명하는 성격 이론은?

―〈보기〉―
자기가 좋아하는 국가대표 선수가 무더위에서 진행된 올림픽 마라톤 경기에서 불굴의 정신력으로 완주하는 모습을 보고, 자기도 포기하지 않는 정신력으로 10km 마라톤을 완주하였다.

① 특성 이론
② 사회 학습 이론
③ 욕구 위계 이론
④ 정신 역동 이론

36 [기출 2024, 2023, 2022, 2021]   난이도 ★★☆

자신이 좋아하는 국가대표 선수가 마라톤을 완주하는 모습을 보고 자신도 포기하지 않는 정신력으로 마라톤을 완주하게 되었다는 것은 타인의 행동을 관찰하고 그 행동을 모방함으로써 학습이 이루어진다는 이론인 사회 학습 이론에 해당한다.

[오답풀이]
① 특성 이론: 성격을 16개의 주요 성격 특성으로 구성된다고 본다.
③ 욕구 위계 이론: 인간의 성격 발달을 '생리적 욕구 → 안전 욕구 → 사회적 욕구 → 존경 욕구 → 자아실현 욕구' 5단계 욕구 계층에 따라 설명한다.
④ 정신 역동 이론: 성격을 원초아(id), 자아(ego), 초자아(superego)의 3가지 구조로 나누어 설명하며, 무의식과 심리적 갈등이 성격 형성에 영향을 미친다고 본다.

| 정답 | 35 ④ 36 ②

37

〈보기〉에서 설명하는 운동심리 이론(모형)은?

〈보기〉
- 지역 사회가 여성 전용 스포츠 센터를 확충한다.
- 정부가 운동 참여에 대한 인센티브 정책을 수립한다.
- 가정과 학교에서 운동 참여를 지지해 주는 분위기를 만든다.

① 사회 생태 모형(social ecological model)
② 합리적 행동 이론(theory of reasoned action)
③ 자기 효능감 이론(self-efficacy theory)
④ 자결성 이론(self-determination theory)

37 [기출 2022] 난이도 ★★☆

사회 생태 모형(social ecological model)은 개인의 행동이 사회적, 환경적, 정책적 요인과 어떻게 상호 작용하는지를 설명하는 이론이다. 즉, 개인의 운동 참여는 단순히 개인의 동기나 능력뿐만 아니라, 지역 사회, 정부의 정책, 학교와 가정의 분위기 등 다양한 외부 요인들이 함께 영향을 미친다는 것이다.

[오답풀이]
② 합리적 행동 이론(theory of reasoned action): 개인의 행동이 행동에 대한 태도와 주관적 규범에 의해 형성된 의도에 따라 결정된다고 설명하는 이론
③ 자기 효능감 이론(self-efficacy theory): 특정 상황에서 주어진 과제를 성공적으로 수행할 수 있다는 개인의 믿음이 행동에 영향을 미친다는 이론
④ 자결성 이론(self-determination theory): 인간의 동기가 내적 동기와 외적 동기로 구성되며, 자율성, 유능감, 관계성이라는 세 가지 기본 심리적 욕구에 의해 결정된다는 이론

38

프로차스카(J.O. Prochaska)의 운동 변화 단계 모형(Transtheoretical Model)에 관한 설명으로 옳은 것은?

① 변화 단계와 자기 효능감과의 관계는 U자 형태다.
② 인지적 · 행동적 변화 과정을 통해 운동 단계가 변화한다.
③ 변화 단계가 높아짐에 따라 운동에 대해 기대할 수 있는 혜택은 점진적으로 감소한다.
④ 무관심 단계는 현재 운동에 참여하지 않지만, 6개월 이내에 운동을 시작할 의도가 있다.

38 [기출 2022] 난이도 ★★☆

[오답풀이]
① 변화 단계에 따라 자기 효능감은 높아질 수 있어 비례 형태라고 볼 수 있다.
③ 실제로는 변화 단계가 높아질수록 혜택이 커질 수 있다.
④ 무관심은 운동을 할 의도가 없는 상태를 의미한다.

| 정답 | 37 ① 38 ②

39

프로차스카(J. Prochaska)의 운동 변화 단계 이론(transtheoretical model)에 대한 설명으로 옳지 않은 것은?

① 준비 단계는 현재 운동에 참여하지 않지만, 6개월 이내에 운동을 시작할 의도가 있는 것을 의미한다.
② 의사 결정 균형이란 운동을 할 때 기대할 수 있는 혜택과 손실을 평가하는 것을 의미한다.
③ 인지 과정과 행동 과정과 같은 변화 과정을 통해 이전 단계에서 다음 단계로 이동하게 된다.
④ 자기 효능감은 관심 단계보다 유지 단계에서 더 높다.

40

한국스포츠심리학회가 제시한 스포츠심리상담사 상담 윤리에 대한 설명으로 옳지 않은 것은?

① 스포츠심리상담사는 자신의 전문 영역과 한계 영역을 명확하게 인식해야 한다.
② 스포츠심리상담사는 상담 과정에서 얻은 정보를 이용할 때 고객과 미리 상의해야 한다.
③ 스포츠심리상담사는 상담 효과를 알리기 위해 상담에 참여한 사람으로부터 좋은 평가나 소감을 요구해야 한다.
④ 스포츠심리상담사는 타인에게 역할을 위임할 때는 전문성이 있는 사람에게만 위임하여야 하며 그 타인의 전문성을 확인해야 한다.

---

39 [기출 2022] 난이도 ★★☆

- 무관심 단계: 변화에 대한 의지가 없는 단계
- 관심 단계: 변화에 대해 고려하고 생각하지만, 아직 행동으로 옮기지 않은 상태(6개월 이내에 운동 참여 의도 있음)
- 준비 단계: 변화를 위한 구체적인 계획을 세우는 단계로, 곧 행동을 할 의지가 있는 상태(1개월 이내에 운동 참여 의도 있음)
- 실천 단계: 실제로 행동을 시작하는 단계로, 계획된 변화를 실천하는 단계(6개월 미만 운동 실천 단계)
- 유지 단계: 행동을 장기적으로 유지하는 단계로, 변화된 행동을 지속하면서, 다시 원래 상태로 돌아가지 않도록 노력하는 단계(6개월 이상 지속 단계)

40 [기출 2024, 2022, 2021] 난이도 ★☆☆

한국스포츠심리학회가 제시한 스포츠심리상담사 상담 윤리는 스포츠심리상담사들이 상담 과정에서 준수해야 할 도덕적 원칙과 윤리적 기준을 포함한다.

- 전문성 유지
- 비밀 보장
- 내담자 복지 우선
- 이중 관계 금지
- 내담자 자율성 존중
- 타 전문가 협력
- 상담 비용 및 보상
- 전문적 관계 유지

기출이 더 풀고 싶을 때
최근 5개년 기출 바로가기

| 정답 | 39 ① 40 ③

선택 4과목
한국체육사

합격생들의 과목 선택 Tip

합격을 위한 과목 추천 ★★☆☆☆

난이도 ★★★★☆

\# 한국체육의 역사적 흐름을 다루는 과목

\# 시간 대비 효율이 너무 좋음

\# 연대기적 암기가 필요하지만, 흐름을 이해하면 학습하기가 훨씬 수월해짐

\# 학습량은 적은 편이나, 생소한 내용과 암기 사항이 많아 시험 전까지 반복 학습 필요

\# 주요 사건과 인물, 시대별 변천사를 체계적으로 정리하고 기출문제에서 자주 나오는 부분을 집중 공략하기!

최근 5개년 개념별 출제비중

> 2021년 이후 난도가 높아진 출제경향을 반영, 최근 5개년 기출 분석으로 집중 대비!

	비중	
01 체육사의 의미	6%	
02 선사 · 삼국시대	14%	★ 평균 3문제 출제
03 고려 · 조선시대	27%	★★ 평균 5~6문제 출제
04 한국 근 · 현대	53%	★★★ 평균 10~11문제 출제

최신 3개년 한국체육사 출제 경향

2025년	2024년	2023년
☑ 작년과 비슷한 난이도	☑ 작년보다 난이도 상승	☑ 난이도 평이
☑ 체제적 요소와 근대 체육 단체의 역할과 의의가 출제 포인트로 반복됨	☑ 단순한 사실을 묻는 문제의 출제비중이 줄어듦	☑ 다소 지엽적인 문제가 출제됨
☑ 현대 체육사의 출제비중이 높아졌으며, 국가 정책과 국제 무대 진출이 중점적으로 다루어짐	☑ 역사적 해석에 대한 이해가 필요한 문제가 출제됨	☑ 삼국시대와 제천 의식, 신체 활동 등 각 시대별 체육 활동과 관련된 문제가 다수 출제됨

합격 프로젝트
2026 출제 예언

1. 전통 체육 활동을 개념적으로 구분할 수 있는 능력을 묻는 문항이 출제될 것으로 예상합니다.
2. 국제 대회 참가가 '배경-내용-성과' 구조 속에서 서술되는 유형의 비중이 높을 것으로 예상합니다.
3. 사료를 제시하고, 키워드를 근거로 시대와 제도를 판별하는 문제가 강조되고 있으니 큰 맥락 속에서 개념을 찾는 연습을 할 것을 권장합니다.

01 체육사의 의미

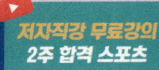

6% 역사적 맥락 속에서 체육의 의미와 그 발전 과정을 이해하면서 학습해 보자!

★ 빈출 형광펜 시험에 자주 출제되는 개념으로, 시험 직전 빈출 형광펜만 딱 보고 들어가자!

합격선을 넘는 TIP

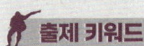

출제 키워드
기출 2024

한국체육사
- 한국체육과 스포츠의 시대별 양상을 연구함
- 한국체육과 스포츠를 역사학적 방법으로 연구함
- 한국체육과 스포츠의 과거를 살펴보고, 이를 통해 현재를 직시하고 미래를 조망함

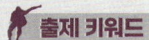

출제 키워드
기출 2022

체육사
- 연구 대상은 시간, 인간, 공간 등이 고려됨
- 체육과 스포츠를 역사적 방법으로 연구하는 학문
- 연구 내용은 스포츠문화사, 전통스포츠사 등을 포함함

1 체육사 연구 분야

1. 체육사의 정의와 의의 기출 2024, 2022, 2018, 2017

(1) 체육사의 정의
　① 사회적·시간적 변화에 따른 인류 문화의 성격과 특성을 판단하며, 스포츠와 체육의 관계를 탐구하는 학문
　② 인간이 수행해 온 신체 활동의 역사로, 인간 운동을 본질적으로 이해하기 위한 학문

(2) 체육사의 의의

역사 이해	인간의 역사를 이해함으로써 삶의 풍요로움을 가져다주는 데 목적이 있음
과거 탐구	과거에 실제로 어떤 일이 있었는지 탐구하는 학문임
연관성 분석	과거 사람들의 이상과 전후 세대와의 관계, 역사적 사실과 종교·정치·문화·경제·교육·예술·군사·지리적 환경 등과의 관계를 밝히는 데 도움을 줌

2. 체육사의 연구

(1) 체육사 연구 목적

미래 비전 제시	스포츠체육사의 연구는 과거와 현재를 분석해 미래 스포츠의 발전 방향을 예측하고 준비하는 데 필수적임
체계적인 학문으로서의 발전	스포츠의 기원과 사상, 활동의 방법과 형태, 스포츠의 기능과 역할 등을 연구하여 스포츠의 본질을 더욱 체계적으로 이해하고 발전시키는 것이 목적이 됨
스포츠철학의 원리 확립	신체 활동을 통해 얻어지는 원리들을 바탕으로 스포츠철학과 이론을 정립하고, 스포츠 현상에 대한 종합적인 이해를 높이는 것이 스포츠체육사 연구의 주요 목적 중 하나임

(2) 체육사의 연구 영역 기출 2022, 2016, 2015

통사적·세계사적 연구 영역	전 시대와 지역에 걸쳐 통합적으로 연구하는 영역
시대적·지역적 연구 영역	특정 시대나 지역을 한정하여 연구하는 영역
개별적·특수적 연구 영역	특정 스포츠 사적 내용이나 특수한 상황을 연구하는 영역

(3) 체육사의 연구 방법 `기출` 2025, 2023, 2022, 2021, 2019, 2018

기술적 연구	과거의 사실을 객관적으로 밝히는 연구로, 사료(유물, 유적, 문헌, 구전 등)에 근거하여 역사적 사실을 규명함
해석적 연구	과거의 사실을 해석하는 연구로, 역사가의 가치관과 해석 원리에 따라 사실의 의미를 평가하며 역사적 관점인 사관을 중시함

(4) 체육사의 주요 연구 분야

스포츠의 기원과 발달 과정	스포츠 활동의 기원과 발달 과정을 연구하여, 스포츠의 형성과 발전에 대한 이해를 증진시킴
스포츠와 사회적 관계	스포츠가 다양한 사회적, 문화적 요인들과 어떻게 상호 작용해 왔는지를 탐구함으로써 스포츠가 사회에 미치는 영향과 그 변화를 파악하게 함
스포츠의 기능과 역할	스포츠가 역사적으로 수행해 온 기능과 역할을 분석함으로써 스포츠의 본질과 가치를 재정립하는 데 기여함

(5) 체육사의 시대 구분 `기출` 2023, 2021, 2018

① 체육사의 시대 구분은 기존 구분 방식을 따를 필요 없이 지역과 주제에 따라 새롭게 시대 구분을 할 수 있다.
② 체육사의 시대 구분은 역사 자체 속에 있는 것이 아니라, 체육사의 종합적인 이해와 서술을 돕기 위한 역사가들의 임의적 수단이자 도구이다.
③ 대체로 부족국가·삼국시대를 고대 체육, 고려·조선시대를 중세 체육, 개화기·일제 강점기를 근대 체육, 광복 후를 현대 체육으로 본다.

합격선을 넘는 TIP

출제 키워드

`기출` 2025, 2023

체육사 연구에서의 사관(史觀)
- 체육 역사에 대한 견해, 해석, 관념, 사상 등을 의미함
- 체육 역사가의 관점으로 다양한 과거의 역사적 사실을 해석함
- 유물 사관, 관념 사관, 진보 사관, 순환 사관 등이 있음

출제 키워드

`기출` 2022, 2019

체육사 연구에서의 사료(史料)
역사를 고찰하는 데 있어 단서가 되는 자료
- 물적 사료: 유물, 유적 등
- 기록 사료: 문헌 등
- 구술 사료: 과거의 기억에 대한 증언 등

출제 키워드

`기출` 2021

한국체육사의 시대 구분
- 고대 체육은 부족국가 및 삼국시대로 구분할 수 있음
- 광복을 전후로 근대 체육과 현대 체육으로 구분할 수 있음
- 갑오경장을 전후로 전통 체육과 근대 체육으로 구분할 수 있음
- 고대 체육, 중세 체육, 근대 체육, 전통 체육으로 구분할 수도 있음

출제될 핵심 개념 02 선사·삼국시대

14%

제천 의식 등 종교적 요소와 결합된 신체 활동의 특징을 이해하고, 시대별 차이를 구분하며 학습해 보자!

★ 빈출 형광펜 시험에 자주 출제되는 개념으로, 시험 직전 빈출 형광펜만 딱 보고 들어가자!

1 선사 및 부족국가시대의 체육

1. 부족국가시대의 생활

농경 생활	• 고조선 건국 이후 본격적인 농경 생활이 시작됨 • 농업 기반의 생활이 이루어졌으며, 자연스럽게 농경 사회가 발달함
병농일치 시대	• 고구려, 옥저, 동예 등의 국가가 형성되면서 병사와 농민의 역할이 분리되지 않은 병농일치 시대가 출현함 • 병사와 농민이 한 역할을 수행하며, 생존과 방어를 위한 기술이 발전하게 됨
무사 양성	• 전투와 관련된 무사의 역할이 중요시되었으며, 무사 훈련을 통해 전투 기술이 발달함 • 제천 행사 등에서 신체적 능력이 시험되는 기회가 됨

2. 부족국가시대의 신체 활동 기출 2025, 2024, 2022, 2021, 2020, 2019, 2018, 2017, 2016

생산 기술과 전투 기술의 분화	농경 사회가 발달함에 따라 농민과 병사가 분리되었고, 그로 인해 궁술(弓術)과 기마술(騎馬術)과 같은 전투 기술이 발전함
무예의 발달	• 무기가 생산되면서 궁술과 기마술이 주요 전투 기술로 자리잡음 • 전쟁과 방어를 위한 필수적인 기술로 간주됨
제천 의식	• 고구려의 동맹, 부여의 영고, 동예의 무천, 신라의 가배, 삼한의 5월 수릿날과 10월 계절제 등과 같은 제천 의식이 있음 • 제천 의식에서는 무예, 유희, 음주가무 등 다양한 신체 활동이 행해지며, 신체적 능력이 발휘됨
민속놀이	• 부족국가시대에는 저포(樗蒲), 기마(騎馬), 수박(手搏), 격검(擊劍), 씨름 등과 같은 민속놀이가 활발히 이루어졌음 • 주로 전투 능력이나 신체적 힘을 겨루는 활동으로, 당시의 체육 활동과 밀접하게 연관됨
성년 의식	젊은 청년들이 힘과 용기를 시험하는 과정을 통해 성인으로 인정받는 의식
주술 의식	• 풍년 기원, 질병 퇴치 등을 위해 무당이나 제사장이 주관하는 주술적 의식이 행해졌으며, 춤·노래·격투와 같은 신체 활동이 수반되었음 • 주술적 체육은 집단의 단합을 도모하고 신체적 능력을 강화하는 기능을 함

합격선을 넘는 TIP

용어

농경 생활
논밭을 갈아 농사를 지으며 살아가는 생활

용어

저포
나무로 만든 주사위로 하는 놀이로, 윷놀이와 유사

수박
주로 손을 써서 상대를 공격하는 겨루기 형식의 투기 스포츠

격검
칼을 사용한 놀이나 기술

출제 키워드

기출 2024

부족국가시대 신체 활동의 목적: 성년 의식

중국 역사 자료인 『위지·동이전(魏志·東夷傳)』에 따르면, "나이 어리고 씩씩한 청년들의 등가죽을 뚫고 굵은 줄로 그곳을 꿰었다. 그리고 한 장(一丈) 남짓의 나무를 그곳에 매달고 온종일 소리를 지르며 일을 하는데도 아프다고 하지 않고, 착실하게 일을 한다. 이를 큰 사람이라 부른다."

3. 신체관과 궁술, 유희

신체관	부족국가시대에는 강한 신체를 가진 사람이 지도자가 될 수 있다는 인식이 일반화되었으며, 신체적 능력이 중요한 사회적 자질로 여겨짐
궁술과 유희	• 궁술은 활을 잘 쏘는 능력으로 동이족에게 중요한 기술 • 전통적인 유희로는 돼지, 개, 양 등의 동물을 잡는 놀이가 포함됨

2 삼국 및 통일신라시대의 체육

1. 삼국시대의 교육 기출 2023, 2022, 2015

고구려	경당(扃堂)	서민을 위한 사립 미성년 교육 기관으로, 활쏘기 등 신체 활동이 포함됨
	태학(太學)	고구려의 최초 관학으로, 국가의 관리 양성을 위한 국립 교육 기관임
백제	박사 제도(博士 制度)	교육 담당관 제도로, 모시박사, 의박사, 역박사, 오경박사 등의 다양한 박사 직책이 존재
신라	국학(國學)	귀족 자제를 대상으로 한 고등 교육 기관으로, 관리 양성을 목적으로 설립됨
	화랑도(花郎徒)	청소년 수련 단체로, 군사 교육과 신체 수련을 통해 도덕적·신체적 인간을 양성함

2. 삼국시대의 무예 기출 2025, 2024, 2023, 2022, 2021, 2020, 2019, 2018, 2017, 2016, 2015

- 삼국시대의 무예는 전투 기술과 신체적 단련을 중심으로 발전했으며, 기마술과 궁술 같은 군사 교육이 중시되었다.
- 씨름(각저), 격투기(수박) 등의 신체적 능력 강화와 정신적 수양을 통해 종합적인 무예 훈련이 이루어졌다.

각저(角觝)	씨름을 통해 힘을 겨루는 전통 무예
검술(劍術)	칼을 사용한 근접 전투 기술
궁술(弓術)	활을 쏘는 군사 훈련의 일환
기마술(騎馬術)	말을 타고 전투에 활용하는 무예
도술(刀術)	짧은 칼을 사용하는 무기술
봉술(棒術)	막대기를 사용한 방어와 공격 기술
수박(手搏)	신체를 단련하는 격투 기술
입산수행(入山修行)	산에서 신체적·정신적 수양을 시행
창술(槍術)	창을 활용한 집단 전투 기술
편력(遍歷)	야외 순회를 통해 신체적·정신적 훈련을 실시

합격선을 넘는 TIP

출제 키워드

기출 2015

삼국시대 교육 단체 및 기관
- 신라: 국학, 화랑도
- 고구려: 태학, 경당

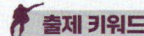

출제 키워드

기출 2024

삼국시대의 무예
- 신라: 궁전법(弓箭法)을 통해 인재를 등용함
- 고구려: 경당(扃堂)에서 활쏘기 교육이 이루어짐

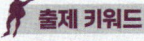

출제 키워드

기출 2021, 2018

화랑도의 신체 활동: 편력

신라 화랑들은 명산대천(名山大川)을 두루 돌아다니며 야외 활동의 과정에서 시(詩)와 음악을 비롯한 각종 신체 수련 활동을 함

합격선을 넘는 TIP

출제 키워드

기출 2023

축국
- 가죽 주머니로 공을 만들어 발로 차는 놀이
- 한 명, 두 명, 열 명 등 다양한 형식으로 실시됨
- 『삼국사기(三國史記)』와 『삼국유사(三國遺事)』에 따르면, 김유신과 김춘추가 이 신체 활동을 함

출제 키워드

기출 2021

삼국시대 민속놀이의 명칭
- 석전: 변전, 편전, 편쌈
- 마상재: 곡마, 말놀음, 말광대
- 방응: 매사냥

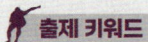 용어

광명정대
말이나 행실이 떳떳하고 정당함

출제 키워드

기출 2023, 2022, 2021

화랑도
- 진흥왕 때에 조직이 체계화됨
- 신체미 숭배 사상, 국가주의 사상, 불국토 사상이 중시됨
- 한국의 전통 사상과 세속오계(世俗五戒)를 근간으로 둠
- 세속오계는 도의교육(道義教育)의 핵심임
- 국선도(國仙徒), 풍류도(風流徒), 원화도(源花徒)라고도 불림
- 편력(遍歷), 입산수행(入山修行), 주행천하(周行天下) 등의 활동을 함

3. 삼국시대의 민속 스포츠와 오락 기출 2025, 2023, 2022, 2021, 2019, 2018, 2017, 2016, 2015

격구(擊毬)	말을 타고 막대기로 공을 쳐서 승부를 내는 경기	악삭(握槊)	주사위 게임
농주(弄珠)	구슬 놀이	위기(圍碁)	돌을 두는 게임(바둑)
도판희(跳板戲)	널판 위에서 뛰기	저포(樗蒲)	나무 던지기 놀이
마상재(馬上才)	말 위의 묘기	죽마(竹馬)	대나무 타기
방응(放鷹)	매 길들이기	축국(蹴鞠)	발 공놀이
석전(石戰)	돌 던지기 대결	투호(投壺)	화살 던지기
수렵(狩獵)	사냥	풍연(風鳶)	하늘에 띄우는 종이 연

4. 삼국시대의 체육 사상

문무의 균형과 심신의 조화	• 삼국시대 체육은 문(文)과 무(武)의 균형을 추구하며, 심신의 조화와 지덕체(知德體)의 병행을 중요시함 • 신체 활동을 통해 신체와 정신을 함께 단련하는 전인 교육을 지향함
도의 체육	효(孝)와 신(信) 등 도덕적 가치를 강조함
신의 조화	체육 활동을 통해 신체적 능력을 키우는 동시에 신체의 덕을 함양하고, 신의 조화를 이루는 것을 목표로 함
광명정대 사상	화랑도 체육은 광명정대(光明正大) 사상을 바탕으로 신체적 수련을 통해 심신의 발달을 강조함

5. 화랑도 체육 기출 2025, 2024, 2023, 2022, 2021, 2020, 2019, 2018, 2017, 2016, 2015

(1) 화랑도 체육의 목적

교육적 관점	정신과 신체를 강화하며, 윤리적 인격체의 육성과 전인적 성장을 목표로 함
군사적 관점	용맹한 전사를 훈련시키고, 실천적인 인물을 양성하려는 목적

(2) 화랑도 체육의 의미

사상적 기반	몸과 마음의 조화를 중시하며, 민족적 활력과 국민성 형성에 기여
전통적 발전	풍류도, 국선도 등으로도 불리며, 신체 수련과 인격 개발을 위한 체계로 발전

(3) 화랑도의 체육 사상

신체미의 숭배 사상	신체의 아름다움과 탁월성을 중시하며, 신체 자체에 높은 가치를 부여함
심신 일체론적 신체관	신체와 정신의 조화를 이루는 심신 일체론을 바탕으로 신체 활동이 정신적 수양과 밀접하게 연관됨

군사주의 체육 사상	국가를 위해 자신을 희생할 수 있는 용감한 인재를 육성하는 사상이 중심이었으며, 신체적 훈련과 군사 교육이 밀접하게 연결됨
불국토 사상	국토를 신성시하며 목숨을 걸어서라도 국토를 지키는 것을 목적으로, 입산수행과 편력 등 신체적 단련 활동이 수행됨

(4) 세속오계(世俗五戒)

교우이신(交友以信)	신의를 지켜 벗을 사귐
사군이충(事君以忠)	충성으로 임금을 섬김
사친이효(事親以孝)	효로 부모를 섬김
살생유택(殺生有擇)	생명을 함부로 죽이지 않음
임전무퇴(臨戰無退)	전쟁에 임하여 후퇴하지 않음

6. 삼국시대의 체육 활동 기출 2025

고구려 경당	청소년들이 결혼 전 독서와 활쏘기, 신체 활동을 연습하던 사립 교육 기관으로, 신라의 화랑도와 유사한 역할을 수행함
고구려 고분 벽화	벽화에는 씨름, 기마술, 무용 등 다양한 신체 활동이 묘사되어 있으며, 주로 군사적 훈련과 생존 기술을 위한 것으로 나타남
수렵과 기마술	고구려 벽화에 수렵과 기마술이 자주 등장하며, 이는 전투와 생존을 위한 핵심 활동으로 여겨짐
각저	씨름과 같은 형태의 각저도가 고구려 벽화에 묘사되었으며, 이는 오늘날의 씨름과 유사한 활동임
수박도	수박도는 상대와 일정한 거리를 두고 겨루는 투기 종목으로, 씨름과 유사한 방식으로 진행됨

7. 통일신라시대의 체육

국방 체육	• 삼국시대의 체육 활동은 주로 국방을 위한 체력 단련과 무예 교육이 중심이었음 • 검술, 기창술, 궁술, 기마술 등의 무예 교육이 청소년과 군사들에게 필수적인 훈련이었음
화랑도 체육	청소년들의 신체적·정신적 수련을 통해 도덕적 인간과 강인한 군사를 양성하는 데 목적을 두었음
무사 교육과 체육	국가 지도자들은 무력을 갖춘 인물로서, 군사 훈련과 체력 단련을 통한 강인한 인재를 양성하는 교육 체계를 마련함

합격선을 넘는 TIP

용어

세속오계
화랑도 체육의 기본 윤리로서, 문무를 겸비한 인재 양성에 중점을 둔 교육 체계

03 고려·조선시대

27%

고려와 조선시대의 체육 제도 및 무과 제도의 변화를 이해하고, 사회적·정치적 배경에 따른 체육의 발전 양상을 학습해 보자!

★ 빈출 형광펜 시험에 자주 출제되는 개념으로, 시험 직전 빈출 형광펜만 딱 보고 들어가자!

합격선을 넘는 TIP

1 고려시대의 체육

1. 고려시대의 사회와 교육

(1) 고려시대의 사회와 교육의 특징: 신라 말기 골품 제도의 한계로 중앙 귀족과 지방 호족 세력 간의 분열이 발생하면서, 고려는 이를 통합하며 새로운 질서를 구축하였다.

정치적·종교적 배경	유교를 정치 이념으로 삼고, 불교를 종교적 기반으로 한 중앙 집권적 사회 구조를 형성함
체계적 교육 기관	체계적인 교육 기관이 설립되었고, 과거 제도를 통해 관리 선발이 이루어짐
도덕적 합리주의	유교적 도덕에 기반한 중앙 집권적 귀족 정치를 실현함
강력한 민족의식	개성 있는 문화를 창출하여 독자적인 민족의식을 성립하고 강화함

 용어

과거 제도
시험을 통해 국가의 관리를 선발하는 제도

(2) 고려시대의 교육 기관
① 관학 기출 2024, 2022, 2021, 2016

국자감(國子監)	• 고려시대 최고의 종합 교육 기관으로, 문무관 8품 이상의 귀족 자제를 대상으로 한 고등 교육 기관 • 7재라는 전문 교육과정이 제공됨
향교(鄕校)	유학의 전파와 지방민의 교화를 목적으로 지방에 설치된 관립 학교
학당(學堂)	서민을 위한 순수 유학 기관으로, 지방의 향교와 유사한 역할을 수행함

② 사학

12도(十二徒)	최충이 설립한 사립 교육 기관으로, 인격 완성과 과거 시험 준비를 위한 교육이 이루어짐
서당(書堂)	향촌의 부락에 설치된 민간 사설 교육 기관으로, 초보적인 교육을 담당함

출제 키워드
기출 2024

7재
국자감에 설치한 7개의 전문 강좌로, 여택재(주역), 대빙재(상서), 경덕재(모시), 구인재(주례), 복응재(대례), 양정재(춘추), 강예재(무학)로 구성됨

2. 고려시대의 무예

(1) 국학 및 향학의 무예 기출 2022, 2021, 2020, 2018, 2015

국학(國學)	국학 내 강예재(講藝齋)에 무학(武學)을 통해 장수(將帥)를 육성하는 무학 교육 기관이 설치됨
향학	궁사(활쏘기)와 음악을 즐기며 신체와 정신을 함께 단련함

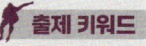 출제 키워드
기출 2021

강예재(講藝齋)
고려시대 최고의 교육 기관인 국자감에는 7재(七齋)를 두었는데, 그중 무학을 공부하는 강예재가 있었음. 이를 통해 고려의 관학에서는 무예 교육이 중시되었음을 알 수 있음

(2) 무신 정권과 무예의 발달 기출 2018

무신들의 무예 연마	무신 정권 아래에서 사병들은 무술을 연마하며 무예가 발달함
문신들의 무예 수련	문신들도 무예 수련을 게을리하지 않아 무예는 문무를 겸비한 중요한 덕목이 됨
무인 정신	충(忠), 효(孝), 의(義)에 기반한 무인 정신이 무예 수련과 깊이 연관됨

합격선을 넘는 TIP

출제 키워드
기출 2018

고려시대의 무예
- 무인 정신은 충, 효, 의에 기반을 둠
- 강예재(講藝齋)에서 무예를 장려함
- 수박희(手搏戲)는 무인 선발의 중요한 수단이었음

(3) 무예 체육 기출 2023, 2018

수박(手搏)	• 격투 기술: 맨손과 발을 이용한 격투기로서, 치기, 주먹지르기 등의 기술이 포함됨 • 무인들의 권장 활동: 명종 때, 수박 경기를 통해 승자에게 벼슬을 주어 출세를 위한 방법으로 활용됨 • 인재 선발: 수박희(手搏戲)는 인재 선발의 중요한 기준으로 활용되었으며, 무신 반란의 주요 원인 중 하나로 작용하기도 함
궁술(弓術)	• 전통의 계승: 신라시대부터 이어진 궁술로 인재를 선발하였으며, 고려시대에도 활쏘기가 중요한 평가 기준이었음 • 문무를 겸비한 인재 양성: 문무를 겸비한 인재를 양성하는 데 중요한 요소로, 관직에 오르는 자질을 평가하는 데 활용됨
마술(馬術)	말을 타며 여러 가지 자세나 기예를 보여주는 마술은 군사적 훈련의 중요한 덕목 중 하나로 간주됨

출제 키워드
기출 2023

수박(手搏)
- 관람형 무예 경기로 성행됨
- 무인 선발의 기준과 수단이 됨
- 무예 수련과 군사 훈련 등의 목적으로 활용됨

3. **고려시대의 민속 스포츠와 오락** 기출 2025, 2023, 2022, 2021, 2018, 2017, 2015

(1) 고려시대 민속 스포츠와 오락의 특징

귀족과 군사 훈련의 연계	격구와 방응 등 귀족 스포츠가 군사 훈련과 연관됨
서민과 귀족의 공통 오락	씨름, 추천 등은 서민과 귀족 모두 즐김
놀이와 군사적 목적	석전과 연날리기처럼 오락이 군사적 목적을 겸함

출제 키워드
기출 2023

민속놀이와 주요 활동 계층
- 귀족: 격구, 방응, 투호
- 서민: 추천, 각저(씨름)

(2) 귀족 사회의 민속 스포츠와 오락

격구(擊毬)	• 유래: 페르시아의 폴로 경기에서 기원한 마상 스포츠로, 말 위에서 공을 치는 형태의 놀이 • 군사 훈련: 단순한 오락을 넘어 군사 훈련의 일환으로 사용되었으며, 기창(기마 창술), 기검(기마 검술), 기사(기마 활쏘기)를 능숙하게 익히기 위한 훈련 도구로 쓰임 • 귀족 오락: 부유한 귀족 사회에서 널리 성행하였으며, 여가 활동이자 사치스러운 취미로, 사회적 지위와 여가 생활을 상징함
방응(放鷹)	• 매 사냥: 매를 길러 사냥을 하거나 매를 풀어 특정 사냥감을 잡는 수렵 활동으로, 단순한 유희를 넘어 무예 훈련의 성격을 지님 • 역사적 기원: 신라 1세기경부터 시작되어, 고려 후기에 왕이나 귀족들 사이에서 크게 번성함 • 응방도감: 고려와 조선시대에는 매의 사육과 사냥을 관리하는 관청인 응방도감이 있었을 정도로 중요하게 다루어짐

출제 키워드
기출 2021

격구(擊毬)
- 왕, 귀족, 무인들의 오락이나 스포츠로 발달함
- 말타기 능력의 향상 및 군사 훈련을 위한 수단으로 활용됨

합격선을 넘는 TIP

투호(投壺)	• 놀이 방식: 일정한 거리를 두고 화살 모양의 막대기를 항아리 안에 던져 넣는 놀이로, 기술과 집중력을 요구하는 전통 게임임 • 귀족 놀이: 왕실과 귀족 사회에서 매우 성행한 놀이로, 잔치나 모임에서 흔히 행해졌으며, 주로 정신적 교양을 기르기 위한 놀이로 여겨짐

(3) 서민 사회의 민속 스포츠와 오락

씨름	• 유사 명칭: 각저(角觝), 각력(角力), 상박(相撲), 각지(角支), 각희(角戲) 등 여러 명칭으로 불렸으며, 몸을 맞대고 상대방을 넘어뜨리는 전통적인 신체 활동임 • 성행 시기: 충혜왕 때 씨름은 전국적으로 성행하였고, 공민왕 때는 씨름꾼에게 벼슬을 줄 정도로 중요한 놀이로 대우받음 • 서민 놀이: 남녀노소 누구나 즐길 수 있는 스포츠로서, 서민들 사이에서 매우 인기가 높음
추천(鞦韆)	• 놀이 방식: 그네를 타는 놀이로, 두 줄을 잡고 몸을 흔들어 발의 탄력을 이용해 공중으로 높이 올라가는 방식의 놀이임 • 부녀자 놀이: 주로 부녀자들 사이에서 유행하였으며, 특히 단오절 같은 명절에 매우 인기를 끎 • 사회적 확산: 서민뿐만 아니라 귀족 사회에서도 널리 퍼진 민속 유희로, 남녀노소를 가리지 않고 즐겼던 놀이임
석전(石戰)	• 놀이 방식: 두 편으로 나뉘어 돌팔매질을 하여 승부를 겨루는 놀이로, 전쟁 훈련과 유사한 성격을 지님 • 정월 대보름: 주로 음력 정월 대보름날에 지방마다 열렸으며, 편쌈, 변전(邊戰), 편전(便戰) 등의 명칭으로 불리기도 함 • 다양한 목적: 단순한 놀이가 아닌 군사 훈련 및 구경거리를 제공하는 종합적인 성격을 띰
연날리기	• 역사적 기원: 삼국시대부터 이어져 온 놀이로, '지연(紙鳶)' 또는 '풍연(風鳶)'이라고도 불림 • 놀이 방식: 종이를 댓가지에 붙이고 실로 벌이줄을 매어 하늘로 띄우는 방식 • 군사적 목적: 놀이뿐만 아니라 군사적 신호를 주고받는 용도로도 사용되었으며, 고려시대에도 이 전통이 이어져 내려옴

출제 키워드

기출 2019

추천(鞦韆)
• 단오절 행사에 여성들의 놀이로 인기가 있었음
• 두 줄을 붙잡고 온몸을 흔들고 발의 탄력을 이용해 온몸을 마음껏 날려 보내는 놀이

2 조선시대의 체육

1. 조선시대의 사회와 교육 기출 2025, 2023, 2022, 2020, 2018, 2017, 2015

(1) 조선시대의 사회의 특징

① 유교주의를 국가 이념으로 삼았으며, 성리학이 발전하였다.
② 신분제를 기반으로 한 계급 사회였고, 임진왜란(1592년)과 병자호란(1636년) 같은 큰 전쟁이 발생하여 국가 방위가 중요한 사회적 문제로 부각되었다.

(2) 조선시대의 교육

① 관학(官學)

성균관(成均館)	• 조선시대 최고의 국립 교육 기관으로, 덕(德)을 함양하기 위한 교육을 중점으로 함 • 활쏘기가 교육 목표 중 하나였으며, 육일각(六一閣)에서 대사례라는 의례를 거행하여 임금과 신하가 함께 활을 쏘며 예의를 다짐 • 대사례에서 사용된 활은 예궁(禮弓) 또는 각궁(角弓)임
사학(四學)	서울에 설치된 네 곳의 교육 기관으로, 인재 양성을 위해 설립됨
향교(鄕校)	지방에서 유학 교육을 목적으로 설립된 교육 기관으로, 지역 인재를 양성하는 역할을 함
기술 교육 기관	• 다양하고 실용적인 기술 교육을 위해 잡학(雜學)과 무예 교육이 이루어짐 • 훈련원, 사정, 사적과 같은 무예 교육 기관에서는 군사 기술 및 전투 훈련이 포함됨

② 사학(私學)

서원	고등 교육 기관으로, 유학자들이 학문을 연마하고 과거 시험을 준비하는 학문적 중심지 역할을 함
서당	서민 자제들이 기초 교육을 받는 기관으로, 천자문, 사서오경을 강독하고 제술(문장 작성)과 실용적 글쓰기를 가르침

③ 과거 제도
- 문관, 무관, 기술관(잡과)을 선발하는 시험 체계이다.
- 중요한 사회적 이동 수단이자 인재 선발 방법으로 자리잡았다.
- 무과 시험
  - 군사력을 평가하고 무관을 선발하기 위한 시험이다.
  - 초시, 복시, 전시의 3단계로 구성되었으며, 고려 말기에 시작된 무과 시험은 조선시대에 걸쳐 계속 시행되었다.
  - 초시는 훈련원(서울)과 지방 병사에서 시행되었고, 복시와 전시는 병조와 훈련원에서 시행되었다.
  - 시험 내용
    (i) 무예 기술: 활쏘기(궁술), 창 쓰기(기창), 격구, 조총 등을 시험하며, 실제 전투 기술을 평가하였다.
    (ii) 병법 지식: 경서와 병서와 같은 군사 전략 서적을 통한 병법 지식을 평가하였다.
- 식년무과(式年武科)
  - 조선 시대 국가가 정기적으로(3년마다) 시행한 무관 선발 시험이다.
  - 문과·무과·잡과 중 무무(武務) 담당 관료를 등용하는 핵심 제도이다.
  - 무과 급제는 개인의 신분 상승 통로이자, 국가가 군사 역량을 제도적으로 유지·관리하는 장치로 기능하였다.

합격선을 넘는 TIP

출제 키워드

기출 2025, 2023

훈련원
- 활쏘기, 마상무예 등의 훈련을 실시
- 무인 양성과 관련된 공식적인 교육 기관
- 무경칠서(武經七書), 병장설(兵將說) 등의 병서 습득을 장려함
- 군사의 시재를 담당함

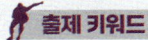

출제 키워드

기출 2022

무과 제도
- 초시, 복시, 전시 3단계로 실시됨
- 무과는 강서와 무예 시험으로 구성됨
- 증광시, 별시, 정시는 비정규적으로 실시됨

합격선을 넘는 TIP

2. 조선시대의 무예와 체육

(1) 조선시대의 무예 기출 2025, 2024, 2023, 2022, 2021, 2020, 2019, 2016, 2015

① 훈련원과 사정(射亭) 교육

훈련원	• 무예 연습과 병서 강습을 가르치며 무인을 양성하기 위한 국가 교육 기관 • 무관들이 군사 훈련과 다양한 무예를 연습함
사정(射亭)	• 전국 각지에 설치된 정자로, 무과 시험 준비를 위해 무사들이 평상시에 훈련을 하던 장소임 • 활쏘기를 포함한 여러 무예 활동이 이루어짐

② 무예 서적

고병서해제	병서에 대한 연구 서적으로, 조선시대의 무예와 군사 전략을 다룸
무예제보 (武藝諸譜)	1598년 선조의 명에 따라 한교(韓嶠)가 편찬한 우리나라에서 가장 오래된 무예서로, 6가지 무예(곤봉, 등패, 장창, 당파, 낭선, 쌍수도)를 포함함
무예신보 (武藝新譜)	1759년 사도세자의 명으로 편찬된 무예서로, 무예제보 6가지에 사도세자 주도로 12가지 기예를 추가하여 총 18기의 무예를 수록, 간행함
무예도보통지 (武藝圖譜通志)	• 1790년 정조의 명으로 편찬된 종합 무예서로, 무예제보와 무예신보를 근간으로 새로운 훈련 종목이 추가됨 • 24가지의 무예 종목이 수록되어 있으며, 한국, 중국, 일본의 서적 145종을 참고하여 편찬됨
무경칠서 (武經七書)	중국의 7대 병서(손자병법, 오자병법, 육도, 삼략, 울료자, 사마법, 이위공문대)를 묶은 명칭으로, 조선시대 무과 시험 과목으로 사용됨

(2) 조선시대의 체육 기출 2025, 2024, 2023, 2020, 2019, 2017, 2015

① 궁술(弓術)

교육적 궁술	• 유교적 교육에서 궁술은 육예(六藝) 중 '사(射)'에 해당하며, 인간 형성을 목표로 함 • 단순한 무예 기술을 넘어 인간의 도덕성과 정신적 수양을 위한 수단으로 여겨짐
스포츠로서의 궁술	• 전쟁 기술에서 스포츠로 발전하며 일종의 게임으로 변모하였음 • 궁술 대회는 기술을 겨루는 스포츠적 성격을 띠게 됨
편사(便射)	궁술 대회의 한 형태로, 5인 이상이 한 편을 이루어 각각 맞힌 화살의 총 수로 승부를 겨루는 경기

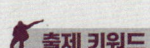

출제 키워드

기출 2024

무예서
- 『무예도보통지(武藝圖譜通志)』: 정조의 명에 따라 24기의 무예가 수록, 간행됨
- 『무예신보(武藝新譜)』: 사도세자의 주도 하에 18기의 무예가 수록, 간행됨
- 『무예제보(武藝諸譜)』: 선조의 명에 따라 전란 중에 긴급하게 필요했던 단병기 6기가 수록, 간행됨

출제 키워드

기출 2023

무예제보번역속집

최기남이 『무예제보』에 빠진 내용을 보충하여 속집으로 편찬한 군사 병법서

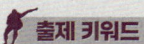

출제 키워드

기출 2024, 2023

궁술
- 군사 훈련의 수단
- 무과 시험의 필수 과목
- 심신 수련을 위한 학사사상(學射思想)이 강조됨
- 대사례, 향사례 등으로 행해짐
- 왕, 무관, 유학자 등 다양한 계층에서 실시함

② 격구(擊毬)

정의	말을 타고 나무로 만든 공을 장시라는 채로 쳐서 구문에 넣는 경기로, 승마 기술과 무예적 기량을 요구하는 경기
귀족 스포츠	주로 귀족들 사이에서 즐겼던 스포츠로, 능숙한 승마 기술과 무예적 기량이 요구됨
국방력 강화	단순한 오락이 아니라 체육의 성격을 지닌 무예 활동으로, 국방력 강화를 위한 중요한 활동으로 장려됨

③ 수박희(手搏戲): 맨손과 발을 이용하여 상대방을 공격하고 방어하는 격투 기술로, 고려시대에 이어 조선시대에도 행해졌다.

④ 이황의 활인심방(活人心方)

개념	성리학자인 이황(퇴계)이 도교의 양생 사상을 바탕으로 구성한 의학 서적
도인법(導引法)	• 도가의 건강법으로, 치료보다는 예방을 목표(무병장수를 위함)로 한 보건 체조 • 건강한 신체와 정신을 유지하기 위한 일종의 체육 활동으로 여겨짐

3. 조선시대의 민속 스포츠와 오락

(1) 귀족 사회의 민속 스포츠  2025, 2024, 2017

궁도(弓道)	민속 무예와 스포츠, 오락의 성격을 지닌 활동으로, 편사(便射)라는 형태로 주로 시행됨
봉희(棒戲)	• 공중에서 공을 쳐서 구멍에 넣는 놀이로, 현대의 골프와 유사한 형태임 • 주로 귀족 사회에서 즐겨 행해짐
방응(放鷹)	매를 훈련시켜 꿩이나 토끼와 같은 사냥감을 잡는 스포츠로, 매사냥이라고도 불리며, 귀족들이 즐기던 사냥 놀이 중 하나임
격구(擊毬)와 투호(投壺)	궁정에서 주로 행해진 유희적 스포츠
승경도(陞卿圖)	• 종경도, 승정도, 종정도라고도 함 • 놀이를 통해 조선시대의 관직에 대해 익힘

(2) 민중 사회의 유희와 스포츠 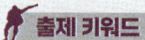 2024, 2022, 2021, 2019, 2017

장치기	긴 막대기를 쳐서 상대편의 문 안에 넣는 경기로, 일종의 팀 경기로 이루어짐
석전(石戰)	양편으로 나누어 돌을 던져 상대를 공격하는 놀이로, 일종의 전투 모의 게임으로 활용됨
씨름	• 삼국시대부터 이어져 온 전통적인 격투 스포츠로, 상대방을 넘어뜨리는 방식으로 승부를 가름 • 현재까지도 대표적인 민속 스포츠로 행해짐

합격선을 넘는 TIP

🏃 출제 키워드

기출 2025, 2020

활인심방
• 도인법(導引法)은 목 돌리기, 마찰, 다리의 굴신 등의 보건 체조임(신체 단련 방법)
• 사계양생가(四季養生歌)는 춘하추동으로 나누어 호흡하는 방법임
• 활인심서(活人心序)는 기를 조절하고, 식욕을 줄이며, 욕망을 절제하는 방법임
• 활인심을 근거로 한 조선시대에 간행된 보건 실용서

🏃 출제 키워드

기출 2022

석전
• 군사 훈련의 성격을 지니고 실시된 무예 활동
• 조선시대 왕이나 양반 또는 대중에게 볼거리 제공
• 나라의 풍속으로 단오절이나 명절에 행해졌던 활동
• 승부를 결정 짓는 놀이로서 신체적 탁월성을 추구하는 경쟁적 활동

합격선을 넘는 TIP

출제 키워드

기출 2022

조선시대 체육 사상
- 유교의 영향으로 숭문천무(崇文賤武) 사상이 만연함
- 심신 수련으로 활쏘기가 중시되었고, 학사사상(學射思想)이 강조됨
- 활쏘기를 통해서 문무겸전(文武兼全) 혹은 문무겸일(文武兼一)에 도달하고자 함

추천(鞦韆)	그네뛰기로, 주로 단오절이나 한가위에 여성들이 중심이 되어 즐겼던 민속놀이
기타 민속놀이	• 제기차기, 연날리기, 팽이치기, 썰매, 널뛰기, 줄넘기, 줄다리기 등이 성행함 • 특히 줄다리기(삭전, 갈전)는 촌락 공동체의 의례적 연중행사로 많이 행해짐

4. 조선시대의 체육 사상 기출 2022, 2018

(1) 숭문천무(崇文賤武)

의미	'글을 숭상하고 무력을 천시한다.'라는 뜻으로, 문을 숭상하고 무를 천시하는 조선시대의 가치관을 반영함
특징	• 성리학과 유교적 이념에 따라 문과 교육이 중시되었고, 무인 교육은 상대적으로 소홀히 다루어짐 • 유교와 성리학은 도덕과 인의 실천을 중시했으며, 신체적 힘을 기르는 것은 전쟁이나 폭력으로 이어질 수 있다는 이유로 경계됨

(2) 문무겸전(文武兼全)

의미	'문식(文識)과 무략(武略)을 겸비한다.'라는 뜻으로, 문과 무를 균형 있게 갖춘 인재를 강조하는 사상임
특징	• **정조의 국정 철학**: 정조는 무력을 천시하는 분위기에서 벗어나 무의 중요성을 재평가하고, 이를 통해 국정 쇄신을 도모함 • 무적 기풍을 확산시키고 국정 운영에서 무예와 군사력을 중시함 • **병전(兵典)의 변화**: 병법서와 관련된 법전을 변화시키고, 병학통(兵學通), 무예도보통지(武藝圖譜通志) 등의 병서를 간행하여, 무예와 병법 교육을 강화함

5. 한국 근대 체육의 도입

(1) 근대 체육의 도입과 정립

① 근대 체육의 도입

도입 시기	• 근대 체육은 1876년 개항 이후 1910년 한일병합에 이르기까지의 시기에 도입됨 • 제도화된 근대 체육은 1894년 갑오경장부터 시작되었다고 할 수 있음
전국적 확산	전국에 근대 학교가 설립되면서 체육은 정식 교육과정에 포함되어 체력 증진과 각종 운동 활성화에 기여함

② 근대 체육의 정립

교육 목표	고종이 내린 교육조서에서 교육의 실체는 덕육, 체육, 지육에 있다고 하여 근대적 교육의 삼대강령을 제시함
체조 과목 필수화	체조교육은 1교시 30분간 필수 과목으로 시행되었으며, 군사 교육의 일환으로 학교에서 병식 체조와 위생 체조가 실시됨
스포츠의 도입	근대 체육으로는 축구, 농구, 야구 등의 스포츠가 도입되었으며, 이는 단순한 신체 단련을 넘어 학교 스포츠 문화로 자리잡음

(2) **국권 회복 운동과 체육**: 민족의 자주성을 강조한 국권 회복 운동 시기에 체육은 민족주의 감정을 표출하는 수단으로 사용되었다.

학교체육 강화	학교에서 체육을 강화하고 운동회를 개최하여 민족 자주독립에 대한 의지를 표출하는 기회로 삼음
운동회	운동회는 일반 학생들뿐 아니라 교육계와 사회 전반에서 국가 독립의 의지를 표출하는 장으로 활용됨

합격선을 넘는 TIP

용어

국권 회복 운동
1905년 일본의 강압으로 전문과 8개 조문의 한일 병합 조약이 체결되자, 이에 반대하여 일어난 다양한 운동

출제될 핵심 개념 04 한국 근·현대

53% 일제 강점기와 독립 후 체육 단체 설립, 국제 스포츠 무대에서 한국의 성과에 집중하여 학습해 보자!

★ 빈출 형광펜 시험에 자주 출제되는 개념으로, 시험 직전 빈출 형광펜만 딱 보고 들어가자!

합격선을 넘는 TIP

출제 키워드
기출 2024

개화기의 기독교 학교: 배재학당
- 헐벗(H.B. Hulbert)이 도수 체조를 지도함
- 1885년 아펜젤러(H.G. Appenzeller)가 설립함
- 과외 활동으로 야구, 축구, 농구 등의 스포츠를 실시함

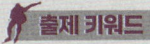

출제 키워드
기출 2023

오산학교
- 1907년에 이승훈이 설립함
- 대운동회를 매년 1회 실시함
- 체육은 주로 군사 훈련의 성격을 띰

1 개화기의 체육

1. 개화기의 교육

(1) 개화기 교육의 배경

① 문호 개방 이후 해외 시찰단 파견, 근대 학교 설립 등을 통해 개화기의 교육이 본격적으로 이루어졌다.

② 근대 학교 설립은 정부, 민간인, 선교사의 주도로 이루어졌으며, 신교육과 신문화를 수용하는 한편, 부국강병과 민족주의 확립에 기여하였다.

(2) 개화기 교육 기관의 유형 기출 2025, 2024, 2023, 2021, 2020, 2019, 2018, 2017, 2016

관립 교육 기관	• 동문학(통변학교), 육영공원과 같은 정부 주도 교육 기관이 설립됨 • 주로 통역관 양성을 목적으로 하였으며, 이를 통해 외교와 국제 무역에 필요한 인재를 양성함
민간 교육 기관	일본 제국주의에 대한 위기 의식으로 여러 민간 교육 기관이 설립됨 • **원산학사(1883년)**: 한국 최초의 근대 학교로, 문예반(50명)과 무예반(200명)으로 나뉘어 선발하였으며, 교과과정은 산수, 과학, 기계, 농업 등 실용적인 과목과 경서, 병서 등으로 이루어짐 • **숭실학교(1897년)**: 미국 북 장로교 선교사 베어드(W.M. Baird)가 기독교 정신에 입각한 중등 교육을 실시하고자 평양에 설립한 교육 기관 • **오산학교(1907년)**: 이승훈이 평안북도 정주에 세운 4년제 중등 학교로, 체육은 군사 훈련의 성격을 띠며, 민족 교육을 통해 자주독립을 이루는 것이 목표임 • **대성학교(1908년)**: 도산 안창호가 국권 회복 운동의 일환으로 평양에 설립한 중등 교육 기관으로, 인재 양성을 통한 구국 운동에 기여하였으며, 군사 교육도 포함하여 체력과 민족의식을 강화함
선교 단체 교육 기관	외국 선교 단체에 의해 설립된 교육 기관으로, 기독교 선교와 함께 근대 교육을 확산시킴 • **배재학당(1885년)**: 미국 선교사 아펜젤러(H. Appenzeller)에 의해 설립된 한국 최초의 외국인이 세운 근대적 학교로, 유교적 구습에서 벗어나 근대 문명과 과학적 지식을 교육하여 사회와 국가에 봉사할 수 있는 인재를 양성하는 것이 목표임 • **이화학당(1886년)**: 스크랜턴(M. Scranton)에 의해 설립된 한국 최초의 여성 교육 기관으로, 기독교 교육을 통해 한국 여성의 자존심을 회복하고 한국의 미래 지도자로 육성하는 것을 목표로 삼음

2. 개화기의 교육 개혁 기출 2024, 2023, 2020, 2019, 2017, 2016

(1) 갑오개혁(甲午改革)(1894~1896년)
① 조선 고종 31년(1894년), 6월 28일에 갑오개혁(갑오경장)이 시작되었다.
② 국가 기무처 주도하에 진행된 일련의 개혁 운동으로, 교육 혁신을 이루었다.
③ 군국 기무처가 주도하여 중앙 관제 개혁과 사회 제도 개혁을 의결하고 공포하였다.
④ 신분제 타파와 과거제 폐지 등을 통해 인재 등용 제도가 개혁되었으며, 근대적 국가 체계로의 변화를 추구하였다.

(2) 고종의 '교육입국조서(敎育立國詔書)'
① 1895년 고종이 교육입국조서를 반포하여 근대 교육 체계가 공식적으로 출범하였다.
② 덕양(德養), 체양(體養), 지양(智養)의 삼양(三養)을 강조하며, 소학교와 고등 과정에 체조가 정식 과목으로 채택되었다.
③ 교육 기회가 전 국민적으로 확대되었으며, 교육을 통해 국가 발전과 부국강병을 목표로 삼았다.

3. 개화기 체육의 발전 단계 기출 2023, 2019

제1기 근대 체육의 태동기 (1876~1884년)	• 무예 학교와 원산학사의 정규 교육과정에 무예 체육이 포함됨 • 체육은 군사적 필요에 의해 시작되었고, 학교 내에서 체계적인 체육 교육이 이루어지기 시작한 시기임
제2기 근대 체육의 수용기 (1885~1904년)	• 체조 과목이 기독교계 사립 학교와 관립 학교의 정규 교과과정에 편성되었고, 서구 스포츠가 도입되어 과외 활동과 운동회로 확산됨 • 배재학당(1885년), 이화학당(1886년), 경신학당(1886년)과 같은 미션 스쿨에서 체육교육이 활성화됨 • 운동회 및 체육구락부가 활발히 운영되었으며, 1895년 관립 외국어학교 설립과 1903년 황성 YMCA 조직을 통해 서구 스포츠가 도입됨
제3기 근대 체육의 정립기 (1905~1910년)	• 을사조약(1905년) 이후 체육이 정식 교과목으로 채택되며, 체조가 필수 과목으로 자리 잡음 • 기독교계 사립 학교와 일반 학교 체계에서 학교 체조, 병식 체조, 유희 등이 정식 교과로 포함됨 • 학교체육이 체계적으로 정립되며, 근대 체육의 기틀이 마련됨

4. 개화기의 스포츠

(1) 운동회의 확산 기출 2021, 2017
① 과외 활동의 일환으로 기독교계 학교와 영어 학교를 중심으로 확산되었다.
② 최초의 운동회는 영어 학교에서 개최한 화류회(花柳會)였으며, 이후 축구, 씨름 등의 종목이 포함되며 다양한 스포츠로 확산되었다.

합격선을 넘는 TIP

출제 키워드   기출 2024, 2017

고종(高宗)이 반포한 교육입국조서(敎育立國詔書)
• 1895년에 반포
• 소학교 및 고등 과정에 체조가 정식 과목으로 채택되는 데 영향을 줌
• 교육의 기회가 전 국민적으로 확대되는 데 기여함
• 덕양(德養), 체양(體養), 지양(智養)의 삼양(三養)을 강조함

용어

삼양(三養)
• 덕양(德養): 덕성 함양
• 체양(體養): 신체 단련
• 지양(智養): 지식 함양

출제 키워드 기출 2019

개화기에 발생한 체육사적 사실
• 최초의 근대 학교인 원산학사에서는 무사 양성을 위한 무예반을 개설
• 선교사들이 미션 스쿨을 설립하고, 서구의 체조 및 근대 스포츠를 도입
• 한국 최초의 여성 교육 기관인 이화학당이 설립되고, 정규 수업에 체조 수업을 실시

용어

화류회
개화기 최초의 운동회로, 영국인 교사 허치슨(Hutchison)이 시작한 행사

합격선을 넘는 TIP

출제 키워드
기출 2020

개화기에 도입된 스포츠
- 조원희는 교육 체조 보급
- 우치다(內田)는 유도 보급
- 질레트(P. Gillett)는 야구와 농구 보급
- 푸트(L. Foote)는 연식 정구(척구) 보급

(2) 근대 스포츠의 도입과 보급 기출 2020, 2018

체조	1895년 한성사범학교에서 교과목으로 채택된 후 정식 과목으로 지정됨
육상	1896년 화류회에서 처음 실시되었으며, 이후 다양한 운동회의 종목으로 자리 잡음
수영	1898년 무관 학교 칙령에서 수영 도입이 기록됨
축구	• 1890년대 구기 종목 중 가장 먼저 소개되었으며, 1896년 외국어 학교 운동회에서 종목으로 채택됨 • 1899년 삼선평에서 최초로 황성기독교청년회와 오성학교가 경기함
야구	1905년 황성기독교청년회(YMCA)에서 야구를 가르치며 도입됨
농구	1907년 황성기독교청년회의 질레트에 의해 소개됨
테니스	1884년 미국 공사관과 개화파 인사들에 의해 처음 소개되었으며, 1908년 탁지부 운동회에서 정구 종목으로 채택됨
검도	1896년 경무청에서 검도를 경찰 교습 과목으로 채택
유도	1906년 일본인 우치다료헤이에 의해 소개됨
씨름	1898년 관립·사립 학교 운동회에서 정식 종목으로 채택됨
빙상	1890년대 후반 미국인 알렌 부부에 의해 소개됨
사격	1904년 육군연성학교에서 정규 교과목으로 채택됨
사이클	1906년 첫 사이클 경기가 열렸으며, 1913년 전 조선 자전거 경기 대회에서 엄복동이 우승함
승마	1909년 근위 기병대 군사들이 기병 경마회를 개최함

(3) 체육 단체의 결성 기출 2024, 2023, 2021, 2019, 2018, 2016

대한체육구락부 (1906년)	우리나라 최초의 근대적인 체육 단체로, 회원 간의 운동회 및 친선 경기 등을 통해 한국체육의 발전에 기여함
황성기독교청년운동부 (1906년)	개화기에 결성된 체육 단체 중 가장 활발한 활동을 했으며, 터너와 질레트의 노력으로 근대 스포츠의 보급과 발전에 큰 기여를 함
대한국민체육회 (1907년)	노백린 등의 주도로 설립된 단체로, 근대 체육의 선구자로서 체육 이념 정립과 체육 관련 정책 개혁을 목표로 운영됨
대동체육구락부 (1908년)	사회 진화론적 자강론에 입각하여 체육의 가치를 국가 부강의 기반으로 인식하고, 체육 활동을 통해 강력한 국가 건설을 지향함

(4) 기타 체육 단체

회동구락부 (1908년)	연식 정구(테니스)를 처음 도입한 단체로, 1908년에 첫 정구 경기를 개최함
광학구락부 (1908년)	남상목 등이 발기하여 정신과 육체의 배양을 목표로 조직됨

출제 키워드
기출 2023

개화기의 체육 단체
- 청강체육부: 최성희, 신완식 등이 1910년에 조직하였고, 정례적으로 축구 시합을 함
- 회동구락부: 탁지부 관리들이 친목 도모를 위해 1908년에 조직하였고, 최초로 연식 정구를 도입함
- 무도기계체육부: 우리나라 최초 기계 체조 단체로서 이희두와 윤치오가 1908년에 조직함
- 대동체육구락부: 권성연, 조상호, 이기환 등이 1908년에 조직하였고, 사회 진화론적 자강론으로 체육 계몽 운동을 펼침

무도기계체육부 (1908년)	이희두와 윤치오가 주도하여 기계 체조와 군사 체육을 추진함
대한흥학회운동부 (1909년)	도쿄에서 결성된 일본 유학생 단체로, 모국에 새로운 스포츠를 보급하고 체육 계몽을 목표로 활동함
체조연구회 (1909년)	보성중학교에서 조원희 등이 모여 조직한 단체로, 우리나라 체육을 병식 체조에서 학교체육으로 개혁하는 데 크게 기여함
청강체육부 (1910년)	중동학교 재학생들이 조직한 단체로, 매주 축구 경기를 정기적으로 개최하며 우리나라 최초의 교내 체육 활동을 활성화함

5. 개화기 체육의 사상

(1) 유교주의와 체육

유교적 전통의 지속	• 19세기 말까지 지속된 유교적 전통은 민족의 역동적 기질을 약화시키는 결과를 초래함 • 유교의 영향을 받은 유교주의 사상은 신체 활동을 경시하고, 정신적 수양을 강조함으로써 체육과 스포츠의 발전에 한계를 가짐
유교의 왜곡	• 유교의 왜곡된 해석은 체육과 스포츠의 도입 및 확산에 역기능을 미침 • 체육을 육체적 활동으로 한정하며 도덕적 발전과 정신적 성장과는 별개의 것으로 여김

(2) 사회 진화론적 민족주의

다원주의적 민족주의 사상	개화기 체육 사상은 사회 진화론을 바탕으로 민족주의와 결합되었으며, 다양한 민족 정체성을 포용하는 다원주의적 민족주의 사상을 수용함
국권 상실의 위기	• 일본 제국주의의 팽창과 국권 상실이라는 민족적 위기는 체육을 통한 민족의 강건함을 강조하는 민족주의적 이데올로기로 이어짐 • 체육은 단순한 신체적 활동을 넘어 국가를 수호하는 중요한 수단으로 인식됨

(3) 체육 사상가 기출 2025, 2024, 2020, 2018

이기	• 체육 중시: 한성사범학교 교관으로 지덕체 중 '체'를 중시함 • 대한자강회 조직: 사회 진화론을 수용하였고, 대한자강회를 조직하며 민중 계몽에 헌신함
조원희	• 휘문의숙 체육 교사: 휘문의숙 체육 교사로 학교 체조의 이론적·실천적 개선을 위해 노력함 • 신편유희법 발간: 병식 체조가 어린이들에게 유해무익함을 지적하면서 미용·정용술의 신편유희법을 발간하고 일반 학생에게 학교 체조를 널리 보급함
박은식	• 문(지식) 위주의 교육 비판 • 학교체육의 중요성 강조

합격선을 넘는 TIP

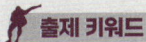

출제 키워드

기출 2018

문일평이 체육 발전을 위하여 제안한 내용
- 체육 학교를 설치하고, 체육 교사를 양성하자.
- 과목에 체조, 승마 등을 개설하자.
- 체육에 관한 학술을 연구하기 위하여 청년을 해외에 파견하자.

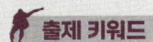

출제 키워드

기출 2024

노백린
- 체조 강습회 개최
- 체육 활동의 저변 확대를 위해 대한국민체육회 창립
- 체육 활동을 통한 애국심 고취를 위해 광무학당 설립

용어

우민화 교육
한국인을 통제하고 일본 제국주의에 순응하게 하려는 교육 방침

조선 교육령
1차에서 4차까지 단계별로 한국인 말살과 황국 신민화 교육을 강화

문일평	• **체육의 중요성 인식**: 조선일보사의 편집 고문으로, 체육을 국가의 운명을 결정짓는 중요한 영역으로 인식함 • **체육론 발표**: 태극학보에 '체육론'을 실어 신체의 중요성이 정신적 성장에 선행한다고 주장하였고 육체의 단련을 정신의 그릇을 단련하는 것으로 평가하며, 체육이 신체뿐만 아니라 정신적 성장에도 필수적이라고 강조함 • **체육 학교 설치 및 해외 파견 주장**: 체육 교사를 양성하고 체육 학교를 설치해야 한다고 주장하였으며, 체육 관련 학술 연구를 위해 청년들을 해외로 파견하는 것의 필요성을 역설함
노백린	• **구국 운동과 체육**: 신민회를 조직하여 구국 운동을 전개하고, 만주에 독립운동 전초 기지를 건설하는 계획을 세우고 고향인 송화에 광무학당을 설립하여 구국 교육 운동을 추진함 • **체육의 중요성**: 구한말 정부의 육군 참위로서, 체육을 지(智)와 덕(德)을 함께 갖춘 국민 교육의 필수적 영역이라고 주장하며 체육을 정신적·지적 교육과 동등한 가치를 지닌 요소로 간주함 • **체조 강습회 개최**: 1907년 대한국민체육회 설립 과정에서 발기인으로 참여하였으며, 병식 체조 위주의 학교체육 문제를 바로잡기 위해 체조 강습회(우리나라 최초)를 개최함
서상천	• **역도 도입·보급**: '역기'를 '역도'로 개칭하고 한국 근대 역도의 뿌리를 세움 • **체육 연구·저술**: 1926년 조선 체력 증진법 연구회를 조직하여 체육 연구 기반을 마련하였고, 『현대체력증진법』, 『현대철봉운동법』 등을 저술하며 근대적 체력 단련법을 체계화함 • **체육 단체·지도자 활동**: 해방 후 대한체조협회와 대한씨름협회 회장을 역임하며 한국 체육 단체의 제도화를 이끎

2 일제 강점기의 체육

1. 일제 강점기의 교육 기출 2025, 2020, 2017

(1) **일제 강점기 교육의 목표**: ==한국인들을 일본의 식민지 체제에 맞춰 우민화(愚民化) 교육을 시행하는 데 중점을 두었으며, 교육을 통해 한국인들을 통제하고 일본 제국주의의 체제에 순응하도록 하는 것이 목표==였다.

(2) **조선 교육령**

1차 조선 교육령 (1911~1922년)	• **배경**: 무단 정치하에서 조선인들을 충량한 국민으로 만들기 위한 우민화 교육이 추진됨 • **교육 정책**: 일본어 사용을 강제하고, 조선인들에게 일본의 생활양식과 문화에 동화되도록 강요함 • **목표**: 조선의 문화를 말살하고, 일본 제국에 충성하는 국민으로 만들기 위한 교육을 지향함

2차 조선 교육령
(1922~1938년)
	• 배경: 3·1운동 이후 한국인들의 저항이 거세지자, 이를 무마하고 조선을 효과적으로 지배하기 위해 시행됨
	• 교육 정책
	  – 일본과 비슷하게 학교 편제와 수업 연한을 조정하여 교육 체계를 재편함
	  – 제한적이나마 조선인들에게 대학 교육의 기회를 제공함
	• 목표: 한국인들의 불만을 잠재우면서도, 여전히 조선을 일본에 종속시키기 위한 체제 내 교육을 유지하려 함

3차 조선 교육령
(1938~1943년)
	• 배경: 한국 민족 말살 정책이 본격적으로 추진된 시기로, 황국 신민화 교육을 통해 조선인들을 완전히 일본인화하려는 시도
	• 교육 정책
	  – 군국주의 정치 아래서 황국 신민 교육이 강조됨
	  – 필수 과목이던 조선어를 선택 과목으로 격하하고 일본어와 일본사를 강조함
	  – '내선일체'라는 구호 아래 조선인들을 일본인과 동화시키려는 교육이 강화됨
	• 목표: 조선인을 일본 제국의 황국 신민으로 동화시키고, 일본군을 위해 활용할 수 있는 인재를 양성하는 것을 목표로 함

4차 조선 교육령
(1943~1945년)
	• 배경: 태평양 전쟁에서 일본의 패전이 예상되자, 전쟁 수행을 위해 조선인들을 전시 동원 체제로 통합하려는 교육 방침이 수립됨
	• 교육 정책
	  – 중등학교에서 조선어 교육을 삭제하고 조선어 사용을 금지함
	  – 국어 사용자(일본어 사용자)와 비사용자(조선어 사용자)의 구분을 철폐하고, 내선융화를 적극적으로 추진함
	• 목표: 조선인들이 일본 제국의 전쟁 수행에 동원될 수 있도록 황국 신민화 교육을 더욱 강화하고, 조선과 일본 간의 융합을 강조함

2. 일제 강점기의 체육 기출 2024, 2020, 2018, 2017

- 일제 강점기의 체육은 일본 제국주의의 식민 통치 목표와 일치하여 체육을 통제하고 민족주의적 체육 활동을 억제하려는 정책이 지속되었다.
- 체육은 군사적 성격을 강화하는 동시에, 일본에 순응하는 국민을 양성하는 도구로 사용되었다.

조선 교육령 공포 **초기의 체육** (1911~1914년)	• 목표: 체육교육의 목표는 일제에 순응하는 국민을 양성하는 데 맞춰졌으며, 이를 위해 병식 체조가 강조됨 • 변경 사항: 조선의 전통적인 체육을 억제하기 위해 병식 체조가 스웨덴 체조로 대체되었으며, 다양한 유희와 놀이가 체육 활동으로 도입됨 • 교사 구성: 체조 교원은 일본 군인들로 충당되어, 민족주의적 체육 활동을 철저히 규제하고 체육교육을 통제함

합격선을 넘는 TIP

출제 키워드

기출 2020

황국 신민 체조
- 군국주의 함양을 위함
- 식민지 통치 체제의 일환으로 실시됨
- 무사도 정신을 고취하기 위함

출제 키워드

기출 2024

일제 강점기의 체육사적 사실
- 체조 교수서가 편찬됨
- 학교에서 체조가 필수 과목이 됨
- 황국 신민 체조가 학교체육에 포함됨

합격선을 넘는 TIP

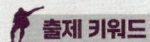
출제 키워드

`기출` 2018

일제 강점기의 학교 체조 교수 요목(1914)
- 식민지 통치하 학교체육을 본격적 궤도에 올려놓음
- 일본식 유희가 도입
- 체조과 교수 시간 이외에 여러 가지 운동을 실시

학교 체조 교수요목 제정 및 개정기의 체육 (1914~1927년)	• **목적**: 체조교육을 통일시키기 위한 일환으로 학교 체조 교수요목이 제정되었으며, 체육의 교육적 체계화가 이루어짐 • **체육교육 변화**: 군사 훈련 성격의 병식 체조는 교련으로 분리되고, 유희는 경쟁적 유희와 발표적 유희로 구분됨 • **스포츠 도입**: 야구, 수영, 테니스 등의 스포츠가 학교체육 및 과외 활동으로 도입됨 • **체육 필수화**: 체육이 학교 교육 체계에서 필수 과목으로 지정되었으며, 체육의 교수 방법과 교육 목적이 구체화됨 • **교수요목 개정**: 소학교와 보통학교에서 사용될 체조 교수서가 개발되었으며, 교육과정이 보다 정교하게 개정됨
학교체육 교수요목기의 체육 (1927~1941년)	• **체육 활동 변화**: 체조 중심의 체육교육에서 벗어나 유희와 스포츠 중심의 체육교육으로 변화가 이루어짐 • **체육 경기 대회**: 체육 활동에 대한 요구가 증가하면서, 각종 운동 경기 대회가 활발하게 개최되었으며 이는 단순한 체육 활동을 넘어선 경쟁적 스포츠 활동의 확대를 의미함
체육 통제기의 체육 (1941~1945년)	• **군국주의 체육**: 태평양 전쟁 이후, 체육은 군국주의의 필요에 따라 국민의 체력 관리를 위한 수단으로 사용되었으며 체력장 제도가 도입되어 인적 자원 확보와 체력 강화를 목표로 함 • **체육교육 변경**: 전시 체제에 맞추어 체육교육이 체조과에서 점차 체련과로 변경되었으며, 이는 전투력 강화를 위한 체육으로 전환됨 • **전쟁 수행을 위한 체육**: 전쟁 수행을 위해 체육 경기가 통제되었고, 전투 체력 강화를 위한 활동이 강화되면서 중량 운반, 수류탄 투척, 행군 등의 전투적 성격을 가진 체육 활동이 시행됨

3. 일제 강점기의 스포츠

(1) **근대 스포츠의 도입과 발달**: <mark>서구의 근대 스포츠는 기독교 선교사들에 의해 처음으로 한국에 소개되었으며, 이후 YMCA와 일본인을 통해 다양한 스포츠가 도입되고 발전</mark>하였다. `기출` 2025, 2020, 2017

출제 키워드

`기출` 2020

일제 강점기 스포츠 종목의 도입
- 권투: 1912년 유각권구락부를 조직하면서 시작
- 경식 정구: 1919년 조선철도국에서 소개
- 스키: 1921년 나카무라(中村)가 소개
- 역도: 1926년 서상천이 소개

권투	1912년 박승필이 유각권구락부를 설립하고, YMCA 체육부의 실내 운동회 정식 종목으로 등장
탁구	1914년 조선교육회와 경성구락부에서 원유회의 탁구 시합을 개최
배구	1916년 기독교청년회(YMCA)에서 도입하고 보급함
스키	1921년 일본인 나카무라에 의해 도입됨
럭비	1924년 조선철도국의 사카구치에 의해 소개됨
역도	1926년 서상천이 일본 체조 학교 졸업 후 교사로 부임하면서 국내에 소개함
골프	1921년 영국인 던트에 의해 효창원 골프 코스가 만들어지면서 시작됨

(2) 민족주의적 체육 활동 기출 2024, 2023, 2022, 2021, 2019, 2017, 2016
  ① YMCA의 스포츠 운동
   • 황성기독교청년회(YMCA)는 1903년에 초대 체육부장 터너와 총무 질레트에 의해 창설되었다.
   • 일제의 무단 통치기에도 불구하고 비교적 활발히 스포츠 활동을 전개할 수 있었던 단체 중 하나였으며, 스포츠 활동을 통해 민족의 체력을 강화하는 역할을 하였다.
   • 1916년 YMCA에 한국 최초의 실내 체육관이 건립되면서 스포츠에 참여할 기회를 제공하였다.
   • YMCA의 영향
     – 일본의 탄압에도 불구하고 한국 스포츠 발전에 기여하였다.
     – 서구 스포츠(야구, 농구, 배구 등)의 도입과 보급에 기여하였다.
     – 많은 스포츠 지도자를 배출하며, 전국적으로 스포츠를 확산하는 데 기여하였다.
  ② 체육 단체의 결성과 청년회 활동

조선체육회 (1920년)	• 1920년 대한체육회의 전신인 조선체육회가 창립되었으며, 현대 올림픽 운동과 한국 스포츠 발전을 주도함 • 첫 사업으로 1920년에 제1회 '전 조선 야구 대회'를 개최하였으며, 이는 오늘날 전국 체육 대회의 시작점이 되었음 • 1938년 일제에 의해 조선체육협회로 통합되어 해산됨
관서체육회 (1925년)	• 1925년 평양 기독교 청년 회관에서 결성되었으며, 전국적인 체육 단체로 씨름, 수상 경기, 야구, 탁구 등의 대회를 개최함 • '관서체육회 체육 대회', '전 평양 농구 연맹전' 등이 주최됨
조선체육진흥회 (1942년)	일본의 주관으로 설립

(3) 체육과 스포츠에 대한 탄압 기출 2022, 2021, 2019, 2018, 2017, 2016, 2015

체육의 교련화와 연합 운동회 탄압	• 1930년대 이후 학교체육은 군사적 팽창에 필요한 인력 양성 수단으로 변질됨 • 민족주의 정서로 발전할 수 있는 연합 운동회는 일제에 의해 금지됨 • 체육 활동이 민족의 단결과 저항 의식으로 전이될 것을 우려한 일제의 탄압이었음
체육 단체의 해산과 통합	• 조선체육회는 1920년 창립되어 한국 체육계의 중심적 역할을 했지만, 일제에 의해 강제 해산됨 • 1938년 일제는 조선체육회를 해산시키고, 조선체육협회로 통합시킴 • 조선체육협회는 1919년 조선 내의 스포츠 단체를 관리하기 위해 만들어졌으며, 재조선 일본인들을 중심으로 운영됨 • 조선체육협회는 조선 신궁 대회와 메이지 신궁 경기 대회의 대표 선발 및 출전을 주관하였음
일장기 말소 사건과 일제의 탄압	• 손기정과 남승룡은 1936년 베를린 올림픽에 참가하여 메달을 땄지만, 일장기를 달고 시상대에 올라야 했음 • 동아일보 기자 이길용은 손기정 선수의 사진에서 일장기를 지워서 보도하였고, 이는 일제의 혹독한 탄압을 받는 계기가 되었음 • 동아일보는 무기 정간 처분을 받았으며, 관련자들은 고문을 당함

합격선을 넘는 TIP

출제 키워드
기출 2017

YMCA가 우리나라 체육에 미친 영향
• 야구, 농구, 배구 등과 같은 서구 스포츠를 우리나라에 소개
• YMCA의 조직망을 통해 스포츠를 전국으로 확산시키는 데 기여
• 많은 스포츠 종목의 지도자를 배출

출제 키워드
기출 2024

조선체육회
• '전 조선 축구 대회'를 창설함
• 조선체육협회에 강제로 흡수됨
• 국내 운동가, 일본 유학 출신자 등이 설립함
• 종합 체육 대회 성격의 '전 조선 종합 경기 대회'를 개최함

출제 키워드
기출 2018, 2016

일장기 말소 사건(1936)
• 1936년 베를린 올림픽에서 손기정, 남승룡 선수 입상
• 동아일보 이길용 기자에 의해 일장기 말살 사건이 발생

합격선을 넘는 TIP

출제 키워드
기출 2025, 2021

서상천
- 조선체력증진법연구회를 설립하고, 전국의 역도 보급에 앞장섬
- 1926년 휘문고등학교 체육 교사로 부임해 역도부를 조직하고 지도함
- 대한체조협회 회장, 대한씨름협회 회장을 역임하며 한국 스포츠 발전에 공헌함
- 『현대체력증진법』, 『현대철봉운동법』 발간

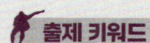

출제 키워드
기출 2024

여운형
'체육 조선의 건설'이라는 글에서 사회를 강하게 하는 것은 구성원의 힘을 강하게 하는 것이며, 그 방법은 교육이며, 여러 교육의 기초는 체육이라고 강조함

4. 일제 강점기의 체육 사상

(1) 민족주의 체육 활동

일제의 탄압에 저항	• 일제 강점기 동안 체육 활동은 단순한 신체 활동을 넘어 일제의 탄압에 저항하는 문화 운동의 일환으로 장려됨 • 한국의 민족주의자들이 민족 정체성을 지키고 자주독립을 추구하는 수단으로 체육을 활용한 것임
YMCA와 체육 단체 중심	YMCA와 같은 체육 단체들이 순수 체육을 지향하며, 외래 스포츠뿐만 아니라 민족 전통 경기를 부활하고 보급하려는 노력을 지속함
민족 전통 경기 부활	일제의 문화 말살 정책에 맞서 활쏘기, 씨름 등 민속 스포츠의 부활을 시도하였고, 민족 정체성을 보존하려는 활동이 활발히 이루어짐

(2) 일제 강점기의 체육인 기출 2025, 2024, 2023, 2022, 2021

서상천	• 조선체력증진법연구회 설립 • 휘문고 체육 교사, 대한체조협회 회장, 대한씨름협회 회장 역임
유억겸	조선기독교청년회 회장, 미군정청 문교부장, 조선체육회 회장 역임
여운형	• 조선체육회 회장 역임 • '체육 조선의 건설' 강조

(3) 민족주의적 체육 활동의 결실

근대 스포츠의 보급과 확산	• YMCA와 청년 단체들은 근대 스포츠(야구, 축구, 농구 등)의 보급과 확산을 이끎 • 스포츠 활동은 단순한 신체 단련을 넘어선 민족 정체성을 유지하는 중요한 도구가 됨
민속 스포츠의 계승과 발달	• 활쏘기, 씨름과 같은 전통 민속 스포츠는 민족주의적 활동을 통해 다시금 부흥하였으며, 민속 스포츠의 계승과 발달에 기여함 • 이는 한국의 전통적인 체육 문화를 지켜내는 중요한 수단임
민중 스포츠의 발달	다양한 스포츠 경기 대회가 개최되며 민중들이 참여하는 체육 활동이 증가하였고, 민족 단결과 저항 의식을 고취시키는 계기가 됨
저항 수단으로서의 체육	• 민족주의적 경향을 바탕으로 체육은 단순한 신체 활동이 아니라, 일제의 억압과 탄압에 저항하는 수단으로 이용됨 • 체육 활동을 통해 민족의식을 고취시키고, 한국의 독립을 위한 저항 운동의 일환으로 체육이 활용됨

3 광복 이후의 체육

1. 광복 이후의 스포츠

(1) 체육 및 스포츠 진흥 운동의 전개 양상 `기출` 2025, 2016

정치적·경제적 안정	정치적·경제적으로 안정된 사회를 바탕으로 대중 스포츠 운동이 발달
정치적 이데올로기	정치적·사회적 이데올로기에 의해 특정 단체나 정권이 스포츠 운동을 주도하면서 체육과 스포츠가 정치적 목적으로도 활용됨
엘리트 스포츠 중심	엘리트 스포츠가 중심이 되어 스포츠 문화가 확산되었고, 이후 대중 사회에 스포츠가 점차 퍼져 대중 스포츠로 자리 잡음

(2) 학교 스포츠의 발달

박정희 정권의 스포츠 혁명	박정희 정권이 등장하면서 한국 스포츠의 대변혁이 시작되었으며, 학교체육 진흥 정책이 본격적으로 추진됨
교기 육성 제도	지리적 환경이나 사회적 상황에 적합한 스포츠 종목을 발굴하고 육성하여 청소년들의 체력 강화를 목표로 한 정책
소년 체전	우수 선수를 조기 발굴하여 엘리트 스포츠를 육성하는 제도로, 청소년을 건전하고 강인한 인재로 성장시키는 데 의의를 둠

(3) 사회 스포츠의 발달

① 미군정기의 스포츠 `기출` 2025

조선체육회의 부활	1945년 조선체육동지회가 결성되고, 이는 조선체육회로 이어져 각종 경기 단체들이 설립됨
전국 체전 부활	1920년 전 조선 야구 대회를 제1회 전국 체전으로 취급하며, 전국 스포츠 대회가 다시 시작됨
국제 활동	1947년 대한올림픽위원회(KOC)가 국제올림픽위원회(IOC)에 가입하면서 국제 대회 참가가 본격화됨

② 이승만 정권기 스포츠(1948~1960년) `기출` 2016

스포츠 진흥 정책 미흡	제1공화국 시기에는 뚜렷한 스포츠 진흥 정책이 없었음
국제 스포츠 참여	• 1948년 제14회 런던 올림픽에 최초로 참가하며 '대한체육회'로 명칭 변경 • 보스턴 마라톤 대회에서 한국 선수들이 1위, 2위, 3위를 차지함 • 한국 전쟁으로 인해 1951년 아시안 게임과 1950년 전국 체육 대회가 무산됨

합격선을 넘는 TIP

출제 키워드

 2025, 2016

광복 이후 우리나라에 나타난 체육 사상 및 운동
- 엘리트 스포츠 육성을 통한 스포츠 민족주의
- 체육 진흥 운동을 통해 강건한 국민성을 함양하는 건민 체육 사상
- 국민 모두의 생활체육을 강조한 대중 스포츠 운동

출제 키워드

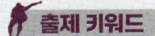 2025

광복 이후 1940년대 말까지의 체육 특징
- 미국 '신체육'의 영향
- 일제 강점기에 해산되었던 조선 체육회 재건
- 조선 체육 동지회의 결성은 민족 체육 재건의 계기가 됨
- 한국 보국단이 결성되었고, 많은 체육 교사들이 교관으로 활동함

합격선을 넘는 TIP

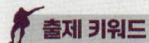

기출 2023

체력장 제도
- 1971년부터 실시
- 1973년부터는 대학 입시에 체력장 평가가 포함
- 국제 체력 검사 표준 위원회에서 정한 기준과 종목을 대상으로 함
- 시행 종목에는 100m 달리기, 제자리멀리뛰기, 팔굽혀매달리기(여자), 턱걸이(남자), 윗몸일으키기, 던지기가 있었음

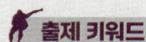

기출 2025, 2020

국민 생활체육 진흥 계획
- 국민생활체육협의회가 설립
- 서울 올림픽 기념 생활관이 건립
- '호돌이 계획'으로 생활체육 진흥을 도모하는 계기가 됨

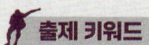

기출 2024

국제 대회에서 한국 여자 대표팀이 거둔 성과
- 탁구: 1973년 사라예보 세계 선수권 대회에서 단체전 우승 달성
- 배구: 1976년 몬트리올 올림픽 대회에서 구기 종목 사상 최초의 동메달 획득
- 핸드볼: 1988년 서울 올림픽 대회에서 당시 최강국을 이기고 금메달 획득

---

③ 박정희 정권기 스포츠(1963~1979년) 기출 2023, 2021, 2020, 2019, 2018, 2017, 2016, 2015

스포츠 혁명	박정희 정권 아래 스포츠 혁명이라 불릴 만큼 한국 스포츠 문화가 급속도로 발전함
체력은 국력	1961년 '체력은 국력'이라는 슬로건을 채택하고, 국민 재건 체조를 개정함
체육 진흥법	1962년 체육 진흥법 시행령이 공포되었고, 같은 해 체육의 날과 체육 주간이 제정됨
태릉 선수촌 건립	1966년 태릉 선수촌이 완공되었으며, 대한 체육 회관이 개관됨
체력장 제도 도입	• 1972년 체력장 제도가 도입·시행되어, 청소년들의 기초 체력을 향상시키는 데 주력함 • 1976년 사회 체육 진흥 5개년 계획 발표로 지역 사회와 직장체육이 진흥됨

④ 전두환·노태우 정권기 스포츠(1980~1993년) 기출 2025, 2022, 2020, 2019, 2018, 2017, 2016, 2015

대중 스포츠로 전환	엘리트 스포츠 중심에서 대중 스포츠 중심으로 전환되었으며, 생활체육이 확대됨
국제 스포츠 대회 유치	아시안 게임과 올림픽을 유치하여 한국 엘리트 스포츠 운동이 크게 발달함
프로 스포츠 시대	1982년 프로 야구, 1983년 프로 축구와 프로 씨름이 등장함
국민 생활체육 진흥 계획	1990년 '호돌이 계획'으로 국민생활체육협의회가 창설됨

(4) **국제 스포츠 대회 참가 역사** 기출 2025, 2024, 2023, 2022, 2021, 2020, 2019, 2018, 2017, 2016, 2015

① 1948년 제5회 스위스 생모리츠 동계 올림픽 및 제14회 런던 올림픽에 'KOREA'라는 이름으로 최초로 참가
② 1952년 한국 전쟁 중 제15회 헬싱키 올림픽 참가
③ 1954년 제2회 마닐라 아시아 경기 첫 참가
④ 1973년 사라예보 세계 선수권 대회에서 탁구 단체전 우승
⑤ 1976년 제21회 몬트리올 올림픽에서 양정모(레슬링)가 첫 올림픽 금메달 획득, 종합 순위 19위 달성, 배구에서 구기 종목 최초로 동메달 획득
⑥ 1988년 제24회 서울 올림픽 개최 및 태권도 시범 종목 채택, 핸드볼에서 당시 최강국을 이기고 금메달 획득
⑦ 1992년 제16회 알베르빌 동계 올림픽에서 김기훈(쇼트 트랙)이 금메달 획득, 바르셀로나 올림픽에서 황영조가 마라톤 우승
⑧ 1999년 제4회 동계 아시아 경기 개최(강원도)
⑨ 2000년 제27회 시드니 올림픽에서 태권도가 올림픽 정식 종목으로 채택
⑩ 2002년 제17회 월드컵 축구 대회를 일본과 공동 개최, 4강 진출
⑪ 2018년 평창 동계 올림픽 개최

(5) 광복 이후의 체육인 기출 2022

김성집	1948년 런던 올림픽 역도 동메달리스트로, 해방 후 최악의 조건에서 우리나라의 국호로 동메달을 획득
민관식	태릉 선수촌을 준공하고 대한체육회 회장으로 활동, 다양한 활동을 통해 대한민국의 스포츠 발전을 이룩함
양정모	1976년 몬트리올 올림픽 레슬링 금메달리스트, 해방 이후 한국 최초의 올림픽 금메달 획득
김연아	2010년 벤쿠버 동계 올림픽 피겨 스케이팅 금메달리스트, 동계 올림픽에서 세계 신기록으로 금, 은메달 획득
김일	씨름 선수 천하장사 출신이자 프로 레슬링 세계 챔피언 획득
조오련	1970년, 1974년 아시안 게임 자유형 2관왕 및 한국 신기록 갱신, 대한해협 횡단 및 독도 사랑을 실천함

(6) 광복 이후의 체육 사상 기출 2025, 2016

건민주의 (健民主義)	• 박정희 정권이 주도한 체육 진흥 운동의 바탕이 된 사상으로, 건전하고 강인한 국민성을 함양하기 위해 체육과 스포츠 진흥 운동을 범국민적으로 추진 • 건민주의는 부강한 국가를 위해 건전한 국민성을 먼저 길러야 한다는 신념 체계에서 비롯됨
국가주의와 엘리트주의	• 체육 진흥 운동을 민족주의 운동의 일환으로 바라보았으며, 엘리트 선수들은 민족의 자존심과 탁월성을 상징하는 인물로 여겨짐 • 국가주의에 기초한 엘리트 체육 정책은 체육과 스포츠의 대중화와 함께 우수 선수 육성을 위한 다양한 법안과 조치로 이어짐

(7) 남북 체육 교류 기출 2025, 2023, 2022, 2021, 2019, 2018, 2015

남북 통일 축구 대회	1990년 평양과 서울에서 남북 통일 축구 대회가 번갈아 열림
단일팀 구성	1991년 지바 세계 탁구 선수권 대회 및 세계 청소년 축구 선수권 대회에서 남북 단일팀 구성
공동 입장	2000년 시드니 올림픽, 2004년 아테네 올림픽에서 남북이 공동 입장
태권도 시범 경기	2002년 태권도 시범 경기 개최

2. 한국체육의 오늘

(1) 한국체육의 발달 과정

1차 교육과정	1953년, 한국체육의 발족
2차 교육과정	경험 중심 교육과정
3차 교육과정	행동 중심 교육과정
4차 교육과정	생활 중심 교육과정

합격선을 넘는 TIP

출제 키워드

기출 2022

조오련
- 제6회, 제7회 아시아 경기 대회에서 수영 종목 400m, 1,500m 2관왕 2연패
- 2008년 독도 33바퀴 회영 (回泳)
- 2020년 스포츠 영웅으로 선정되어 2021년 국립묘지에 안장

출제 키워드

기출 2025, 2023, 2021

남북 스포츠 단일팀 구성

1990년 남북 체육 장관 회담의 결과, 1991년 사상 첫 남북 스포츠 단일팀이 구성됨. 제41회 지바 세계 탁구 선수권 대회에 남북 단일팀으로 참가한 코리아 팀은 여자 단체전에서 세계를 제패했으며, 제6회 포르투갈 세계 청소년 축구 대회에도 청소년 대표팀이 남북 단일팀으로 참가하여 8강 진출이라는 위업을 달성함

합격선을 넘는 TIP

5차 교육과정	국가 주도의 교육 정책에 따라 교육과정의 기준을 제시
6차 교육과정	편성 운영 체계를 개선하여 국가와 지역, 학교의 역할을 분담
7차 교육과정	학생 중심의 교육과정으로 국민 공통 기본 교육과정을 구성하고, 학생 능력에 맞는 수준별 교육과정을 도입

(2) 생활체육

① 다양한 계층의 사람들이 능력에 따라 체육 활동에 참여하여 삶을 향상시키는 것을 목적으로 한다.

② 1960년대 이후 배구 대회가 활성화되었고, 1983년부터는 체육 청소년부가 생겨서 생활체육의 정책적 기반을 마련하였다.

③ 1980년대에는 국민 생활체육 진흥 종합 계획이 수립되고, 1989년부터는 생활체육회가 각 시·도지부를 설립하여 생활체육의 기반을 확장하였다.

(3) 엘리트체육

① 1920년대에 전국 규모의 야구 대회를 통해 엘리트체육이 시작되었다.

② 1980년대에는 올림픽 유치 등의 성과로 인해 한국체육계의 위상이 높아졌다.

③ 태릉 선수촌의 건립과 더불어 한국체육의 전반적 발전을 도모하게 되었다.

(4) 세계 속의 한국 스포츠

① 1948년 런던 올림픽을 시작으로 1988년 서울 올림픽, 2018년 평창 동계 올림픽 등 한국의 국제 스포츠 대회 유치가 활발해졌다.

② 국제 대회에서의 성과와 함께, 국내에서도 체육법 제정을 통해 체육 진흥의 기반이 마련되었다.

3. 한국체육의 미래

체육 환경의 변화와 전망	• 체육 활동에 대한 관심이 점점 더 높아지며, 여성의 경제 활동 증가와 복지 정책으로 인해 생활체육에 대한 요구가 커짐 • 미래에는 시설과 장비, 공간 등의 변화에 따라 체육 환경의 개선이 필요하고, 이를 위해 국민과 정부의 노력이 필수적임
통일 한국의 체육 발전	통일 후 체육 분야에 대한 정책적 논의가 필요하며, 남북 간의 체육 교류가 평화를 증진하는 중요한 방법 중 하나로 인식됨
21세기 체육의 미래	• 미래 체육은 정보화, 세계화, 지방화, 무한 경쟁, 문화화 등의 특징을 가지며, 이는 스포츠 기술의 고도화로 이어질 것임 • 스포츠의 과학적 접근이 중요해지고, 엘리트체육과 대중 스포츠의 균형이 필요하다는 점이 강조됨

다 이해했어? 기출지문으로 확인하고 넘어가기

#기출지문과 동일하거나 유사한 지문 반복출제 #개념복습과 실력점검 효과를 동시에!

출제될 개념 찾아가기

01 체육사는 과거에 일어난 사건들을 나열하는 것에 그치지 않고, 그 속에서 연속성과 변화를 추적하는 학문이다. O X P.198

02 부족국가시대에는 궁술과 기마술이 주요 전투 기술로 발달하였으며, 이는 당시 전쟁과 방어를 위한 필수적인 기술로 간주되었다. O X P.200

03 고구려의 경당은 서민을 대상으로 한 사립 교육 기관으로, 활쏘기와 같은 신체 활동이 포함되었다. O X P.201

04 화랑도의 체육 사상은 신체의 아름다움과 탁월성을 중시하며, 신체 자체에 높은 가치를 부여하는 신체미의 숭배 사상을 포함하고 있다. O X P.202

05 화랑도의 세속오계 중 사군이충은 효로 부모를 섬긴다는 의미이다. O X P.203

06 고려시대의 국자감은 문무관 8품 이상의 귀족 자제를 대상으로 한 고등 교육 기관으로, 7재라는 전문 교육과정을 제공하였다. O X P.204

07 고려시대 무신 정권에서는 오직 무신들만 무예를 연마하였고, 문신들은 무예 수련을 하지 않았다. O X P.205

08 격구(擊毬)는 말을 타거나 뛰어다니며 막대기로 공을 쳐서 승부를 겨루는 놀이이다. O X P.205

09 조선시대 성균관은 덕을 함양하기 위한 국립 교육 기관으로, 활쏘기가 주요 교육 목표 중 하나였고 대사례라는 의례를 통해 활쏘기 교육이 이루어졌다. O X P.207

10 조선시대 무예도보통지는 1790년 정조의 명으로 편찬된 종합 무예서로, 24가지의 무예 종목이 수록되어 있다. O X P.208

11 대성학교는 이승훈이 평양에 설립한 학교로, 민족 교육을 통해 자주독립을 이루는 것을 목표로 삼았다. O X P.212

12 문일평은 '체육론'에서 체육이 신체뿐만 아니라 정신적 성장에도 필수적이라고 주장하였다. O X P.216

13 일제 강점기에 학교에서 체조가 필수 과목이 되었다. O X P.217

14 1938년 조선체육회는 일제의 탄압에 의해 조선체육협회로 강제 통합되었으며, 민족주의적인 체육 활동이 금지되었다. O X P.219

15 1980년대 전두환·노태우 정권기에는 엘리트 스포츠 중심에서 대중 스포츠 중심으로 전환되었고, 프로 야구와 프로 씨름이 등장하였다. O X P.222

| 정답 | 01 O 02 O 03 O 04 O 05 X 06 O 07 X 08 O 09 O 10 O 11 X 12 O 13 O 14 O 15 O

이것만 풀어도 합격선을 넘는 대표기출 40제

#최근5개년 기출분석 #최다빈출키워드 엄선수록 #40개만 풀어도 과락 없이 합격!

01

체육사에 관한 설명으로 옳지 <u>않은</u> 것은?

① 연구 대상은 시간, 인간, 공간 등이 고려된다.
② 체육과 스포츠를 역사적 방법으로 연구하는 학문이다.
③ 연구 내용은 스포츠문화사, 전통스포츠사 등을 포함한다.
④ 체육과 스포츠의 도덕적 가치 판단에 대한 근거를 탐구한다.

01 [기출 2024, 2022]   난이도 ★☆☆

체육사는 체육과 스포츠의 역사적 배경을 연구하는 학문이다. ④는 스포츠윤리에 관한 설명이다.

02

〈보기〉에서 한국체육사에 관한 설명으로 옳은 것만을 모두 고른 것은?

─────〈보기〉─────
㉠ 한국체육과 스포츠의 시대별 양상을 연구한다.
㉡ 한국체육과 스포츠를 역사학적 방법으로 연구한다.
㉢ 한국체육과 스포츠에 관한 역사 기술은 사실 확인보다 가치 평가가 우선한다.
㉣ 한국체육과 스포츠의 과거를 살펴보고, 이를 통해 현재를 직시하고 미래를 조망한다.

① ㉠, ㉡, ㉢
② ㉠, ㉡, ㉣
③ ㉠, ㉢, ㉣
④ ㉡, ㉢, ㉣

02 [기출 2024, 2022]   난이도 ★★★

㉠ 한국체육과 스포츠의 시대별 양상을 연구하는 것은 한국체육사의 중요한 연구 주제 중 하나이다.
㉡ 한국체육과 스포츠를 역사적 맥락에서 발전 과정을 연구하는 학문이다.
㉣ 한국체육과 스포츠의 과거를 살펴보고 이를 통해 현재를 직시하고 미래를 조망하는 것이 체육사의 중요한 역할이다.

오답풀이
㉢ 한국 체육사에서 역사의 기술은 사실 확인이 우선이며, 가치 평가는 그다음에 이루어진다.

| 정답 | 01 ④ 02 ②

03

한국체육사의 시대 구분에 관한 내용으로 적절하지 않은 것은?

① 고대 체육은 부족국가 및 삼국시대로 구분할 수 있다.
② 광복을 전후로 고대 체육과 전통 체육으로 구분할 수 있다.
③ 갑오경장을 전후로 전통 체육과 근대 체육으로 구분할 수 있다.
④ 고대 체육, 중세 체육, 근대 체육, 전통 체육으로 구분할 수 있다.

03 [기출 2021] 난이도 ★★☆

고대 체육은 주로 부족국가 및 삼국시대에서 중세 이전까지의 체육 활동을 의미하며, 전통 체육은 주로 조선시대와 같은 전통 사회에서의 체육을 포함한다.
한국체육사는 고대, 중세, 근대, 전통 체육으로 시대별로 구분할 수 있으며, 각 시대의 사회적 배경과 체육의 성격에 따라 나뉜다.
광복을 전후로 근대 체육과 현대 체육으로 구분할 수 있다.

04

체육사 연구에서 사관(史觀)에 관한 설명으로 적절하지 않은 것은?

① 유물 사관, 관념 사관, 진보 사관, 순환 사관 등이 있다.
② 체육 역사에 대한 견해, 해석, 관념, 사상 등을 의미한다.
③ 체육 역사가의 관점으로 다양한 과거의 역사적 사실을 해석한다.
④ 과거 체육과 관련된 사실을 담고 있는 역사 자료를 의미한다.

04 [기출 2023, 2022, 2021] 난이도 ★★☆

사관은 단순히 과거 사실을 기록하는 역사 자료를 의미하는 것이 아니라, 역사를 바라보는 관점이나 해석하는 방법을 의미한다. 체육사에서 사관은 유물 사관, 관념 사관, 진보 사관, 순환 사관 등 다양한 형태로 존재하며, 체육 역사에 대한 전반적인 해석과 평가를 돕는 개념이다.

05

부족국가와 삼국시대의 신체 활동이 포함된 제천 의식에 관한 설명으로 옳지 않은 것은?

① 신라 – 가배
② 부여 – 동맹
③ 동예 – 무천
④ 마한 – 10월제

05 [기출 2024, 2022] 난이도 ★★☆

부여의 제천 의식은 '영고'이고, 동맹은 고구려의 제천 의식이다.

| 정답 | 03 ② 04 ④ 05 ②

06

〈보기〉에 해당하는 부족국가시대 신체 활동의 목적은?

〈보기〉

중국 역사 자료인 『위지·동이전(魏志·東夷傳)』에 따르면, "나이 어리고 씩씩한 청년들의 등가죽을 뚫고 굵은 줄로 그곳을 꿰었다. 그리고 한 장(一丈) 남짓의 나무를 그곳에 매달고 온종일 소리를 지르며 일을 하는데도 아프다고 하지 않고, 착실하게 일을 한다. 이를 큰사람이라 부른다."

① 주술 의식
② 농경 의식
③ 성년 의식
④ 제천 의식

06 [기출 2024] 난이도 ★★☆

〈보기〉의 내용은 부족국가시대 신체 활동 중 하나인 성년 의식에 해당한다. 중국 역사 자료에 따르면, 젊은 청년들이 힘과 용기를 시험하는 과정을 통해 성인으로 인정받는 의식이 있었다. 이 의식은 청소년들이 나무를 메고 운송하는 등 신체적인 능력을 발휘하여 성인으로서의 자격을 갖추었음을 나타내며, 이를 통해 공동체 내에서 성인의 지위를 획득하였다.

07

〈보기〉에서 삼국시대의 무예에 관한 설명으로 옳은 것만을 모두 고른 것은?

〈보기〉

㉠ 신라: 궁전법(弓箭法)을 통해 인재를 등용하였다.
㉡ 고구려: 경당(扃堂)에서 활쏘기 교육이 이루어졌다.
㉢ 백제: 훈련원(訓鍊院)에서 무예 시험과 훈련이 행해졌다.

① ㉠, ㉡
② ㉠, ㉢
③ ㉡, ㉢
④ ㉠, ㉡, ㉢

07 [기출 2024, 2022] 난이도 ★★☆

오답풀이
㉢ 훈련원은 조선시대의 무예 교육 기관이다.

| 정답 | 06 ③ 07 ①

08

〈보기〉에서 설명하는 신체 활동은?

〈보기〉
- 가죽 주머니로 공을 만들어 발로 차는 놀이였다.
- 한 명, 두 명, 열 명 등 다양한 형식으로 실시되었다.
- 〈삼국사기(三國史記)〉와 〈삼국유사(三國遺事)〉에 따르면 김유신과 김춘추가 이 신체 활동을 하였다.

① 석전(石戰)
② 축국(蹴鞠)
③ 각저(角抵)
④ 도판희(跳板戲)

08 [기출 2023, 2022]   난이도 ★☆☆

축국은 공을 만들어 발로 차는 놀이로, 주로 여러 명이 팀을 이루어 즐겼던 전통적인 신체 활동이다. 한 명 또는 여러 명이 참여할 수 있었으며, 다양한 방식으로 경기가 진행되었다. 또한, 이 활동은 『삼국사기』와 『삼국유사』에도 기록되어 있으며, 김유신과 김춘추가 축국을 통해 신체 활동을 즐겼다는 기록이 있다. 축국은 우리나라의 오래된 전통 스포츠 중 하나로, 체력 증진과 유희적인 요소가 결합된 놀이였다.

[오답풀이]
① 석전(石戰): 돌 던지기 대결
③ 각저(角抵): 씨름을 통해 힘을 겨루는 전통 무예
④ 도판희(跳板戲): 널판 위에서 뛰기

09

〈보기〉에 해당하는 신체 활동으로 옳은 것은?

〈보기〉
- 군사 훈련의 성격을 지니고 실시된 무예 활동
- 조선시대 왕이나 양반 또는 대중에게 볼거리 제공
- 나라의 풍속으로 단오절이나 명절에 행해졌던 활동
- 승부를 결정 짓는 놀이로서 신체적 탁월성을 추구하는 경쟁적 활동

① 투호(投壺)
② 저포(樗蒲)
③ 석전(石戰)
④ 위기(圍碁)

09 [기출 2024, 2023, 2022]   난이도 ★★☆

석전은 군사 훈련의 성격을 지니고 있었으며, 신체적 단련을 위해 무예 활동으로 실시되었다. 조선시대에는 왕이나 양반 계층에게도 구경거리로 제공되었으며, 나라의 축제 때나 단오절과 같은 명절에 행해지기도 하였다.

[오답풀이]
① 투호(投壺): 화살 던지기
② 저포(樗蒲): 나무 던지기 놀이
④ 위기(圍碁): 돌을 두는 게임

10

화랑도에 관한 설명으로 옳지 <u>않은</u> 것은?

① 진흥왕 때에 조직이 체계화되었다.
② 세속오계는 도의교육(道義敎育)의 핵심이었다.
③ 신체미 숭배 사상, 국가주의 사상, 불국토 사상이 중시되었다.
④ 서민층만을 대상으로 한 청소년 단체로서 문무겸전(文武兼全)을 추구하였다.

10 [기출 2023, 2022, 2021]   난이도 ★★☆

화랑도는 귀족 청소년을 대상으로 한 조직이었으며, 서민층을 대상으로 하지 않았다.

| 정답 | 08 ②   09 ③   10 ④

11

〈보기〉에서 설명하는 화랑도의 정신은?

―――――― 〈보기〉 ――――――
- 사군이충(事君以忠): 충성심으로 임금을 섬김
- 사친이효(事親以孝): 효심으로 부모를 섬김
- 교우이신(交友以信): 신의를 바탕으로 벗을 사귐
- 살생유택(殺生有擇): 생명체를 함부로 죽이지 않음
- 임전무퇴(臨戰無退): 전쟁에 임할 때는 후퇴를 삼감

① 삼강오륜(三綱五倫)
② 세속오계(世俗五戒)
③ 문무겸비(文武兼備)
④ 사단칠정(四端七情)

11 [기출 2023, 2021] 난이도 ★★☆

화랑도의 정신은 충성(사군이충), 효도(사친이효), 신의(교우이신), 불살생(살생유택), 전쟁에서의 용기(임전무퇴) 등을 바탕으로 하는데, 이는 세속오계의 내용과 일치한다.

12

고려시대 최고 교육 기관과 무학(武學) 교육이 바르게 연결된 것은?

① 성균관(成均館) – 대빙재(待聘齋)
② 성균관(成均館) – 강예재(講藝齋)
③ 국자감(國子監) – 대빙재(待聘齋)
④ 국자감(國子監) – 강예재(講藝齋)

12 [기출 2024, 2022, 2021] 난이도 ★★☆

국자감은 고려시대에 국방 관련 무학 교육이 이루어진 곳으로, 군사 교육을 담당한 강예재(講藝齋)와 관련이 있다.

오답풀이
- 성균관: 고려시대에 유학 교육을 담당하는 최고 교육 기관
- 대빙재: 국자감에 설치된 7재 중 하나로 상서를 교육

13

고려시대의 무예에 대한 설명으로 적절하지 않은 것은?

① 무학 교육 기관으로 강예재(講藝齋)가 있었다.
② 수박희(手搏戱)는 인재 선발을 위한 기준이 되었다.
③ 격구(擊毬)는 군사 훈련 및 여가 활동으로 성행하였다.
④ 종합 무예서인 『무예도보통지』가 편찬되었다.

13 [기출 2023, 2021] 난이도 ★★☆

『무예도보통지』는 조선 후기에 편찬된 종합 무예서로, 고려시대와는 관련이 없다.

| 정답 | 11 ② 12 ④ 13 ④

14

체육 관련 사료 중 문헌 사료가 아닌 것은?

① 고구려 무용총 수렵도(狩獵圖)
② 무예도보통지(武藝圖譜通志)
③ 조선체육계(朝鮮體育界)
④ 손기정 회고록(回顧錄)

14 [기출 2021]　　난이도 ★★☆

고구려 무용총 수렵도는 사냥 장면을 묘사한 벽화로, 고구려인의 생활과 사냥 문화를 이해하는 데 중요한 자료이지만, 체육과 직접적인 관련이 없다.

[오답풀이]
② 무예도보통지: 조선시대의 무예 체계와 관련된 문헌
③ 조선체육계: 조선시대 체육 활동에 관한 기록
④ 손기정 회고록: 손기정 선수의 체육 활동 경험을 기록한 문헌

15

조선시대 궁술(弓術)에 관한 설명으로 옳지 않은 것은?

① 육예(六藝) 중 어(御)에 해당하였다.
② 무관 선발을 위한 무과 시험의 한 과목이었다.
③ 대사례(大射禮), 향사례(鄕射禮) 등으로 행해졌다.
④ 왕, 무관, 유학자 등 다양한 계층에서 실시하였다.

15 [기출 2024, 2023, 2022]　　난이도 ★☆☆

조선시대의 궁술(弓術)은 육예(六藝) 중 '사(射)'에 해당하며, '어(御)'는 말과 마차를 다루는 기술을 의미한다.

16

조선시대 서민층이 주로 행했던 민속놀이와 설명으로 옳지 않은 것은?

① 추천(鞦韆): 단오절이나 한가위에 즐겼다.
② 각저(角觝), 각력(角力): 마을 간의 겨룸이 있었는데, 풍년 기원의 의미도 있었다.
③ 종정도(從政圖), 승경도(陞卿圖): 관직 체계의 이해와 출세 동기 부여의 뜻이 담겨 있었다.
④ 삭전(索戰), 갈전(葛戰): 농경 사회의 대표적인 민속놀이로서 농사의 풍흉(豐凶)을 점치는 의미도 있었다.

16 [기출 2024, 2021]　　난이도 ★★☆

종정도와 승경도는 관직 체계를 이해하거나 출세와 관련된 놀이로 귀족층에서 즐기는 놀이에 포함된다.

| 정답 | 14 ① 15 ① 16 ③

17

조선시대 줄다리기에 관한 설명으로 옳은 것은?

① 동채싸움으로도 불리며, 동네별로 승부를 겨루는 경기였다.
② 상박(相搏)으로도 불리며, 궁정과 귀족 사회의 유희 중 하나였다.
③ 추천(鞦韆)으로도 불리며, 단오절에 많이 행해진 서민들의 민속놀이였다.
④ 삭전(索戰), 갈전(葛戰)으로도 불리며, 촌락 공동체의 의례적 연중행사로 성행했다.

17 [기출 2021] 난이도 ★★☆

줄다리기는 조선시대 민중 스포츠에 포함되며, 삭전, 갈전으로도 불리며, 촌락 공동체의 의례적 행사로 많이 행해졌다.

18

〈보기〉에서 설명하는 조선시대의 무예서는?

〈보기〉
- 24종류의 무예가 기록되어 있다.
- 정조의 명령하에 국가사업으로 간행되었다.
- 한국, 중국, 일본의 관련 문헌 145권이 참조되었다.

① 무예제보(武藝諸譜)
② 무예신보(武藝新譜)
③ 무예도보통지(武藝圖譜通志)
④ 무예제보번역속집(武藝諸譜翻譯續集)

18 [기출 2024, 2023] 난이도 ★☆☆

『무예도보통지』는 24종류의 무예를 기록한 종합적인 무예서로, 정조의 명령에 의해 국가사업으로 간행되었다. 이 책은 조선뿐만 아니라 한국, 중국, 일본의 관련 문헌 145권을 참고하여 작성되었으며, 체계적인 무예 교육을 목적으로 하였다. 『무예도보통지』는 조선시대의 군사 훈련과 무예 발전에 큰 기여를 했으며, 오늘날에도 중요한 무예 사료로 평가받고 있다.

[오답풀이]
① 무예제보: 1598년 한교가 편찬한 우리나라에서 가장 오래된 무예서로, 6가지 무예(곤봉, 둔패, 장창, 당파, 낭선, 쌍수도)를 포함한다.
② 무예신보: 1759년 사도세자의 명으로 편찬된 무예서로, 18기의 무예가 수록, 간행되었다.
④ 무예제보번역속집: 최기남이 무예제보에 빠진 내용을 보충하여 속집으로 편찬한 군사 병법서이다.

19

개화기에 도입된 근대 스포츠 종목으로 옳지 <u>않은</u> 것은?

① 농구
② 역도
③ 야구
④ 육상

19 [기출 2022, 2021] 난이도 ★★☆

개화기 당시 우리나라에 도입된 근대 스포츠 종목으로는 농구, 야구, 육상 등이 있다. 농구와 야구는 주로 서양 문물의 영향을 받아 학교와 군대에서 적극적으로 보급되었고, 육상 또한 체육교육의 일환으로 도입되었다. 반면, 역도는 근대 스포츠로서 개화기보다는 이후에 발전된 종목이다.

| 정답 | 17 ④ 18 ③ 19 ②

20

〈보기〉의 설명에 해당하는 교육 기관은?

〈보기〉
이 교육 기관은 개항 이후에 일본인의 세력에 대응하고자 설립되었다. 무예반에는 병서와 사격 과목이 편성되었고, 무예반의 비중이 컸다는 점에서 무비자강(武備自强)을 지향했다고 할 수 있다.

① 무예 학교
② 원산학사
③ 배재학당
④ 경신학당

20 [기출 2025]   난이도 ★★☆

원산학사는 개항 이후 함경도 원산 지역의 유력 인사들이 1883년 설립한 근대적 교육기관이다. 일반 교과 외에도 무예반을 두어 병서, 사격, 무예 교육을 실시했으며, 이는 일본 세력에 대응하기 위한 무비자강의 성격을 강하게 띠었다.

[오답풀이]
① 무예 학교: 대한제국 시기에 설립된 무관 양성 기관으로, 주로 군사 교육을 담당했다.
③ 배재학당: 1885년 미국 감리교 선교사 아펜젤러가 세운 서양식 학교로, 무예반 설치와는 거리가 있다.
④ 경신학당: 미국 북장로회가 세운 교육 기관으로, 신학문 위주의 교육을 실시하였다.

21

개화기 이화학당에 관한 설명으로 옳은 것은?

① 스크랜턴(M. Scranton)이 설립한 학교로 체조를 교과목으로 편성했다.
② 아펜젤러(H. Appenzeller)가 설립한 학교로 각종 서구 스포츠를 도입했다.
③ 이승훈이 설립한 학교로 민족정신의 고취와 체력 단련을 위해 체육을 강조했다.
④ 개화파 관리들이 중심이 되어 설립한 학교로 무사 양성을 위한 무예반을 설치했다.

21 [기출 2021]   난이도 ★★☆

스크랜턴(E.M. Scranton)이 설립한 이화학당은 체조를 교과목으로 편성하며 체육교육을 강조하였다.

[오답풀이]
② 아펜젤러(H. Appenzeller)는 한국 최초로 외국인이 세운 학교인 배재학당의 설립자이다.
③ 이승훈은 오산학교를 설립하여 민족정신과 교육을 강조하였다.
④ 원산학사에 대한 설명이다.

| 정답 | 20 ②   21 ①

22

〈보기〉에서 설명하는 개화기 민족 사립 학교는?

――〈보기〉――
- 1907년에 이승훈이 설립하였다.
- 대운동회를 매년 1회 실시하였다.
- 체육은 주로 군사 훈련의 성격을 띠었다.

① 오산학교 ② 대성학교
③ 원산학사 ④ 숭실학교

22 [기출 2023, 2021] 난이도 ★☆☆

오산학교는 1907년 이승훈에 의해 설립되었으며, 대운동회를 매년 개최하는 등 체육 활동을 강조한 학교이다. 특히, 체육은 군사 훈련의 성격을 띠며 학생들의 체력 증진과 함께 민족의식을 고취하는 중요한 역할을 하였다. 당시 민족 독립운동에도 기여하는 인재를 양성하는 데 중점을 두었다.

오답풀이
② 대성학교: 도산 안창호가 국권 회복 운동의 일환으로 평양에 설립한 중등 교육 기관이다.
③ 원산학사: 한국 최초의 근대 학교로, 교과과정은 산수, 과학, 기계, 농업 등 실용적인 과목과 경서, 병서 등으로 이루어졌다.
④ 숭실학교: 미국 북 장로교 선교사 베어드(W.M. Baird)가 기독교 정신에 입각한 중등 교육을 실시하고자 평양에 설립한 교육 기관이다.

23

고종(高宗)의 교육입국조서(敎育立國詔書)에서 삼양(三養)이 표기된 순서는?

① 덕양(德養), 체양(體養), 지양(智養)
② 덕양(德養), 지양(智養), 체양(體養)
③ 체양(體養), 지양(智養), 덕양(德養)
④ 체양(體養), 덕양(德養), 지양(智養)

23 [기출 2024, 2022] 난이도 ★★☆

교육입국조서는 조선 말기 근대 교육의 기틀을 마련한 중요한 문서로, 국가의 발전과 인재 양성을 위한 교육의 중요성을 강조하였다. 이 문서에서 언급된 삼양은 덕성(德)을 기르는 덕양, 신체를 단련하는 체양, 지식을 함양하는 지양을 뜻하며, 이를 통해 전인적인 인간 양성을 추구하였다. 이러한 삼양의 순서와 강조는 교육의 방향성을 제시하고 국가의 미래를 이끌 인재를 키우는 데 기여한 중요한 원칙이었다.

24

개화기 운동회에 대한 설명으로 적절한 것은?

① 일본인을 위한 축제의 성격이었다.
② 최초 시행 종목은 야구와 농구였다.
③ 우리나라 최초의 운동회는 화류회(花柳會)이다.
④ 학교 정규 교과목으로 학생에게 장려된 활동이었다.

24 [기출 2024, 2023, 2021] 난이도 ★★☆

개화기 당시 우리나라에서는 근대 교육의 일환으로 운동회가 도입되었으며, 최초의 운동회는 '화류회'로 불렸다. 화류회는 주로 학교에서 주최한 체육 활동 행사로, 학생들이 다양한 신체 활동을 통해 건강을 증진하고 단결심을 기르는 데 목적이 있었다. 이러한 운동회는 학교 교육과 밀접하게 연결되어 있었고, 학생들에게 체육 활동의 중요성을 강조하는 기회가 되었다.

| 정답 | 22 ① 23 ① 24 ③

25

다음 중 개화기에 설립된 체육 단체가 아닌 것은?

① 대한체육구락부
② 조선체육진흥회
③ 대동체육구락부
④ 황성기독교청년회운동부

26

일제 강점기에 발생한 체육사적 사실이 아닌 것은?

① 경성 운동장이 설립되어 각종 스포츠 대회가 개최되었다.
② 덴마크의 닐스 북(Neils Bukh)이 체조 강습회를 개최했다.
③ 남승룡이 베를린 올림픽 경기 대회에서 동메달을 획득했다.
④ 영어 학교에서 한국 최초의 운동회인 화류회가 개최되었다.

27

〈보기〉에 해당하는 시기는?

― 〈보기〉 ―
황국 신민 체조와 함께 검도, 유도, 궁도 등을 여학생에게 실시하게 한 것은 일본의 군국주의를 드러낸 것이었다. 학교체육의 성격은 점차 교련에 가까워졌다.

① 무단 통치기
② 민족 말살기
③ 문화 통치기
④ 체조 교습기

---

25 [기출 2024, 2023, 2021] 난이도 ★★☆

개화기에 설립된 체육 단체에는 대한체육구락부, 대동체육구락부, 황성기독교청년회운동부 등이 있다.

오답풀이
조선체육진흥회는 일제 강점기 시기에 체육 활동을 통제하고 민족 운동을 억제하기 위한 단체로 설립되었다.

26 [기출 2024, 2021] 난이도 ★★☆

화류회는 개화기에 최초로 개최된 운동회이다.

27 [기출 2020] 난이도 ★★☆

민족 말살기는 중일 전쟁 이후 조선인을 일본 제국의 신민으로 만들기 위한 황국 신민화 정책이 강력히 추진된 시기이다. 이 시기 학교체육에서는 황국 신민 체조, 검도·유도·궁도 등 일본식 무도가 강조되었고, 남녀 학생 모두 교련적 성격의 체육 활동에 동원되었다.

오답풀이
① 무단 통치기: 헌병 경찰에 의한 강압 통치로, 학교체육은 일본식 병식 체조가 중심이었으나 황국 신민 체조는 아직 등장하지 않았다.
③ 문화 통치기: 일부 문화·체육 활동이 허용되었고, 학생 운동과 민족주의 체육이 전개되었다.
④ 체조 교습기: 학교에 처음 체조가 교과로 편성된 대한 제국 시기로, 군사적 색채는 있었지만 일본식 무도의 강제 보급은 이루어지지 않았다.

| 정답 | 25 ② 26 ④ 27 ②

28

〈보기〉에서 설명하는 올림픽 경기 대회는?

〈보기〉
- 1936년에 개최된 하계 올림픽 경기 대회였다.
- 마라톤 경기에서 손기정 선수가 금메달을 획득하였다.
- 일장기 말소 사건은 국권 회복과 민족의식을 일깨워 주는 계기가 되었다.

① 제9회 암스테르담 올림픽 경기 대회
② 제11회 베를린 올림픽 경기 대회
③ 제14회 런던 올림픽 경기 대회
④ 제17회 로마 올림픽 경기 대회

28 [기출 2021]   난이도 ★☆☆

1936년에 독일 베를린에서 개최된 올림픽 마라톤 경기에서 손기정 선수는 금메달을 획득했지만 일장기를 달고 시상대에 올라야 했다. 동아일보 기자 이길용은 손기정 선수의 사진에서 일장기를 지워서 보도하였고, 이는 일제의 혹독한 탄압을 받는 계기가 되었다.

29

〈보기〉의 괄호 안에 들어갈 일제 강점기의 체육 사상가는?

〈보기〉
( )은/는 '체육 조선의 건설'이라는 글에서 사회를 강하게 하는 것은 구성원의 힘을 강하게 하는 것이며, 그 방법은 교육이며, 여러 교육의 기초는 체육이라고 강조하였다.

① 박은식   ② 조원희
③ 여운형   ④ 이기

29 [기출 2024]   난이도 ★★★

여운형은 '체육 조선의 건설'이라는 글에서 체육이 사회의 힘을 강화하고, 구성원의 힘을 기르는 중요한 수단임을 강조하였다. 또한, 교육의 기초가 체육에 있다고 주장하며, 체육을 통해 국민의 단결과 체력 증진을 도모하는 것이 사회 발전에 필수적이라고 보았다.

[오답풀이]
① 박은식: 문(지식) 위주의 교육을 비판하고 학교체육의 중요성을 강조하였다.
② 조원희: 휘문의숙 체육 교사로 학교 체조의 이론적·실천적 개선을 위해 노력하였으며, 신편유희법을 발간하였다.
④ 이기: 한성사범학교 교관으로 지덕체 중 '체'를 중시하였고, 대한자강회를 조직하였다.

| 정답 | 28 ② 29 ③

30

〈보기〉에서 설명하는 인물은?

〈보기〉
- 조선체력증진법연구회를 설립하고, 전국의 역도 보급에 앞장섰다.
- 1926년 휘문고등학교 체육 교사로 부임해 역도부를 조직하고 지도했다.
- 대한체조협회 회장, 대한씨름협회 회장을 역임하며 한국 스포츠 발전에 공헌을 했다.

① 서상천 ② 백용기
③ 이원용 ④ 유억겸

30 [기출 2023, 2021] 난이도 ★★☆

서상천은 조선체력증진법연구회를 설립하여 전국의 역도 보급에 앞장섰으며, 1926년부터 휘문고등학교 체육 교사로 부임하여 역도부를 조직하고 지도하였다. 또한, 대한역도회 회장, 대한씨름협회 회장을 역임하며 한국 스포츠 발전에 크게 기여하였다. 서상천은 한국체육사에서 중요한 인물로, 특히 역도와 씨름 분야에서 큰 업적을 남긴 지도자이다.

31

일제 강점기 체육에 관한 사실로 옳지 않은 것은?

① 박승필은 1912년에 유각권구락부를 설립해 권투를 지도하였다.
② 조선체육협회는 1920년에 동아일보사 후원으로 설립되었다.
③ 서상천은 1926년에 일본체육회 체조 학교를 졸업하고, 역도를 소개하였다.
④ 손기정은 1936년에 베를린 올림픽 경기 대회 마라톤 종목에서 우승하였다.

31 [기출 2024, 2023, 2022] 난이도 ★★☆

② 조선체육회에 대한 설명이다.
③ 서상천은 1923년 일본 체조 학교를 졸업하고, 1926년 휘문고등학교 체육 교사로 부임해 역도부를 조직하고 지도하였다.
※ 출제 오류로 복수 정답 처리됨

| 정답 | 30 ① 31 ②, ③

32

<보기>에서 광복 이후 1940년대 말까지 체육의 내용을 모두 고른 것은?

― <보기> ―
㉠ 미국 '신 체육'의 영향을 받았다.
㉡ 일제 강점기에 해산되었던 조선체육회가 재건되었다.
㉢ 조선 체육 동지회의 결성은 민족 체육 재건의 계기가 되었다.
㉣ 학도 호국단이 결성되었고, 많은 체육 교사들이 교관으로 활동하였다.

① ㉠, ㉡
② ㉡, ㉢
③ ㉠, ㉡, ㉢
④ ㉠, ㉡, ㉢, ㉣

32 [기출 2025] 난이도 ★★☆

㉠ 광복 직후 미군정(1945~1948) 시기, 미국 교육 제도의 영향을 받아 '신 체육'이 도입되었다.
㉡ 광복 직후, 일제 강점기에 강제로 해산되었던 조선체육회가 재건되었다.
㉢ 조선 체육 동지회가 결성되면서 민족 체육 재건의 중요한 계기가 되었다.
㉣ 1946년 국방 경비대와 관련하여 학도 호국단이 조직되었고, 많은 체육 교사들이 교관으로 활동하였다.

33

<보기>의 내용을 실시한 정권의 스포츠 정책이 아닌 것은?

― <보기> ―
1982년 중앙 정부 행정 조직에 체육부를 신설하고, 아시안 게임과 올림픽 경기 대회의 준비, 우수 선수 육성 및 지도자의 양성 등 스포츠 진흥 운동을 전개하였다.

① 프로 축구의 출범
② 프로 야구의 출범
③ 태릉 선수촌의 건립
④ 국군 체육 부대의 창설

33 [기출 2021] 난이도 ★★☆

전두환·노태우 정권기에는 1982년 중앙 정부 행정 조직에 체육부가 신설되었고, 아시안 게임과 올림픽 경기에 대비하여 우수 선수 육성 및 지도자 양성을 위한 정책들이 전개되었다. 이 시기에 프로 축구와 프로 야구가 출범하였으며, 국군 체육 부대도 창설되었다.
태릉 선수촌은 1966년 박정희 정권기에 건립되었다.

34

<보기>의 설명과 관련 있는 정부는?

― <보기> ―
• 서울 아시아 경기 대회를 개최하였다.
• 정부 행정 조직에서 체육부가 신설되었다.
• 프로 야구, 프로 축구, 프로 씨름 등이 출범하였다.

① 박정희 정부
② 전두환 정부
③ 노태우 정부
④ 김영삼 정부

34 [기출 2021] 난이도 ★☆☆

전두환 정부 시기인 1980년대에는 서울 아시아 경기 대회가 개최되었고, 정부 조직에 체육부가 신설되었다. 이 시기에 프로 야구, 프로 축구, 프로 씨름 등 다양한 프로 스포츠 리그가 출범하면서 한국 스포츠 산업이 크게 발전하였다. 이러한 체육 정책은 국민의 관심을 스포츠로 돌리고, 국가 이미지 제고 및 사회적 단합을 도모하는 데 중요한 역할을 하였다.

| 정답 | 32 ④ 33 ③ 34 ②

35

〈보기〉의 설명과 관련 있는 정권은?

― 〈보기〉 ―
- 호돌이계획 시행
- 국민생활체육회(구 국민생활체육협의회) 창설
- 1988년 서울 올림픽 경기 대회의 성공적인 개최
- 제41회 지바 세계 탁구 선수권 대회 남북 단일팀 출전

① 박정희 정권
② 전두환 정권
③ 노태우 정권
④ 김영삼 정권

35 [기출 2022, 2021]   난이도 ★★☆

노태우 정권 시기에는 국민 생활체육 진흥 종합 계획(일명 '호돌이 계획')을 시행하였고, 국민생활체육회(구 국민생활체육협의회)가 창설되었다. 1988년 서울 올림픽이 성공적으로 개최되었으며, 제41회 지바 세계 탁구 선수권 대회에 남북 단일팀이 출전하여 역사적인 성과를 이루었다.

36

〈보기〉는 국제 대회에서 한국 여자 대표팀이 거둔 성과를 나타낸 것이다. 〈보기〉의 ㉠~㉢에 들어갈 종목이 바르게 제시된 것은?

― 〈보기〉 ―
- (㉠): 1973년 사라예보 세계 선수권 대회에서 단체전 우승 달성
- (㉡): 1976년 몬트리올 올림픽 대회에서 구기 종목 사상 최초의 동메달 획득
- (㉢): 1988년 서울 올림픽 대회에서 당시 최강국을 이기고 금메달 획득

	㉠	㉡	㉢
①	배구	핸드볼	농구
②	배구	농구	핸드볼
③	탁구	핸드볼	배구
④	탁구	배구	핸드볼

36 [기출 2024]   난이도 ★★☆

- 1973년 사라예보 세계 선수권 대회에서 여자 탁구 대표팀은 단체전 우승을 달성하였다.
- 1976년 몬트리올 올림픽 대회에서 여자 배구 대표팀은 동메달을 획득하며 한국 여자 배구의 국제적 성과를 기록하였다.
- 1988년 서울 올림픽 대회에서 여자 핸드볼 대표팀이 당시 최강국을 이기고 금메달을 획득하며 큰 성과를 거두었다.

| 정답 | 35 ③   36 ④

37

'국민 생활체육 진흥 종합 계획(호돌이 계획)'의 내용으로 옳은 것은?

① 제24회 서울 올림픽 경기 대회를 대비하고자 추진되었다.
② 「국민체육진흥법」을 제정하여 스포츠 클럽을 체계적으로 관리하였다.
③ 국민 생활체육 협의회의 창설과 직장체육 프로그램의 보급이 이루어졌다.
④ 전문체육 육성을 위한 국가대표 연금과 우수 선수 병역 혜택의 제도가 도입되었다.

37 [기출 2025] 난이도 ★★☆

국민 생활체육 진흥 종합 계획(호돌이 계획)은 1980년대 후반 국민 생활체육을 진흥하기 위해 수립된 정책이다. 주요 내용에는 국민 생활체육 협의회 창설, 직장체육 프로그램 보급, 지역 사회 중심 생활체육 확산 등이 포함되었다.

오답풀이
① 서울 올림픽 대비 정책은 경기력 향상 위주의 엘리트 체육 정책에 해당한다.
② 「국민체육진흥법」 제정(1962)은 호돌이 계획보다 앞선 시기의 제도이다.
④ 국가대표 연금, 우수 선수 병역 혜택은 전문체육 우대 정책으로, 호돌이 계획은 생활체육 진흥을 목표로 하였다.

38

〈보기〉에 해당하는 인물은?

〈보기〉
- 제6회, 제7회 아시아 경기 대회에서 수영 종목 400m, 1,500m 2관왕 2연패
- 2008년 독도 33바퀴 회영(回泳)
- 2020년 스포츠 영웅으로 선정되어 2021년 국립묘지에 안장

① 조오련
② 민관식
③ 김일
④ 김성집

38 [기출 2022] 난이도 ★☆☆

조오련은 제6회, 제7회 아시아 경기 대회에서 수영 종목 400m, 1,500m 2관왕을 차지한 대한민국의 수영 선수이다. 2008년에는 독도 33바퀴 회영을 성공하며 독도 수호의 상징적 인물로 자리매김하였다. 2020년에는 스포츠 영웅으로 선정되었고, 2021년 국립묘지에 안장되었다. 조오련은 대한민국 수영 역사에서 매우 중요한 인물로, 그의 업적은 후대에 큰 영향을 미쳤다.

오답풀이
② 민관식: 태릉 선수촌을 준공하고, 대한체육회 회장을 역임하였다. 다양한 활동을 통해 대한민국 스포츠의 발전을 이룩하였다.
③ 김일: 씨름 선수 천하장사 출신에서 프로 레슬링 세계 챔피언을 획득하였다.
④ 김성집: 1948년 런던 올림픽에서 역도 동메달 획득, 해방 후 우리나라 국호로 동메달을 획득했다는 점에서 의의가 있다.

| 정답 | 37 ③ 38 ①

39

1991년에 남한과 북한이 단일팀으로 탁구 종목에 참가한 국제 경기 대회는?

① 제41회 지바 세계 선수권 대회
② 제27회 시드니 올림픽 경기 대회
③ 제28회 아테네 올림픽 경기 대회
④ 제6회 포르투갈 세계 청소년 선수권 대회

40

2002년 제17회 월드컵 축구 대회에 관한 설명으로 옳지 않은 것은?

① 한국은 4강에 진출했다.
② 한국과 일본이 공동으로 개최했다.
③ 한국과 북한이 단일팀을 구성하여 출전했다.
④ 한국의 길거리 응원은 온 국민 문화 축제의 장이었다.

---

39 [기출 2023, 2021]   난이도 ★★☆

남한과 북한이 단일팀으로 탁구 종목에 참가한 국제 경기 대회는 1991년 '제41회 지바 세계 선수권 대회'이다. 이 대회는 1991년 일본 지바에서 개최되었으며, 남북 단일팀은 여자 단체전에서 중국을 꺾고 우승하는 성과를 거두었다. 이 대회는 남북한이 하나의 팀으로 국제 대회에 참가한 상징적인 사건으로, 스포츠를 통한 화합과 협력의 상징으로 기록되었다.

40 [기출 2022]   난이도 ★☆☆

2002년 월드컵은 한국과 일본이 공동으로 개최한 대회로, 한국은 4강에 진출하며 역사적인 성과를 거두었다. 한국의 길거리 응원은 국민적 문화 축제로 자리 잡으며 세계적으로 큰 관심을 받았다.

기출이 더 풀고 싶을 때
최근 5개년 기출 바로가기

| 정답 | 39 ①   40 ③

선택 5과목
운동생리학

합격생들의 과목 선택 Tip

합격을 위한 과목 추천 ★★☆☆☆

난이도 ★★★★☆

\# 인체의 구조와 기능, 운동 시 일어나는 생리적 변화를 다루는 과목

\# 2024년 필기시험에서 어려웠다고 난리난 과목

\# 전문용어가 많아 처음에는 어렵게 느껴질 수 있으나, 중요 단어를 중심으로 내용을 잘 이해해 두면 무난히 문제를 풀 수 있음

\# 어렵지만 꼭 공부해야 할 과목, 공부해 두면 써 먹을 일 많은 과목

\# 반복적인 요약정리로 개념 강화하기!

최근 5개년 개념별 출제비중

2021년 이후 난도가 높아진 출제경향을 반영, 최근 5개년 기출 분석으로 집중 대비!

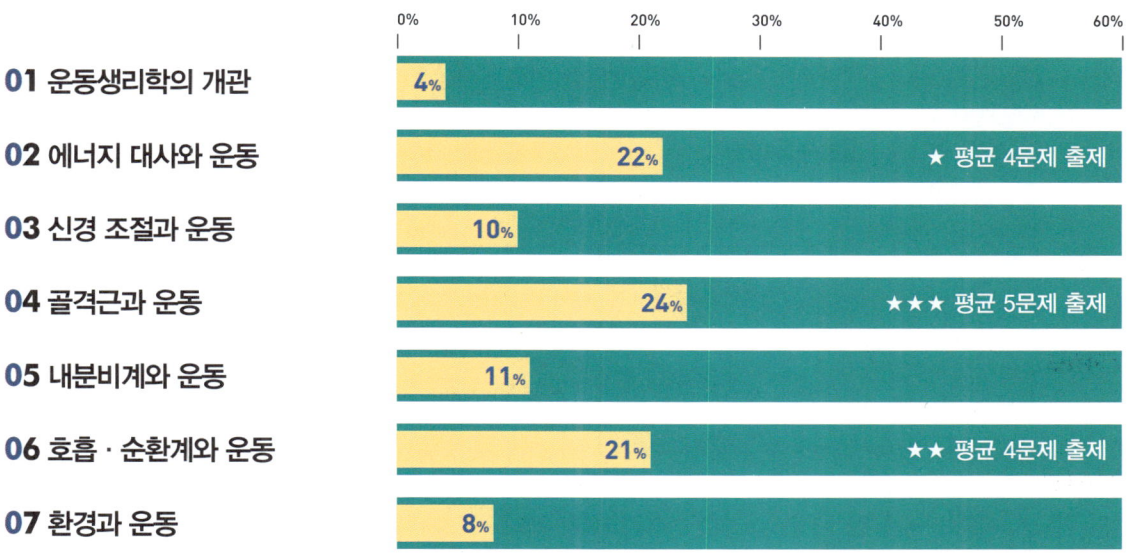

- 01 운동생리학의 개관 — 4%
- 02 에너지 대사와 운동 — 22% ★ 평균 4문제 출제
- 03 신경 조절과 운동 — 10%
- 04 골격근과 운동 — 24% ★★★ 평균 5문제 출제
- 05 내분비계와 운동 — 11%
- 06 호흡·순환계와 운동 — 21% ★★ 평균 4문제 출제
- 07 환경과 운동 — 8%

최신 3개년 운동생리학 출제 경향

2025년	2024년	2023년
☑ 난이도 중	☑ 난이도 대폭 상승	☑ 난이도 평이
☑ 에너지 대사, 트레이닝 적응, 심혈관·호흡계 기능 중심의 핵심 개념이 출제됨	☑ 자주 등장하지 않았던 내분비계 관련 개념문제가 출제됨	☑ 기본 개념을 묻는 문제 위주로 다수 출제됨
☑ '대사-적응-심혈관-근수축-호르몬' 영역을 균형 있게 출제됨	☑ 내분비계와 운동 관련 내용이 비중 있게 출제됨	☑ 호흡·순환계 관련 내용을 묻는 문제가 많이 출제됨

합격 프로젝트
2026 출제 예언

1. 에너지 대사 관련 개념은 더 세부적으로 출제될 가능성이 높습니다.
2. 트레이닝 적응, 심혈관·호흡계 기전, 골격근·섬유 특성은 구체적인 생리적 지표를 활용한 그림·그래프·표 제시형 문제로 출제되므로 자료 해석 능력이 필수적입니다.
3. 호르몬·신경계 영역은 실제 상황을 반영한 사례형 문제의 출제비중이 높으므로 실제 상황에 대입해 답을 찾는 방식으로 연습할 것을 권장합니다.

01 운동생리학의 개관

운동생리학의 기본 이해를 높이고, 체력과 운동, 생리학의 기본 개념을 중점적으로 학습해 보자!

★ **빈출 형광펜** 시험에 자주 출제되는 개념으로, 시험 직전 빈출 형광펜만 딱 보고 들어가자!

합격선을 넘는 TIP

출제 키워드
기출 2023

건강 체력 요소: 심폐지구력
- 모세 혈관의 밀도
- 미토콘드리아의 수와 크기
- 동정맥 산소차(arterial-venous oxygen difference)

출제 키워드
기출 2019, 2016

체력의 구분
- 건강 체력 요소: 유연성, 신체 구성, 심폐지구력
- 운동기술 관련 체력(skill-related fitness) 요소: 민첩성, 순발력, 스피드

1 주요 용어

1. 체력 기출 2025, 2023, 2022, 2019, 2016

체력의 정의	• 몸을 움직이는 기초적 힘으로, 일상생활을 영위할 수 있는 능력 • 근력, 지구력, 운동 능력 등 종합적 신체 능력과 정신 영역 포함
체력의 구분	• **건강 관련 체력**: 심폐지구력, 근지구력, 근력, 유연성, 신체 조성 • **운동(기술) 관련 체력**: 민첩성, 평형성, 협응성, 스피드, 순발력, 반응 속도

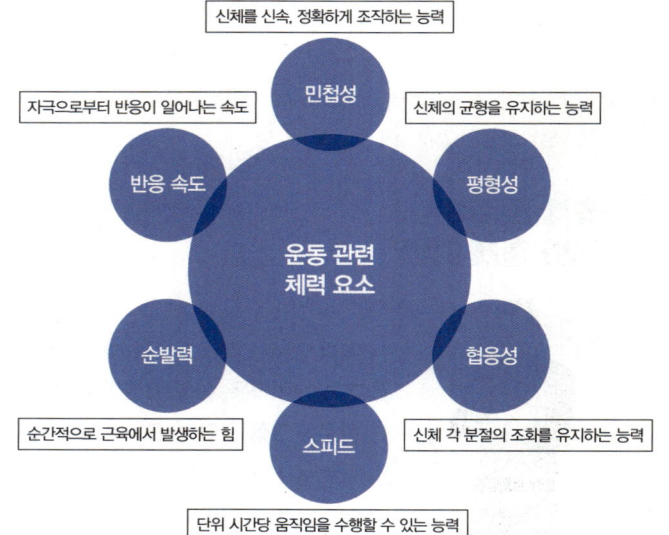

2. 신체 활동

신체 활동의 의미	활동을 통해 에너지를 소비하는 자발적, 의도적인 움직임
신체 활동의 효과	• 사망 위험 감소 • 심리적 안정 향상 • 당뇨병과 고혈압 등 성인병 예방 • 적정 체구성(근육, 지방 등) 유지

3. 운동

체력 향상 및 유지를 목표로 실시하는 신체 활동 형태로, 체계적 · 계획적인 활동을 말한다.

4. 트레이닝 원리 기출 2022, 2019

과부하 원리	신체 기능 향상을 위해서는 보다 높은 부하가 필요
특이성 원리	트레이닝의 종류에 따라 향상시킬 수 있는 신체 기능의 차이 발생
가역성 원리	트레이닝이 중단되었을 때 신체 기능이 빠르게 감소
개별성 원리	개인 수준을 고려하여 적합한 운동 형태로 훈련
다양성 원리	트레이닝 방법, 강도 등을 다양하게 하여 지루함을 예방하고 효과를 높임
반복성 원리	규칙적이고 장기간 훈련
전면성 원리	신체 능력 향상을 위해 여러 측면에서 다양한 운동을 실시
점증성 원리	트레이닝의 질적(강도, 형태 등), 양적(시간, 기간 등) 요소를 점차 증가시키며 훈련

5. 항상성

(1) 항상성의 의미

① 내부 환경의 불변성 또는 지속적인 유지를 의미한다.
② 인체 조절 체계는 내부 환경의 안정성을 유지한다.
③ 항상성을 통해 적정 혈압을 지속적으로 유지한다(확장기 60~80mmHg, 수축기 90~120mmHg).

(2) 항상성 조절 구성 기출 2023

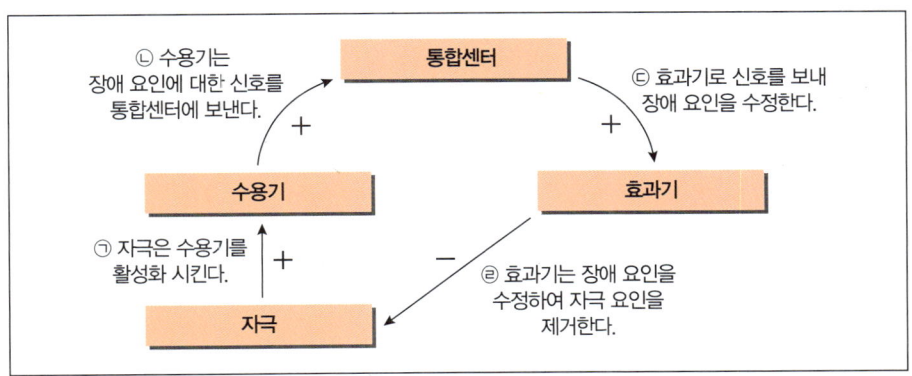

합격선을 넘는 TIP

출제 키워드
기출 2022

특이성의 원리
• 트레이닝의 효과는 운동에 동원된 근육에서만 발생
• 근력 향상을 위해서는 저항성 트레이닝이 적합

출제 키워드
기출 2019

과부하의 원리
• 운동 훈련에 의한 효과는 운동량이 일상생활 수준보다 높을 때 일어남
• 운동량은 운동의 빈도, 강도 또는 지속 시간을 증가시킴으로써 늘릴 수 있음

합격선을 넘는 TIP

출제 키워드

기출 2023

항상성 유지를 위한 신체 조절: 부적 피드백
- 세포 외 액의 CO_2 조절
- 체온 상승에 따른 땀 분비 증가
- 혈당 유지를 위한 호르몬 조절

출제 키워드

기출 2018

운동생리학
'운동생리학'은 일정 기간 동안 운동 형태로 가해진 자극에 대해 인체가 적절하게 반응하고 적응하는 과정 속에서 나타나는 생리학적 현상을 연구하는 학문 분야

용어

산소 부채
격렬한 운동 후 산소 섭취량이 산소 소모량보다 부족한 상태

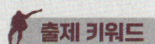

출제 키워드

기출 2015

운동생리학의 기본 영역에서 파생된 학문
- 운동처방
- 트레이닝 방법론
- 운동영양학

음성(부적) 피드백	• 인체 대부분의 조절 체계 • 효과기에 의한 반응이 감지되면 자극과 반대로 억제하는 반응
양성(정적) 피드백	• 음성 피드백과 반대로 작용 • 원인을 촉진하는 조절 체계

2 운동생리학의 개념

1. 운동생리학의 정의 기출 2018, 2017, 2015
- 운동 중 발생하는 인체(세포)의 반응과 적응을 연구하는 학문
- 운동생리학은 신체 활동, 체력 향상, 재활 등 체력적 기초를 제공한다.

2. 운동생리학의 역사 기출 2016
- 운동생리학은 1920년대 헨더슨(L. Henderson)이 설립한 하버드 피로연구소 (Harrard Fatigue Laboratory)에서 시작하였다.
- 최대 산소 섭취량과 산소 부채, 탄수화물과 지방 대사, 노화, 혈액 및 체력 등 여러 분야의 연구를 수행한다.

3. 운동생리학의 인접 학문 기출 2015

생리학(인체생리학)	살아있는 생명체, 특히 인간의 신체 기능을 연구하는 학문
기능해부학	근육 골격계의 구조와 기능을 연구하는 학문
운동영양학	운동 및 스포츠 분야에서 영양의 역할과 식사법 등을 실험하고 연구하는 학문
스포츠의학	의학적 지식을 바탕으로 스포츠와 인체의 관계를 연구하고 반영하는 학문
운동처방학	체력 향상과 건강 증진을 목적으로 운동에 대한 기준과 지침을 제시하는 학문

출제될 핵심 개념 02 에너지 대사와 운동

22% 에너지의 역할과 인체 에너지의 구성을 중점적으로 학습해 보자!

★ 빈출 형광펜 시험에 자주 출제되는 개념으로, 시험 직전 빈출 형광펜만 딱 보고 들어가자!

1 에너지의 개념과 대사 작용

1. 에너지 [기출] 2025, 2023, 2019, 2018
- 전기적, 기계적, 화학적 형태로 존재하며 모든 형태의 에너지는 상호 교환적이다.
- 탄수화물, 지방, 단백질의 형태로 존재하다 분해를 통해 에너지로 전환된다.
- 아데노신 3인산(Adenosine triphosphate; ATP)으로 저장되며 체내 에너지로 즉시 이용된다.

2. 에너지원 [기출] 2015

탄수화물	가장 먼저 활용되는 에너지(1g당 4kcal)
단백질	에너지원보다 신체 구성으로 활용(1g당 4kcal)
지방	저장량이 많으며 가장 많은 에너지를 생성(1g당 9kcal)

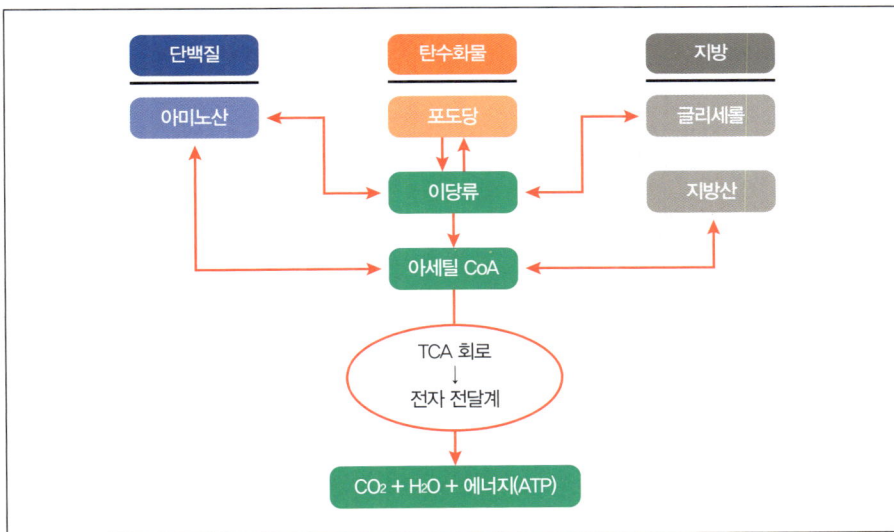

3. 에너지 대사 [기출] 2015
- 인체 에너지의 방출, 전환, 저장 및 이용의 모든 과정
- 인체는 섭취한 음식물로 에너지를 얻고, 변환된 화학적 에너지로부터 생리적 기능을 수행한다.

4. 물질의 대사 [기출] 2016, 2015

동화 작용	물질을 합성하여 에너지로 변환 및 저장
이화 작용	물질을 분해하여 에너지로 소비

합격선을 넘는 TIP

용어

아데노신 3인산(ATP)
- 근수축을 위한 고에너지 인산염
- ATP 구성: 아데닌, 리보스(Ribose), 인산

출제 키워드 [기출] 2025, 2023

ATP를 합성하는 데 사용되는 에너지원
- 근육 중성(근중성) 지방
- 글루코스
- 젖산
- 근육 글리코겐
- 혈중 포도당

출제 키워드 [기출] 2015

에너지 대사 측면에서 탄수화물과 지방의 특성
- 지방은 산화를 통한 ATP 생산을 위하여 반드시 산소가 필요함
- 1그램의 지방은 약 9kcal의 열량을 생산
- 탄수화물은 높은 운동 강도에서 지방보다 선호되는 에너지원임

> **합격선을 넘는 TIP**

5. 생물학적 에너지 전환

세포의 화학 반응	• 에너지 소비 반응: 화학적 작용이 일어나기 전 반응 물질에 필요한 에너지 • 에너지 생산 반응: 화학적 과정의 결과로 에너지 방출
산화 환원 반응	• 산화: 원자 혹은 분자의 전자 제거 • 환원: 원자 혹은 분자의 전자 추가

2 인체의 에너지 대사

1. 움직임의 에너지원
- 인체는 생명 유지를 위해 대사 작용으로 에너지원인 ATP를 합성한다.
- ATP의 인체 저장량은 소량이기 때문에 지속적으로 재합성한다.

2. ATP의 활용 기출 2025, 2024, 2023, 2022, 2020, 2019, 2018, 2017, 2016

(1) **무산소성 과정**: 산소를 사용하지 않고 세포 원형질에서 ATP 합성

① **ATP-PC 시스템**
- 가장 먼저, 빠르게 ATP를 생성한다.
- 근세포에 저장된 크레아틴 인산(PCr)이 인산기를 분리하여 아데노신 2인산(ADP)에 부착한다.
- ADP는 인산기 1개가 더해져 ATP로 합성된다.

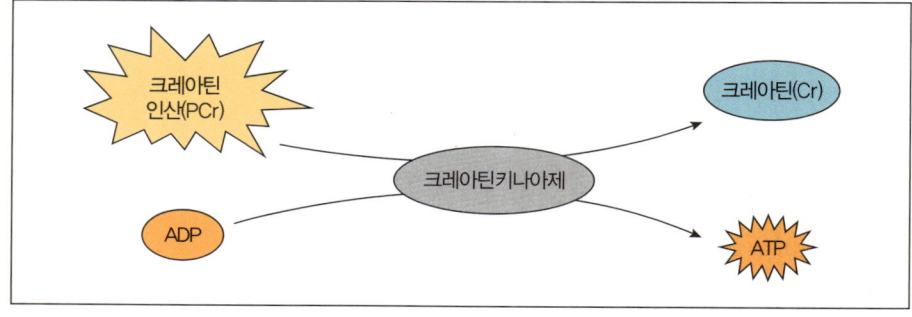

② **해당 과정(젖산 시스템)**
- ATP-PC 시스템 다음으로 빠른 에너지 시스템이다.
- 포도당 1분자를 분해하여 2분자의 피루브산을 형성한다.
- 피루브산 형성 과정에서 ATP를 생성한다.
- 젖산이 축적되며 ATP를 생성하기에 젖산 시스템이라 불린다.

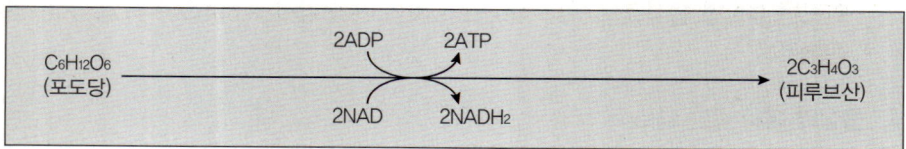

출제 키워드

기출 2024

에너지 대사 과정과 속도 조절 효소
- ATP-PC 시스템: 크레아틴 키나아제(creatine kinase)
- 크렙스 회로: 이소시트르산 탈수소 효소(isocitrate dehydrogenase)
- 전자 전달 체계: 사이토크롬 산화 효소(cytochrome oxidase)

 용어

해당 과정
동물의 여러 조직에서 산소 없이 포도당을 분해하여 에너지를 얻는 대사 과정

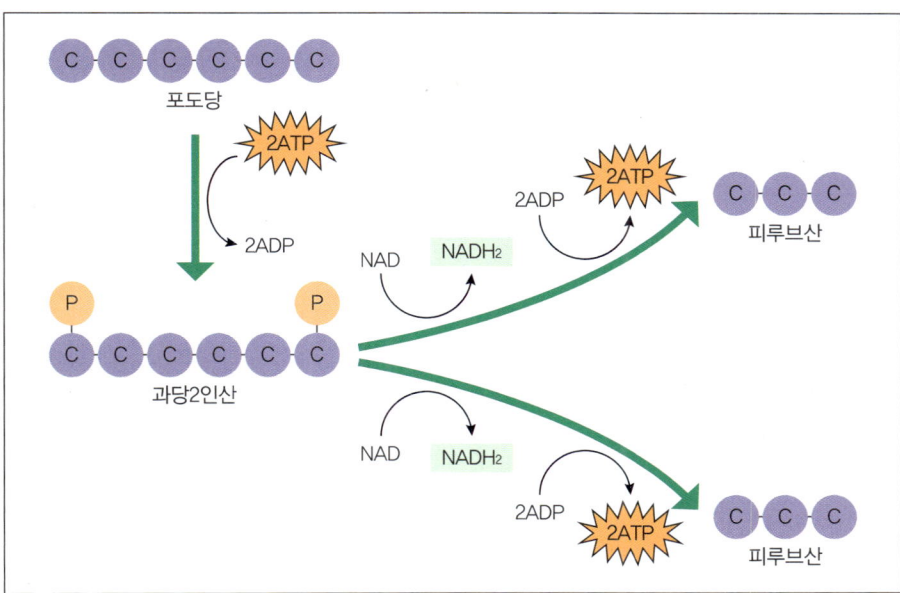

(2) **유산소성 과정**: 산소를 사용하여 미토콘드리아 내에서 ATP 합성

① TCA 회로(크렙스 회로)
- 피루브산은 충분한 산소가 공급되면 아세틸 CoA로 변형되어 미토콘드리아 내로 이동한다.
- TCA 회로와 전자 전달계가 상호 협력한다.
- ATP는 해당 과정, TCA 회로, 산화적 인산화 단계에서 각각 생성된다.
- 피루브산의 산화 및 TCA 회로는 미토콘드리아 기질에서, 산화적 인산화는 미토콘드리아 내막에서 일어난다.
- 세포 호흡 과정에서 각 반응은 효소의 촉매 작용으로 조절된다.
- 세포 호흡은 온도, pH 등의 영향을 받는다.

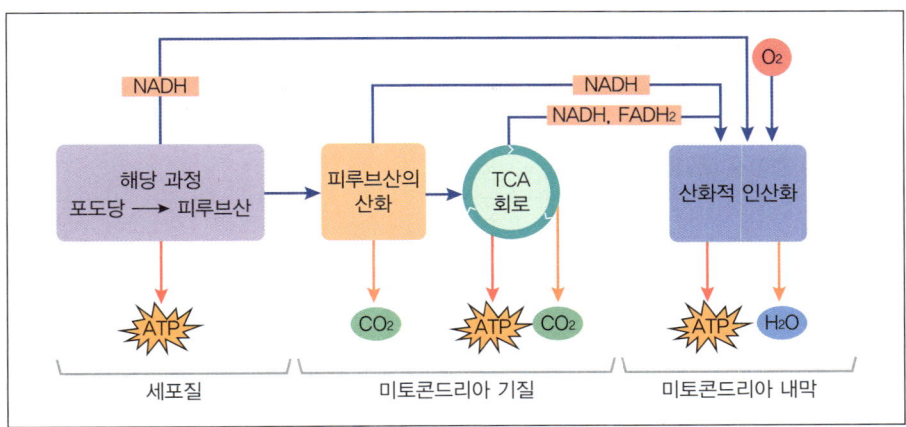

② 전자 전달계: 호흡 과정을 통해 해당 작용과 TCA 회로에서 방출된 전자와 수소 이온을 물로 산화시키고 형성하는 화학 반응

합격선을 넘는 TIP

출제 키워드

기출 2021, 2018, 2017

해당 작용(glycolysis) 시스템
- H^+이 피루브산(pyruvate)과 결합하여 젖산 형성
- 400m 전력 달리기 시 필요한 ATP 공급
- 대사 분해에 의한 피루브산염(pyruvate)의 생성
- 아데노신 이인산(ADP) 및 무기인산(Pi)에 의한 인산 과당 분해 효소(PFK)의 활성

출제 키워드

기출 2021, 2016, 2015

유산소 시스템
- 주 에너지 공급원으로 글루코스 외에도 유리 지방산이 많이 이용되며 장시간의 운동을 수행할 때 주로 사용됨
- 미토콘드리아에서 크렙스 회로와 전자 전달계를 통해 이루어짐
- 크렙스 회로는 주로 시트르산 탈수소 효소에 의해 조절

합격선을 넘는 TIP

3. 운동 중 공급되는 에너지

(1) 운동 강도에 따른 대사

고강도 운동 (단시간)	무산소성 시스템 > 젖산계 시스템 > 유산소 시스템(에너지원: 탄수화물 > 지방)
저강도 운동 (장시간)	유산소 시스템 > 젖산계 시스템 > 무산소성 시스템(에너지원: 지방 > 탄수화물)

(2) 에너지 시스템의 비교 기출 2019, 2018, 2016

에너지 시스템	에너지 공급량	에너지 사용 속도	산소 필요 여부	해당 운동 종목
ATP-PC 시스템	매우 적음	매우 빠름	무산소	100m 달리기, 다이빙, 역도
젖산계 시스템	적음(한정적)	빠름	무산소	400m 달리기, 50m 수영
유산소 시스템	무한정	느림	유산소	마라톤, 조깅, 등산

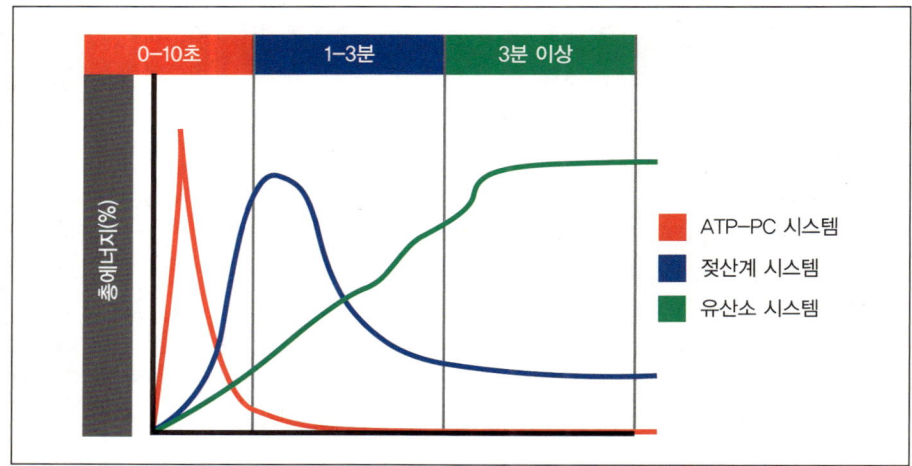

(3) 운동 상황에서 에너지 사용 기출 2025, 2023

고강도 운동 시	근글리코겐의 활용이 늘어나며, 근육 내 산소량이 감소하여 무산소성 해당 과정을 통해 에너지를 공급(85% VO₂max에서 글리코겐 사용 비율이 높음)
저강도 운동 시	초기에는 탄수화물이 주 연료로 사용되지만 시간이 지남에 따라 근글리코겐의 감소로 지방을 에너지로 사용하는 비중이 커짐(25% VO₂max에서 혈중 유리 지방산 사용 비율이 높음)
장시간 운동 시	시간이 지남에 따라 주 에너지원은 글리코겐, 혈당, 지방산으로 변화되며, 근글리코겐이 감소되면 지방 사용 비율이 높아짐

출제 키워드

기출 2019

ATP-PC 시스템
- 순간적인 고강도 운동을 위한 주요 에너지 시스템
- 운동 시작 시기에 가장 빠르게 에너지를 생산하는 방법
- 역도, 높이뛰기, 20m 달리기 등에 사용되는 주요 에너지 시스템

출제 키워드

기출 2025

장기간의 무산소트레이닝에 따른 생리학적 적응
- 근육의 수축 속도 증가
- PCr 또는 PFK 효소의 양 및 활성도 증가

용어

근글리코겐
근육 내 탄수화물

VO₂max(최대 산소 섭취량)
운동 중 산소를 최대로 이용할 수 있는 능력

4. 에너지 소비량 측정 [기출] 2023, 2021, 2018, 2017

(1) 열량 측정법

직접 측정법	인체의 열 손실을 직접 측정
간접 측정법	다른 측정기로 열 손실을 산정

(2) 호흡 교환율(RER)
① 산소 섭취량(VO_2)과 이산화탄소 생성량(VCO_2) 사이의 비율이다.
② 호흡 지수(Respiratory Quotient: RQ)라고도 하며, 호흡 교환율(RER)과 동일하다.
③ RQ는 세포 내 호흡, RER는 폐의 외호흡에서 측정한다.
④ 순수한 탄수화물이 분해될 때 RQ는 1.0, 지방이 분해될 때 RQ는 0.71이다.
⑤ 운동 강도가 증가하면 RER도 증가한다.

(3) METs(운동 강도 단위)
① 1METs: 안정시 산소 섭취량

> 1METs = 3.5ml/kg/min(안정 시 체중당 1분에 3.5ml의 산소 사용)

② 대사 방정식

> (METs×3.5×체중)/200 = 분당 에너지 소비량(kcal/min)

❸ 트레이닝에 의한 대사적 적응 [기출] 2025, 2024, 2023, 2022, 2021, 2020, 2019, 2015

유산소성 트레이닝	• 최대 산소 섭취량(VO_{2max}) 증가 • 심박수 감소 • 1회 박출량 및 최대 박출량 증가 • 미토콘드리아 수 및 크기 변화 • 지근 섬유(ST 섬유, Type I 섬유) 비율 증가 • 모세 혈관 발달(골격근 내 모세혈관 밀도 증가) • 좌심실 용적 증가 • 마이오글로빈 함유량 증가
무산소성 트레이닝	• 속근 섬유(FT 섬유, Type II 섬유) 비율 증가 • 근비대 및 근섬유 증가 • 글리코겐 저장 증가 • 해당 과정 효소 증가 • 건 및 인대 조직 증가

합격선을 넘는 TIP

출제 키워드
[기출] 2021

안정 시와 운동 중 에너지 소비량 측정 및 추정
• 직접 열량 측정법: 열 생산을 측정함으로써 에너지 소비량을 측정
• 간접 열량 측정법: 산소 소비량과 이산화탄소 배출량을 이용하여 에너지 소비량을 추정
• 이중 표식 수(doubly labeled water) 검사법: 동위 원소 기법을 사용해 에너지 소비량을 추정

출제 키워드
[기출] 2018

호흡 교환율(RER) = 1일 때
• 주 에너지 대사 연료로 탄수화물을 사용하고 있음
• 지방은 에너지 생성 대사에 거의 사용되지 않고 있음
• 혈중 젖산 농도가 안정 시보다 높음

용어

1회 박출량
• 확장기말 용적에서 수축기말 용적을 뺀 값
• 1회 박출량 증가 요인: 심실 수축력 증가, 심박수 감소, 평균 동맥 혈압 감소, 정맥혈 회귀 증가

03 신경 조절과 운동

근수축을 위한 신경 조절과 말초, 중추 신경의 기능을 중점적으로 학습해 보자!

★ 빈출 형광펜 시험에 자주 출제되는 개념으로, 시험 직전 빈출 형광펜만 딱 보고 들어가자!

합격선을 넘는 TIP

용어
신경계
몸속의 상태와 외부 환경의 변화에 반응하고 인식하는 몸의 전달 체계

용어
신경 세포(뉴런)
가장 작은 신경계 단위로, 자극을 생성하고 신경을 전달하는 역할을 함

출제 키워드
기출 2016
신경 세포에서 전기적 신호 전달 순서
신경 자극 → 수상 돌기 → 세포체 → 축삭 → 축삭 종말

출제 키워드
기출 2015
뉴런의 전기적 활동
- 흥분성 신경 전달 물질은 세포막을 탈분극시키는 작용을 함
- 억제성 신경 전달 물질은 세포막을 과분극시키는 작용
- 안정 시 막전압으로 돌아오려면 Na^+-K^+ 펌프가 작동되어야 함

1 신경계의 구조와 기능

1. 신경계의 구조

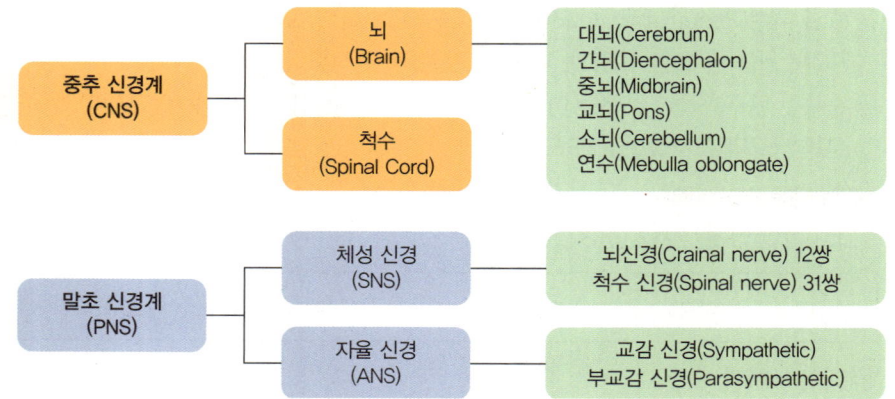

2. 신경 세포(뉴런)의 구조 기출 2016, 2015

(1) 뉴런의 구조

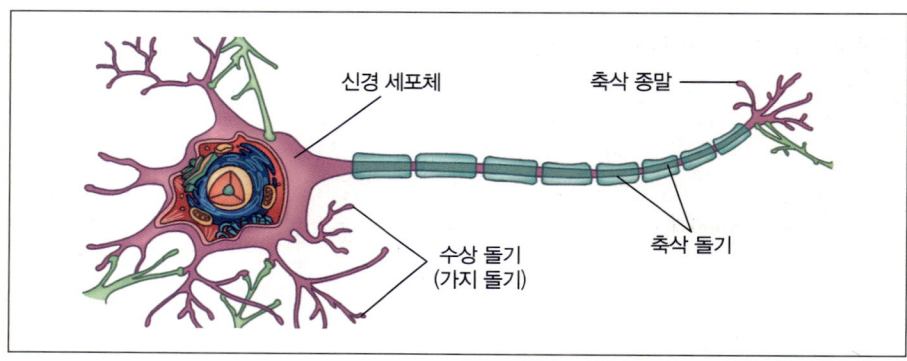

신경 세포체	뉴런 활동을 조절하는 중심 역할이며 핵과 세포질을 포함
수상 돌기(가지 돌기)	세포체로부터 뻗어 나온 세포질로 신호를 받는 부분
축삭 돌기	수상 돌기, 세포체에서 전달된 자극을 다른 신경 세포에 전달

(2) 뉴런의 전기적 활동

① 뉴런은 감응성과 전도성 특성의 흥분성 조직(신경계 특성)이다.
② 신경 자극은 축삭에 전달된 전기적 신호로, 전기적 신호는 신경 전위에 변화를 일으키는 특정 자극에 의해 발생한다.
③ '세포막 전위 → 안정 막전위 → 활동 전위 → 탈분극기 → 재분극기 → 불응기' 형태로 전달된다.

(3) 뉴런의 기능적 분류

감각 뉴런	감각 수용기의 자극을 중추 신경계로 전달
중간 뉴런	정보를 통합하고 분석하여 운동 뉴런으로 전달
운동 뉴런	자극의 반응에 대한 정보를 몸의 반응기로 전달

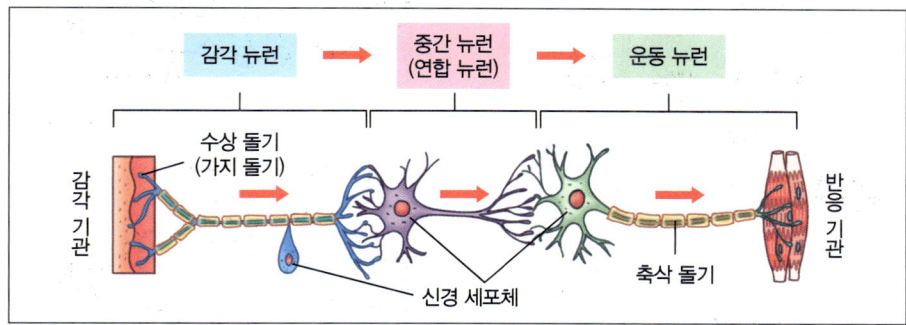

2 신경계의 특성

1. 신경 자극의 특성

감응성(흥분성)	수상 돌기와 신경 세포가 자극에 반응하여 신경 자극으로 전환
전도성(전달 기능)	축삭 돌기를 따라 자극이 전달
통합성	입력되는 모든 자극 신호를 종합

2. 세포의 신호 전달 체계 기출 2023, 2022, 2021, 2020, 2018, 2017

세포막 전위	세포 안과 밖의 이온 농도 차이로 인해 발생(세포막 물질 수송) • 수동적 수송: 운반체와 인체 에너지를 사용하지 않음(확산, 삼투, 여과) • 능동적 수송: 물질 이동 시 에너지 사용(Na^+-K^+ 펌프)	
안정 막전위-분극	자극을 받지 않는 상태(안정 시: 분극 상태)	
활동 전위	탈분극 상태	세포막의 Na^+, K^+의 투과성 변화 및 안정 막전위 무너짐
	탈분극기	• 역치를 넘어 탈분극 발생 • Na^+가 세포 내로 유입
	재분극기	• 탈분극된 상태에서 안정 막전위로 복귀 • Na^+의 세포 내 유입 정지, K^+의 세포 외로 수동 확산 • 과분극: 재분극되어 가는 과정에 K^+이 세포 외부로 이동하게 되어 K^+ 때문에 세포 내부가 음(-), 세포 외부가 양(+)이 되는데, 이때 분극 상태보다 그 전위 차가 더 커지는 경우
불응기		다른 활동 전위가 발생할 수 없는 시기 • 절대 불응기: 이차 자극에도 변화 없음 • 상대 불응기: 강한 자극에 활동 전위 발생
실무율		역치 이하의 자극에는 활동 전위 변화 없이 흥분성 변화만 있음

합격선을 넘는 TIP

용어

역치
활동 전위를 유발할 수 있는 최소한의 자극

출제 키워드
기출 2018

탈분극
신경 뉴런(neuron)의 활동 전위(action potential)가 생성되는 첫 번째 단계로서 나트륨 이온(Na^+)의 세포막 투과성을 높여 세포 내 양(+)전하를 만들고 활동 전위를 역치 수준에 이르게 함

출제 키워드
기출 2021

과분극
• 칼륨(K^+) 채널이 열려 있고, 칼륨이 세포 외로 이동하면서 세포 내는 음전하를 띠게 되는 단계
• 이 단계 이후 칼륨 채널이 닫히고, 칼륨의 세포 외 유출이 적어짐에 따라 안정 막전위로 복귀

> **합격선을 넘는 TIP**

3. **시냅스의 전달 경로**

(1) 시냅스: 뉴런에서 다른 세포로 신호를 전달하는 연결 지점

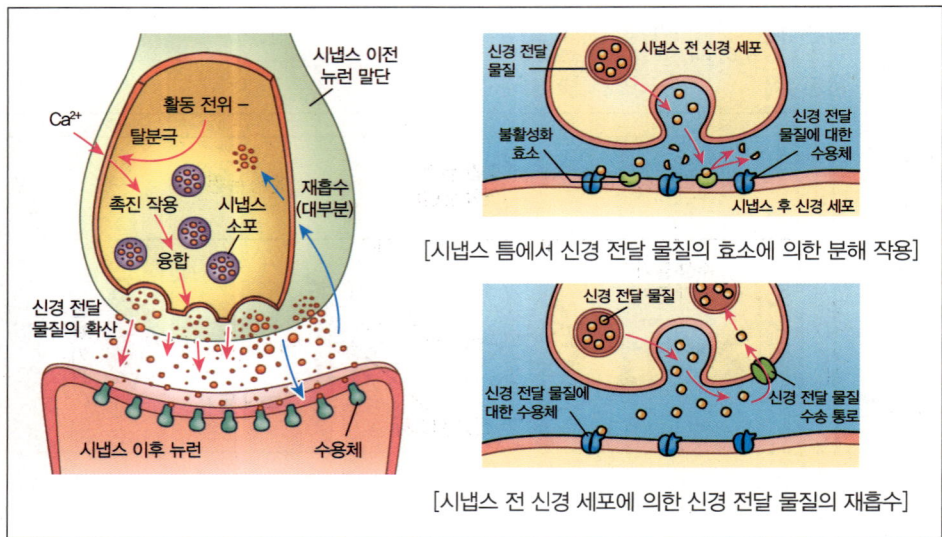

[시냅스 틈에서 신경 전달 물질의 효소에 의한 분해 작용]

[시냅스 전 신경 세포에 의한 신경 전달 물질의 재흡수]

(2) 신경 전달 물질과 신경근 연접 `기출` 2021
① 활동 전위가 시냅스 전달 축삭에 도달
② 세포 내 칼슘 유입 및 소포 자극
③ 신경 전달 물질 방출
④ 시냅스 후의 뉴런으로 아세틸콜린 확산
⑤ 근섬유막의 아세틸콜린 수용체 통로 열림
⑥ 나트륨에 대한 막 투과성이 커져 탈분극, 자극 전달
⑦ 활동 전위는 T-소관(T-tubule)을 통해 근섬유 내로 전달되어 근수축 과정 시작

3 신경계의 운동 기능 조절

1. **중추 신경계와 운동** `기출` 2022, 2016

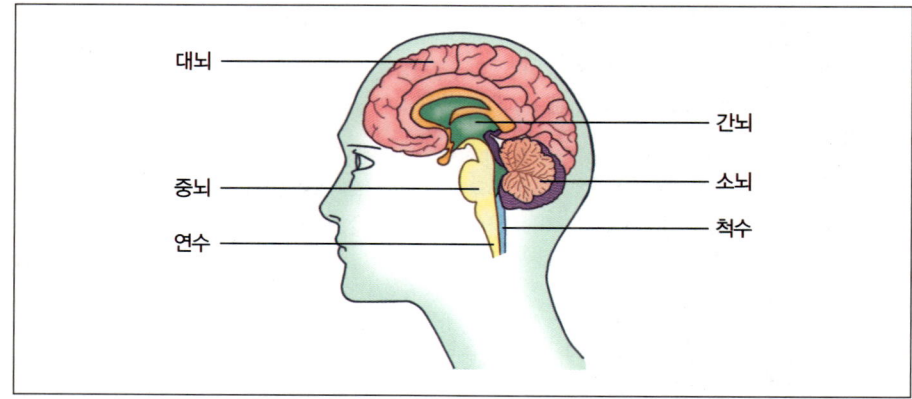

🏃 **출제 키워드**

`기출` 2021

신경근 접합부
- 운동 뉴런의 말단과 근섬유가 접합되어 있는 기능적 연결 부위
- 신경 전달 물질이 분비되는 공간
- 시냅스 전 축삭 말단, 시냅스 간극, 근섬유 원형질막의 운동 종판으로 구성

🏃 **출제 키워드**

`기출` 2022

간뇌
- 시상과 시상 하부로 구성
- 시상은 감각을 통합·조절
- 시상 하부는 심박수와 심장 수축, 호흡, 소화, 체온, 식욕 및 음식 섭취를 조절

대뇌	• 머리의 대부분을 차지하는 뇌의 바깥쪽으로 우반구와 좌반구로 구성됨 • 복잡한 운동 조절, 학습된 경험 저장, 시각, 촉각, 청각 등의 지각 정보 수용
간뇌	• 시상: 감각 조절 중추, 감각(냄새 제외) 및 운동 정보를 처리하여 대뇌로 전달 • 시상 하부: 항상성 유지를 위한 중추, 내분비계와 자율 신경계의 기능을 조절, 체온 유지, 음식 섭취 조절 • 뇌하수체: 신경 호르몬을 분비하는 역할로, 다른 기관의 호르몬 분비 조절
중뇌	안구 운동 조절
소뇌	• 평형 감각과 공간 능력을 조절하는 운동 중추 역할 • 반복을 통해 운동기술 등을 습득해 기억하는 기능도 있음
연수	심장 박동, 호흡, 소화 등 생명 유지에 필수적인 활동을 함
척수	뇌와 말초 신경 사이에서 자극과 명령을 전달하는 통로로, 반사 작용의 중추 역할

2. 말초 신경계와 운동 기출 2022, 2020, 2018, 2017

(1) 말초 신경계의 분류

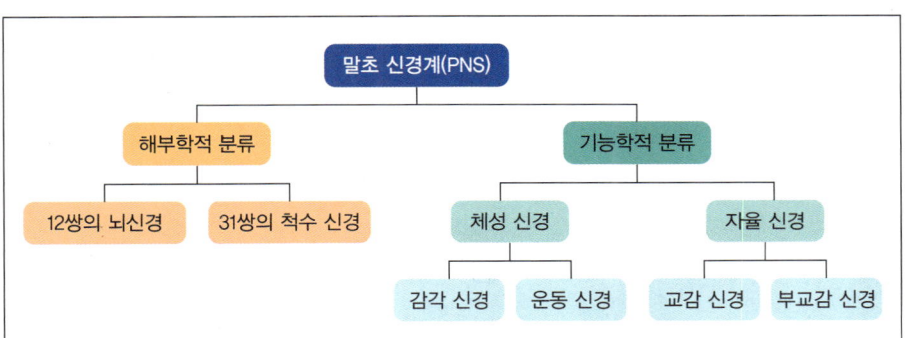

(2) **자율 신경**: 신체를 구성하는 여러 장기와 조직의 기능을 조절하는 신경

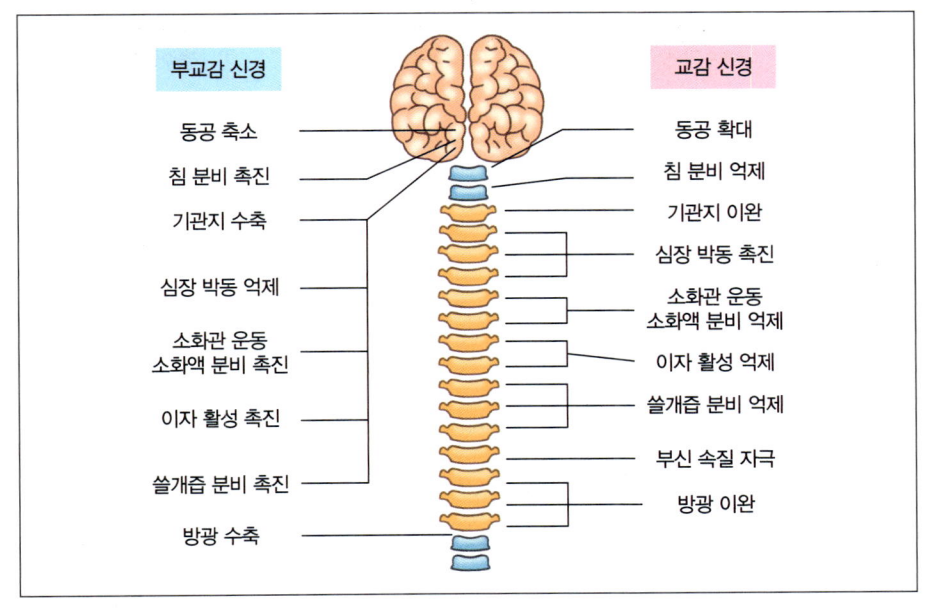

합격선을 넘는 TIP

용어

교감 신경
흥분성

부교감 신경
억제성

출제 키워드

기출 2022, 2020, 2018, 2017

자율 신경계의 기능
• 자율 신경계는 신체의 내부 환경을 일정하게 유지하는 항상성(homeostasis) 조절에 중요한 역할을 함
• 운동 시 교감 신경계가 활성화되면, 골격근으로의 혈류량은 증가하고, 내장 기관으로의 혈류량은 감소
• 심장근, 내분비선, 평활근을 자극

출제될 핵심개념 04 골격근과 운동

24%

골격근의 수축과 종류에 대한 개념을 이해하며 학습해 보자!

★ 빈출 형광펜 시험에 자주 출제되는 개념으로, 시험 직전 빈출 형광펜만 딱 보고 들어가자!

1 골격근의 구조와 기능

1. 근육

(1) 근육의 분류 기출 2021, 2018

모양에 따른 분류	가로무늬근(횡문근), 민무늬근(평활근)으로 구분
기능에 따른 분류	의지로 조율하는 수의근과 조절할 수 없는 불수의근으로 구분

(2) 근육의 종류: 심장근, 골격근, 내장근

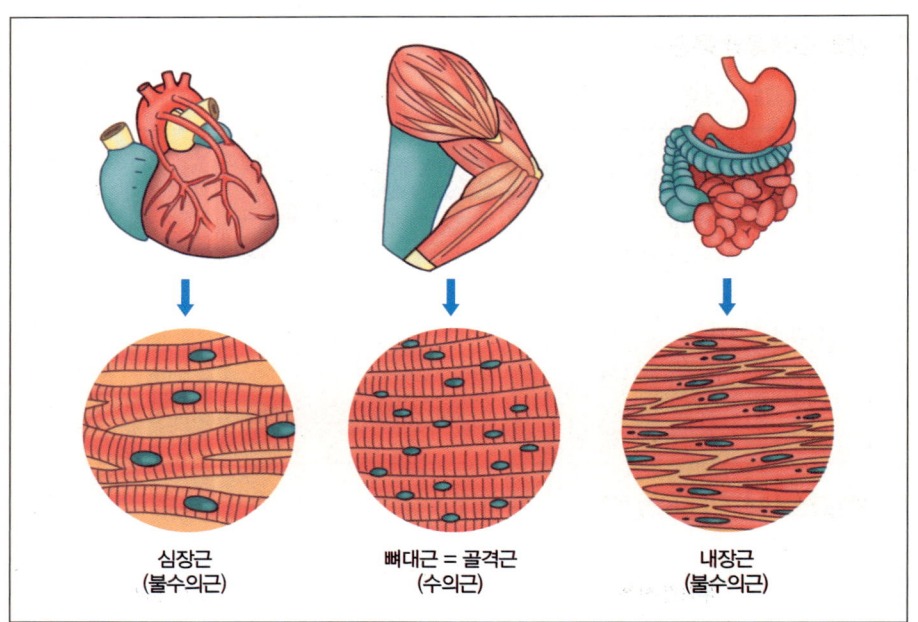

심장근 (불수의근) / 뼈대근 = 골격근 (수의근) / 내장근 (불수의근)

2. 골격근

(1) 골격근의 구성 기출 2021, 2015

근원섬유	액틴과 마이오신이라는 작은 근원세사로 구성
근섬유	근원섬유의 다발, 하나의 세포 단위로 핵, 미토콘드리아, 세포질 포함
근세포	근섬유의 다발
근다발	여러 근세포의 다발
근내막	근섬유를 결합하는 결합 조직
근주막	근외막과 근막이라 불리는 결합 조직

합격선을 넘는 TIP

출제 키워드

기출 2018

골격근
체성 신경계의 지배를 통해 수의적(voluntary)으로 수축 및 이완할 수 있는 근육

출제 키워드

기출 2015

근육의 구조
근다발 → 근섬유 → 근원섬유 → 필라멘트

출제 키워드

기출 2021

근섬유(muscle fiber)
근섬유는 결합 조직인 근내막(endomysium)으로 싸여 있음

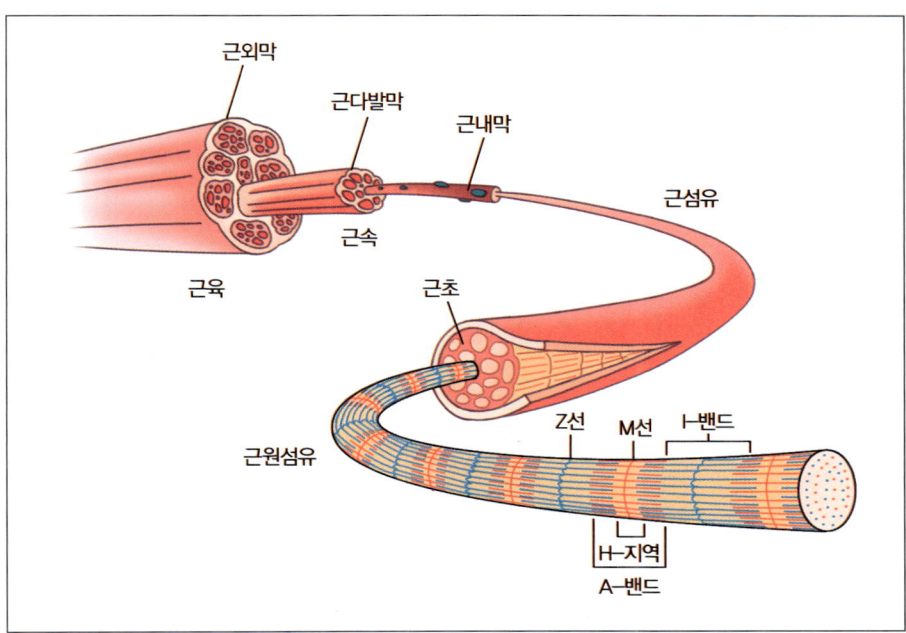

(2) **근섬유의 종류** 기출 2025, 2023, 2022, 2020, 2019, 2017, 2016

속근(백근) 섬유		지근(적근) 섬유
Type Ⅱa	Type Ⅱx	Type Ⅰ
• 빠른 근수축 • 피로에 빨리 지침 • 무산소성 운동에 활용 • 짧은 시간의 근력 운동에 활용 예 레슬링, 보디빌딩	• 매우 빠른 근수축 • 피로에 매우 빨리 지침 • 무산소성 운동에 활용 • 순간적인 최대 근력 운동에 활용 예 스프린트, 역도	• 느린 근수축 • 피로에 강함 • 유산소성 운동에 활용 • 근지구력 운동에 활용 예 마라톤

구분	속근 섬유	지근 섬유
수축 속도	빠름	느림
파워	강함	약함
미토콘드리아	적음	많음
글리코겐	많음	적음
ATP 분해 효소	많음	적음
혈관	적음	많음
지구력	낮음	높음
주 에너지 대사	무산소	유산소
근섬유 굵기	두꺼움	얇음
역할	고강도 운동	지속적인 운동

합격선을 넘는 TIP

출제 키워드
기출 2023

운동 강도 증가에 따라 동원되는 근섬유 순서
Type Ⅰ 섬유 → Type Ⅱa 섬유 → Type Ⅱx 섬유

출제 키워드
기출 2017

Type Ⅰ 근섬유
• 강한 피로 내성
• 낮은 해당 능력

출제 키워드
기출 2016

속근(fast-twitch fiber)
• 빠른 수축 속도
• 높은 해당 능력

합격선을 넘는 TIP

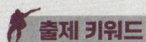

출제 키워드

기출 2023

근형질세망

근수축에 필수적인 Ca^{2+} 이온을 저장, 분비하는 근육 세포 내 소기관

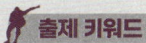

출제 키워드

기출 2022

근육 수축 과정

- 골격근막의 활동 전위는 가로 세관(T-tubule)을 타고 이동하여 근형질세망으로부터 칼슘 유리를 자극함
- 유리된 칼슘은 액틴(actin) 세사의 트로포닌에 결합하고, 트로포닌은 트로포마이오신을 이동시켜 마이오신(myosin) 머리가 액틴과 결합할 수 있도록 함

용어

근력

근육의 횡단면적에 비례한 최대의 힘

출제 키워드

기출 2023

근력 결정 요인

- 근육 횡단면적
- 근절의 적정 길이
- 근섬유 구성비

---

(3) **골격근의 수축 기전** 기출 2025, 2024, 2023, 2022, 2020, 2019, 2018, 2017, 2015

① 생성된 활동 전위가 근초와 T튜브로 이동한다.
② 활동 전위는 근형질세망의 칼슘 분비를 자극한다.
③ 칼슘 이온이 트로포닌에 부착된다.
④ 트로포닌은 형태를 바꿔 액틴 활성 위치가 열린다.
⑤ 마이오신이 액틴에 교차 다리 형태로 부착하여 액틴 필라멘트를 끌어당긴다.
⑥ 활동 전위가 끝난 후, 능동적 과정을 통해 칼슘이 제거된다.
⑦ 트로포마이오신이 액틴 활성 부위 차단을 회복하면 근수축이 끝나고 근육이 이완된다.

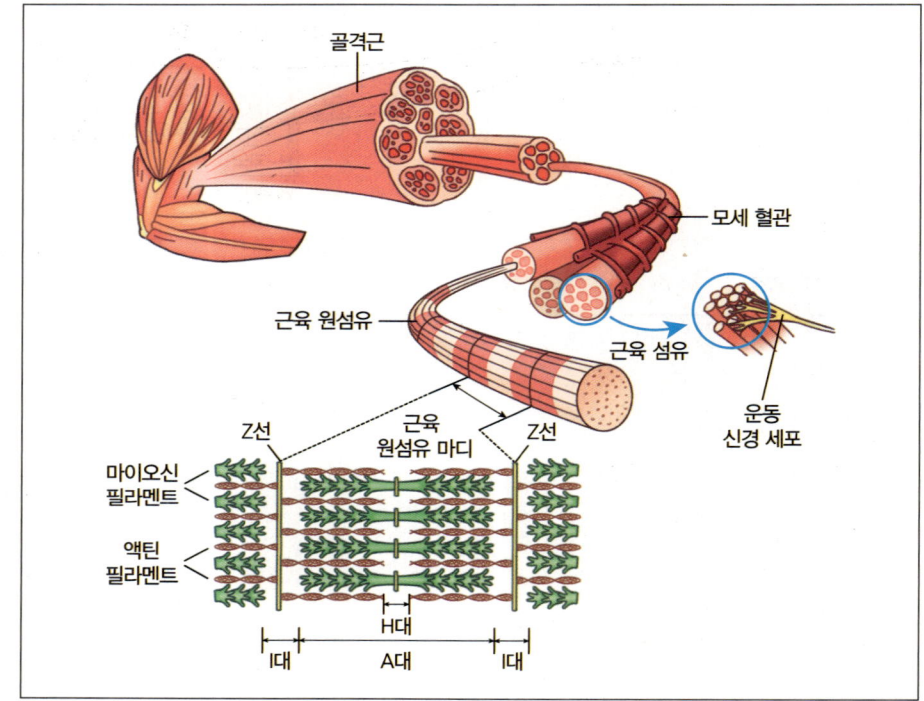

2 골격근과 운동

1. 근력 기출 2023, 2020

(1) **근육의 크기 증대**: 근력 트레이닝(저항성 운동)은 근섬유 크기를 증가시키고, 근비대와 근섬유 증식을 유도한다.

(2) **신경적 요인**

① 초기 근력 증가는 근비대가 아니고 신경의 적응 현상으로 발생한다.
② 운동 단위의 동시 발화성의 향상, 동원 능력의 향상이 근력 훈련의 신경 적응 현상이다.

(3) 근력 훈련 원리

근력 증가	고강도 운동(2~10RM 부하)
근지구력 증가	저부하 훈련(20RM 이상 부하)

2. 근수축

(1) 근수축의 종류(근육 움직임) 기출 2024, 2022, 2021, 2020, 2018, 2015

등장성 수축	• 근육 길이와 관절각이 변하는 동적인 수축 • 근육이 짧아지는 단축성과 길어지는 신장성으로 구분 • 움직임에서 주동근과 길항근 작용
등척성 수축	• 근육 길이와 관절각의 변화 없이 수축 • 벽밀기, 매달리기 등이 대표적 등척성 수축에 해당함 • 다른 수축에 비해 부상 위험이 적으나 근력 향상 효과는 감소
등속성 수축	• 일정한 관절각과 속도를 유지하며 수축 • 매 순간 최대 근력을 발휘할 수 있고, 부상 위험이 적어 재활 훈련에 적합

(2) 근수축에 영향을 주는 수용체(감각 수용기) 기출 2025, 2024, 2023

근방추	근육의 늘어짐을 감지, 과도한 움직임을 제한하여 부상을 예방
골지 건기관	건 속의 위치하며 근육의 수축을 감지
화학 수용기	근육 내 산, 염기 및 무기질 농도를 감지하여 중추 신경에 전달

(3) 골격근의 수축 결정 요인 기출 2024

최대 근력	• 근섬유의 최대 근력은 근횡단면적당 발휘하는 근력을 의미함 • 특이장력 = 근력 ÷ 근횡단면적 • 큰 섬유는 작은 섬유보다 큰 힘을 발휘함
수축 속도	• 각 섬유의 최대 수축 속도는 ATPase 효소의 활성도로 평가 • 동일한 힘이라도 수축 속도가 빠르면 근파워가 좋은 것을 의미함 • 근파워 = 힘 × 수축 속도
효율성	• 같은 근력을 발휘했더라도 에너지를 적게 사용하면 더 효율적임 • ATP를 사용한 에너지양을 발휘된 근력으로 나눈 값으로 평가

3. 근육 경직

(1) 근육 경직의 의미: 운동 중 또는 직후에 발생하는 골격근의 경련, 불수의적 수축 등

(2) 근육 경직의 예방법 기출 2022

① 필요 시 운동 강도와 지속 시간을 감소시킨다.
② 수분과 전해질을 보충한다.
③ 탄수화물 저장량을 높인다.
④ 발생하기 쉬운 근육을 규칙적으로 스트레칭한다.

합격선을 넘는 TIP

🔫 출제 키워드
기출 2024, 2022, 2021

신장성 수축과 단축성 수축
- 동일 골격근에서 단축성 수축은 신장성 수축에 비해 같은 속도에서 더 작은 힘이 생성됨
- 신장성 수축은 수축 속도가 클수록, 단축성 수축은 수축 속도가 작을수록 더 큰 힘이 생성됨

🔫 출제 키워드
기출 2024

수용기의 역할
- 근방추: 근육 길이 정보 전달
- 골지 건기관: 힘 생성량 정보 전달
- 근육의 화학 수용기: 근육 대사량 정보 전달

🔫 출제 키워드
기출 2022

운동 유발성 근육 경직을 방지하기 위한 방법
- 발생하기 쉬운 근육을 규칙적으로 스트레칭함
- 필요 시 운동 강도와 지속 시간을 감소시킴
- 수분과 전해질의 균형을 유지함

05 내분비계와 운동

내분비계의 역할과 호르몬의 기능, 종류 등에 유념하며 학습해 보자!

★ 빈출 형광펜 시험에 자주 출제되는 개념으로, 시험 직전 빈출 형광펜만 딱 보고 들어가자!

합격선을 넘는 TIP

👟 용어

내분비계
호르몬을 생성하는 인체 기관의 총칭

1 내분비계

1. 내분비계의 역할
호르몬 분비를 통해 항상성 유지, 생식 등 신체 기능을 조절한다.

2. 호르몬

(1) 호르몬의 특성
① 호르몬은 특정 수용체를 가진 표적 세포와 기관에만 영향을 미친다.
② 혈액을 통해 이동하는 데 시간이 소요되어 반응이 느리지만, 한 번 작용하면 단기간에 사라지지 않고 지속적인 효과를 유지한다.
③ 내분비선에서 생산되어 직접 혈액이나 조직액으로 분비된다.
④ 매우 소량으로 생리적 기능을 조절하며, 분비량이 부족하면 결핍 증상이 나타나고 과하면 과다 증상이 발생한다.
⑤ 신체의 전체적인 기능을 최적화하기 위해 서로 협력하거나 반대 작용을 한다.

(2) 호르몬의 기능

- 항상성 유지
- 성장 발달 유도
- 스트레스 대응
- 혈구 세포 생산 및 조절
- 대사 기능 유지

(3) 호르몬에 영향을 미치는 요인

- 분비 비율 증가
- 호르몬의 교체 속도 또는 제거율 감소
- 발한으로 인한 혈장량 감소
- 신체 활동 정도
- 심리적 상태 변화
- 저산소증
- 피로 누적

(4) 내분비계의 호르몬
① 내분비 기관에서 생성되어 혈액을 타고 표적 기관에서 작용하는 화학 물질
② 호르몬은 표적 기관의 세포 수용체와 결합하여 활성화된다.
③ 호르몬은 신경 전달 물질이 아니며 신경 전달보다 느리게 활성된다.
④ 시상 하부 및 뇌하수체의 조절 작용으로 호르몬 분비량을 조절한다(음성-양성 피드백 작용).

3. 호르몬의 주요 기능 기출 2025, 2024, 2023, 2020, 2018, 2017, 2016

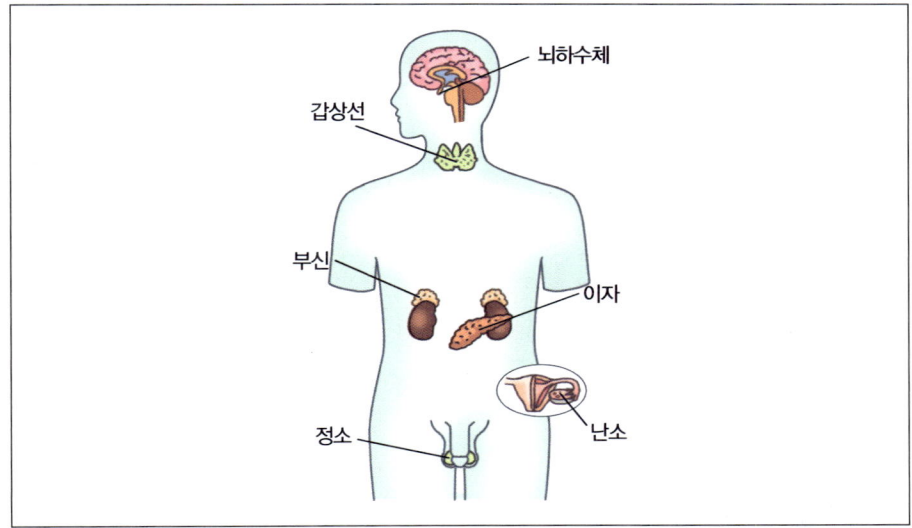

내분비선		호르몬	표적 기관	주요 기능
시상 하부		방출 호르몬 (TRH, CRH, GnRH, PIH)	뇌하수체 전엽	자극 호르몬 분비를 촉진
뇌하수체	전엽	자극 호르몬 (TSH, ACTH, FSH, LH)	각 내분비선	각 호르몬 분비를 촉진
		성장 호르몬	대부분의 기관	성장 촉진, 단백질 합성 촉진, 혈당 상승
		프로락틴	유선	유즙 생산을 촉진
	후엽	항이뇨 호르몬	신장	수분 재흡수를 촉진
		옥시토신	유선, 자궁	유즙 분비와 자궁 수축을 촉진
갑상선		갑상선 호르몬	대부분의 기관	물질대사를 항진
		칼시토닌	뼈	혈장의 칼슘 농도를 감소
부갑상선		부갑상선 호르몬	신장, 뼈	혈장의 칼슘 농도를 증가
부신	피질	당류 코르티코이드 (코티솔)	간, 근육	혈당 상승, 스트레스 반응을 원활하게 함
		염류 코르티코이드	신장	나트륨의 재흡수 촉진
	수질	에피네프린	대부분의 기관	교감 신경계 작용을 촉진
		노르에피네프린		
췌장		인슐린	간, 지방 조직	동화 작용 촉진, 혈당 강하
		글루카곤	간	혈당 상승

합격선을 넘는 TIP

🏃 **출제 키워드**

기출 2024

혈중 포도당 농도를 유지하기 위한 호르몬
- 성장 호르몬: 간에서 포도당 신생 합성 증가
- 코티솔: 중성 지방으로부터 유리 지방산으로 분해 촉진
- 에프네프린: 간에서 글리코겐 분해 촉진 및 조직의 혈중 포도당 사용 억제

🏃 **출제 키워드**

기출 2022, 2018

항이뇨 호르몬

운동 시 뇌하수체 후엽에서 분비되어 신장(콩팥)을 통한 수분 손실을 감소시켜 주는 호르몬

🏃 **출제 키워드**

기출 2022

카테콜라민
- 부신 수질에서 분비되는 호르몬
- 교감 신경 말단에서 분비
- 혈압과 심박수를 증가시키며 전체적인 생리적 반응을 유도

🏃 **출제 키워드**

기출 2025

글루카곤
- 간의 글리코겐 분해
- 췌장 알파세포에서 분비
- 혈중 글루코스 농도 증가

소화선	가스트린	위	위액 분비를 촉진
	세크레틴	췌장	췌액 중탄산염 분비 촉진
	콜레시스토키닌	담낭, 췌장	담즙 분비와 췌장 소화 효소 분비 촉진
	GIP	위	위 운동 억제
정소	테스토스테론	정소	정자 생성 촉진
난소	에스트로겐	난소	난포 증식 촉진
	프로게스테론	난소, 자궁	임신 유지
지방 세포	렙틴	시상 하부	식욕 감퇴 유발

❷ 운동과 호르몬 조절 기출 2025, 2024, 2023, 2022, 2018, 2017, 2016

인슐린	• 당 대사와 혈중 글루코스 농도의 항상성 유지를 위해 인슐린의 역할이 매우 중요 • 지방 저장을 촉진
글루카곤, 아드레날린	• 혈당 수치가 지나치게 낮아지는 것을 방지하기 위해 간에서는 글리코겐 분해를 촉진하거나 글리코겐 합성 효소를 억제 • 아드레날린은 간과 골격근의 β-아드레날린 수용체에 결합, 글리코겐 분해를 증가 • 혈중 글루코스를 상승
알도스테론, 레닌-안지오텐신	• 신장으로의 혈액 흐름이 감소하면 레닌 생성 • 신장에서 분비된 레닌은 간에서 합성된 안지오텐시노겐을 분해하여 안지오텐신 I으로 전환하고, 이는 폐에서 안지오텐신 전환 효소(ACE)에 의해 안지오텐신 II로 변환됨 • 안지오텐신 II는 부신 피질에서 알도스테론 분비 자극 • 세뇨관에서 나트륨과 물의 재흡수를 촉진하여 혈장량 상승
항이뇨 호르몬	• 혈액의 삼투질 농도 상승으로 시상 하부 자극 • 시상 하부는 뇌하수체 후엽 자극(항이뇨 호르몬을 분비) • 항이뇨 호르몬은 신장에서 집합관의 수분 투과성을 높여 수분 재흡수를 촉진
에리스로포이에틴	• 적혈구 생성에 관여하는 당단백질 호르몬으로, 적혈구 형성 인자라고도 함 • 근육의 공기 호흡 용적을 증가시켜 지구력을 향상시킴 • 마라톤, 철인 3종 등의 선수에게 투약 금지

합격선을 넘는 TIP

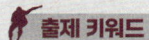

출제 키워드
기출 2024

운동 중 지방 분해를 촉진하는 요인
• 인슐린 감소
• 글루카곤 증가
• 에피네프린 증가
• 순환성 AMP 증가

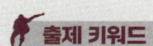

출제 키워드
기출 2023, 2018

인슐린(insulin)
• 1시간 이내의 중강도 운동 시 시간 경과에 따라 혈중 농도가 점차 감소하는 호르몬
• 췌장의 베타 세포에서 분비
• 혈당(glucose) 조절에 관여

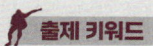

출제 키워드
기출 2017

알도스테론(aldosterone)
• 운동 시 수분 손실에 자극됨
• Na^+을 재흡수하여 수분 손실을 억제
• 부신 피질에서 분비
• 표적 기관은 신장

06 호흡·순환계와 운동

21% — 운동 중 호흡·순환계의 반응과 적응 등 변화를 이해하며 학습해 보자!

★ **빈출 형광펜** 시험에 자주 출제되는 개념으로, 시험 직전 빈출 형광펜만 딱 보고 들어가자!

1 호흡계의 구조와 기능

1. 호흡계 기본 용어 기출 2025, 2024

호흡	체내에 산소(O_2)를 흡수하고 이산화탄소(CO_2)를 배출하는 생명 활동
환기	• 폐로 공기가 들어오고 나가는 기계적인 과정 • 허파 꽈리(폐포)의 산소 분압을 모세 혈관 혈액보다 높게 유지 • 이산화탄소 분압은 모세 혈관 혈액보다 낮게 유지하여 기체 교환 • 산소는 혈액을 통해 전신 조직 세포로 공급 • 세포에서 배출된 이산화탄소는 허파 꽈리로 확산되어 입이나 코를 통해 외부로 배출
확산	농도가 높은 곳에서 낮은 곳으로 이동하는 분자의 무작위적인 움직임
외호흡	• 호흡 기관에서 이루어지는 기체 교환 과정 • 폐에서 산소를 흡입하고 이산화탄소를 배출하는 과정 포함
내호흡	• 조직과 세포에서 일어나는 기체 교환 • 모세 혈관을 통해 산소가 조직 세포로 전달되고, 이산화탄소는 혈액으로 확산되어 배출

2. 호흡계의 구조 기출 2025, 2021, 2020

전도 영역	• 호흡 시 통로가 되는 부분 • 인두, 후두, 기관, 기관지, 종말 세기관지로 구성 • 호흡하는 공기에 습기 제공, 이물질 제거(여과), 기침으로 불순물을 내보내는 역할을 함
호흡 영역	• 가스 교환이 발생하는 부분 • 호흡 세관지, 허파 꽈리관(폐포관)으로 구성

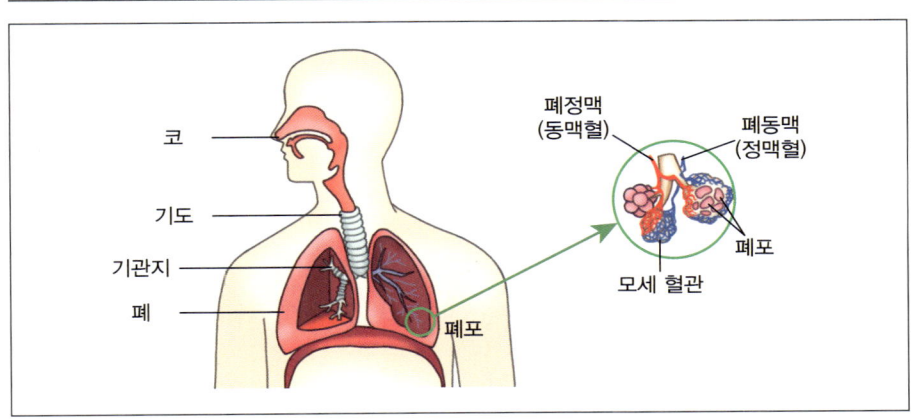

합격선을 넘는 TIP

출제 키워드
기출 2024

환기 관련 용어
• 분당 환기량: 분당 환기되는 가스의 양으로, 1회 호흡량과 분당 호흡 빈도수의 곱
• 사강량: 사용하지 않는 환기량
• 폐포 환기량: 호흡 영역에 도달한 흡기 가스의 용적으로, 1회 호흡량에서 사강량을 차감한 후 호흡수를 곱함

출제 키워드
기출 2021

호흡계 전도 영역의 기능
• 호흡하는 공기에 습기를 제공
• 공기를 여과하는 역할

합격선을 넘는 TIP

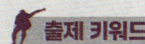

기출 2023

운동 후 초과 산소 섭취량에 영향을 미치는 요인
- 운동 중 증가한 체온
- 운동 중 증가한 젖산
- 운동 중 증가한 호르몬(에피네프린, 노르에피네프린)

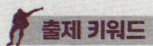

기출 2021

유산소 운동 중 호흡계의 환기량 증가 요인
- 동맥의 산소 분압 감소 시, 경동맥체와 대동맥체가 환기량 증가를 자극
- 칼륨(K^+)과 수소(H^+)의 농도 증가 시, 근육 내 화학적 수용체가 환기량 증가를 자극
- 근방추나 골지 힘줄 기관의 구심성 신경 자극의 증가
- 사용된 근육의 운동 단위 증가

용어

헤모글로빈
적혈구 내의 4차 구조 단백질로 철을 포함하고 있어 산소와 결합하여 산소를 운반

---

3. 호흡계의 기능
공기와 신체 사이의 가스 교환이 원활하게 이루어지도록 하여, 산-염기(pH)의 균형을 조절한다.

2 운동에 대한 호흡계의 반응과 적응

1. 호흡계의 반응과 적응 관련 용어 기출 2025, 2023, 2021, 2019

초과 산소 섭취량	운동 후 신체의 산소 부채를 제거하기 위해 필요한 추가 산소의 양
젖산 역치	유산소 대사로는 에너지 요구를 충족하지 못할 때 발생
무산소성 역치	환기량이 급격히 증가하는 시점으로, 무산소 대사에 의한 에너지 공급 가속화

2. 운동 중 산소의 운반 기출 2025, 2022, 2020, 2019, 2017

(1) 산소 용해: 산소 분압이 100mmHg일 때, 용해된 산소의 양은 약 0.3vol%

(2) 산소 해리 곡선

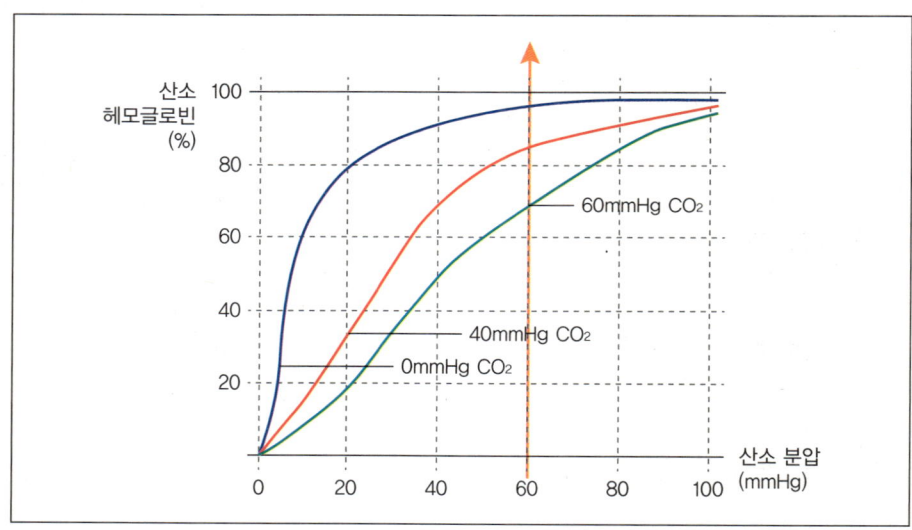

오른쪽으로 이동	• pH 감소, 이산화탄소 분압 증가, 온도 상승이 해리 곡선을 오른쪽으로 이동 • 헤모글로빈에 결합된 산소가 더 쉽게 방출
왼쪽으로 이동	• pH 상승, 이산화탄소 분압 감소, 온도 하강이 해리 곡선을 왼쪽으로 이동 • 헤모글로빈은 산소와 더 강하게 결합
운동 시 변화	• 운동 중 근육은 이산화탄소 분압이 높고, 온도가 상승하며, pH는 감소 • 해리 곡선을 오른쪽으로 이동 • 헤모글로빈에서 산소가 더욱 쉽게 방출되며 산소 요구량 증가

(3) 산소의 운반
① 동맥혈 1L에는 약 200mL의 산소가 포함되어 있는데, 이 중 3mL는 혈액에 용해되어 있고, 197mL는 헤모글로빈과 결합하여 운반된다.
② 1개의 헤모글로빈은 최대 4개의 산소 분자와 결합한다.
③ 산소와 결합된 형태는 '산화 헤모글로빈', 결합되지 않은 형태는 '환원 헤모글로빈'이라고 한다.
④ 100mL의 혈액에는 약 15g의 헤모글로빈이 존재하며, 1g의 헤모글로빈은 1.34mL의 산소와 결합한다.
⑤ 혈액 100mL는 약 20mL의 산소를 운반한다.
⑥ 근육 내에서 산소는 마이오글로빈에 결합하여 저장되며, 미토콘드리아에서 에너지 생성에 사용된다.

(4) 산소 차이
① 동정맥 산소 차이는 동맥혈과 정맥혈 사이의 산소 농도 차이를 의미한다.
② 정맥혈의 산소 농도는 활동하는 조직과 비활동하는 조직에서 유래한 평균값이다.
③ 산소 섭취량 크기는 유산소 에너지를 생성하는 데 소모되는 산소의 양과 비례한다.
④ 산소 사용률이 증가하면 동정맥 산소 차이도 함께 증가한다.

3. **운동 중 이산화탄소의 운반** 기출 2017, 2015
- 혈액에 용해된 형태로 운반된다(전체 비율 중 약 10% 차지).
- 중탄산염 이온(HCO_3^-) 형태로 운반된다(전체 비율 중 약 70% 차지).
- 헤모글로빈이나 다른 단백질과 결합하여 카바미노 화합물 형태로 운반된다(전체 비율 중 약 20% 차지).

3 순환계의 구조와 기능

1. 심장

(1) **심장의 구조와 기능** 기출 2025, 2018

심방	2개의 심방으로 구성. 심장에서 정맥과 연결
심실	2개의 심실로 구성. 심장에서 동맥과 연결
판막	• 혈액 역류 억제 • 4개의 판막이 존재 • 삼첨판, 승모판, 대동맥(반월)판, 폐동맥(반월)판
심근	• 심근 세포는 활동 전위를 직접 생성 • 지속적인 수축 운동(수축할 때 수축기, 이완할 때 이완기라고 함)

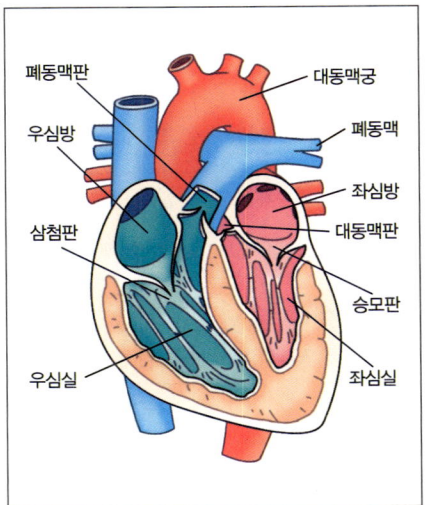

합격선을 넘는 TIP

출제 키워드 기출 2022

운동 시 폐-혈액 간 산소 확산 능력의 변화
운동 시 심박출량과 혈압이 증가하면서 폐의 윗부분으로 혈류량이 증가하게 되어 폐포와 모세 혈관 간의 산소 확산 능력이 향상됨

출제 키워드 기출 2017

호흡 시 혈액 내의 이산화탄소를 폐로 운반하는 방법
- 혈장 내에 용해되어 운반
- 헤모글로빈과 결합하여 운반
- 중탄산염(HCO_3^-) 형태로 운반

출제 키워드 기출 2018

심장의 구조와 기능
- 판막은 혈액의 역류를 방지
- 심장은 두 개의 방과 두 개의 실로 구성
- 심실중격은 좌·우심실 간 혈액의 혼합을 방지

합격선을 넘는 TIP

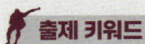
출제 키워드

기출 2025, 2020

동방 결절(SA node)
- 우심방 벽에 위치
- 심장 수축을 위한 전기적 자극이 시작되므로 페이스메이커(pacemaker)라고 함

(2) **심장의 전기적 활동** 기출 2025, 2020, 2017, 2016

① 심근 세포는 동방 결절에 의해 자발적으로 전기 활동을 수행한다.
② 동방 결절은 우심방 벽에 위치하며, 이곳의 탈분극 파동은 심방의 수축을 유도한다.
③ 심장의 탈분극 파장은 방실 결절을 경유하여 전달한다.
④ 방실 결절은 심실과 심방을 연결하는 전도 경로를 제공한다.
⑤ 방실 다발은 방실 결절에 의해 심방에서 심실로 전달된 자극을 심실 좌우 다발에 전달한다.
⑥ 퍼킨제 섬유는 심실 내벽에 위치하는 작은 가지들로, 다른 자극 전도계보다 빠르게 자극을 전도하여 심실의 모든 부위가 거의 동시에 수축할 수 있게 한다.

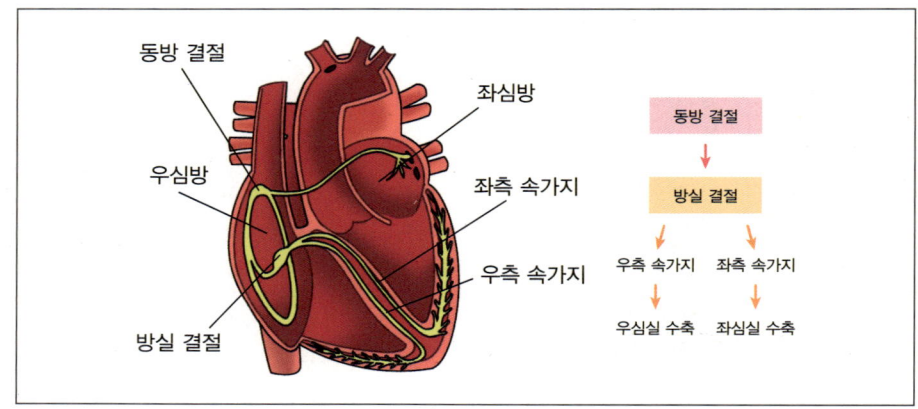

2. 혈관과 혈액

(1) 혈관 기출 2022, 2020

동맥	• 혈액을 심장에서 전신 조직으로 운송 • 정맥보다 탄력적이고 내벽이 두꺼움
정맥	• 혈액을 심장으로 운송 • 역류를 막기 위해 관내 판막 존재
모세 혈관	• 조직과 세포에 산소, 영양 공급 • 노폐물 정맥으로 배출

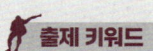
출제 키워드

기출 2025, 2022, 2021

동맥의 종류
- 세동맥: 모세 혈관에 도달하기 전 혈압을 조절하는 곳으로, 혈액 순환 시 가장 혈압이 크게 감소됨
- 관상 동맥: 심근으로 혈액 공급
- 폐동맥: 폐로 혈액 공급

(2) 혈액의 기능과 구성

① 혈액의 기능

운반	산소, 영양소 등을 운반
조절	호흡, 체액, 체온, pH 등 조절
출혈 방지	혈액 응고 인자와 결합(지혈)
면역	감염 방어

② 혈액의 구성 기출 2025, 2020
- 혈구: 적혈구, 백혈구, 혈소판으로 구성
- 혈장: 수분, 염류, 유기물, 섬유소원으로 구성

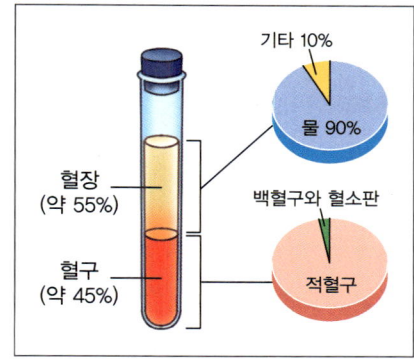

4 운동에 대한 순환계의 반응과 적응 기출 2024, 2023, 2022, 2020

반응	• 필요한 산소량 공급을 위해 폐포 환기량 변화 • 최대 운동 시, 심박수, 심박출량, 동정맥 산소차는 운동 강도에 비례하여 최대 강도까지 증가함(1회 박출량은 운동 강도에 비례하나, 최대 산소 섭취량의 40~60%에서 정체)
적응	• 산소 소비량 증가 • 폐포 수와 폐의 모세 혈관 증가로 확산 능력 향상 • 헤모글로빈의 수 증가로 산소 운반 능력 향상 • 심장 크기 및 심박출량 증가 • 지구성 트레이닝(적혈구 수 10~20%, 혈장량 20~30% 증가)으로 호흡근의 지구력 향상
심근 산소 소비량	• 심장의 부담을 나타내며, 심박수와 수축기 혈압의 곱으로 산출 • 산소 섭취량이 동일한 운동 시 다리 운동이 팔 운동에 비해 심근 산소 소비량이 더 낮음

합격선을 넘는 TIP

출제 키워드
기출 2025, 2020

적혈구 용적률
- 전체 혈액량에서 적혈구가 차지하는 비율로, 전체 혈액량 대비 혈장(plasma)량의 비율이 높을수록 적혈구 용적률은 낮음
- 적혈구 용적률이 증가하면 혈액의 점성은 증가함

용어

심박출량
- 1분 동안 심장으로부터 박출되는 혈액의 양
- 심실의 수축력, 평균 동맥 혈압, 정맥혈 회귀량, 총 혈액량 등의 영향을 받음

출제 키워드
기출 2024, 2022

지구성 트레이닝 효과
- 미토콘드리아 수와 크기 증가
- 모세 혈관 밀도 증가
- 절대 운동 강도에서의 젖산 농도 감소
- 총 혈액량 증가

출제될 핵심 개념 07 환경과 운동

8% — 환경이 인체에 미치는 영향과 환경 속에서 인체 반응과 적응의 변화를 유념하며 학습해 보자!

★ 빈출 형광펜 시험에 자주 출제되는 개념으로, 시험 직전 빈출 형광펜만 딱 보고 들어가자!

1 체온 조절과 운동

1. 온도 변화 시 생리적 반응 [기출 2022, 2021, 2020, 2018, 2017, 2015]

(1) 고온 환경

혈류 요구량 증가	• 정맥 환류 감소 → 1회 박출량 감소 → 심박수 증가 • 최대 산소 섭취량 감소, 동정맥 산소차 감소
체내 수분 손실	• 혈액량 감소로 근육 글리코겐 활용과 젖산의 생성 증가 • 피로와 탈진이 시작됨 • 피부 혈류의 감소로 체온 상승 • 혈장량 감소로 1회 박출량, 혈압의 감소(순환 기능 저하)

(2) 저온 환경
① 골격근의 발한 작용으로 피부 및 혈관 수축(열 생성 증가)
② 심부 온도 저하로 운동 기능 저하

2. 온도 변화 시 생리적 적응 [기출 2015]

(1) 고온 환경
① 반복적 열 자극으로 체온 조절 적응
② 체내 열 순응 적응
③ 열 순응으로 심박수 및 체온 감소

(2) 저온 환경
① 대사적 열 생성 증가
② 추운 환경에서 수면 능력 향상

3. 체온 조절 기전

(1) 열 생성: 대사 과정을 통해 인체의 열을 생성

수의적	운동
불수의적	오한, 근육의 떨림, 호르몬의 분비에 의한 생화학적 열 생성

(2) 열 손실 [기출 2021]

복사	다른 물체 표면의 물리적 접촉 없이 열 전달
전도	접촉을 통한 물질에서 다른 물질로의 열 전달
대류	열이 한 장소에서 다른 장소로 이동
증발	운동 중 열 발산을 위한 땀의 증발

합격선을 넘는 TIP

출제 키워드
[기출 2018]

더운 환경에서 운동 시 나타나는 인체의 생리적 반응
• 심박수 증가
• 땀 분비 증가
• 피부 혈관의 혈류 증가

용어
심부 온도
심장이나 방광 따위의 신체 내부 기관의 온도

출제 키워드
[기출 2015]

장기간 신체 활동을 고온 환경에서 행할 경우, 얻게 되는 열 순응
• 발한 시점 조기화
• 발한율 증가
• 혈장량 증가

출제 키워드
[기출 2021]

증발
• 피부의 땀이나 호흡을 통하여 체열을 손실시킴
• 실내 트레드밀 달리기 중 열 손실의 가장 주된 기전임
• 대기 조건(습도, 온도)과 노출된 피부 표면적의 영향을 받음

(3) 체온 조절과 운동
  ① 운동 시 간뇌의 시상 하부에서 체온 조절 중추 작동
  ② 수의적 근육 운동 및 불수의적(떨림) 운동으로 열 생성
  ③ 증가된 체온을 피부 혈관 확장과 발한(땀)으로 열 발산
  ④ 체온 증가 시, 발한율 및 피부 혈류량이 증가하고, 체온 감소 시, 떨림 및 피부 혈류량이 감소한다.

(4) **운동으로 인한 탈수 현상** `기출` 2020
  ① 혈액량이 점차 감소한다.
  ② 심박수가 점차 증가한다.
  ③ 심실의 확장기말 용량, 정맥 환류의 양이 점차 감소한다.

2 인체 운동에 대한 환경 영향

1. **고지 환경에서의 운동** `기출` 2025, 2021, 2019, 2018, 2017, 2016, 2015

고지 환경의 특성	• 지상보다 낮은 공기 밀도 • 대기의 낮은 산소 분압 • 헤모글로빈 산소 포화도 저하 • 저산소증 발생 유발 • 급격한 체온 변화 유발
고지 적응	저산소 환경에 적응을 통해 혈액 수준에서의 산소 운반 능력 개선을 통한 지구력 향상
고지 환경 트레이닝	• 적혈구와 모세 혈관의 수를 증가 • 헤모글로빈과 마이오글로빈 생성을 증가 • 혈액의 산소 운반 능력 향상 • 고지대 체류–저지대 트레이닝은 저산소 환경에 대한 적응력을 향상

2. **수중 환경에서의 운동** `기출` 2023

체온 유지	물의 온도가 높을수록, 체지방량이 많을수록, 운동 강도가 높을수록 체온 유지가 잘됨
저강도 운동	최대 운동 능력 및 무산소 능력 15% 감소

합격선을 넘는 TIP

출제 키워드
`기출` 2025, 2019

고지대에서 장기간 노출 시 나타나는 생리적 적응 현상
• 적혈구 수 증가
• 혈액의 산소 운반 능력 향상
• 근육의 모세 혈관 밀도 증가
• 주어진 절대 강도 운동 시 폐환기량 증가

출제 키워드
`기출` 2018

고지대에서 지구성 운동 능력이 저하되는 원인
산소 분압 감소

출제 키워드
`기출` 2023

수중 운동 시 체온 유지를 위한 요인
• 체지방량
• 운동 강도
• 물의 온도

다 이해했어? 기출지문으로 확인하고 넘어가기

#기출지문과 동일하거나 유사한 지문 반복출제 #개념복습과 실력점검 효과를 동시에!

출제될 개념 찾아가기

01 체력은 건강 관련 체력과 운동 관련 체력으로 구분된다. O X P.244

02 탄수화물은 우리 몸의 유일한 에너지원이다. O X P.247

03 ATP는 지방으로만 생성이 가능하다. O X P.248

04 유산소성 과정은 미토콘드리아에서 크렙스 회로와 전자 전달계를 통해 이루어진다. O X P.249

05 무산소성 트레이닝을 하면 해당 과정 효소가 감소한다. O X P.251

06 뉴런은 신경계의 구조적·기능적 단위이며, 해부학적으로 수상 돌기, 세포체, 축삭의 세 가지 기본 영역으로 구성된다. O X P.252

07 신경계는 중추 신경계와 말초 신경계로 구분된다. O X P.252

08 세포막의 자극이 역치를 넘어서지 않으면 활동 전위가 생성되지 않는다. O X P.253

09 자율 신경계는 억제성의 교감 신경계와 흥분성의 부교감 신경계로 나뉘어진다. O X P.255

10 근원섬유는 엑손과 마이오신으로 구성되어 있다. O X P.256

11 속근 섬유는 지근 섬유에 비해 미토콘드리아 수가 많다. O X P.257

12 등장성 수축은 관절각이 변화하면서 수축하는 형태이다. O X P.259

13 초과 산소 섭취량은 운동 후 신체의 산소 부채를 제거하기 위해 산소량이 증가되는 것을 의미한다. O X P.264

14 심장은 두 개의 심방과 두 개의 심실로 구성된다. O X P.265

15 피부의 땀이나 호흡을 통하여 체열을 손실시키는 기전은 전도이다. O X P.268

| 정답 | 01 O 02 X 03 X 04 O 05 X 06 O 07 O 08 O 09 X 10 X 11 X 12 O 13 O 14 O 15 X

이것만 풀어도 합격선을 넘는 대표기출 40제

#최근5개년 기출분석 #최다빈출키워드 엄선수록 #40개만 풀어도 과락 없이 합격!

01

유산소 시스템의 특징으로 적절하지 않은 것은?

① 장시간의 저강도 운동 시 사용된다.
② 무산소 시스템에 비해 ATP 합성률이 빠르다.
③ 산소를 이용하여 에너지 기질(substrate)을 분해한다.
④ 에너지 기질로 탄수화물과 지방을 모두 이용할 수 있다.

01 [기출 2024, 2023] 난이도 ★★☆

유산소 시스템은 산소를 사용하여 천천히 ATP를 합성하는 방식으로, 무산소 시스템보다 ATP 합성 속도가 느리다. 무산소 시스템은 빠르게 에너지를 제공하지만, 지속 시간이 짧다. 반면 유산소 시스템은 지속 시간이 길고 탄수화물과 지방을 에너지 기질로 사용한다.

02

지구성 훈련에 의한 지근 섬유(Type I)의 생리적 변화로 옳지 않은 것은?

① 모세 혈관 밀도 증가
② 마이오글로빈 함유량 감소
③ 미토콘드리아의 수와 크기 증가
④ 절대 운동 강도에서의 젖산 농도 감소

02 [기출 2024, 2021] 난이도 ★☆☆

지구성 훈련은 지근 섬유(Type I)에 여러 가지 생리적 변화를 유도한다. 마이오글로빈은 근육에서 산소를 저장하는 역할을 하며, 마이오글로빈 함유량은 증가한다. 모세 혈관 밀도 증가, 미토콘드리아 수와 크기 증가, 절대 운동 강도에서의 젖산 농도 감소는 모두 훈련의 긍정적 효과이다.

03

해수면과 비교하여 고지 환경에서 운동 시 생리적 반응으로 옳지 않은 것은?

① 최대하 운동 시 폐환기량이 증가한다.
② 최대하 운동 시 심박수와 심박출량은 감소한다.
③ 최대하 운동 시 동맥혈 산화 헤모글로빈 포화도는 감소한다.
④ 무산소 운동 능력보다 유산소 운동 능력이 더 감소한다.

03 [기출 2021] 난이도 ★★☆

고지 환경에서는 산소 공급이 제한되기 때문에, 신체는 이를 보상하기 위해 심박수와 심박출량이 증가하게 된다.

| 정답 | 01 ② 02 ② 03 ②

04

〈보기〉에서 설명하는 에너지 대사 과정은?

― 〈보기〉 ―
- 무산소성 에너지 시스템이다.
- 에너지 투자와 에너지 생산 단계로 구성된다.
- 대사 과정의 최종 산물로 피루브산염 또는 젖산염을 생성한다.

① 지방 분해(lipolysis)
② 해당과정(glycolysis)
③ 동화 작용(anabolism)
④ 산화적 인산화(oxidative phosphorylation) 과정

04 [기출 2025] 난이도 ★★☆

〈보기〉의 내용은 모두 해당과정의 특징이다. 해당과정은 무산소성 에너지 시스템으로, 산소 공급이 제한된 상태에서도 ATP를 빠르게 생성한다. 과정은 에너지 투자(ATP 소모)와 에너지 생산(ATP 생성) 단계로 구성되며, 최종 산물은 피루브산이며, 산소 부족 시에는 젖산으로 전환된다.

오답풀이
① 지방 분해: 중성지방이 글리세롤과 지방산으로 분해되는 과정으로, 유산소 대사에 관여한다.
③ 동화 작용: 소분자를 이용해 대분자를 합성하는 단백질 합성 등의 과정으로 에너지 생성과 직접적 관련은 없다.
④ 산화적 인산화 과정: 미토콘드리아 내에서 산소를 이용해 ATP를 대량으로 합성하는 과정으로, 무산소성 대사가 아니다.

05

골격근의 수축 형태와 기능에 관한 설명으로 옳은 것은?

① 단축성 수축은 동적 수축이며 속도가 빠를수록 더 큰 힘이 생성된다.
② 단축성 수축은 근절의 길이가 짧아지는 수축이며 근절의 길이가 최소일 때 최대 힘이 생성된다.
③ 신장성 수축은 정적 수축이며 속도가 0일 때 최대 힘이 생성된다.
④ 동일 근육에서의 신장성 수축은 단축성 수축에 비해 같은 속도에서 더 큰 힘이 생성된다.

05 [기출 2022, 2021] 난이도 ★★☆

동일 근육에서의 신장성 수축은 단축성 수축에 비해 같은 속도에서 더 큰 힘이 생성된다. 이는 신장성 수축에서 근육이 늘어나면서 더 많은 힘을 발휘하기 때문이다.

오답풀이
① 단축성 수축은 근수축 속도가 느릴수록 더 큰 힘이 생성된다.
② 최대 힘이 생성되는 근절의 적정 길이가 있으며, 적정 길이보다 길거나 짧으면 힘은 감소한다.
③ 신장성 수축은 동적 수축에 해당한다.

| 정답 | 04 ② 05 ④

06

〈보기〉가 설명하는 용어는?

〈보기〉
- 운동 뉴런의 말단과 근섬유가 접합되어 있는 기능적 연결 부위
- 신경 전달 물질이 분비되는 공간
- 시냅스 전 축삭 말단, 시냅스 간극, 근섬유 원형질막의 운동 종판으로 구성

① 시냅스(synapse, 연접)
② 운동 단위(motor unit)
③ 랑비에르 결절(node of ranvier)
④ 신경근 접합부(neuromuscular junction)

06 [기출 2021] 난이도 ★☆☆

〈보기〉의 내용은 운동 뉴런의 말단과 근섬유가 접합되어 있는 기능적 연결 부위인 신경근 접합부에 대한 설명이다. 이는 신경 전달 물질이 분비되는 공간으로, 시냅스 전 축삭 말단, 시냅스 간극, 근섬유 원형질막의 운동 종판으로 구성된다.

[오답풀이]
① 시냅스: 뉴런에서 다른 세포로 신호를 전달하는 연결 지점
② 운동 단위: 한 개의 운동 신경에 연결되는 근섬유
③ 랑비에르 결절: 신경에서 수초로 둘러쌓이지 않고 노출되어 있는 부분

07

〈보기〉의 골격근 수축 과정에 관한 설명 중 ㉠~㉢에 들어갈 용어로 옳은 것은?

〈보기〉
- 활동전위(action potential)는 가로세관(T-tubles)으로 이동하여 (㉠)에서 (㉡) 방출을 자극한다.
- (㉠)에서 방출된 (㉡)이 트로포닌(troponin)과 결합하게 되면 (㉢)의 위치를 이동시켜 마이오신 머리(myosin head)와 액틴 필라멘트(actin filament)가 강하게 결합하게 한다.

	㉠	㉡	㉢
①	원형질막	아세틸콜린	근절
②	원형질막	칼슘 이온	트로포마이오신
③	근형질세망	아세틸콜린	근절
④	근형질세망	칼슘 이온	트로포마이오신

07 [기출 2025] 난이도 ★★☆

골격근 수축 과정은 안정 → 자극 전달 → 수축 → 재충전의 단계로 이루어진다. 신경 자극이 근신경접합부에 도달하면 아세틸콜린이 분비되고, 이로 인해 근섬유막에 활동전위가 발생한다. 활동전위는 가로세관을 따라 이동하여, 근형질세망(㉠)에서 칼슘 이온(㉡)의 방출을 유도한다. 방출된 칼슘 이온이 트로포닌과 결합하면, 트로포마이오신(㉢)의 위치가 이동하여 액틴과 미오신이 결합할 수 있게 된다. 이후 ATP 분해 에너지에 의해 미오신 머리가 파워 스트로크를 일으켜 근수축이 일어난다.

| 정답 | 06 ④ 07 ④

08

운동하는 근육으로의 혈류량을 증가시키는 국소적 내인성 (intrinsic) 자율 조절 요소로 적절하지 <u>않은</u> 것은?

① 수소 이온, 이산화탄소, 젖산 등 대사 부산물
② 부신 수질로부터 분비된 카테콜아민(catecholamine)
③ 혈관 벽에 작용하는 압력에 따른 근원성(myogenic) 반응
④ 혈관 내피 세포(endothelial cell)에서 생성된 산화 질소, 프로스타글랜딘(prostaglandin), 과분극 인자(hyperpolarizing factor)

08 [기출 2022] 난이도 ★★☆

카테콜아민은 부신 수질에서 분비되는 호르몬으로, 전신적인 자율 조절 요소로 작용하여 심박수와 혈압을 증가시키는 역할을 한다. 이는 국소적 내인성 조절 요소가 아니며, 주로 전체적인 생리적 반응을 유도한다.

09

〈보기〉에서 설명하는 신경 세포 활동 전위의 단계는?

〈보기〉
- 칼륨(K^+) 채널이 열려 있고, 칼륨이 세포 외로 이동하면서 세포 내는 음전하를 띠게 되는 단계
- 이 단계 이후 칼륨 채널이 닫히고, 칼륨의 세포 외 유출이 적어짐에 따라 안정 막전위로 복귀

① 과분극   ② 탈분극
③ 재분극   ④ 불응기

09 [기출 2023, 2021] 난이도 ★☆☆

칼륨(K^+) 채널이 열려 칼륨이 세포 외로 이동하면서 세포 내부가 음전하를 띠게 되는 단계는 재분극에 해당한다. 이 단계 이후에는 칼륨 채널이 닫히고, 칼륨의 세포 외 유출이 줄어들면서 안정 막전위로 복귀하게 된다.

오답풀이
① 과분극: 재분극되어 가는 과정에서 K^+가 세포 외부로 이동하면서 세포 내부가 음(−), 세포 외부가 양(+)이 되는데 이때 분극 상태보다 그 전위차가 더 커지는 상태
② 탈분극: 세포막의 Na^+, K^+의 투과성 변화 및 안정 막전위가 무너진 상태
④ 불응기: 다른 활동 전위가 발생할 수 없는 시기

10

〈보기〉에서 운동 중 호흡계 전도 영역의 기능으로만 묶인 것은?

〈보기〉
㉠ 호흡하는 공기에 습기를 제공한다.
㉡ 폐포의 표면 장력을 감소시키는 표면 활성제(surfactant)를 제공한다.
㉢ 공기를 여과하는 역할을 한다.
㉣ 호흡 가스 확산을 증가시킨다.

① ㉠, ㉡   ② ㉠, ㉢
③ ㉡, ㉢   ④ ㉢, ㉣

10 [기출 2021] 난이도 ★☆☆

㉠ 호흡하는 공기에 습기를 제공하는 기능은 호흡계 전도 영역의 중요한 역할 중 하나이다.
㉢ 공기를 여과하는 역할도 전도 영역의 기능에 해당한다.

오답풀이
㉡, ㉣ 호흡계 호흡 영역에 해당한다.

| 정답 | 08 ② 09 ③ 10 ②

11

유산소성 트레이닝을 통한 근육 내 미토콘드리아 변화와 관련된 설명으로 옳지 <u>않은</u> 것은?

① 근원섬유 사이의 미토콘드리아 밀도 증가

② 근육 내 젖산과 수소 이온(H^+) 생성 감소

③ 손상된 미토콘드리아 분해 및 제거율 감소

④ 근육 내 크레아틴 인산(phosphocreatine) 소모량 감소

12

〈보기〉에서 고지대 환경에서 장기간 노출 시 나타나는 생리학적 적응으로 옳은 것만을 모두 고른 것은?

― 〈보기〉 ―
| ㉠ 심박출량 증가 | ㉡ 모세혈관 밀도 증가 |
| ㉢ 근육 단면적 증가 | ㉣ 산소 운반 능력 증가 |

① ㉠, ㉢

② ㉡, ㉣

③ ㉠, ㉢, ㉣

④ ㉡, ㉢, ㉣

13

운동 중 심근(myocardium)으로 혈액을 공급하는 동맥은?

① 관상 동맥

② 폐동맥

③ 하대동맥

④ 상대동맥

---

11 [기출 2024, 2023, 2022, 2021] 난이도 ★☆☆

손상된 미토콘드리아의 분해 및 제거율은 유산소성 트레이닝에 의해 증가한다. 미토콘드리아는 세포의 에너지를 생산하는 주체로, 손상된 것은 적절히 제거되어야 한다.

12 [기출 2025] 난이도 ★★☆

㉡ 저산소 환경에 적응하기 위해 근육 내 모세혈관 밀도가 증가하여 산소 이용 능력이 향상된다.
㉣ 적혈구 수와 혈색소 농도가 증가하여 혈액의 산소 운반 능력이 증가한다.

[오답풀이]
㉠ 초기에는 심박수 증가로 심박출량이 늘지만, 장기간 적응 후에는 안정 시 심박출량은 정상 수준으로 돌아가거나 오히려 감소하는 경향이 있으므로 일반 시보다 증가하지 않는다.
㉢ 근육 단면적 증가와는 관련이 없으며, 고지대에서는 저산소로 인해 에너지 대사가 제한되고 단백질 분해가 촉진되므로 오히려 감소하는 경향이 있을 수 있다.

13 [기출 2021] 난이도 ★★☆

관상 동맥은 심근에 혈액을 공급하는 동맥으로, 심장의 외부에서 시작하여 심장 근육에 산소와 영양분을 공급한다.

[오답풀이]
② 폐동맥은 폐로 혈액을 보낸다.
③, ④ 하대동맥과 상대동맥은 전신으로 혈액을 공급하는 역할을 한다.

| 정답 | 11 ③ 12 ② 13 ①

14

건강 체력 요소 측정으로만 나열되지 않은 것은?

① 오래달리기 측정, 생체 전기 저항 분석(bioelectric impedance analysis)
② 앉아윗몸앞으로굽히기 측정, 윗몸일으키기 측정
③ 배근력 측정, 제자리높이뛰기 측정
④ 팔굽혀펴기 측정, 악력 측정

14 [기출 2022]   난이도 ★☆☆

오래달리기 측정과 생체 전기 저항 분석은 각각 심폐지구력과 체성분 측정 방법으로 활용되지만, 생체 전기 저항 분석은 일반적으로 건강 체력 요소 측정이 아니라 체지방률 및 근육량을 평가하는 데 사용된다.

15

지구성 트레이닝 후 최대 동-정맥 산소차(maxim alarterial-venous oxygen difference) 증가에 기여하는 요인으로 적절하지 않은 것은?

① 미토콘드리아 크기 증가
② 미토콘드리아 수 증가
③ 모세 혈관 밀도 감소
④ 총 혈액량 증가

15 [기출 2022]   난이도 ★☆☆

지구성 트레이닝은 모세 혈관 밀도를 증가시켜 산소와 영양소의 공급을 개선하고, 노폐물 제거를 돕는다.

16

순환계의 구조와 기능에 관한 설명으로 옳지 않은 것은?

① 혈액의 역류를 막기 위해 하지동맥 내에 판막이 존재한다.
② 호르몬 수송 및 면역기능 조절은 순환계의 기능 중 하나이다.
③ 관상 동맥(coronary artery)은 심장근에 혈액을 공급하는 혈관이다.
④ 폐순환의 주요 기능은 폐에서의 가스 교환(예 이산화탄소 배출)이다.

16 [기출 2025]   난이도 ★★☆

혈액의 역류를 막기 위해 존재하는 판막은 정맥 내부에 위치한다. 특히 하지 정맥은 중력에 거슬러 혈액을 심장으로 되돌려야 하므로, 판막 구조가 잘 발달되어 있다. 반면 동맥에는 판막이 존재하지 않는다.

| 정답 | 14 ①   15 ③   16 ①

17

유산소 트레이닝에 의한 골격근의 적응 현상으로 옳지 않은 것은?

① 모세 혈관의 밀도 증가
② TypeⅡ 섬유의 현저한 크기 증가
③ 마이오글로빈의 함유량 증가
④ 미토콘드리아의 수와 크기 증가

17 [기출 2024, 2021]   난이도 ★★☆

유산소 트레이닝은 주로 TypeⅠ 섬유(지속적인 힘을 발휘하는 섬유)와 관련된 적응을 촉진하며, TypeⅡ 섬유는 주로 무산소 트레이닝에 의해 크기가 증가한다.

18

안정 시와 운동 중 에너지 소비량 측정 및 추정에 관한 설명으로 옳지 않은 것은?

① 직접 열량 측정법은 열 생산을 측정함으로써 에너지 소비량을 측정한다.
② 간접 열량 측정법은 산소 소비량과 이산화탄소 배출량을 이용하여 에너지 소비량을 추정한다.
③ 호흡 교환율은 질소 배출량과 산소 소비량의 비율을 의미하며, 체내 지방과 단백질의 대사 이용 비율을 추정한다.
④ 이중 표식 수(doubly labeled water) 검사법은 동위 원소 기법을 사용해 에너지 소비량을 추정한다.

18 [기출 2021]   난이도 ★★☆

호흡 교환율은 이산화탄소 배출량과 산소 소비량의 비율을 의미하며, 이를 통해 체내에서 탄수화물과 지방의 대사 이용 비율을 추정할 수 있다. 질소는 호흡 교환율 계산에 포함되지 않는다.

19

유산소 운동 중 호흡계의 환기량 증가 요인에 관한 설명으로 옳지 않은 것은?

① 중추 화학적 수용체인 경동맥체와 대동맥체는 동맥의 산소 분압 증가에 따라 환기량 증가를 자극한다.
② 근육 내 화학적 수용체는 칼륨(K^+)과 수소(H^+)의 농도 증가에 따라 환기량 증가를 자극한다.
③ 근방추나 골지 힘줄 기관의 구심성 신경 자극 증가는 환기량 증가를 자극한다.
④ 사용된 근육의 운동 단위 증가는 환기량 증가를 자극한다.

19 [기출 2021]   난이도 ★☆☆

경동맥체와 대동맥체는 산소 분압이 감소할 때 환기량을 증가시키는 역할을 한다. 반대로, 산소 분압이 증가하면 환기량을 감소시킬 수 있다.

| 정답 | 17 ②   18 ③   19 ①

20

근섬유(muscle fiber) 및 근원섬유(myofibril)에 관한 설명으로 옳은 것은?

① 근섬유는 여러 개의 핵을 가진 다른 세포들과 다르게 단핵 세포로 구성된다.
② 근섬유는 결합 조직인 근내막(endomysium)으로 싸여 있다.
③ 근원섬유는 근세포라 불리며, 가는 세사와 굵은 세사로 구성된다.
④ 근원섬유의 막 주위에는 위성 세포(satellite cells)가 존재한다.

20 [기출 2021]   난이도 ★★☆

근섬유는 결합 조직인 근내막(endomysium)으로 싸여 있으며, 이로 인해 근섬유가 보호되고 지지받는다.

[오답풀이]
① 근섬유는 근원섬유의 다발로, 긴 다핵 세포이다.
③ 근세포라 불리는 것은 근섬유이며, 근섬유는 많은 근원섬유로 이루어져 있다.
④ 위성 세포는 근초(근세포를 둘러싸고 있는 세포막) 위에 독립적으로 위치하는 세포 그룹이다.

21

저항성 트레이닝에 의한 근력 향상의 요인으로 적절하지 <u>않은</u> 것은?

① Type I 섬유 수의 증가
② Type II 섬유 크기의 증가
③ 동원되는 운동 단위 수의 증가
④ 동원되는 십자형교(cross-bridge) 수의 증가

21 [기출 2021]   난이도 ★★☆

저항성 트레이닝은 주로 Type II 섬유(속근)의 크기 증가 및 힘을 증가시키는 데 기여하며, Type I 섬유(지근)는 상대적으로 영향을 덜 받는다.

22

스프린트 트레이닝 후 나타나는 생리적 적응이 바르게 나열된 것은?

① 속근 섬유 비대 – 해당 과정을 통한 ATP 생산 능력 향상
② 지근 섬유 비대 – 해당 과정을 통한 ATP 생산 능력 향상
③ 속근 섬유 비대 – 해당 과정을 통한 ATP 생산 능력 저하
④ 지근 섬유 비대 – 해당 과정을 통한 ATP 생산 능력 저하

22 [기출 2022]   난이도 ★★☆

스프린트 트레이닝은 무산소성 형태의 운동으로 속근 섬유의 비대는 해당 과정을 통한 ATP 생산 능력을 향상시킨다. 속근 섬유는 고강도 운동을 수행하는 데 필요한 힘과 속도를 제공하며, 스프린트 훈련으로 비대화되면서 에너지 생산 능력이 개선된다.

| 정답 | 20 ② 21 ① 22 ①

23

고강도 운동 시 심박출량 증가 요인으로 옳지 <u>않은</u> 것은?

① 혈중 에피네프린 증가에 따른 심박수 증가
② 활동근의 근육 펌프 작용에 따른 정맥 회귀량 증가
③ 교감 신경계의 활성에 따른 심실 수축력 증가
④ 부교감 신경계의 활성에 따른 심박수 증가

23 [기출 2021]   난이도 ★★☆

부교감 신경계의 활성은 심박수를 감소시킨다.

24

직립 상태에서 폐-혈액 간 산소 확산 능력은 안정 시와 비교하여 운동 시 증가한다. 이에 기여하는 요인으로 적절한 것은?

① 폐포와 모세 혈관 사이의 호흡막(respiratory membrane) 두께 증가
② 증가한 혈압으로 인한 폐 윗부분(상층부)으로의 혈류량 증가
③ 폐정맥 혈액 내 높은 산소 분압
④ 폐동맥 혈액 내 높은 산소 분압

24 [기출 2022]   난이도 ★☆☆

운동 시 심박출량과 혈압이 증가하면 폐의 윗부분으로 혈류량이 증가하게 되어 폐포와 모세 혈관 간의 산소 확산 능력이 향상된다. 이는 운동 중 산소 공급이 더 효율적으로 이루어지도록 한다.

25

〈보기〉의 ㉠, ㉡에 들어갈 내용이 바르게 나열된 것은?

―〈보기〉―
- 골격근의 신장성 수축은 수축 속도가 (㉠) 더 큰 힘이 생성된다.
- 동일 골격근에서 단축성 수축은 신장성 수축에 비해 같은 속도에서 더 (㉡) 힘이 생성된다.

	㉠	㉡
①	빠를수록	작은
②	느릴수록	작은
③	느릴수록	큰
④	빠를수록	큰

25 [기출 2022, 2021]   난이도 ★★☆

신장성 수축(eccentric contraction)은 근육이 늘어나는 동안 힘을 발생시키며, 수축 속도가 빠를수록 더 큰 힘을 생성한다. 이는 근육이 더 많은 긴장력을 가지며 저항에 대항하기 때문에 발생하는 현상이다. 반면, 단축성 수축(concentric contraction)에서는 동일한 속도에서 신장성 수축에 비해 더 작은 힘이 생성된다.

| 정답 | 23 ④   24 ②   25 ①

26

<보기>에서 설명하는 트레이닝의 원리는?

― <보기> ―
- 트레이닝의 효과는 운동에 동원된 근육에서만 발생한다.
- 근력 향상을 위해서는 저항성 트레이닝이 적합하다.

① 특이성의 원리
② 가역성의 원리
③ 과부하의 원리
④ 다양성의 원리

26 [기출 2022] 난이도 ★☆☆

특이성의 원리는 특정 운동이 특정한 신체 부위에만 영향을 미친다는 것을 의미한다. 즉, 특정 근육을 사용한 운동은 그 근육의 능력을 향상시키고, 다른 근육에 대해서는 영향을 미치지 않는다는 원리이다. 예를 들어, 저항성 트레이닝은 근력 향상을 위해 특정 근육에 초점을 맞춘 훈련 방법이다.

오답풀이
② 가역성의 원리: 트레이닝이 중단되었을 때 신체 기능이 빠르게 감소한다는 원리
③ 과부하의 원리: 신체 기능 향상을 위해서는 보다 높은 부하가 필요하다는 원리
④ 다양성의 원리: 트레이닝 방법, 강도 등을 다양하게 하여 지루함을 예방하고 효과를 높인다는 원리

27

<보기>의 ㉠~㉣에 해당하는 용어를 바르게 나열한 것은?

― <보기> ―
- 골격근은 (㉠) 신경계의 조절에 의해 (㉡)으로 수축한다.
- 걷기와 같은 저강도 운동 중에는 (㉢) 섬유가 주로 동원되고 전력 질주와 같은 고강도 운동 중에는 (㉣) 섬유가 주로 동원된다.

	㉠	㉡	㉢	㉣
①	자율	수의적	type Ⅰ	type Ⅱ
②	체성	불수의적	type Ⅱ	type Ⅰ
③	자율	불수의적	type Ⅱ	type Ⅰ
④	체성	수의적	type Ⅰ	type Ⅱ

27 [기출 2024, 2023, 2021] 난이도 ★★☆

골격근은 체성 신경계에 의해 수의적으로 수축한다. 걷기와 같은 저강도 운동에서는 주로 Type Ⅰ 섬유(지근 섬유)가 사용되고, 전력 질주와 같은 고강도 운동에서는 Type Ⅱ 섬유(속근 섬유)가 주로 사용된다.

| 정답 | 26 ① 27 ④

28

운동에 대한 심혈관 반응에 관한 설명으로 옳은 것은?

① 점증 부하 운동 시 심근 산소 소비량 감소
② 고강도 운동 시 내장 기관으로의 혈류 분배 비율 증가
③ 일정한 부하의 장시간 운동 시 시간 경과에 따른 심박수 감소
④ 고강도 운동 시 활동근의 세동맥(arterioles) 확장을 통한 혈류량 증가

28 [기출 2024]   난이도 ★☆☆

고강도 운동 시 근육에 더 많은 산소와 영양분을 공급하기 위해 활동근의 세동맥이 확장되어 혈류량이 증가한다.

오답풀이
① 점증 부하 운동 시 산소 요구량이 증가하여 심근 산소 소비량이 증가한다.
② 고강도 운동 시 근육으로의 혈류가 증가하여 내장 기관으로의 혈류 분배 비율이 감소한다.
③ 일정한 부하의 장시간 운동 시 산소 요구량 증가에 따라 심박수가 증가한다.

29

〈보기〉 중 적절한 것으로만 나열된 것은?

― 〈보기〉 ―
㉠ 인슐린(insulin)은 혈당을 증가시킨다.
㉡ 성장 호르몬(growth hormone)은 단백질 합성을 감소시킨다.
㉢ 에리스로포이에틴(erythropoietin)은 적혈구 생산을 촉진시킨다.
㉣ 항이뇨 호르몬(antidiuretic hormone)은 수분 손실을 감소시킨다.

① ㉠, ㉡
② ㉠, ㉢
③ ㉡, ㉣
④ ㉢, ㉣

29 [기출 2023, 2022, 2021]   난이도 ★☆☆

㉢ 에리스로포이에틴은 적혈구 생산을 촉진하여 혈액의 산소 운반 능력을 높인다.
㉣ 항이뇨 호르몬은 신장에서 수분 재흡수를 증가시켜 수분 손실을 감소시킨다.

오답풀이
㉠ 인슐린은 혈당을 감소시킨다.
㉡ 성장 호르몬은 단백질 합성을 촉진한다.

30

카테콜라민에 대한 설명으로 옳지 <u>않은</u> 것은?

① 부신 피질에서 분비
② 교감 신경의 말단에서 분비
③ α1 수용체 결합 시 기관지 수축
④ β1 수용체 결합 시 심박수 증가

30 [기출 2024]   난이도 ★★☆

① 카테콜라민은 부신 수질에서 분비되는 호르몬이다.
③ α1 수용체와 결합하면 혈관 수축을 일으킨다. 기관지 수축은 일반적으로 콜린성 자극에 의해 발생하며, β2 수용체와 결합할 때 기관지를 이완시킨다.

※ 출제 오류로 복수 정답 처리됨

| 정답 | 28 ④   29 ④   30 ①, ③

31

〈보기〉의 ㉠, ㉡에 들어갈 호르몬이 바르게 연결된 것은?

〈보기〉

규칙적인 신체 활동을 통해 골 형성을 자극하거나 활동 부족으로 골 손실을 자극하는 칼슘(Ca^{2+}) 조절 호르몬의 역할에 대한 설명이다.
- (㉠)은 혈중 칼슘 농도가 증가하면 뼈의 칼슘 방출을 감소시킨다.
- (㉡)은 혈중 칼슘 농도가 감소하면 뼈의 칼슘 방출을 증가시킨다.

	㉠	㉡
①	인슐린	부갑상선 호르몬
②	안드로겐	티록신
③	칼시토닌	부갑상선 호르몬
④	글루카곤	티록신

31 [기출 2021] 난이도 ★☆☆

- 칼시토닌은 갑상선에서 분비되는 호르몬으로, 혈중 칼슘 농도가 증가하면 뼈에서 칼슘의 방출을 감소시켜 혈중 칼슘 농도를 낮추는 역할을 한다. 이는 뼈의 형성을 촉진하고, 과도한 칼슘이 혈액에 존재하는 것을 방지한다.
- 부갑상선 호르몬(parathyroid hormone, PTH)은 부갑상선에서 분비되며, 혈중 칼슘 농도가 감소할 때 뼈에서 칼슘의 방출을 증가시킨다. 이는 뼈에서 칼슘을 방출하고, 신장에서 칼슘 재흡수를 촉진하여 혈중 칼슘 농도를 높이는 역할을 한다.

32

지근 섬유(Type I)와 비교되는 속근 섬유(Type II)의 특성으로 옳은 것은?

① 높은 피로 저항력
② 근형질세망의 발달
③ 마이오신 ATPase의 느린 활성
④ 운동 신경 세포(뉴런)의 작은 직경

32 [기출 2024, 2021] 난이도 ★☆☆

[오답풀이]
① 속근 섬유는 낮은 피로 저항력을 갖는다.
③ 속근 섬유는 마이오신 ATPase의 활성이 빠르다.
④ 속근 섬유는 운동 신경 세포의 직경이 크다.

| 정답 | 31 ③ 32 ②

33

1회 박출량(stroke volume)에 관한 설명으로 적절하지 않은 것은?

① 심실 수축력이 증가하면 1회 박출량은 증가한다.

② 평균 동맥 혈압이 감소하면 1회 박출량은 증가한다.

③ 심장으로 돌아오는 정맥혈 회귀(venous return)가 감소하면 1회 박출량은 감소한다.

④ 수축기말 용적(end-systolic volume)에서 확장기말 용적(end-diastolic volume)을 뺀 값이다.

33 [기출 2024, 2023, 2022] 난이도 ★★☆

1회 박출량은 확장기말 용적에서 수축기말 용적을 뺀 값으로 정의된다.

34

혈액 순환 시 혈압의 감소가 가장 크게 발생하는 혈관은?

① 모세 혈관(capillary)

② 세동맥(arteriole)

③ 세정맥(venule)

④ 대동맥(aorta)

34 [기출 2022] 난이도 ★★☆

혈액 순환 시 혈압은 대동맥에서 가장 높고, 이후 혈관을 지나면서 점차 감소한다. 이 중에서도 세동맥은 주로 혈압 조절이 이루어지는 장소로, 모세 혈관에 도달하기 전에 혈압이 크게 감소한다.

35

운동 중 지방 분해를 촉진하는 요인으로 옳지 않은 것은?

① 인슐린 증가

② 글루카곤 증가

③ 에피네프린 증가

④ 순환성(cyclic) AMP 증가

35 [기출 2024] 난이도 ★☆☆

인슐린은 혈당을 낮추는 호르몬으로, 지방 저장을 촉진하고 지방 분해를 억제하는 역할을 한다. 따라서 운동 중 지방 분해를 촉진하는 요인으로는 적합하지 않다.

| 정답 | 33 ④ 34 ② 35 ①

36

〈보기〉의 ㉠, ㉡에 들어갈 용어가 바르게 나열된 것은?

─〈보기〉─
- 심장의 부담을 나타내는 심근 산소 소비량은 심박수와 (㉠)을 곱하여 산출한다.
- 산소 섭취량이 동일한 운동 시 다리 운동이 팔 운동에 비해 심근 산소 소비량이 더 (㉡) 나타난다.

	㉠	㉡
①	1회 박출량	높게
②	1회 박출량	낮게
③	수축기 혈압	높게
④	수축기 혈압	낮게

36 [기출 2024, 2022] 난이도 ★★☆

심근 산소 소비량은 심박수와 수축기 혈압을 곱하여 계산한다. 또한, 운동 강도가 동일한 경우 다리 운동은 팔 운동에 비해 많은 근육을 사용하기 때문에 심근 산소 소비량이 더 낮게 나타나는 경향이 있다.

37

ATP를 합성하는 데 사용되는 에너지원이 아닌 것은?

① 근중성 지방
② 비타민C
③ 글루코스
④ 젖산

37 [기출 2023] 난이도 ★★☆

ATP를 합성하는 데 사용되는 에너지원은 주로 근중성 지방, 글루코스, 젖산과 같은 물질들이다. 그러나 비타민C는 에너지원으로 사용되지 않고, 항산화 작용이나 면역 기능 등 다른 역할을 한다.

38

항상성 유지를 위한 신체 조절 중 부적 피드백(negative feedback)이 아닌 것은?

① 세포 외 액의 CO_2 조절
② 체온 상승에 따른 땀 분비 증가
③ 혈당 유지를 위한 호르몬 조절
④ 출산 시 자궁 수축 활성화 증가

38 [기출 2023, 2022] 난이도 ★★☆

부적 피드백(negative feedback)은 신체의 변화가 감지되면 이를 되돌리기 위한 반응을 나타낸다. 예를 들어, 세포 외 액의 CO_2 조절, 체온 상승에 따른 땀 분비, 혈당 유지를 위한 호르몬 조절은 모두 부적 피드백 메커니즘의 예시이다. 출산 시 자궁 수축 활성화 증가는 정적 피드백(positive feedback)으로, 출산을 촉진하기 위해 자궁의 수축을 계속해서 증가시키는 작용이다.

| 정답 | 36 ④ 37 ② 38 ④

39

체중이 80kg인 사람이 10METs로 10분간 달리기했을 때 소비 칼로리는? (단, 1MET=3.5ml · kg⁻¹ · min⁻¹, O₂ 1L당 5Kcal 생성)

① 130Kcal
② 140Kcal
③ 150Kcal
④ 160Kcal

39 [기출 2023] 난이도 ★★☆

1MET는 3.5ml · kg⁻¹ · min⁻¹의 산소 소비량을 의미하므로, 80kg 체중에서 10METs로 운동할 경우 1분 동안 2800ml의 산소를 소비하게 된다. 이를 리터로 변환하면 2.8L이다. 1L의 산소가 약 5Kcal의 에너지를 생성하므로, 1분간 운동 시 약 14Kcal의 에너지를 소비하게 된다. 따라서, 10분간 운동을 지속하면 총 140Kcal의 에너지가 소모된다.

40

골격근의 수축 특성을 결정하는 요인에 대한 설명 중 〈보기〉의 ㉠, ㉡에 들어갈 용어가 바르게 연결된 것은?

〈보기〉
- 특이장력 = 근력 / (㉠)
- 근파워 = 힘 × (㉡)

	㉠	㉡
①	근횡단면적	수축 속도
②	근횡단면적	수축 시간
③	근파워	수축 속도
④	근파워	수축 시간

40 [기출 2024] 난이도 ★★☆

- 특이장력은 근력을 근횡단면적으로 나눈 값으로, 특정 근육의 힘을 평가하는 데 사용된다.
- 근파워는 힘과 수축 속도의 곱으로 정의되며, 수축 속도가 근파워에 중요한 역할을 한다.

| 정답 | 39 ② 40 ①

선택 6과목
운동역학

합격생들의 과목 선택 Tip

합격을 위한 과목 추천 ★★★★☆

난이도 ★★★★★

\# 물리학적 원리를 스포츠 동작에 적용하는 과목

\# 공대를 다녔거나 물리 공부를 조금이라도 해봤다면 매우 쉬움

\# 이해를 기반으로 하는 과목이기에 시간 투자 대비 결과가 안 나올 수 있음

\# 수학적 계산이 포함되어 있어 꾸준한 연습 필요

\# 공식을 단순 암기하기보다는 원리 이해에 중점 두기!

최근 5개년 개념별 출제비중

> 2021년 이후 난도가 높아진 출제경향을 반영, 최근 5개년 기출 분석으로 집중 대비!

- 01 운동역학 개요 — 7%
- 02 운동역학의 이해 — 11%
- 03 인체역학 — 15% ★★ 평균 3문제 출제
- 04 운동학의 스포츠 적용 — 15% ★★ 평균 3문제 출제
- 05 운동역학의 스포츠 적용 — 31% ★★★ 평균 6문제 출제
- 06 일과 에너지 — 12%
- 07 다양한 운동기술의 분석 — 9%

최신 3개년 운동역학 출제 경향

2025년	2024년	2023년
☑ 난이도 평이	☑ 난이도 평이	☑ 난이도 상승
☑ 기초 개념, 계산형 문제, 스포츠 적용 사례가 균형 있게 출제됨	☑ 구심력과 원심력 개념이 등장함	☑ 기본 개념을 묻는 문제 위주로 다수 출제됨
☑ 실전 상황을 반영한 응용형 문제가 강화되어 전반적으로 이론과 실제를 통합하는 경향을 보임	☑ 계산 문제보다는 물리학적 개념을 묻는 문제 위주로 출제됨	☑ 운동역학의 정의와 해부학적 자세를 묻는 문제가 출제됨

합격 프로젝트 2026 출제 예언

1. 그래프 해석과 수치 계산 문제의 비중이 더 증가할 것으로 예상합니다.
2. 속도·가속도, 일과 일률, 충격량 등 단위 환산이 포함된 계산 문제는 단순 공식 대입이 아니라 문제 상황 이해가 필요한 문제로 출제될 가능성이 높습니다.
3. 안정성, 압력중심점(COP), 관성모멘트 등 응용 이론을 다루는 문제가 자주 등장하니 시각적 정보를 활용하여 학습할 것을 권장합니다.

출제될 핵심 개념 01 운동역학 개요

7% | 운동역학의 정의와 유사 개념을 이해하며 학습해 보자!

★ **빈출 형광펜** 시험에 자주 출제되는 개념으로, 시험 직전 빈출 형광펜만 딱 보고 들어가자!

합격선을 넘는 TIP

출제 키워드
기출 2023, 2018

운동역학
- 스포츠 상황에서 인체에 발생하는 힘과 그 효과를 설명하는 학문
- 스포츠 상황에서 인체 힘의 원인과 결과를 다루는 학문

출제 키워드
기출 2016

운동역학의 학문 영역
- 동역학(Dynamics): 가속에 영향을 받는 시스템을 연구하는 학문
- 운동학(Kinematics): 공간이나 시간을 고려하여 움직임을 기술하는 학문
- 운동역학(Kinetics): 힘의 작용을 연구하는 학문

출제 키워드
기출 2025, 2021, 2016

운동역학의 연구 목적
- 운동기술 향상
- 운동 장비 개발
- 스포츠 손상 예방

1 운동역학의 정의

1. 운동역학 개요 기출 2023, 2019, 2018, 2017, 2016

(1) **운동역학의 정의**
① 역학, 생리학, 해부학적 기초를 활용한 응용과학
② 힘과 작용의 결과로 발생하는 운동을 연구하는 학문

(2) **운동역학의 학문 영역**

정역학	정적 평형 상태에 작용하는 힘을 연구
동역학	물체의 힘과 운동의 관계를 연구
운동학	위치, 속도, 각도, 각속도 등과 같은 운동 상태를 연구
운동측정학	인체의 각 관절 등과 관련 부위를 측정하는 학문
운동역학	근력, 토크, 운동량, 충격량 등과 같은 운동을 유발하거나 변화시키는 힘에 대해 연구

2. 운동역학 유사 학문

운동기능학	인체 운동의 효율성 제고를 목표로 하는 학문
생체역학	역학의 제 원리가 생물체에 적용된 학문
인체측정학	신체 분절의 부피나 무게를 다루는 것과 관련된 학문

2 운동역학의 목적과 내용

1. 운동역학의 필요성과 목적 기출 2025, 2022, 2021, 2019, 2017, 2016, 2015

운동역학의 필요성	• 운동역학 지식을 활용하여 운동 학습의 효과를 최대화 • 운동역학 이론을 현장에 접목하여 경기력 향상에 기여
운동역학의 목적	• 새로운 스포츠 동작 기술 개발을 통한 경기력 향상 • 역학적 분석을 통한 스포츠 동작 효율성의 극대화 • 스포츠 상황에서 발생하는 부상의 역학적 원인 분석 • 운동 장비의 연구 및 개발을 통한 경기력 향상

2. 운동역학의 연구 영역 기출 2025

운동 동작의 분석 및 개선	지도자는 선수의 운동수행을 면밀히 관찰해 부족한 부분을 분석하고, 문제를 발견하여 피드백을 통해 기술적 오류를 교정하는 방법을 사용
운동 기구의 개발과 성능 평가	과학 기술의 급진적인 발전으로, 운동 기구 개발은 선수들의 운동 능력 향상과 부상 예방에 중점을 두며 빠르게 발전
측정 기술과 데이터 처리 기술의 발전	운동기술의 정확한 측정과 신속한 데이터 처리 기술의 발전은 보다 정밀한 기술 분석을 가능하게 하며, 이를 통해 현장에 신속하게 적용 가능

3. 운동역학의 분석 영역 기출 2022

정성적 분석 (Qualitative Analysis)	• 비디오 등 영상 장비와 소프트웨어를 활용해 동작을 관찰하고 분석하는 방법 • 어느 정도 객관성 확보가 필요 • 영상 장비와 프로그램의 발전으로 정성적 분석이 수월하며 현장 적용 용이
정량적 분석 (Quantitative Analysis)	• 객관적인 수치 데이터를 바탕으로 동작을 분석하는 방법 • 필수적인 분석 방법이지만, 자료 처리에 시간이 많이 소요 • 현장에서 즉각적인 적용이 어려움

합격선을 넘는 TIP

 2025

동작 분석 방법
- 현장에서 즉각적인 분석 가능
- 지도자 성향에 따라 결과가 달라짐
- 분석의 결과는 객관성을 담보할 수 없음

 2022

정량적 분석
- 다양한 장비를 활용하여 동작 및 힘 정보를 수치화하고 분석하는 방법
- 정량적 분석을 통해 객관적이고 정확한 정보를 획득할 수 있으며, 주관적인 판단을 배제할 수 있음

02 운동역학의 이해

11% 인체 움직임과 해부학적 자세를 정립하고, 운동 형태를 유의하며 학습해 보자!

★ **빈출 형광펜** 시험에 자주 출제되는 개념으로, 시험 직전 빈출 형광펜만 딱 보고 들어가자!

합격선을 넘는 TIP

출제 키워드
기출 2015

해부학적 자세
- 시선은 전방을 향함
- 인체를 곧게 세운 직립 자세
- 각 분절의 운동축과 운동면은 해부학적 자세를 기준으로 함

출제 키워드
기출 2021, 2018

해부학적 자세에서 몸의 중심을 기준으로 한 방향 용어
- 손목 관절은 팔꿈치 관절보다 먼 쪽(원위: distal)에 있음
- 엉덩이는 무릎보다 몸쪽(근위: proximal)에 있음
- 머리는 발보다 위(상: superior)에 있음

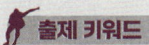

정중선
신체의 앞뒷면의 중앙을 수직으로 지나는 선

1 해부학적 기초

1. 해부학적 용어 기출 2021, 2019, 2018, 2015

(1) **해부학적 자세**: 해부학적 움직임 측정을 위한 기본 자세로, 손바닥과 시선은 앞을 향하며, 발을 붙이고 똑바로 서 있는 상태를 말한다.

(2) **방향을 나타내는 용어**

앞(Anterior)	몸의 앞면
뒤(Posterior)	몸의 뒷면
배쪽(Ventral)	몸의 앞면
등쪽(Dorsal)	몸의 뒷면
표층(Superficial)	몸의 표면 쪽
심층(Deep)	몸의 내부
위쪽(Superior)	머리쪽이나 다른 구조물의 위
아래쪽(Inferior)	땅 쪽이나 다른 구조물의 아래
머리쪽(Cranial)	머리나 머리뼈 쪽
꼬리 쪽(Caudal)	땅이나 꼬리뼈 쪽
안쪽(Medial)	중심선에서 가까운 부분
가쪽(Lateral)	중심선에서 먼 부분
속 쪽(Internal)	몸의 내면 또는 장기의 안쪽
바깥쪽(External)	몸의 표면 또는 장기의 바깥쪽
몸쪽(근위, Proximal)	생물학적 구조물이나 정중선에서 가까운 부분
먼 쪽(원위, Distal)	생물학적 구조물이나 정중선에서 멀리 떨어진 부분
깊은(Deep)	다른 구조물보다 표면에서 먼 쪽으로 향하는 부분
얕은(Superficial)	다른 구조물보다 표면에서 가까운 쪽으로 향하는 부분
바로 위의(Supra)	해부학적 구조물의 위
바로 아래의(Infra)	해부학적 구조물의 아래
배측(Dorsal)	발등 쪽
저측(Plantar)	발바닥 쪽

2. 인체의 축(Axis)과 운동면(Plane) 기출 2023, 2017, 2016

(1) 인체의 축

① 모든 운동은 면과 축에서 발생한다.
② 축을 쉽게 표현하면 관절이 움직이는 곳을 통과하는 곧고 긴 선이다.
③ 운동면이 세 개이기 때문에 면에 수직으로 놓여 있는 세 축이 존재한다.

이마축 (좌우축, Frontal Axis, X-axis)	몸을 좌우로 가로지르는 축으로, 시상면에서의 굽힘과 폄 운동을 가능하게 함
시상축 (전후축, Sagittal Axis, Z-axis)	몸의 앞에서 뒤로 통과하는 앞뒤쪽 축으로, 이마면에서의 운동을 가능하게 함
수직축 (장축, Vertical Axis, Y-axis)	몸을 위에서 아래로 수직으로 통과하는 축으로, 가로면에서의 회전 운동을 가능하게 함

(2) **운동면**: 해부학적 운동면은 각각의 면이 90° 정도의 각을 이루고, 두 면과 직각을 이룬다.

시상면 (Sagittal Plane)	• 정중면, 전후면으로도 불림 • 몸의 왼쪽과 오른쪽을 이등분
이마면 (Frontal Plane)	• 관상면, 좌우면으로도 불림 • 몸의 앞과 뒤를 수직으로 이등분
가로면 (Transverse Plane, Y-plane)	• 수평면, 횡단면으로도 불림 • 몸의 위와 아래를 이등분

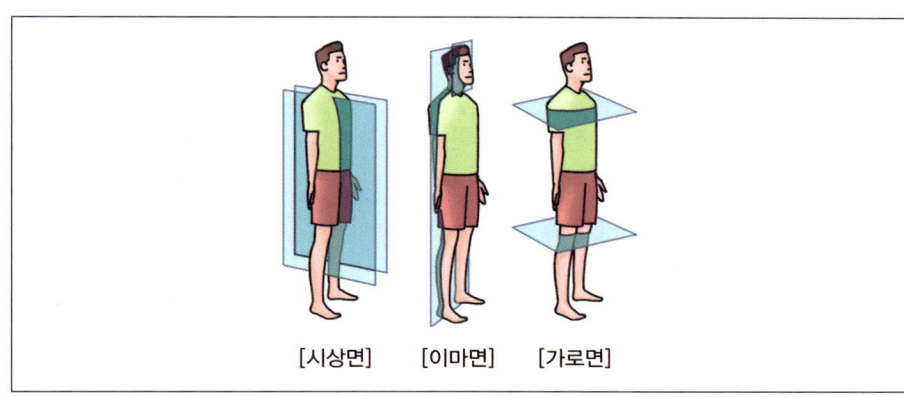

[시상면]　　[이마면]　　[가로면]

합격선을 넘는 TIP

출제 키워드

기출 2023

인체의 시상(전후)면에서 수행되는 움직임

• 페달링하는 사이클 선수의 무릎 관절 굴곡/신전 움직임
• 100m 달리기를 하는 육상 선수의 발목 관절 저측/배측 굴곡 움직임
• 앞구르기를 하는 체조 선수의 몸통 분절 움직임

합격선을 넘는 TIP

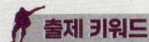

출제 키워드

기출 2022

인체의 움직임을 표현하는 용어
- 굽힘(굴곡, flexion): 관절을 형성하는 뼈들이 이루는 각이 작아지는 움직임
- 폄(신전, extension): 관절을 형성하는 뼈들이 이루는 각이 커지는 움직임
- 발등 굽힘(배측 굴곡, dorsi flexion): 발등이 정강이뼈(경골, tibia) 앞쪽으로 향하는 움직임

출제 키워드

기출 2019

인체의 좌우축을 중심으로 전후면(시상면)에서 발생하는 관절 운동
- 굽힘(flexion, 굴곡)
- 폄(extension, 신전)
- 발바닥 굽힘(plantar flexion, 저측 굴곡)

3. 면 또는 축에서 관절의 움직임 기출 2022, 2019, 2018, 2016

움직임	움직임의 위치	움직임의 묘사
벌림 (외전, Abduction)	정중선으로부터 팔과 다리가 가쪽, 위쪽으로 움직임	어깨 관절과 엉덩 관절
모음 (내전, Adduction)	정중선을 향하여 팔과 다리가 안쪽, 아래쪽으로 움직임	
올림(Elevation)	팔(다리)의 위쪽 움직임	빗장뼈와 어깨뼈
내림(Depression)	팔(다리)의 아래쪽 움직임	
가쪽 번짐(Eversion)	팔과 다리에서 아래·가쪽으로 움직임	발
안쪽 번짐(Inversion)	팔과 다리에서 위·안쪽으로 움직임	
엎침(Pronation)	팔꿈 관절이 90° 굽힘 상태에서 손바닥이 바닥 쪽을 향한 상태	아래팔
뒤침(Supination)	팔꿈 관절이 90° 굽힘 상태에서 손바닥이 천정 쪽을 향한 상태	
가쪽 굽힘	몸통이 좌우 측으로 움직임	몸통
노쪽 치우침	엄지손가락이 노뼈 쪽으로 움직임	손목 관절
자쪽 치우침	새끼손가락이 자뼈 쪽으로 움직임	
안쪽 돌림	팔꿈 관절이 90° 굽힘 상태에서 수직축 주위에서 마디가 정중선을 향하여 움직임	어깨 관절과 엉덩 관절
가쪽 돌림	팔꿈 관절이 90° 굽힘 상태에서 수직축 주위에서 마디가 정중선으로부터 멀어짐	
수평 벌림	관절이 90° 굽힘 상태에서 마디가 정중선으로부터 멀어짐	
수평 모음	관절이 90° 굽힘 상태에서 마디가 정중선과 가까워짐	
내밈	어깨뼈의 안쪽 모서리가 정중선에서 멀어짐	복장 빗장 관절
뒤당김	어깨뼈의 안쪽 모서리가 정중선과 가까워짐	
배측 굴곡	발등이 정강이뼈(경골) 앞쪽으로 향함	발목
족저 굴곡	발바닥이 정강이뼈(경골) 뒤쪽으로 향함	
내번	발바닥 안쪽을 드는 움직임	발
외번	발바닥 바깥쪽을 드는 움직임	

2 운동의 종류

1. 운동의 정의 및 발생 원인

운동의 정의	물리적 힘에 의해 작용하는 움직임
운동의 발생 원인	• 모든 물체에 힘이 작용 • 모든 물체는 관성을 지니며 관성의 크기는 질량에 비례 • 인체 움직임에는 근육에서 생성되는 힘, 즉 근육의 단면적에 비례하는 힘인 근력이 작용

2. 운동 형태 기출 2025, 2023, 2021, 2020, 2019, 2016

병진 운동(선운동)	• 신체의 모든 부분이 같은 시간에 동일한 거리와 동일한 방향으로 움직이는 운동 • 신체의 특정한 지점이 동일한 시간에 같은 거리를 평행하게 움직였는지를 구분 • 무게 중심이 직선으로 움직이는 직선 운동과 곡선으로 움직이는 곡선 운동으로 구분
회전 운동(각운동)	• 고정된 축(회전축)을 중심으로 같은 시간에 동일한 방향으로 동일한 각의 움직임 • 모든 회전 운동(각운동)은 관절을 축으로 발생
복합 운동	• 병진 운동(선운동)과 회전 운동(각운동)이 결합된 운동 • 대부분의 인간 움직임은 선운동과 각운동 요소가 결합되어 복합 운동의 형태로 나타남

합격선을 넘는 TIP

기출 2023

복합 운동(general motion)

- 커브 볼로 던져진 야구공의 움직임
- 페달링하면서 직선 구간을 질주하는 사이클 선수의 대퇴(넙다리) 분절 움직임
- 공중회전하면서 낙하하는 다이빙 선수의 몸통 움직임

기출 2016

선운동 사례

- 스키 점프 비행 구간에서 신체 중심의 이동 궤적
- 선수의 손을 떠난 투포환 질량 중심의 투사 궤적
- 100m 달리기 시 신체 중심의 이동 궤적

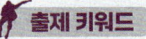

기출 2016

각운동

물체나 신체가 고정된 축을 중심으로 일정 시간 동안 회전하는 운동 형태

출제될 핵심 개념 03 인체역학

15% 인체의 중심과 안정성, 지레에 유의하며 학습해 보자!

★ **빈출 형광펜** 시험에 자주 출제되는 개념으로, 시험 직전 빈출 형광펜만 딱 보고 들어가자!

합격선을 넘는 TIP

출제 키워드
기출 2021

인체의 물리량과 물리적 특성
질량은 스칼라(scalar)이고, 무게는 벡터(vector)임

출제 키워드
기출 2024, 2022

인체의 무게 중심
- 무게 중심의 높이는 안정성에 영향을 줌
- 무게 중심은 토크(torque)의 합이 '0'인 지점
- 무게 중심의 위치는 자세의 변화에 따라 달라짐
- 무게 중심은 인체 외부에 위치할 수 있음

출제 키워드
기출 2024

기저면의 변화를 통해 안정성을 증가시킨 동작
- 산에서 내려오며 산악용 스틱을 사용하여 지면을 지지하기
- 씨름에서 상대방이 옆으로 당기자 다리를 좌우로 벌리기
- 스키 점프 착지 동작에서 다리를 앞뒤로 교차하여 벌리기

1 인체의 물리적 특성

1. 체중과 질량 **기출** 2022, 2021

체중(무게)	• 저울의 스프링이 압축된 정도를 수량화한 값 • 역학적 체중은 지구가 신체를 끌어당기는 중력(체중)과 신체가 지구를 당기는 반작용 힘을 의미함
질량	• 물질이나 물체는 공간을 차지하고 질량을 가지고 있는 것을 의미 • 질량을 가진 물체는 다른 질량을 가진 물체를 끌어당김(인력)

2. 인체의 무게 중심의 개념 **기출** 2024, 2023, 2022, 2020, 2019, 2017, 2016, 2015

- 지구의 중력은 인체의 무게 중심에 작용하며, 이는 모든 질량이 한 점에 집중된 것으로 간주한다.
- 무게 중심은 순간적으로 고정된 자세에 따라 결정되기 때문에 인체의 유연성과 내부 구조의 변화는 무게 중심의 위치를 찾는 것을 어렵게 한다.
- 성인 남성은 배꼽보다 1인치 위, 여성은 배꼽보다 약간 낮은 지점에 무게 중심이 위치하는데, 이는 각각 어깨와 엉덩이쪽 질량 차이로 발생한다.
- 일반적으로 여성과 동양인의 무게 중심이 더 낮고, 유아는 성인보다 무게 중심이 높다.
- 인체의 무게 중심은 움직임에 따라 변하며, 그 이동 거리는 질량의 크기와 움직임의 정도에 따라 달라진다.

2 인체 평형과 안정성

1. 기저면과 평형 **기출** 2024, 2023, 2017, 2015

기저면	• 물체가 지면에 접촉하고 있을 때 그 접촉점들을 연결시킨 면적 • 넓은 기저면은 안정성을 향상시킴
평형	• 협응과 조절을 의미하며, 뛰어난 균형 감각은 평형 상태를 유지하면서 운동수행을 방해하는 여러 가지 힘을 적절하게 조절할 수 있음 • 평형 상태를 깨뜨리기 어려운 안정성이 높은 운동체는 운동성 유지

2. 인체의 안정성을 결정하는 요인 **기출** 2025, 2023, 2021, 2020

- 무게 중심선이 기저면 밖으로 벗어나면 인체는 불안정
- 무게 중심선이 기저면 중앙에 가까울수록 안정성 증가
- 무게 중심선이 기저면 가장자리에 가까워지면 평형이 깨져 인체는 불안정
- 기저면이 클수록 안정성 증가
- 안정성을 높이기 위해 중심이 기저면 밖으로 이동하지 않도록 기저면을 확보

3 인체의 구조적 특성

1. 인체 지레의 구성 요소
- 인체 지레는 인체의 각 부분이 지레의 역할을 하여 힘을 전달하거나 운동을 수행하는 구조를 의미한다.
- 인체 여러 관절과 근육이 지레의 구성 요소로 작용한다.
- 지레의 3요소는 받침점, 저항점, 힘점이다.

2. 지레의 원리 기출 2024, 2023, 2021, 2020, 2019, 2018

1종 지레	• 작용점과 힘점 사이에 받침점이 있는 지레(힘점-축-작용점) 예 고개를 앞뒤로 끄덕이는 동작, 시소, 저울, 연탄집게, 손톱깎이 등 • 힘팔과 작용팔의 상대적 길이에 따라 다양하며 역학적 이득(기계적 이득) 역시 다양함
2종 지레	• 받침점과 힘점 사이에 작용점이 위치하는 유형의 지레(축-작용점-힘점) • 작용점이 가운데에 있으며, 힘팔이 항상 작용팔보다 김 예 뒤꿈치 들기, 팔굽혀펴기 등 • 힘의 이득이 있지만 거리의 손해가 발생하며 역학적 이득(기계적 이득)은 항상 1보다 큼
3종 지레	• 작용점과 받침점 사이에 힘점이 위치해 가운데에서 힘이 작용되는 유형의 지레(축-힘점-작용점) • 힘이 가운데에 위치하므로 작용팔이 항상 김 예 팔꿈치 굽히기 • 기구를 사용한 대부분의 운동이 해당되며, 바벨을 들어 올리는 운동이 대표적

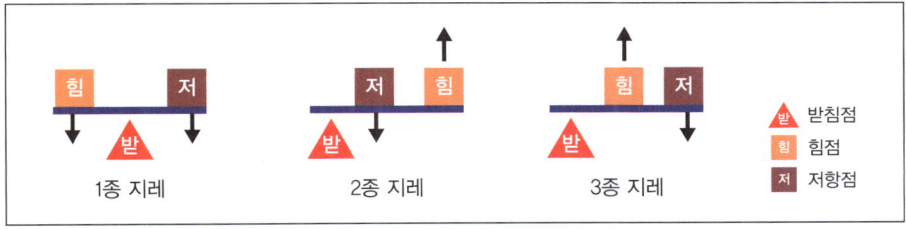

합격선을 넘는 TIP

용어

힘팔
힘이 작용하는 지점에서 받침점(축)까지의 수직 거리

작용팔(저항팔)
저항이 작용하는 지점에서 받침점(축)까지의 수직 거리

출제 키워드
기출 2024

인체에 적용되는 지레(levers)의 원리
- 1종 지레에서 축(받침점)은 힘점과 저항점(작용점) 사이에 위치하고 역학적 이점이 1보다 크거나 작을 수 있음
- 2종 지레는 저항점이 힘점과 축 사이에 위치하고 역학적 이점이 1보다 큼
- 지면에서 수직 방향으로 발뒤꿈치를 들고 서는 동작(calf raise)은 2종 지레임

04 운동학의 스포츠 적용

운동학의 관점에서 선운동과 각운동에 대해 학습해 보자!

★ 빈출 형광펜 시험에 자주 출제되는 개념으로, 시험 직전 빈출 형광펜만 딱 보고 들어가자!

합격선을 넘는 TIP

출제 키워드
기출 2022
거리(distance)
시작점에서 끝점까지 이동한 궤적의 총합으로 크기만을 갖는 물리량

출제 키워드
기출 2023
속도(velocity)
단위 시간당 이동한 변위를 나타내는 벡터량

1 선운동의 운동학적 분석

1. 거리와 변위 기출 2025, 2022, 2016, 2015

거리	• 물체의 처음 위치에서 이동 위치까지 이동한 운동 경로 • 항상 양(+)의 값으로, 크기를 나타내는 스칼라량
변위	• 처음 위치에서 이동 위치까지의 크기와 방향을 나타내는 벡터량 • 처음 위치에서 나중 위치로 연결되는 직선 존재

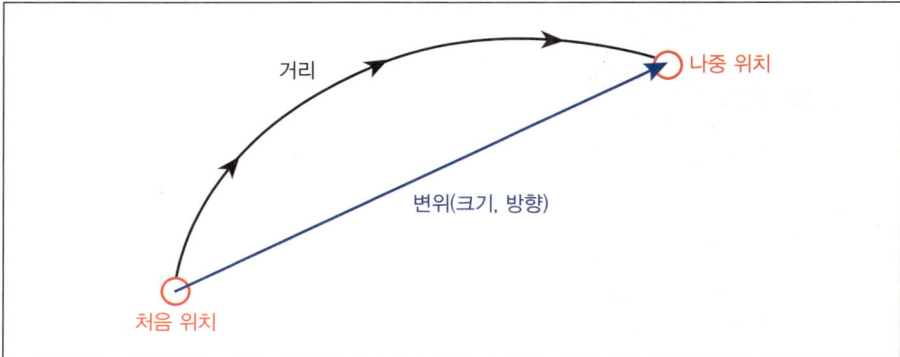

2. 속력과 속도 기출 2025, 2024, 2023, 2021

속력 (Speed)	• 일정 시간 동안 이동한 거리로, 물체의 빠르기를 나타내는 스칼라량 • 물체가 얼마나 빨리 이동하였는가로, 크기에 중점을 둠 • 단위는 m/s, cm/s, km/h 등 • 속력 = 이동 거리 ÷ 소요 시간
속도 (Velocity)	• 단위 시간(1초) 동안 이동한 변위로, 물체의 빠르기를 나타내는 벡터량 • 어느 쪽으로 얼마나 빨리 이동하였는가로 크기와 방향에 중점을 둠 • 단위는 속력과 동일 • 속도 = 변위 ÷ 소요 시간
순간 속도 (Instantaneous Velocity)	• 속도를 구하는 공식에서 소요 시간을 0에 가깝게 극소화시켜 미분한 값 • 순간 벡터로 방향과 크기가 존재

3. **가속도** 기출 2025, 2024, 2021, 2017
   - 시간에 따른 속도의 변화율을 나타낸다.
   - 가속도는 속도와 방향을 동시에 나타내는 벡터량(단위 = m/s²)이다.
   - 속도 증가는 정적 가속도, 속도 감소는 부적 가속도라고 한다.
   - 가속도 = 속도 변화량 ÷ 소요 시간 = (최종 속도 − 초기 속도) ÷ 소요 시간

4. **포물선 운동** 기출 2023, 2022, 2020, 2019, 2016
   - 선운동의 대표적인 예로, 투사체가 이동하면서 그리는 곡선 궤적을 말한다.
   - 포물선 운동에서 수평 방향은 가속도가 0인 등속도 운동이다.
   - 수직 방향은 중력이라는 외력이 작용해 가속도가 중력(g, 9.8m/s²)인 등가속도 운동이다.
   - 수평 방향은 공기 저항이 없을 경우 초기 속도와 같은 등속도 운동이다.
   - 최고점에서의 수직 속도는 0m/s가 된다.
   - 투사 높이와 착지 높이가 같을 경우, 포물선 궤적은 좌우 대칭이 되며, 속도의 크기는 동일하다.
   - 포물선 운동의 3요소

투사 높이	• 투사 높이와 착지 높이가 동일할 때, 45°로 던졌을 때 최대 거리를 얻음 • 투사 높이가 착지 높이보다 낮을 경우, 45°보다 큰 각도로 던질 때 최대 거리 발생 • 투사 높이가 착지 높이보다 높은 경우, 45°보다 작은 각도로 던질 때 최대 거리 발생 • 상대적인 투사 높이는 투사 높이와 착지 높이의 차이로 결정 • 투사체가 원점에서 발사되고 높이가 없을 경우, 투사체의 상승 시간과 하강 시간은 길어짐
투사 각도	• 투사각은 투사하는 순간 투사체가 운동하는 방향과 수평선을 이루는 각도 • 다른 조건은 같고 투사각만 달리 했을 때 투사각이 45°일 때 최대 거리
투사 속도	• 투사하는 순간 투사체의 속력 • 투사체의 수평 이동 거리는 수평 속도와 체공 시간과의 곱 • 투사각이 45°일 때 투사 속도가 빠를수록 최대 거리

합격선을 넘는 TIP

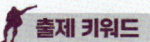

출제 키워드

기출 2017

가속도

가속도의 방향은 합력의 방향과 항상 같음

용어

등가속도 운동

가속도가 일정한 운동

등속도 운동

가속도가 0인 운동

출제 키워드

기출 2019

공의 포물선 운동(단, 공기 저항은 무시함)

- 공의 수평 가속도는 0m/s²
- 공의 수직 가속도는 중력 가속도와 같음
- 공의 투사 각도는 투사 거리에 영향을 미침

> 합격선을 넘는 TIP

출제 키워드

기출 2024

각운동
- 각속력은 시간당 각거리임
- 각가속도는 시간당 각속도의 변화량임

출제 키워드

기출 2022

골프 스윙 동작에서 임팩트 시 클럽 헤드의 선속도를 증가시키는 방법
- 임팩트 전까지 손목 코킹(cocking)을 최대한 유지하여 빠른 몸통 회전을 유도
- 임팩트 시점에는 팔꿈치를 펴서 회전 반지름을 증가시킴
- 임팩트 시점에는 언코킹(uncocking)을 통해 회전 반지름을 증가시킴

2 각운동의 운동학적 분석

1. 각운동의 이해

(1) **각운동의 정의**: 철봉의 휘돌기나 피겨 스케이팅의 스핀 동작과 같이 축을 중심으로 회전하는 운동

(2) **각운동의 요소** 기출 2025, 2024, 2022, 2020, 2019, 2016

각거리	• 물체가 한 지점에서 다른 지점으로 이동하였을 때 물체가 이동한 경로를 측정한 총 각도의 크기 • 방향이 없으며 항상 양(+)의 값을 가짐
각변위	• 물체가 이동한 처음 위치에서 마지막 위치까지의 직선거리 • 회전하는 물체에 대한 각위치의 변화 • 방향을 가지는 벡터로 일반적으로 시계 방향(−), 반시계 방향(+)으로 표시
각속력	• 속도의 절대값을 의미하며 항상 양(+)의 값을 가짐 • 각속력 = 각거리 ÷ 소요 시간(각거리는 0~360°로 계산)
각속도	• 일정 시간 동안 각변위의 변화율 • 각속도 = 각변위 ÷ 소요 시간
각가속도	• 각속도가 빨라지거나 느려질 때 발생하는 변화 정도 • 각가속도 = (마지막 각속도 − 처음 각속도) ÷ 시간

2. 선속도와 각속도 기출 2025, 2022, 2020, 2017

- 회전하는 물체의 한 부분의 선속도는 회전축으로부터의 거리와 각속도의 곱으로 구성된다.
- 각속도가 일정할 때, 회전축에서 멀어질수록 선속도는 증가하고 회전축에 가까울수록 선속도는 감소한다.
- 회전축의 거리가 동일하다면, 각속도가 빨라질수록 선속도도 증가, 각속도가 느려지면 선속도도 감소한다.
- 사례
  - 골프에서 티샷을 할 때 드라이버의 길이가 긴 이유는 공을 멀리 보내기 위해 선속도를 최대화하기 위함이다.
  - 피겨 스케이팅 동작에서 남자 선수가 회전축 역할을 하고, 남자의 팔과 여자 선수가 동일한 각속도로 회전할 때, 회전축에 가까운 남자의 손은 선속도가 느린 반면, 회전축에서 먼 여자 선수의 선속도는 더 빠르다.

05 운동역학의 스포츠 적용

운동역학의 관점에서 선운동과 각운동에 대해 학습해 보자!

★ 빈출 형광펜 시험에 자주 출제되는 개념으로, 시험 직전 빈출 형광펜만 딱 보고 들어가자!

1 선운동의 운동역학적 분석

1. 힘의 정의와 단위 기출 2024, 2022, 2020, 2016

힘의 정의	• 힘은 한 물체가 다른 물체를 당기거나 밀 때 작용하며, 물체의 운동 상태를 변화시키는 역할을 함 • 힘은 크기와 방향을 가진 벡터량으로, 물체의 질량과 가속도에 비례함 • 힘은 속도의 변화를 유발하여 가속도를 발생시킴
힘의 단위	힘의 단위는 뉴턴(N)이며, 1N은 1kg의 물체를 1m/s²의 가속도로 움직이게 함(1N = 1kg × 1m/s²)

합격선을 넘는 TIP

출제 키워드
기출 2024, 2022

힘(force)
• 단위는 N(Newton)임
• 힘은 합성과 분해가 가능함
• 질량과 가속도의 곱으로 결정됨
• 힘의 크기가 증가하면 그 힘을 받는 물체의 가속도가 증가함

2. 힘의 벡터적 특성

• 힘은 운동을 발생시키는 벡터량으로, 크기, 방향, 작용점으로 구성된다.
• 이러한 힘은 화살표를 사용해 표현한다.
• 동일한 힘은 힘의 크기와 방향이 같다.

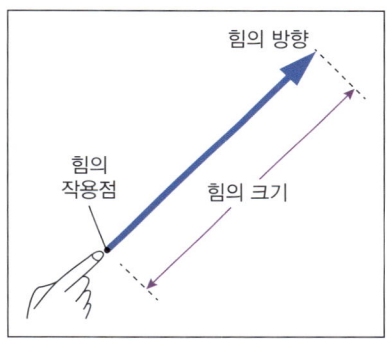

3. 힘의 종류 기출 2025, 2024, 2023, 2022, 2021, 2018, 2017, 2016

외력	인체 외부에서 존재하는 모든 힘
내력	인체 내부에서 존재하는 힘
근력	근육의 수축으로 인해 발생하는 힘
접촉력	두 물체 사이에 접촉이 이루어졌을 때 발생하는 힘
중력	지구 중심 방향으로 끌어당기는 힘
마찰력	• 한 물체가 다른 물체에 접촉하면서 운동을 할 때, 접촉면의 운동을 방해하는 힘 • 마찰력 = 마찰 계수 × 수직 반력(수직으로 작용하는 힘)
부력	물속에 잠긴 물체에서 중력의 반대 방향인 위로 작용하는 힘
항력	공기나 물속을 움직이는 물체가 운동 방향의 정면으로 받게 되는 힘
양력	유체 속의 물체에 운동 방향의 수직 방향으로 작용하는 힘
압력	단위 면적당 가해지는 힘

출제 키워드
기출 2025, 2021

마찰력의 특징
• 물체의 운동을 방해하는 저항력으로, 운동을 돕는 추진력으로 사용 가능
• 물체의 이동 방향과 반대로 작용
• 접촉면의 형태(마찰 계수), 물체의 무게(수직 반력)의 영향을 받음
• 최대 정지 마찰력은 운동 마찰력보다 항상 큼

합격선을 넘는 TIP

출제 키워드
기출 2021

뉴턴의 제2법칙
물체에 작용하는 힘의 크기가 일정할 때, 물체의 질량이 증가하면 가속도는 감소하게 됨

4. 뉴턴의 운동 법칙(선운동) **기출** 2024, 2021, 2018

관성의 법칙 (제1법칙)	• 외부에서 작용하는 힘이 '0'일 때, 물체가 현재의 운동 상태를 유지하려는 성질 • 외부 힘이 작용하지 않으면 정지한 물체는 계속 정지해 있고, 움직이는 물체는 일정한 속도와 방향을 유지하며 계속 운동 • 물체의 관성은 그 질량에 비례하며, 질량이 클수록 관성도 커져 움직이기 어려워짐
가속도의 법칙 (제2법칙)	• 물체는 외부에서 힘을 받으면 그 힘의 방향으로 가속됨 • 가속도(a)의 크기는 가해진 힘(F)에 비례하고, 물체의 질량(m)에 반비례함($F = ma$)
작용-반작용의 법칙 (제3법칙)	• 한 물체가 다른 물체에 힘을 가할 때, 항상 크기가 같고 방향이 반대인 반작용의 힘이 동시에 작용 • 걷기, 달리기, 뛰기와 같은 인체의 기본적인 움직임은 지면에 가한 힘에 대한 반작용으로 이루어짐

5. 선운동량과 충격량 **기출** 2025, 2024, 2023, 2022, 2021, 2020, 2019, 2018, 2017

(1) 선운동량

정의	• 물체의 질량과 그 물체의 속도의 곱 • 질량이 크거나 속도가 빠를수록 더 큰 운동량을 얻음
공식	운동량 = 질량(m) × 속도(v)
단위	N·s 또는 kg·m/s
선운동량의 보존	• 외력이 작용하지 않는 한, 충돌 전후의 운동량은 일정하게 유지 • 뉴턴의 제1법칙과 제3법칙에 의해, 운동이 진행되는 동안 운동량은 그대로 보존됨

출제 키워드
기출 2022

충격량의 증가와 감소
- 증가: 충격력이 클 때, 작용 시간이 길 때, 운동량 변화가 클 때
  예 골프 클럽 헤드와 볼의 접촉 시간을 늘리면 충격량이 증가
- 감소: 충격력이 작을 때, 작용 시간이 짧을 때, 운동량 변화가 짧을 때, 힘을 분산시킬 때
  예 유도에서 낙법은 신체가 지면에 닿는 면적을 넓혀 충격량을 감소시키는 기술

(2) 충격량

정의	• 힘의 크기와 그 힘이 작용하는 시간에 의해 결정 • 충격량은 벡터량이며, 힘의 방향과 동일함
공식	충격량 = 힘 × 작용 시간 = 충돌 후 운동량 − 충돌 전 운동량 = 운동량 변화량
단위	N·s 또는 kg·m/s

6. 충돌 **기출** 2022, 2020

(1) 탄성력
① 물체가 외력에 의해 변형되었다가 외력이 제거되면 원래의 모양으로 돌아가려는 성질
② 충돌 시 두 물체의 속도 변화는 각각의 질량에 반비례한다.
③ 탄성 계수에 영향을 미치는 요인: 주위의 온도, 충돌하는 물체와 표면의 재질, 충격 각도 및 충격 속도

용어

탄성 계수
탄성 계수 = 충돌 후 상대 속도 ÷ 충돌 전 상대 속도

(2) **충돌의 형태** 기출 2025, 2020

완전 탄성 충돌	• 반발 계수 = 1 • 충돌 전후의 상대 속도가 같음
완전 비탄성 충돌	• 반발 계수 = 0 • 충돌 후 물체가 붙거나 복원되는 운동으로 충돌 후 상대 속도는 0
불완전 탄성 충돌	• 반발 계수 = 0~1 • 충돌 후 에너지 손실로 속도가 작아지며 대부분의 운동 상황이 해당됨

2 각운동의 운동역학적 분석

1. **토크** 기출 2025, 2024, 2022, 2019, 2018, 2016
   - 물체를 회전시켜 각운동량을 발생시키는 힘의 효과
   - 힘의 모멘트 또는 회전력이라고도 한다.
   - 토크의 크기는 작용된 힘, 힘이 작용하는 방향과 회전 중심 사이의 수직 거리(모멘트 팔)에 비례한다.

   > 토크 = 편심력(F) × 모멘트 팔(d) = 관성 모멘트(I) × 각가속도(a)

   - 토크는 힘의 연장선이 물체의 중심에서 벗어난 지점에 작용할 때 발생한다.
   - 내력과 외력

내력	• 내적인 힘(근육) × 내적인 모멘트 팔 • 장력으로 근수축에 의한 근력이나 관절 사이에 작용하는 반작용력 등
외력	• 외적인 힘(중력 또는 무게) × 외적인 모멘트 팔 • 분절의 무게 중심에 작용하는 외력으로 중력, 공기 저항, 부력, 원심력과 구심력 등

2. **관성 모멘트** 기출 2025, 2024, 2023, 2021, 2020, 2018, 2016
   - 물체가 회전 운동의 변화에 저항하는 특성
   - 관성 모멘트는 물체의 질량과 회전 반경에 비례한다.

   > 관성 모멘트 = 질량(m) × 회전 반경(r)^2

   - 관성 모멘트가 클수록 회전하기 어려워지며, 반대로 관성 모멘트가 작아지면 회전이 더 쉬워진다.
   - 관성 모멘트는 각운동량에 비례하고, 각속도에 반비례한다.

합격선을 넘는 TIP

출제 키워드

기출 2020

반발 계수(충돌 계수)
- 두 물체 간의 충돌 전후의 상대 속도의 비율로 측정
- 0부터 1 사이의 값

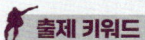

출제 키워드

기출 2018

토크(torque, moment of force)
- 토크는 회전력을 말함
- 토크는 가해진 힘과 축에서 힘의 작용선까지 수직 거리의 곱
- 힘이 작용하는 방향이 다르면 토크가 달라짐

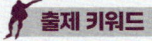

출제 키워드

기출 2018

관성 모멘트(moment of inertia)
- 단위는 kg·m^2
- 질량이 회전축으로부터 멀리 분포될수록 커짐
- 어떤 물체를 회전시키려 할 때 잘 돌아가지 않으려는 속성

합격선을 넘는 TIP

3. 뉴턴의 각운동 법칙 `기출 2025, 2024`

각관성의 법칙 (제1법칙)	외부에서 토크가 작용하지 않으면, 모든 회전체는 동일한 축을 중심으로 일정한 각운동량을 유지하며 회전 상태를 계속 유지(각운동량은 변화 없음)
각가속도의 법칙 (제2법칙)	• 물체에 토크가 가해지면, 그 토크에 비례하고 관성 모멘트에 반비례하는 각가속도가 발생 • 각가속도는 가해진 토크의 방향과 같음 • J = I × a(J: 토크, I: 관성 모멘트, a: 각가속도)
각반작용의 법칙 (제3법칙)	어떤 물체에 토크를 가하면, 그 물체에는 크기가 같고 방향이 반대인 반작용 토크가 발생

4. 각운동량과 회전충격량 `기출 2024, 2021, 2020, 2017`

(1) 각운동량

정의	• 각운동량은 물체의 질량, 질량 분포(관성 모멘트), 회전 비율(각속도)로 구성 • 회전하는 물체가 가진 운동량을 나타내며 이는 크기와 방향을 가진 벡터량임 • 관성 모멘트가 클수록, 각속도가 빠를수록 각운동량이 큼 • 각운동량 = 관성 모멘트(I) × 각속도(ω)
각운동량의 보존과 전이	• **보존**: 외부에서 작용하는 알짜 토크가 없는 경우, 물체의 각운동량은 일정하게 유지 • **전이**: 각운동량이 일정한 상태에서 일부 동작이 각운동량을 생성, 물체 내 운동량이 재분배되는 과정 • 나머지는 선운동량으로 전환
각운동량 보존과 전이의 사례	• **넓이뛰기**: 팔을 돌리며 반대 방향의 각운동량을 생성해 몸의 균형을 유지 • **다이빙**: 공중에서 각운동량이 보존되며, 몸의 자세에 따라 회전 속도가 조절

(2) 회전충격량

① 주어진 시간 동안 가해진 회전력(토크)의 총량
② 회전충격량은 각운동량 변화의 원인이기도 하다.

5. 구심력과 원심력 `기출 2024, 2020, 2017`

구심력	• 물체가 곡선 경로를 따라 움직일 때, 원의 중심을 향하는 힘으로 물체를 원 궤도로 유지시키는 힘 • 구심력 = 질량 × 회전 반경 × 각속도^2
원심력	• 구심력에 대응하는 반작용으로, 회전하는 물체가 궤도에서 벗어나려는 가상의 힘 • 원심력 = 질량 × 속도^2 ÷ 회전 반경

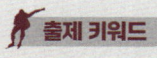

출제 키워드

`기출 2020`

각운동량의 보존과 전이에 관한 운동 동작의 예시

• 배구에서 공중 스파이크를 하기 전에 팔과 다리를 함께 뒤로 굽히는 동작
• 멀리뛰기에서 착지하기 전에 팔과 다리를 함께 앞으로 당기는 동작
• 다이빙에서 공중회전을 할 때 팔을 몸통 쪽으로 모으는 동작

출제 키워드

`기출 2024`

쇼트 트랙 경기에서 원운동을 할 때, 원심력과 구심력

원심력과 구심력은 크기가 같고, 방향이 반대임

06 일과 에너지

12% | 활동을 위한 일과 에너지의 형태 변화와 에너지 보존 법칙을 이해하며 학습해 보자!

★ 빈출 형광펜 시험에 자주 출제되는 개념으로, 시험 직전 빈출 형광펜만 딱 보고 들어가자!

1 일과 일률 기출 2025, 2024, 2023, 2022, 2021, 2019, 2018, 2017, 2016

일(Work)	• 역학적으로 '일'을 한다는 것은 힘이 작용하는 동안 물체가 일정한 거리만큼 이동했음을 의미하며 힘이 물체에 대항하여 작용하는 것으로 간주함 • 일(W) = 힘(F) × 거리(d) • 단위는 줄(J)로 표기하며, 1J은 1N의 힘으로 물체를 1m 이동시킨 것을 의미함
일률(Power)	• 수행된 일을 소요된 시간으로 나눈 것 • 단위는 와트(W) 또는 J/s, N·m/s로 표기 • 일률(P) = 일의 양(W) ÷ 소요 시간(t) = F × d / t = F × v, 1W = J/t (d: 이동 변위, t: 소요 시간, v: 속도)

2 에너지 기출 2025, 2021, 2020, 2016

1. 에너지의 정의와 종류

(1) 에너지의 정의: 일을 할 수 있는 능력으로, 크기를 가진 스칼라량을 말한다.

(2) 에너지의 종류

운동 에너지 (Kinetic Energy)	• 운동으로 인해 물체가 갖는 에너지 • 운동 중인 물체가 갖는 에너지로, 물체가 다른 물체와 접촉할 때 속력이 감소하면 운동 에너지도 감소 • 운동 에너지는 속도의 제곱과 질량에 비례 • $KE = \frac{1}{2}mv^2$ (m: 질량, v: 속도)
위치 에너지 (Potential Energy)	• 물체의 위치나 모양에 의해 생기는 에너지 • 중력에 의한 위치 에너지는 물체가 지면으로부터 떨어져 있는 높이에 따라 결정 • 위치 에너지는 질량과 높이에 비례 • $PE = mgh = m \times 9.8\ m/s^2 \times h$ (m: 질량, g: 중력 가속도, h: 높이)
탄성 에너지 (Elastic Energy)	• 탄성체가 변형되었다가 원래 상태로 되돌아가려는 성질로 발생 • 스프링과 같은 탄성체의 저장된 탄성 에너지는 운동 에너지로 전환되며 원래의 모양으로 복원 • $SE = \frac{1}{2}kx^2$ (k: 탄성 계수, x: 변형의 크기)

합격선을 넘는 TIP

출제 키워드 기출 2023

역학적 일(work)의 사례
- 역도 선수가 바닥에 있던 100kg의 바벨을 1m 높이로 들어올림
- 레슬링 선수가 상대방을 굴려서 1m 옆으로 이동시킴
- 육상 선수가 달려서 100m를 이동함

출제 키워드 기출 2024, 2022, 2017

일률
힘과 속도의 곱으로 산출

출제 키워드 기출 2020

다이빙 선수가 가지는 에너지의 변화
플랫폼에서 정지하고 있는 선수의 운동 에너지는 0이고, 낙하할수록 위치 에너지는 감소하고, 운동 에너지는 증가하게 됨

합격선을 넘는 TIP

출제 키워드

기출 2023

스키 점프 동작의 역학적 에너지(단, 공기 저항은 무시함)
- 운동 에너지는 지면 착지 직전에 가장 큼
- 위치 에너지는 수직 최고점에서 가장 큼
- 역학적 에너지는 스키 점프대 이륙 직후부터 지면 착지 직전까지 보존됨

2. 역학적 에너지 보존의 법칙 기출 2023, 2021

(1) 역학적 에너지의 정의: 운동 에너지와 위치 에너지의 합을 의미한다.

(2) 역학적 에너지 보존의 법칙
  ① 외부 힘이 작용하지 않는 경우, 운동하는 모든 물체의 에너지는 항상 일정하다.
  ② 운동하는 물체의 에너지는 형태만 변화하며, 역학적 에너지의 총합은 변하지 않는다.
  ③ 역학적 에너지 = 운동 에너지 + 위치 에너지

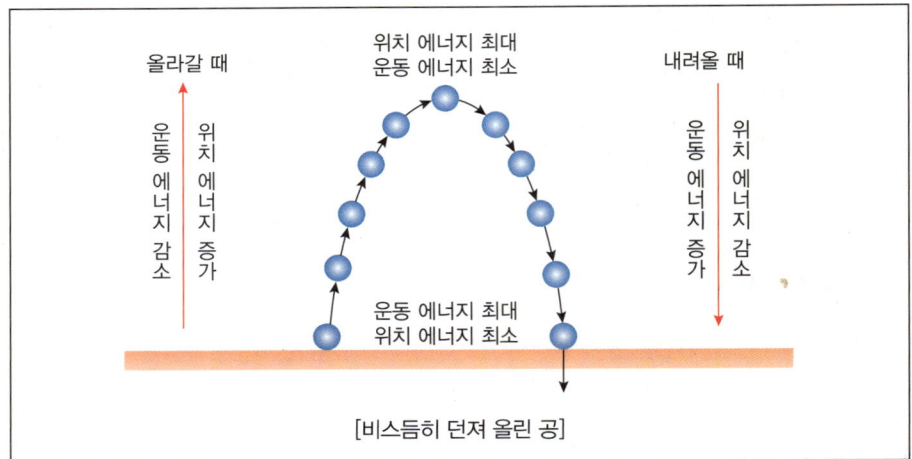

[비스듬히 던져 올린 공]

(3) 역학적 에너지의 변환

역학적 에너지 변환	운동 에너지	위치 에너지	예시
운동 에너지 → 위치 에너지	속력 감소	높이 증가	스키 점프 도약 시
위치 에너지 → 운동 에너지	속력 증가	높이 감소	• 스키 점프 착지 시 • 다이빙에서 수면에 닿는 시점까지

(4) 인체의 효율
  ① 에너지 효율은 인체가 소모한 에너지양 중 실제로 역학적 일로 전환된 에너지의 비율을 말한다.
  ② 소모된 에너지량을 대사 에너지로 변환하여 생리학적으로 계산 가능하다.
  ③ 인체 에너지 효율 = 역학적 일의 양 ÷ 소모한 에너지 양 × 100

07 다양한 운동기술의 분석

9% — 역학적 요소를 측정하는 각종 분석의 종류를 유념하며 학습해 보자!

★ 빈출 형광펜 시험에 자주 출제되는 개념으로, 시험 직전 빈출 형광펜만 딱 보고 들어가자!

1 동작 분석

1. 동작 분석의 개념
- 다양한 기구를 활용하여 동작을 측정하거나 계산하여 얻은 데이터를 바탕으로 행동을 분석하는 방법
- 인체의 움직임을 객관적으로 평가할 수 있으며, 운동역학에서 가장 활용도가 높다.

2. 영상 분석 기출 2024, 2020, 2018, 2017, 2015

(1) 영상 분석의 정의
① 영상 분석은 카메라, 스마트폰 등의 영상 장비를 통해 동작이나 움직임을 기록하고, 그 기록된 영상을 분석한다.
② 영상 분석을 통해 추출할 수 있는 요소로는 자세(각도), 속도, 가속도 등이 포함된다.

(2) 영상 분석의 종류

2차원 영상 분석	• 2차원 평면에서의 영상 분석으로, 운동이 단일 평면 내에서 발생한다고 가정하고 동작을 분석 • 철봉의 대차 동작, 사이클링 시 다리의 움직임, 보행 동작 등을 분석할 때 사용
3차원 영상 분석	• 대다수의 움직임은 복잡하게 나타나므로, 두 개 이상의 평면 데이터를 활용하여 분석하고 도출된 3차원 공간 좌표를 분석 • 평면적으로 운동을 분석할 때 발생할 수 있는 오차를 줄이며, 복잡한 인체 운동 분석 가능

2 힘 분석

1. 힘의 측정 원리
- 힘은 눈으로 직접적으로 변화를 관찰하기 어렵다.
- 물체에 힘이 작용하면 변형이나 이동 거리의 변화가 발생한다.
- 힘의 변화를 감지하여 전기적 신호로 반응하는 장치를 통해 힘을 측정한다.

합격선을 넘는 TIP

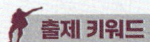 출제 키워드

기출 2020

영상 분석
- 2차원 영상 분석은 평면상에서 관찰되는 운동을 분석하는 것
- 3차원 영상 분석은 2대 이상의 카메라를 사용함
- 동작의 정량적 분석이 가능함

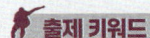 출제 키워드

기출 2024

배율법
- 2차원 영상 분석법 중 하나
- 동작이 수행되는 평면에 직교하게 카메라를 설치
- 분석 대상이 운동 평면에서 벗어나면 투시 오차가 발생할 수 있음
- 영상 평면에서의 분석 대상 크기를 실제 운동 평면에서의 크기로 조정하기 위해 기준자 사용

합격선을 넘는 TIP

용어

지면 반력
물체가 지면에 가해진 힘에 대한 반작용으로 지면에 발생하는 크기는 동일하고 방향은 반대인 힘

압력 중심점
지면에 접촉하는 부분 중 지면 반력 전체가 작용된다고 가정되는 어느 한 점

출제 키워드

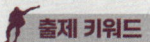
기출 2023

지면 반력기(force plate)를 통해 얻을 수 있는 변인
- 걷기 동작에서 디딤발에 가해지는 힘의 방향
- 외발 서기 동작에서 디딤발 압력 중심의 이동 거리
- 서전트 점프 동작에서 발로 지면에 힘을 가한 시간

출제 키워드

기출 2019

근전도 검사와 평가
- 근수축과 관련된 전기적 신호를 측정하는 것
- 근전도 검사에 사용되는 전극은 표면 전극과 삽입 전극으로 구분됨
- 근전도 신호의 분석을 통해 근피로에 대한 정보를 일부 추정할 수 있음

출제 키워드

기출 2021

근전도 분석을 통하여 얻을 수 있는 정보
- 제자리멀리뛰기에서 장딴지근(비복근)의 최대 수축 시점
- 스쿼트에서 넙다리 곧은근(대퇴직근)의 근피로도
- 팔굽혀펴기에서 위팔 세 갈래근(상완 삼두근)의 근활성도

---

2. 힘 측정 방법 [기출] 2025, 2024, 2023, 2022, 2021, 2019, 2018, 2017, 2016, 2015

지면 반력기	• 지면 반력을 이용하여 인체가 지면에 가해준 힘에 대한 반작용을 측정 (뉴턴의 제3법칙) • 압력판을 사용하여 인체의 압력 중심에 대해 측정된 자료를 이용해 분석 • 수직 성분은 수직으로 누르는 힘, 수평 성분은 마찰력의 영향 • 상하, 좌우, 전후 세 방향의 힘과 압력 중심점, 토크, 모멘트 등을 산출 • 보행, 도약 등의 움직임 상황을 측정하여 분석
스트레인 게이지	• 물체가 외부의 힘으로 변형될 때 발생하는 진동 등을 측정 • 사용 기구에 부착하여 힘을 측정 및 분석
근전도기	• 근수축이 일어나는 근육에서 발생하는 미세한 전위차를 측정 • 미세한 전위차를 증폭시켜 근육의 움직임을 추정할 수 있음

3 근전도 분석

1. 근전도 원리
- 근육의 내부 또는 외부에 전극을 부착하여 근육 수축 시 발생하는 근활동 전류를 유도한다.
- 근활동 전류를 증폭하고 분석한다.
- 운동 신경계의 변화를 측정할 수 있으며, 자세, 보행, 스포츠 동작 수행 등의 근활동을 분석한다.

2. 근전도 측정 [기출] 2019

표면 전극	• 분석하고자 하는 근육에 인접한 피부에 전극을 부착하여 큰 근육이나 근육군의 활동을 분석 • 심부 근육의 활동을 측정하기에는 적합하지 않지만, 실험 과정이 간단하고 다양한 현장 상황에서 활용
침전극 및 극세선 전극	• 심부 근육이나 미세 근육의 활동을 분석할 때 운동 단위 수준의 활동 전위를 측정 • 인체에 측정 도구를 삽입해야 하므로 안정성과 활동에 제약이 많아 동적인 운동기술 분석에는 부적합

3. 근전도 분석 및 활용 [기출] 2021, 2020
- 인체가 움직일 때 발생하는 미세한 전기 신호를 수집하여 증폭한 후 여러 가지 분석을 수행한다.
- 근전도를 통해 수집된 신호 파형을 유형별로 비교 분석하는 정성적 분석과 신호의 크기나 빈도를 비교한다.
- 근수축과 근육 조절 작용에 대한 생체 전기 활동 정보를 제공하므로 활동 중인 근육의 종류, 시기, 정도를 분석하여 근육의 활성도, 최대 근파워, 근육 질환의 진단 및 재활 평가에 활용한다.
- 최대 근력과 피로도를 분석하여 스포츠 분야에서 운동선수의 훈련, 기능 향상 및 부상 예방에 기여한다.

다 이해했어? 기출지문으로 확인하고 넘어가기

#기출지문과 동일하거나 유사한 지문 반복출제 #개념복습과 실력점검 효과를 동시에!

출제될 개념 찾아가기

01 운동역학은 스포츠 상황에서 인체에 작용하는 힘의 원인과 그에 따른 움직임의 결과를 다루는 학문이다. O X — P.288

02 운동역학의 분석 영역에는 정성적 분석과 정량적 분석이 존재한다. O X — P.289

03 시상면은 인체의 측면을 통과하여 인체를 전후로 나누는 해부학적 운동면이다. O X — P.291

04 병진 운동(선운동)은 신체의 모든 부분이 같은 시간에 동일한 거리와 동일한 방향으로 움직이는 운동이다. O X — P.293

05 무게 중심의 위치는 신체 내부에만 위치한다. O X — P.294

06 무게 중심선이 기저면 밖으로 벗어나면 인체는 안정성을 회복한다. O X — P.294

07 3종 지레는 힘점이 작용점과 받침점 사이에 위치해 가운데에서 힘이 작용되는 유형의 지레이다. O X — P.295

08 변위는 처음 위치부터 마지막 위치까지의 방향과 직선거리를 나타내는 스칼라량이다. O X — P.296

09 각운동에서 각변위의 시계 방향은 양(+)의 방향, 반시계 방향은 음(-)의 방향을 나타낸다. O X — P.298

10 힘은 운동을 발생시키는 벡터량으로, 크기, 방향, 작용점으로 구성된다. O X — P.299

11 뉴턴의 운동 법칙 중 제2법칙은 관성의 법칙이다. O X — P.300

12 충격량은 물체의 질량과 그 물체의 속도의 곱으로 정의한다. O X — P.300

13 관성 모멘트는 물체가 회전 운동의 변화에 저항하는 특성이다. O X — P.301

14 에너지의 종류는 운동 에너지, 위치 에너지, 반력 에너지로 구분된다. O X — P.303

15 지면 반력은 뉴턴의 제3법칙에 따라 지면이 신체에 가하는 힘을 측정하여 분석한다. O X — P.306

| 정답 | 01 O 02 O 03 X 04 O 05 X 06 X 07 O 08 X 09 X 10 O 11 X 12 O 13 O 14 X 15 O

이것만 풀어도 합격선을 넘는 대표기출 40제

#최근5개년 기출분석 #최다빈출키워드 엄선수록 #40개만 풀어도 과락 없이 합격!

01

중력 가속도의 개념에 관한 설명으로 옳지 않은 것은?

① 중력 가속도의 크기는 9.8m/sec²이다.
② 중력 가속도는 지구 중심 방향으로 작용한다.
③ 인체의 무게는 질량과 중력 가속도의 곱으로 산출한다.
④ 토스한 배구공이 상승하는 과정에서는 중력 가속도의 영향을 받지 않는다.

01 [기출 2024] 난이도 ★☆☆

배구공이 상승하는 동안에도 중력 가속도의 영향을 받으며, 이는 항상 아래 방향으로 작용하여 공의 속도를 감소시킨다.

02

인체의 안정성에 관한 설명으로 옳지 않은 것은?

① 기저면의 크기는 안정성에 영향을 미친다.
② 기저면의 형태는 안정성에 영향을 미친다.
③ 무게 중심의 높이는 안정성에 영향을 미치지 않는다.
④ 무게 중심을 통과하는 수직선(중심선)이 기저면의 중앙에 가까울수록 안정성은 높아진다.

02 [기출 2023, 2021] 난이도 ★☆☆

무게 중심이 낮을수록 안정성이 높아지며, 반대로 무게 중심이 높아질수록 안정성은 낮아진다. 따라서 무게 중심의 높이는 안정성에 중요한 요소이다.

03

〈보기〉의 ㉠, ㉡ 안에 들어갈 내용이 올바르게 묶인 것은?

─〈보기〉─
(㉠)은 다양한 장비를 활용하여 동작 및 힘 정보를 수치화하고 분석하는 방법이다. (㉡)을 통해 객관적이고 정확한 정보를 획득할 수 있으며, 주관적인 판단을 배제할 수 있다.

	㉠	㉡
①	정성적 분석	정량적 분석
②	정량적 분석	정성적 분석
③	정성적 분석	정성적 분석
④	정량적 분석	정량적 분석

03 [기출 2022] 난이도 ★★☆

정량적 분석은 다양한 장비를 활용하여 수치적 자료를 통해 동작 및 힘의 정보를 분석하는 방법이다. 정성적 분석과는 달리 객관적이고 정확한 정보를 얻을 수 있으며, 주관적인 판단을 배제할 수 있다.

| 정답 | 01 ④ 02 ③ 03 ④

04

쇼트 트랙 경기에서 원운동을 할 때 원심력과 구심력에 관한 설명으로 옳은 것은?

① 원심력과 구심력은 크기가 같고, 방향이 반대이다.
② 원심력은 원운동을 하는 선수의 질량과 관계가 없다.
③ 원심력을 극복하는 방법으로 반지름을 작게 하여 원운동을 한다.
④ 신체를 원운동 중심의 방향으로 기울이는 것은 접선 속도를 크게 만들기 위함이다.

04 [기출 2024] 난이도 ★★☆

원심력은 원운동을 하는 물체가 느끼는 힘이며, 구심력은 원운동을 유지하기 위해 물체에 작용하는 힘이다. 두 힘은 크기가 같고 방향이 서로 반대이다.

[오답풀이]
② 원심력은 선수의 질량과 비례한다.
③ 원심력은 반지름과 반비례한다. 즉, 반지름을 크게 하여 원심력을 줄일 수 있다.
④ 쇼트 트랙 경기에서 몸을 원운동 중심 방향으로 기울이는 것은 원심력의 영향을 적게 받기 위해서이다.

05

뉴턴(I. Newton)의 3가지 법칙과 관련이 없는 것은?

① 외력이 가해지지 않으면, 정지하고 있는 물체는 계속 정지하려 한다.
② 가속도는 물체에 가해진 힘에 비례한다.
③ 수직 점프를 할 때, 지면을 강하게 눌러야 높게 올라갈 수 있다.
④ 외력이 가해지지 않으면, 물체가 가진 각운동량은 변하지 않는다.

05 [기출 2024, 2021] 난이도 ★★☆

① 뉴턴의 선운동 제1법칙 관성의 법칙
② 뉴턴의 선운동 제2법칙 가속도의 법칙
③ 뉴턴의 선운동 제3법칙 작용-반작용의 법칙
④ 뉴턴의 각운동 제1법칙 각관성의 법칙
※ 출제 오류로 복수 정답 처리됨

| 정답 | 04 ① 05 ①, ②, ③, ④

06

〈그림〉의 수직 점프(vertical jump) 동작에 관한 운동역학적 특성으로 바르게 설명한 것은? (단, 외력과 공기 저항은 작용하지 않는 것으로 가정)

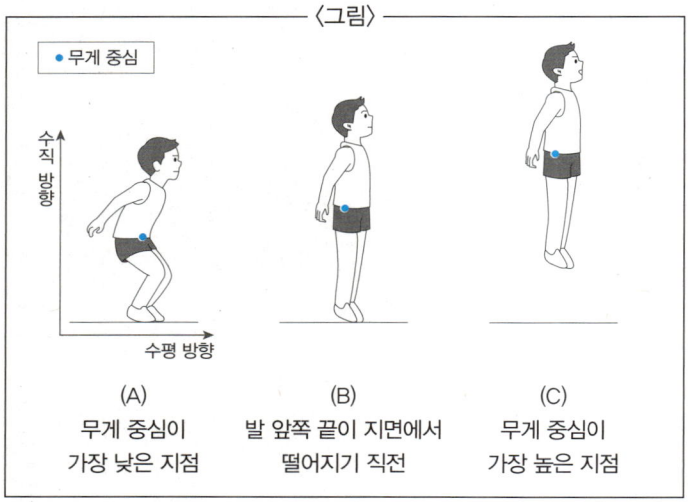

(A) 무게 중심이 가장 낮은 지점
(B) 발 앞쪽 끝이 지면에서 떨어지기 직전
(C) 무게 중심이 가장 높은 지점

① (A)부터 (B)까지 한 일(work)은 위치 에너지의 변화량과 같다.
② (A)부터 (B)까지 넙다리 네 갈래근(대퇴 사두근, quadriceps)은 신장성 수축(eccentric contraction)을 한다.
③ (B)부터 (C)까지 무게 중심의 수직 가속도는 증가한다.
④ (C) 지점에서 인체 무게 중심의 속도는 0m/sec이다.

07

다이빙 공중회전 동작을 수행할 때 신체 좌우축(mediolateral axis)을 기준으로 회전 속도를 가장 크게 만드는 동작으로 적절한 것은? (단, 해부학적 자세를 기준으로)

① 두 팔을 머리 위로 올리고, 머리를 뒤로 최대한 젖힌다.
② 신체를 최대한 좌우축에 가깝게 모으는 자세를 취한다.
③ 상체와 두 다리를 최대한 폄 시킨다.
④ 두 팔을 머리 위로 올리고, 두 다리는 최대한 곧게 뻗는 자세를 취한다.

---

06 [기출 2024, 2023, 2022, 2021] 난이도 ★☆☆

수직 점프에서 무게 중심이 가장 높은 지점(C)에서는 상방 운동이 멈추고 하강이 시작되기 직전이므로, 이 시점에서 속도는 0m/sec가 된다.

[오답풀이]
① (A)에서 (B)까지의 일(work)은 위치 에너지의 변화량과 같지 않다.
② 넙다리 네 갈래근(대퇴 사두근)은 (A)에서 (B)로 갈 때 주로 단축성 수축을 한다.
③ (B)부터 (C)까지는 중력의 영향을 받기 때문에 무게 중심의 수직 속도는 감소하고, 수직 가속도는 일정하다.

07 [기출 2023, 2022, 2021] 난이도 ★★☆

신체를 좌우축에 가깝게 모으는 자세를 취하면, 신체의 관성 모멘트가 감소하게 되어 회전 속도가 증가한다. 이는 각 운동량 보존 법칙에 따라, 관성 모멘트가 작아질수록 회전 속도가 커지는 원리 때문이다.

[오답풀이]
①, ③, ④ 신체를 펼쳐 관성 모멘트가 커지므로 상대적으로 회전 속도가 작다.

| 정답 | 06 ④ 07 ②

08

선운동량 또는 충격량에 관한 설명으로 옳은 것은?

① 선운동량은 질량과 속도를 더하여 결정되는 물리량이다.

② 충격량은 충격력과 충돌이 가해진 시간의 곱으로 결정되는 물리량이다.

③ 시간에 따른 힘 그래프에서 접선의 기울기는 충격량을 의미한다.

④ 충격량이 선운동량으로 전환되기 위해서는 먼저 충격량이 토크로 전환되어야 한다.

---

08 [기출 2024] 난이도 ★☆☆

오답풀이
① 선운동량은 질량과 속도의 곱으로 결정되는 물리량이다.
③ 시간에 따른 힘 그래프에서 면적이 충격량을 의미한다.
④ 충격량은 운동량의 변화량이므로 선운동량으로 전환되기 위해 토크로 전환이 필요하지 않다.

09

해머던지기에서 구심력과 원심력에 관한 설명으로 옳지 않은 것은?

① 7kg의 해머와 비교하여 14kg의 해머를 동일한 각속도로 회전시키려면 선수는 구심력을 두 배로 증가시켜야 한다.

② 직선으로 운동하려는 해머의 관성을 이겨 내고 원형 경로를 유지하려면 안쪽으로 당기는 힘이 요구된다.

③ 해머의 각속도를 두 배로 증가시키려면, 선수는 두 배의 힘으로 해머를 안쪽으로 당겨야 한다.

④ 선수가 해머를 안쪽으로 당기는 힘을 증가시키면 해머도 선수를 당기는 힘을 증가시킨다.

---

09 [기출 2024] 난이도 ★★☆

구심력은 각속도의 제곱에 비례하기 때문에 해머의 각속도를 두 배로 증가시키려면 네 배의 힘으로 해머를 안쪽으로 당겨야 한다.

| 정답 | 08 ② 09 ③

10

인체의 움직임을 표현하는 용어로 옳지 <u>않은</u> 것은?

① 굽힘(굴곡, flexion)은 관절을 형성하는 뼈들이 이루는 각이 작아지는 움직임이다.
② 폄(신전, extension)은 관절을 형성하는 뼈들이 이루는 각이 커지는 움직임이다.
③ 벌림(외전, abduction)은 뼈의 세로축이 신체의 중심선으로 가까워지는 움직임이다.
④ 발등 굽힘(배측 굴곡, dorsi flexion)은 발등이 정강이뼈(경골, tibia) 앞쪽으로 향하는 움직임이다.

10 [기출 2023, 2022]   난이도 ★☆☆

벌림(외전, abduction)은 뼈의 세로 축이 신체의 중심선에서 멀어지는 움직임이다.

11

<보기>에서 설명하는 운동 법칙은?

―― <보기> ――
물체에 작용하는 힘의 크기가 일정할 때, 물체의 질량이 증가하면 가속도는 감소하게 된다.

① 뉴턴의 제1법칙
② 뉴턴의 제2법칙
③ 뉴턴의 제3법칙
④ 질량 보존의 법칙

11 [기출 2024, 2021]   난이도 ★☆☆

뉴턴의 제2법칙은 가속도의 법칙으로 힘의 크기가 일정할 때 질량이 증가하면 가속도가 감소한다는 법칙이다.

[오답풀이]
① 뉴턴의 제1법칙: 관성의 법칙
③ 뉴턴의 제3법칙: 작용-반작용의 법칙
④ 질량 보존의 법칙: 화학 반응이 일어나기 전과 후에 물질의 모든 질량은 항상 일정하다는 법칙

12

운동역학의 연구 목적으로 적절하지 <u>않은</u> 것은?

① 운동기술 향상
② 운동 불안 완화
③ 운동 장비 개발
④ 스포츠 손상 예방

12 [기출 2021]   난이도 ★☆☆

운동역학은 주로 운동의 물리적 원리와 생체역학적 분석을 통해 운동기술 향상, 운동 장비 개발, 스포츠 손상 예방 등을 다루는 분야이다.
운동 불안 완화는 심리학적 접근과 관련이 있다.

| 정답 | 10 ③ 11 ② 12 ②

13

운동학적(kinematic) 분석과 운동역학적(kinetic) 분석에 관한 설명으로 옳지 않은 것은?

① 일률, 속도, 힘은 운동역학적 분석 요인이다.
② 운동학적 분석은 움직임을 공간적·시간적으로 분석한다.
③ 근전도 분석, 지면 반력 분석은 운동역학적 분석 방법이다.
④ 신체 중심점의 위치 변화, 관절각의 변화는 운동학적 분석 요인이다.

14

그림에 관한 설명으로 옳지 않은 것은? (단, 공의 높이는 무게중심을 기준으로 함)

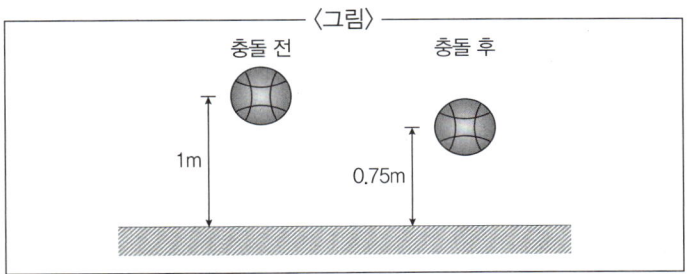

① 비탄성 충돌이다.
② 충돌 전, 후 농구공의 속도는 다르다.
③ 운동 에너지가 보존되지 않았다는 것을 의미한다.
④ 반발 계수(복원 계수, coefficient of restitution)는 0.75이다.

15

해부학적 자세에서 몸의 중심을 기준으로 한 방향 용어의 사용이 옳지 않은 것은?

① 복장뼈(흉골: sternum)는 어깨의 가쪽(외측: lateral)에 있다.
② 손목 관절은 팔꿈치 관절보다 먼 쪽(원위: distal)에 있다.
③ 엉덩이는 무릎보다 몸쪽(근위: proximal)에 있다.
④ 머리는 발보다 위(상: superior)에 있다.

---

13 [기출 2024, 2022, 2021] 난이도 ★☆☆

운동학적 분석은 물체의 움직임을 시간과 공간의 관점에서 분석하며, 주로 위치, 속도, 가속도 등의 요소를 포함한다. 반면, 운동역학적 분석은 힘, 일률(파워), 에너지와 같은 물리적 힘의 작용을 분석하는 방법이다.

14 [기출 2025] 난이도 ★★☆

공이 1m에서 자유 낙하하여 바닥에 충돌한 뒤 0.75m까지 튀어 오른 경우, 충돌 전후의 에너지가 같지 않으므로 비탄성 충돌에 해당한다. 충돌 과정에서 일부 운동 에너지가 열, 소리 에너지 등으로 손실되었기 때문이다. 반발 계수(복원 계수)는 다음과 같이 계산한다.

$$e = \sqrt{\frac{h_2}{h_1}} = \sqrt{\frac{0.75}{1.00}} \fallingdotseq 0.86$$

따라서 반발 계수는 약 0.86이다.

[오답풀이]
① 충돌 후에 다시 튀어나온 높이가 다르므로 비탄성 충돌에 해당한다.
② 같은 질량의 공이 충돌 전후에 서로 다른 높이를 가지므로 속도 또한 달라진다.
③ 충돌 전후의 속도가 다르므로 이는 운동 에너지가 보존되지 않았다는 것을 의미한다.

15 [기출 2021] 난이도 ★★☆

복장뼈(흉골: sternum)는 신체의 중앙에 위치해 있으며, 어깨의 외측(가쪽)보다는 내측(중앙)에 있다.

| 정답 | 13 ① 14 ④ 15 ①

16

2차원 영상 분석에서 배율법(multiplier method)에 관한 설명으로 옳지 <u>않은</u> 것은?

① 동작이 수행되는 평면에 직교하게 카메라를 설치한다.

② 분석 대상이 운동 평면에서 벗어나면 투시 오차(perspective error)가 발생할 수 있다.

③ 체조의 공중회전(somersault)과 트위스트(twist)와 같은 운동 동작을 분석하는 데 주로 활용된다.

④ 기준자(reference ruler)는 영상 평면에서의 분석 대상 크기를 실제 운동 평면에서의 크기로 조정하기 위해 사용된다.

16 [기출 2024] 난이도 ★★☆

체조의 공중회전과 트위스트는 3차원 운동이며 배율법은 주로 2차원 운동에 활용된다.

17

인체에 적용되는 지레(levers)의 원리에 관한 설명으로 옳지 <u>않은</u> 것은?

① 1종 지레에서 축(받침점)은 힘점과 저항점(작용점) 사이에 위치하고 역학적 이점이 1보다 크거나 작을 수 있다.

② 2종 지레는 저항점이 힘점과 축 사이에 위치하고 역학적 이점이 1보다 크다.

③ 3종 지레에서 힘점은 축과 저항점 사이에 위치하고 역학적 이점이 1보다 크다.

④ 지면에서 수직 방향으로 발뒤꿈치를 들고 서는 동작(calf raise)은 2종 지레이다.

17 [기출 2024, 2023, 2022] 난이도 ★★☆

3종 지레에서 힘점은 축과 저항점 사이에 위치하고 역학적 이점은 항상 1보다 작다.

| 정답 | 16 ③ 17 ③

18

〈보기〉에서 수행한 일과 일률이 바르게 나열된 것은?

〈보기〉
물체에 2초 동안 2N의 힘을 가하여 2m를 움직였을 때 수행한 일은 (㉠)J이며 일률은 (㉡)J/s이다(단, 힘의 작용 방향과 물체의 이동 방향은 일치함).

	㉠	㉡
①	2	1
②	2	2
③	4	2
④	4	4

18 [기출 2025] 난이도 ★★☆

㉠ 일은 작용한 힘과 이동한 거리의 곱으로 계산한다. 따라서 2N×2m=4J이다.

㉡ 일률은 단위 시간 동안 한 일을 의미한다. 따라서 4J을 단위 시간 2초로 나누면 $\frac{4J}{2s}$=2J/s이다.

19

〈보기〉의 다이빙 선수가 가지는 에너지의 변화에 관한 설명에서 ㉠, ㉡, ㉢에 들어갈 용어로 적절한 것은?

〈보기〉
플랫폼에서 정지하고 있는 선수의 (㉠) 에너지는 0이고, 낙하할수록 (㉡) 에너지는 감소하고, (㉢) 에너지는 증가하게 된다.

	㉠	㉡	㉢
①	운동	운동	역학적
②	운동	위치	운동
③	역학적	위치	운동
④	운동	위치	역학적

19 [기출 2023] 난이도 ★★☆

플랫폼에서 정지하고 있는 선수의 운동 에너지(㉠)는 0이고, 낙하할수록 위치 에너지(㉡)는 감소하며, 그에 따라 운동 에너지(㉢)는 증가하게 된다. 즉, 위치 에너지가 줄어드는 만큼 운동 에너지가 증가하는 것을 나타낸다.

| 정답 | 18 ③ 19 ②

20

회전 운동에 관한 설명으로 옳지 않은 것은?

① 회전하는 물체의 접선 속도는 각속도와 반지름의 곱으로 구한다.
② 회전하는 물체의 각속도는 호의 길이를 소요 시간으로 나누어 구한다.
③ 인체의 관성 모멘트(moment of inertia)는 회전축의 방향에 따라 변한다.
④ 토크는 힘의 연장선이 물체의 중심에서 벗어난 지점에 작용할 때 발생한다.

20 [기출 2024]   난이도 ★☆☆

- 회전하는 물체의 각속도는 호의 길이를 반지름으로 나누고, 그 결과를 소요 시간으로 나누어 구한다.
- 관성 모멘트는 회전축의 방향에 따라 변하지 않고 질량과 회전 반경에 영향을 받는다.

※ 출제 오류로 복수 정답 처리됨

21

인체의 물리량과 물리적 특성에 관한 설명으로 옳은 것은?

① kg은 무게의 단위이다.
② 질량은 스칼라(scalar)이고, 무게는 벡터(vector)이다.
③ 무게 중심의 위치는 자세와 상관없이 항상 인체 내부에 있다.
④ 질량은 인체가 가지고 있는 관성의 척도로 장소에 따라 크기가 변한다.

21 [기출 2024, 2021, 2020]   난이도 ★☆☆

질량은 크기만 가지는 스칼라량이며, 무게는 중력에 의해 발생하는 힘으로 방향이 있으므로 벡터량이다.

오답풀이
① kg은 질량의 단위로, 무게의 단위는 뉴턴(N)이다.
③ 무게 중심의 위치는 자세에 따라 변화할 수 있으며, 항상 인체 내부에 있는 것은 아니다.
④ 질량은 장소에 따라 변하지 않지만, 무게는 중력의 크기에 따라 달라질 수 있다.

22

압력과 충격량에 관한 설명 중 옳지 않은 것은?

① 유도에서 낙법은 신체가 지면에 닿는 면적을 넓혀 압력을 증가시키는 기술이다.
② 권투에서 상대방의 주먹을 비켜 맞도록 동작을 취하여 신체가 받는 압력을 감소시킨다.
③ 높은 곳에서 뛰어내릴 때 무릎 관절 굽힘을 통해 충격받는 시간을 늘리면 신체에 가해지는 충격력의 크기는 감소된다.
④ 골프 클럽 헤드와 볼의 접촉 구간에서 충격력을 유지하면서 접촉 시간을 증가시키면 충격량은 증가하게 된다.

22 [기출 2023, 2022, 2021]   난이도 ★☆☆

압력은 힘을 면적으로 나눈 값이므로, 면적을 넓히면 압력이 감소한다. 유도에서 낙법은 신체가 지면에 닿는 면적을 넓혀 압력을 감소시키는 기술이다.

| 정답 | 20 ②, ③ 21 ② 22 ①

23

골프 스윙 동작에서 임팩트 시 클럽 헤드의 선속도를 증가시키는 방법으로 옳지 않은 것은?

① 스윙 탑에서부터 어깨 관절을 축으로 회전 반지름을 최대한 크게 해서 빠른 몸통 회전을 유도한다.
② 임팩트 전까지 손목 코킹(cocking)을 최대한 유지하여 빠른 몸통 회전을 유도한다.
③ 임팩트 시점에는 팔꿈치를 펴서 회전 반지름을 증가시킨다.
④ 임팩트 시점에는 언코킹(uncocking)을 통해 회전 반지름을 증가시킨다.

23 [기출 2022]   난이도 ★☆☆

골프 스윙에서 어깨를 축으로 회전 반지름을 최대화하려는 시도는 클럽 헤드의 속도를 증가시키는 데 도움이 되지 않는다. 실제로 클럽 헤드 속도를 증가시키려면 팔꿈치와 손목의 역할이 중요하다. 어깨를 중심으로 한 큰 회전 반지름을 만든다고 해서 자동으로 클럽 헤드의 선속도가 빨라지는 것은 아니다. 팔꿈치와 손목을 잘 사용해야 클럽 헤드의 속도를 최대로 만들 수 있다.

24

인체의 근골격계에 관한 설명으로 옳은 것은?

① 골격근의 수축은 관절에서 회전 운동을 일으키지 못한다.
② 인대(ligament)는 골격근을 뼈에 부착시키는 역할을 한다.
③ 작용근(주동근, agonist)은 의도한 운동을 발생시키는 근육이다.
④ 팔꿈치 관절에서 굽힘근(굴근, flexor)의 수축은 관절의 각도를 커지게 한다.

24 [기출 2024]   난이도 ★☆☆

작용근은 특정한 운동을 수행할 때 활성화되는 주요 근육으로, 운동의 주체 역할을 한다.

오답풀이
① 골격근의 수축은 관절에서 회전 운동을 발생시킨다.
② 인대는 뼈와 뼈를 연결하는 역할을 하며, 골격근을 뼈에 부착시키는 것은 힘줄(tendon)이다.
④ 팔꿈치 관절에서 굽힘근의 수축은 관절의 각도를 작게 만들어 굽힘(flexion) 운동을 일으킨다.

25

운동학적(kinematic) 및 운동역학적(kinetic) 변인에 대한 설명으로 옳지 않은 것은?

① 질량(mass)은 크기만을 갖는 물리량이다.
② 시간(time)은 크기만을 갖는 물리량이다.
③ 힘(force)은 크기만을 갖는 물리량이다.
④ 거리(distance)는 시작점에서 끝점까지 이동한 궤적의 총합으로 크기만을 갖는 물리량이다.

25 [기출 2022]   난이도 ★★☆

힘은 크기뿐만 아니라 방향도 갖는 벡터량이다.

| 정답 | 23 ①   24 ③   25 ③

26

에너지에 관한 설명으로 옳지 않은 것은?

① 에너지의 단위는 Joule이다.
② 일을 수행할 수 있는 능력이다.
③ 운동 에너지는 물체의 속도뿐만 아니라 질량과도 관계가 있다.
④ 위치 에너지는 물체의 질량과는 관계가 있으나 높이는 관계가 없다.

26 [기출 2023, 2021] 난이도 ★☆☆

위치 에너지는 물체의 질량과 높이에 비례하므로 물체가 높이 있는 경우 중력에 의해 위치 에너지가 증가한다.

27

근전도(electromyogram, EMG) 분석을 통하여 얻을 수 있는 정보로 옳지 않은 것은?

① 제자리멀리뛰기에서 장딴지근(비복근)의 최대 수축 시점
② 스쿼트에서 넙다리 곧은근(대퇴직근)의 근피로도
③ 제자리높이뛰기에서 무게 중심의 3차원 위치 좌표
④ 팔굽혀펴기에서 위팔 세 갈래근(상완 삼두근)의 근활성도

27 [기출 2021] 난이도 ★☆☆

근전도(electromyogram, EMG) 분석은 근육의 전기적 활동을 측정하여 근육의 수축, 피로도, 근활성도 등을 평가하는 데 사용되며, 무게 중심의 위치 좌표를 제공하지 않는다.

28

〈보기〉에서 복합 운동(general motion)에 해당하는 것을 모두 고른 것은?

〈보기〉
㉠ 커브 볼로 던져진 야구공의 움직임
㉡ 페달링하면서 직선 구간을 질주하는 사이클 선수의 대퇴(넙다리) 넙다리 분절 움직임
㉢ 공중회전하면서 낙하하는 다이빙 선수의 몸통 움직임

① ㉠
② ㉠, ㉢
③ ㉡, ㉢
④ ㉠, ㉡, ㉢

28 [기출 2023] 난이도 ★★☆

복합 운동(general motion)은 직선 운동과 회전 운동이 동시에 결합된 움직임을 말한다.
㉠ 커브 볼로 던져진 야구공의 움직임은 직선 운동과 회전 운동이 결합되어 복합 운동에 해당한다.
㉡ 페달링하면서 직선 구간을 질주하는 사이클 선수의 대퇴(넙다리) 넙다리 분절 움직임은 직선으로 전진하는 사이클의 움직임과 회전 운동인 페달링이 동시에 일어나기 때문에 복합 운동에 해당한다.
㉢ 공중회전하면서 낙하하는 다이빙 선수의 몸통 움직임은 공중에서 회전 운동과 직선 낙하 운동이 함께 일어나므로 복합 운동에 해당한다.

| 정답 | 26 ④ 27 ③ 28 ④

29

가장 큰 역학적 에너지는?

① 7m/s로 평지를 달리고 있는 질량 90kg인 럭비 선수의 운동 에너지
② 8m/s로 평지를 달리고 있는 질량 100kg인 럭비 선수의 운동 에너지
③ 5m 높이에 서 있는 질량 50kg인 다이빙 선수의 위치 에너지
④ 4m 높이에 서 있는 질량 60kg인 다이빙 선수의 위치 에너지

30

〈보기〉에서 운동학적(kinematics) 분석 방법으로만 묶인 것은?

― 〈보기〉 ―
㉠ 영상 분석
㉡ 고니오미터(goniometer) 각도 분석
㉢ 스트레인 게이지 힘 분석
㉣ 지면 반력 분석

① ㉠, ㉡
② ㉠, ㉢
③ ㉡, ㉣
④ ㉢, ㉣

---

29 [기출 2023, 2021] 난이도 ★★★

② $\frac{1}{2} \times 100 \times 8^2 = 3,200J$

[오답풀이]

① $\frac{1}{2} \times 90 \times 7^2 = 2,205J$
③ $50 \times 9.8 \times 5 = 2,450J$
④ $60 \times 9.8 \times 4 = 2,352J$

30 [기출 2021] 난이도 ★☆☆

운동학적 분석 방법은 물체의 움직임을 다루며, ㉠ 영상 분석과 ㉡ 고니오미터를 통한 각도 분석이 해당된다.

[오답풀이]

㉢, ㉣ 운동역학적 분석 방법에 해당한다.

| 정답 | 29 ② 30 ①

31

투사체 운동에 대한 설명으로 옳은 것은? (단, 공기 저항은 고려하지 않음)

① 투사체에 작용하는 외력은 존재하지 않는다.
② 투사체의 수평 속도는 초기 속도의 수평 성분과 크기가 같다.
③ 투사체의 수직 속도는 9.8m/s로 일정하다.
④ 투사 높이와 착지 높이가 같을 경우, 38.5°의 투사 각도로 던질 때 최대의 수평 거리를 얻을 수 있다.

31 [기출 2023, 2022] 난이도 ★★☆

공기 저항이 없는 경우 투사체의 수평 속도는 초기 속도의 수평 성분과 크기가 같으며, 이는 투사체의 운동이 단순하고 예측 가능하게 만드는 중요한 원리이다. 이러한 특성으로 투사체의 수평 이동은 수직 운동과 독립적으로 분석할 수 있다.

32

각운동에 대한 설명으로 옳지 <u>않은</u> 것은?

① 각속도(angular velocity)는 각변위를 소요 시간으로 나눈 값이다.
② 각가속도는 각속도의 변화를 소요 시간으로 나눈 값이다.
③ 1라디안(radian)은 원(circle)에서 반지름과 호의 길이가 같을 때의 각으로 57.3°이다.
④ 시계 방향으로 회전된 각변위는 양(+)의 값으로 나타내고, 반시계 방향으로 회전된 각변위는 음(-)의 값으로 나타낸다.

32 [기출 2022] 난이도 ★★☆

각변위의 부호는 일반적으로 반시계 방향은 양(+), 시계 방향은 음(-)으로 나타낸다.

33

1N의 힘으로 1m 거리를 움직였을 때 수행한 일(work)은? (단, 힘의 작용 방향과 이동 방향은 일치함)

① 1J(Joule)
② 1N(Newton)
③ 1m³(Cubic meter)
④ 1J/s(Joule/sec)

33 [기출 2023, 2021] 난이도 ★☆☆

일(work)은 힘(force)과 이동 거리(distance)의 곱으로 계산된다. 여기서는 1N의 힘으로 1m 이동했으므로 수행한 일은 1N × 1m = 1J이 된다.

| 정답 | 31 ② 32 ④ 33 ①

34

〈보기〉의 ㉠~㉣에 들어갈 내용이 바르게 제시된 것은?

─〈보기〉─
- (㉠)가 커질수록 부력도 커진다.
- (㉡)가 올라갈수록 부력은 작아진다.
- (㉢)는 수중에서의 자세 변화에 따라 달라진다.
- (㉣)은 물에 잠긴 신체의 부피에 비례하여 수직으로 밀어 올리는 힘이다.

	㉠	㉡	㉢	㉣
①	신체의 밀도	신체의 온도	무게 중심의 위치	부력
②	유체의 밀도	신체의 온도	무게 중심의 위치	항력
③	신체의 밀도	물의 온도	부력 중심의 위치	항력
④	유체의 밀도	물의 온도	부력 중심의 위치	부력

34 [기출 2024]   난이도 ★☆☆

- 유체의 밀도가 커질수록 부력도 커진다.
- 물의 온도가 올라갈수록 부력은 작아진다.
- 부력 중심의 위치는 수중에서의 자세 변화에 따라 달라진다.
- 부력은 물에 잠긴 신체의 부피에 비례하여 수직으로 밀어 올리는 힘이다.

35

인체의 시상(전후)면(sagittal plane)에서 수행되는 움직임이 아닌 것은?

① 인체의 수직축(종축)을 중심으로 회전하는 피겨 스케이팅 선수의 몸통 분절 움직임
② 페달링하는 사이클 선수의 무릎 관절 굴곡 신전 움직임
③ 100m 달리기를 하는 육상 선수의 발목 관절 저측 배측 굴곡 움직임
④ 앞구르기를 하는 체조 선수의 몸통 분절 움직임

35 [기출 2023, 2021]   난이도 ★★☆

피겨 스케이팅 선수의 몸통 분절 움직임은 수직축을 중심으로 회전하는 것으로, 이는 주로 수평면에서 일어나는 움직임이다. 시상면은 앞뒤 방향의 움직임을 포함하므로 이 움직임은 시상면과 관련이 없다.

| 정답 | 34 ④ 35 ①

36

마찰력에 관한 설명으로 옳지 않은 것은?

① 마찰력은 추진력으로 작용될 수 없다.
② 최대 정지 마찰력은 운동 마찰력보다 크다.
③ 마찰 계수는 접촉면의 형태에 영향을 받는다.
④ 마찰력은 마찰 계수와 접촉면에 수직으로 작용한 힘의 곱으로 구한다.

36 [기출 2021] 난이도 ★☆☆

마찰력은 물체의 운동을 방해하는 저항력으로 작용할 수도 있지만, 때에 따라 추진력으로 작용할 수도 있다. 예를 들어, 걷거나 달릴 때 마찰력이 발을 밀어 추진력을 제공한다.

37

인체 지레에 관한 설명으로 옳은 것은?

① 1종 지레는 힘점이 받침점과 작용점 사이에 있다.
② 2종 지레는 작용점이 힘점과 받침점 사이에 있다.
③ 3종 지레는 받침점이 힘점과 작용점 사이에 있다.
④ 인체 지레의 대부분은 2종 지레에 해당되어 힘에서 이득을 본다.

37 [기출 2024, 2023, 2021] 난이도 ★★☆

오답풀이
① 1종 지레는 받침점이 중간에 위치하고, 힘과 작용점이 양쪽에 있어 힘과 움직임을 조절할 수 있다.
③ 3종 지레는 힘점이 작용점과 받침점 사이에 있어 가운데에서 힘이 작용한다.
④ 대부분의 인체 지레는 3종 지레로, 속도에서는 이득을 보지만 힘에서는 손해를 본다. 2종 지레는 힘에서 이득을 볼 수 있지만, 인체에서 많이 발견되지 않는다.

38

〈보기〉에서 물리량에 대한 설명으로 옳은 것만 고른 것은?

─〈보기〉─
㉠ 압력은 단위 면적당 가해지는 힘이며 벡터이다.
㉡ 일은 단위 시간당 에너지의 변화율이며 벡터이다.
㉢ 마찰력은 두 물체의 마찰로 발생하는 힘이며 스칼라이다.
㉣ 토크는 회전을 일으키는 효과이며 벡터이다.

① ㉠, ㉡
② ㉠, ㉣
③ ㉡, ㉢
④ ㉢, ㉣

38 [기출 2024, 2022] 난이도 ★★☆

오답풀이
㉡ 일은 에너지의 변화량이 아니라 에너지의 전이에 관한 물리량으로 스칼라량이다.
㉢ 마찰력은 스칼라가 아닌 벡터이다.

| 정답 | 36 ① 37 ② 38 ②

39

다이빙 선수의 공중 동작에서 발생할 수 있는 회전 운동에 관한 설명으로 옳은 것은?

① 질량 분포가 회전축에서 멀수록 관성 모멘트는 작아진다.
② 관성 모멘트는 각운동량에 비례하고 각속도에 반비례한다.
③ 회전 반경의 길이는 관성 모멘트의 크기에 영향을 주지 않는다.
④ 공중 자세에서 관성 모멘트가 달라져도 각속도는 변하지 않는다.

39 [기출 2024, 2023, 2021] 난이도 ★★☆

관성 모멘트(moment of inertia)는 물체의 질량이 회전축으로부터 얼마나 분포되어 있는지를 나타내며, 각운동량은 관성 모멘트와 각속도의 곱이다. 따라서 관성 모멘트가 커지면 각속도가 감소하고, 반대로 관성 모멘트가 작아지면 각속도는 증가한다.

오답풀이
① 질량 분포가 회전축에서 멀수록 관성 모멘트는 커진다.
③ 회전 반경의 길이는 관성 모멘트의 크기에 영향을 준다.
④ 공중 자세에서 관성 모멘트가 변화하면 각속도도 변한다.

40

길이 50m 수영장에서 자유형 100m 경기 기록이 100초였을 때 평균 속력과 평균 속도는? (단, 출발과 도착 지점이 동일하다고 가정)

① 평균 속력: 1m/s, 평균 속도: 1m/s
② 평균 속력: 0m/s, 평균 속도: 0m/s
③ 평균 속력: 1m/s, 평균 속도: 0m/s
④ 평균 속력: 0m/s, 평균 속도: 1m/s

40 [기출 2023, 2021] 난이도 ★☆☆

평균 속력은 전체 이동 거리(100m)를 시간(100초)으로 나눈 값으로 1m/s이다.
평균 속도는 출발과 도착 지점이 동일하다고 가정할 때, 총 변위가 0m가 되므로 평균 속도는 0m/s로 계산된다.

| 정답 | 39 ② 40 ③

선택 7과목
스포츠윤리

합격생들의 과목 선택 Tip

합격을 위한 과목 추천 ★★★★☆

난이도 ★★☆☆☆

\# 스포츠맨십, 페어플레이 등 스포츠에서의 윤리적 가치를 다루는 과목

\# 맞는 말만 선택하면 되겠지 했는데, 윤리적 개념 관련된 학자들 공부하는 건 어려웠음

\# 난이도가 쉬워서 그런지 난이도 조절을 위해 애매하고 헷갈리는 문제들이 나오는 듯

\# 학습할 내용은 가장 적으나, 암기 요소가 많아 반복 학습 필요

\# 개념 이해가 중요하며, 사례 학습이 효과적!

> 2021년 이후 난도가 높아진 출제경향을 반영, 최근 5개년 기출 분석으로 집중 대비!

최근 5개년 개념별 출제비중

단원	비중	출제 빈도
01 스포츠와 윤리	26%	★★★ 평균 5문제 출제
02 경쟁과 페어플레이	18%	★★ 평균 3~4문제 출제
03 스포츠와 불평등	12%	★★ 평균 3~4문제 출제
04 스포츠에서 환경과 동물윤리	6%	★ 평균 2~3문제 출제
05 스포츠와 폭력	7%	★ 평균 2~3문제 출제
06 경기력 향상과 공정성	9%	★ 평균 2~3문제 출제
07 스포츠와 인권	13%	★ 평균 2~3문제 출제
08 스포츠 조직과 윤리	9%	★ 평균 2~3문제 출제

최신 3개년 스포츠윤리 출제 경향

2025년	2024년	2023년
☑ 난이도 중상	☑ 난이도 상승	☑ 난이도 상승
☑ 폭력·차별·인권 관련 문제의 출제 비중 증가	☑ 인종 차별, 여성 차별, 도핑 관련 문제가 사례를 기반으로 출제됨	☑ 전년 대비 스포츠윤리의 실질적 적용을 요구하는 문제가 증가함
☑ 철학적 이론과 현대 스포츠 제도의 융합을 강조하며, 사례 적용 능력을 중점적으로 출제	☑ 전년 대비 개념은 깊이 다루어졌으나, 응용문제는 평이하게 출제됨	☑ 개념문제의 출제비중이 감소하고, 응용문제의 출제비중이 높아짐

합격 프로젝트
2026 출제 예언

1. 앞으로도 도핑 규정, 트랜스젠더 선수 문제와 같은 최신 스포츠 윤리 이슈가 새롭게 출제될 것으로 예상합니다.
2. 특히 최신 제도·현안을 윤리적 이론과 연결하는 형태의 문제의 출제비중이 높아질 것으로 예상합니다.
3. 핵심이론에 대한 이해 심화뿐 아니라 사회적 쟁점에 대해 윤리 이론과 현대 스포츠 정책을 함께 연결하는 방식으로 접근할 것을 권장합니다.

출제될 핵심 개념 01 스포츠와 윤리

26%

의무론, 공리주의, 정언 명령 등 핵심 윤리 이론을 사례와 연결해 학습해 보자!

★ **빈출 형광펜** 시험에 자주 출제되는 개념으로, 시험 직전 빈출 형광펜만 딱 보고 들어가자!

합격선을 넘는 TIP

출제 키워드
기출 2019

스포츠윤리의 개념
- 윤리는 실천의 자율성을 중시함
- 도덕은 양심, 자율성 등 개인의 내면성 문제를 주로 다룸
- 스포츠맨십은 합규칙성을 넘는 적극적인 도덕적 마음가짐임

출제 키워드
기출 2025, 2022, 2021

사실 판단과 가치 판단
- 사실 판단: 실제 스포츠에서 일어난 사건과 현상에 대한 진술로, 진위를 가릴 수 있음
- 가치 판단: 옳고 그름 혹은 바람직하거나 그렇지 못한 것 등 가치에 대한 진술로 이루어지며, 주로 당위에 근거함

출제 키워드
기출 2015

스포츠윤리
- 스포츠 행위 중 가장 기본적이고 상식적인 것
- 스포츠를 어떻게 해야 할 것인가에 대한 올바른 목적과 행위
- 스포츠 현장에서 요구하는 규칙과 기본적 원리 준수

1 스포츠의 윤리적 기초

1. 도덕, 선, 윤리의 개념 기출 2022, 2021, 2019, 2018, 2015

도덕	양심에 기반한 개인의 행동 지침으로, 사회적 관습이나 규범에 따라 마땅히 지켜야 하는 행동
선	도덕적인 행동의 결과로 이루어지는 좋은 상태나 가치를 의미하며, 단순히 옳은 행동을 넘어, 결과적으로 모두에게 이득이 되는 방향
윤리	개인이 속한 사회나 조직 내에서 지켜야 할 강제적인 규범을 의미하며, 마땅히 지켜야 하는 이치 혹은 도리에 따라 정해진 행동 기준

2. 레스트(J. Rest)의 도덕성 구성 요소 기출 2022, 2021, 2019

도덕적 민감성	문제 인식, 타인 영향 이해
도덕적 판단력	옳고 그름 판단, 도덕적 가치 평가
도덕적 동기화	도덕적 우선순위, 행동 의지
도덕적 품성화	행동 실천, 용기, 지속적 노력

3. 사실 판단과 가치 판단 기출 2025, 2022, 2021, 2020, 2018, 2017, 2016

사실 판단	객관적이고 검증 가능한 정보를 기반으로 이루어지는 판단 예 "2024 파리 올림픽은 참가자의 성비를 50:50으로 맞춘 사상 첫 메가 이벤트이다."
가치 판단	주관적인 가치나 기준에 따라 이루어지는 판단으로, 사람마다 다르게 느낄 수 있으며 도덕적, 윤리적, 미적 기준에 따라 이루어짐(좋다, 나쁘다, 옳다, 그르다와 같은 평가 포함) 예 "2024 파리 올림픽에서 한국이 가장 우수했다."

2 스포츠윤리의 이해

1. 스포츠윤리의 정의 기출 2015

일반윤리	모든 사람에게 적용되는 보편적 도덕적 규범으로, 옳고 그름의 기준을 제공
스포츠윤리	스포츠인이 마땅히 지켜야 할 특화된 도덕적 원칙으로, 공정한 경쟁, 정직성, 상대방 존중 등을 포함

2. **스포츠윤리의 목적** 기출 2021, 2020
   - 스포츠 행위의 공정한 조건을 제시한다.
   - 스포츠를 통한 도덕적 자질과 인격 함양을 추구한다.
   - 스포츠맨십, 페어플레이 등 스포츠윤리 규범을 통한 바람직한 공동체의 모습을 제시한다.
   - 스포츠에서 비윤리적 상황을 분석하고 올바르게 대처할 수 있는 능력을 기른다.

3. **스포츠윤리의 특징** 기출 2024, 2016
   - 스포츠 경쟁의 윤리적 기준이다.
   - 올바른 스포츠 경기의 방향이 된다.
   - 보편적 윤리 원칙을 기반으로 하면서, **스포츠윤리만의 독자성**을 갖는다.
   - 스포츠인의 행위, 실천의 기준이다.

합격선을 넘는 TIP

🎯 **출제 키워드**
기출 2016

스포츠윤리의 독자성
- 경쟁의 도덕적 조건과 가치 있는 승리의 의미를 밝힘
- 비도덕적 행위의 유형과 공정성의 조건을 제시함
- 스포츠를 통한 도덕적 자질과 인격의 함양을 추구함

3 윤리 이론

1. **목적(결과)론적 윤리와 의무론적 윤리** 기출 2025, 2024, 2023, 2022, 2020, 2019, 2018, 2017, 2016

(1) **목적론적 윤리(공리주의)**: 행위의 결과나 목적에 따라 도덕적 가치를 판단하는 윤리 이론

아리스토텔레스	행복을 목표로 덕을 실천하며 중용을 유지하는 것이 도덕적 행동
존 스튜어트 밀	최대 다수의 최대 행복을 목표로 하는 공리주의를 주장
제레미 벤담	쾌락의 양을 계산하여 최대의 쾌락을 목표로 하는 공리주의를 제시
토마스 아퀴나스	신의 뜻에 따라 인간이 자연법을 실천하여 궁극적 선에 도달해야 함
피터 싱어	모든 생명체의 이익을 동등하게 고려하는 결과주의적 윤리를 주장

🎯 **출제 키워드**
기출 2024, 2022

공리주의
- 모든 스포츠인의 권리는 동등하게 보장되어야 함
- 스포츠 규칙 제정은 공평성과 평등의 원칙에 근거해야 함
- 선수의 행동이 좋은 결과를 얻었다면 도덕적으로 옳은 것임

(2) **의무론적 윤리(의무주의)**: 행위 자체의 옳고 그름에 따라 도덕적 가치를 판단하는 윤리 이론

① 의무론적 윤리 주요 사상가

칸트	결과와 상관없이 보편적 도덕 법칙을 따르는 것이 도덕적 행위
존 롤스	정의로운 사회를 위해 공정성의 원칙에 따라 의무를 수행
윌리엄 데이비드 로스	상황에 따라 여러 의무가 충돌 시, 직관적으로 옳은 의무를 선택
토마스 리드	행동을 행위자의 직접적 결과로 보며, 인간이 그 결과에 대해 인과적 책임을 지고 상식적 도덕 원칙에 따라 행동할 의무가 있다고 주장

🎯 **출제 키워드**
기출 2024, 2021

칸트
- 정언 명령: 조건 없이 항상 따라야 하는 도덕적 원칙(무조건적 명령)
- 가언 명령: 어떤 목표를 이루기 위해 조건에 따라 따라야 하는 규칙(조건부 명령)

② 의무론적 행위

의무에서 나온 행위	도덕 법칙 자체를 존중해서 행하는 것
의무에 합치하는 행위	외형상 도덕 법칙에 맞지만, 동기는 자기 이익·처벌 회피 등 실천적 고려를 바탕으로 한 행위
의무에 위배되는 행위	의무에 맞지 않는 행위, 즉 도덕 법칙을 의도적으로 어기는 행위

합격선을 넘는 TIP

출제 키워드

기출 2024

멕킨타이어

덕 윤리를 강조함. 공동체 내에서 미덕을 실천하는 것을 중요시하며, 본보기가 되는 인물을 통해 덕목을 학습하고 발전시킨다고 봄

출제 키워드

기출 2019

승리지상주의에 대한 노자의 입장

승리지상주의가 팽배하는 현대 스포츠 현장에서 승리의 추구보다 스포츠 자체를 즐길 수 있도록 자기 자신을 낮추고 겸양과 배려로 상대를 대할 때, 진정한 의미의 스포츠윤리가 발현될 수 있음. 이를 위해서는 스포츠에서 인위적 제도나 구속이 최소화되도록 해야 하며, 윤리적 행위가 스포츠 자체를 통해 자연스럽게 발현되도록 해야 함

2. 덕론적 윤리의 기초

(1) **덕론적 윤리의 의미** 기출 2024, 2023, 2019, 2017

① 덕론적 윤리는 행위 자체보다는 행위자의 품성과 실천에 초점을 맞춘 윤리 이론
② 사람이 어떤 덕목을 지니고 있느냐가 도덕적으로 중요한 요소라고 본다.
③ 덕을 실천함으로써 좋은 사람, 즉 이상적인 성품을 지향하는 삶을 강조한다.

(2) 덕론적 윤리의 장단점

장점	• 포괄적 도덕성 • 인격 형성 • 동기 강조
단점	• 구체성 부족 • 덕의 상대성 • 행위 지침 부족

3. 동양 사상가와 윤리 기출 2025, 2023, 2020, 2019

공자	인(仁)과 예(禮)를 중심으로 한 윤리 사상을 제시
노자	상선약수를 바탕으로 사사로운 욕심을 버리고 본연의 인간성을 회복해야 한다고 주장
장자	자연에 순응하며 인위적인 규범을 버리고 자유로운 삶을 추구
맹자	성선설을 주장하며, 인간의 본성은 선하다고 봄 • 수오지심(羞惡之心): 잘못된 행동을 부끄러워하는 감정 • 측은지심(惻隱之心): 타인을 불쌍히 여기는 마음 • 사양지심(辭讓之心): 겸손하고 양보하려는 마음 • 시비지심(是非之心): 옳고 그름을 분별하는 마음
순자	성악설을 주장하며, 인간의 본성은 악하다고 봄
고자	성무선악설을 주장하며, 인간의 본성은 선도 악도 아니라고 봄
한비자	인간은 이기적인 존재이므로 법과 처벌을 통해 사회 질서를 유지해야 한다고 주장
묵자	차별 없이 모든 사람을 사랑하고 이익을 나누는 겸애(兼愛)를 강조

출제될 핵심 개념 02 경쟁과 페어플레이

18% 스포츠맨십과 페어플레이의 윤리적 의미를 실제 경기 상황에 적용할 수 있도록 학습해 보자!

★ 빈출 형광펜 시험에 자주 출제되는 개념으로, 시험 직전 빈출 형광펜만 딱 보고 들어가자!

1 스포츠경기의 목적

1. 승리 추구와 탁월성 기출 2022, 2021, 2020, 2018, 2017, 2016, 2015

아곤(Agon)	경쟁과 갈등, 승리를 위한 투쟁, 우월성 과시
아레테(Arete)	탁월함과 미덕을 추구하는 우수성

2. 상대방 설득에 필요한 3가지 기출 2024, 2020

로고스(Logos)	이성과 논리, 사물의 본질을 설명하는 사고
파토스(Pathos)	감정과 정서, 특히 설득 시 감정에 호소
에토스(Ethos)	도덕적 성품과 신뢰성, 설득에서 연사의 신뢰도와 권위

2 스포츠맨십 기출 2024, 2023, 2022, 2018, 2017, 2016

개념	• 경기에서 공정함, 존중, 예의를 지키며 상대방과 규칙을 준수하는 도덕적 태도로, 스포츠인이 마땅히 지켜야 할 기본적인 태도를 의미함 • 경기에서의 태도와 정신적 가치를 포함함
핵심 요소	상대에 대한 존중, 겸손한 승리, 패배의 인정, 심판 판정 존중 등

3 페어플레이 기출 2024, 2023, 2021, 2019, 2018

1. 페어플레이의 개념과 핵심 요소

개념	경기를 정정당당하게 진행하는 것으로, 경기 규칙을 철저히 지키며 부정한 방법으로 승리를 추구하지 않는 것이 핵심이며, 스포츠맨십의 중요한 일부임
핵심 요소	규칙 준수, 부정행위 방지, 경기 내 공정성 유지 등

합격선을 넘는 TIP

출제 키워드
기출 2022

아곤(agon)과 아레테(arete)
• 아곤은 경쟁과 승리를 추구
• 아레테는 아곤보다 더 포괄적인 개념
• 아레테는 신체적·도덕적 탁월성을 추구

출제 키워드
기출 2020

에토스(ethos)의 실천 사례
• 축구에서 상대 선수가 부상으로 쓰러져 걱정되는 마음에 공을 경기장 밖으로 걷어 냄
• 야구에서 투수가 던진 공에 상대팀 타자가 맞아 투수는 모자를 벗어 타자에게 미안함을 표현함
• 농구에서 경기 종료 1분을 남기고, 우리 팀이 큰 점수 차로 이기고 있는 상황에서 감독은 상대를 배려하는 마음에 작전 타임을 부르지 않음

출제 키워드
기출 2021

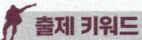

페어플레이(fairplay)
스포츠의 규범은 근대 스포츠의 탄생과 밀접한 연관을 가짐. 규칙의 준수가 근대 시민 계급의 도덕성 함양에 기여할 수 있다고 여겨지면서 하나의 윤리 규범으로 정착함. 특히 진실과 성실의 정신(spirit of truth and honesty)을 바탕으로 경기에 임하는 도덕적 태도와 같은 의미로 쓰이면서 오늘날 스포츠의 보편적인 윤리 규범이 됨

합격선을 넘는 TIP

출제 키워드
기출 2021

스포츠 규칙의 원리
- 공평성: 한쪽에 치우치지 않고 고른 성질
- 제도화: 스포츠에서의 규칙이 제도가 되는 것
- 임의성(가변성): 일정한 조건에서 변할 수 있는 성질

출제 키워드
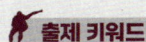
기출 2023

형식주의
규칙과 규정이 스포츠의 본질을 이루며, 엄격한 규칙 준수가 도덕적 판단의 기준이 된다고 봄

비형식주의
상황과 맥락을 고려해 규칙을 융통성 있게 해석하고, 스포츠의 정신과 목적에 맞게 도덕적 판단을 내린다고 봄

---

2. 페어플레이의 규칙과 규범 〈기출 2024, 2023, 2021, 2019, 2018, 2017〉

(1) 구성적 규칙과 규제적 규칙

	구성적 규칙	규제적 규칙
의미	게임이나 스포츠 자체를 성립시키는 기본 규칙	이미 성립된 스포츠 내에서 경기 진행 중 발생하는 다양한 상황을 조정·제어하기 위한 규칙
특징	그 규칙이 없으면 해당 스포츠가 성립하지 않음	• 경기의 질서를 유지하고, 공정성을 보장하는 장치 • 규칙을 어기면 벌칙, 제재, 점수 조정 등이 발생
예시	축구에서 공을 발로 차서 골을 넣어야 한다는 규칙, 규정에 맞는 유니폼 및 장비 착용 등	축구에서 핸드볼 반칙이 발생하면 프리킥을 주는 규칙, 농구에서 파울 횟수를 초과하면 자유투를 주는 규칙 등

(2) 형식적 주의와 비형식적 주의

형식적 주의	• 스포츠 규칙과 규정이 스포츠의 본질을 이루며, 엄격한 규칙 준수가 도덕적 판단의 기준이 된다고 보는 관점 • 규칙이 가장 중요한 요소로 간주되며, 규칙을 어기지 않는 한 어떤 행동이든 윤리적으로 문제가 없다고 판단
비형식적 주의	• 스포츠 정신과 경기의 맥락을 중시하며, 규칙 자체만이 아니라, 그 규칙이 스포츠의 본래 목적과 가치에 어떻게 부합하는지를 고려 • 규칙을 준수했더라도, 그 행위가 스포츠 정신을 훼손하거나 비윤리적일 수 있다고 봄

3. 승부 조작

(1) 승부 조작의 의미: 경기의 결과나 진행 과정을 의도적으로 조작하여 특정한 이익을 얻기 위해 경기의 공정성을 훼손하는 행위

(2) 승부 조작의 원인

금전적 이득	불법 도박이나 뇌물로 인한 재정적 유혹
압박감	성과나 승리에 대한 지나친 압박
외부 강요	범죄 조직이나 외부 세력의 압박
선수의 경제적 어려움	낮은 수입으로 인한 경제적 불안
경기 출전 기회 제한	정규 출전이 적은 선수들의 심리적 불안

(3) 승부 조작의 윤리적 문제

공정성 훼손	경기의 공정성과 스포츠맨십 파괴
신뢰 상실	팬들과 사회의 스포츠에 대한 신뢰 추락
사회적 손실	스포츠의 가치가 손상되고 사회적 불신이 확산
법적 문제	승부 조작에 따른 법적 처벌과 사회적 문제 발생

(4) **승부 조작의 해결 방안** `기출` 2015

강력한 처벌	승부 조작에 대한 법적 제재와 징계 강화
투명한 관리	경기 운영의 투명성을 높이고, 감독 시스템 강화
선수 지원 강화	선수들의 경제적·심리적 지원 시스템 구축
윤리 교육	선수와 관계자들에게 윤리의식 강화 교육 제공
신고 시스템	익명으로 승부 조작을 신고할 수 있는 제도 마련

합격선을 넘는 TIP

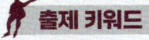 출제 키워드

`기출` 2015

선수의 내적 통제를 통한 승부 조작을 최소화 할 수 있는 방안

윤리 교육 강화

03 스포츠와 불평등

12%

성차별, 인종 차별, 장애 차별과 같은 주제는 다양한 관점에서 분석하며, 사례와 연결해 학습해 보자!

★ 빈출 형광펜 시험에 자주 출제되는 개념으로, 시험 직전 빈출 형광펜만 딱 보고 들어가자!

1 성차별

1. 성차별의 의미
성별에 근거한 불평등한 대우를 하는 것으로, 특정 성별이 다른 성별에 비해 불이익을 받거나 차별적인 대우를 받는 것을 의미한다.

2. 성차별의 원인 기출 2025, 2024, 2023

성별 고정 관념	남성과 여성에게 고정된 역할과 행동을 기대하는 사회적 편견
역사적 전통	가부장제 사회 구조로 인해 남성 중심의 권력과 권한이 강화됨
제도적 차별	법과 제도가 성별에 따른 불평등을 지속시키는 구조적 문제
문화적 요인	특정 문화가 성별에 따른 행동과 역할을 규제하고 제한함
미디어와 대중문화	여성 스포츠의 성적 대상화나 남성 중심의 스포츠 보도로 인해 차별이 확대됨

3. 성차별 관련 이론 기출 2020, 2016

페미니즘 이론	여성의 권리와 평등을 주장하는 이론
사회학적 성 역할 이론	남성과 여성이 사회적으로 부여받은 역할 차별을 설명
젠더 상징 이론	젠더가 스포츠에서 문화적 상징으로 어떻게 기능하는지 설명 예 남성은 강함, 여성은 부드러움으로 제한
구조적 불평등 이론	사회의 구조적 요인이 남성과 여성에게 기회와 자원을 불평등하게 배분함을 설명
생물학적 환원주의	남성과 여성의 능력 차이를 생리적 또는 신체적 구조로만 설명하는 관점

4. 성차별의 과거와 현재 기출 2017

과거의 성차별	• 초기 스포츠의 남성 지배적 구조 • 여성의 스포츠 참여 제한 • 여성의 능력 평가 절하
현재의 성차별	• 여성의 성 상품화 • 취업, 임금, 지원 등의 기회 불균형 • 지도자와 리더십에서의 불평등

합격선을 넘는 TIP

출제 키워드
기출 2023

스포츠에서 나타나는 성차별의 원인
- 사회적 성 역할의 고착화
- 차이를 차별로 정당화하는 논리
- 신체 구조와 운동 능력에 대한 편견

출제 키워드
기출 2016

생물학적 환원주의
남성은 여성에 비해 선천적으로 우월한 신체 능력을 갖고 태어나기 때문에 신체 능력에 크게 의존하는 스포츠에서 남녀 차별은 불가피함

5. 성차별 관련 주요 키워드 기출 2025

Title IX(타이틀 나인)	미국에서 여성과 남성의 동등한 교육 기회를 보장하기 위한 법
여성 스포츠 연맹	여성의 스포츠 참여와 평등을 옹호하고 지원하는 단체
성별 임금 격차	남성과 여성 간 상금이나 임금의 불평등
양성성	남성과 여성 모두가 전통적인 성 역할에서 벗어나 다양한 능력을 발휘할 수 있다는 개념
미디어 편향	여성이 남성에 비해 적게 보도되거나 성적 대상화되면서 발생하는 미디어의 편향성

6. 성평등을 이루기 위한 방안 기출 2016

- 법적 제도 개선
- 성인지 감수성을 기반으로 한 성평등 교육 강화
- 리더십과 의사 결정에서의 성평등 실천
- 성평등을 위한 사회적 인식 변화
- 성차별적 관행 개선

7. 트랜스젠더 여성의 여성 스포츠 참여 기출 2025

지지 견해	반대 견해
• 전통적인 젠더 이분법을 극복하고 양성평등을 지향해야 함 • 트랜스젠더 여성의 스포츠 접근권은 공정성보다 우선해야 함 • 트랜스젠더에 대한 차별과 배제가 아닌 관용과 포용의 정책이 필요함	• 트랜스젠더 여성 선수는 근력·골격·호르몬 이점으로 인해 불공평한 우위를 가져 여성 스포츠의 공정성과 경쟁의 의미를 훼손할 수 있음 • 트랜스젠더 여성 외 여성 선수들의 참여 기회 축소나 심리적 위축을 불러올 우려가 있음 • 스포츠가 가진 평등한 경쟁의 장이라는 본질이 흔들릴 수 있음

2 인종 차별

1. 인종 차별의 의미 기출 2024, 2023, 2022, 2021

특정 인종이나 민족을 이유로 불평등한 대우를 하는 것으로, 인종적 배경에 따라 기회, 권리, 대우에서 차별을 받는 것을 의미한다.

2. 인종 차별의 원인 기출 2019, 2018

인종적 고정 관념	특정 인종이나 민족이 고유한 특성을 가진다는 편견에서 비롯됨
역사적 요인	과거 식민주의와 노예 제도에서 비롯된 인종적 불평등이 현대 사회에서도 영향을 미침
제도적 차별	특정 인종의 사람들이 더 많은 감시와 처벌을 받거나, 고용과 주거에서 기회가 제한되는 경우

합격선을 넘는 TIP

용어

성인지 감수성
성별에 따른 차별이나 불평등을 민감하게 인식하고, 이를 개선하려는 태도나 능력

출제 키워드

기출 2016

성차별을 극복하기 위한 방안
- 전통적인 여성상에서 탈피하려는 노력
- 남성 선수와의 연봉 불균형 개선
- 능력에 대한 공정한 평가

합격선을 넘는 TIP

문화적 편견	사회나 문화적 맥락에서 특정 인종이 열등하게 묘사되거나 배제되면서 차별이 강화됨
미디어와 대중문화	특정 인종이 범죄자나 희생자로만 묘사되거나, 부정적 이미지로 자주 나타날 경우, 사회적 편견이 강화되고 차별이 심화됨

3. 인종 차별 주요 이론과 정책 기출 2025, 2022, 2021

아파르트헤이트	남아프리카 공화국에서 시행된 공식적인 인종 분리 정책으로 흑인, 백인, 아시아인 등 인종을 구분하여 백인이 우월한 위치에 서는 제도
인종주의	특정 인종이 다른 인종보다 우월하거나 열등하다는 신념 체계
컬러블라인드 인종주의	인종 차별을 없애기 위해 인종을 보지 말아야 한다는 주장
인종 프로파일링	특정 인종을 이유로 그들이 범죄를 저지를 가능성이 높다고 추정하는 행동

4. 국제 대회에서의 인종 차별 관련 사례 기출 2025

1936년 베를린 올림픽 경기 대회	히틀러는 아리안 우월주의를 내세우며 흑인인 육상 종목 4관왕 제시 오웬스에게 시상을 거부
1968년 멕시코 올림픽 경기 대회	시상식에서 토미 스미스와 존 카를로스가 흑인 인권을 상징하는 블랙 파워 주먹 시위를 하자 IOC가 이들을 선수단에서 퇴출
2008년 미국 여자 프로골프 협회(LPGA)	외국 선수에게 영어 사용을 의무화하며 출전 제한을 시도
2014년 브라질 월드컵	인종 차별 상징으로 쓰인 바나나를 역으로 패러디하여 차별적 의미를 무력화함

5. 인종 차별 해결을 위한 방안 기출 2015

- 인종 차별 금지를 위한 강력한 법적 제도 마련
- 교육을 통한 인식 개선
- 미디어와 대중문화에서의 인종 편견 제거
- 커뮤니티 참여 및 협력 강화
- 경제적 불평등 해소
- 정책 결정에서 소수 인종 참여 확대

출제 키워드

기출 2015

인종 차별 극복 방안
- 인종을 초월한 실력으로 경쟁
- 인종에 대한 편견 해소
- 차별 철폐의 이념과 방법론

3 장애 차별

1. 스포츠에서 장애 차별의 의미 기출 2018
신체적, 정신적 장애를 이유로 장애인들이 동등하게 스포츠에 참여하지 못하도록 하는 불평등한 대우를 의미하며, 장애를 이유로 스포츠 참여 시 장애인에 대하여 거부, 배제, 분리, 제한은 침해에 해당한다.

2. 장애인의 스포츠 참가의 권리와 의미 기출 2017

참가의 권리	• 평등한 참여 • 접근성 보장 • 차별 금지 • 보조 장비 및 지원 제공 • 정책적 보호
참가의 의미	• 신체적 건강 증진 • 사회적 통합 • 심리(정신)적 건강 향상 • 재활 및 기능 회복

3. 스포츠에서의 장애인 차별 기출 2025, 2021, 2020, 2016

시설 접근의 제약	많은 스포츠 시설이 장애인들에게 물리적으로 접근 가능하지 않거나 불편
체육 장비 특성	장애인의 특성을 고려하지 못한 체육 장비 제공
스포츠 프로그램 부족	장애인들이 참여할 수 있는 스포츠 프로그램이나 리그가 부족
사회적 인식 부족	장애인의 스포츠 참여에 대한 편견이 존재로 인식하여, 그들의 능력을 과소평가하는 사회적 태도
경제적 자원 부족	장애인 스포츠 활동에 필요한 전문 장비나 보조 인력 부족

4. 장애인 차별 관련 주요 키워드 기출 2023

패럴림픽	장애인들이 참여하는 국제 스포츠 대회로, 장애인의 스포츠 참여와 그들의 역량을 세계에 알리는 중요한 역할을 함
유니버설 디자인	모든 사람이 성별, 나이, 신체 능력 또는 장애와 관계없이 편리하고 안전하게 사용할 수 있는 제품, 환경, 서비스를 설계하는 것
장애인 권리 협약 (CRPD)	장애인의 권리 보호와 평등한 기회를 보장하기 위해 국제 연합(UN)에서 채택한 국제 조약
배리어 프리	장애인이 생활하는 데 장애물이 없도록 물리적·제도적 장벽을 제거하는 것
통합 교육	장애 학생과 비장애 학생이 동일한 교육 환경에서 학습할 수 있도록 하는 교육 시스템

합격선을 넘는 TIP

출제 키워드

기출 2017

장애인의 스포츠권
- 스포츠에서 장애 차별이란 장애로 인해 스포츠 참여의 권리와 기회를 비장애인과 동등하게 누리지 못하는 불평등을 말함
- 장애인의 스포츠권은 장애인의 기본적인 권리의 충족 이후가 아니라 동시에 보장되어야 함
- 장애를 이유로 스포츠 참여를 원하는 장애인에 대한 제한, 배제, 분리, 거부는 기본권의 침해에 해당함

출제 키워드

기출 2025

장애인 스포츠 실천의 조건
- 포용적 환경 조성으로 통합적 참여 보장
- 활동 장비와 기구 지원 등 제도적·재정적 지원 강화
- 차별 해소 분위기 확산을 통한 사회적 인식 개선
- 공동체 의식 함양 등 사회적 관계 확장 기회 제공
- 장애 인권 및 윤리 교육 강화 등으로 교육과 지도자 역량 강화

용어

유니버설 디자인의 7원칙
- 공평한 사용
- 사용의 융통성
- 직관적인 사용
- 정보 인식 용이
- 오류 최소화
- 낮은 신체적 노력
- 접근성과 크기 적합성

출제될 핵심개념 04 스포츠에서 환경과 동물윤리

6% 생명중심주의, 생태중심주의 학자와 이론을 정확하게 이해하고, 학자와 이론을 매칭할 수 있도록 학습해 보자!

★ 빈출 형광펜 시험에 자주 출제되는 개념으로, 시험 직전 빈출 형광펜만 딱 보고 들어가자!

합격선을 넘는 TIP

출제 키워드
기출 2017
개발 환경에 해당하는 스포츠
골프, 야구, 테니스

1 스포츠와 환경윤리

1. **부올레(Vuolle)가 제시한 스포츠와 환경의 3가지 범주** 기출 2025, 2019, 2017, 2016

순수 환경	인위적인 개입이 최소화된 자연 그대로의 환경에서 스포츠 활동이 이루어지는 경우 예 등산, 서핑, 래프팅, 트레일 러닝 등 자연 속에서 행해지는 스포츠
개발 환경	인간에 의해 부분적으로 개발된 환경에서 스포츠 활동이 이루어지는 경우 예 골프 코스, 스키 리조트, 공원의 조깅 트랙 등에서 행해지는 스포츠
시설 환경	경기장, 체육관, 수영장 등 완전하게 인공적으로 조성된 시설에서 스포츠 활동이 이루어지는 경우 예 축구 경기장, 야구장, 실내 체육관, 수영장 등 인공 시설에서 행해지는 스포츠

2. **스포츠 환경과 이론**

(1) **생태중심주의와 자연중심주의 이론** 기출 2020

① 생태중심주의와 자연중심주의 의미

생태중심주의	• 생태계 전체를 중심으로 윤리적 가치를 부여하는 관점 • 생명체뿐만 아니라 무생물까지도 생태계의 필수적인 요소로 간주함
자연중심주의	• 생명이 있는 존재뿐만 아니라 무생물까지도 내재적 가치를 지닌다고 보는 관점. 자연이 세계의 중심이며, 자연을 지키는 것이 중요하다고 보는 세계관 • 산, 강, 바위, 공기, 토양과 같은 무생물도 존중해야 한다고 주장함

[무생물] + [생물] + [동물] + [인간]

② 생태중심주의와 자연중심주의 관련 주요 이론

학자		내용
알도 레오폴드	대지윤리	자연의 상호 연결성과 윤리적·미적 관점을 강조
아렌 네스	심층적 생태주의	모든 생명체는 고유한 가치를 지니며, 자연 착취를 반대
제임스 러브록	가이아 이론	지구는 하나의 생명체처럼 작동함
한스 요나스	책임윤리	미래 세대와 자연에 대한 책임 강조
베르크	문화생태주의	인간과 자연의 조화와 상호 작용 중시
리처드 실번	환경윤리	비인간 생명체와 자연도 도덕적 고려의 대상이 되어야 한다는 비인간 중심적 접근을 강조
홀드렌	지속 가능성	인구 증가와 자원 고갈이 환경에 영향을 미치며, 지속 가능한 자원 관리와 환경 보호가 필요
헨리 데이비드 소로	자연주의 철학	자연은 인간 개입 없이 고유한 가치를 유지해야 함
존 뮤어	자연 보호 운동의 선구자	자연은 개발되지 않고 보호되어야 함
린 화이트	인간 우위 사상	기독교는 자연을 인간의 도구로 간주했고, 이는 생태 파괴로 이어졌다고 비판함
도날드 휴즈	애니미즘 탈피와 실용주의	그리스와 로마의 자연관이 인간이 자연을 통제하고 이용하는 사상으로 발전했다고 봄

(2) 생명중심주의 이론 기출 2024, 2022, 2016

① 생명중심주의 의미: 생명이 존재하는 모든 생명체는 고유한 내재적 가치를 지니고 있기 때문에 인간을 포함한 모든 생명체는 도덕적 고려의 대상이 되어야 한다는 윤리적 입장

[생물]　　　　[동물]　　　　[인간]

② 생명중심주의 이론

폴 테일러	모든 생명체는 자기 생명 유지 목적을 가지고 있으며, 인간은 생명과 환경을 존중해야 함
알버트 슈바이처	모든 생명체는 존중받을 권리가 있으며, 인간은 다른 생명체의 생명을 함부로 취해서는 안 됨

출제 키워드

기출 2024, 2016

폴 테일러가 제시한 인간의 의무
- 불침해의 의무: 다른 생명체에 해를 끼쳐서는 안 됨
- 불간섭의 의무: 생태계에 간섭해서는 안 됨
- 신뢰의 의무: 낚시나 덫처럼 동물을 기만하는 행위를 해서는 안 됨
- 보상적 정의의 의무: 부득이하게 해를 끼친 경우 피해를 보상해야 함

합격선을 넘는 TIP

출제 키워드
기출 2024

종차별주의적 관점 사례
스포츠 활동은 인간의 이상을 추구하기 위한 것이고, 그 이상의 실현을 위해 동물은 수단으로 활용될 수 있다고 봄. 승마의 경우, 인간과 말이 훈련을 통해 기량을 향상시키고 결국 사람 간의 경쟁에 동물을 도구로 활용한다고 볼 수 있음

출제 키워드
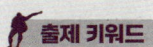
기출 2018

스포츠 관련 종차별주의
- 동물을 경쟁의 도구로 이용: 경마, 전쟁 등
- 동물을 유희의 도구로 이용: 투우, 투견 등
- 동물을 연구 도구로 이용: 화장품 및 의약품 테스트

출제 키워드
기출 2017, 2015

피터 싱어(P. Singer)
고통을 느낄 수 있는 존재는 모두 도덕적 고려의 대상이 되어야 한다고 주장함으로써, 동물 학대 가능성이 있는 스포츠 종목의 폐지 당위성을 제시

2 스포츠와 동물윤리

1. 종차별주의와 반종차별주의의 의미 기출 2024, 2018

종차별주의	반종차별주의
[인간]	[동물] + [인간]
인간이 다른 종(특히 동물)을 자신보다 열등하게 여기고 차별하는 것	인간과 동물이 평등한 권리와 존중을 받아야 한다고 주장하며, 도덕적 우월성을 비판함

2. 종차별주의의 주요 이론 기출 2025

아리스토텔레스	인간이 자연 질서에서 최고의 존재이며, 동물은 인간을 위해 존재한다고 주장
토마스 아퀴나스	인간은 신의 형상으로 만들어져 동물보다 우월하다고 주장
프랜시스 베이컨	과학과 기술로 자연을 지배하고 정복해야 하며, 이를 통해 자연을 통제할 수 있다고 주장
이마누엘 칸트	동물은 이성이 없기 때문에 도덕적 주체가 될 수 없으며, 인간 간의 도덕적 관계에서만 동물에 대한 행동을 고려해야 한다고 주장
르네 데카르트	동물은 이성이나 감정이 없는 기계처럼 작동한다고 봄
존 로크	인간은 태어날 때부터 생명, 자유, 재산의 권리를 가진다고 주장
존 패스모어	자연은 인간의 이익을 위해 존재하지만, 과도한 착취는 안 된다고 주장
프로타고라스	'인간은 만물의 척도'라고 주장

3. 반종차별주의의 주요 이론 기출 2025, 2017, 2015

피터 싱어	고통을 느낄 수 있는 존재는 모두 동등한 도덕적 고려를 받아야 한다고 주장(이익 동등 고려의 원칙, 동물 해방론)
톰 레건	모든 의식 있는 생명체는 도덕적 권리를 지니며, 동물도 고유한 가치를 지님(동물 권리론)
리처드 라이더	인간이 종을 이유로 동물을 차별하는 것은 부당한 도덕적 편견이라고 주장
제레미 벤담	동물의 도덕적 지위는 이성적 능력이 아닌 고통을 느낄 수 있는 능력에 기반해야 한다고 주장(쾌고감수 능력)

05 스포츠와 폭력

7% 스포츠 폭력과 관련된 이론을 이해하고, 폭력의 원인과 해결 방안을 학습해 보자!

★ **빈출 형광펜** 시험에 자주 출제되는 개념으로, 시험 직전 빈출 형광펜만 딱 보고 들어가자!

1 스포츠 폭력

1. 스포츠 폭력 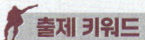 2024, 2023

(1) 스포츠 폭력의 의미
 ① 신체적 또는 언어적 폭력으로 상대방에게 고통이나 피해를 의도하는 행위
 ② 신체적 공격이나 언어적 모욕 등으로 직접적인 해를 가하는 것이 목적이다.

(2) 스포츠 폭력의 분류

개인적 폭력	분노나 좌절을 해소하기 위해 상대방에게 고통을 가하는 것이 목적
도구적 폭력	특정 목적을 달성하기 위해 이익이나 경기 결과를 얻기 위한 도구로 사용되는 폭력

(3) 스포츠 폭력의 원인
 ① 과도한 경쟁심
 ② 사회적 모방
 ③ 스트레스와 감정 조절 실패
 ④ 규칙 위반에 대한 불만

2. 스포츠 공격성

(1) 스포츠 공격성의 의미
 ① 심리적 또는 신체적 압박을 가해 상대방을 압도하려는 적극적이고 강력한 행동
 ② 규칙 안에서 반드시 상대방에게 해를 가하려는 목적을 가지지 않을 수 있다.

적대적 공격성	상대방에게 해를 끼치는 것이 목적
도구(수단)적 공격성	목표를 달성하기 위한 수단

(2) **스포츠에서 공격성이 윤리적이어야 하는 이유** 기출 2021
 ① 타인의 탁월성 발휘를 침해하지 않아야 하기 때문이다.
 ② 파괴적인 것이 아니라 합리적인 방법과 전술의 개발 등 생산적이어야 하기 때문이다.
 ③ 규칙의 범위 내에서 공격과 방어의 교환이라는 소통의 구조를 가져야 하기 때문이다.

합격선을 넘는 TIP

출제 키워드

기출 2024

스포츠 폭력의 유형과 특징
- 직접적 폭력은 가시적, 파괴적임
- 직접적 폭력은 상해를 입히려는 의도가 있는 행위임
- 구조적 폭력은 비가시적이며 장기간 이루어짐
- 구조적 폭력은 의도가 노골적이지 않지만 관습처럼 반복됨
- 문화적 폭력은 언어, 행동 양식 등의 상징적 행위를 통해 가해짐
- 문화적 폭력은 위해를 '옳은 것'이라 정당화하여 '문제가 되지 않게' 만들기도 함

출제 키워드

기출 2023

합법적 폭력
스포츠 규칙에 의해 발생되는 불가피한 폭력 행위
예 복싱에서 주먹 타격, 태권도에서 발차기

출제 키워드

기출 2025

탈리오 법칙(Lex Talionis)
'눈에는 눈, 이에는 이'로 대표되는 동해 보복법으로, 동일한 방식으로 보복하는 원리
예 야구 경기에서 타자가 빈볼을 맞게 되면, 상대 팀 타자에게도 동일하게 빈볼을 던져 보복 행위를 하는 경우

합격선을 넘는 TIP

출제 키워드

기출 2025, 2022, 2021, 2020

폭력을 설명한 학자의 개념과 설명
- 아리스토텔레스(Aristotle)의 '분노' – 스포츠 현장에서 인간 내면의 분노로 시작된 폭력은 전용되고 악순환을 반복하는 경향이 있음
- 푸코(M. Foucault)의 '규율과 권력' – 스포츠계에서 위계적 권력 관계는 폭력으로 변질되어 표출됨
- 아렌트(H. Arend)의 '악의 평범성' – 스포츠계에서 폭력과 같은 잘못된 관행에 복종하는 데 익숙해진 나머지 이를 지속시키는 데 기여함
- 지라르(R. Girard)의 '모방적 경쟁' – 자신이 닮고자 하는 운동선수를 모방하게 되듯이 인간 폭력의 원인을 공격 본능이 아닌 모방적 경쟁 관계에서 찾음

3. 스포츠 폭력 관련 주요 이론 기출 2025, 2022, 2021, 2020, 2018

학자	이론	내용
반두라	사회 학습 이론	모방과 학습을 통해 폭력성이 강화됨
존과 닐	좌절-공격 이론	좌절감이 폭력으로 이어질 수 있음
한스 아이젠크	성향 이론	성격적 요인이 폭력적 행동을 촉진한다고 봄
로버트 머튼	사회적 긴장 이론	사회적 목표와 합법적 수단의 괴리에서 생기는 긴장이 일탈 행동을 초래함
한나 아렌트	악의 평범성	폭력이 계속되면 그것을 이상하다고 생각하는 힘이 사라지고, 결국 악이 평범한 일상이 된다고 봄
미셸 푸코	규율과 권력	규율과 감시를 통해 사회 통제가 이루어짐
아리스토텔레스	분노	정의로운 분노는 도덕적 감정이며, 적절하게 표현되면 정당한 행동을 촉발할 수 있음
홉스	사회 계약론	인간은 자연 상태에서 이기적·폭력적이며, 만인에 대한 투쟁 속에서 살아감
르네 지라르	모방 이론	사람들이 서로의 욕망을 모방하면서 경쟁이 발생하는 현상
악셀 호네트	인정 투쟁	인간이 사회적 관계 속에서 사랑·권리·연대를 통한 인정 욕구 과정에서 갈등과 투쟁이 발생한다고 봄

4. 스포츠 폭력 관련 주요 개념 기출 2025

게발트(Gewalt)	권력, 힘 등을 의미하며, 신체적·정신적 폭력 행위를 가리키는 개념
희생양(Scapegoat)	집단 내 문제나 갈등의 책임을 특정 개인이나 집단에게 떠넘기는 현상
폭력의 이중성	경기력에 필요한 공격성이 때로는 폭력으로 제재받는 모순적 성격을 갖는다는 것
폭력의 부당성	스포츠 폭력이 정당화될 수 없다는 것

2 선수 폭력

1. 선수 폭력의 의미 기출 2015

경기 중 또는 훈련에서 선수들이 상대방에게 신체적, 언어적, 심리적 피해를 주는 행위로, 고의적으로 상대방에게 상해를 입히거나 위협하는 행동을 포함한다.

출제 키워드

기출 2015

선수 간 폭력
스포츠 현장에서 라이벌 선수와 상대 팀에 대하여 폭력 상황이 발생하는 이유 중 하나는 승리지상주의임

2. 선수 폭력의 유형

신체적 폭력	상대 선수에게 부상을 입히거나 위협하는 행동
언어적 폭력	상대를 비하하거나 모욕하는 말, 욕설
심리적 폭력	상대방을 정신적으로 위축시키거나 괴롭히는 행위
구조적 폭력	팀 내의 불공정한 대우나 강압적 훈련 방식에서 발생하는 폭력

3. 선수 폭력을 방지하기 위한 역할과 방안 기출 2015

선수	지도자	협회(관련 기관)
• 자기 통제 • 상호 존중 • 규칙 준수 • 폭력 거부 • 폭력 예방에 협력	• 갈등 중재 • 역할 모델 • 긍정적 팀 분위기 조성 • 감정 조절 훈련 • 지도자 교육 참여	• 정책 및 규정 마련 • 윤리 교육 프로그램 제공 • 신고 시스템 구축 • 강력한 제재 조치 • 지원 프로그램 운영

합격선을 넘는 TIP

출제 키워드 기출 2015

'스포츠 폭력 근절 대책'(2013년 발표)에서 '폭력 예방 활동 강화'를 위한 방안
- 폭력 지도자 체육 현장에서 배제
- 선수 지도 우수 모델 확산
- 인성이 중시되는 학교 운동부 정착

3 관중 폭력

1. 관중 폭력의 의미 기출 2022, 2015

스포츠 경기 중 또는 이후에 관중들이 행하는 신체적, 언어적, 심리적 폭력을 의미한다.

2. 관중 폭력의 유형 기출 2019

언어적 폭력	모욕적 발언이나 인종 차별적 표현, 심판이나 선수에게 향한 욕설 등 언어를 통해 상대에게 고통을 주는 행위
비언어적 폭력	물리적 충돌, 관중 간의 몸싸움 또는 물건 던지기, 경기장 시설 파손 등 직접적인 신체적 행동으로 이루어지는 폭력
사이버 폭력	인터넷이나 소셜 미디어를 통해 선수, 팀, 팬들에게 악성 댓글을 달거나, 명예 훼손을 하는 등의 온라인 폭력 행위

출제 키워드 기출 2019

훌리거니즘(Hooliganism)
스포츠 경기에서 폭력적인 관중 행동이 발생하며, 훌리건들이 상대팀 팬이나 선수와 충돌하고 공공시설을 파손하는 행동

3. 관중 폭력의 원인과 예방 기출 2016

관중 폭력의 원인	관중 폭력의 예방
• 경쟁적 감정의 과열 • 집단 심리 • 알코올 섭취 • 적대적 팬 문화 • 경기 결과에 대한 불만	• 경기장 내 알코올 제한 • 보안 강화 • 관중 교육 • 집단 심리 관리 • 사이버 폭력 방지

출제 키워드 기출 2016

경기장에서 발생하는 관중 폭력
- 신체 접촉이 많은 종목일수록 증가하는 경향이 있음
- 경기 성격, 라이벌 의식, 배타적 응원 문화 등이 원인임
- 선수 폭력에 동조하는 관중에 의해 발생하는 경향이 있음

출제될 핵심 개념 06 경기력 향상과 공정성

9% 도핑의 윤리적 문제를 학습하며, 도핑 방지 규정과 검사의 중요성을 숙지해 보자!

★ 빈출 형광펜 시험에 자주 출제되는 개념으로, 시험 직전 빈출 형광펜만 딱 보고 들어가자!

합격선을 넘는 TIP

출제 키워드
기출 2015
도핑
선수가 운동 경기에서 성적을 향상시킬 목적으로 약물을 사용하거나 특수한 이학적 처치를 하는 일

출제 키워드
기출 2016
도핑 행위
- 아나볼릭 스테로이드 투여
- 적혈구 생성 촉진 인자 투여

출제 키워드
기출 2025
세계도핑방지기구가 정한 '금지 방법'의 분류 목록
- 화학적·물리적 조작
- 유전자 및 세포 도핑
- 혈액 및 혈액 성분의 조작

출제 키워드
기출 2023, 2022
최첨단 전신 수영복 착용 금지 사유
- 공정성 또는 형평성 추구
- 장비에 의존한 경기가 되며 스포츠 자체에 대한 의미가 퇴색될 수 있음

1 도핑

1. 도핑의 의미 `기출 2016, 2015`
경기력 향상을 위해 금지된 약물이나 방법을 사용하는 행위를 의미한다.

2. 도핑의 유형

물리적 도핑	신체적 또는 기계적 방법을 사용하여 경기력을 인위적으로 향상시키는 행위(기계적 장치나 신체적 조작)
화학적 도핑	약물이나 화학 물질을 사용해 신체 능력을 부당하게 향상시키는 행위

3. 도핑의 종류 `기출 2025, 2024, 2023, 2022, 2019, 2016`

약물 도핑	• 스테로이드: 근육량을 증가시키고 회복을 촉진하는 약물을 사용 • 각성제: 경기 중 집중력과 지구력을 높이기 위해 카페인, 암페타민 등의 각성제를 복용 • 이뇨제: 체중 감량, 다른 약물을 은폐하는 수단으로도 활용됨
혈액 도핑	자가 수혈 또는 EPO(에리트로포이에틴) 주사를 통해 적혈구 수를 증가시켜 산소 운반 능력을 높이고 지구력을 향상시킴
유전자 도핑	유전자를 조작하여 근육 성장을 촉진하거나, 지구력을 향상시킴
기술 도핑	첨단 슈트나 고기능성 장비를 통해 경기력을 극대화하는 방식 (WADA의 공식 '금지 방법' 목록에 포함되지 않음)
신경 차단제 사용	통증을 억제해 경기에 더 오랜 시간 집중할 수 있도록 하는 기술
비합법적 재활 기술	허용되지 않은 방법으로 회복 시간을 단축하거나 신체 기능을 향상시킴
브레인 도핑	뇌에 전기 자극을 주어 운동 능력을 향상시킴

4. 도핑의 원인 `기출 2020`

승리에 대한 압박	더 나은 성과를 내야 한다는 경쟁적 압박
경제적 유혹	경기 성과가 재정적 보상으로 연결되기 때문
신체 능력 한계	자연적인 훈련만으로 한계를 느껴 극복하려는 시도
빠른 회복 필요성	부상에서 더 신속하게 회복하기 위해
사회적 압력	팀, 코치, 동료의 기대와 압박으로 인한 선택

5. 도핑의 윤리적 문제 `기출` 2018, 2016

불공정성	경기 공정성을 해치는 행위
건강 위험	약물 사용으로 인한 장기적인 건강 문제
스포츠 정신 훼손	스포츠맨십과 윤리적 가치를 위반
청소년에게 미치는 영향	도핑 사례가 청소년 운동선수들에게 부정적 본보기가 됨
사회적 불신	선수의 신뢰와 이미지 손상으로 인한 팬들의 실망

6. 도핑 방지를 위한 방안 `기출` 2017, 2016

강력한 검사 시스템	경기 전후에 정기적인 도핑 검사 시행
교육 프로그램 강화	선수들에게 도핑의 위험성과 윤리적 문제를 교육
엄격한 처벌	도핑 적발 시 강력한 제재와 징계 부과
건강한 경기 환경 조성	도핑의 필요성을 느끼지 않도록 공정한 경쟁 환경 구축
기술적 발전	더 정확하고 빠른 검사 기술 개발을 통해 도핑을 조기에 적발

2 유전자 조작

1. 유전자 조작의 의미
생물체의 유전자를 인위적으로 변경하거나 재조합하여 특정 특성을 강화하거나 변경하는 기술로, 유전자 조작을 통해 질병 저항성, 신체 능력 향상, 외모 변화 등을 유도할 수 있다.

2. 유전자 조작의 유형

전자 치료	질병 치료를 위해 유전자를 삽입하거나 교체하는 기술
유전자 강화	신체 능력이나 외모 개선을 위한 유전자 변형(스포츠 도핑 사용)
동물/식물 유전자 조작	GMO나 실험 동물에서 저항성과 생산성 향상을 위해 유전자 변형
생식 세포 조작	유전자 변화를 자손에게 전달할 수 있는 생식 세포의 조작

3. 유전자 조작의 위험성과 반대 이유 `기출` 2023, 2015

- 예측 불가능한 부작용
- 윤리적 문제
- 사회적 불평등
- 미래 세대에 대한 영향

합격선을 넘는 TIP

출제 키워드
`기출` 2016

도핑 금지 이유: 부정적 역할 모형

청소년 선수들은 유명 선수의 도핑을 모방할 가능성이 크며, 그렇게 될 경우 약물 오남용이 사회적으로 크게 확산될 위험성이 있음

출제 키워드
`기출` 2017, 2016

도핑 방지 방안
- 윤리 교육을 통한 의식 변화
- 도핑 검사의 강화
- 적발 시 강력한 처벌

출제 키워드
`기출` 2023

스포츠 선수의 유전자 도핑을 반대해야 하는 이유
- 선수의 신체를 실험 대상화하여 기계나 물질로 이해하도록 만들기 때문
- 유전자 조작 인간과 자연적 인간 사이에 갈등을 초래하기 때문
- 생명체로서 인간의 본질을 훼손하고 존엄성을 부정하기 때문
- 선수를 우생학적 개량의 대상으로 만들기 때문

❸ 용기구와 생체 공학 기술 활용

1. 스포츠에서 생체 공학 기술의 활용 분야

생체 공학 기술	• 웨어러블 디바이스 • 생체 모니터링 • 유전자 조작	• 보조 기구(의수, 의족) • 인공 장기 • 운동 분석 시스템
정보 기술(IT)	• 빅데이터 분석 • 실시간 경기 데이터 트래킹 • AI 기반 경기 전략 분석	• VR/AR 훈련 • 심판 보조 시스템(VAR)
재활 및 회복 기술	• 로봇 재활 장비 • 물리 치료 기기 • 냉각 및 온열 치료	• 심리 재활 프로그램 • 자기장 치료
운동 장비 기술	• 첨단 소재 장비(탄소 섬유) • 스마트 운동화 • 맞춤형 보호 장비	• 경기용 특수 슈트 • 충격 흡수 기술
환경 및 시설 기술	• 스마트 경기장 • 친환경 시설 설계 • 자동 기후 조절 시스템	• 에너지 효율 설비 • 관중 모니터링 시스템

2. 생체 공학의 활용이 스포츠에 미친 영향 기출 2021

긍정적 영향	• 경기력 극대화 • 부상 예방 및 재활 • 데이터 기반 훈련 • 장애인 스포츠 활성화	• 정확한 경기 분석 • 경기 장비 성능 개선 • 편파 판정 최소화
부정적 영향	• 기술 의존 증가 • 부작용 가능성 • 비용 부담	• 훈련 및 경기 방식 변경 • 기술 남용 위험 • 과학적 오류

3. 생체 공학 활용의 윤리적 문제 기출 2023

- 기술 도핑
- 불평등 문제
- 인간 능력 초월
- 생명 윤리
- 기술 남용의 위험
- 선수 건강 위협
- 공정성 문제
- 스포츠 가치 훼손

합격선을 넘는 TIP

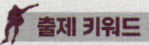

출제 키워드

기출 2021

스포츠에 도입된 과학 기술의 긍정적 효과

- 기록의 객관성과 신뢰성을 높임
- 운동선수의 안전과 부상 방지에 도움을 줌
- 오심과 편파 판정을 최소화하여 경기의 공정성을 향상시킴

출제 키워드

기출 2023

국제 육상 경기 연맹(IFFA)의 출전 금지 판단 사례: 기술적 불공정

2011년 대구 세계 육상 선수권 대회에서 남아프리카 공화국의 의족 스프린터 피스토리우스(O. Pistorius)는 비장애인 육상 경기에 참가 신청을 했으나, 국제 육상 경기 연맹은 경기에 사용되는 의족의 탄성이 피스토리우스에게 유리하다는 이유로 출전을 허용하지 않았다고 함

핵심 개념 07 스포츠와 인권

13%

학생 선수의 학습권과 인권 보호에 대한 제도와 사례를 바탕으로 학습해 보자!

★ **빈출 형광펜** 시험에 자주 출제되는 개념으로, 시험 직전 빈출 형광펜만 딱 보고 들어가자!

1 학생 선수의 인권

1. **학생 선수의 학습권 의미** 기출 2019
학생으로서의 기본적인 학습의 권리를 의미하며, 학생 선수가 운동 활동에 참여하면서도 학교 교육을 정상적으로 이수할 수 있는 권리를 보장받는 것이다.

2. 학생 선수의 학습권 보장의 필요성과 문제

학습권 보장의 필요성	학생 선수의 학습권 문제
• 미래 진로 준비 • 교육의 기본 권리 보장 • 균형 잡힌 성장 • 사회 진출 준비 • 정신적 안정과 자신감 • 지적 및 신체적 발전의 조화	• 과도한 훈련 시간 • 학업 성취도 저하 • 불평등한 교육 기회 • 정신적 스트레스 • 훈련과 학업의 충돌 • 장기 결석 및 학습 공백

3. **학생 선수의 학습권 보장을 위한 방안** 기출 2024
- 유연한 학사와 경기 일정의 유연한 운영
- 온라인 학습 및 보충 수업 제공
- 개인 맞춤형 학습 지원(튜터링, 멘토링)
- 학업 성취도 평가 개선
- 체육과 학습의 병행 교육 시스템 구축

4. **학생 선수의 학습권 보호를 위한 제도** 기출 2024, 2022

법적 제도	• 학생 선수 학습권 보호 법령 제정 • 체육 및 교육부 간 협력 강화 • 학교 내 학습권 보호 규정 마련 • 학생 선수 교육 권리 보장 법적 명문화 • 국가 차원의 학습권 보호 지원 프로그램
최저 학력 제도	• 학생 선수가 일정 수준의 학업 성취도를 유지해야만 운동 활동이나 대회 참가를 허용하는 제도 • 최저 학력 기준은 교과별 평균의 초등학생 50%, 중학생 40%, 고등학생 30%임
주말 리그제	• 가까운 지역의 학교에서 주말에 리그 경기를 개최 • 경기 경험이 늘어 선수 기량이 향상됨
학사 관리 지원 제도	• 체육 특기자의 학사 관리를 목적으로 함 • 체육 관련 학생의 학습 능력이 떨어진다는 편견이 생길 수 있고 입시 비리가 생길 수 있음

합격선을 넘는 TIP

출제 키워드

기출 2024

학생 운동선수의 학습권 보호를 위한 제도
- 최저 학력 제도
- 주말 리그 제도
- 학사 관리 지원 제도

출제 키워드

기출 2022

최저 학력제
학생 선수가 일정 수준의 학력 수준에 도달하지 못한 경우에는 별도의 기초 학력 보장 프로그램을 운영함. 학교의 장은 필요한 경우 학생 선수의 경기 대회 출전을 제한할 수 있음

합격선을 넘는 TIP

출제 키워드
기출 2015

스포츠지도자의 비윤리적 행위의 원인
- 학부모의 지도자 금품 제공
- 팀 성적에 대한 부담
- 지도자의 불안정한 근무 형태

출제 키워드
기출 2025, 2022, 2021

스포츠 윤리 센터의 역할
- 선수 인권 보호
- 윤리 교육 프로그램 운영
- 스포츠 공정성 감시 및 관리
- 신고 및 피해자 지원 시스템 구축

출제 키워드
기출 2020

성폭력 예방 및 대처 방안
- 선수는 피해 사실을 기록하도록 함
- 선수는 가능한 한 피해 상황에서 즉시 벗어나도록 함
- 성폭력 사실을 고발한 선수가 피해받지 않는 분위기를 조성

---

2 스포츠지도자 윤리

1. 스포츠지도자의 윤리적 문제 기출 2025, 2022, 2021, 2015

선수 보호 문제	신체적·정신적·정서적 학대, 성범죄, 과도한 훈련 강요, 부상 방치, 선수 건강 관리 소홀
공정성 문제	편파적 지도, 경기 조작·부정 출전 방조, 차별적 대우, 불공정한 심판 개입, 경기 결과 왜곡
비리 문제	선수 관리비 착취, 불법 후원금 수수, 스폰서 부정 거래, 불투명한 자금 관리, 부정 계약
윤리적 책임	스포츠맨십 훼손, 도핑 방조, 선수의 학습권 침해, 공정성 무시, 경기 중 비윤리적 지시, 사회적 책임 부족
지도자 코칭 문제	사생활 침해, 감정적·권위적 지도, 맹목적 승리 추구, 언어폭력, 불법 행위 묵인, 부적절한 코칭 방식

2. 성폭력 문제 기출 2025, 2020, 2015

(1) 성폭력의 의미
① 상대방의 동의 없이 신체적, 정신적 폭력을 동반하여 성적 행위를 강요하거나 성적 권리를 침해하는 행위
② 성희롱, 성추행, 성폭행 등 다양한 형태로 나타난다.

(2) 성폭력의 원인

권력의 남용	지도자, 상사 등 권력 차이로 인한 부당한 성적 요구
사회적 인식 부족	성인지 감수성 부족과 성에 대한 왜곡된 인식
부실한 법적 처벌	성폭력 가해자에 대한 미약한 처벌과 사후 관리 부재
위계적인 조직 문화	성범죄가 묵인되는 폐쇄적 조직 환경
피해자 보호 미비	피해자 보호와 지원 시스템 부족

(3) 성폭력의 해결 방안

성교육 강화	성인지 감수성을 높이기 위한 성폭력 예방 교육
강력한 처벌	성폭력 범죄에 대한 법적 제재와 처벌 강화
피해자 보호 시스템	신속한 신고 절차와 지원 시스템 구축
조직 문화 개선	위계적 구조 개선 및 성폭력 예방을 위한 조직 내 규칙 강화
성폭력 감시 기구	독립적인 감시 기관 설치로 성폭력 사전 방지

3 스포츠와 인성 교육

1. 인성 교육의 목적
도덕성, 자기관리 능력, 사회적 책임을 길러 사회에서 성숙한 인격체로 성장하도록 지원하는 것이 목적이다.

2. 학교체육의 역할 기출 2015

협동과 소통 능력 향상	체육 활동을 통해 팀워크와 협동심을 배우며, 의사소통 능력을 키움
공정성과 스포츠맨십 학습	규칙을 지키고 상대방을 존중하는 공정성과 스포츠맨십을 체득함
인내와 책임감 교육	운동을 통해 노력과 인내의 중요성을 깨닫고, 책임감을 갖게 됨
정신적 성장	체육 활동을 통해 자신감, 자제력, 도전 정신 등을 기르며 정신적으로 성장할 수 있는 기회를 제공
리더십 및 팔로우십 학습	리더십과 팔로우십을 배우며, 다양한 사회적 역할을 수행할 수 있는 능력을 함양

3. 스포츠에서의 인성 관련 이론 기출 2021

로렌스 콜버그	스포츠가 정의, 공정성, 책임감 등 도덕적 판단 능력을 발전시킨다고 주장
존 듀이	스포츠를 실천적 학습의 장으로 보고, 자기 통제와 사회적 책임을 배울 기회를 제공한다고 주장
피아제	스포츠를 통해 규칙 이해와 타협 능력을 배우며, 자율적 도덕 판단이 발전한다고 봄
피터 맥킨타이어	스포츠는 공정성과 정의를 배우는 교육의 장이며, 도덕적 판단을 실천할 기회를 제공한다고 주장
장 자크 루소	스포츠가 자연스러운 성장과 도덕적 발달을 촉진하며, 협력과 공정성을 배우는 환경을 제공한다고 주장
맥페일	스포츠에서 집단 학습과 목표 지향적 행동을 강조

합격선을 넘는 TIP

용어

인성 교육
개인이 도덕적 가치, 윤리적 태도, 책임감을 함양하여 사회와 인간관계 속에서 바람직한 행동을 할 수 있도록 돕는 교육

출제 키워드

기출 2021

맥페일(P. McPhail)
도덕적 가치들은 중요한 타자들(significant others)이 어떻게 행동하고 있는가를 관찰하는 것에 의하여 학습된다고 주장함. 스포츠 도덕 교육에서 스포츠지도자는 중요한 타자에 해당되며, 스포츠의 도덕적 가치는 스포츠지도자의 도덕적 모범에 의해 학습되고, 참여자는 스포츠지도자를 통해 관찰 학습과 사회적 모델링을 하게 됨

출제될 핵심 개념 08 스포츠 조직과 윤리

9%

스포츠 조직의 윤리 경영과 윤리적 원칙, 정의, 개인 윤리와 사회 윤리의 개념을 이해하며 학습해 보자!

★ 빈출 형광펜 시험에 자주 출제되는 개념으로, 시험 직전 빈출 형광펜만 딱 보고 들어가자!

합격선을 넘는 TIP

용어

거버넌스
공동의 목표를 달성하기 위하여, 주어진 자원 제약하에서 모든 이해 당사자들이 책임감을 가지고 투명하게 의사 결정을 수행할 수 있게 하는 제반 장치

출제 키워드

기출 2015

심판
스포츠 경기 상황에서 규칙이 준수되도록 외적 통제가 강화되어야 함. 경기 중 이 일을 직접 담당하는 가장 중요한 사람이 심판임

1 스포츠와 정책 윤리

1. 스포츠 정책의 공정성과 형평성

정책의 형평성	스포츠 정책은 모든 선수와 참여자에게 동등한 기회를 제공
자원 배분	재정, 시설, 인력 등을 공정하게 분배
정책 평가	공정한 평가 기준을 적용한 정책 집행

2. 스포츠 거버넌스의 투명성과 책임성

투명성	재정 운영과 결정 과정에서의 투명한 절차
책임성	스포츠 단체 및 정책 결정자의 책임과 의무

3. 스포츠 정책의 윤리적 갈등 해결

정책 갈등	이해관계자 간의 갈등을 조정하고 윤리적으로 해결하는 방안
갈등 중재 시스템	정책 갈등 중재를 위한 체계적 접근
이해 충돌 방지	이익 집단이나 기업 스폰서와의 관계에서 발생할 수 있는 이해 충돌 문제 해결

2 심판의 윤리

1. 스포츠 심판의 역할 기출 2015

경기 규칙 준수	공정한 경기를 위해 규칙 집행
판단과 결정	신속하고 정확한 판단으로 경기를 관리
선수 보호	선수 안전을 최우선으로 고려
경기 흐름 유지	원활한 경기 진행을 위해 경기 흐름 조절
경기 질 관리	공정성과 경기 질을 보장
갈등 중재	선수나 코치 간의 갈등을 중재하고 해결
스포츠 정신 유지	스포츠맨십과 윤리적 경기 진행 보장

2. 스포츠 심판의 윤리적 자질 `기출` 2025, 2023, 2020, 2019, 2017, 2015

공정성	편견 없이 규칙을 집행하는 중립성 유지
정직성	도덕적 판단에 근거한 정직한 판정
책임감	경기에서의 판정과 결과에 대해 책임을 지는 태도
자제력	감정적 대응 없이 냉철하게 경기를 관리하는 능력
윤리적 판단	도덕적 기준에 맞는 판정과 행동
스포츠맨십 존중	경기 중 선수와 스포츠 정신을 존중하는 태도
전문성	경기 규칙과 스포츠에 대한 깊은 지식과 전문적 판단 능력
청렴성	외부의 압력이나 부정에 흔들리지 않는 청렴한 태도

3. 심판 오심 대응 방안 `기출` 2015

- 비디오 판독 시스템 도입
- 추가 심판 배치
- 심판 전문성 평가
- 심판 교육 강화
- 판정 재검토 제도
- 적절한 보수 제공

3 스포츠 조직의 윤리 경영

1. 스포츠 조직의 윤리적 원칙과 정의 `기출` 2025, 2024, 2023, 2022, 2021, 2020, 2019, 2018, 2017

기회 균등 원칙	모든 개인이 동일한 기회를 제공받아야 한다는 원칙
평등의 원칙	모든 사람이 동등한 권리와 자격을 가질 수 있어야 한다는 원칙
차등의 원칙	필요에 따라 자원을 차등적으로 분배하는 원칙
자유의 원칙	모든 사람에게 기본적인 자유가 동등하게 적용되어야 한다는 원칙
원초적 원칙	편견 없이 공정한 결정을 위해 자신의 사회적 조건을 모른 채 모두에게 이익이 되는 원칙을 선택하는 개념
절차적 정의	공정한 절차를 통해 정의를 실현하는 것
평균적 정의	동일한 조건에서 동일한 보상을 주는 방식
분배적 정의	자원을 공정하게 나누는 것에 관한 개념으로, 능력·노력·필요 등 다양한 기준에 따라 분배의 공정성을 판단
보상적 정의	잘못된 행위나 손해에 대해 보상 또는 처벌하는 방식
법률적 정의	법률에 의해 정의가 실현된다고 보는 것

합격선을 넘는 TIP

출제 키워드

`기출` 2023

심판 윤리
- 심판의 사회 윤리는 협회나 종목 단체의 도덕성과 밀접한 관련이 있음
- 심판은 공정하고 엄격한 도덕적 원칙을 적용해야 함
- 심판의 개인 윤리는 청렴성, 투명성 등의 인격적 도덕성을 의미함

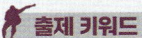

출제 키워드

`기출` 2015

심판의 오심을 바로잡기 위한 방안
- 심판의 판정 능력 향상을 위한 반복 훈련
- 상임 심판 제도의 확립과 적절한 보수를 통한 전문성 제고
- 심판의 질적 향상을 위한 교육 기회 확대

합격선을 넘는 TIP

출제 키워드
기출 2019

니부어(R. Niebuhr)의 사회 윤리 사례

학생 선수 A는 양심적으로 교칙을 준수하고, 다친 친구 대신 가방을 들어주는 등 도덕적 성품을 지니고 있음. 하지만 축구 경기에서는 상대 선수를 심판 모르게 공격하는 등 반칙을 하거나 상대 선수를 배려하지 않고 팀의 이익을 위해 행동하는 팀 분위기에 동화되고 있음

출제 키워드
기출 2020

윤리적 상대주의 사례

국제 축구 연맹은 선수 부상 위험과 종교적인 갈등을 불러일으킬 수 있다는 이유로 경기 중 히잡(hijab) 착용을 금지했었으나, 국제 축구 연맹 부회장인 알리빈 알 후세인은 이러한 조치가 오히려 종교적인 역차별이라는 주장을 내세우며 제도 개선을 요구함. 오늘날 국제 축구 연맹은 히잡을 쓴 이슬람권 여성 선수의 참가를 허용하고 있음

용어

스포츠 윤리 센터의 운영 목적

체육계 인권침해와 각종 비리 문제를 예방·대응하고, 선수, 지도자, 심판, 일반 참가자 등 모든 스포츠 참여자의 인권 보장과 안전한 환경 조성하며, 체육계의 공정하고 신뢰받는 스포츠 문화를 확립한다.

---

2. 스포츠 조직의 윤리 경영과 기업 윤리 [기출 2022]

윤리 경영	• 기업이 이윤 추구와 함께 도덕적 기준과 사회적 책임을 준수하면서, 투명하고 공정하게 경영하는 방식 • 실효성 있게 작동되기 위해서는 경영자의 윤리적 실천 의지와 경영의 투명성이 확보되어야 함
기업 윤리	• 기업 내에서 발생하는 도덕적 문제와 책임에 대한 기준 • 경영진, 직원, 이해관계자들이 지켜야 할 윤리적 행동 지침과 가치를 포함

3. 스포츠 조직의 윤리적 원칙과 책임 [기출 2023, 2020, 2019, 2018]

개인 윤리	스포츠 조직 구성원 개인이 자신의 역할에서 도덕적 책임을 지고, 정직하고 책임감 있게 행동하는 것
사회 윤리	스포츠 조직 전체가 사회적 영향력을 고려하여 공동체나 사회 전체에 기여하는 방향으로 행동하는 것

4. 스포츠 조직의 의사 결정과 행동 기준

심정 윤리	개인이 도덕적 감정이나 선의에 따라 행동하는 윤리
책임 윤리	개인이 행동의 결과에 대해 책임을 지는 것을 중요하게 생각하는 윤리

5. 윤리적 관점 [기출 2024, 2020]

윤리적 상대주의	스포츠 행위의 도덕적 가치는 사회에 따라, 사람에 따라 다를 수 있음
윤리적 절대주의	정의, 용기, 절제 등의 덕목이 이데아 세계에 존재하는 절대적인 가치라고 주장
윤리적 회의주의	도덕적 진리에 대해 회의적이며, 도덕적 지식이 확실하지 않다고 보는 관점
윤리적 객관주의	도덕 원리는 보편적이고 객관적인 타당성을 지니며 도덕적 규범은 예외를 허용할 수 없음

6. 스포츠 윤리 센터의 역할과 운영 [기출 2025]

역할	• 신고·상담: 인권 침해, 폭력, 성희롱·성폭력, 스포츠 비리 관련 신고·상담 서비스 제공 • 피해자 보호와 지원: 피해자 중심의 보호 체계 마련 및 법률·의료·심리 지원 • 조사와 조치: 접수된 사건에 대한 사실 조사 및 조치 • 예방적 관리: 실태 조사, 교육 프로그램 제작 등을 통해 윤리 의식 강화 • 정책 제안: 조사와 연구를 토대로 제도 개선 방향 제시
운영	• 통합 신고 관리 시스템: 인권 침해 및 비리 등 신고 접수·처리·조치 • 징계 정보 시스템: 징계 확인서 발급, 징계 이력 관리 • 스포츠 윤리 교육: 인권 보호·비리 방지 예방 교육 • 실태 조사 및 연구: 스포츠 비리 및 인권 침해 현황에 대한 정기적 실태 조사 실시 • 인권 보호관 제도: 체육 현장을 직접 점검하여 인권 침해를 예방·근절

다 이해했어? 기출지문으로 확인하고 넘어가기

#기출지문과 동일하거나 유사한 지문 반복출제 #개념복습과 실력점검 효과를 동시에!

출제될 개념 찾아가기

01 도덕 – 윤리 – 선은 스포츠윤리학의 이론적 토대가 되는 개념이다. O X — P.326

02 사실 판단은 주관적인 의견을 바탕으로 이루어진다. O X — P.326

03 아곤은 경쟁과 승리를 추구한다. O X — P.329

04 페어플레이는 스포츠인이 지켜야 할 정정당당한 행위로서 경쟁자에 대한 배려를 포함한다. O X — P.329

05 비형식주의는 규칙이 가장 중요한 요소로 간주되며, 규칙을 어기지 않는 한 어떤 행동이든 윤리적으로 문제가 없다고 판단한다. O X — P.330

06 인종 차별의 원인은 주로 생물학적 차이에서 비롯된다. O X — P.334

07 부올레가 제시한 순수 환경은 인위적인 개입이 최소화된 자연 그대로의 환경에서 이루어지는 스포츠 환경을 말한다. O X — P.336

08 폴 테일러는 인간의 4대 의무 중 하나로 다른 생명체를 보호하는 의무를 제시한다. O X — P.337

09 피터 싱어는 고통을 느낄 수 있는 존재는 모두 도덕적 고려의 대상이 되어야 한다고 주장한다. O X — P.338

10 한나 아렌트는 성격적 요인이 폭력적 행동을 촉진한다고 본다. O X — P.340

11 기술 도핑은 기계적 장비를 사용해 경기력을 높이는 방식이다. O X — P.342

12 스포츠 심판의 윤리적 자질 중 하나는 우월성이다. O X — P.349

13 분배적 정의는 동일한 조건에서 동일한 보상을 주는 방식을 의미한다. O X — P.349

14 개인 윤리는 심판 개인의 공정성, 청렴성 등의 인격적 도덕성을 의미한다. O X — P.350

15 윤리적 객관주의는 스포츠 행위의 도덕적 가치는 사회에 따라, 또는 사람에 따라 다를 수 있다고 본다. O X — P.350

| 정답 | 01 O 02 X 03 O 04 O 05 X 06 X 07 O 08 O 09 O 10 X 11 O 12 X 13 X 14 O 15 X

이것만 풀어도 합격선을 넘는 대표기출 40제

#최근5개년 기출분석 #최다빈출키워드 엄선수록 #40개만 풀어도 과락 없이 합격!

01

스포츠윤리의 역할로 적절하지 <u>않은</u> 것은?

① 스포츠 현상에 대한 사실만을 기술한다.
② 스포츠인의 행위에서 요구되는 도덕적 원리와 덕목을 고찰한다.
③ 도덕적 의미의 용어를 스포츠 환경에 적용할 때 그 기준과 방법에 대해 탐색한다.
④ 스포츠 상황에서 행동과 목적의 옳고 그름을 결정할 수 있는 근본 원리를 탐색한다.

01 [기출 2023] 난이도 ★☆☆

스포츠윤리는 사실만을 기술하는 것이 아니라, 도덕적 원리와 덕목을 중심으로 스포츠에서의 행위와 상황을 분석하고 평가하는 역할을 한다.

02

스포츠윤리의 목적으로 적절하지 <u>않은</u> 것은?

① 스포츠 행위의 공정한 조건을 제시한다.
② 의도적 반칙에 대한 정당화의 근거를 제시한다.
③ 스포츠를 통한 도덕적 자질과 인격 함양을 추구한다.
④ 스포츠맨십, 페어플레이 등 스포츠윤리 규범을 통한 바람직한 공동체의 모습을 제시한다.

02 [기출 2021] 난이도 ★★☆

스포츠윤리의 목적은 도덕적 자질과 공정한 조건을 바탕으로 한 스포츠 활동을 촉진하는 것이며, 공정성과 도덕성, 스포츠맨십 등을 강조한다.

03

'도덕적 선(善)'의 의미를 내포한 것은?

① 축구 경기에서 득점과 연결되는 '좋은' 패스
② 피겨 스케이팅 경기에서 고난도의 '좋은' 연기
③ 농구 경기에서 상대 속공을 차단하는 수비수의 '좋은' 반칙
④ 경기에 패배했음에도 불구하고 상대팀에게 박수를 보내는 '좋은' 매너

03 [기출 2023, 2022] 난이도 ★☆☆

선은 도덕적인 행동의 결과로 이루어지는 좋은 상태를 의미하며, 경기에서 패배했음에도 불구하고 상대팀에게 박수를 보내는 행동은 이러한 선에 기반한다.

| 정답 | 01 ① 02 ② 03 ④

04

스포츠윤리 이론 중 덕 윤리의 특징으로 적절하지 않은 것은?

① 스포츠 상황에서의 행위의 정당성보다 개인의 인성을 강조한다.
② 비윤리적 행위는 궁극적으로 스포츠인의 올바르지 못한 품성에서 비롯된다.
③ '어떠한 행위를 하는 선수가 되어야 하는가'보다 '무엇이 올바른 행위인지'를 판단하는 데 더 주목한다.
④ 스포츠인의 미덕을 드러내는 행동은 옳은 것이며, 악덕을 드러내는 행동은 그릇된 것으로 간주한다.

05

가치 판단의 사례로 적절하지 않은 것은?

① 2020년 제32회 도쿄 올림픽이 1년 연기되었다.
② 선수들에게 폭력을 행사하면 안 된다.
③ 피겨 스케이팅 선수들의 연기는 매우 아름답다.
④ 스포츠 선수들의 기부는 사회적으로 긍정적인 영향을 준다.

06

〈보기〉에서 가치 판단에 해당하는 것만을 모두 고른 것은?

───〈보기〉───
㉠ 체조 경기에서 선수들의 연기는 아름답다.
㉡ 건강을 위해서는 고지방 음식을 피해야 한다.
㉢ 시합이 끝난 후 상대방에게 인사를 하는 것은 옳은 행위이다.
㉣ 이상화는 2010년 밴쿠버 동계 올림픽 경기 대회에서 금메달을 획득하였다.

① ㉠, ㉢
② ㉡, ㉢
③ ㉠, ㉡, ㉢
④ ㉠, ㉡, ㉢, ㉣

---

04 [기출 2024, 2023, 2022] 난이도 ★★☆

덕론적 윤리는 행위 자체보다는 행위자의 품성과 실천에 초점을 맞춘 윤리 이론이다.
③ 행위 자체의 옳고 그름을 더 중요시하므로 의무론적 윤리의 특징에 해당한다.

05 [기출 2021] 난이도 ★☆☆

가치 판단은 어떤 행동이나 상황에 대해 옳고 그름, 좋고 나쁨 등의 주관적인 평가를 내리는 것을 의미한다.
① 객관적인 정보로 사실 판단에 해당한다.

06 [기출 2022, 2021] 난이도 ★☆☆

- 가치 판단: 무엇이 옳고 그르며, 좋고 나쁜지에 대한 주관적 평가와 판단을 내리는 것으로 도덕적, 윤리적, 또는 미적 기준에 따라 이루어진다.
- 사실 판단: 객관적 사실이나 현실에 기반한 판단으로, 진위 여부를 확인할 수 있는 판단이다.

※ 출제 오류로 복수 정답 처리됨

| 정답 | 04 ③ 05 ① 06 ①, ②, ③

07

<보기>에서 설명하는 윤리 이론으로 적절한 것은?

― <보기> ―
- 모든 스포츠인의 권리는 동등하게 보장되어야 한다.
- 스포츠 규칙 제정은 공평성과 평등의 원칙에 근거해야 한다.
- 선수의 행동이 좋은 결과를 얻었다면 도덕적으로 옳은 것이다.

① 공리주의
② 의무주의
③ 덕 윤리
④ 배려 윤리

07 [기출 2024, 2022] 난이도 ★★☆

공리주의는 행위의 결과나 목적에 따라 도덕적 가치를 판단하는 윤리 이론이다.

[오답풀이]
② 의무주의: 행위 자체의 의무와 규칙을 따르는 것이 도덕적으로 옳다고 보는 이론
③ 덕 윤리: 개인의 성품과 덕을 중심으로 도덕적 판단을 내리는 이론
④ 배려 윤리: 타인에 대한 공감과 배려를 기반으로 도덕적 의사 결정을 강조하는 이론

08

<보기>에서 스포츠에 관한 결과론적 윤리관에 해당하는 것으로만 고른 것은?

― <보기> ―
㉠ 경기에서 지더라도 경기 규칙은 반드시 준수해야 한다.
㉡ 개인의 최우수 선수상 수상보다 팀의 우승이 더 중요하다.
㉢ 운동선수는 훈련 과정보다 경기에서 승리하는 것이 더 중요하다.
㉣ 스포츠 경기는 페어플레이를 중시하기 때문에 승리를 위한 불공정한 행위를 해서는 안 된다.

① ㉠, ㉢
② ㉠, ㉣
③ ㉡, ㉢
④ ㉢, ㉣

08 [기출 2023, 2022] 난이도 ★★☆

결과론적 윤리관은 행위의 결과에 따른 좋음이나 나쁨을 기준으로 도덕성을 판단하는 방식으로, 최대의 이익이나 행복을 추구한다.

[오답풀이]
㉠, ㉣ 행위 자체의 의무와 규칙을 기준으로 도덕성을 판단하는 방식인 의무론적 윤리관에 해당한다.

| 정답 | 07 ① 08 ③

09

〈보기〉에서 의무론적 도덕 추론에 해당하는 것을 바르게 고른 것은?

─〈보기〉─
㉠ 행위의 결과에 상관없이 절대적인 도덕 규칙에 따라 판단을 내린다.
㉡ 행위를 함에 있어 유용성의 원리, 공평성의 원리 등이 적용된다.
㉢ 행위의 옳고 그름은 그 행위로 인해 발생하는 결과에 따라 결정된다.
㉣ 의무론적 도덕 추론은 정언적 도덕 추론이라고도 한다.
㉤ 행위에 있어 선의지가 중요하며, 목적은 수단을 정당화할 수 없다.

① ㉠, ㉡, ㉣
② ㉠, ㉣, ㉤
③ ㉡, ㉢, ㉤
④ ㉢, ㉣, ㉤

---

09 [기출 2024, 2023, 2021] 난이도 ★★☆

의무론적 도덕 추론은 행위 자체의 의무와 규칙을 기준으로 도덕성을 판단하는 방식으로, 결과와 상관없이 옳고 그름을 결정한다.

오답풀이
㉡, ㉢ 행위의 결과에 따른 좋음이나 나쁨을 기준으로 도덕성을 판단하는 방식으로, 결과론적 도덕 추론에 해당한다.

10

〈보기〉의 축구 경기 비디오 판독(VAR)에서 심판B의 판정 견해를 지지하는 윤리 이론에 가장 부합하는 것은?

─〈보기〉─
• 심판A: 상대 선수가 부상을 입었지만 퇴장은 가혹하다.
• 심판B: 그 선수가 충돌을 피할 수 있는 시간은 충분했다. 그러나 그는 피하려 하지 않았다. 따라서 퇴장의 처벌은 당연하다.

① 최대 다수의 최대 행복
② 의무주의
③ 쾌락주의
④ 좋음은 옳음의 근거

---

10 [기출 2024, 2023, 2022] 난이도 ★★☆

의무주의는 행위 자체의 의무와 규칙을 따르는 것이 도덕적으로 옳다고 보는 이론이다.

오답풀이
① 최대 다수의 최대 행복: 가능한 한 많은 사람들에게 최대의 행복을 가져오는 것이 도덕적으로 옳다는 공리주의 원칙으로, 존 스튜어트 밀이 주장하였다.
③ 쾌락주의: 쾌락을 궁극적인 선으로 보고, 고통을 피하고 쾌락을 추구하는 것이 인간의 가장 중요한 목표라는 윤리 사상을 말한다.
④ 좋음은 옳음의 근거: 결과주의 이론에서 도덕적 행위는 그 결과의 좋음에 따라 평가한다.

| 정답 | 09 ② 10 ②

11

<보기>의 ㉠, ㉡에 들어갈 용어로 바른 것은?

―――――〈보기〉―――――

스포츠에는 (㉠)적 요소와 (㉡)적 요소가 모두 내재되어 있다. (㉠)적 요소는 경기에 긴장과 흥미를 불러일으킨다. 선수들은 승리하려는 강렬한 욕망으로 인해 경기에 몰입하고, 스포츠 팬들 역시 승부로 인해 응원의 동기를 갖게 된다. 그러나 경쟁심이 과열되고 승리가 절대화될 경우 제도화된 규칙이 무시될 우려가 있으며, 스포츠는 폭력의 투쟁으로 변질될 수 있다. 이것이 스포츠에서 (㉠)적 요소보다 (㉡)적 요소를 더욱 중시하는 이유이다.

	㉠	㉡
①	도덕(morality)	윤리(ethics)
②	미미크리(mimicry)	일링크스(ilinx)
③	아곤(agon)	아레테(arete)
④	사실 판단(factual judgement)	가치 판단(value judgement)

11 [기출 2021] 난이도 ★★☆

아곤(agon)은 경쟁과 싸움을 통해 능력을 발휘하고 우월성을 증명하는 스포츠 정신, 아레테(arete)는 탁월함과 덕을 추구하는 정신이다.

[오답풀이]
- 도덕: 양심에 기반한 개인의 행동 지침
- 윤리: 개인이 속한 사회나 조직 내에서 지켜야 할 강제적인 규범
- 미미크리: 역할놀이나 모방을 통해 상상 속 세계를 체험하는 놀이 유형
- 일링크스: 감각적 혼란과 어지러움을 통해 쾌락을 느끼는 놀이
- 사실 판단: 객관적이고 검증 가능한 정보를 기반으로 이루어지는 판단
- 가치 판단: 주관적인 가치나 기준에 따라 이루어지는 판단

12

<보기>에서 ( ) 안에 들어갈 용어로 적절한 것은?

―――――〈보기〉―――――

운동선수로서 아무리 뛰어난 능력을 갖추었더라도 인간의 본질인 도덕성(덕)이 부족하면 훌륭한 선수가 될 수 없다. 이런 까닭에 운동선수에게는 두 가지 ( )이/가 동시에 요구된다. 즉, 신체적 탁월성과 도덕적 탁월성을 겸비하였을 때 비로소 훌륭한 선수가 되는 것이다.

① 아곤(agon)
② 퓌시스(physis)
③ 로고스(logos)
④ 아레테(arete)

12 [기출 2021] 난이도 ★★☆

아레테(arete)는 탁월함과 덕을 추구하는 정신이다.

[오답풀이]
① 아곤(agon): 경쟁과 싸움을 통해 능력을 발휘하고 우월성을 증명하는 스포츠 정신
② 퓌시스(physis): 자연적인 신체 능력과 인간의 본성
③ 로고스(logos): 스포츠에서 규칙과 전략을 따르는 이성과 논리적 사고방식

| 정답 | 11 ③ 12 ④

13

스포츠맨십(sportsmanship) 행위가 아닌 것은?

① 패자에게 승리의 우월성 과시
② 악의 없는 순수한 경쟁
③ 패배에 대한 겸허한 수용
④ 승자에 대한 아낌없는 박수

14

〈그림〉은 스포츠윤리 규범의 구조이다. ㉠~㉢에 해당하는 용어가 바르게 연결된 것은?

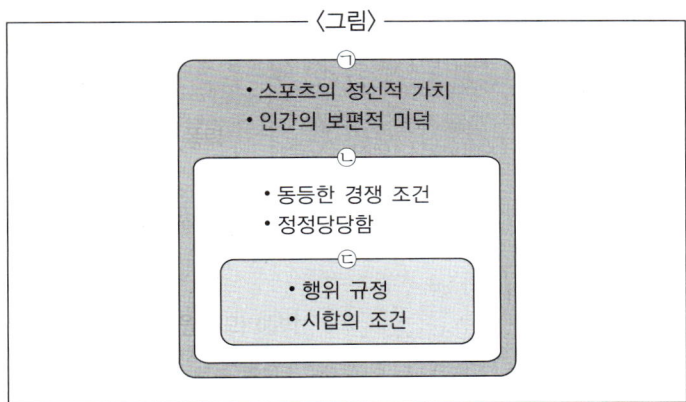

	㉠	㉡	㉢
①	규칙 준수	스포츠맨십	페어플레이
②	스포츠맨십	페어플레이	규칙 준수
③	페어플레이	규칙 준수	스포츠맨십
④	스포츠맨십	규칙 준수	페어플레이

---

13 [기출 2023, 2022, 2021] 난이도 ★☆☆

스포츠맨십은 경기에서 공정함, 존중, 예의를 지키며 상대방과 규칙을 준수하는 도덕적 태도로, 스포츠인이 마땅히 지켜야 할 기본적인 태도를 의미한다.

14 [기출 2023, 2022, 2021] 난이도 ★☆☆

- 스포츠맨십: 경기에서 공정함, 존중, 예의를 지키며 상대방과 규칙을 준수하는 도덕적 태도
- 페어플레이: 규칙과 공정성에 기반하여 정정당당하게 경기에 임하는 태도와 행동
- 규칙 준수: 경기의 규칙을 정확히 따르고 이를 통해 질서를 유지하는 행동

| 정답 | 13 ① 14 ②

15

〈보기〉의 ㉠에 해당하는 레스트(J. Rest)의 도덕성 구성 요소는?

〈보기〉
상빈: 직업 선수에게 가장 중요한 것은 무엇이라고 생각해?
미라: 연봉이지! 직업 선수의 연봉이 그 선수의 능력을 나타내는 것이라고 생각해. 나는 작년 성적이 좋아서 올해 연봉이 200% 인상되었어.
은숙: 연봉은 매우 중요하지. 하지만 ㉠ 나는 연봉, 명예 등의 가치보다 스포츠인으로서 스포츠맨십과 페어플레이가 가장 중요한 가치라고 생각해.

① 도덕적 감수성(moral sensitivity)
② 도덕적 판단력(moral judgement)
③ 도덕적 동기화(moral motivation)
④ 도덕적 품성화(moral character)

15 [기출 2022, 2021] 난이도 ★★☆

레스트(J. Rest)의 도덕성 구성 요소 중 도덕적 동기화에 대한 설명이다.

[오답풀이]
① 도덕적 감수성: 상황 속 도덕적 문제를 인식하고 타인의 관점을 이해하는 능력
② 도덕적 판단력: 다양한 선택지를 평가하고 옳고 그름을 판단하는 능력
④ 도덕적 품성화: 도덕적 결정을 일관성 있게 행동으로 옮기는 성향과 의지

16

〈보기〉의 ㉠에 해당하는 레스트(J. Rest)의 도덕성 구성 요소는?

〈보기〉
(㉠)은/는 스포츠 현장에서 발생하는 특정 상황 속에 내포된 도덕적 이슈들을 감지하고 그 상황에서 어떠한 행동을 할 수 있으며 그 행동들이 관련된 사람들에게 어떤 영향을 미칠 수 있는가를 상상하는 것을 말한다.

① 도덕적 감수성(moral sensitivity)
② 도덕적 판단력(moral judgement)
③ 도덕적 동기화(moral motivation)
④ 도덕적 품성화(moral character)

16 [기출 2022, 2021] 난이도 ★★☆

레스트(J. Rest)의 도덕성 구성 요소 중 도덕적 감수성에 대한 설명이다.

[오답풀이]
② 도덕적 판단력: 다양한 선택지를 평가하고 옳고 그름을 판단하는 능력
③ 도덕적 동기화: 도덕적 가치와 원칙을 실천하고자 하는 동기 부여
④ 도덕적 품성화: 도덕적 결정을 일관성 있게 행동으로 옮기는 성향과 의지

| 정답 | 15 ③ 16 ①

17

<보기>의 설명에 해당하는 반칙의 유형은?

― 〈보기〉 ―
- 동기, 목표가 뚜렷하다.
- 스포츠의 본질적인 성격을 부정하는 의미로 해석할 수 있다.
- 실격, 몰수패, 출전 정지, 영구 제명 등의 처벌이 따른다.

① 의도적 구성 반칙
② 비의도적 구성 반칙
③ 의도적 규제 반칙
④ 비의도적 규제 반칙

17 [기출 2024, 2021]   난이도 ★★☆

오답풀이
② 비의도적 구성 반칙: 의도하지 않았으나, 결과적 반칙에 해당하는 경우로, 규칙을 알지 못하여 발생할 수 있다.
③ 의도적 규제 반칙: 명확한 의도를 가지고 이루어지는 반칙으로, 전술적인 반칙이 이에 해당한다.
④ 비의도적 규제 반칙: 의도하지 않았지만 일어나는 일반적인 반칙으로, 우연에 의해 일어날 수 있는 반칙도 포함한다.

18

<보기>에서 나타난 현준과 수연의 공정 시합에 관한 관점이 바르게 연결된 것은?

― 〈보기〉 ―
현준: 승부 조작은 경쟁적 스포츠의 본래적 가치를 훼손시키는 행위지만, 경기 규칙을 위반하지 않았다면 윤리적으로 문제없는 것이 아닌가?
수연: 나는 경기 규칙을 위반하지 않았다 하더라도, 스포츠의 역사적·사회적 보편성과 정당성 속에서 형성되고 공유된 에토스(shared ethos)에 충실해야 한다고 생각해! 그래서 스포츠의 가치를 근본적으로 훼손시키는 승부 조작은 추구해서도, 용인되어서도 절대 안 돼!

	현준	수연
①	물질만능주의	인간중심주의
②	형식주의	비형식주의
③	비형식주의	형식주의
④	인간중심주의	물질만능주의

18 [기출 2023]   난이도 ★★☆

- 형식주의: 스포츠 규칙과 규정이 스포츠의 본질을 이루며, 엄격한 규칙 준수가 도덕적 판단의 기준이 된다고 보는 관점이다. 형식주의는 규칙이 가장 중요한 요소로 간주되며, 규칙을 어기지 않는 한 어떤 행동이든 윤리적으로 문제가 없다고 판단한다.
- 비형식주의: 스포츠 정신과 경기의 맥락을 중시하며, 규칙 자체만이 아니라, 그 규칙이 스포츠의 본래 목적과 가치에 어떻게 부합하는지를 고려한다. 비형식주의는 규칙을 준수했더라도, 그 행위가 스포츠 정신을 훼손하거나 비윤리적일 수 있다고 본다.

| 정답 | 17 ①   18 ②

19

〈보기〉는 트랜스젠더 여성의 여성 스포츠 참여에 관한 설명이다. 이를 지지하는 견해의 근거가 아닌 것은?

〈보기〉

국제올림픽위원회(IOC)는 2016년 1월에 올림픽 대회를 비롯한 국제 경기 대회에서 외과적인 수술을 받지 않은 성전환자들도 선수로 출전할 수 있도록 허용해야 한다는 새로운 지침을 발표했다. 이에 따라 트랜스젠더 선수들은 꼭 성전환 수술을 받지 않더라도 일정 요건만 충족하면 올림픽 등 국제 대회에 참가할 수 있게 되었다.

---

① 전통적인 젠더 이분법을 극복하고 양성 평등을 지향
② 트랜스젠더 여성의 스포츠 접근권은 공정성보다 우선
③ 트랜스젠더에 대한 차별과 배제가 아닌 관용과 포용의 정책
④ 트랜스젠더 여성 선수가 불공평한 이득을 가져 스포츠 본연의 의미 변화

19 [기출 2025] 　　난이도 ★☆☆

트랜스젠더 여성의 스포츠 참여를 지지하는 입장은 성평등, 포용성, 차별 철폐를 핵심 근거로 한다. 따라서 ④의 주장은 지지 근거가 아니라 반대 측의 논거에 해당한다.

20

스포츠에서 나타나는 성차별의 원인이 아닌 것은?

① 사회적 성 역할의 고착화
② 차이를 차별로 정당화하는 논리
③ 신체 구조와 운동 능력에 대한 편견
④ 여성성을 해치는 스포츠에의 여성 참가 옹호

20 [기출 2024, 2023] 　　난이도 ★☆☆

실제로 성차별의 원인은 사회적 성역할의 고착화, 차별을 정당화하는 논리, 신체 구조와 운동 능력에 대한 편견과 같은 요소에서 비롯된다.
④ 여성의 스포츠 참가를 옹호하는 것은 성차별을 해소하기 위한 노력에 해당한다.

| 정답 |　19 ④　20 ④

21

〈보기〉의 대화에서 나타나는 스포츠 차별은?

― 〈보기〉 ―

영은: 저 백인 선수는 성공하기 위해서 얼마나 많은 노력과 땀을 흘렸을까.
상현: 자기를 희생하면서도 끝없는 자기 관리와 투지의 결과일 거야.
영은: 그에 비해 저 흑인 선수가 구사하는 기술은 누구도 가르칠 수 없는 묘기이지.
상현: 아마도 타고나지 않으면 할 수 없는 거지. 천부적인 재능이야.

① 성차별
② 스포츠 종목 차별
③ 인종 차별
④ 장애 차별

21 [기출 2024, 2023, 2022, 2021] 난이도 ★☆☆

인종 차별은 특정 인종이나 민족을 이유로 불평등한 대우를 하는 것으로, 인종적 배경에 따라 기회, 권리, 대우에서 차별을 받는 것을 의미한다.

[오답풀이]
① 성차별: 성별을 이유로 개인이나 집단을 불공정하게 대우하거나 차별하는 행위
④ 장애 차별: 장애를 이유로 장애인에 대한 권리 제한이나 불공정한 대우를 하는 행위

22

〈보기〉의 ㉠~㉢에 들어갈 용어로 바르게 묶인 것은?

― 〈보기〉 ―

- (㉠): 생물학적, 형태학적 특징에 따라 분류된 인간 집단
- (㉡): 특정 종목에 유리하거나 불리한 인종이 실제로 존재한다는 사고방식
- (㉢): 선수의 능력 차이를 특정 인종의 우월이나 열등으로 과장하여 차등을 조장하는 것

	㉠	㉡	㉢
①	인종	인종주의	인종 차별
②	인종	인종 차별	젠더화 과정
③	젠더	인종주의	인종 차별
④	젠더	인종 차별	젠더화 과정

22 [기출 2024, 2023, 2022, 2021] 난이도 ★★☆

[오답풀이]
- 젠더: 사회적·문화적으로 형성된 성 역할이나 특정 성별에 대한 기대와 규범을 의미한다.
- 젠더화 과정: 사회가 특정 성별에게 특정 역할을 부여하고 이를 통해 성별 간의 차이를 형성해가는 과정이다.

| 정답 | 21 ③ 22 ①

23

〈보기〉의 설명과 관련 있는 제도는?

―〈보기〉―
학생 선수가 일정 수준의 학력 기준에 도달하지 못한 경우에는 별도의 기초 학력 보장 프로그램을 운영한다. 학교의 장은 필요한 경우 학생 선수의 경기 대회 출전을 제한할 수 있다.

① 최저 학력제
② 체육 특기자 제도
③ 운동부의 인권 보장제
④ 학생 선수의 생활권 보장제

23 [기출 2022] 난이도 ★☆☆

최저 학력제는 학생 선수가 일정 수준의 학업 성취도를 유지해야만 운동 활동이나 대회 참가를 허용하는 제도이다.

24

〈보기〉에서 스포츠 인권에 대한 내용을 모두 고른 것은?

―〈보기〉―
㉠ 모든 사람은 평등하게 스포츠와 신체 활동에 참여할 권리를 가진다.
㉡ 국가 차원에서 체계적인 스포츠 인권 정책을 마련해야 한다.
㉢ 스포츠의 종목이나 대상에 따라 권리가 상대적으로 보장되어야 한다.
㉣ 국가는 장애인이 스포츠 활동 참여의 권리를 동등하게 보장받도록 노력해야 한다.

① ㉠, ㉢
② ㉠, ㉣
③ ㉠, ㉡, ㉢
④ ㉠, ㉡, ㉣

24 [기출 2022] 난이도 ★☆☆

스포츠 인권은 모든 사람이 성별, 인종, 장애, 사회적 지위 등에 관계없이 평등하게 스포츠에 참여하고, 차별이나 폭력 없이 안전하고 공정한 환경에서 스포츠 활동을 즐길 권리이다. 스포츠 종목, 대상에 상관없이 모두에게 동등하게 보장되어야 한다.

| 정답 | 23 ① 24 ④

25

장애인 선수들의 인권 향상을 위한 방안으로 적절하지 않은 것은?

① 장애인 선수들에게 비장애인과 동일한 훈련량과 지도 방법을 적용해야 한다.
② 인권에 대한 문제는 예방이 중요하므로 지속적인 예방 교육과 더불어 홍보가 필요하다.
③ 장애인 국가대표 선수단 역시 훈련에 필요한 안정적인 지원이 확보되어야 한다.
④ 장애인 선수들의 접근과 이용이 불편하지 않도록 시설 확충과 설계가 이루어져야 한다.

25 [기출 2023, 2021] 난이도 ★☆☆

장애인 선수들은 각자의 신체적 상황에 맞는 훈련과 지도 방법이 필요하며, 이를 고려한 맞춤형 훈련이 이루어져야 한다.

26

장애 차별 없는 스포츠의 조건에 해당하지 않는 것은?

① 장애인이 원하는 장소와 시간을 확보해야 한다.
② 대회의 참여와 종목의 선택은 감독에게 맡긴다.
③ 활동에 필요한 장비 및 기구의 재정적인 지원이 확보되어야 한다.
④ 다양한 사람과의 관계를 통해 사회성 함양의 기회를 주어야 한다.

26 [기출 2023, 2021] 난이도 ★☆☆

장애 차별 없는 스포츠의 조건에서는 대회의 참여와 종목의 선택이 개인의 의사에 따라 결정되어야 한다.

27

〈보기〉의 설명과 관계 있는 자연중심주의 사상가는?

─── 〈보기〉 ───
- 생태 윤리에 대한 규칙: 불침해, 불간섭, 신뢰, 보상적 정의
- 스포츠에 의한 환경 오염 발생 시 스포츠 폐지 권고
- 인간의 욕구를 위해 동물의 생존권을 유린하는 스포츠 금지

① 베르크(A. Berque)
② 테일러(P. Taylor)
③ 슈바이처(A. Schweitzer)
④ 하이젠베르크(W. Heisenberg)

27 [기출 2024, 2022] 난이도 ★★☆

〈보기〉의 내용은 테일러에 대한 설명으로, 테일러는 생태계와 동물의 생존권을 우선시하는 생명중심주의 사상가이다.
※발문의 오류가 있는 문제임

[오답풀이]
① 베르크: 인간과 자연의 조화와 상호 작용을 중시한다.
③ 슈바이처: 모든 생명체는 존중받을 권리가 있으며, 인간은 다른 생명체의 생명을 함부로 취해서는 안 된다고 주장한다.

| 정답 | 25 ① 26 ② 27 ②

28

〈보기〉에서 (가)의 문제를 해결하기 위해 생명중심주의 입장에서 (나)를 제시한 학자는?

― 〈보기〉 ―

(가)
스포츠에서 환경 문제가 발생하는 근본 원인은 스포츠의 사회 문화적 가치와 환경 혹은 자연의 보전 가치 사이의 충돌이다.

(나)
- 불침해의 의무: 다른 생명체에 해를 끼쳐서는 안 된다.
- 불간섭의 의무: 생태계에 간섭해서는 안 된다.
- 신뢰의 의무: 낚시나 덫처럼 동물을 기만하는 행위를 해서는 안 된다.
- 보상적 정의의 의무: 부득이하게 해를 끼친 경우 피해를 보상해야 한다.

① 테일러(P. Taylor)
② 베르크(A. Berque)
③ 콜버그(L. Kohlberg)
④ 패스모어(J. Passmore)

28 [기출 2024] 난이도 ★★☆

테일러는 모든 생명체가 고유한 내재적 가치를 지니고 있으며, 인간은 다른 생명체에 해를 끼쳐서는 안 된다는 생명중심주의 윤리를 주장한 대표적인 학자이다.

[오답풀이]
② 베르크: 인간과 자연의 조화와 상호 작용을 중시한다.
③ 콜버그: 스포츠가 정의, 공정, 책임감 등 도덕적 판단 능력을 발전시킨다고 주장한다.
④ 패스모어: 자연은 인간의 이익을 위해 존재하지만, 과도한 착취는 안 된다고 주장한다.

29

〈보기〉의 내용과 연관된 학자의 이론으로 적절하지 않은 것은?

― 〈보기〉 ―

자연중심주의 환경 윤리는 환경에 있어서 도덕적 고려의 대상을 자연의 생명체를 포함한 생태계 전체로 확대할 것을 주문한다. 이런 점에서 보면 동물 스포츠라 불리는 스페인의 투우, 한국의 전통 민속놀이인 소싸움 등은 동물을 인간의 오락 대상으로 삼았다는 점에서 윤리적으로 허용되기 어렵다.

① 베르크(A. Berque)의 환경윤리
② 레오폴드(A. Leopold)의 대지윤리
③ 네스(A. Naess)의 심층적 생태주의
④ 슈바이처(A. Schweitzer)의 생명중심주의

29 [기출 2024] 난이도 ★★☆

베르크는 문화생태주의를 주장하며, 인간과 자연의 조화와 상호 작용을 중시하였다.

[오답풀이]
② 레오폴드의 대지윤리: 자연의 상호 연결성과 윤리적, 미적 관점을 강조한다.
③ 네스의 심층적 생태주의: 모든 생명체는 고유한 가치를 지니며, 자연 착취를 반대한다.
④ 슈바이처의 생명중심주의: 모든 생명체는 존중받을 권리가 있으며, 인간은 다른 생명체의 생명을 함부로 취해서는 안 된다고 주장한다.

| 정답 | 28 ① 29 ①

30

〈보기〉의 대화에서 '윤성'의 윤리적 관점은?

―――〈보기〉―――
진서: 나 어젯밤에 투우 중계방송 봤는데, 스페인에서 엄청 인기더라구! 그런데 동물을 인간 오락의 대상으로 삼는 것은 윤리적으로 허용될 수 없는 거 아니야?
윤성: 난 다르게 생각해! 스포츠 활동은 인간의 이상을 추구하기 위한 것이고, 그 이상의 실현을 위해 동물은 수단으로 활용될 수 있는 거 아닐까? 승마의 경우 인간과 말이 훈련을 통해 기량을 향상시키고 결국 사람 간의 경쟁에 동물을 도구로 활용한다고 볼 수 있잖아.

① 동물 해방론
② 동물 권리론
③ 종차별주의
④ 종평등주의

31

폭력을 설명한 학자의 개념과 그에 대한 설명이 바르게 연결된 것은?

① 푸코(M. Foucault)의 '분노' – 스포츠 현장에서 인간 내면의 분노로 시작된 폭력은 전용되고 악순환을 반복하는 경향이 있다.
② 아리스토텔레스(Aristotle)의 '규율과 권력' – 스포츠계에서 위계적 권력 관계는 폭력으로 변질되어 표출된다.
③ 홉스(T. Hobbes)의 '악의 평범성' – 폭력이 관행화된 스포츠계에서는 폭력에 대한 죄책감이 없어진다.
④ 지라르(R. Girard)의 '모방적 경쟁' – 자신이 닮고자 하는 운동선수를 모방하게 되듯이 인간 폭력의 원인을 공격 본능이 아닌 모방적 경쟁 관계에서 찾는다.

32

세계 도핑 방지 기구(World Anti-Doping Agency)가 정한 '금지 방법'의 분류 목록에 해당하지 않는 것은?

① 기술 도핑
② 화학적, 물리적 조작
③ 유전자 및 세포 도핑
④ 혈액 및 혈액 성분의 조작

32 [기출 2025] 난이도 ★★☆

기술 도핑은 전신 수영복, 특수 신발 등 특수 장비나 용품을 활용해 경기력을 향상시키는 개념으로, 세계 도핑 방지 기구가 정한 공식 금지 방법의 분류에는 해당하지 않는다. 세계 도핑 방지 기구가 정한 '금지 방법'의 분류 목록은 다음과 같다.
- 혈액 및 혈액 성분의 조작
- 화학적, 물리적 조작
- 유전자 및 세포 도핑

33

〈보기〉에서 스포츠 선수의 유전자 도핑을 반대해야 하는 이유로 적절한 것을 모두 고른 것은?

〈보기〉
㉠ 선수의 신체를 실험 대상화하여 기계나 물질로 이해하도록 만들기 때문
㉡ 유전자 조작 인간과 자연적 인간 사이에 갈등을 초래하기 때문
㉢ 생명체로서 인간의 본질을 훼손하고 존엄성을 부정하기 때문
㉣ 선수를 우생학적 개량의 대상으로 만들기 때문

① ㉠, ㉢
② ㉡, ㉢
③ ㉠, ㉡, ㉣
④ ㉠, ㉡, ㉢, ㉣

33 [기출 2023] 난이도 ★☆☆

유전자 조작의 위험성과 반대 이유는 예측 불가능한 부작용, 윤리적 문제(인간 존엄성, 스포츠 가치 훼손), 사회적 불평등, 미래 세대에 대한 영향 등이 있다.

| 정답 | 32 ① 33 ④

34

스포츠 경기에 적용되는 과학 기술에 관한 설명으로 옳지 않은 것은?

① 유전자 치료를 통한 스포츠 수행력의 향상은 일종의 도핑에 해당한다.
② 야구의 압축 배트, 최첨단 전신 수영복 등은 경기의 공정성 확보에 기여한다.
③ 도핑 시스템은 선수의 불공정한 행위를 감시하고 적발하는 데 도움이 된다.
④ 태권도의 전자호구, 축구의 비디오 보조 심판(VAR: Video Assistant Referees)은 기록의 객관성과 신뢰성을 높인다.

35

심판에게 요구되는 개인 윤리적 덕목에 대한 설명으로 적절하지 않은 것은?

① 외부의 지시나 간섭을 단호히 뿌리쳐야 한다.
② 판정의 신뢰성을 높이는 제도를 도입해야 한다.
③ 어느 한쪽으로 치우침과 사사로움이 없어야 한다.
④ 성품이 고결하여 탐욕이 없고, 심판으로서 품위를 지켜야 한다.

36

스포츠에서 심판 윤리에 관한 설명으로 옳지 않은 것은?

① 심판의 사회 윤리는 협회나 종목 단체의 도덕성과 밀접한 관련이 있다.
② 심판은 공정하고 엄격한 도덕적 원칙을 적용해야 한다.
③ 심판의 개인 윤리는 청렴성, 투명성 등의 인격적 도덕성을 의미한다.
④ 심판은 '이익 동등 고려의 원칙'에 따라 전력이 약한 팀에게 유리한 판정을 할 수 있다.

---

34 [기출 2023, 2022, 2021] 난이도 ★★☆

압축 배트나 최첨단 전신 수영복은 선수의 경기력 향상을 위해 사용되는 장비로, 과학 기술이 경기의 공정성을 해칠 수 있다는 논란이 있다.

35 [기출 2023] 난이도 ★☆☆

② 심판의 개인 윤리적 덕목과는 관련이 없는 제도적 개선에 관한 내용이다.

36 [기출 2023] 난이도 ★☆☆

심판은 공정하고 엄격한 도덕적 원칙을 적용해야 하며, 어느 팀에도 편파적인 판정을 해서는 안 된다.

| 정답 | 34 ② 35 ② 36 ④

37

〈보기〉의 ㉠, ㉡에 해당하는 정의의 유형은?

〈보기〉
라우: 스포츠는 ㉠ 동등한 조건의 참가와 동일한 규칙의 적용이 이루어져야 해. 그렇지 않으면 정의의 원칙에 어긋나게 되거든.
형린: 그런데 모든 것이 동등하지는 않아. 피겨 스케이팅과 다이빙에서 ㉡ 높은 난이도의 연기를 펼친 선수는 그렇지 않은 선수보다 더 높은 점수를 받아야 해. 이것도 정의의 원칙이라고 할 수 있어.

	㉠	㉡
①	분배적	절차적
②	평균적	분배적
③	평균적	절차적
④	분배적	평균적

37 [기출 2023, 2021]   난이도 ★★☆

㉠ 평균적 정의는 동일한 조건에서 동일한 규칙을 적용하는 것이다.
㉡ 분배적 정의는 각자의 능력이나 상황에 따라 다르게 대우하는 것이다.

38

〈보기〉의 설명에 해당하는 스포츠에서의 정의(justice)는?

〈보기〉
정의는 공정과 준법을 요구한다. 모든 선수에게 동등한 기회를 보장해야 한다는 공정의 원칙은 지켜지지 않을 때가 있다. 스포츠에서는 완전한 통제가 어려운 불평등을 줄이기 위해 공수 교대, 전후반 진영 교체, 홈·원정 경기, 출발 위치 제비뽑기 등을 한다.

① 자연적 정의
② 평균적 정의
③ 분배적 정의
④ 절차적 정의

38 [기출 2024, 2022]   난이도 ★★☆

절차적 정의는 공정한 절차와 과정을 통해 정의를 실현하는 개념이다.

[오답풀이]
② 평균적 정의: 동일한 조건에서 동일한 규칙을 적용하는 것
③ 분배적 정의: 각자의 능력이나 상황에 따라 다르게 대우하는 것

| 정답 | 37 ②   38 ④

39

〈보기〉의 ㉠~㉢에 해당하는 용어로 바르게 연결된 것은?

―〈보기〉―
스포츠 조직에서 (㉠)은/는 기업의 가치 경영을 넘어 정성적 규범 기준까지 확장된 스포츠 사회·윤리적 가치 체계를 의미한다. 이러한 체계가 실효성 있게 작동되기 위해서는 경영자의 윤리적 (㉡)와 경영의 (㉢) 확보가 선행되어야 한다.

	㉠	㉡	㉢
①	기업 윤리	공동체	투명성
②	윤리 경영	실천 의지	투명성
③	기업 윤리	실천 의지	공정성
④	윤리 경영	공동체	공정성

39 [기출 2022] 난이도 ★★☆

- 윤리 경영: 기업이 이윤 추구와 함께 도덕적 기준과 사회적 책임을 준수하면서, 투명하고 공정하게 경영하는 방식
- 기업 윤리: 기업 내에서 발생하는 도덕적 문제와 책임에 대한 기준

40

체육의 공정성 확보와 체육인의 인권 보호를 위해 설립된 스포츠 윤리 센터의 역할로 적절하지 않은 것은?

① 스포츠 비리 및 체육계 인권 침해에 대한 실태 조사
② 스포츠 비리 및 체육계 인권 침해 방지를 위한 예방 교육
③ 신고자 및 가해자에 대한 치료와 상담, 법률 지원, 임시 보호 연계
④ 체육계 인권 침해 및 스포츠 비리 등에 대한 신고 접수와 조사

40 [기출 2022, 2021] 난이도 ★★☆

스포츠 윤리 센터는 징계 정보 시스템 구축 및 운영, 통합 신고 관리 시스템 운영, 스포츠윤리 교육, 체육계 인권 침해·비리 실태 조사, 체육계 현장 점검의 업무를 수행한다.

기출이 더 풀고 싶을 때
최근 5개년 기출 바로가기

| 정답 | 39 ② 40 ③

모의고사 3회

#연습은 실전처럼! 실전은 연습처럼! #실력 점검해 약점 파악하고 #자신감 높여 단번에 합격!

※ 7과목 중 5과목을 선택(2급 장애인, 유소년, 노인은 선택 4과목+필수 1과목)하여 100분 내에 풀고, OMR 마킹까지 끝내야 하는 시험입니다.
선택과목을 ☑ 체크 후 과목별 20분 내에 푸는 연습을 해 보세요.

구분	선택과목	풀이시간	최종점수
감 잡는 모의고사 1회	☐ 스포츠사회학		
	☐ 스포츠교육학		
	☐ 스포츠심리학		
	☐ 한국체육사		
	☐ 운동생리학		
	☐ 운동역학		
	☐ 스포츠윤리		
감 익히는 모의고사 2회	☐ 스포츠사회학		
	☐ 스포츠교육학		
	☐ 스포츠심리학		
	☐ 한국체육사		
	☐ 운동생리학		
	☐ 운동역학		
	☐ 스포츠윤리		
감 다지는 모의고사 3회	☐ 스포츠사회학		
	☐ 스포츠교육학		
	☐ 스포츠심리학		
	☐ 한국체육사		
	☐ 운동생리학		
	☐ 운동역학		
	☐ 스포츠윤리		

감 잡는 모의고사 1회

2026년도 대비 2급류 체육지도자 필기시험 문제지

(2급 전문 / 2급 생활 / 2급 장애인 / 유소년 / 노인)

과목코드 및 페이지

선택과목		
스포츠사회학 (과목코드: 11)	…………………………	P.372
스포츠교육학 (과목코드: 22)	…………………………	P.376
스포츠심리학 (과목코드: 33)	…………………………	P.379
한국체육사 (과목코드: 44)	…………………………	P.383
운동생리학 (과목코드: 55)	…………………………	P.386
운동역학 (과목코드: 66)	…………………………	P.390
스포츠윤리 (과목코드: 77)	…………………………	P.393

2급 스포츠지도사 필기시험

스포츠사회학 (11)

1. 스포츠사회학의 연구 영역에 해당하지 <u>않는</u> 것은?

① 스포츠와 성별, 인종, 계층 간의 불평등 문제 연구
② 스포츠와 경제의 상호 작용 연구
③ 스포츠의 사회적·문화적 영향 연구
④ 스포츠 경기 규칙의 변천 과정 연구

2. 스포츠 유사 개념이 바르게 묶인 것은?

① 놀이: 인형놀이, 윷놀이, 소꿉놀이
② 게임: 땅따먹기, 오징어게임, 고무줄놀이
③ 스포츠: 줄다리기, 농구, 술래잡기
④ 놀이: 블록놀이, 공기놀이, 딱지치기

3. 〈보기〉에서 설명하는 거트만(A. Guttmann) 근대 스포츠 특징이 해당되는 것은?

―〈보기〉―
㉠ 인종·성별·계급 등의 차별을 줄이고, 누구에게나 동등한 기회 제공해야 한다.
㉡ 전통적 놀이처럼 즉흥적이지 않고, 규정된 룰과 심판 체계가 경기 진행을 지배한다.

	㉠	㉡
①	평등화	전문화
②	세속화	전문화
③	평등화	합리화
④	세속화	합리화

4. 〈보기〉의 내용 중 스포츠와 정치의 결합 방법 중 상징에 해당하는 것은?

―〈보기〉―
㉠ 스포츠는 정치적 이념과 국가 메시지를 상징적으로 전달
㉡ 국가대표의 성공을 개인의 성공으로 동일시하며 자부심을 느낌
㉢ 국기, 국가, 유니폼 등이 국민의 애국심과 자부심을 고취하는 데 활용됨
㉣ 정치적 이익을 위해 국민의 관심을 스포츠로 돌림

① ㉠, ㉡
② ㉠, ㉢
③ ㉠, ㉡, ㉢
④ ㉠, ㉡, ㉢, ㉣

5. 스포츠 국제 이벤트와 관련된 주요 정치적 사건이 <u>아닌</u> 것은?

① 1980년 모스크바 올림픽 보이콧
② 2002년 한일 월드컵
③ 2018년 러시아 월드컵에서의 독일 우승
④ 1968년 멕시코시티 올림픽에서의 블랙 파워 경례

6. 스포츠 상업주의로 인해 나타나는 긍정적 현상이 <u>아닌</u> 것은?

① 스포츠 인프라 확충
② 스포츠 가치 훼손
③ 스포츠 활동과 경제 활성화 기여
④ 세계적 팬덤 문화 형성

7. ⟨보기⟩에서 설명하는 프로 스포츠에서 시행되는 주요 제도는?

― ⟨보기⟩ ―
야구 선수 A는 소속 팀과의 계약이 종료되자, 자유롭게 다른 구단과 협상할 수 있는 자격을 얻었다. 그는 여러 구단과 접촉하며 자신에게 가장 유리한 조건을 제시하는 팀과 계약을 체결하였다.

① 럭셔리 택스
② 자유 계약(FA)
③ 트레이드
④ 드래프트

8. ⟨보기⟩의 빈칸에 들어갈 알맞은 스포츠 육성 정책 모델은?

― ⟨보기⟩ ―
엘리트 선수에게 집중 투자하여 성과를 내고, 이 성과가 대중의 참여 확대와 국가 이미지 제고로 이어지는 구조를 (㉠)이라고 하고, 엘리트 성과가 대중 참여를 촉진하고, 형성된 기반이 다시 엘리트 성과로 이어지는 구조를 (㉡)이라고 한다.

	㉠	㉡
①	트리클 다운 모델	선순환 모델
②	피라미드 모델	트리클 다운 모델
③	선순환 모델	피라미드 모델
④	트리클 다운 모델	피라미드 모델

9. ⟨보기⟩의 사례에 해당하는 스포츠 미디어 이론으로 옳은 것은?

― ⟨보기⟩ ―
한 방송사는 특정 국가대표 선수를 "영웅"으로 강조하는 장면과 인터뷰만 집중적으로 편집해 방영하며 국민적 여론을 형성했다.

① 문화규범이론
② 개인차이론
③ 프레이밍이론
④ 사회관계이론

10. ⟨보기⟩의 사례를 미디어가 스포츠에 미치는 영향 중 긍정적 효과인지 부정적 효과인지로 바르게 구분한 것은?

― ⟨보기⟩ ―
㉠ 방송사 중계권 경쟁으로 특정 인기 종목에만 편중된 보도가 이루어진다.
㉡ 대형 스포츠 방송을 통해 일반인도 쉽게 경기를 접하며 참여 인식이 확대된다.
㉢ 미디어 광고 수익으로 프로스포츠 산업이 성장한다.
㉣ 지나친 상업주의로 인해 경기 일정이 촘촘히 편성되어 선수 부상이 잦아진다.

	긍정적	부정적
①	㉠, ㉣	㉡, ㉢
②	㉠, ㉡	㉢, ㉣
③	㉠, ㉢	㉡, ㉣
④	㉡, ㉢	㉠, ㉣

2급 스포츠지도사 필기시험

11. 투민(Tumin)의 이론 중 〈보기〉에서 제시하는 사회계층 형성 과정으로 옳은 것은?

〈보기〉
A스포츠 구단에서 감독, 코치, 선수, 트레이너, 홍보 담당자가 각자 다른 역할을 수행하고 있다. 이들은 직무의 중요성에 따라 서열화되며, 평가 결과에 따라 보수가 달라진다.

① 지위 분화 → 지위 서열화 → 평가 → 보수 부여
② 지위 서열화 → 지위 분화 → 평가 → 보수 부여
③ 평가 → 지위 분화 → 보수 부여 → 지위 서열화
④ 보수 부여 → 평가 → 지위 분화 → 지위 서열화

12. 스포츠계층 이동의 유형으로 옳지 <u>않은</u> 것은?

① 수직 이동
② 수평 이동
③ 세대 간 이동
④ 순환 이동

13. 〈보기〉에서 설명하는 스포츠와 계층과 관련된 이론은?

〈보기〉
영국에서 테니스와 골프는 전통적으로 상류층의 상징적 스포츠로 자리해 왔으며, 이에 비해 축구와 배드민턴은 대중이 쉽게 참여하는 저비용 스포츠로 확산되었다. 이러한 구도 속에서 스포츠는 계층 간의 격차를 드러내고 유지하는 기능을 수행한다.

① 마르크스의 계급론
② 베블런의 유한계급론
③ 라이트의 계급론
④ 그람시의 헤게모니론

14. 〈보기〉의 설명과 일치하는 개념은?

〈보기〉
㉠ 가정·학교·또래의 영향을 받아 처음 스포츠에 참여
㉡ 스포츠 활동을 중단하거나 은퇴하는 과정
㉢ 스포츠를 통해 협동심·규칙 준수 등을 배우는 과정
㉣ 새로운 환경에서 운동을 다시 시작하는 과정

	㉠	㉡	㉢	㉣
①	스포츠 탈사회화	스포츠 재사회화	스포츠로의 사회화	스포츠를 통한 사회화
②	스포츠로의 사회화	스포츠 탈사회화	스포츠를 통한 사회화	스포츠 재사회화
③	스포츠를 통한 사회화	스포츠 재사회화	스포츠 탈사회화	스포츠로의 사회화
④	스포츠 재사회화	스포츠로의 사회화	스포츠 탈사회화	스포츠를 통한 사회화

15. 〈보기〉는 케년(Kenyon)의 스포츠 참가유형에 관한 설명이다. 이 중 행동적 참가와 관련된 내용을 모두 고른 것은?

〈보기〉
㉠ 스포츠에 직접 참여하여 경기에 뛰는 것
㉡ 스포츠 관련 지식과 정보를 습득·분석하는 것
㉢ 코치, 심판, 스포츠 시설 운영자 등으로 참여하는 것
㉣ 경기를 관람하며 특정 선수·팀에 감정이입하는 것
㉤ 팬 활동을 통해 소비자로서 스포츠에 참여하는 것

① ㉠, ㉢
② ㉡, ㉣
③ ㉠, ㉢, ㉤
④ ㉢, ㉣, ㉤

16. 스포츠 탈사회화의 원인으로 적절하지 않은 것은?

① 부상
② 외부 환경 변화
③ 승부 조작
④ 심리적 스트레스

17. 다음 중 스포츠 일탈의 특성에 대한 설명으로 옳지 않은 것은?

① 과소 동조는 규칙을 어기는 행위이다.
② 과잉 동조는 팀과 스포츠 가치에 충실하여 희생하는 행동이다.
③ 과소 동조와 과잉 동조 모두 '규범의 일탈'이라는 공통점을 갖는다.
④ 과잉 동조는 규칙을 무시하고 제재를 피하는 행위이다.

18. 〈보기〉에서 설명하는 집합 행동 이론으로 옳은 것은?

― 〈보기〉 ―
군중 내에서 감정이 전염되듯이 퍼지며 행동이 확산된다.

① 수렴 이론
② 전염 이론
③ 규범 생성 이론
④ 부가 가치 이론

19. 〈보기〉의 학생 B의 반박과 가장 관련 있는 원인은?

― 〈보기〉 ―
학생 A: "관중폭력은 경기 결과에 대한 반응 때문이야."
학생 B: "아니야, 좁은 경기장 구조나 보안 약화도 주요 원인이 될 수 있어."

① 알코올 남용
② 물리적 환경 문제
③ 사회적 갈등
④ 경기 결과 반응

20. 〈보기〉의 내용에 가장 적절한 개념은?

― 〈보기〉 ―
세계적으로 인기 있는 스포츠 종목이 한 나라에 도입되었을 때, 단순히 원형 그대로 수용되는 것이 아니라 그 나라의 문화와 특성이 반영되어 변화한다. 예를 들어, 축구가 특정 지역에서 전통 응원 문화와 결합하거나, 야구가 일본에서 고유의 훈련 방식과 의식으로 발전하는 것처럼, 세계적 스포츠가 지역적 특수성과 융합되어 새로운 형태로 자리 잡는다.

① 세계화(Globalization)
② 스포츠화(Sportization)
③ 세방화(Glocalization)
④ 세계표준화(Standardization)

2급 스포츠지도사 필기시험

스포츠교육학 (22)

1. 체육 수업 안전관리로 부적절한 교사의 조치는?
   ① 장비·공간의 위험요소를 사전 점검한다.
   ② 위험 징후 시 활동을 즉시 중단하고 재배치한다.
   ③ 과제 난도를 학생이 선택하므로 감독을 완화한다.
   ④ 응급상황 매뉴얼·역할을 사전에 숙지한다.

2. 이해중심 게임수업의 전형적 흐름으로 가장 적절한 것은?
   ① 기술연습 → 전술이해 → 의사결정 → 적용
   ② 전술이해 → 의사결정 → 기술연습 → 적용(게임수행)
   ③ 게임소개 → 기술연습 → 수행 → 평가
   ④ 규칙암기 → 드릴반복 → 게임

3. 모스턴의 연습형 스타일의 특징으로 옳은 것은 무엇인가?
   ① 학생이 동료에게 피드백을 준다.
   ② 학생이 수행을 자체 점검한다.
   ③ 학생이 장소·속도·리듬 등 일부 결정을 한다.
   ④ 과제 난이도를 스스로 선택한다.

4. 슐만(L. Shulman)의 교사 지식 중 내용 지식에서 체육 교사가 갖춰야 할 주요 지식에 해당하는 것은?
   ① 학생들을 효과적으로 관리하는 능력
   ② 개별 훈련 프로그램을 개발하는 능력
   ③ 과목에 대한 깊은 이해
   ④ 교과 외 활동을 조직하는 능력

5. 1950년대 스포츠교육에서 인간 운동과 관련된 주요 초점으로 옳은 것은?
   ① 기술 혁신
   ② 경쟁
   ③ 교육 체조와 운동 탐구
   ④ 전통적인 군사 기반 체력 훈련

6. 다음 설명과 가장 알맞은 평가를 연결하시오.

   "개인이 설정한 목표 도달 여부를 스스로 판단한다."

   ① 규준지향   ② 준거지향
   ③ 수행평가   ④ 자기지향

7. 「국민체육진흥법」에서 생활체육의 정의로 적합한 것은?
   ① 프로 선수 양성을 목표로 한 체육 활동
   ② 건강과 체력 증진을 위한 자발적 체육 활동
   ③ 국제 대회 준비를 위한 체육 활동
   ④ 체육 시설의 상업적 운영

2급 스포츠지도사 필기시험

8. 다음 중 '학생선수'의 정의로 옳은 것은 무엇인가?

① 학교운동부에 소속되어 운동하는 학생 또는 체육단체에 등록하여 선수로 활동하는 학생
② 학교운동부 감독을 맡은 교직원
③ 지역생활체육 동호인
④ 방과후 스포츠강사

9. 심슨(Simpson)과 해로우(Harrow)의 심동적 영역과 관련된 것은?

① 반성적 학습
② 스포츠에서 리더십 기술 개발
③ 신체적 운동과 운동기술 발달
④ 경쟁을 통한 감정적 학습

10. 〈보기〉 중 스포츠교육모형 수업 장면으로 적절한 것만 고른 것은?

— 〈보기〉 —
㉠ 시즌 말에 팀 배너·응원가를 준비해 학급 리그 결승을 진행한다.
㉡ 동일 과제를 난이도 구간으로 제시하고 학습자가 스스로 선택한다.
㉢ 학생 심판·기록원·코치 역할을 순환한다.

① ㉠, ㉢
② ㉠, ㉡
③ ㉡, ㉢
④ ㉠, ㉡, ㉢

11. YMCA식 체조에 대한 설명으로 옳은 것은?

① 가벼운 기구 활용, 운동과 건강 위생 강조
② 전인적 자질을 계발하기 위한 체육교육 실천
③ 기구 활용, 개별화된 운동을 통해 위생적, 교육적, 교정적 효과 추구
④ 정확한 동작 활용, 건강, 표현력, 운동수행의 아름다움 증진

12. 메이거(R. Mager)의 학습 목표 설정 이론에서 필수 요소가 아닌 것은?

① 명확한 수행 기준 설정
② 수행이 필요한 조건 명시
③ 학습자가 기대하는 결과 제시
④ 목표 달성 불가 시 대안 제시

13. 〈보기〉에서 설명하는 모스턴(M. Mosston)의 체육 교수 스타일은?

— 〈보기〉 —
학습자가 자신의 수행을 스스로 점검하고 교정하는 방식으로, 비교와 대조, 결론 도출 능력을 스스로 적용한다.

① 자기 설계형 스타일
② 자기 점검형 스타일
③ 자기 주도식 스타일
④ 자기 학습식 스타일

14. 메츨러(M. Metzler)의 교사 지식 중 예상치 못한 상황을 처리하는 데 중요한 지식은?

① 선언적 지식
② 절차적 지식
③ 상황적 지식
④ 관계적 지식

15. 모스턴의 체육 교수 스타일의 의사결정(전·중·후) 주체가 바르게 연결된 것은?

① 자기주도형: 학습자-교사-학습자 / 포괄형: 교사-학습자-학습자

② 연습형: 교사-학습자-교사 / 자기점검형: 교사-학습자-학습자

③ 포괄형: 학습자-학습자-교사 / 유도발견형: 교사-학습자-교사

④ 명령형: 교사-학습자-교사 / 상호학습형: 교사-교사-학습자

16. Rink의 내용발달 과제계열 순서로 옳은 것은?

① 세련 → 적용 → 확대 → 정보

② 확대 → 정보 → 적용 → 세련

③ 적용 → 확대 → 정보 → 세련

④ 정보 → 확대 → 세련 → 적용

17. 라반(Laban)이 체육교육에 기여한 교육적 접근은?

① 스포츠 분석

② 동작 탐구와 교육 무용

③ 전략적 신체 경쟁

④ 기술 기반 체육교육

18. 성인 스포츠의 목적으로 가장 적절한 것은?

① 고강도 스포츠 훈련

② 국제 대회에서의 경쟁적 성과

③ 전문 스포츠 기술 개발

④ 스트레스 완화와 신체 활동을 통한 사회적 참여

19. 평가 시기·목적에 맞는 사례는 무엇인가?

① 진단평가 – 수업 중 피드백 제공

② 형성평가 – 단원 말 성취 판정

③ 총괄평가 – 출발점 행동 확인

④ 형성평가 – 과정 중 교정·강화 제공

20. 생활체육 프로그램 개발에 대한 설명으로 옳지 않은 것은?

① 프로그램의 목표는 추상적으로 설정한다.

② 프로그램에서 제공할 체육 활동의 내용은 구체적으로 기술한다.

③ 프로그램을 설계하기 전, 지역 사회와 참여자의 요구를 면밀히 분석한다.

④ 다양한 연령층과 체력 수준을 고려하여, 모든 참여자가 즐길 수 있는 체육 활동을 제안한다.

2급 스포츠지도사 필기시험

스포츠심리학 (33)

1. 다음 중 스포츠심리학의 정의로 옳은 것은?
   ① 운동 수행을 돕기 위해 생리학적 원리를 분석하는 학문이다.
   ② 스포츠 상황에서 나타나는 인간의 심리와 행동을 연구하는 학문이다.
   ③ 선수의 경기력을 높이기 위해 기술적 전술만을 다루는 학문이다.
   ④ 스포츠 시설과 장비의 효율성을 검증하는 학문이다.

2. 〈보기〉의 설명과 가장 밀접한 영역은?

   〈보기〉
   - 경기력 향상과 심리 안정 지원을 목표로 한다.
   - 심리 기술 훈련을 현장에 적용한다.
   - 선수의 자신감, 집중력, 불안 조절에 직접적 도움을 준다.

   ① 운동제어   ② 운동학습
   ③ 응용스포츠심리   ④ 운동발달

3. 다음 중 정보처리 단계에 대한 설명으로 옳지 않은 것은?
   ① 감각지각 단계에서는 환경에서 오는 자극을 인식하고 분석한다.
   ② 반응선택 단계에서는 자극에 대해 어떻게 반응할지 결정한다.
   ③ 반응실행 단계에서는 선택된 반응을 실제 행동으로 옮긴다.
   ④ 감각지각 단계에서는 주의집중과는 무관하게 자동적으로 반응이 실행된다.

4. 다음 중 운동제어 체계에서 나타나는 현상과 설명이 바르게 짝지어진 것은?
   ① 스트룹 효과 – 특정인의 목소리를 소음 속에서도 선택적으로 알아듣는 현상
   ② 칵테일 파티 효과 – 여러 감각 정보가 불일치할 때 반응 시간이 늦어지는 현상
   ③ 통제적 처리 – 많은 주의를 필요로 하며 주로 학습 초기 단계에서 나타남
   ④ 자동적 처리 – 선택된 반응을 실제 행동으로 옮기기 위해 근육을 움직이는 현상

5. 〈보기〉의 설명에 해당하는 이론을 바르게 연결한 것은?

   〈보기〉
   ㉠ 신체의 많은 자유도(degrees of freedom)를 통제하여 효율적 동작 수행
   ㉡ 반복되는 자극에 대한 반응을 통해 학습이 이루어짐
   ㉢ 협응과 제어의 변화를 중심으로 운동학습을 설명

	㉠	㉡	㉢
①	번스타인 자유도 모델	손다이크 자극-반응(S-R)	뉴웰 협응 변화 이론
②	젠타일 2차원적 모델	아담스 폐쇄회로이론	피츠와 포스너 3단계 모델
③	피츠와 포스너 3단계 모델	손다이크 자극-반응(S-R)	아담스 폐쇄회로이론
④	번스타인 자유도 모델	뉴웰 협응 변화 이론	젠타일 2차원적 모델

2급 스포츠지도사 필기시험

6. ⟨보기⟩의 대화를 통해 알 수 있는 ㉠의 운동학습 방법으로 옳은 것은?

― ⟨보기⟩ ―
학생 A: "나는 자유투, 레이업, 드리블을 일정한 순서대로 계속 반복하면서 연습했어."
학생 B: "그건 (㉠) 연습이야."

① 전습법
② 계열 연습
③ 무선 연습
④ 집중 연습

7. ⟨보기⟩에서 설명하는 관련된 개념의 연결로 옳은 것은?

― ⟨보기⟩ ―
㉠ 배운 기술을 오랜 시간이 지나도 잘 수행한다.
㉡ 학습 후 시간이 지나면서 기술을 잊거나 수행이 어려워진다.

	㉠	㉡
①	파지	망각
②	기억	파지
③	높은 파지	낮은 파지
④	낮은 파지	높은 파지

8. ⟨보기⟩에서 설명하는 학습 전이와 관련된 것은?

― ⟨보기⟩ ―
• 축구 드리블이 풋살 드리블 시 영향을 미치는 경우
• 스키 평행 활강이 스노보드 활강에 영향을 미치는 경우
• 수영 자유형 호흡법이 스노클링 호흡법 수행에 영향을 미치는 경우

① 수평적 전이
② 수직적 전이
③ 제로 전이
④ 부적 전이

9. ⟨보기⟩에서 내재적 피드백에 해당하는 것은?

― ⟨보기⟩ ―
㉠ 근육의 긴장감으로 동작을 스스로 느낀다.
㉡ 코치가 자세 교정을 해준다.
㉢ 호흡 리듬을 스스로 조절한다.
㉣ 경기 후 기록지를 통해 점수를 확인한다.

① ㉠, ㉢
② ㉡, ㉣
③ ㉠, ㉣
④ ㉢, ㉣

10. 다음 중 운동발달의 원리에 대한 설명으로 옳지 않은 것은?

① 운동 발달은 유전과 환경이 함께 영향을 미친다.
② 모든 개인은 동일한 속도로 운동 발달이 진행된다.
③ 운동 발달은 점진적이고 연속적으로 이루어진다.
④ 운동 발달은 특정 순서에 따라 진행된다.

11. ⟨보기⟩에서 ㉠에 들어갈 용어로 알맞은 것은?

― ⟨보기⟩ ―
갤라휴(Gallahue)의 운동발달 단계 중 (㉠) 단계는 청소년기에 나타나며, 급격한 성장과 성별 차이로 인해 운동 발달에 차이를 보인다.

① 반사적 움직임 단계
② 스포츠 기술 단계
③ 성장과 세련 단계
④ 퇴보 단계

2급 스포츠지도사 필기시험

12. 〈보기〉의 설명과 가장 관련이 깊은 성격의 특성은?

―〈보기〉―
A 선수는 적극적으로 드리블 돌파를 즐기고, B 선수는 동료에게 패스를 주며 플레이를 풀어나가는 스타일이다.

① 지속성　　② 일관성
③ 독특성　　④ 경향성

13. 〈보기〉의 내용을 성격 이론과 연결했을 때 옳은 것은?

―〈보기〉―
㉠ 성격은 욕구 위계에 따라 자아실현으로 발전한다.
㉡ 성격은 16개의 특성 요인으로 구성된다.
㉢ 성격은 체형(유형)과 관련된다.

	㉠	㉡	㉢
①	프로이트 정신분석 이론	로저스 인본주의적 성격 이론	아이젠크 성격 3요인 모델
②	로저스 인본주의적 성격 이론	매슬로우 욕구 위계 이론	셸던 체형 성격 이론
③	반두라 사회학습 이론	아이젠크 성격 3요인 모델	레이몬드 캐텔 성격 특성 이론
④	매슬로우 욕구 위계 이론	레이몬드 캐텔 성격 특성 이론	셸던 체형 성격 이론

14. 다음 중 성격 측정 방법과 예시의 연결이 옳지 않은 것은?

① 질문지법 – MMPI, Big Five, MBTI
② 면접법 – 구조화, 비구조화, 반구조화
③ 투사법 – 로르샤흐, TAT, HTP
④ 투사법 – EPQ, 16PF, NEO-PI-R

15. 〈보기〉의 사례와 일치하는 정서 이론은?

―〈보기〉―
한 선수가 축구 경기에 나가서 팀에 기여하고 골을 넣는 성취 자체에 큰 보람을 느꼈다. 그런데 구단에서 골당 성과급을 지나치게 강조하자, 선수는 '팀워크'보다는 '보너스'를 더 의식하게 되었고, 결국 즐거움과 몰입이 줄어들며 내재적 동기가 약화되었다. 이를 '과잉 정당화 효과'라고도 한다.

① 자기 인식 이론
② 인지 평가 이론
③ 제임스-랑게 이론
④ 캐논-바드 이론

16. 〈보기〉에서 설명하는 각각의 발언에 해당하는 불안 유형은?

―〈보기〉―
선수 A: "난 경기 직전만 되면 너무 긴장돼."
선수 B: "난 평소에도 새로운 상황에 불안감을 자주 느껴."
선수 C: "난 경쟁만 하면 항상 불안해지는 성격이야."

	선수 A	선수 B	선수 C
①	경쟁상태불안	상태불안	특성불안
②	특성불안	상태불안	분리불안
③	상태불안	특성불안	경쟁특성불안
④	분리불안	특성불안	경쟁상태불안

17. ⟨보기⟩에서 설명하는 경쟁불안과 경기력 관계 이론은?

─ ⟨보기⟩ ─
- 높은 각성 수준을 긍정적으로 해석하면 흥분 상태가 되어 수행이 향상된다.
- 같은 상황이라도 부정적으로 해석하면 불안으로 작용해 수행이 저하된다.

① 애프터 전환(반전) 이론
② 하닌 최적수행지역 이론
③ 여키스-도슨 역U자 가설
④ 콕스 다차원적 불안 이론

18. ⟨보기⟩ 중 집단의 사회적 태만과 관련된 설명으로 옳은 것은?

─ ⟨보기⟩ ─
㉠ 무임승차 전략은 타인의 노력에 기대어 자신의 노력을 줄이는 것이다.
㉡ 반무임승차 전략은 타인의 무임승차를 막기 위해 자신의 노력도 줄이는 것이다.
㉢ 최소화 전략은 결과와 무관하게 노력을 극대화하는 방식이다.
㉣ 할당 전략은 집단보다 개인의 이익을 위해 최소한만 노력하는 것이다.

① ㉠, ㉡
② ㉠, ㉢
③ ㉠, ㉡, ㉣
④ ㉡, ㉢, ㉣

19. ⟨보기⟩에서 설명하는 운동의 심리적 효과 가설과 관련된 것은?

─ ⟨보기⟩ ─
- 운동으로 체온 상승 → 뇌 신호 → 신체·심리적 안정
- 생리적 변화와 직접 연결
- 긴장 완화, 불안 감소

① 뇌 변화 가설
② 생리적 강인함 가설
③ 모노아민 가설
④ 열 발생 가설

20. ⟨보기⟩의 설명과 올바른 원칙을 연결한 것은?

─ ⟨보기⟩ ─
㉠ 상담자는 최신 상담 지식을 습득하고 발전시켜야 한다.
㉡ 상담자는 사회 전체의 책임감을 고려하여 역할을 수행해야 한다.

	㉠	㉡
①	정직성	책임 의식
②	전문성	사회적 의무
③	책임 의식	인권 보호
④	인권 보호	정직성

2급 스포츠지도사 필기시험

한국체육사 (44)

1. <보기>의 내용은 체육사의 정의이다. 빈칸에 들어갈 말로 알맞은 것은?

   ─── <보기> ───
   - 사회적·시간적 변화에 따른 인류 문화의 성격과 특성을 판단하며, 스포츠와 체육의 관계를 탐구하는 학문
   - (　　　　)(으)로, 인간 운동을 본질적으로 이해하기 위한 학문

   ① 체육의 현대적 발전 과정
   ② 스포츠 이론과 실천의 연관성
   ③ 인간이 수행해 온 신체 활동의 역사
   ④ 스포츠와 정치의 관계

2. 삼국시대 체육의 공통적 특징으로 옳은 것은?

   ① 불교 사상의 영향으로 신체 활동을 억제하였다.
   ② 국방력 강화를 위해 무예와 훈련이 강조되었다.
   ③ 귀족 중심의 오락 활동만 발달하였다.
   ④ 서구 스포츠가 적극적으로 도입되었다.

3. 신라 화랑도의 세속오계에 포함되지 않는 것은?

   ① 임전무퇴　　② 사군이충
   ③ 교우이신　　④ 활인심방

4. 체육사의 연구 영역 중 세계사적 연구에서 다루는 내용으로 옳은 것은?

   ① 특정 시대의 체육사
   ② 전 시대와 지역의 통합 연구
   ③ 특정 지역의 전통 체육
   ④ 현대 스포츠와 체육의 관계

5. 보기에 제시된 설명과 알맞은 활동을 고른 것은 무엇인가?

   ─── <보기> ───
   고려시대 귀족들은 말을 타고 채로 공을 치며 겨루는 경기를 즐겼다. 이 활동은 귀족 사회의 오락이자 군사 훈련적 성격을 가진 대표적 체육 활동이었다.

   ① 축국
   ② 격구
   ③ 수박희
   ④ 석전

6. 고려시대의 체육과 관련 없는 것은?

   ① 격구
   ② 축국
   ③ 씨름
   ④ 활인심방

2급 스포츠지도사 필기시험

7. 조선시대 무과 시험의 주요 평가 항목이 아닌 것은?
   ① 기창술
   ② 궁술
   ③ 격구
   ④ 독서 능력

8. 고려시대 체육 활동의 주요 특징으로 옳은 것은?
   ① 국방력 강화 목적
   ② 체육 활동 억압
   ③ 민간 중심 체육 발달
   ④ 스포츠 규칙 확립

9. 조선시대에 국방력 강화를 위한 체육 활동으로 주로 행해진 것은?
   ① 투호   ② 격구
   ③ 추천   ④ 장치기

10. 조선시대 무과 시험의 주요 평가 항목이 아닌 것은?
    ① 활쏘기
    ② 기마술
    ③ 무예 수행 능력
    ④ 필기 시험

11. 조선시대의 궁술에 대한 설명으로 옳지 않은 것은?
    ① 문과 시험의 필수 과목이었다.
    ② 유교적 교육에서 궁술은 육예(六藝) 중 '사(射)'에 해당한다.
    ③ 단순한 무예 기술을 넘어 인간의 도덕성과 정신적 수양을 위한 수단으로 여겨졌다.
    ④ 궁술은 전쟁 기술에서 스포츠로 발전하며 일종의 게임으로 변모하였다.

12. 〈보기〉에 제시된 설명과 정책 목적을 알맞게 짝지은 것은 무엇인가?

    ─── 〈보기〉 ───
    ㉠ 민족의식을 고취하고 조선인의 정체성을 강화하려는 체육 정책
    ㉡ 황국신민으로 길러내고 군사적 체력을 기르려는 체육 정책

	㉠	㉡
①	생활체육 활성화	황국신민화와 군사적 체력 단련
②	민족주의 체육 진흥	황국신민화와 군사적 체력 단련
③	스포츠 산업화 촉진	생활체육 활성화
④	황국신민화와 군사적 체력 단련	민족주의 체육 진흥

2급 스포츠지도사 필기시험

13. 한국 근대 체육의 도입 시기는?

① 1876년 개항 이후
② 1910년 한일 병합 이후
③ 1945년 광복 이후
④ 1960년대

14. 〈보기〉에 해당하는 설명은 전두환 정권 시기의 스포츠 산업 정책 핵심을 의미한다. 다음 중 가장 알맞은 것을 고른 것은 무엇인가?

〈보기〉
1980년대 들어 정부는 국민들의 여가 활용과 산업 활성화를 위해 새로운 형태의 스포츠 제도를 도입하였다. 야구, 축구, 농구, 씨름 등 종목별로 프로팀이 창단되었고, 이를 통해 스포츠가 단순한 생활 차원을 넘어 산업화·대중화되는 계기를 마련하였다.

① 생활체육 보급
② 프로스포츠 출범
③ 국제대회 개최
④ 체육 교과 필수화

15. 개화기 최초의 운동회로, 영국인 교사 허치슨(Hutchison)이 시작한 행사는 무엇인가?

① 화류회   ② 강무회
③ 유희 대회   ④ 체육 대회

16. 일제 강점기 동안 한국체육의 주요 변화로 적절한 것은?

① 체육의 군사적 성격 강화
② 유희와 오락 위주의 교육
③ 스포츠 교과과정 폐지
④ 전통 체육 부활

17. 〈보기〉에 제시된 설명과 가장 알맞은 학문 영역을 짝지은 것은 무엇인가?

〈보기〉
㉠ 스포츠의 기원, 변천, 발달 과정을 역사적 사건과 맥락 속에서 탐구한다.
㉡ 운동 생리학, 스포츠 심리학, 운동역학 등을 통해 과학적으로 체육 현상을 분석한다.

	㉠	㉡
①	체육학	체육사
②	체육사	체육학
③	체육학	체육학
④	체육사	체육사

18. 해석적 연구와 기술적 연구의 차이를 옳게 설명한 것은?

① 기술적 연구는 가치관에 기초한다.
② 해석적 연구는 단순 기록에 그친다.
③ 기술적 연구는 사실 기록, 해석적 연구는 의미 부여에 중점 둔다.
④ 두 연구는 동일한 성격을 가진다.

2급 스포츠지도사 필기시험

19. 체육사 연구 방법 중 기술적 연구는 무엇을 의미하는가?

① 역사가의 주관적 해석 중심 연구
② 유물·사료를 토대로 과거 사실을 기록하는 연구
③ 현대 체육 현상을 비교하는 연구
④ 미래 스포츠 정책을 제안하는 연구

20. 〈보기〉에서 설명하는 인물로 옳은 것은?

―― 〈보기〉 ――
1976년 몬트리올 올림픽 레슬링 금메달리스트로, 해방 이후 한국 최초의 올림픽 금메달을 획득하였다.

① 김일
② 양정모
③ 김성집
④ 조오련

정답과 해설 P.9

운동생리학 (55)

1. 고강도 단시간 운동(예 100m 전력질주)에서 가장 많이 사용되는 에너지 공급 시스템은?

① 젖산 시스템
② ATP-PC 시스템
③ 산화적 인산화
④ 지방산 β-산화

2. 〈보기〉에서 장기간 유산소 트레이닝의 생리적 적응으로 옳은 것은?

―― 〈보기〉 ――
㉠ 1회 박출량 증가
㉡ 최대심박수 증가
㉢ 모세혈관 밀도 증가
㉣ 미토콘드리아 밀도 증가

① ㉠, ㉢
② ㉠, ㉢, ㉣
③ ㉡, ㉢
④ ㉠, ㉣

3. 〈보기〉의 ㉠, ㉡에 들어갈 알맞은 용어는?

―― 〈보기〉 ――
• 운동 후 빠른 회복기에서 (㉠)이/가 재합성된다.
• 느린 회복기에는 (㉡) 제거와 체온 정상화 과정이 포함된다.

	㉠	㉡
①	크레아틴인산	젖산
②	젖산	크레아틴인산
③	글리코겐	ATP
④	ATP	글리코겐

2급 스포츠지도사 필기시험

4. 골격근 수축 과정에 대한 설명으로 옳은 것은?
   ① Ca^{2+}는 트로포마이오신에 결합한다.
   ② ATP는 미오신-액틴 결합을 끊는 역할을 한다.
   ③ 트로포닌은 차단 단백질이다.
   ④ 액틴은 굵은 필라멘트로 분류된다.

5. 〈보기〉에서 교감신경 활성화 반응으로 옳은 것만을 모두 고르시오.
   ─── 〈보기〉 ───
   ㉠ 심박수 증가
   ㉡ 소화기 혈류 증가
   ㉢ 혈중 포도당 증가
   ㉣ 동공 확대

   ① ㉠, ㉢   ② ㉠, ㉢, ㉣
   ③ ㉡, ㉢   ④ ㉠, ㉡, ㉣

6. 무산소 해당과정에서 포도당 1분자가 분해될 때 순수하게 생성되는 ATP 수는?
   ① 1   ② 2
   ③ 4   ④ 36

7. 〈보기〉에서 운동 시 1회 박출량 증가에 기여하는 요인으로 옳은 것만을 모두 고르시오.
   ─── 〈보기〉 ───
   ㉠ 정맥 환류 증가
   ㉡ 좌심실 수축력 증가
   ㉢ 말기수축기용적(ESV) 증가
   ㉣ 프랭크-스타링 기전 작용

   ① ㉠, ㉢   ② ㉠, ㉡, ㉣
   ③ ㉡, ㉢   ④ ㉠, ㉡

8. 〈보기〉에서 Type II 섬유(속근)의 특성으로 옳은 것만을 모두 고르시오.
   ─── 〈보기〉 ───
   ㉠ 피로 저항성 낮다
   ㉡ 수축 속도 빠르다
   ㉢ 산화 효소 활성이 높다
   ㉣ 해당 효소 활성이 높다

   ① ㉠, ㉡, ㉣
   ② ㉠, ㉢
   ③ ㉡, ㉢
   ④ ㉠, ㉣

9. 운동 중 산소-헤모글로빈 해리곡선이 우측으로 이동하는 원인으로 옳은 것은?
   ① 체온 감소
   ② pH 증가
   ③ 혈중 CO_2 농도 증가
   ④ 산소 친화력 증가

10. 〈보기〉의 ㉠, ㉡에 들어갈 알맞은 용어는?
    ─── 〈보기〉 ───
    • (㉠)은/는 1회 박출량 × 심박수로 정의된다.
    • 안정 시 평균 값은 (㉡) L/min이다.

	㉠	㉡
①	심박출량	5
②	심박출량	15
③	최대산소섭취량	5
④	최대산소섭취량	15

2급 스포츠지도사 필기시험

11. 〈보기〉에서 골격근 수축 시 일어나는 현상으로 옳은 것만을 모두 고르시오.

〈보기〉
㉠ I대 길이는 짧아진다.
㉡ A대 길이는 변하지 않는다.
㉢ 근절(sarcomere)의 길이는 짧아진다.
㉣ 액틴과 미오신의 길이는 짧아진다.

① ㉠, ㉡ ② ㉠, ㉡, ㉢
③ ㉢, ㉣ ④ ㉠, ㉣

12. 〈보기〉에서 유산소 트레이닝의 생리적 적응으로 옳은 것은?

〈보기〉
㉠ 좌심실 용적 증가
㉡ 미토콘드리아 밀도 증가
㉢ 최대심박수 증가
㉣ 모세혈관 밀도 증가

① ㉠, ㉡ ② ㉠, ㉡, ㉣
③ ㉢, ㉣ ④ ㉠, ㉢

13. 〈보기〉의 ㉠, ㉡에 들어갈 알맞은 용어는?

〈보기〉
• 운동 초기 순간적인 에너지 공급은 (㉠) 시스템에서 이루어진다.
• 이 시스템은 (㉡)을/를 분해하여 ATP를 재생한다.

	㉠	㉡
①	ATP-PC	인산크레아틴
②	젖산	젖산
③	해당	글리코겐
④	산화적 인산화	지방산

14. 〈보기〉의 ㉠, ㉡에 들어갈 알맞은 용어는?

〈보기〉
• (㉠)은 근육 길이 변화를 감지하는 수용기이다.
• (㉡)은 근육-건 접합부 장력을 감지하는 수용기이다.

	㉠	㉡
①	근방추	골지건기관
②	골지건기관	근방추
③	파치니소체	마이스너소체
④	마이스너소체	파치니소체

15. 〈보기〉에서 교감신경 활성화의 반응으로 옳은 것은?

〈보기〉
㉠ 심박수 증가
㉡ 혈중 포도당 증가
㉢ 동공 수축
㉣ 소화기 혈류 증가

① ㉠, ㉡ ② ㉠, ㉡, ㉢
③ ㉡, ㉢, ㉣ ④ ㉠, ㉢, ㉣

16. 〈보기〉의 ㉠, ㉡에 들어갈 알맞은 용어는?

〈보기〉
• 산소-헤모글로빈 해리곡선은 (㉠) 시 우측으로 이동한다.
• 이 현상은 (㉡) 효과라고 불린다.

	㉠	㉡
①	체온 상승	보어
②	체온 하강	보어
③	체온 상승	할데인
④	체온 하강	할데인

17. 〈보기〉에서 젖산 시스템(lactic acid system)의 특징으로 옳은 것만을 모두 고르시오.

─〈보기〉─
㉠ 무산소 해당과정의 최종 산물은 젖산이다.
㉡ 30초~2분 정도 지속되는 고강도 운동에서 주로 사용된다.
㉢ 산소를 필요로 하지 않는다.
㉣ 포도당 1분자당 순 36ATP를 생성한다.

① ㉠, ㉡, ㉢ ② ㉠, ㉢, ㉣
③ ㉡, ㉣   ④ ㉠, ㉡

18. 〈보기〉의 ㉠, ㉡에 들어갈 알맞은 용어는?

─〈보기〉─
• 운동 시 (㉠)은/는 증가하여 산소 운반 능력을 높인다.
• (㉡)은/는 일정하게 유지되어 뇌 기능을 보존한다.

	㉠	㉡
①	심박출량	뇌혈류
②	심박출량	골격근 혈류
③	혈압	피부혈류
④	혈압	신장혈류

19. 〈보기〉에서 Type I 근섬유의 특성으로 옳은 것만을 모두 고르시오.

─〈보기〉─
㉠ 산화 효소 활성이 높다.
㉡ 피로 저항성이 높다.
㉢ 수축 속도가 빠르다.
㉣ 미토콘드리아 밀도가 높다.

① ㉠, ㉡, ㉣ ② ㉠, ㉡
③ ㉡, ㉢, ㉣ ④ ㉠, ㉢

20. 〈보기〉의 ㉠, ㉡에 들어갈 알맞은 용어를 고르시오.

─〈보기〉─
• 활동전위가 T-세관을 따라 전달되면 (㉠)에서 Ca^{2+}가 방출된다.
• 방출된 Ca^{2+}는 (㉡)에 결합하여 액틴-미오신 상호작용을 유도한다.

	㉠	㉡
①	근형질세망	트로포닌
②	근형질세망	트로포마이오신
③	미토콘드리아	트로포닌
④	미토콘드리아	트로포마이오신

2급 스포츠지도사 필기시험

운동역학 (66)

1. 운동역학의 주된 목적과 거리가 가장 먼 것은?
   ① 기술 향상
   ② 손상 예방
   ③ 에너지 대사 경로의 임상적 진단
   ④ 수행력 향상

2. 〈보기〉는 정성적 동작분석(qualitative analysis)에 대한 설명이다. 옳지 않은 것은?

   ─〈보기〉─
   "정성적 동작분석은 측정 장비 없이 관찰과 코칭 질문을 통해 오류를 파악하고 교정한다."

   ① 현장에서 즉각적 피드백이 가능하다.
   ② 결과가 지도자 성향에 따라 달라질 수 있다.
   ③ 반드시 수치화된 자료가 필요하다.
   ④ 기술 향상을 목적으로 한다.

3. 다음 중 옳지 않은 정의는?
   ① 전단응력: 조직의 면과 수직으로 작용하는 힘
   ② 인장응력: 서로 반대 방향으로 잡아당기는 힘
   ③ 압축응력: 서로 마주보는 방향으로 밀어 넣는 힘
   ④ 굽힘: 한쪽은 인장, 다른 쪽은 압축이 동시에 발생

4. 한 학생이 총 36m를 걸었다. 시작 3m는 가속, 마지막 3m는 감속 구간이다. 항속 구간에서 소요된 전체 시간은 15s였다. 이 구간의 평균 보행속도는?
   ① 1.40m/s
   ② 1.60m/s
   ③ 1.80m/s
   ④ 2.00m/s

5. 뻣뻣한 착지(피크 힘 증가, 접촉시간 감소)와 부드러운 착지(피크 힘 감소, 접촉시간 증가)의 차이를 설명한 것 중 옳지 않은 것은?
   ① 두 전략의 충격량은 동일하다.
   ② 뻣뻣한 착지는 피크 수직충격력이 더 크다.
   ③ 부드러운 착지는 충격량이 더 크다.
   ④ 조건이 같다면 착지 직전 속도는 동일하다.

6. 다음 진술 중 옳은 것만 고른 것은?

   ─
   ㉠ 토크는 힘과 모멘트암에 비례한다.
   ㉡ 외력이 분절에 수직일 때 모멘트암이 최대다.
   ㉢ 동일한 외력에서 관절각이 작아질수록 모멘트암이 커진다.

   ① ㉠
   ② ㉠, ㉡
   ③ ㉠, ㉢
   ④ ㉡, ㉢

2급 스포츠지도사 필기시험

7. 정적 안정성을 높이려면 (㉠)을 넓히고 (㉡)을 낮추면 된다. 〈보기〉에서 알맞은 것을 고르시오.

   〈보기〉
   기저면, 선속도, 무게중심 높이, 각속도

	㉠	㉡
①	기저면	무게중심 높이
②	선속도	기저면
③	각속도	무게중심 높이
④	기저면	선속도

8. 공기저항을 무시하고 10m/s로 위로 던진 5kg 메디신볼의 최고 도달 높이는? (g = 9.8m/s²)

   ① 약 4.1 m
   ② 약 5.1 m
   ③ 약 6.1 m
   ④ 약 7.1 m

9. 반지름 0.40m의 디스크가 ω = 3π rad/s로 회전할 때 가장자리 점의 선속도는?

   ① 약 2.51m/s
   ② 약 3.14m/s
   ③ 약 3.77m/s
   ④ 약 4.71m/s

10. 마찰력에 대한 설명으로 옳지 않은 것은?

    ① 정지마찰력의 최대값은 운동마찰력보다 크다.
    ② 마찰력의 크기는 F = μN으로 나타낼 수 있다.
    ③ 마찰력은 접촉면과 평행하며 운동을 방해하는 방향으로 작용한다.
    ④ 운동마찰계수는 항상 정지마찰계수보다 크다.

11. 운동역학에서 "토크(torque)"의 정의로 옳은 것은?

    ① 질량과 가속도의 곱이다.
    ② 힘에 변위를 곱한 값이다.
    ③ 힘과 모멘트암의 곱이다.
    ④ 운동량의 시간에 따른 변화이다.

12. 〈보기〉는 안정성에 대한 설명이다. 옳지 않은 것은?

    〈보기〉
    ㉠ 기저면이 넓을수록 안정성이 커진다.
    ㉡ 무게중심이 높을수록 안정성이 커진다.
    ㉢ 체중이 무거울수록 안정성이 커질 수 있다.

    ① ㉠
    ② ㉡
    ③ ㉠, ㉢
    ④ ㉡, ㉢

13. 다음 중 설명이 잘못된 것은?

    ① 속도는 크기와 방향을 가진 벡터량이다.
    ② 속력은 크기와 방향을 가진 벡터량이다.
    ③ 가속도는 속도의 시간에 대한 변화율이다.
    ④ 변위는 위치 변화의 크기와 방향을 가진다.

14. 한 학생이 20N의 일정한 힘으로 5m를 수평으로 끌었다. 이때 한 일(work)은 얼마인가? (힘과 변위는 평행)

    ① 25J
    ② 50J
    ③ 75J
    ④ 100J

15. 근육이 수축하여 회전운동을 일으킬 때, 발생하는 토크의 크기를 증가시키는 방법으로 〈보기〉에서 옳은 것은?

〈보기〉
㉠ 근육이 더 큰 힘을 발휘한다.
㉡ 회전축으로부터 모멘트팔을 길게 한다.
㉢ 관성모멘트를 작게 한다.
㉣ 근육의 길이를 줄인다.

① ㉠, ㉡ ② ㉠, ㉢
③ ㉡, ㉢ ④ ㉢, ㉣

16. 지레의 원리에 대한 설명으로 옳지 않은 것은?

① 제1종 지레는 지점이 힘과 하중 사이에 위치한다.
② 다이빙 동작에서 몸을 펼 때 관성모멘트가 줄어든다.
③ 제3종 지레는 힘이 지점과 하중 사이에 위치한다.
④ 모든 지레는 항상 힘을 이롭게 한다.

17. 〈보기〉는 팔꿈치 관절에 대한 설명이다. 올바른 것은?

〈보기〉
㉠ 팔꿈치 관절은 제1종 지레이다.
㉡ 팔꿈치 관절은 제2종 지레이다.
㉢ 팔꿈치 관절은 제3종 지레이다.

① ㉠ ② ㉡
③ ㉢ ④ ㉠, ㉡

18. 탄성 충돌의 정의로 옳은 것은?

① 운동량은 보존되지만 운동에너지는 손실된다.
② 운동에너지는 보존되지만 운동량은 손실된다.
③ 운동량과 운동에너지가 모두 보존된다.
④ 운동량과 운동에너지가 모두 손실된다.

19. 체중 중심(center of mass)에 대한 설명으로 옳지 않은 것은?

① 신체 각 분절의 질량 중심을 종합한 지점이다.
② 체중 중심은 자세에 따라 변할 수 있다.
③ 체중 중심은 항상 배꼽 부근에 고정되어 있다.
④ 체중 중심은 운동 분석의 기준점으로 사용된다.

20. 질량 2kg인 물체에 10N의 일정한 힘이 수평 방향으로 작용하였다. 5초 후 물체의 속력은 얼마인가? (마찰은 무시함)

① 10m/s
② 20m/s
③ 25m/s
④ 50m/s

2급 스포츠지도사 필기시험

스포츠윤리 (77)

1. 도덕, 선, 윤리의 개념을 설명한 것이다. 옳지 않은 것은?

   ① 도덕은 양심에 기반한 행동 지침이다.
   ② 선은 인간의 궁극적인 목표인 행복과 관련된다.
   ③ 윤리는 개인의 내면적 규범에만 한정된다.
   ④ 칸트는 도덕적 의도를 강조했다.

2. 〈보기〉는 레스트의 도덕성 구성요소를 설명한 것이다. 올바르게 짝지어진 것은?

   〈보기〉
   ㉠ 도덕적 민감성 – 행동을 실천하고 지속적으로 노력하는 단계
   ㉡ 도덕적 판단력 – 옳고 그름을 판단하고 도덕적 가치를 평가
   ㉢ 도덕적 동기화 – 도덕적 우선순위를 세우고 행동하려는 의지
   ㉣ 도덕적 품성화 – 용기와 끈기를 바탕으로 행동을 실행

   ① ㉠, ㉡
   ② ㉡, ㉢
   ③ ㉠, ㉣
   ④ ㉡, ㉢, ㉣

3. 학자와 설명하는 이론이 일치하지 않는 것은?

   ① 존 롤스 – 의무론적 주의
   ② 피터 싱어 – 결과론적 주의
   ③ 제레미 벤담 – 공리주의
   ④ 칸트 – 목적론적 윤리

4. 목적론적 윤리에 대한 설명으로 옳지 않은 것은?

   ① 칸트는 결과와 목적에 따라 도덕적 가치를 판단한다.
   ② 존 스튜어트 밀은 최대 다수의 최대 행복을 강조하였다.
   ③ 아리스토텔레스는 행복을 목표로 덕의 실천과 중용을 강조하였다.
   ④ 칸트는 행복이라는 결과가 도덕적 행위의 기준이라고 보았다.

5. 〈보기〉에 해당하는 동양 사상가를 고르시오.

   〈보기〉
   잘못된 행동을 부끄러워하는 마음, 타인을 불쌍히 여기는 마음, 겸손하고 양보하는 마음, 옳고 그름을 분별하는 마음 등 네 가지 단서를 통해 인간의 선한 본성을 설명하였다.

   ① 공자
   ② 맹자
   ③ 순자
   ④ 한비자

6. 〈보기〉의 설명과 올바르게 짝지어진 것은?

   〈보기〉
   ㉠ 승리를 위한 투쟁과 우월성 과시
   ㉡ 설득에서 감정에 호소
   ㉢ 탁월한 미덕과 우수성
   ㉣ 도덕적 성품과 연사의 권위

	㉠	㉡	㉢	㉣
①	아곤	파토스	아레테	에토스
②	아레테	로고스	아곤	파토스
③	파토스	에토스	로고스	아곤
④	로고스	아레테	에토스	파토스

2급 스포츠지도사 필기시험

7. <보기>의 설명에 해당하는 개념으로 가장 적절한 것은?

―― <보기> ――
경기를 정정당당하게 진행하며, 경기 규칙을 철저히 지키고 부정한 방법으로 승리를 추구하지 않는 것

① 스포츠맨십
② 페어플레이
③ 승리지상주의
④ 경쟁윤리

8. 다음 <보기>의 사례에 해당하는 규칙 유형은 무엇인가?

―― <보기> ――
사례1 : 농구 경기는 선수들이 규정된 유니폼과 장비를 착용해야만 정식 경기로 인정된다.
사례2: 경기 중 파울이 과도하게 발생하면 자유투가 부과된다.

① 두 사례 모두 구성적 규칙이다.
② 두 사례 모두 규제적 규칙이다.
③ 첫 사례는 구성적 규칙, 두 번째 사례는 규제적 규칙이다.
④ 첫 사례는 규제적 규칙, 두 번째 사례는 구성적 규칙이다.

9. 성차별의 원인에 대한 설명으로 옳지 않은 것은?

① 성별 고정관념은 남성과 여성에게 고정된 역할과 행동을 기대하는 사회적 편견이다.
② 역사적 전통은 사회구조로 인해 여성 중심의 권력이 강화된 결과를 의미한다.
③ 제도적 차별은 법과 제도가 성별에 따른 불평등을 지속시키는 구조적 문제이다.
④ 미디어의 영향은 스포츠 보도에서 남성 중심적 시각이 여성 차별을 확대한다.

10. <보기>의 문장에서 ㉠에 들어갈 알맞은 개념은 무엇인가?

―― <보기> ――
(㉠)은/는 성별에 따라 발생하는 불평등을 민감하게 인식하고, 정책·제도·관행 속 차별 요소를 개선하려는 태도를 의미한다.

① 젠더 갈등
② 성별 고정관념
③ 성인지 감수성
④ 구조적 불평등

11. <보기>의 문장에서 ㉠에 들어갈 알맞은 개념은 무엇인가?

―― <보기> ――
특정 인종을 이유로 그들이 범죄를 저지를 가능성이 높다고 추정하는 행위는 (㉠)이라고 한다.

① 인종 프로파일링
② 인종주의
③ 제도적 차별
④ 문화적 편견

2급 스포츠지도사 필기시험

12. 스포츠에서의 장애인 차별에 대한 설명으로 옳지 않은 것은?

① 장애를 이유로 스포츠 참여에서 거부, 배제, 분리, 제한이 발생하는 것은 차별에 해당한다.
② 장애인의 스포츠 참가 권리는 평등한 참여, 접근성 보장, 차별금지 등을 포함한다.
③ 장애인의 스포츠 참여 의미는 사회적 통합, 신체적·정신적 건강 증진을 포함한다.
④ 장애인의 스포츠 차별은 주로 개인의 신체 능력이 부족하기 때문에 발생한다.

13. 스포츠 환경의 3가지 범주에 대한 설명으로 옳지 않은 것은?

① 순수환경은 인간의 개입이 최소화된 자연 그대로의 환경에서 이루어지는 스포츠이다.
② 개발환경은 인간에 의해 부분적으로 조성된 환경에서 이루어지는 스포츠이다.
③ 시설환경은 자연적 요소와 인공적 요소가 혼합된 환경에서 이루어지는 스포츠이다.
④ 순수환경 스포츠의 예로는 등산, 서핑, 트레일 러닝 등이 있다.

14. 〈보기〉에 해당하는 개념은 무엇인가?

〈보기〉
모든 생명체는 존중받을 권리가 있으며, 인간은 다른 생명체의 생명을 함부로 취해서는 안 된다.

① 가이아 이론
② 생명중심주의
③ 심층 생태학
④ 책임 윤리

15. 〈보기〉의 설명과 스포츠 폭력 유형을 올바르게 연결한 것은?

〈보기〉
㉠ 특정 목적을 달성하기 위해 이익이나 경기 결과를 얻기 위한 수단으로 사용되는 폭력
㉡ 사회 제도나 구조 속에서 은폐적으로 발생하는 폭력
㉢ 분노 해소를 위해 상대방을 해치는 폭력

	㉠	㉡	㉢
①	도구적 폭력	구조적 폭력	개인적 폭력
②	개인적 폭력	도구적 폭력	구조적 폭력
③	구조적 폭력	도구적 폭력	개인적 폭력
④	도구적 폭력	개인적 폭력	구조적 폭력

16. 스포츠 폭력 이론에 대한 설명으로 옳지 않은 것은?

① 반두라는 사회학습 이론을 통해 모방과 학습이 폭력성을 강화한다고 보았다.
② 조과 닐은 좌절이 분노를 유발하고, 이것이 폭력으로 이어질 수 있다고 보았다.
③ 한나 아렌트는 폭력이 지속되면 점차 약화되며 결국 사라진다고 주장하였다.
④ 홉스는 자연 상태에서 인간이 이기적·폭력적이며 만인의 투쟁 속에서 살아간다고 보았다.

17. 도핑의 종류에 대한 설명으로 옳지 않은 것은?

① 스테로이드는 근육량 증가와 회복 촉진을 위해 사용된다.
② 각성제는 카페인, 암페타민 등으로 경기 중 집중력을 높이는 데 활용된다.
③ 혈액 도핑은 수분 섭취를 통해 탈수 현상을 막는 방법이다.
④ 유전자 도핑은 유전자를 조작해 근육 성장이나 지구력을 높인다.

18. 다음 〈보기〉에서 생체 공학 기술의 긍정적 영향과 부정적 영향을 바르게 짝지은 것은?

〈보기〉

	긍정적	부정적
㉠	경기력 극대화	선수 건강 위험
㉡	부상 예방	불공정 문제
㉢	편파 판정 최소화	과학적 오류
㉣	장애인 스포츠 활성화	기술 의존 증가

① ㉠, ㉣
② ㉡, ㉢
③ ㉠, ㉡, ㉢
④ ㉠, ㉡, ㉢, ㉣

19. 〈보기〉 대화에서 학생 B의 발언이 의미하는 것은 무엇인가?

〈보기〉

학생 A: "훈련 때문에 수업을 많이 빠져서 진로 준비가 불안해."
학생 B: "학교에서 튜터링 같은 학습 지원이 있으면 도움이 될 텐데."

① 학습권 침해 문제
② 맞춤형 학습 지원 방안
③ 불평등한 교육 기회
④ 법적 제도의 필요성

20. 윤리적 관점에 대한 설명으로 옳지 않은 것은?

① 윤리적 상대주의는 도덕적 가치가 사회와 문화에 따라 달라질 수 있다고 본다.
② 윤리적 절대주의는 정의, 용기, 절제 등과 같은 덕목이 변하지 않는 보편적 가치라고 본다.
③ 윤리적 회의주의는 도덕적 진리에 대해 회의적이며, 도덕 지식이 확실하지 않다고 본다.
④ 윤리적 객관주의는 도덕 원리의 타당성이 상황에 따라 달라질 수 있다고 본다.

감 익히는 모의고사 2회

2026년도 대비 2급류 체육지도자 필기시험 문제지

(2급 전문 / 2급 생활 / 2급 장애인 / 유소년 / 노인)

과목코드 및 페이지

선택과목			
	스포츠사회학	(과목코드: 11)	P.398
	스포츠교육학	(과목코드: 22)	P.402
	스포츠심리학	(과목코드: 33)	P.405
	한국체육사	(과목코드: 44)	P.409
	운동생리학	(과목코드: 55)	P.412
	운동역학	(과목코드: 66)	P.416
	스포츠윤리	(과목코드: 77)	P.419

2급 스포츠지도사 필기시험

스포츠사회학 (11)

1. 스포츠사회학에 대한 설명으로 옳지 않은 것은?
   ① 스포츠와 사회 관계에 관심을 둔다.
   ② 스포츠 상황에서 인간의 행동과 그 심리적 원인을 분석한다.
   ③ 사회적 현상에서 나타나는 사회적, 문화적, 경제적, 정치적 관계를 연구한다.
   ④ 스포츠와 운동 상황에서의 인간과 인간행동을 사회적 관점으로 탐구하는 학문이다.

2. 스포츠의 사회적 기능이 다른 하나는?
   ① 사회적 갈등 조장
   ② 사회적 규범 강화
   ③ 사회적 유대감 강화
   ④ 사회적 정서 순화

3. 〈보기〉에서 설명하는 사례 중 스포츠의 순기능에 해당하는 것은?

   ─ 〈보기〉 ─
   ㉠ 올림픽을 통해 국가 간 문화 교류와 상호 이해를 증진한다.
   ㉡ 스포츠 참여를 통해 신체적 건강과 여가 생활을 향상시킨다.
   ㉢ 국제 대회 성과를 국민 통합과 사회적 일체감 형성의 계기로 삼는다.
   ㉣ 승패 결과를 국가 간 적대감 조장과 갈등의 도구로 이용한다.

   ① ㉠, ㉡
   ② ㉠, ㉢
   ③ ㉠, ㉡, ㉢
   ④ ㉠, ㉡, ㉢, ㉣

4. 스포츠와 정치가 결합되는 긍정적인 사례로 적절하지 않은 것은?
   ① 올림픽에서 국가대표 팀의 성과가 정치적 자부심으로 작용한다.
   ② 스포츠 이벤트에서 정치적 메시지가 전달된다.
   ③ 국가에서 스포츠 경기를 조작해 특정 팀이 이기도록 유도한다.
   ④ 스포츠 스타가 사회적 불평등에 대한 연설을 한다.

5. 〈보기〉의 내용에서 에티즌(D. Eitzen)과 세이지(G. Sage)가 제시한 스포츠의 정치적 속성은 무엇인가?

   ─ 〈보기〉 ─
   2002년 월드컵 4강 진출 이후, K-응원문화가 확산되는 흐름에 맞추어 정부와 지방자치단체는 "K-스포츠, K-국가브랜드" 캠페인을 전개했다. 해외 대사관은 거리 응원과 문화행사를 개최하며 관광 홍보를 강화했고, SNS에서는 ·TeamKorea 해시태그가 수천만 회 공유되었다. 또한 주요 외신이 "한국의 투지와 팀워크"를 집중 조명하자, 대표팀 이미지는 수출 홍보 자료에도 활용되었다.

   ① 대표성
   ② 상호의존성
   ③ 보수성
   ④ 권력투쟁

2급 스포츠지도사 필기시험

6. 코클리(Coakley)가 제시한 상업주의 스포츠의 특징으로 옳게 연결된 것은?

― 〈보기〉 ―
㉠ 프로야구 구단이 리그 편성을 확대하고, 경기 시간을 주말·야간 경기로 조정하였다.
㉡ 유명 축구 선수가 광고모델로 활약하며 팀의 상업적 가치가 크게 상승하였다.
㉢ 대형 방송사가 스포츠 경기를 예능 프로그램과 연계하여 편성하고, 시청률 경쟁을 강화하였다.

	㉠	㉡	㉢
①	스포츠 조직 변화	스포츠 내용 변화	스포츠 목적 변화
②	스포츠 목적 변화	스포츠 구조 변화	스포츠 조직 변화
③	스포츠 내용 변화	스포츠 조직 변화	스포츠 구조 변화
④	스포츠 구조 변화	스포츠 목적 변화	스포츠 내용 변화

7. 프로 스포츠 제도에 대한 설명으로 옳은 것은?

① 트레이드: 신인 선수의 계약을 보호하기 위한 제도
② 럭셔리 택스: 샐러리 캡을 초과한 구단에 벌금을 부과하는 제도
③ 웨이버 조항: 특정 구단이 리그 전체 경기 규칙을 변경할 수 있는 권리
④ 스폰서십: 구단이 자유롭게 선수를 영입할 수 있는 제도

8. 〈보기〉의 사례가 설명하는 학원 스포츠의 문화적 특성으로 옳은 것은?

― 〈보기〉 ―
㉠ 특정 학교 운동부는 외부 교류가 거의 차단된 채 내부 규칙과 전통을 강조하며 독자적으로 운영되었다.
㉡ 지도자는 훈련 과정에서 절대적인 권위를 행사하며 선수들이 무조건 복종해야 한다고 가르쳤다.
㉢ 학생 선수들은 학업보다 경기 성적과 우승을 최우선으로 강요받으며 혹독한 훈련을 반복했다.
㉣ 일부 코치는 선수를 자신의 목표 달성을 위한 수단으로 취급하며 부상에도 불구하고 훈련을 강행시켰다.

	㉠	㉡	㉢	㉣
①	승리지상주의 문화	군사주의 문화	섬 문화	신체 소유 문화
②	군사주의 문화	섬 문화	신체 소유 문화	승리지상주의 문화
③	섬 문화	승리지상주의 문화	군사주의 문화	신체 소유 문화
④	섬 문화	군사주의 문화	승리지상주의 문화	신체 소유 문화

2급 스포츠지도사 필기시험

9. <보기>는 버렐(S. Birrell)과 로이(J. Roy)가 제시한 스포츠 미디어를 통해 충족할 수 있는 욕구 유형이다. <보기>의 사례에 해당하는 욕구 유형을 올바르게 연결한 것은?

<보기>
- ㉠ 한 학생은 프로야구 중계에서 선수들의 타율, 방어율, 기록 데이터를 꼼꼼히 확인하며 지식을 쌓는 데 큰 만족을 느꼈다.
- ㉡ 직장인은 스트레스를 풀기 위해 퇴근 후 스포츠 하이라이트를 보며 마음의 긴장을 해소했다.
- ㉢ 대학 동아리 학생들은 월드컵 응원을 함께 하며 소속감과 공동체 의식을 강화했다.
- ㉣ 한 팬은 좋아하는 축구팀의 승리를 보며 즐거움과 흥분을 경험하고, 팀에 대한 애착을 더욱 강하게 느꼈다.

	㉠	㉡	㉢	㉣
①	인지적 욕구	도피적 욕구	통합적 욕구	정의적 욕구
②	정의적 욕구	도피적 욕구	인지적 욕구	통합적 욕구
③	도피적 욕구	정의적 욕구	통합적 욕구	인지적 욕구
④	통합적 욕구	인지적 욕구	도피적 욕구	정의적 욕구

10. 투민(M. Tumin)의 사회계층 형성 이론에서 '지위 서열화'의 의미로 옳은 것은?

① 모든 지위가 동일하게 평가된다.
② 직업이나 지위의 중요도에 따라 사회적으로 서열을 매긴다.
③ 사회적 지위는 개인의 성취와 상관없이 고정된다.
④ 지위가 높은 사람이 더 많은 기회를 제공받는다.

11. <보기>에서 설명하는 사회 이동의 유형은?

<보기>
한 청년 선수가 프로팀에 입단하면서 농촌에서 도시로 이주하고, 직업적 지위가 높아졌다.

① 집단적 이동 – 세대 내 이동
② 집단적 이동 – 수평적 이동
③ 개인적 이동 – 수직적 이동
④ 개인적 이동 – 세대 간 이동

12. <보기>의 스포츠 사회화 과정에서 (   )에 해당하는 예는?

<보기>
스포츠로의 사회화 → 스포츠를 통한 사회화 → (   ) → 스포츠로의 재사회화

① 부상으로 인해 선수 생활을 그만두게 되었다.
② 처음으로 체육 수업을 듣고 스포츠에 입문하였다.
③ 스포츠 활동을 통해 사회적 규범을 학습한다.
④ 새로운 스포츠 종목에 도전한다.

13. 케년(G. Kenyon)의 스포츠 참가 유형 중 인지적 참가 유형에 대한 설명으로 옳은 것은?

① 경기 상황에 대해 감정적 태도나 성향 표출
② 매스컴을 통해 스포츠 관련 정보를 수용
③ 직접 스포츠 경기에 참가하여 활동
④ 스포츠 경기를 관람하면서 응원

14. 다음 중 코클리의 일탈적 과잉 동조 유발 요인 네 가지를 모두 고른 것은?

① 경쟁 규범, 협동 규범, 성취 규범, 인내 규범
② 구분 짓기 규범, 인내 규범, 몰입 규범, 도전 규범
③ 도전 규범, 성취 규범, 사회 규범, 구분 짓기 규범
④ 몰입 규범, 인내 규범, 협동 규범, 경쟁 규범

15. 스포츠 일탈과 관련된 이론의 설명 중 옳지 않은 것은?

① 낙인이론은 일탈자로 낙인찍히면 지속적으로 일탈 행동을 하게 된다고 본다.
② 구조기능이론은 스포츠의 규범을 유지하며 일탈을 방지하는 기능을 강조한다.
③ 아노미이론은 사회적 목표와 수단의 불일치가 일탈을 초래한다고 본다.
④ 중화이론은 긴장 속에서 본능적으로 일탈행동이 발생한다고 본다.

16. 〈보기〉에서 윤리적 일탈에 해당하는 사례만을 모두 고른 것은?

―〈보기〉―
㉠ 선수단의 불명예 행위
㉡ 협회 임원의 자금 횡령
㉢ 심판에게 욕설을 퍼붓는 행위
㉣ 스포츠맨십 결여 행위

① ㉠, ㉣
② ㉠, ㉢
③ ㉡, ㉢
④ ㉠, ㉣, ㉢

17. 〈보기〉의 빈칸에 들어갈 내용으로 옳은 것은?

―〈보기〉―
관중폭력은 (㉠) 속에서 책임감이 약화되고, (㉡) 시 폭력이 증가한다.

	㉠	㉡
①	대규모 군중	사회적 갈등 반영
②	알코올 남용	경기 결과 반응
③	소규모 군중	보안 약화
④	경기결과	관중 밀집

18. 스포츠 메가 이벤트의 경제적 효과 중 긍정적 효과가 아닌 것은?

① 일자리 창출
② 지역 및 국가 이미지 가치 상승
③ 지역 내 부동산 가격과 물가의 상승
④ 국가와 지역의 자긍심 제고

19. <보기>에서 설명하는 미래사회 스포츠 변화의 요인은?

<보기>
A기업은 최신 디지털 기술을 접목해 스포츠 관람 방식을 혁신하고자 VR·AR 기반 서비스를 출시하였다. 이 서비스는 관람객이 단순히 경기를 보는 데 그치지 않고, 마치 선수와 동일한 시야에서 경기를 체험하는 듯한 몰입감을 제공한다. 예를 들어, 축구 경기에서는 관중이 선수의 시야로 필드를 바라보며 패스와 슛 장면을 직접 경험할 수 있고, 야구 경기에서는 타석에 선 선수의 관점에서 투수가 던지는 공을 느낄 수 있다. 이러한 시도는 스포츠의 현장감을 극대화하여 팬들의 만족도를 높이는 동시에 미래 스포츠산업의 새로운 수익 모델로 주목받고 있다.

① 스포츠 상업화와 경제적 변화
② 문화적 융합과 글로벌화
③ 미디어와 통신 기술의 확장
④ 친환경 스포츠 도입

20. <보기>의 스포츠 세계화의 이점에 해당하는 것은 모두 고르면?

<보기>
㉠ 사회적 통합 지양
㉡ 국제 협력 강화
㉢ 스포츠 관련 기술 및 훈련 발전
㉣ 문화 교류 활성화

① ㉠, ㉡
② ㉠, ㉢
③ ㉠, ㉡, ㉢
④ ㉡, ㉢, ㉣

스포츠교육학 (22)

1. 협동 학습 모형 하위전략과 특징의 연결로 옳은 것은?

① STAD – 동료 간 설명과 개인 향상점수
② TAI – 이질집단 토론·역할분담 중심
③ 직소 – 컴퓨터 보조 개별화와 팀 보상
④ TGT – 개별 숙제로만 성취 평가

2. 「학교체육진흥법」에 따라 체육 지도자의 의무가 아닌 것은?

① 학생선수의 학습권 보장
② 도핑 방지 교육
③ 체육시설 관리
④ 학교 예산 집행

3. 스포츠교육 학습자의 주요 역할로 적절하지 않은 것은?

① 스포츠 활동 참여
② 성취 목표 설정
③ 팀 구성과 운영
④ 자기 피드백 수용

4. 19세기 후반 스포츠교육의 주요 변화로 옳은 것은?

① 신체 활동의 철학적 확장
② 여성의 스포츠 참여 확대
③ 체육 학문화 운동 전개
④ 팀 스포츠의 확산

2급 스포츠지도사 필기시험

5. 「학교체육진흥법」에 명시된 학교의 장의 역할로 옳지 <u>않은</u> 것은?

① 학생의 체육 활동 진흥에 필요한 체육 교재 및 기자재, 용품 등을 확보해야 한다.

② 학교 운동부 지도자의 자질 향상 및 전문성 강화를 위하여 연수 교육 계획을 수립하고, 실시해야 한다.

③ 학생들이 신체 활동 프로그램에 참여할 수 있도록 학교 스포츠 클럽을 운영하여 학생들의 체육 활동 참여 기회를 확대해야 한다.

④ 최저 학력에 도달하지 못한 학생 선수에게 별도의 기초 학력 보장 프로그램을 제공해야 한다.

6. 체육시설·지도자 배치의 원칙적 관점으로 옳은 것은?

① 시설 규모·이용자 특성에 맞는 안전관리 체계를 둔다.
② 지도자 자격·배치를 비용 절감 차원에서 생략한다.
③ 응급대응 계획은 대회 때만 필요하다.
④ 장비 점검은 분기 1회면 충분하다.

7. 창의적 체육 수업을 위해 교사가 실천해야 할 행동은?

① 기존 프로그램을 반복 운영
② 학생의 흥미와 적성을 탐구
③ 경쟁 중심의 수업 구성
④ 이론 수업에 집중

8. 유소년 스포츠 프로그램의 주요 목적에 해당하지 않는 것은?

① 근육 발달 및 운동 능력 향상
② 사회적 관계 형성
③ 전문 선수로의 성장
④ 놀이와 게임을 통한 인지 발달

9. 「학교체육진흥법」과 관련해 옳은 설명은?

① 학생선수 학습권 보장을 위해 학습·훈련 균형이 중요하다.
② 인권교육은 엘리트 선수에게만 해당한다.
③ 합숙훈련 일상화가 바람직하다.
④ 지도자 전문성 개발은 학교 밖 기관만 담당한다.

10. 스포츠 교육에서 존 듀이가 강조한 것은 무엇인가?

① 신체적 발달
② 정서적 발달
③ 신체를 통한 교육
④ 경쟁심 고취

11. 지체장애 학생이 포함된 농구 수업에서 합리적 수정의 예로 부적절한 것은?

① 휠체어 이동경로 확보
② 패스 높이·거리 조정
③ 역할 로테이션에서 관찰자 고정
④ 팀 동료의 보조·신호 합의

12. 스포츠교육자가 전문적 성장 과정에서 가장 우선적으로 고려해야 할 사항은?

① 개인의 기술적 성과
② 학습자 중심의 교육
③ 스포츠 대회 경험
④ 경기 결과에 대한 분석

13. Rink의 내용발달 순을 보기와 같이 적용하였다. 옳은 순서를 고른 것은?

〈보기〉
배구 언더핸드 패스를 가르칠 때, 교사는 핵심 단서를 제시한 뒤(팔 삼각형, 무릎 굽힘) 난도를 단계적으로 높이고, 형태를 다듬은 후 소형 게임에서 적용하게 했다.

① 확대 → 정보 → 세련 → 적용
② 정보 → 세련 → 확대 → 적용
③ 정보 → 확대 → 세련 → 적용
④ 세련 → 확대 → 정보 → 적용

14. 「국민체육진흥법」의 주요 구성 요소가 아닌 것은?

① 생활체육 활성화
② 전문체육 육성
③ 스포츠 정책 평가
④ 국제 스포츠 대회 입장료 규정

15. 체력측정의 신뢰도·타당도·객관도 설명 중 옳지 않은 것은?

① 신뢰도는 측정의 일관성이다.
② 타당도는 측정이 의도한 구인을 잘 재는 정도다.
③ 객관도는 검사–재검사 상관이다.
④ 객관도는 채점자 간 일치도와 관련이 깊다.

16. 수업 관찰도구와 특징이 옳게 연결된 것은?

① 사건표집 – 특정 사건이 발생할 때마다 질적 기록
② 시간표집 – 과제 참여율의 누적 횟수 기록
③ 평정척도 – 발생 여부만 체크
④ 체크리스트 – 강도·품질 수준을 등간척도로 평정

17. 학교체육 프로그램의 두 가지 주요 유형은?

① 체육 활동과 여가 활동
② 교과 활동과 비교과 활동
③ 전문체육과 생활체육
④ 유소년체육과 노인체육

2급 스포츠지도사 필기시험

18. 학교 체육 프로그램의 두 가지 주요 유형은?

① 체육 활동과 여가 활동
② 교과 활동과 비교과 활동
③ 전문체육과 생활체육
④ 유소년체육과 노인체육

19. 체육 프로그램에서 비교과 활동에 해당하지 않는 것은?

① 방과 후 스포츠 클럽
② 교내 체육 대회
③ 정규 체육 수업
④ 학교 간 친선 경기

20. 블렌디드/플립 러닝을 체육 수업에 적용할 때의 장점으로 옳은 것은?

① 수업 전 영상·가이드로 전개 시간을 절감하고, 수업 중 적용·코칭에 집중할 수 있다.
② 오프라인 활동이 줄어 신체활동량이 감소한다.
③ 개별 피드백 제공이 어렵다.
④ 학습자료 접근성을 제한한다.

정답과 해설 P.20

스포츠심리학 (33)

1. 〈보기〉의 설명 중 스포츠심리학의 특징에 해당하는 것을 모두 고른 것은?

〈보기〉
㉠ 선수의 경기력 향상에 기여한다.
㉡ 심리적 요인이 성과에 미치는 영향을 분석한다.
㉢ 스포츠 상황에서 인간 행동과 심리 원인을 탐구한다.
㉣ 스포츠 시설의 안전 규격을 마련한다.

① ㉠, ㉡
② ㉠, ㉡, ㉢
③ ㉠, ㉢, ㉣
④ ㉡, ㉢, ㉣

2. 〈보기〉의 설명에 해당하는 운동제어 이론은?

〈보기〉
· 피드백 없이 빠른 동작을 수행한다.
· 주로 타격이나 순간적 기술에서 나타난다.
· 미리 계획된 운동 명령에 따라 동작을 수행한다.

① 정보처리이론
② 폐쇄회로이론
③ 개방회로이론
④ 다이나믹시스템이론

3. 〈보기〉의 설명에 해당하는 현상은?

〈보기〉
· 농구에서 코치가 "슛!"이라고 외쳤는데, 팀원이 손짓으로는 패스를 요구하는 경우
· 야구에서 투수의 투구 동작(시각 정보)과 포수의 신호(청각 지시)가 불일치하는 경우

① 칵테일 파티 효과
② 자동적 처리
③ 통제적 처리
④ 스트룹 효과

2급 스포츠지도사 필기시험

4. 〈보기〉의 내용을 잘 설명하는 이론은?

〈보기〉
초기에는 많은 오류가 나타나지만, 연습이 진행되면서 오류가 줄어들고 점차 자동화되는 양상을 보인다.

① 피츠와 포스너 3단계 모델
② 아담스의 폐쇄회로 이론
③ 번스타인의 이론
④ 손다이크의 S-R 이론

5. 〈보기〉에서 설명하는 연습법을 올바르게 연결한 것은?

〈보기〉
㉠ 전체 동작을 처음부터 끝까지 반복하는 방식
㉡ 여러 기술을 순환형으로 일정한 순서에 따라 연습하는 방식
㉢ 여러 기술을 무작위로 혼합해 연습하는 방식

	㉠	㉡	㉢
①	전습법	계열 연습	무선 연습
②	분습법	구획 연습	집중 연습
③	계열 연습	무선 연습	분습법
④	전습법	무선 연습	집중 연습

6. 〈보기〉의 ㉠에 들어갈 용어로 옳은 것은?

〈보기〉
운동 수행 결과에 대한 정보로, 성공·실패 여부나 득점 등 최종 결과를 알려주는 피드백은 (㉠)이라 한다.

① 자기 통제 피드백
② 수행지식(KP)
③ 결과지식(KR)
④ 고유 감각 피드백

7. 〈보기〉의 내용에서 운동 수행과 성격의 관계에 대한 설명으로 옳은 것을 모두 고른 것은?

〈보기〉
㉠ 우수 선수는 비우수 선수보다 긴장과 우울이 낮다.
㉡ 공격수는 수비수보다 정서적 불안정이 크고 외향적이다.
㉢ 성별에 따른 성격 차이는 뚜렷하다.

① ㉠
② ㉠, ㉡
③ ㉡, ㉢
④ ㉠, ㉡, ㉢

8. 〈보기〉와 관련된 이론은?

〈보기〉
• 팀원 및 상대 선수와의 긍정적인 관계가 재미에 영향을 미친다.
• 과정에서의 신체적 감각과 즐거움이 재미를 더한다.
• 경기 결과와 외부의 인정이 재미를 높인다.

① 성취목표이론
② 사회적 학습이론
③ 인지평가이론
④ 스포츠 재미 이론

9. 〈보기〉의 설명과 관련된 불안 척도는?

〈보기〉
• Beck이 개발한 21개 문항으로 구성된 일상적 불안 증상을 측정하는 척도
• 일상적인 불안 증상을 자기보고식으로 측정하며 주관적 지표 유형

① HAM-A
② BAI
③ STAI
④ CSAI-2

10. ⟨보기⟩의 설명 중 생리적 기법에 해당하는 것을 모두 고른 것은?

─ ⟨보기⟩ ─
㉠ 점진적 이완 기법
㉡ 인지 재구성
㉢ 체계적 둔감화
㉣ 바이오피드백

① ㉠, ㉡
② ㉠, ㉣
③ ㉡, ㉢
④ ㉠, ㉢, ㉣

11. ⟨보기⟩에서 설명하는 자기결정성이론의 핵심 요소는?

─ ⟨보기⟩ ─
• 코치의 칭찬과 팀원의 인정으로 동기 수준이 향상되었다.
• 새로운 기술을 배우며 성장감을 느꼈다.
• 경기 참여 여부를 스스로 선택할 수 있었다.

① 자율성, 유능감, 관계성
② 내적동기, 외적동기, 무동기
③ 성취목표, 성과목표, 관계목표
④ 기대, 가치, 정서

12. ⟨보기⟩의 대화를 읽고, 귀인 요인을 바르게 고른 것은?

─ ⟨보기⟩ ─
윤서: "오늘 경기에서 진 건, 내가 원래 운동 신경이 부족해서야."
재은: "난 그냥 오늘 집중을 잘 못했어."
오준: "상대 팀이 워낙 강했으니까 어쩔 수 없었지."

	윤서	재은	오준
①	노력	능력	운
②	능력	노력	과제 난이도
③	능력	과제 난이도	운
④	노력	과제 난이도	능력

13. 자신감에 영향을 미치는 요인에 대한 설명으로 옳지 않은 것은?

① 성공 경험은 자신감 형성에 가장 강력한 요인이다.
② 신체적·정서적 안정은 경기 수행 시 자신감을 높이는 데 영향을 미친다.
③ 언어적 격려는 지도자나 동료의 긍정적 피드백을 통해 자신감을 강화할 수 있다.
④ 대리 경험은 다른 사람의 실패를 보면서 자신의 가능성을 믿게 되는 것이다.

14. ⟨보기⟩에서 나이데퍼(Nideffer)의 주의집중 유형에 대한 설명으로 옳은 것은?

⟨보기⟩
㉠ 좁은-외적 집중은 특정 단서에만 주의를 기울이는 것이다.
㉡ 넓은-내적 집중은 경기장의 다양한 외부 자극을 빠르게 파악하는 것이다.
㉢ 좁은-내적 집중은 정신적 리허설이나 문제 해결을 할 때 나타난다.

① ㉠, ㉡
② ㉠, ㉢
③ ㉡, ㉢
④ ㉠, ㉡, ㉢

15. ⟨보기⟩의 설명과 관련된 집단 응집력 결정 요인은?

⟨보기⟩
㉠ 개인의 성향, 만족도, 개인차
㉡ 리더십 스타일, 리더 행동, 지도자의 선수 성격
㉢ 팀의 목표, 집단의 지향성, 팀의 승부욕

	㉠	㉡	㉢
①	환경 요인	팀 요인	리더십 요인
②	개인 요인	리더십 요인	팀 요인
③	리더십 요인	개인 요인	환경 요인
④	팀 요인	환경 요인	개인 요인

16. ⟨보기⟩의 사례와 개념으로 바르게 연결된 것은?

⟨보기⟩
㉠ 경기에서 좋은 성과를 내면, 더 이상 추가 훈련을 시키지 않는다.
㉡ 훈련 중 잡담을 많이 해서 경기 참가 기회를 주지 않는다.

	㉠	㉡
①	정적 강화	정적 강화
②	부적 처벌	정적 처벌
③	정적 처벌	부적 강화
④	부적 강화	부적 처벌

17. 다음 중 수단적 공격의 예로 가장 적절한 것은?
① 상대 선수를 밀쳐서 화풀이하는 경우
② 분노로 라켓을 던지는 경우
③ 경기에서 승리하기 위해 반칙을 사용하는 경우
④ 심판 판정에 화가 나 소리를 지르는 경우

18. ⟨보기⟩의 ㉠에 들어갈 적절한 척도는?

⟨보기⟩
운동 중 운동 강도에 대한 개인적 인식을 평가하는 척도는 (㉠)이다.

① RPE
② LEQ
③ PANAS
④ BRUMS

2급 스포츠지도사 필기시험

19. 〈보기〉에서 설명하는 운동심리 이론으로 옳은 것은?

〈보기〉
- TPB = Theory of Planned Behavior
- 태도 + 주관적 규범 + 행동 통제 인식 → 행동 의도 → 행동
- 운동이 좋다고 생각(태도)하고, 주변도 권유(규범)하지만, 내가 시간·체력·환경 때문에 '할 수 있다'고 느껴야 실제 행동이 나온다.

① 합리적 행동 이론
② 변화 단계 이론
③ 계획된 행동 이론
④ 사회 생태학 이론

20. 다음 중 미국 응용스포츠심리학회의 일반 원칙의 설명으로 옳지 <u>않은</u> 것은?

① 전문성: 상담자는 전문 지식과 기술을 유지하고 발전시켜야 한다.
② 정직성: 내담자와의 관계에서 투명성과 진실성을 갖추어야 한다.
③ 사회적 의무: 상담자로서 사회적 책임감을 실천해야 한다.
④ 인권 보호: 내담자의 권리보다 상담자의 전문적 권위를 우선시해야 한다.

한국체육사 (44)

1. 〈보기〉에 제시된 설명과 알맞은 특징을 고른 것은 무엇인가?

〈보기〉
삼국시대의 체육활동은 단순한 오락 차원을 넘어, 국가 방위와 군사력 강화를 위한 수단으로 발전하였다. 활쏘기, 말타기, 수박희, 격구 등은 모두 전투 기술과 연결되었으며 국방력 강화에 중요한 역할을 했다.

① 농경 중심의 평화적 활동
② 군사적 목적과 국방력 강화
③ 오락과 여가 위주의 활동
④ 외래 스포츠 중심 활동

2. 고구려 경당에서 이루어진 체육활동으로 알맞은 것은 무엇인가?

① 활쏘기와 기마술
② 무용과 음악
③ 바둑과 서예
④ 석전과 씨름

2급 스포츠지도사 필기시험

3. 〈보기〉에 제시된 설명과 시대별 기능을 알맞게 짝지은 것은 무엇인가?

〈보기〉
- ㉠ 공동체의 결속과 군사적 목적이 강조된 체육 활동이다.
- ㉡ 귀족 오락과 군사 훈련을 겸한 체육 활동이다.
- ㉢ 황국신민화와 군사적 체력 단련을 목적으로 한 체육 활동이다.

	㉠	㉡	㉢
①	삼국시대	고려시대	일제강점기
②	조선시대	삼국시대	고려시대
③	일제강점기	조선시대	삼국시대
④	고려시대	일제강점기	삼국시대

4. 삼국시대 고구려의 체육 활동 중 대표적인 신체 활동에 해당하는 것은?

① 투호 ② 격구
③ 기마술 ④ 바둑

5. 삼국시대 고구려의 교육 기관인 경당에서 행해진 신체 활동으로 옳지 <u>않은</u> 것은?

① 활쏘기 ② 독서
③ 궁술 ④ 기마술

6. 삼국시대의 민속놀이 명칭과 그 설명의 연결이 옳지 <u>않은</u> 것은?

① 석전 – 돌을 던져 상대 팀을 공격하는 놀이
② 투호 – 화살을 던져 항아리 속에 넣는 놀이
③ 도판희 – 말 위에서 기예를 겨루는 놀이
④ 축국 – 공을 차며 즐기는 놀이

7. 〈보기〉에 제시된 설명과 알맞은 활동을 고른 것은 무엇인가?

〈보기〉
조선시대에는 군사력 강화를 위해 무예를 중심으로 한 체육 활동이 장려되었다. 특히, 맨손 격투 기술을 통해 병사들의 체력을 기르고 전투 능력을 높이는 데 활용되었다.

① 수박희 ② 바둑
③ 줄다리기 ④ 농악

8. 고려시대 무예 체육에서 주로 다루어진 종목은?

① 낚시 ② 바둑
③ 궁술 ④ 체조

9. 조선시대의 '활인심방'은 무엇을 의미하는가?

① 무과시험 항목
② 도인법적 신체 수련서
③ 외래 스포츠
④ 귀족 오락 활동

10. 〈보기〉의 ㉠, ㉡에 들어갈 말로 알맞은 것은?

〈보기〉
- (㉠)은/는 조선시대 최고의 국립 교육 기관으로, 덕(德)을 함양하기 위한 교육을 중점으로 한다.
- (㉠)에서는 (㉡)이/가 교육 목표 중 하나였으며, 육일각(六一閣)에서 대사례라는 의례를 거행하여 임금과 신하가 함께 예의를 다졌다.

	㉠	㉡
①	향교	투호
②	향교	궁술
③	성균관	투호
④	성균관	궁술

2급 스포츠지도사 필기시험

11. 조선시대 체육 활동인 궁술에 대한 설명으로 옳지 <u>않은</u> 것은?

① 스포츠로서의 궁술은 편사와 같은 대회를 통해 발전하였다.
② 주로 귀족 계층에서만 행해졌으며, 일반 백성에게는 금지되었다.
③ 무인의 기본 소양으로 간주되었으며 신체 단련의 중요한 방법이었다.
④ 단순한 무예 기술을 넘어 인간의 도덕성과 정신적 수양을 위한 수단으로 여겨졌다.

12. <보기>에 제시된 설명과 알맞은 특징을 고른 것은 무엇인가?

<보기>
개화기 초기의 학교 체육은 근대적 교육제도의 도입과 함께 실시되었다. 이 시기의 체육은 전통놀이보다는 군사적 성격을 띠었으며, 주로 군사 훈련 방식의 체조를 중심으로 진행되었다.

① 서구 구기 스포츠 중심
② 병식체조 중심
③ 생활체육 보급
④ 전통놀이 위주

13. 조선시대 서민들이 즐겼던 대표적인 민속놀이로, 상대방을 넘어뜨리는 방식으로 승부를 가르는 놀이는?

① 석전
② 씨름
③ 장치기
④ 추천

14. 개화기 초기 학교체육에서 주로 강조된 체육 활동은?

① 병식 체조
② 축구
③ 야구
④ 탁구

15. 개화기에 설립된 민간 교육 기관으로 볼 수 <u>없는</u> 것은?

① 배재학당
② 숭실학교
③ 오산학교
④ 대성학교

16. 1986 서울 아시안게임의 의의는?

① 한국 최초 국제대회 개최
② 한국 축구의 발전 계기
③ 생활체육 보급 시작점
④ 1988 서울 올림픽 준비 과정

17. 일제 강점기 조선 교육령에 따른 체육 정책의 특징으로 옳지 <u>않은</u> 것은?

① 병식 체조가 강조되었다.
② 스웨덴 체조가 초기에 도입되었다.
③ 체육은 민족주의 운동을 장려하는 도구로 활용되었다.
④ 체육은 일본 제국주의를 강화하는 수단으로 이용되었다.

2급 스포츠지도사 필기시험

18. 한국이 처음 독자적으로 올림픽에 참가한 대회는?
  ① 1936년 베를린 올림픽
  ② 1948년 런던 올림픽
  ③ 1956년 멜버른 올림픽
  ④ 1960년 로마 올림픽

19. 한국 프로축구(K리그)가 출범한 해는?
  ① 1975년
  ② 1980년
  ③ 1983년
  ④ 1986년

20. 〈보기〉에서 설명하는 광복 이후의 체육 사상으로 옳은 것은?

  〈보기〉
  박정희 정권이 주도한 체육 진흥 운동의 바탕이 된 사상으로, 건전하고 강인한 국민성을 함양하기 위해 체육과 스포츠 진흥 운동을 범국민적으로 추진하였다.

  ① 국가주의
  ② 건민주의
  ③ 군국주의
  ④ 엘리트주의

운동생리학 (55)

1. 운동 후 초과산소섭취량(EPOC)에 영향을 미치는 요인으로 적합하지 않은 것은?
  ① 운동 중 상승한 체온
  ② 운동 중 증가한 젖산 농도
  ③ 운동 후 증가한 지방산 농도
  ④ 운동 중 증가한 크레아틴인산 농도

2. 〈보기〉에서 유산소 트레이닝의 적응으로 옳은 것만을 모두 고르시오.

  〈보기〉
  ㉠ 1회 박출량 증가
  ㉡ 최대심박수 증가
  ㉢ 모세혈관 밀도 증가
  ㉣ 미토콘드리아 밀도 증가

  ① ㉠, ㉡
  ② ㉠, ㉡, ㉣
  ③ ㉡, ㉢
  ④ ㉠, ㉣

3. 〈보기〉의 ㉠, ㉡에 들어갈 용어는?

  〈보기〉
  • (㉠)은/는 혈중에서 산소 운반을 담당하는 단백질이다.
  • (㉡)은/는 근육 세포 내에서 산소 저장 역할을 한다.

	㉠	㉡
①	헤모글로빈	마이오글로빈
②	마이오글로빈	헤모글로빈
③	헤모글로빈	헤모글로빈
④	마이오글로빈	마이오글로빈

2급 스포츠지도사 필기시험

4. 골격근 수축 단계와 관련된 설명으로 옳은 것은?

① Ca^{2+}는 트로포마이오신에 직접 결합한다.

② ATP는 미오신과 액틴 결합을 끊는다.

③ 트로포닌은 근육 수축 시 차단 단백질이다.

④ 액틴은 두꺼운 필라멘트로 분류된다.

5. 〈보기〉에서 교감신경 활성화 반응으로 옳은 것만을 모두 고르시오.

〈보기〉
㉠ 심박수 증가
㉡ 소화기 혈류 증가
㉢ 혈중 포도당 증가
㉣ 동공 확대

① ㉠, ㉢
② ㉠, ㉢, ㉣
③ ㉡, ㉢
④ ㉠, ㉡, ㉣

6. 〈보기〉의 ㉠, ㉡에 들어갈 알맞은 용어는?

〈보기〉
• 무산소 해당과정의 최종 산물은 (㉠)이다.
• 산소가 충분할 경우 (㉡) 회로로 들어가 더 많은 ATP를 생성한다.

	㉠	㉡
①	젖산	TCA
②	피루브산	TCA
③	젖산	β-산화
④	피루브산	해당과정

7. 〈보기〉에서 Type I 근섬유의 특징으로 옳은 것만을 모두 고르시오.

〈보기〉
㉠ 피로 저항성이 높다
㉡ 미토콘드리아 밀도가 높다
㉢ 수축 속도가 빠르다
㉣ 산화 효소 활성이 높다

① ㉠, ㉡, ㉣
② ㉠, ㉢
③ ㉡, ㉢
④ ㉠, ㉣

8. 고강도 운동 시 주요 에너지 공급 경로는 무엇인가?

① 지방산 β-산화
② ATP-PC 시스템
③ 단백질 대사
④ 글리코겐 저장

9. 〈보기〉의 ㉠, ㉡에 들어갈 알맞은 용어는?

〈보기〉
• 운동 시 (㉠) 혈류는 증가하여 산소와 영양분을 공급한다.
• (㉡) 혈류는 감소하여 혈액이 재분배된다.

	㉠	㉡
①	근육	소화기
②	뇌	근육
③	피부	뇌
④	신장	근육

10. 산소-헤모글로빈 해리곡선이 우측으로 이동하는 상황으로 옳은 것은?

① 체온 감소, pH 증가
② CO_2 증가, pH 감소
③ 산소 친화력 증가
④ 고산에서 적응 후

11. <보기>에서 ㉠과 ㉡에 해당하는 근섬유 유형별 특성에 대한 설명으로 옳은 것은?

<보기>
훈련되지 않은 사람과 비교하여 단거리 선수의 장딴지 근육은 주로 (㉠)의 비율이 높고, 장거리 수영 선수의 팔 근육은 (㉡)의 비율이 높은 경향이 있다.

① ㉠은 유산소성 운동에, ㉡은 무산소성 운동에 활용된다.
② ㉠은 ㉡에 비해 수축 속도가 느리고 피로 저항성이 높다.
③ ㉡은 ㉠보다 더 많은 미토콘드리아를 가지고 있다.
④ ㉡은 ㉠보다 해당(glycolytic) 능력이 더 우수하고 에너지를 빠르게 공급한다.

12. 운동 종목에 따른 근섬유 유형 및 에너지 대사에 대한 설명으로 적절한 것은?

① 장대높이뛰기 선수는 경기 시 ATP-PC 시스템을 주로 사용한다.
② 100m 달리기 선수는 VO_{2max}의 약 50% 수준으로 훈련해야 한다.
③ 마라톤 선수는 Type IIx의 근섬유 비율이 높다.
④ 마라톤 선수는 ATP-PC 시스템의 효율성이 높다.

13. 고온 환경에서 운동 중 발생하는 신체의 생리적 반응으로 적절하지 않은 것은?

① 심박수가 상승한다.
② 땀 분비가 증가한다.
③ 떨림(shivering)이 증가한다.
④ 피부의 혈액 순환량이 증가한다.

14. 장기간의 저항성 트레이닝에 따른 골격근의 적응으로 적합하지 않은 것은?

① 근섬유의 무산소 대사 능력이 향상된다.
② 근원섬유의 수가 증가한다.
③ 속근 섬유의 단면적이 커진다.
④ 미토콘드리아의 밀도가 증가한다.

15. <보기>의 내용에 해당하는 호르몬은?

<보기>
• 부신 수질로부터 분비된다.
• 운동의 강도와 시간이 증가함에 따라 분비가 증가하며, 지방 조직과 근육 내 지방의 분해를 촉진하는 역할을 한다.

① 칼시토닌(calcitonin)
② 코르티솔(cortisol)
③ 에피네프린(epinephrine)
④ 알도스테론(aldosterone)

2급 스포츠지도사 필기시험

16. 운동 시 초과산소섭취량(EPOC)이 증가하는 주요 원인으로 옳지 <u>않은</u> 것은?

① 체온 상승
② 젖산 제거 과정
③ 심박수 회복
④ 크레아틴인산 농도 증가

17. <보기>에서 골격근 수축 시 실제로 일어나는 현상으로 옳은 것만을 모두 고르시오.

― <보기> ―
㉠ I대 길이는 짧아진다.
㉡ A대 길이는 변하지 않는다.
㉢ H대는 좁아진다.
㉣ 액틴 길이는 줄어든다.

① ㉠, ㉡, ㉢
② ㉠, ㉢
③ ㉡, ㉢, ㉣
④ ㉠, ㉣

18. <보기>의 ㉠, ㉡에 들어갈 알맞은 용어는?

― <보기> ―
• (㉠)은/는 운동 시 체온이 상승하여 효소 활성이 증가하는 현상이다.
• 체온 상승은 대사율과 (㉡) 소비를 증가시킨다.

	㉠	㉡
①	대사효과	산소
②	보어효과	젖산
③	대사효과	젖산
④	보어효과	산소

19. 심장의 전도계에 대한 설명으로 옳은 것은?

① 방실결절은 가장 빠른 고유 박동수를 가진다.
② 동방결절은 심장의 주된 박동 조율기이다.
③ 푸르킨예 섬유는 가장 느린 전도속도를 가진다.
④ 히스다발은 좌심방과 우심방을 연결한다.

20. <보기>에서 교감신경 활성화 시 나타나는 반응으로 옳은 것은?

― <보기> ―
㉠ 동공 확대
㉡ 혈중 포도당 농도 증가
㉢ 심박수 감소
㉣ 소화기 혈류 감소

① ㉠, ㉡, ㉣
② ㉠, ㉢
③ ㉡, ㉢, ㉣
④ ㉠, ㉡

2급 스포츠지도사 필기시험

운동역학 (66)

1. 운동역학에서 "일(work)"의 정의로 옳은 것은?
   ① 힘과 질량의 곱
   ② 힘과 변위의 곱
   ③ 질량과 속도의 곱
   ④ 가속도와 시간의 곱

2. 〈보기〉는 충격량에 대한 설명이다. 옳지 않은 것은?

   ─── 〈보기〉 ───
   ㉠ 충격량은 힘과 작용시간의 곱이다.
   ㉡ 충격량은 운동량 변화와 같다.
   ㉢ 충격량은 항상 힘과 속도의 곱으로 계산된다.

   ① ㉠
   ② ㉡
   ③ ㉢
   ④ ㉠, ㉡

3. 다음 중 옳지 않은 설명은?
   ① 가속도는 속도의 시간에 대한 변화율이다.
   ② 운동량은 질량과 속도의 곱이다.
   ③ 파워는 힘과 변위를 곱한 값이다.
   ④ 일은 힘과 변위의 곱이다.

4. 질량 4kg의 물체에 12N의 일정한 힘이 작용한다. 가속도는 얼마인가?
   ① $2m/s^2$
   ② $3m/s^2$
   ③ $4m/s^2$
   ④ $6m/s^2$

5. 속도-시간 그래프에서 면적이 나타내는 물리량은 무엇인가?
   ① 가속도
   ② 운동량
   ③ 변위
   ④ 힘

6. 지레의 원리에서 제2종 지레의 특징으로 옳은 것은?
   ① 지점이 가운데에 있다.
   ② 하중이 가운데에 있다.
   ③ 힘이 가운데에 있다.
   ④ 모든 경우에 속도 이점을 가진다.

7. 〈보기〉는 선운동과 각운동의 관계에 대한 설명이다. 올바른 것은?

   ─── 〈보기〉 ───
   ㉠ 각속도에 반지름을 곱하면 선속도가 된다.
   ㉡ 선속도를 반지름으로 나누면 각속도가 된다.
   ㉢ 각운동량은 질량과 속도의 곱이다.

   ① ㉠
   ② ㉡
   ③ ㉠, ㉡
   ④ ㉡, ㉢

8. 다음 중 비탄성 충돌의 특징으로 옳은 것은?
   ① 운동량과 운동에너지가 모두 보존된다.
   ② 운동량은 보존되지만 운동에너지는 일부 손실된다.
   ③ 운동에너지는 보존되지만 운동량은 손실된다.
   ④ 운동량과 운동에너지가 모두 손실된다.

2급 스포츠지도사 필기시험

9. 체중 중심(center of mass)에 대한 설명으로 옳은 것은?

   ① 항상 고정된 위치에 존재한다.
   ② 신체 각 분절의 질량 중심을 종합한 지점이다.
   ③ 운동 중에는 체중 중심이 사라진다.
   ④ 체중 중심은 신체 밖에 존재할 수 없다.

10. 질량 1kg의 물체가 5m/s의 속도로 움직이고 있다. 운동량은 얼마인가?

    ① 2.5kg·m/s
    ② 5kg·m/s
    ③ 10 kg·m/s
    ④ 25kg·m/s

11. 체중 850N의 역도 선수가 1,200N의 바벨을 들고 가만히 서 있었다면 바벨에 대한 일은 몇 J인가?

    ① 0J   ② 25J
    ③ 50J ④ 100J

12. 가장 큰 충격량(impulse)을 발생시키는 경우로 옳은 것은?

    ① 2초 동안 70N의 일정한 힘을 발생시켰을 때
    ② 3초 동안 50N의 일정한 힘을 발생시켰을 때
    ③ 4초 동안 40N의 일정한 힘을 발생시켰을 때
    ④ 5초 동안 35N의 일정한 힘을 발생시켰을 때

13. 영상 분석에 관한 설명으로 옳지 않은 것은?

    ① 2D 영상 분석은 평면에서 발생하는 운동을 분석하는 방법이다.
    ② 3D 영상 분석은 2대 이상의 카메라를 활용한다.
    ③ 운동역학(kinetics)적 변인을 직접 측정할 수 있다.
    ④ 동작의 수치적 분석이 가능하다.

14. 기저면의 변화를 통해 안정성을 증가시킨 동작으로 옳지 않은 것은?

    ① 산에서 내려오며 등산용 스틱을 사용하여 지면을 지지하기
    ② 씨름에서 상대방이 옆으로 당길 때 다리를 벌려 균형 잡기
    ③ 외줄타기 동작에서 양팔을 좌우로 벌려 균형 잡기
    ④ 스키 점프 착지 동작에서 다리를 앞뒤로 교차하여 벌리기

15. 인체의 무게중심에 대한 설명으로 틀린 것은 무엇인가?

    ① 무게중심은 신체의 각 부위가 차지하는 질량 비율에 따라 위치가 달라진다.
    ② 무게중심은 신체가 자유롭게 회전할 때 그 회전축을 결정하는 데 중요한 역할을 한다.
    ③ 무게중심은 인간의 두 발이 지면에 있을 때만 정의할 수 있다.
    ④ 무게중심은 신체의 자세 변화에 따라 지속적으로 이동할 수 있다.

2급 스포츠지도사 필기시험

16. 운동역학의 주요 연구 목적과 가장 거리가 먼 것은 무엇인가?

① 운동 기술의 효율성 향상

② 운동 수행 중 안전성 확보

③ 에너지 대사 과정의 규명

④ 스포츠 기술 분석과 지도에의 활용

17. 각운동량 보존 법칙의 적용 사례로 옳은 것은?

〈보기〉
㉠ 피겨스케이터가 팔을 모으면 회전 속도가 빨라진다.
㉡ 다이빙 선수의 턱 자세에서 회전 속도가 증가한다.
㉢ 외부 토크가 없을 때 각운동량은 일정하다.
㉣ 관성모멘트가 커지면 각속도도 커진다.

① ㉠, ㉡

② ㉠, ㉡, ㉢

③ ㉠, ㉣

④ ㉠, ㉡, ㉢, ㉣

18. 충격량(Impulse)에 대한 설명으로 옳지 않은 것은?

① 충격량=힘×시간

② 충격량은 운동량 변화와 같다.

③ 충격량을 크게 하려면 힘이나 시간을 늘려야 한다.

④ 충격량이 크더라도 운동량 변화는 일정하지 않다.

19. 관성모멘트(moment of inertia)에 관한 설명으로 옳지 않은 것은?

① 팔을 몸에 모으면 관성모멘트가 작아진다.

② 팔을 벌리면 관성모멘트가 커진다.

③ 같은 질량이라도 분포가 넓으면 관성모멘트가 커진다.

④ 관성모멘트가 작아지면 각속도도 작아진다.

20. 마찰력에 대한 설명으로 옳은 것을 모두 고른 것은?

〈보기〉
㉠ 최대정지마찰력은 운동마찰력보다 크다.
㉡ 마찰력은 수직항력에 비례한다.
㉢ 마찰력은 접촉면적과 직접적 관계가 없다.
㉣ 마찰력은 운동 방향과 같은 방향으로 작용한다.

① ㉠, ㉡

② ㉠, ㉢

③ ㉠, ㉡, ㉢

④ ㉠, ㉡, ㉢, ㉣

2급 스포츠지도사 필기시험

스포츠윤리 (77)

1. <보기>의 설명과 올바른 개념을 짝지은 것은?

   ─── <보기> ───
   ㉠ 양심에 근거한 개인의 행동 지침으로 사회적 관습이나 규범을 따름
   ㉡ 좋은 상태나 가치, 결과적으로 모두에게 이익이 되는 방향
   ㉢ 사회나 조직에서 지켜야 할 강제적인 규범으로 마땅히 지켜야 할 정해진 행동 기준

	㉠	㉡	㉢
①	윤리	도덕	선
②	도덕	선	윤리
③	선	윤리	도덕
④	도덕	윤리	선

2. <보기>의 대화에서 학생 B의 발언이 의미하는 스포츠윤리의 특징으로 가장 적절한 것은?

   ─── <보기> ───
   학생 A: "스포츠윤리는 모든 사람에게 적용되는 보편적 규범이지?"
   학생 B: "아니야, 보편적 원칙을 기반으로 하지만 스포츠 상황에 맞는 고유한 성격이 존재해."

   ① 스포츠인의 행위·실천 기준
   ② 스포츠 경쟁의 윤리적 기준
   ③ 스포츠윤리의 독자성
   ④ 일반윤리의 보편성

3. <보기>의 설명과 올바르게 짝지어진 것은?

   ─── <보기> ───
   ㉠ 최대 다수의 최대 행복
   ㉡ 정의로운 사회를 위한 공정성 원칙 의무
   ㉢ 행복을 목표로 중용 유지
   ㉣ 상황에 따라 의무 충돌 시 직관적으로 옳은 의무 선택

	㉠	㉡	㉢	㉣
①	칸트	아리스토텔레스	제레미 벤담	존 롤스
②	존 스튜어트 밀	존 롤스	아리스토텔레스	윌리엄 데이비드 로스
③	제레미 벤담	윌리엄 데이비드 로스	존 스튜어트 밀	아퀴나스
④	피터 싱어	존 로크	칸트	제레미 벤담

4. 다음 중 동양 사상가와 그 사상 연결이 옳지 않은 것은?

   ① 공자 - 인(仁)과 예(禮)를 중심으로 한 윤리 강조
   ② 장자 - 자연에 순응하며 인위적 규범을 버리고 자유로운 삶 추구
   ③ 맹자 - 인간의 본성을 악하다고 보고 법과 처벌을 강조
   ④ 묵자 - 차별 없는 겸애(兼愛)를 강조하며, 모든 사람의 이익 추구

2급 스포츠지도사 필기시험

5. 〈보기〉의 문장에서 ㉠에 들어갈 개념으로 가장 적절한 것은?

〈보기〉
스포츠경기에서 승리를 위한 치열한 투쟁과 경쟁, 그리고 우월성을 과시하려는 태도를 강조하는 것은 (㉠)이다.

① 아곤
② 아레테
③ 파토스
④ 에토스

6. 〈보기〉의 규칙과 해당 유형을 바르게 연결한 것은?

〈보기〉
㉠ 축구는 발로 하는 경기이다.
㉡ 농구에서 파울 횟수를 초과하면 자유투를 준다.
㉢ 테니스는 라켓을 사용해야 한다.
㉣ 배구에서 네트 터치가 발생하면 상대에게 점수를 준다.

	㉠	㉡	㉢	㉣
①	구성적	규제적	구성적	규제적
②	규제적	구성적	구성적	규제적
③	구성적	구성적	규제적	구성적
④	규제적	규제적	구성적	구성적

7. 〈보기〉 대화에서 학생 B의 설명은 어떤 이론에 해당하는가?

〈보기〉
학생 A: "여성이 스포츠에 참여하지 못하는 이유는 신체적으로 약하기 때문이래."
학생 B: "아니야, 그건 사회구조가 여성을 소외시키는 방식 때문이야."

① 생물학적 환원주의
② 구조적 불평등 이론
③ 젠더 갈등 이론
④ 사회학적 성역할 이론

8. 성차별 관련 주요 키워드의 설명으로 옳지 않은 것은?

① Title IX는 미국에서 여성과 남성의 동등한 교육 기회를 보장하기 위한 법이다.
② 여성 스포츠 연맹은 여성의 스포츠 참여와 평등을 옹호하고 지원하는 단체이다.
③ 성별 임금 격차는 남성과 여성 간 소득이 평등하게 분배되는 현상을 의미한다.
④ 미디어 편향은 여성이 남성에 비해 적게 보도되거나 성적 대상화되는 경향을 의미한다.

9. 〈보기〉의 문장에서 ㉠에 들어갈 국제 대회는 무엇인가?

〈보기〉
(㉠)에서는 인종차별의 상징으로 쓰이던 바나나를 선수들이 역으로 먹는 퍼포먼스를 하며, 차별적 의미를 무력화시켰다.

① 1936년 베를린 올림픽
② 1968년 멕시코 올림픽
③ 2008년 LPGA
④ 2014년 브라질 월드컵

10. <보기>의 문장에서 ㉠에 들어갈 알맞은 개념은 무엇인가?

> ─── <보기> ───
> (㉠)은/는 장애인이 생활하는 데 장애물이 없도록 물리적, 제도적 장벽을 제거하는 것을 의미한다.

① 패럴림픽
② 유니버설 디자인
③ 배리어 프리
④ 장애인 권리 협약

11. <보기>에 해당하는 스포츠 환경 유형은 무엇인가?

> ─── <보기> ───
> 축구 경기장, 실내 체육관, 수영장 등 인공적으로 조성된 시설에서 스포츠가 이루어지는 경우

① 순수환경　　② 개발환경
③ 시설환경　　④ 혼합환경

12. 생태중심주의 이론에 대한 설명으로 옳지 않은 것은?

① 레오폴드의 대지 윤리는 자연의 상호 연결성과 윤리적 관점을 강조한다.
② 아렌 네스의 심층 생태학은 모든 생명체가 고유한 가치를 지니며 자연 착취를 반대한다.
③ 홀드렌은 인구 증가와 자원 고갈 문제를 고려하여 지속 가능한 환경 보호를 주장한다.
④ 린 화이트는 인간과 자연이 상호조화를 이루며 공존해야 한다고 주장하였다.

13. <보기>의 사례가 설명하는 생명중심주의를 주장한 폴 테일러의 인간의 의무로 옳은 것은?

> ─── <보기> ───
> A 스포츠 클럽이 지역 주민과의 계약을 성실히 지키며 신뢰를 유지하려 했다

① 불침해의무
② 불간섭의무
③ 성실(신뢰)의무
④ 보상(책임)의무

14. <보기>의 문장에서 ㉠에 들어갈 개념은 무엇인가?

> ─── <보기> ───
> (㉠)은/는 '눈에는 눈, 이에는 이'로 대표되는 동해보복법으로, 상대가 가한 만큼 똑같이 되갚는 원리를 의미한다.

① 공리주의 원칙
② 탈리오 법칙
③ 스포츠 공격성
④ 구조적 폭력

15. <보기>에 해당하는 학자의 주장은 누구의 이론인가?

> ─── <보기> ───
> 사람들이 서로의 욕망을 모방하면서 경쟁이 발생하고, 이것이 폭력으로 이어진다.

① 아리스토텔레스 - 분노 이론
② 미셸 푸코 - 규율과 권력
③ 지라르 - 모방 이론
④ 로버트 머튼 - 사회적 긴장이론

2급 스포츠지도사 필기시험

16. 다음 중 유전자 조작의 반대 이유에 해당하지 않는 것은?

① 예측 불가능한 부작용 발생 가능성
② 사회적 불평등 심화 가능성
③ 미래 세대에 미칠 부정적 영향
④ 단기간에 경기력 향상을 보장하는 효과

17. 〈보기〉의 사례가 보여주는 지도자의 윤리적 문제를 옳게 짝지은 것은?

───〈보기〉───
㉠ 특정 선수만 편애하여 기회를 주는 행위
㉡ 불법적인 자금 조달을 통해 훈련비를 충당하는 행위
㉢ 경기 중 비윤리적 지시로 선수들에게 부당한 행동을 강요

	㉠	㉡	㉢
①	공정성	비리	윤리적 책임
②	선수 보호	윤리적 책임	공정성
③	지도자 코칭	비리	선수 보호
④	공정성	선수 보호	윤리적 책임

18. 다음 중 설명과 학자가 옳지 않게 연결된 것은?

① 로렌스 콜버그 – 스포츠가 정의·공정성·책임감 등의 도덕적 판단 능력 발달에 기여
② 존 듀이 – 스포츠를 실천적 학습의 장으로 보고 자기 통제와 사회적 책임을 배움
③ 피아제 – 스포츠를 통해 협동과 공정성을 배우는 환경 제공
④ 피터 맥킨타이어 – 스포츠는 공정성과 정의를 배우는 교육의 장

19. 〈보기〉의 사례를 가장 잘 설명하는 윤리 원칙과 정의로 묶인 것은?

───〈보기〉───
㉠ 동일 종목에 출전한 남녀 선수가 우승했을 때, 동일한 상금을 지급하는 것
㉡ 국가대표 선발 과정에서 공정한 평가 절차를 적용하는 것
㉢ 팀 경기에서 우승 상금을 개인 기여도에 따라 차등 지급하는 것

	㉠	㉡	㉢
①	기회 균등 원칙	절차적	평등적
②	분배적	평등적	기회 균등 원칙
③	평등적	절차적	분배적
④	분배적	기회 균등 원칙	평등적

20. 다음 〈보기〉에서 스포츠윤리센터의 역할과 올바르게 연결된 것은?

───〈보기〉───
㉠ 피해자 보호 및 지원 – 법률·의료·심리적 지원 연계
㉡ 조사와 조치 – 선수단 성적 향상을 위한 강화 훈련 제공
㉢ 예방적 관리 – 가이드북 제작, 교육 프로그램 운영
㉣ 정책 제안 – 조사와 연구를 토대로 제도 개선 방향 제시

① ㉠, ㉢
② ㉡, ㉢
③ ㉠, ㉡, ㉣
④ ㉠, ㉢, ㉣

감 다지는 모의고사 3회

2026년도 대비 2급류 체육지도자 필기시험 문제지

(2급 전문 / 2급 생활 / 2급 장애인 / 유소년 / 노인)

과목코드 및 페이지

선택과목			
	스포츠사회학	(과목코드: 11)	P.424
	스포츠교육학	(과목코드: 22)	P.428
	스포츠심리학	(과목코드: 33)	P.431
	한국체육사	(과목코드: 44)	P.436
	운동생리학	(과목코드: 55)	P.439
	운동역학	(과목코드: 66)	P.442
	스포츠윤리	(과목코드: 77)	P.445

2급 스포츠지도사 필기시험

스포츠사회학 (11)

1. 스포츠사회학 관련 이론에 대한 설명으로 옳지 않은 것은?

   ① 거시 이론은 스포츠가 사회 구조와 제도에 미치는 영향을 분석한다.
   ② 비판적 인종 이론은 인종 문제가 스포츠 내에서 어떻게 재현되고, 인종 간 갈등이 어떻게 형성되는지 고찰한다.
   ③ 포스트모더니즘은 스포츠가 사회 시스템의 안정성과 기능성을 유지하는 데 기여한다고 본다.
   ④ 교환 이론은 개인은 스포츠 참여를 통해 얻는 보상이 그에 따른 비용보다 크다고 느낄 때 스포츠 활동에 참여한다고 본다.

2. 〈보기〉에서 설명하는 스포츠사회학 이론은?

   ─〈보기〉─
   스포츠는 사회적 상호 작용의 장으로서 개인의 역할과 행동을 규정한다.

   ① 갈등 이론
   ② 페미니즘 이론
   ③ 구조기능주의 이론
   ④ 상징적 상호 작용 이론

3. 메가 스포츠 이벤트의 경제적 효과에 대한 설명으로 옳지 않은 것은?

   ① 국가 및 지역의 이미지 가치 상승은 긍정적 효과에 해당한다.
   ② 일자리 창출과 인프라 개발은 모두 부정적 효과에 속한다.
   ③ 대회 유치 과정에서 발생하는 재정적 부담은 부정적 효과에 해당한다.
   ④ 사회적 불평등 심화와 부동산 가격 상승은 부정적 효과에 포함된다.

4. 스포츠 국제 이벤트와 관련된 주요 정치적 사건이 바르게 연결된 것은?

   ① 1936년 베를린 올림픽 – 나치 독일의 인종 차별 선전
   ② 1980년 모스크바 올림픽 – 독일의 보이콧
   ③ 1972년 뮌헨 올림픽 – 블랙 파워 경례
   ④ 2002년 한일 월드컵 – 정치적 보이콧 사건 발생

5. 〈보기〉의 스포츠와 정치의 결합 방법에 대한 설명과 가장 알맞은 개념을 연결한 것은?

   ─〈보기〉─
   ㉠ 국가대표팀의 성과를 개인의 성과로 느끼는 것
   ㉡ 올림픽 성화 봉송을 통해 정치 메시지를 전달
   ㉢ 정치적 긴장 완화를 위한 국민 관심 전환

	㉠	㉡	㉢
①	상징	동일화	조작
②	조작	동일화	상징
③	동일화	상징	조작
④	동일화	조작	상징

6. ⟨보기⟩에서 설명하는 것과 관련이 있는 프로스포츠 제도는?

― ⟨보기⟩ ―
신인 선수 A는 학교 졸업 후 프로 리그에 진출하려고 한다. A선수는 어느 팀에서 뛰게 될지 결정되지 않았으며, 모든 팀은 A선수를 공정하게 배분받기 위해 정해진 순서에 따라 선수 영입 기회를 가진다. A선수는 특정 팀을 선택할 수 없으며, 팀이 신인 선수를 선택하게 된다.

① 샐러리 캡
② 자유 계약
③ 드래프트
④ 우선 협상권

7. ⟨보기⟩에서 설명하는 것과 관련이 있는 스포츠 교육의 역기능은?

― ⟨보기⟩ ―
한국중학교 운동부에서 학생들이 대회에서 좋은 성적을 내기 위해 매일 강도 높은 훈련을 받고 있다. 지도자는 학생들에게 반드시 승리해야 한다고 압박하며, 학생들 사이에서는 지나친 경쟁으로 인해 팀워크가 깨지고 스트레스가 쌓여 가는 상황이다. 일부 학생들은 학업에 집중하지 못하고, 정신적으로도 지치기 시작했다.

① 사회적 통합 촉진
② 신체적 건강 증진
③ 스포츠맨십 강화
④ 과도한 경쟁으로 인한 스트레스 증가

8. ⟨보기⟩에서 설명하는 것과 관련이 있는 미디어가 스포츠에 미치는 영향은?

― ⟨보기⟩ ―
B스포츠 채널은 특정 인기 종목에만 집중적으로 중계하여 해당 종목의 스타 선수들이 더욱 주목받고 있다. 그러나 이로 인해 다른 종목에 대한 관심을 크게 줄어들면서 비인기 종목 선수들의 발전이 저해되고 있다. 이러한 상황은 팬층의 다양성을 감소시키고, 장기적으로 스포츠 전반의 균형적 발전에 부정적 영향을 미칠 수 있다는 우려를 불러일으킨다.

① 미디어의 집중으로 인해 특정 종목의 기술 발전이 촉진된다.
② 특정 종목에만 집중하여 다른 종목이 소외되고, 다양성이 감소한다.
③ 미디어의 영향으로 스포츠 스타의 명성이 더욱 높아진다.
④ 스포츠 중계로 인해 더 많은 종목이 대중의 관심을 받는다.

9. ⟨보기⟩의 사례를 통해 설명할 수 있는 사회계층의 특성으로 옳은 것은?

― ⟨보기⟩ ―
㉠ 어떤 사회에서든 계층은 존재하며, 부·권력·지위 차이는 보편적으로 발견된다.
㉡ 산업화가 진행되면서 새로운 직업 계층이 생겨났고, 기존 계층 구조에도 변화가 나타났다.
㉢ 같은 나이 또래라도 부모의 경제력과 교육 수준에 따라 생활 기회와 경험이 크게 달라진다.

	㉠	㉡	㉢
①	사회성	보편성	다양성
②	보편성	역사성	영향성
③	역사성	사회성	영향성
④	보편성	다양성	사회성

10. 〈보기〉에서 설명하는 상황과 모두 관련이 있는 사회계층 이동 유형은?

〈보기〉
- A씨: 중학교 체육 교사로 일하다가, 더 높은 직책을 맡기 위해 교장 자격증을 취득하여 교장으로 승진하였다.
- 동료 B씨: 비슷한 직책을 맡고 있었지만, 다른 학교로 전근을 가면서 동일한 직위를 유지하였다.
- C씨: 경제적 어려움으로 인해 자신이 맡았던 직책에서 강등되었다.

① 수직 이동
② 수평 이동
③ 상향 이동
④ 세대 내 이동

11. 다음 중 사회계층 이동에 스포츠가 미치는 영향으로 옳게 짝지어진 것은?

	긍정적	부정적
①	교육 기회 확대	사회적 불평등 심화
②	단기적 성공에 의존	사회적 기술 습득
③	성공 신화의 부작용	직업적 기회 창출
④	사회적 불평등 심화	건전한 태도 형성

12. 수렴 이론에 대한 설명으로 가장 적절한 것은?

① 집합 행동은 감정이 군중 내에서 급격히 퍼져 나가면서 발생한다.
② 집합 행동은 개인들이 유사한 성향을 가지고 특정 상황에서 모일 때 발생한다.
③ 집합 행동은 사회적·문화적 요인이 누적되어 나타난다.
④ 집합 행동은 새로운 규범이 형성될 때 발생한다.

13. 스포츠 일탈과 관련된 이론과 그 특징의 연결이 옳지 <u>않은</u> 것은?

① 긴장 이론: 사회적 압박이나 스트레스를 해소하기 위해 일탈이 발생한다.
② 구조기능 이론: 스포츠 일탈은 사회적 규범을 재확인하는 기회가 될 수 있다.
③ 기회 이론: 스포츠에서 일탈 기회가 많을수록 일탈 가능성이 낮아진다.
④ 아노미 이론: 목표와 수단 간 불일치가 일탈을 유발한다.

14. 〈보기〉는 스포츠가 미디어에 미치는 영향을 설명한 것이다. 옳게 연결된 것을 모두 고른 것은?

〈보기〉
㉠ 다양한 콘텐츠와 중계권 수익 창출 기회를 제공한다.
㉡ 미디어 기술 발전과 장비 확산을 촉진한다.
㉢ 스포츠의 대중화와 참여 기회를 확대한다.
㉣ 상업화를 통해 경기 일정 과부하와 선수 프라이버시 침해를 초래하기도 한다.

① ㉠, ㉡
② ㉢, ㉣
③ ㉠, ㉡, ㉢
④ ㉠, ㉡, ㉢, ㉣

2급 스포츠지도사 필기시험

15. 〈보기〉의 ㉠, ㉡에 들어갈 말로 알맞은 것은?

―〈보기〉―
맥루한(M. McLuhan)의 미디어 이론에 따르면, 쿨 매체는 (㉠) 정의성을 가지고 있어 수용자의 적극적인 참여가 요구된다. 또한 감각 몰입성이 높으며 경기 진행 속도가 (㉡) 특성을 지닌다.

	㉠	㉡
①	낮은	빠른
②	높은	빠른
③	낮은	느린
④	높은	느린

16. 〈보기〉의 사례와 가장 알맞은 사회화 촉진 요소를 연결한 것은?

―〈보기〉―
㉠ 유명 프로선수의 SNS를 보고 스포츠에 흥미를 갖게 된 경우
㉡ 지자체가 청소년 스포츠 바우처를 제공하여 참여 기회를 늘린 경우
㉢ 부모가 어린 시절 자녀를 유소년 축구클럽에 등록시킨 경우

	㉠	㉡	㉢
①	미디어영향	스포츠정책 지원	가족
②	가족	학교	미디어영향
③	또래집단	문화적배경	학교
④	문화적배경	가족	스포츠정책 지원

17. 〈보기〉의 설명과 가장 알맞은 개념을 연결한 것은?

―〈보기〉―
㉠ 한 학생이 선배 운동선수의 행동을 보고 따라 하며 스포츠 규칙을 배워가는 과정
㉡ 스포츠가 사회 질서와 유지를 돕고 사회통합의 기능을 수행
㉢ 축구 경기에서 선수들이 포지션에 맞는 행동을 배우고, 그 역할을 수행하는 과정
㉣ 한 체육 교사가 학생들에게 "우리 반은 하나의 팀이다"라는 의식을 강조하며, 팀 규범을 지키도록 지도하는 것

	㉠	㉡	㉢	㉣
①	역할이론	구조기능 이론	사회학습 이론	준거집단 이론
②	사회학습 이론	준거집단 이론	구조기능 이론	역할이론
③	구조기능 이론	역할이론	준거집단 이론	사회학습 이론
④	사회학습 이론	구조기능 이론	역할이론	준거집단 이론

18. 〈보기〉의 대화에서 학생 B의 주장 내용과 일치하는 스포츠 일탈의 기능은 무엇인가?

―〈보기〉―
학생 A: "스포츠 일탈은 선수 건강과 안전을 위협하고, 팬들의 실망으로 사회 불안만 키우니까 무조건 해로운 것 같아."
학생 B: "아니야, 일탈이 언제나 해로운 건 아니야. 오히려 규범과 제도를 개선하거나 새로운 전략을 도입하는 계기가 되기도 해."

① 스포츠 규범 및 규칙 제도 개선
② 스포츠 공정성 훼손
③ 선수 건강과 안전 위협
④ 팬들의 스포츠 인식 저하

19. <보기>의 설명과 가장 관련 있는 이론을 올바르게 연결한 것은?

<보기>
- ㉠ 한 선수가 과격한 파울을 하자, 동료 선수들이 감정적으로 동조해 경기 전체가 거친 양상으로 번짐
- ㉡ 원래 공격적인 성향을 가진 선수들이 한 팀에 모이면서 집단 난투극이 발생
- ㉢ 경기 중 "상대가 먼저 거칠게 하니 우리도 맞대응하자"라는 암묵적 규범이 팀 내에서 생겨나 행동으로 이어짐
- ㉣ 팀 내 경쟁, 성적 압박, 감독의 강압적 지도가 누적되다가 특정 경기에서 집단 반발이나 파업이 터져 나옴

	㉠	㉡	㉢	㉣
①	부가가치이론	수렴이론	전염이론	규범생성이론
②	수렴이론	규범생성이론	부가가치이론	전염이론
③	전염이론	수렴이론	규범생성이론	부가가치이론
④	규범생성이론	부가가치이론	전염이론	수렴이론

20. <보기>의 대화 중 ㉠에 들어갈 적절한 것은?

<보기>
학생 A: "미래 스포츠 변화는 오직 경제적 측면, 즉 상업화만 중요해."
학생 B: "아니야, 친환경 스포츠 도입과 에코 장비 개발 같은 (㉠)도 주요 변화 요인이야."

① 훈련 방법 혁신
② 시청 몰입 기술 발전
③ 소비자 중심 스포츠
④ 환경과 지속 가능성 인식 변화

정답과 해설 P.31

스포츠교육학 (22)

1. 다음 중 <보기>에서 평가 유형과 핵심 목적의 연결 중 옳은 것만 고른 것은 무엇인가?

<보기>
- ㉠ 진단평가 – 출발점 확인·배치
- ㉡ 형성평가 – 과정 중 피드백·교정
- ㉢ 총괄평가 – 성취기준 도달 판정

① ㉠, ㉡
② ㉠, ㉢
③ ㉡, ㉢
④ ㉠, ㉡, ㉢

2. 학교체육의 주요 추진 과제로 적합하지 않은 것은?

① 체육 교육과정과 자율 체육 활동을 활성화한다.
② 학생들의 건강과 체력 증진을 도모한다.
③ 학생들에게 학업 부담을 줄이기 위해 체육 시간을 줄인다.
④ 스포츠 클럽을 확대하고 지역과 연계한 체육 활동을 장려한다.

3. 단원 시작 전 기초기능과 체력 수준을 파악해 수준별 집단을 편성했다. 해당 평가의 유형은 무엇인가?

① 형성평가
② 총괄평가
③ 진단평가
④ 수행평가

4. 평가의 타당도를 측정하는 방법에 해당하지 않는 것은?

① 내용 타당도
② 직관 타당도
③ 구인 타당도
④ 준거 타당도

2급 스포츠지도사 필기시험

5. 소외 계층의 체육 진흥 정책으로 적합하지 <u>않은</u> 것은?

   ① 행복 나눔 스포츠 교실 운영
   ② 스포츠 강좌 이용권 사업 시행
   ③ 스포츠 버스를 활용한 움직이는 체육관 운영
   ④ 엘리트 스포츠 선수 육성을 위한 체육 특기자 제도 확대

6. 〈보기〉에서 존 듀이(John Dewey)의 교육 철학에 따라 체육교육이 제공해야 하는 것을 모두 고른 것은?

   ─〈보기〉─
   ㉠ 신체적 결과
   ㉡ 지적 결과
   ㉢ 사회적 결과
   ㉣ 도덕적 결과

   ① ㉠, ㉡
   ② ㉡, ㉣
   ③ ㉠, ㉡, ㉣
   ④ ㉠, ㉡, ㉢, ㉣

7. 유아 체육 프로그램의 주요 목적에 해당하는 것은?

   ① 경쟁 기술과 승패 의식의 함양
   ② 놀이를 통한 인지적, 사회적 발달 촉진
   ③ 근력과 지구력을 중심으로 한 체력 훈련
   ④ 고급 스포츠 전략 및 기술 교육

8. 〈보기〉의 내용에서 올바르게 짝지은 것은 무엇인가?

   ─〈보기〉─
   ㉠ 상호학습형 ─ 동료의 수행에 동료가 피드백
   ㉡ 자기점검형 ─ 수행 후 채점 주체는 교사
   ㉢ 연습형 ─ 과제 제시는 교사, 수행은 학습자
   ㉣ 유도발견형 ─ 교사의 질문을 따라 개념 발견

   ① ㉠, ㉢, ㉣
   ② ㉠, ㉡, ㉣
   ③ ㉠, ㉢
   ④ ㉢, ㉣

9. 〈보기〉의 ㉠과 ㉡에 알맞은 것을 고른 것은 무엇인가?

   ─〈보기〉─
   '학생선수의 학습권 보장' 원칙에 따라, (㉠)은/는 훈련과 학습의 균형을 위한 지침을 수립·시행하여야 하며, 학교장은 훈련시간 관리와 (㉡) 확보에 협력하여야 한다.

	㉠	㉡
①	교육부장관	자가학습시간
②	교육감	자가학습시간
③	학교장	교육감
④	교육부장관	교육감

10. 놀이교육의 주요 목적으로 가장 적절한 것은?

    ① 경쟁에서 이기는 방법을 배우는 것
    ② 신체 활동을 통해 체력을 증진하는 것
    ③ 운동기술을 익히고 신체 활동에 대한 긍정적인 태도를 형성하는 것
    ④ 협동과 팀워크 능력을 강화하는 것

11. 체육 수업에서 학습자의 학습 동기를 가장 효과적으로 높이는 방법은?

① 결과에 초점을 맞춘 보상 제공
② 성공 가능성이 높은 도전 과제 제시
③ 학생 간 비교를 통해 경쟁을 유도
④ 지도자가 일방적으로 지시하고 설명

12. 다음 중 협동 학습의 공통 원리로 보기 어려운 것은 무엇인가?

① 긍정적 상호의존성
② 개별 책무성
③ 대면 상호작용
④ 성적 향상 없는 팀 보상

13. 스포츠교육 지도자의 전문성을 평가할 때 주요 기준으로 적합하지 않은 것은?

① 학습자의 만족도
② 수업 목표 달성도
③ 지도 방법의 다양성
④ 스포츠 경기에서의 참여 성과

14. 단원 평가를 설계할 때 타당도를 높이는 방법으로 알맞은 것은 무엇인가?

① 지식 필답만 실시한다.
② 실제 과제 수행·포트폴리오·자기평가를 복합한다.
③ 동일 과제 반복 측정만 한다.
④ 총괄평가만 남긴다.

15. 〈보기〉에서 설명하는 크래스홀(Krathwhol)의 정의적 영역에 해당하는 것은?

〈보기〉
- 학습자가 얻은 정보에 대해 자신의 의견을 표출하고, 논쟁이나 토론을 통해 입장을 밝히는 능력이다.
- 듣거나 본 것에 대해 동의 또는 비동의를 표현할 수 있다.

① 반응화
② 수용화
③ 가치화
④ 인격화

16. 스포츠교육의 주요 대상으로 가장 적절한 것은?

① 전문 운동선수
② 청소년과 성인
③ 전 연령대의 학습자
④ 장애인

17. 다음 목표에 가장 적합한 관찰 도구를 모두 고른 것은 무엇인가?

목표: "안전수칙 위반 발생 시점과 맥락을 포착해 개선한다."

㉠ 사건표집
㉡ 시간표집
㉢ 평정척도
㉣ 체크리스트

① ㉠
② ㉠, ㉡
③ ㉡, ㉢
④ ㉢, ㉣

2급 스포츠지도사 필기시험

18. 다음 중 처방적(prescriptive) 피드백은 무엇인가?

① "방금 성공률이 60%다."

② "임팩트 순간 손목을 고정해 보자."

③ "왼발 착지 후 무릎 각도가 90°였다."

④ "왜 실패했는지 생각해 보자."

19. 「국민체육진흥법」의 주요 내용에 해당하지 <u>않는</u> 것은?

① 국가와 지방 자치 단체는 직장체육 진흥에 필요한 시책을 마련해야 한다.

② 국가와 지방 자치 단체는 우수 선수와 체육 지도자 육성을 위해 필요한 표창 제도를 마련해야 한다.

③ 국가는 도핑을 예방하기 위하여 선수와 체육 지도자를 대상으로 교육과 홍보를 실시하여야 한다.

④ 국가와 지방 자치 단체는 민간의 체육 시설 설치를 제한하고 직접 운영해야 한다.

20. 메츨러 계획 요소-설명 연결 중 옳지 <u>않은</u> 것은 무엇인가?

① 과제제시 · 구조 — 학습단서 · 계열 · 진도

② 관리 · 안전 — 동선 · 조직 · 위험요소

③ 평가 — 성취기준 · 시기 · 도구

④ 학습활동 — 시상 규칙 · 참가비

정답과 해설 P.33

스포츠심리학 (33)

1. 〈보기〉에서 제시하는 스포츠심리학자의 역할로 옳은 것을 모두 고른 것은?

〈보기〉
㉠ 심리적 요인이 경기력에 미치는 영향을 과학적으로 검증한다.
㉡ 지도자와 선수에게 학문적 지식을 전달한다.
㉢ 경기 규칙과 사회 제도의 변화를 분석한다.
㉣ 선수의 불안 · 긴장을 완화하기 위해 상담을 진행한다.

① ㉠, ㉡

② ㉡, ㉢

③ ㉠, ㉢, ㉣

④ ㉠, ㉡, ㉣

2. 〈보기〉의 설명과 알맞은 운동제어 체계 단계의 연결이 바르게 짝지어진 것은?

〈보기〉
㉠ 선택적으로 필요한 정보에만 주의를 기울인다.
㉡ 자극에 대한 반응 방법을 결정한다.
㉢ 선택된 반응을 근육 움직임으로 옮긴다.

	㉠	㉡	㉢
①	반응실행	감각지각	반응선택
②	반응선택	반응실행	감각지각
③	감각지각	반응선택	반응실행
④	감각지각	반응실행	반응선택

2급 스포츠지도사 필기시험

3. 다음 〈보기〉에서 옳은 설명을 모두 고른 것은?

〈보기〉
- ㉠ 맥락간섭은 다양한 기술을 혼합하여 연습할 때 나타나는 현상이다.
- ㉡ 천장 효과는 이미 수행 수준이 높아 더 이상 향상하기 어려운 상태이다.
- ㉢ 바닥 효과는 초기 학습 시 혼합 연습이 어려운 현상이다.
- ㉣ 맥락간섭 효과는 장기적 수행력 향상에 도움을 준다.

① ㉠, ㉡
② ㉠, ㉢
③ ㉡, ㉣
④ ㉠, ㉡, ㉣

4. 〈보기〉의 설명과 관련된 갤라휴(Gallahue)의 운동 발달 단계는?

〈보기〉
- 만 2~6세, 신체 인식 및 균형 발달
- 신체 인식 및 균형 발달
- 던지기, 차기, 회전과 같은 다양한 기초 기술 습득 가능

① 반사적 움직임 단계
② 초보적 움직임 단계
③ 기초적 움직임 단계
④ 스포츠 기술 단계

5. 홀랜더(E. P. Hollander)의 성격 구조에 대한 설명으로 옳지 <u>않은</u> 것은?

① 심리적 핵은 가치관, 신념, 자아상 등 비교적 안정적이고 변하지 않는 성격의 기반이다.
② 전형적 반응은 일상적인 상황에서 나타나는 반복적인 행동 패턴이다.
③ 역할 행동은 사회적 상황이나 역할에 따라 변화할 수 있는 표현적 행동이다.
④ 심리적 핵은 환경에 따라 쉽게 변하는 성격 요소를 의미한다.

6. 〈보기〉에서 설명하는 내용 중 ㉠과 ㉡에 들어갈 알맞은 용어는?

〈보기〉
특정 상황에서 순간적으로 느끼는 불안을 (㉠)이라 하고, 성격적 요인으로 일상적으로 경험하는 불안을 (㉡)이라고 한다.

	㉠	㉡
①	특성불안	상태불안
②	경쟁상태불안	경쟁특성불안
③	상태불안	특성불안
④	분리불안	경쟁불안

2급 스포츠지도사 필기시험

7. 〈보기〉의 설명과 경쟁불안과 경기력 관계 이론을 바르게 짝지은 것은?

〈보기〉
- ㉠ 각성 수준이 낮거나 높으면 수행이 떨어지고, 중간 수준에서 최적 수행
- ㉡ 각성과 불안의 효과는 인지적 불안과 신체적 불안으로 나누어 설명됨
- ㉢ 개인별로 최적 수행이 발휘되는 각성 수준은 다르며, 선수마다 적정 구역이 존재

	㉠	㉡	㉢
①	추동이론	전환이론	카타스트로피 격변 이론
②	카타스트로피 격변 이론	심리에너지 이론	역U자 가설
③	심리에너지 이론	최적수행지역 이론	전환 이론
④	역U자 가설	다차원적 불안 이론	최적수행지역 이론

8. 〈보기〉의 사례와 관련된 동기유발 유형을 바르게 짝지은 것은?

〈보기〉
- 제하는 경기에서 이기면 장학금을 받을 수 있어 매일 훈련에 나선다.
- 태서는 축구 자체가 즐겁고, 공을 차는 과정에서 큰 만족을 느껴 자발적으로 운동을 이어간다.
- 하랑이는 왜 경기에 참여하는지 스스로도 이유를 알지 못하고, 훈련에도 무기력하게 임한다.

	제하	태서	하랑
①	외적 동기	내적 동기	무동기
②	내적 동기	무동기	외적 동기
③	무동기	외적 동기	내적 동기
④	내적 동기	외적동기	무동기

9. 데시와 라이언(Deci & Ryan)이 제시한 자기결정성이론의 외적 동기 유형으로 옳은 것을 모두 고른 것은?

〈보기〉
- ㉠ 확인 규제 (Identified regulation)
- ㉡ 통합 규제 (Integrated regulation)
- ㉢ 의무감 규제 (Introjected regulation)
- ㉣ 성취 규제 (Achievement regulation)

① ㉠, ㉡
② ㉠, ㉢
③ ㉠, ㉡, ㉢
④ ㉡, ㉢, ㉣

10. 〈보기〉에서 제시하는 괄호에 들어갈 용어로 옳은 것은?

〈보기〉
와이너(Weiner)의 3차원 귀인모델에 따르면, 능력은 ( ), ( ), ( )에 해당한다.

① 내적, 불안정적, 통제 가능
② 내적, 안정적, 통제 불가능
③ 외적, 불안정적, 통제 가능
④ 외적, 안정적, 통제 불가능

11. 〈보기〉의 대화를 읽고, 올바른 해석한 것은?

〈보기〉
A: "난 이번에 100m 기록을 어제보다 0.3초 줄이는 게 목표야."
B: "난 친구보다 더 빠르게 달리는 게 중요해."

① A는 자기목표 성향, B는 과제목표 성향이다.
② A는 과제목표 성향, B는 자기목표 성향이다.
③ A는 결과목표, B는 수행목표이다.
④ A와 B 모두 결과목표 성향이다.

12. <보기>의 설명에 해당하는 개념은?

   ─── <보기> ───
   - 외부의 방해 요인을 차단하고 집중력을 유지한다.
   - 다음 행동을 예고하여 수행 패턴을 원활하게 한다.
   - 신체적·정신적 요소를 통합하여 일관된 수행을 돕는다

   ① 피드백
   ② 루틴
   ③ 심상 훈련
   ④ 자기 대화

13. <보기>의 설명과 사회적 태만 관련 개념을 바르게 연결한 것은?

   ─── <보기> ───
   ㉠ 타인의 노력에 의존하여 자신은 최소한의 노력을 하는 태도
   ㉡ 타인의 무임승차를 방지하기 위해 자신의 노력을 줄이는 태도
   ㉢ 적은 노력으로도 쉽게 성과를 얻고자 하는 방식

	㉠	㉡	㉢
①	무임승차 전략	반무임승차 전략	최소화 전략
②	최소화 전략	무임승차 전략	할당 전략
③	할당 전략	무임승차 전략	반무임승차 전략
④	반무임승차 전략	최소화 전략	할당 전략

14. 다차원 리더십 모형의 설명으로 옳지 않은 것은?

   ① 규정 행동은 상황 요인의 요구에 의해 나타난다.
   ② 실제 행동은 리더 특성에 의해 영향을 받는다.
   ③ 선호 행동은 성원들의 특성과 관련된다.
   ④ 결과 변인은 상황 요인, 리더 특성, 성원 특성으로 구성된다.

15. <보기> 설명에서 사회적 촉진 이론을 설명할 때, 옳은 것은?

   ─── <보기> ───
   ㉠ 타인의 존재 자체만으로 자동화된 과업 수행이 향상됨
   ㉡ 타인의 평가에 대한 불안과 기대가 수행 향상으로 이어짐

	㉠	㉡
①	본드 자아 이론	자이언스 단순 존재 이론
②	자이언스 단순 존재 이론	코트렐 평가우려 이론
③	코트렐 평가우려 이론	샌더스 주의 분산 갈등 이론
④	샌더스 주의 분산 갈등 이론	본드 자아 이론

16. 다음 중 모델링의 효과로 볼 수 없는 것은?

   ① 어린이에게 비언어적 모델링이 효과적이다.
   ② 단계별 학습으로 복잡한 과제에 효과적이다.
   ③ 선수의 공격적 행동이 청소년의 사회성에 긍정적 영향을 준다.
   ④ 기술이 우수한 모델일수록 학습자와의 유사성도 중요하다.

2급 스포츠지도사 필기시험

17. 〈보기〉의 운동을 통한 심리적 효과를 설명 중 가장 적합한 것은?

─〈보기〉─
학생은 시험 기간에 불안이 심해지고 집중력이 떨어졌지만, 매일 가벼운 조깅을 통해 마음이 안정되고 공부 효율이 향상되었다.

① 인지 기능 향상
② 사회적 유대 강화
③ 긍정적 정서 경험
④ 자존감 향상

18. 〈보기〉의 프로차스카(J. Prochaska)의 운동 변화 단계 설명 중 올바른 것을 모두 고른 것은?

─〈보기〉─
㉠ 무관심 단계는 운동의 필요성을 전혀 느끼지 못하는 상태이다.
㉡ 관심 단계는 6개월 이내 운동 참여 의도가 있는 상태이다.
㉢ 준비 단계는 1개월 이내 운동을 시작하려는 구체적 계획이 있는 단계이다.
㉣ 유지 단계는 계획된 변화를 실천하기 위해 6개월 미만의 운동을 유지한 단계이다.

① ㉠, ㉡
② ㉠, ㉡, ㉢
③ ㉡, ㉢, ㉣
④ ㉠, ㉡, ㉢, ㉣

19. 〈보기〉의 설명과 해당 요인을 올바르게 연결한 것은?

─〈보기〉─
㉠ 운동 경험과 태도, 과거 습관
㉡ 기후와 안전한 환경
㉢ 코치와 트레이너의 지도

	㉠	㉡	㉢
①	개인적 요인	물리적 환경 요인	사회적 요인
②	사회적 요인	개인적 요인	물리적 환경 요인
③	개인적 요인	사회적 요인	물리적 환경 요인
④	물리적 환경 요인	개인적 요인	사회적 요인

20. 〈보기〉에서 스포츠심리상담의 역할로 옳은 것을 모두 고른 것은?

─〈보기〉─
㉠ 집중력 강화
㉡ 자기효능감 증진
㉢ 상담 및 지원
㉣ 팀 분위기 조성

① ㉠, ㉡
② ㉠, ㉢
③ ㉠, ㉡, ㉢
④ ㉠, ㉡, ㉢, ㉣

2급 스포츠지도사 필기시험

한국체육사 (44)

1. <보기>에 제시된 설명과 알맞은 특징을 고른 것은 무엇인가?

   <보기>
   체육사 연구에서 '기술적 연구'는 역사적 사실을 해석하기보다는, 사료에 나타난 사실을 있는 그대로 기록하려는 태도를 특징으로 한다.

   ① 연구자의 가치관을 중심으로 과거를 해석한다.
   ② 사료와 자료에 기초해 사실을 그대로 기록한다.
   ③ 시대별 체육의 발전을 추적한다.
   ④ 사료의 신뢰성에 대한 비판 과정을 의미한다.

2. 체육사의 연구 방법론 중 해석적 연구에 해당하는 것은?

   ① 과거의 사실을 단순히 나열하는 연구
   ② 역사가의 가치관을 바탕으로 과거를 해석하는 연구
   ③ 유물과 유적을 분석하여 체육사를 구성하는 연구
   ④ 시대별 체육의 발전 과정을 단순히 추적하는 연구

3. 선사시대 체육활동의 가장 중요한 기능을 고르시오.

   ① 오락과 여가 중심의 활동
   ② 공동체 의례와 생존을 위한 신체 활동
   ③ 귀족 계급의 위신 과시
   ④ 외래 스포츠 수용

4. 삼국시대 화랑도 체육의 기본 윤리로서 세속오계에 해당하지 않는 것은?

   ① 임전무퇴   ② 사군이충
   ③ 살생유택   ④ 신의조화

5. 백제의 체육활동이 다른 두 나라와 구별되는 특징은?

   ① 경당 교육을 통한 무예 수련
   ② 귀족 중심의 무예와 예술 활동 강조
   ③ 집단 제천행사를 통한 공동체 결속
   ④ 화랑도를 통한 문무겸전 교육

6. 고구려의 '경당'과 신라의 '화랑도'를 비교한 설명 중 옳은 것은?

   ① 경당은 청소년 교육 기관, 화랑도는 문무겸전 지도자 양성 조직이었다.
   ② 경당은 종교적 제의, 화랑도는 군사적 훈련만 담당했다.
   ③ 두 제도 모두 서민 교육을 중심으로 운영되었다.
   ④ 경당은 서구 스포츠 보급 기관이었다.

7. <보기>는 고려시대의 교육 기관인 국학에 대한 설명이다. 빈칸에 들어갈 말로 옳은 것은?

   <보기>
   • 국학(國學) 내 (   )에 무학(武學)을 통해 장수(將帥)를 육성하는 무학 교육 기관이 설치되었다.
   • 국학의 7재 중 무학을 담당하는 곳으로, 무학을 통해 장수를 양성하기 위한 교육이 이루어졌으며, 이는 군사 교육의 핵심 요소였다.

   ① 문학재   ② 예술재
   ③ 강예재   ④ 무학재

2급 스포츠지도사 필기시험

8. 〈보기〉에 제시된 설명과 해당 시대 활동을 알맞게 짝지은 것은 무엇인가?

― 〈보기〉 ―
㉠ 성균관 대사례에서 궁술이 강조된 이유는 예와 무를 동시에 중시했기 때문이다.
㉡ 고려시대 귀족 사회에서 격구가 성행한 이유는 오락성과 군사적 성격을 동시에 지녔기 때문이다.
㉢ 삼국시대 체육활동은 공동체 결속과 군사력 강화를 위해 장려되었다.

	㉠	㉡	㉢
①	조선시대	고려시대	삼국시대
②	삼국시대	조선시대	고려시대
③	고려시대	삼국시대	조선시대
④	일제강점기	조선시대	삼국시대

9. 〈보기〉에서 설명하는 고려시대의 체육 활동으로 옳은 것은?

― 〈보기〉 ―
• 단순한 오락을 넘어 기창, 기검, 기사를 익히기 위한 군사 훈련 도구로 활용되었다.
• 부유한 귀족들의 여가 활동이자 사회적 지위를 상징하는 스포츠였다.

① 씨름 ② 격구
③ 추천 ④ 석전

10. 사례를 읽고 알맞은 사상적 배경을 고른 것은 무엇인가?

― 〈사례〉 ―
한 학자가 "몸을 단련하여 기혈의 순환을 원활히 하고, 마음을 닦아 생명을 지켜내는 것이 곧 도를 따르는 길이다"라고 주장하였다. 이는 활인심방의 사상적 기초와 연결된다.

① 도교적 양생사상
② 서구의 체육 사상
③ 불교의 해탈사상
④ 유교의 충·효 사상

11. 조선시대 무예서들이 편찬된 공통적 배경은?

① 오락 문화의 확대
② 군사력 강화와 국방력 회복 필요성
③ 민속놀이 체계화
④ 서구 스포츠의 유입

12. 〈보기〉에서 설명하는 조선시대의 체육 사상으로 옳은 것은?

― 〈보기〉 ―
'문식(文識)과 무략(武略)을 겸비한다'는 뜻으로, 문과 무를 균형 있게 갖춘 인재를 강조하는 사상

① 문무겸전 ② 숭문천무
③ 문무분리 ④ 천문지무

13. 개화기 구기 스포츠의 도입 순서를 올바르게 나열한 것은?

① 야구 → 축구 → 농구
② 씨름 → 축구 → 테니스
③ 농구 → 축구 → 야구
④ 축구 → 야구 → 농구

2급 스포츠지도사 필기시험

14. 근대 스포츠로 가장 먼저 도입된 종목은?

① 야구 ② 축구
③ 농구 ④ 테니스

15. 대한체육구락부가 처음 조직된 시기는 언제인가?

① 1900년 ② 1903년
③ 1906년 ④ 1910년

16. 제2기 근대 체육의 수용기(1885~1904년)에 대한 설명으로 옳은 것은?

① 무예 학교와 원산학사의 정규 교육과정에 무예 체육이 포함되었다.
② 배재학당, 이화학당, 경신학당과 같은 미션 스쿨에서 체육교육이 활성화되었다.
③ 체육이 정식 교과목으로 채택되며, 체조가 필수 과목으로 자리 잡았다.
④ 기독교계 사립 학교와 일반 학교 체계에서 학교 체조, 병식 체조, 유희 등이 정식 교과로 포함되었다.

17. 조선체육회가 조선체육협회로 통합된 시기는 언제인가?

① 1920년 ② 1936년
③ 1938년 ④ 1940년

18. 전두환 정권에서 추진된 스포츠 산업 정책의 핵심은?

① 프로 스포츠 리그 도입
② 생활 체육 보급 확대
③ 국제 스포츠 이벤트 개최
④ 체육 교과 필수화

19. 노태우 정권 시기 국민 생활체육 협의회의 설립 목적으로 가장 적절한 것은?

① 엘리트 선수 양성
② 생활체육의 체계적 지원
③ 군사 체육 강화
④ 스포츠 산업 진흥

20. 한국체육의 미래 발전 방향으로 가장 적절한 것은?

① 글로벌 스포츠 산업의 경쟁에서 벗어나 지역 중심의 체육 활동에만 집중한다.
② 통일 한국을 대비해 남북 간 체육 교류와 협력 체계를 강화한다.
③ 전통 체육 종목을 보존하기 위해 국제 스포츠 교류를 제한한다.
④ 체육 환경의 변화에 관계없이 기존 체육 제도를 유지한다.

정답과 해설 P.36

2급 스포츠지도사 필기시험

운동생리학 (55)

1. 지구성 트레이닝의 효과에 해당하지 않는 것은?

① 미토콘드리아 수와 크기 증가
② 모세 혈관 밀도 증가
③ 절대 운동 강도에서의 젖산 농도 감소
④ 근육 내 크레아틴 인산(PCr) 저장량 증가

2. 고강도 운동 중 젖산 역치(LT)가 발생하는 원인으로 옳지 않은 것은?

① 근육 내 산소량 감소
② 근육 내 탄수화물 대사 비율 증가
③ 코리 사이클(cori cycle) 증가
④ 무산소성 해당 과정 의존율 증가

3. 〈보기〉에서 설명하는 용어는?

〈보기〉
심실이 수축할 때 박출되는 혈액의 양을 의미하며, 확장기말 혈액량(EDV)에서 수축기말 혈액량(ESV)을 뺀 값으로 계산된다.

① 혈압
② 1회 박출량
③ 심박동수
④ 최대 산소 섭취량

4. 운동 시 폐포와 폐 모세 혈관 사이에서의 산소 교환율을 증가시키는 직접적인 요인으로 가장 적절한 것은?

① 폐동맥의 낮은 산소량
② 폐정맥의 낮은 산소량
③ 폐동맥의 높은 이산화탄소 농도
④ 폐동맥의 높은 혈류 속도

5. 〈보기〉는 췌장에서 분비되는 혈당 조절 호르몬에 대한 설명이다. ㉠, ㉡에 들어갈 용어를 바르게 나열한 것은?

〈보기〉
• (㉠): 혈당 저하 시 글리코겐과 지방의 분해를 촉진하여 혈당을 증가시킨다.
• (㉡): 혈당 증가 시 포도당의 세포 내 유입을 촉진해 혈당을 감소시킨다.

	㉠	㉡
①	인슐린	글루카곤
②	인슐린	알도스테론
③	글루카곤	알도스테론
④	글루카곤	인슐린

6. 운동 중 뇌하수체 후엽에서 분비되어 신장을 통해 체내 수분 보유를 촉진하는 호르몬은?

① 항이뇨 호르몬(antidiuretic hormone)
② 파라토르몬(parathyroid hormone)
③ 칼시토닌(calcitonin)
④ 코티졸(cortisol)

2급 스포츠지도사 필기시험

7. <보기>에서 운동 중 소뇌가 담당하는 주요 기능으로 옳은 것을 모두 고른 것은?

―――〈보기〉―――
㉠ 운동의 타이밍을 조절하고 균형을 유지한다.
㉡ 근육의 수축력을 증가시켜 근육의 힘을 조절한다.
㉢ 운동 중 움직임의 조화를 맞추기 위해 근육의 긴장도를 조절한다.

① ㉠, ㉡   ② ㉠, ㉢
③ ㉡, ㉢   ④ ㉠, ㉡, ㉢

8. <보기>에서 운동 중 혈압 상승 요인으로 옳은 것만을 모두 고르시오.

―――〈보기〉―――
㉠ 말초혈관 수축
㉡ 혈류 점도 증가
㉢ 혈관 확장
㉣ 심박출량 증가

① ㉠, ㉡, ㉣   ② ㉠, ㉣
③ ㉢, ㉣   ④ ㉡, ㉢

9. <보기>에서 지방(fat)에 대한 설명으로 옳은 것을 모두 고른 것은?

―――〈보기〉―――
㉠ 지방은 운동 중 에너지 대사에 중요한 역할을 한다.
㉡ 운동 강도가 증가하면 지방이 주요 연료로 사용된다.
㉢ 지방산은 글리코겐과 비교해 상대적으로 천천히 분해된다.

① ㉠, ㉡   ② ㉠, ㉢
③ ㉡, ㉢   ④ ㉠, ㉡, ㉢

10. 높은 고도 환경에서 경기력 저하가 가장 뚜렷하게 나타날 가능성이 높은 운동 종목은?

① 100m 단거리 달리기
② 역도
③ 단거리 수영
④ 마라톤

11. 수중 운동 시 체온 유지에 영향을 미치는 주요 요인으로 옳지 않은 것은?

① 체지방량   ② 운동 강도
③ 공기 습도   ④ 물의 온도

12. 근육의 수축력이 감소하는 원인으로 옳은 것은?

① 젖산 역치 지연
② 근육 세포의 산성화 현상
③ 에너지 대사 효소의 활성도 증가
④ 근육 내 ATP 저장량 증가

13. <보기>에서 안정 시 폐용적과 폐용량의 개념에 대한 설명으로 옳은 것을 모두 고른 것은?

―――〈보기〉―――
㉠ 1회 호흡량(tidal volume)은 매 호흡 시 흡입되는 공기량이다.
㉡ 기능적 잔기량(functional residual capacity)은 폐에서 내보내지 않고 남아 있는 공기량이다.
㉢ 폐활량(vital capacity)은 최대 흡입 후 최대 내쉬는 공기량이다.
㉣ 전체 폐용적(total lung capacity)은 폐활량과 잔기량의 합으로, 폐의 최대 공기량을 의미한다.

① ㉠, ㉡   ② ㉠, ㉢
③ ㉠, ㉡, ㉢   ④ ㉠, ㉡, ㉢, ㉣

14. 신경 세포에서 전기 신호가 전달되는 순서로 바르게 나열한 것은?

   ① 신경 자극 → 수상 돌기 → 세포체 → 축삭 → 축삭 종말
   ② 신경 자극 → 세포체 → 수상 돌기 → 축삭 → 축삭 종말
   ③ 신경 자극 → 세포체 → 축삭 → 수상 돌기 → 축삭 종말
   ④ 신경 자극 → 수상 돌기 → 축삭 → 세포체 → 축삭 종말

15. 운동 시 호흡 빈도와 호흡량의 변화에 대한 설명으로 가장 적절한 것은?

   ① 운동이 시작되면 호흡 빈도는 증가하고, 호흡량은 감소한다.
   ② 운동이 시작되면 호흡 빈도와 호흡량이 모두 증가한다.
   ③ 운동이 시작되면 호흡 빈도는 감소하고, 호흡량은 증가한다.
   ④ 운동이 시작되면 호흡 빈도와 호흡량이 모두 감소한다.

16. 근섬유의 구조와 기능에 대한 설명으로 옳지 않은 것은?

   ① 근형질세망(sarcoplasmic reticulum): 칼슘 이온 저장
   ② 가로 세관(transverse-tubule): 산·염기 평형 유지
   ③ 근형질(sarcoplasm): 미오글로빈을 통해 산소를 저장하며 에너지 대사를 지원
   ④ 근초(sarcolemma): 근섬유를 둘러싸는 세포막으로 활동 전위를 전달

17. 혈액 내 포도당 농도를 증가시키는 호르몬과 이를 분비하는 기관을 바르게 연결한 것은?

   ① 인슐린 – 췌장 베타 세포
   ② 글루카곤 – 췌장 알파 세포
   ③ 인슐린 – 췌장 알파 세포
   ④ 글루카곤 – 췌장 베타 세포

18. 고지 환경에 단기간 노출되었을 때 나타나는 생리적 반응으로 옳지 않은 것은?

   ① 혈압 감소
   ② 호흡 속도 증가
   ③ 심박동수 증가
   ④ 혈액 내 산소 농도 감소

19. 뇌(brain)에서 〈보기〉의 기능을 모두 가진 영역은?

   ─── 〈보기〉 ───
   • 골격근의 운동제어 및 협응
   • 근육의 긴장 유지와 조절
   • 심장과 호흡 기능의 조절
   • 각성 및 수면 상태의 관리

   ① 간뇌(사이뇌, diencephalon)
   ② 소뇌(cerebellum)
   ③ 기저핵(바닥핵, basal ganglia)
   ④ 뇌간(뇌줄기, brainstem)

20. 혈압을 상승시키는 요인으로 옳은 것은?

   ① 혈액량 감소
   ② 혈관 저항 감소
   ③ 혈관 탄성 증가
   ④ 1회 박출량 증가

2급 스포츠지도사 필기시험

운동역학 (66)

1. 인체의 안정성을 높이기 위해 (㉠)을/를 넓히고, (㉡)을/를 낮추어야 한다. 〈보기〉에서 옳은 것을 고르시오.

   ―〈보기〉―
   기저면, 선속도, 무게중심 높이, 각속도

	㉠	㉡
①	기저면	무게중심 높이
②	선속도	기저면
③	각속도	무게중심 높이
④	기저면	선속도

2. 정성적 동작분석(qualitative analysis)의 특징으로 옳지 않은 것은?
   ① 현장에서 즉각적 피드백이 가능하다.
   ② 지도자 성향에 따라 결과가 달라질 수 있다.
   ③ 반드시 수치화된 자료가 필요하다.
   ④ 기술 향상을 목적으로 한다.

3. 토크(Torque)에 영향을 미치는 요인은 (㉠)와/과 (㉡)이다. 〈보기〉에서 옳은 것을 고르시오.

   ―〈보기〉―
   힘의 크기, 모멘트팔, 속도, 질량

	㉠	㉡
①	힘의 크기	모멘트팔
②	속도	질량
③	질량	모멘트팔
④	속도	힘의 크기

4. 충격량-운동량 정리에 관한 설명으로 옳은 것을 〈보기〉에서 고르시오.

   ―〈보기〉―
   ㉠ 충격량은 힘 × 시간이다.
   ㉡ 충격량은 운동량 변화와 같다.
   ㉢ 같은 운동량 변화를 짧은 시간에 주면 힘은 작아진다.
   ㉣ 충격량은 속도의 변화와 관련된다.

   ① ㉠, ㉡, ㉢
   ② ㉠, ㉡, ㉣
   ③ ㉠, ㉢, ㉣
   ④ ㉠, ㉡, ㉢, ㉣

5. 마찰력에 대한 설명으로 옳은 것을 〈보기〉에서 모두 고르시오.

   ―〈보기〉―
   ㉠ 최대정지마찰력은 운동마찰력보다 크다.
   ㉡ 마찰력은 수직항력과 무관하다.
   ㉢ 마찰력은 운동 방향과 반대 방향으로 작용한다.
   ㉣ 마찰력은 접촉면적과 직접적인 관계가 없다.

   ① ㉠, ㉢
   ② ㉠, ㉢, ㉣
   ③ ㉡, ㉢
   ④ ㉠, ㉡, ㉢, ㉣

6. 다음 중 해부학적 자세 설명으로 올바른 것은?
   ① 두 팔은 몸통 옆에 붙이고 손바닥이 후방을 향한다.
   ② 시선은 정면을 향하며 직립한 상태이다.
   ③ 두 발은 어깨 넓이로 벌린다.
   ④ 엄지손가락이 내측을 향한다.

2급 스포츠지도사 필기시험

7. 운동역학을 가장 잘 설명한 것은?
   ① 운동 시 힘의 원인과 결과를 규명하는 학문
   ② 근육의 생리학적 변화 연구
   ③ 스포츠 심리적 요인 연구
   ④ 운동 참여의 사회학적 해석

8. 다음 중 병진운동에 해당하는 것은?
   ① 축구공이 공중에서 곡선을 그리며 이동
   ② 철봉에서 회전하는 동작
   ③ 팔꿈치 굴곡 동작
   ④ 다이버의 턱 자세 회전

9. 어떤 물체에 50N의 힘을 3초 동안 가했다. 충격량은 얼마인가?
   ① 100Ns
   ② 120Ns
   ③ 150Ns
   ④ 200Ns

10. 다음 중 단위가 다른 것은?
    ① 운동에너지
    ② 위치에너지
    ③ 파워
    ④ 탄성에너지

11. 다이빙에서 동일한 각운동량을 유지할 때, 가장 **빠른** 회전을 유발하는 자세는?
    ① 팔·다리 모두 펼친 자세
    ② 턱 자세(팔·다리 모두 모음)
    ③ 팔은 모으고 다리는 펼친 자세
    ④ 다리는 모으고 팔은 펼친 자세

12. 걷기 동작에서 측정되는 지면 반력에 대한 설명으로 옳지 <u>않은</u> 것은?
    ① 지면이 인체에 가하는 힘을 측정한다.
    ② 지면반력기는 힘의 크기와 방향을 측정한다.
    ③ 발이 지면에 가한 힘을 그대로 나타낸 값이다.
    ④ 뉴턴의 작용-반작용 법칙으로 설명할 수 있다.

13. 근전도(EMG)에 대한 설명 중 옳지 <u>않은</u> 것은?
    ① 근수축과 관련된 전기 신호를 측정한다.
    ② 근육 피로에 대한 정보를 추정할 수 있다.
    ③ 분절의 위치 변화를 직접 측정할 수 있다.
    ④ 표면전극과 삽입전극을 모두 활용할 수 있다.

14. 2차원 영상분석의 특징으로 옳은 것은?
    ① 반드시 두 대 이상의 카메라가 필요하다.
    ② 평면상에서의 운동을 분석한다.
    ③ 지면반력을 직접 측정한다.
    ④ 힘의 원인을 파악할 수 있다.

2급 스포츠지도사 필기시험

15. 운동에너지, 위치에너지, 탄성에너지가 모두 중요한 종목은?

① 높이뛰기
② 사격
③ 장대높이뛰기
④ 마라톤

16. 운동에너지와 위치에너지에 관한 설명으로 옳은 것을 〈보기〉에서 고르시오.

〈보기〉
㉠ 운동에너지는 속도와 질량에 비례한다.
㉡ 위치에너지는 높이와 질량에 비례한다.
㉢ 역학적 에너지는 항상 보존된다.
㉣ 운동에너지는 속도의 제곱에 비례한다.

① ㉠, ㉡
② ㉠, ㉡, ㉢
③ ㉠, ㉡, ㉣
④ ㉡, ㉢, ㉣

17. 관성모멘트(moment of inertia)에 관한 설명으로 옳은 것을 〈보기〉에서 모두 고르시오.

〈보기〉
㉠ 질량이 회전축에서 멀수록 커진다.
㉡ 같은 질량이라도 분포가 바깥으로 넓으면 크다.
㉢ 피겨스케이터가 팔을 모으면 관성모멘트가 커진다.
㉣ 관성모멘트는 회전운동에 대한 저항성이다.

① ㉠, ㉡, ㉣
② ㉠, ㉢, ㉣
③ ㉠, ㉡
④ ㉠, ㉡, ㉢, ㉣

18. 〈보기〉의 (㉠)와 (㉡)에 들어갈 용어로 알맞은 것은?

〈보기〉
운동량 보존 법칙이 성립하기 위해서는 (㉠)이/가 없어야 하며, (㉡)은/는 일정하게 유지된다.

	㉠	㉡
①	외부힘	운동량
②	운동량	외부힘
③	충격량	가속도
④	가속도	충격량

19. 〈보기〉는 비탄성 충돌에 관한 설명이다. 옳은 것은?

〈보기〉
비탄성 충돌은 충돌 후 운동에너지의 일부가 손실되는 충돌이다.

① 운동량은 보존된다.
② 운동에너지도 항상 보존된다.
③ 반발계수는 1보다 크다.
④ 충돌 후 운동량이 감소한다.

20. 〈보기〉의 ㉠과 ㉡에 들어갈 용어로 알맞은 것은?

〈보기〉
평균속도를 계산할 때 필요한 것은 (㉠)과/와 (㉡)이다.

	㉠	㉡
①	변위	시간
②	운동량	시간
③	가속도	변위
④	운동량	가속도

정답과 해설 P.41

스포츠윤리 (77)

1. 다음 중 '도덕, 선, 윤리'의 개념 설명으로 옳지 않은 것은?

   ① 도덕은 양심에 기반한 개인의 행동 지침으로, 사회적 관습이나 규범에 따라 마땅히 지켜야 하는 행동이다.
   ② 선은 단순히 옳은 행동 자체만을 의미하며, 결과와는 무관하다.
   ③ 윤리는 개인이 속한 사회나 조직 내에서 지켜야 할 강제적인 규범을 의미한다.
   ④ 선은 도덕적 행동의 결과로 이루어지는 좋은 상태나 가치이며, 결과적으로 모두에게 이득이 되는 방향을 뜻한다.

2. 〈보기〉 대화 내용에서 학생 B의 발언이 의미하는 윤리 이론은 무엇인가?

   〈보기〉
   학생 A: "도덕적 행위는 결과가 좋아야만 옳은 거야."
   학생 B: "아니야, 결과가 아니라 행위 자체가 옳고 그름을 결정하지."

   ① 목적론적 윤리
   ② 덕 윤리
   ③ 의무론적 윤리
   ④ 배려 윤리

3. 〈보기〉의 설명에 해당하는 규칙 유형은 무엇인가?

   〈보기〉
   경기 진행 중 발생할 수 있는 다양한 상황(예 반칙, 파울 등)을 통제하고, 게임의 질서를 유지하기 위해 마련된 규칙

   ① 구성적 규칙
   ② 규제적 규칙
   ③ 형식적 주의
   ④ 비형식적 주의

4. 다음 중 승부조작의 원인으로 보기 어려운 것은?

   ① 불법 도박이나 뇌물에 의한 금전적 유혹
   ② 경기 결과에 대한 지나친 압박감
   ③ 선수 지원 시스템 강화와 심리적 안정 제공
   ④ 범죄 조직이나 외부 세력의 강요

5. 다음 사례에서 나타난 성차별의 유형은 무엇인가?

   〈보기〉
   스포츠 뉴스 채널은 남자 선수들의 경기만 비중 있게 보도하고, 여자 선수들의 활약은 간략히 언급하거나 성적 매력에만 집중했다.

   ① 성별 임금 격차
   ② 미디어 편향
   ③ 양성성
   ④ Title IX

2급 스포츠지도사 필기시험

6. 〈보기〉에 해당하는 인종차별 정책은 무엇인가?

───〈보기〉───
남아프리카 공화국에서 시행된 공식적인 인종 분리 정책으로, 백인·흑인·아시아인을 구분하여 백인을 우월한 위치에 두었던 제도

① 인종주의
② 컬러블라인드 인종주의
③ 아파르트헤이트
④ 인종 프로파일링

7. 〈보기〉의 설명과 올바른 구분을 연결한 것은?

───〈보기〉───
㉠ 장애인의 특성을 고려하지 못한 장비 제공
㉡ 사회적 태도로 장애인의 능력을 과소평가
㉢ 장애인의 스포츠 활동에 필요한 장비와 인력 부족
㉣ 장애인이 참여할 수 있는 프로그램 부족

	㉠	㉡	㉢	㉣
①	시설 접근 제약	경제적 자원 부족	체육 장비 특성	사회적 인식 부족
②	체육 장비 특성	사회적 인식 부족	경제적 자원 부족	스포츠 프로그램 부족
③	스포츠 프로그램 부족	시설 접근 제약	체육 장비 특성	경제적 자원 부족
④	사회적 인식 부족	체육 장비 특성	경제적 자원 부족	시설 접근 제약

8. 다음 사례에서 설명하는 이론은 무엇인가?

───〈보기〉───
어떤 기업이 실험 동물에게 불필요한 고통을 가하는 것은 잘못이라고 주장하며, 고통을 느낄 수 있는 능력을 기준으로 도덕적 고려를 해야 한다고 강조했다.

① 아리스토텔레스의 인간 우월론
② 제레미 벤담의 쾌고감수능력
③ 롤스의 정의론
④ 데카르트의 동물 기계론

9. 선수 폭력에 대한 설명으로 옳지 <u>않은</u> 것은?

① 신체적 폭력은 상대 선수에게 부상을 입히거나 위협하는 행위이다.
② 언어적 폭력은 상대를 모욕하거나 비하하는 발언을 포함한다.
③ 심리적 폭력은 상대방을 정신적으로 위축시키는 행위이다.
④ 구조적 폭력은 경기 규칙 안에서 허용되는 정당한 공격 행위이다.

10. 〈보기〉의 설명에 해당하는 개념으로 가장 옳은 것은?

───〈보기〉───
스포츠 경기에서 폭력적인 관중 행동이 발생하며, 상대팀 팬이나 선수와 충돌하고 공공시설을 파손하는 행위

① 사이버 폭력
② 훌리거니즘
③ 구조적 폭력
④ 집단 심리

11. 〈보기〉 사례에서 나타난 선수의 책임은 무엇인가?

〈보기〉
A 선수가 허용되지 않은 약물을 복용했지만, 이를 협회나 관계 기관에 보고하지 않았다.

① 도핑 방지 교육 이수
② 검사 절차 준수
③ 약물 복용 기록 제출
④ 신체 샘플 제공

12. 유전자 조작에 대한 설명으로 옳지 않은 것은?

① 유전자 조작은 생물체의 유전자를 재조합하거나 변경하는 기술이다.
② 유전자 강화는 신체 능력 향상이나 외모 개선을 목적으로 활용될 수 있다.
③ 생식 세포 조작은 유전자 변화를 자손에게 전달할 수 있다.
④ 유전자 조작은 부작용이 거의 없어 사회적 논란이 없다.

13. 〈보기〉의 설명에 해당하는 활용 기술 분야는 무엇인가?

〈보기〉
AI 기반 경기 전략 분석, VR/AR 훈련, 심판 보조 시스템(VAR)

① 생체 공학 기술
② 정보 기술(IT)
③ 재활 및 회복 기술
④ 환경 및 시설 기술

14. 다음 중 스포츠지도자의 선수 보호 문제에 해당하지 않는 것은?

① 신체적 학대
② 정신적 학대
③ 성범죄
④ 불법 후원금 수수

15. 다음 중 인성교육의 목적에 포함되지 않는 것은?

① 협동과 소통 능력 향상
② 공정성과 스포츠맨십 학습
③ 경기력 극대화를 통한 승리 추구
④ 리더십 및 팔로우십 학습

16. 다음 중 스포츠 정책의 형평성과 직접 관련 있는 내용을 모두 고른 것은?

〈보기〉
㉠ 동등한 기회 제공
㉡ 공정한 자원 배분
㉢ 재정 운영 과정의 공개
㉣ 공정한 평가 기준 적용

① ㉠, ㉡
② ㉠, ㉡, ㉢
③ ㉠, ㉡, ㉣
④ ㉠, ㉡, ㉢, ㉣

17. 다음 설명 중 심판의 "공정성"과 "전문성"을 비교한 것으로 옳은 것은?

① 공정성은 규칙을 편견 없이 적용하는 것, 전문성은 규칙에 대한 깊은 지식과 올바른 판단 능력을 말한다.
② 공정성은 기술적 능력, 전문성은 윤리적 판단 기준을 의미한다.
③ 공정성은 판정 속도, 전문성은 판정 정확성을 의미한다.
④ 공정성과 전문성은 동일한 개념으로 구분할 수 없다.

18. 다음 중 스포츠 심판의 역할로 옳지 않은 것은?

① 경기 규칙 준수
② 선수 보호
③ 경기 승패 결정 권리 행사
④ 갈등 중재

19. 다음 사례에서 적용된 윤리 개념으로 가장 적절한 것은?

〈보기〉
한 선수는 경기 중 상대가 다쳤을 때 즉시 경기를 멈추고 도와주었다. 그는 규칙이나 의무 때문이 아니라, 인간적인 동정심과 자발적인 선의에서 비롯된 행동이었다.

① 개인윤리
② 사회윤리
③ 심정윤리
④ 책임윤리

20. 다음 중 스포츠윤리센터의 운영 목적에 해당하지 않는 것은?

① 체육계 인권침해와 각종 비리 문제 예방·대응
② 지도자·심판·선수 등 스포츠 참여자의 인권 보장과 안전한 환경 조성
③ 국가대표 경기력 향상을 위한 전문 훈련 제공
④ 스포츠의 공정성과 신뢰 회복

정답과 해설 P.44

의심이 들어도 상관없어.
내가 가고 싶은 길이니까.

#나만의길 #다잘될거야

2025년 스포츠지도사 2급 필기

출제경향

선택과목	2025년 필기시험 특징
1과목 스포츠사회학	☑ 작년보다 난이도 하락 ☑ 개념 확인문제와 응용문제가 골고루 출제됨 ☑ 스포츠 육성 정책 모델은 사례 적용 방식으로 변형·확장됨
2과목 스포츠교육학	☑ 난이도 중상 ☑ 표·도식 자료 해석, 판별형 출제비중이 높았음 ☑ 개념 이해와 수업·경기 운영의 현장 적용 능력 평가의 균형 잡힌 분포
3과목 스포츠심리학	☑ 작년과 비슷한 난이도 중 ☑ 동기 유발, 심상, 피드백, 집단 응집력 등 빈출 개념의 출제비중이 높았음 ☑ 스포츠 수행의 심리적·사회 심리적 요인을 더 집중적으로 제시함
4과목 한국체육사	☑ 작년과 비슷한 난이도 중 ☑ 훈련원, 무과 등 체제적 요소와 근대 체육 단체의 역할과 의의가 출제 포인트로 반복·유지됨 ☑ 현대 체육사의 출제비중이 높아졌으며, 국가 정책과 국제 무대 진출이 중점적으로 다루어짐
5과목 운동생리학	☑ 난이도 중 ☑ 에너지 대사, 트레이닝 적응, 심혈관·호흡계 기능 중심의 핵심 개념이 출제됨 ☑ '대사-적응-심혈관-근수축-호르몬' 영역을 균형 있게 묻는 통합형 경향
6과목 운동역학	☑ 난이도 평이 ☑ 기초 개념, 계산형 문제, 스포츠 적용 사례가 균형 있게 출제됨 ☑ 실전 상황을 반영한 응용형 문제가 강화되어 전반적으로 실제 상황에 이론을 적용하는 통합형 경향
7과목 스포츠윤리	☑ 난이도 중상 ☑ 폭력·차별·인권 관련 문제의 출제비중 증가 ☑ 철학적 이론과 현대 스포츠 제도의 융합을 강조하며, 사례 적용 능력을 중점적으로 출제

2025년도
2급 스포츠지도사
필기시험 문제지

(2급 전문 / 2급 생활 / 2급 장애인 / 유소년 / 노인)

시험일시	2025. 4. 26.(토) 10:00~11:40
선택과목	스포츠사회학(11)
	스포츠교육학(22)
	스포츠심리학(33)
	한국체육사(44)
	운동생리학(55)
	운동역학(66)
	스포츠윤리(77)

스포츠사회학 (11)

1. 스포츠사회학의 주요 연구 영역에 관한 설명으로 적절하지 않은 것은?

   ① 스포츠 기능 향상의 심리적 기전을 연구한다.
   ② 스포츠 맥락에서 인간의 행위와 상호작용 현상을 연구한다.
   ③ 스포츠 사회 내 규범, 신념, 이데올로기, 환경의 변화를 연구한다.
   ④ 스포츠 집단의 유형, 특성, 기능, 구조, 변화 과정을 연구한다.

2. 스포츠의 교육적 순기능에 관한 설명으로 옳지 않은 것은?

   ① 사회화를 촉진하여 전인 교육 기능을 한다.
   ② 승리 지상주의를 학습시켜 사회 통합 기능을 한다.
   ③ 장애인의 적응력 배양으로 사회 선도 기능을 한다.
   ④ 여성의 참여 증가를 통한 여권 신장으로 사회 선도 기능을 한다.

3. 〈보기〉의 사례에 해당하는 버렐(S. Birrell)과 로이(J. Loy)의 미디어 스포츠 수용자의 욕구 유형으로 가장 적절한 것은?

   ─── 〈보기〉 ───
   • NBA 팀의 정보를 얻으려고 인터넷 검색을 한다.
   • 스포츠뉴스를 시청하며 이정후 선수가 속한 팀의 경기 결과와 리그 순위를 확인한다.

   ① 인지적 욕구
   ② 도피적 욕구
   ③ 소비적 욕구
   ④ 심동적 욕구

4. 국제 스포츠 이벤트가 지역 사회에 미치는 긍정적 영향으로 적절하지 않은 것은?

   ① 도시 브랜드 가치 향상
   ② 사회 간접 자본 시설의 확충
   ③ 지역 사회 구성원의 문화 정체성 약화
   ④ 스포츠 참여 기회 확대 및 건강 증진 효과

5. 〈보기〉의 미래 스포츠 특성에 관한 설명으로 적절한 것을 모두 고른 것은?

   ─── 〈보기〉 ───
   ㉠ 노년층 스포츠 참가에 대한 중요성이 증가한다.
   ㉡ 프로 스포츠에서 스포츠과학의 중요성이 감소한다.
   ㉢ 정보 기술의 발달로 스포츠 참여 형태가 다양해진다.
   ㉣ 탄소 배출을 최소화한 친환경 스포츠의 중요성이 증가한다.

   ① ㉠
   ② ㉠, ㉡
   ③ ㉠, ㉢, ㉣
   ④ ㉡, ㉢, ㉣

2급 스포츠지도사 필기시험

6. 〈보기〉에서 ㉠에 해당하는 투민(M. Tumin)의 계층 특성과 ㉡에 해당하는 베블런(T. Veblen)의 이론은?

〈보기〉
- ㉠ 민철이는 취미로 골프를 시작하려 했지만, 골프 장비가 비싸서 포기했다. 결국 민철이는 초기 비용이 적게 드는 배드민턴을 하기로 했다. 반면, 부유한 집안에서 자란 준형이는 어렸을 때부터 부모님을 따라 자연스럽게 골프를 접할 수 있었고, 현재도 일주일에 한 번은 골프를 하고 있다.
- ㉡ 선영이는 요트에 흥미가 없지만 주변 지인들에게 자신의 경제력을 자랑하려고 요트를 구매했다. 선영이는 지인들과 요트를 함께 즐기면서 자연스럽게 자신의 부를 드러낸다.

	㉠	㉡
①	영향성	자본론
②	영향성	유한계급론
③	역사성	자본론
④	역사성	유한계급론

7. 〈보기〉 중 스포츠가 미디어에 미친 영향에 해당하는 것으로만 묶은 것은?

〈보기〉
- ㉠ 탁구공의 색이 흰색에서 주황색으로 변경되었다.
- ㉡ 월드컵, 올림픽은 미디어 보급 및 확산에 기여하였다.
- ㉢ 정지 화면, 느린 화면, 클로즈업 등의 방송 기법이 발달하였다.
- ㉣ 스포츠 관람 인구가 증가하고, 스포츠 활동이 생활의 일부로 확산되었다.

① ㉠, ㉡
② ㉠, ㉣
③ ㉡, ㉢
④ ㉡, ㉣

8. 〈보기〉에서 설명하는 스포츠사회학 이론으로 적절한 것은?

〈보기〉
- 미시적 관점의 이론이다.
- 스포츠 참여 과정에 대한 이해와 하위 문화 특성에 관심을 가진다.
- 인간은 사회 구조 및 제도에 대해 능동적으로 사고하며 행동하게 된다.

① 갈등 이론
② 비판 이론
③ 구조기능주의 이론
④ 상징적 상호작용론

9. 국제 스포츠 사례에 관한 설명으로 옳지 않은 것은?

① 1969년 온두라스와 엘살바도르의 월드컵 예선전은 양국의 정치적·사회적 갈등이 격화되는 계기가 되었으며, 이후 무력 충돌로 이어졌다.
② 2008년 베이징 올림픽 경기 대회 개최를 앞두고 중국의 티베트 인권 탄압에 대한 국제 사회의 비판이 제기되었다.
③ 1988년 서울 올림픽 경기 대회에는 모스크바 올림픽 경기 대회와 LA 올림픽 경기 대회의 보이콧 사례와 달리 미국과 소련 등 동서 진영 국가들이 참여하였다.
④ 1995년 남아프리카 공화국 럭비 월드컵 경기 대회에서는 아파르트헤이트(apartheid)에 대한 국제 사회의 반발로 다수 국가의 보이콧이 발생했다.

10. ⟨보기⟩의 ㉠에 해당하는 로버트슨(R. Robertson)이 제시한 스포츠 세계화의 결과와 ㉡에 해당하는 매기(J. Magee)와 서덴(J. Sugden)이 제시한 스포츠 노동 이주 유형으로 가장 적절한 것은?

― ⟨보기⟩ ―
㉠ A 스포츠 업체는 글로벌 브랜드 정체성을 유지하면서 뉴질랜드 럭비 대표팀인 올 블랙스(All Blacks)의 경기 전 의식으로 잘 알려진 마오리족의 하카(haka) 댄스를 광고에 포함함으로써 지역 문화를 브랜드 메시지에 자연스럽게 녹여냈다.
㉡ 축구 선수 B는 현재 베트남의 C팀에서 활동 중이다. 그의 관심은 오로지 더 높은 연봉을 제시하는 팀으로 이적하는 것이다. 베트남의 문화를 즐긴다거나 사람과의 관계를 맺는 것에는 관심이 없다. 그는 언제든 떠날 준비를 하고 있다. 이전에 활동했던 중국의 D팀, 사우디의 E팀이 위치한 지역에 오래 머무른 적도 없다.

	㉠	㉡
①	세방화 (glocalization)	용병형 (mercenaries)
②	세방화 (glocalization)	개척자형 (pioneers)
③	국제적 고립 (global isolation)	용병형 (mercenaries)
④	국제적 고립 (global isolation)	개척자형 (pioneers)

11. ⟨보기⟩의 사례에 해당하는 머튼(R. Merton)의 일탈 행동 유형은?

― ⟨보기⟩ ―
㉠ 승리지상주의에 염증을 느껴 선수 생활을 포기하는 경우
㉡ 프로 스포츠 선수가 경기력 향상을 목적으로 불법 약물을 복용한 경우
㉢ 스포츠 경기 참가에 의의를 두지만, 경기 성적을 중시하지 않는 경우

	㉠	㉡	㉢
①	도피주의	혁신주의	의례주의
②	도피주의	동조주의	의례주의
③	반역주의	도피주의	혁신주의
④	반역주의	동조주의	혁신주의

12. ⟨보기⟩의 스포츠 계층 이동 유형과 사례에 관한 설명으로 옳은 것을 모두 고른 것은?

― ⟨보기⟩ ―
㉠ 프로야구 선수가 대회에서 부진한 모습을 보여 2군으로 강등된 것은 수직 이동의 사례이다.
㉡ 1980년대 프로 스포츠 출범 후 운동선수의 지위가 전반적으로 높게 평가받게 된 것은 집단 이동의 사례이다.
㉢ 프로배구 선수가 되면서 일용직 노동자였던 부모님에 비해 많은 수입과 높은 명성을 얻게 된 것은 세대 내 이동의 사례이다.
㉣ 고등학교 배구 선수가 전학 간 후에도 같은 포지션으로 활동한 것은 수평 이동의 사례이다.

① ㉠, ㉡ ② ㉢, ㉣
③ ㉠, ㉡, ㉣ ④ ㉡, ㉢, ㉣

13. 스포츠사회화 이론에 관한 설명으로 적절하지 않은 것은?

① 사회 학습 이론에서는 다른 구성원의 행동을 관찰 학습하여 사회화가 이루어진다고 설명한다.
② 사회 학습 이론에서는 모방, 강화 등을 통해 새로운 행동을 학습하여 사회화가 이루어진다고 설명한다.
③ 준거 집단 이론에서는 구성원이 속한 집단의 규칙을 따르지 않아도 사회화가 이루어진다고 설명한다.
④ 역할 이론에서는 개인을 무대 위의 특정 역할을 부여받은 배우로 간주하여 그 역할을 수행하며 사회화가 이루어진다고 설명한다.

14. 〈보기〉는 스포츠사회학 수업에서 교수와 학생의 대화이다. ㉠, ㉡에 들어갈 내용으로 적절한 것은?

─ 〈보기〉 ─
학생 1: 최근 테니스와 마라톤이 인기를 끌고 있는데, 사람들이 왜 이런 스포츠에 열광하는지 다양한 사례를 심층적으로 알아 보려면 어떤 연구 방법이 좋은가요?
교수: 참여 관찰, 심층 면담 등으로 자료를 수집하고 해석적인 절차에 따라 원인을 파악하는 (㉠) 방법이 적합해요.
학생 2: 그러면 스포츠 육성 모델에는 어떤 것이 있나요?
교수: 국가별로 다양한 스포츠 육성 정책을 시행하고 있는데, 그릭스*에 따르면, 스포츠 선진국은 엘리트 스포츠의 성과가 일반 시민의 스포츠 참가를 촉진하고, 그렇게 형성된 자원 속에서 다시 우수한 엘리트 선수가 탄생하여 국가 이미지 향상에 기여하는 (㉡)을 구축하고 있다고 해요.
* J. Grix(2016)

	㉠	㉡
①	질적 연구	선순환 모델
②	양적 연구	선순환 모델
③	질적 연구	피라미드 모델
④	양적 연구	피라미드 모델

15. 〈보기〉의 내용에 해당하는 거트만(A. Guttmann)이 제시한 근대스포츠의 특징은?

─ 〈보기〉 ─
㉠ 인종·성별과 관계없이 누구나 스포츠에 참여할 기회를 동등하게 부여받는다.
㉡ 현대 축구가 발전하면서 점차 수비수, 미드필더, 공격수 등의 포지션이 다양화되었다.
㉢ 현대스포츠 참여자는 신에 대한 숭배가 아니라 기분 전환과 오락, 이익과 보상을 추구한다.
㉣ 국제스포츠연맹은 규칙 제정, 기록 공인, 국제대회 운영 및 관리, 종목 진흥 등의 역할을 담당한다.

	㉠	㉡	㉢	㉣
①	합리화	평등성	세속화	관료화
②	합리화	수량화	전문화	세속화
③	평등성	관료화	세속화	전문화
④	평등성	전문화	세속화	관료화

16. 〈보기〉의 사례에 해당하는 베커(H. Becker)의 스포츠 일탈 이론은?

─ 〈보기〉 ─
생활체육 배드민턴 동호회에서 신입 회원이 실력이 부족하다는 이유로 민폐 회원이라는 별명을 듣게 되었다. 어떤 회원은 게임에서 그를 배제하거나 눈치를 주었고, 몇몇은 노골적으로 비난했다. 시간이 지날수록 신입 회원은 자신이 정말 방해가 된다고 느끼며 위축되었고, 결국 동호회를 그만두고 운동도 포기하였다.

① 중화 이론(neutralization theory)
② 낙인 이론(labeling theory)
③ 욕구 위계 이론(hierarchy of needs theory)
④ 인지 발달 이론(cognitive development theory)

17. 코클리(J. Coakley)가 제시한 상업주의 스포츠 출현의 사회적·경제적 조건에 해당하지 않는 것은?

① 자본주의 시장 경제 체제
② 스태그플레이션(stagflation)
③ 소비가 장려되는 문화 형성
④ 인구 밀도가 높은 대도시 형성

18. 〈보기〉의 사례에 해당하는 정치가 스포츠를 이용하는 방법으로 가장 적절한 것은?

―〈보기〉―
  스포츠는 정치인에게 권력을 강화하는 수단이 되기도 한다. 12.12 군사 쿠데타와 5.18 민주화 운동을 거치며, 당시 사회는 극도의 불안감과 정권에 대한 불신이 극에 달했다. 정권은 언론을 통제하고 정치적 발언을 통제하려 했지만, 뜻대로 되지 않았다. 그래서 국민의 관심을 돌리고 정권을 유지하기 위해 프로 스포츠를 장려했다.
출처: M사, 시사교양(2005. 6.)

① 상징
② 조작
③ 동일화
④ 전문화

19. 〈보기〉의 사례에 해당하는 스포츠사회화 과정이 바르게 연결된 것은?

―〈보기〉―
㉠ 소영이는 '골때리는 그녀'라는 TV 프로그램을 보고 축구에 매력을 느껴 축구 클럽에 가입하게 되었다.
㉡ 소영이는 축구에 흥미를 잃어 축구 클럽을 탈퇴하였고, 6개월이 지났을 무렵, 친구의 권유로 테니스 클럽에 가입하게 되었다.
㉢ 소영이는 테니스 활동을 하며 테니스 규칙, 기술, 매너 등을 잘 숙지한 테니스 동호인이 되었다.
㉣ 소영이는 무릎과 팔꿈치 부상이 잦아지면서 결국 좋아하는 테니스를 그만두게 되었다.

	㉠	㉡	㉢	㉣
①	스포츠로의 재사회화	스포츠로의 사회화	스포츠를 통한 사회화	스포츠 탈사회화
②	스포츠로의 재사회화	스포츠를 통한 사회화	스포츠로의 사회화	스포츠 탈사회화
③	스포츠로의 사회화	스포츠를 통한 사회화	스포츠로의 재사회화	스포츠 탈사회화
④	스포츠로의 사회화	스포츠로의 재사회화	스포츠를 통한 사회화	스포츠 탈사회화

20. 〈보기〉의 사례에 해당하는 사회화 주관자는?

―〈보기〉―
㉠ 지영이는 배드민턴 동호회 활동을 하는 부모님의 권유로 배드민턴을 시작하게 되었다.
㉡ 민수는 동네 주민 센터에서 청소년 농구 프로그램 회원 모집 공고를 보고, 직접 센터를 방문하여 등록하였다.

	㉠	㉡
①	가족	학교
②	학교	동료
③	동료	지역 사회
④	가족	지역 사회

2급 스포츠지도사 필기시험

스포츠교육학(22)

1. 생활스포츠 교육 프로그램의 내용 선정 원리에 관한 설명으로 적절하지 <u>않은</u> 것은?

    ① 좋은 교육 내용이라면 실천 가능성과 관계없이 선정한다.
    ② 스포츠의 가치를 경험할 수 있도록 다양한 활동을 구성한다.
    ③ 생활스포츠의 교육 목표를 성취하는 데 적합한 내용을 선정한다.
    ④ 참여자의 성별, 연령별 흥미와 요구를 반영하기 위한 조사를 실시한다.

2. 학교스포츠클럽 지도 시 효과적인 과제 제시 방법으로 적절하지 <u>않은</u> 것은?

    ① 실제 상황처럼 정확하게 시범을 보인다.
    ② 동작 설명과 시각적 정보를 함께 활용한다.
    ③ 은유나 비유보다는 개념 자체를 그대로 전달한다.
    ④ 학생이 이해할 수 있는 적절한 속도로 분명하게 전달한다.

3. 다음 설문지를 활용하는 데 가장 적절한 평가 단계는?

영역	질문 내용	응답('✓' 표기)
준비	준비된 개인 장비는?	☐ 라켓 ☐ 운동화 ☐ 운동복
준비	테니스 강습 시 희망하는 강습 형태는?	☐ 개인강습 ☐ 그룹강습 ☐ 상관없음
준비	최근 3년 이내 테니스 강습을 받은 경험은?	☐ 있다 ☐ 없다
수준	포핸드 그립을 잡을 수 있는가?	☐ 그렇다 ☐ 보통이다 ☐ 아니다
수준	백핸드 그립을 잡을 수 있는가?	☐ 그렇다 ☐ 보통이다 ☐ 아니다
수준	스플릿 스텝을 할 수 있는가?	☐ 그렇다 ☐ 보통이다 ☐ 아니다

① 진단 평가 ② 종합 평가
③ 형성 평가 ④ 총괄 평가

4. <보기>에서 설명하는 생활스포츠 교육 프로그램의 지도 원리로 가장 적절한 것은?

    ─── <보기> ───
    • 프로그램의 다양화를 지향한다.
    • 직접 참여 활동과 간접 학습 활동을 균형 있게 제공한다.
    • 스포츠 활동을 총체적으로 체험시켜 스포츠 학습의 질을 높인다.

① 개별성 ② 자발성
③ 적합성 ④ 통합성

5. <보기>에서 설명하는 링크(J. Rink)의 내용 발달 과제는?

<보기>
- 과제 내 발달과 과제 간 발달이 있다.
- 단순한 과제에서 복잡한 과제로 전개한다.
- 쉬운 과제에서 어려운 과제 순으로 참여한다.

① 시작형 과제
② 확대형 과제
③ 세련형 과제
④ 응용형 과제

6. <보기>에서 설명하는 협동 학습 모형의 전략은?

<보기>
- 1차 평가에서 모든 팀원의 점수를 합산하여 팀 점수로 발표한다.
- 지도자는 학생들과 토론하고 팀의 상호작용을 높일 수 있도록 조언한다.
- 모든 팀은 1차 평가와 동일한 과제를 반복해서 연습하고, 팀원 모두의 점수를 높이는 데 중점을 둔다.
- 2차 평가를 하여 1차 평가보다 향상된 정도에 따라 팀 점수를 부여한다.

① 직소(Jigsaw)
② 팀-보조수업(Team-Assisted Instruction)
③ 팀 게임 토너먼트(Team Games Tournament)
④ 학생 팀-성취 배분(Student Teams-Achievement Division)

7. 「생활체육진흥법」(2024. 2. 9. 시행)의 내용에 해당하지 않는 것은?

① 모든 국민은 건강한 신체 활동과 건전한 여가 선용을 위해 생활체육을 즐길 권리를 가진다.
② 국가 및 지방자치단체는 생활체육 강좌의 설치·운영에 드는 경비를 지원할 수 있다.
③ 문화 체육 관광부 장관은 생활체육의 진흥을 위한 기본 계획을 10년마다 수립·시행해야 한다.
④ 지방 자치 단체는 그 지역 주민의 생활체육 활동을 위하여 체육 동호인 조직의 육성에 필요한 시책을 마련할 수 있다.

8. <보기>에서 설명하는 링크(J. Rink)의 교수 전략은?

<보기>
- 상황에 따라 지시형 또는 연습형 스타일로 활용될 수 있다.
- 지도자는 과제의 단서를 선정하고 명확하게 전달해야 한다.
- 주로 집단 전체를 대상으로 하는 움직임 과제를 내용으로 선정한다.

① 동료 교수(peer teaching)
② 상호작용 교수(interactive teaching)
③ 스테이션 교수(station teaching)
④ 자기 교수 전략(self-instruction strategies)

9. <보기>에서 모스턴(M. Mosston)의 교수 스타일에 관한 설명으로 옳은 것을 모두 고른 것은?

― <보기> ―
㉠ 교수 스타일은 비대비 접근 방식에 근거를 둔다.
㉡ 교수 스타일마다 의사 결정의 주도권은 교사에게 있다.
㉢ 교수 스타일의 A~E까지는 창조(production)가 중심이 된다.
㉣ 교수 스타일은 과제 활동 전, 중, 후의 의사결정으로 구분된다.

① ㉠, ㉡
② ㉠, ㉣
③ ㉠, ㉢, ㉣
④ ㉡, ㉢, ㉣

10. 그리핀(L. Griffin), 미첼(S. Mitchell), 오슬린(J. Oslin)의 게임 수행 평가 도구(GPAI)를 활용하여 학생의 게임 수행 능력을 측정한 표이다. 게임 수행 점수가 높은 학생 순으로 바르게 나열한 것은?

측정 항목 이름	의사 결정 적절	의사 결정 부적절	기술 실행 효율적	기술 실행 비효율적	보조하기 적절	보조하기 부적절
다은	3회	1회	3회	1회	3회	1회
세연	2회	2회	5회	0회	2회	2회
유나	2회	2회	2회	0회	2회	0회

① 유나 → 세연 → 다은
② 다은 → 세연 → 유나
③ 유나 → 다은 → 세연
④ 다은 → 유나 → 세연

11. <보기>의 내용에 해당하는 모스턴(M. Mosston)의 교수 스타일은?

― <보기> ―
• 지도자는 난이도가 다른 과제를 선정하고 조직한다.
• 학생은 자신에게 맞는 난이도의 과제를 선택하고 참여한다.
• 높이뛰기의 경우, 학생들은 바(bar)의 높이가 다른 연습 과제를 선택할 수 있다.

① 연습형
② 포괄형
③ 자기 점검형
④ 상호 학습형

12. <보기>의 소프(R. Thorpe), 벙커(D. Bunker), 알몬드(L. Almond)의 이해 중심 게임 수업 모형의 단계 중 ㉠, ㉡에 들어갈 용어는?

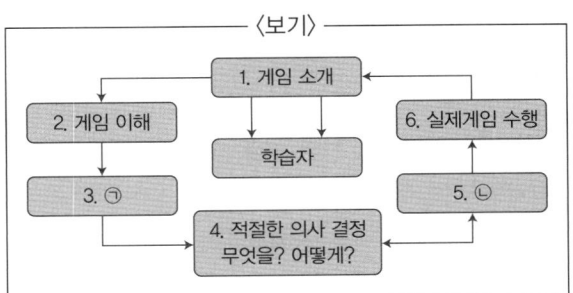

	㉠	㉡
①	전술 이해	기술 연습
②	과제 제시	기술 연습
③	기술 연습	전술 이해
④	전술 이해	게임 설계

2급 스포츠지도사 필기시험

13. 학교 스포츠 클럽 대회 운영 방식에 관한 설명으로 적절하지 <u>않은</u> 것은?

① 통합 리그 유형은 조별 리그 유형보다 경기 수가 많다.
② 스플릿(split) 리그는 통합 리그의 성적을 바탕으로 그룹을 나누어 리그전을 진행하는 방식이다.
③ 더블 엘리미네이션(double elimination) 토너먼트는 모든 팀의 순위 산정이 가능한 방식이다.
④ 싱글 엘리미네이션(single elimination) 또는 녹아웃(knockout) 토너먼트의 패배 팀은 패자 부활전으로 상위 라운드 진출이 가능하다.

14. 〈보기〉에서 「국민체육진흥법」(2024. 10. 31. 시행) 제6조 '학교체육의 진흥을 위한 조치'의 내용 중 학생 체력 증진 및 체육 활동 육성을 위한 학교의 역할을 모두 고른 것은?

〈보기〉
㉠ 운동회나 체육 대회의 실시
㉡ 운동 경기부와 선수의 육성 · 지원
㉢ 학생에 대한 한 종목 이상의 운동 권장과 지도
㉣ 체육 동호인 조직의 결성 등 학생의 자발적 체육 활동의 육성 · 지원

① ㉠, ㉢
② ㉠, ㉡, ㉢
③ ㉠, ㉡, ㉣
④ ㉠, ㉡, ㉢, ㉣

15. 다음은 지도자의 교수 행동을 사건 기록법으로 관찰 · 기록한 표이다. 이 체계적 관찰 방법에 관한 설명으로 가장 적절한 것은?

행동	피드백 유형			
	긍정적	부정적	교정적	가치적
횟수	正正正正	正正	正正正	正
합계	20회	10회	15회	5회
비율	40%	20%	30%	10%

① 교수–학습에 관한 질적 정보를 얻기 위해 주로 활용한다.
② 지도자와 학생의 상호작용에 관한 기록을 간단히 측정할 수 있다.
③ 일정한 시간 간격을 기준으로 학생의 행동을 관찰하고 측정한다.
④ 교수–학습 시간 활용에 관한 구체적 정보가 필요할 때 사용한다.

16. 〈보기〉에서 인지적 영역이 학습 영역의 1순위인 학습자를 모두 고른 것은?

〈보기〉
㉠ 직접 교수 모형에서의 학습자
㉡ 개별화 지도 모형에서의 학습자
㉢ 전술 게임 모형에서의 학습자
㉣ 스포츠 교육 모형에서 코치의 역할을 부여받은 학습자
㉤ 동료 교수 모형에서 개인 교사 역할을 부여받은 학습자

① ㉠, ㉡, ㉤
② ㉡, ㉢, ㉣
③ ㉢, ㉣, ㉤
④ ㉡, ㉢, ㉣, ㉤

2급 스포츠지도사 필기시험

[17~18] 다음은 배구 스포츠 클럽을 지도하는 박 코치의 지도 일지이다.

〈보기〉

오늘 수업 내용은 배구 서브였다. ㉠출석 점검 후, ㉡A팀은 서브 연습을 하였고, B팀은 서브 정확성이 낮은 학생이 많아 ㉢내가 서브 시범을 보여 주었다. C팀은 장난하는 학생이 많아 그때그때 ⓐ손가락으로 학생의 부정적 행동을 가리키며 제지했다. 배구공이 부족해서 ㉣D팀은 경기장 밖에서 대기하게 했다. 연습을 마친 후에는 ㉤학생들이 배구공과 네트를 정리하도록 했다.

17. 〈보기〉의 ㉠~㉤ 중 수업 운영 시간에 해당하는 것을 모두 고른 것은?

① ㉠, ㉣
② ㉡, ㉢
③ ㉠, ㉡, ㉢
④ ㉠, ㉣, ㉤

18. 〈보기〉의 ⓐ에 해당하는 온스타인(A. Ornstein)과 레빈(D. Levine)이 제시한 부정적 행동 관리 전략은?

① 퇴장(time-out)
② 삭제 훈련(omission training)
③ 신호 간섭(signal interference)
④ 접근 통제(proximity control)

19. 〈보기〉는 마튼스(R. Martens)의 전문체육 프로그램 개발 단계이다. ㉠, ㉡에 들어갈 용어는?

〈보기〉

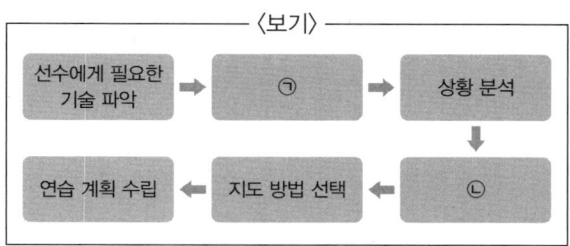

	㉠	㉡
①	선수 이해	우선순위 결정 및 목표 설정
②	선수 이해	전술 선택
③	종목 이해	우선순위 결정 및 목표 설정
④	종목 이해	전술 선택

20. 〈보기〉는 사회인 야구팀을 지도하는 조 코치의 지도 일지이다. ㉠에 해당하는 질문 유형과 ㉡에 해당하는 운동 기능 유형은?

〈보기〉

- 투수의 투구 시간이 너무 오래 걸려 지난 시간에 배운 '피치 클락'을 알고 있는지 확인하기 위해 ㉠"투구 제한 시간이 몇 초이지?"라고 질문했지만 선수가 제대로 대답하지 못해 다시 한번 알려줌
- 투수의 제구력이 불안정하여 ㉡포구 그물에 공을 정확하게 던져 넣는 연습을 반복하게 함

	㉠	㉡
①	회상형(회고적) 질문	개방 기능
②	회상형(회고적) 질문	폐쇄 기능
③	수렴형(집중적) 질문	개방 기능
④	수렴형(집중적) 질문	폐쇄 기능

스포츠심리학(33)

1. 스포츠심리학자의 역할로 적절하지 않은 것은?
   ① 스포츠심리학 이론을 가르친다.
   ② 체력 향상을 위한 의약품을 판매한다.
   ③ 스포츠심리학 관련 연구를 수행하고 현장에 응용한다.
   ④ 심리 기술 훈련을 적용해 선수들의 경기력 향상을 돕는다.

2. 심상에 관한 설명으로 옳지 않은 것은?
   ① 동기를 유발하고 강화한다.
   ② 감정을 조절하는 데 도움이 된다.
   ③ 스포츠 전략을 습득하고 연습할 수 있다.
   ④ 통증과 부상을 대처하는 데 도움이 되지 않는다.

3. 〈보기〉 중 내적 동기를 향상하는 전략으로 옳은 것만을 모두 고른 것은?

   〈보기〉
   ㉠ 성공 경험을 갖게 한다.
   ㉡ 언어적, 비언어적 칭찬을 자주 한다.
   ㉢ 팀의 의사결정에 선수를 참여시킨다.
   ㉣ 물질적 보상과 처벌을 주로 활용한다.
   ㉤ 최대한 높은 결과 목표를 설정하여 도전하게 한다.

   ① ㉠, ㉡, ㉢
   ② ㉠, ㉡, ㉣
   ③ ㉡, ㉢, ㉣
   ④ ㉢, ㉣, ㉤

4. 목표 설정 원리로 적절하지 않은 것은?
   ① 수행 목표보다 결과 목표를 강조한다.
   ② 구체적이고 객관적인 목표를 설정한다.
   ③ 부정적인 목표보다 긍정적인 목표를 강조한다.
   ④ 단기 목표, 중기 목표, 장기 목표를 함께 설정한다.

5. 〈보기〉가 설명하는 가설은?

   〈보기〉
   운동은 세로토닌, 노르에피네프린, 도파민과 같은 신경 전달 물질 분비를 증가시켜 우울증을 개선한다.

   ① 열 발생 가설
   ② 모노아민 가설
   ③ 사회 심리적 가설
   ④ 생리적 강인함 가설

6. 〈보기〉에 해당하는 학자는?

   〈보기〉
   • 주요 활동은 1921~1938년
   • 최초로 스포츠심리학 실험실 설립
   • 북미 스포츠심리학의 아버지라고 불림
   • 시카고 컵스 야구팀 스포츠 심리 상담사
   • 코칭 심리학(Psychology of Coaching, 1926) 책 출판

   ① 프랭클린 헨리(Franklin Henry)
   ② 콜먼 그리피스(Coleman Griffith)
   ③ 레이너 마틴즈(Rainer Martens)
   ④ 노먼 트리플렛(Norman Triplett)

7. 그림에서 ㉠의 고원 현상에 관한 설명으로 옳지 않은 것은?

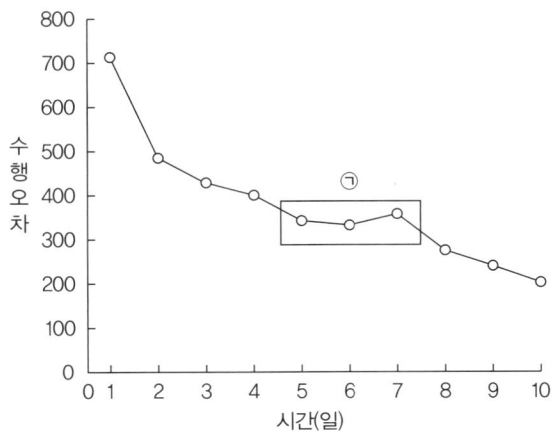

① 수행은 정체되지만, 학습은 진행된다.
② 연습 기간에 쌓인 피로나 동기 저하로 인해서 발생할 수 있다.
③ 협응 구조가 완성되어 더 이상의 질적인 변화가 없는 시기이다.
④ 하나의 동작 유형에서 다른 동작 유형으로 전환이 발생하는 시기이다.

8. 루틴(routine)에 관한 설명으로 적절하지 않은 것은?

① 다음 수행을 준비할 때 도움이 된다.
② 경기 직전에 수정하면 경기력 향상에 도움이 된다.
③ 정신이 산만해질 때 운동과 무관한 것을 차단해 준다.
④ 최고의 경기력을 위해 필요한 자신만의 심리적·행동적 절차이다.

9. <보기>가 설명하는 심리 기술 훈련은?

<보기>
- 1958년 월피(J. Wolpe)가 개발함
- 불안을 일으키는 상황을 중요도 순서에 따라 10단계 정도를 준비함
- 불안이 낮은 순서부터 극도의 불안을 일으키는 중요도가 높은 순서로 배열하고 훈련함
- 불안이나 스트레스를 유발하는 자극에 노출될 때 불안 반응 대신 편안한 반응을 나타냄으로써 불안이나 스트레스를 감소하는 기법임

① 자생 훈련(autogenic training)
② 점진적 이완(progressive relaxation)
③ 인지 재구성(cognitive restructuring)
④ 체계적 둔감화(systematic desensitization)

10. <보기>의 스포츠 상황과 반응시간 유형이 바르게 연결된 것은?

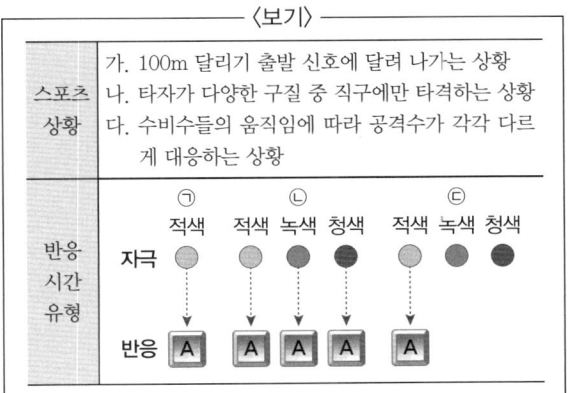

	가	나	다
①	㉠	㉡	㉢
②	㉠	㉢	㉡
③	㉡	㉢	㉠
④	㉢	㉠	㉡

2급 스포츠지도사 필기시험

11. 스포츠심리상담사의 상담 윤리에 관한 설명으로 옳은 것은?

   ① 내담자와 상담실 밖에서 사적인 관계를 유지한다.
   ② 비언어적 메시지보다 언어적 메시지에만 집중한다.
   ③ 알고 지내는 사람과 전문적인 상담을 진행하지 않는다.
   ④ 상담 내용은 내담자의 동의가 없어도 타인과 공유할 수 있다.

12. 추동 이론(drive theory)에 관한 설명으로 옳은 것은?

   ① 각성 수준과 운동수행은 비례한다.
   ② 각성을 어떻게 해석하느냐에 따라 각성과 정서의 관계가 달라진다.
   ③ 인지적 불안과 신체적 불안이 각성 수준에 따라 수행에 다르게 영향을 미친다.
   ④ 적절한 각성 수준에서는 최고의 수행을 보이고 각성 수준이 낮거나 높으면 운동수행이 감소한다.

13. 〈보기〉의 ㉠, ㉡에 해당하는 용어가 바르게 나열된 것은?

   ― 〈보기〉 ―
   교사: 줄다리기의 경우, 집단이 내는 힘의 총합은 개인의 힘을 모두 합친 것보다 작아지게 된다. 이것을 (㉠) 효과라고 해.
   학생: "나 하나쯤이야." 하는 생각 때문에 힘을 덜 쓰는 거 같아요.
   교사: 게으름을 피우는 사람으로 인해 집단 내에 동기의 손실이 생기는데 이것을 (㉡)이라고 해.

	㉠	㉡
①	링겔만	사회적 태만
②	링겔만	사회적 촉진
③	플라시보	사회적 태만
④	플라시보	사회적 촉진

14. 질문지 측정법 도구가 아닌 것은?

   ① POMS(Profile of Mood States)
   ② MBTI(MyersBriggs Type Indicator)
   ③ 16PF(16 Personality Factor Questionnaire)
   ④ 주제 통각 검사(Thematic Apperception Test)

15. 그림에서 무관심 단계의 운동 실천 전략으로 가장 적절한 것은?

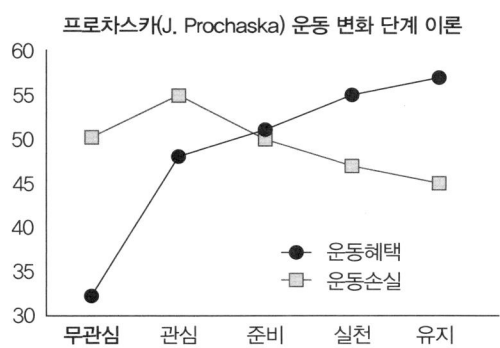

① 장시간 고강도 운동에 참여하도록 조언한다.
② 다른 사람의 운동 멘토 역할을 하도록 한다.
③ 운동의 긍정적 효과에 관한 정보를 제공한다.
④ 운동 중독의 위험성에 관한 자료를 공유한다.

16. 본능 이론(instinct theory)에 관한 설명으로 옳은 것은?

① 인간은 목표 달성이 좌절되면 공격성을 표출한다.
② 인간은 사회적 행위와 관찰 학습으로 공격성을 배우고 표출한다.
③ 인간의 내부에는 공격성을 유발하는 에너지가 있어 공격성을 표출한다.
④ 인간은 목표가 좌절되면 무조건 공격 행동을 유발하지 않고, 공격 행동이 적절하다는 단서가 있을 때 공격성을 표출한다.

17. 〈보기〉의 ㉠~㉢에 해당하는 베일리(R. Vealey)의 스포츠 자신감 원천을 바르게 연결한 것은?

― 〈보기〉 ―
㉠ 시합에서 좋은 성과를 낸다.
㉡ 주변 사람들이 나를 믿어 준다.
㉢ 시합에 필요한 체력, 전략, 정신력을 갖춘다.

	㉠	㉡	㉢
①	성취 경험	자기 조절	사회적 분위기
②	자기 조절	사회적 분위기	성취 경험
③	성취 경험	사회적 분위기	자기 조절
④	사회적 분위기	성취 경험	자기 조절

18. 주의 집중을 높이는 방법으로 가장 적절한 것은?

① 테니스 선수가 경기 중 루틴을 변경해 서브를 시도한다.
② 야구 선수가 지난 이닝의 수비 실책을 생각하면서 수비한다.
③ 멀리뛰기 선수가 1등의 최고 기록을 직접 확인하고 도움닫기를 한다.
④ 골프 선수가 실제 시합과 유사한 상황을 만들어 놓고 모의 훈련을 한다.

19. 지도자의 처벌 행동 지침으로 옳은 것은?
   ① 처벌이 필요한 경우에는 처벌의 이유를 정확하게 말한다.
   ② 동일한 규칙을 위반하면 주장과 상급 학년 선수부터 처벌한다.
   ③ 규칙 위반에 대한 처벌 규정을 정할 때 선수의 의견은 반영하지 않는다.
   ④ 처벌이 필요할 때는 단호함을 보여주고 전체 선수 앞에서 본보기로 삼는다.

20. 〈보기〉는 맥락간섭의 양에 따른 연습 형태이다. ㉠~㉢에 해당하는 코치를 바르게 나열한 것은?

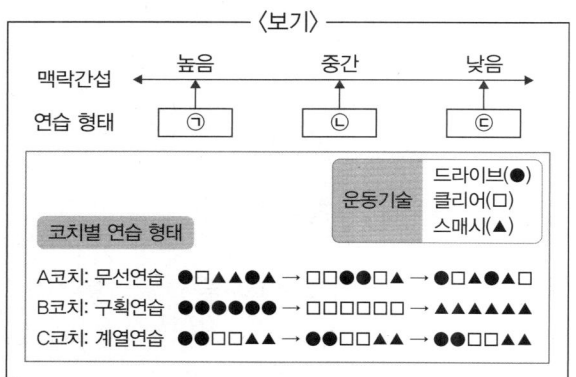

	㉠	㉡	㉢
①	A코치	B코치	C코치
②	B코치	C코치	A코치
③	C코치	A코치	B코치
④	A코치	C코치	B코치

정답과 해설 P.52

한국체육사(44)

1. 고구려의 씨름에 관한 물적 사료는?
   ① 『경국대전(經國大典)』
   ② 각저총(角抵塚) 벽화
   ③ 무령왕릉(武寧王陵) 벽화
   ④ 김홍도(金弘道)의 「씨름」 풍속화

2. 〈보기〉에서 체육사관(體育史觀)에 관한 옳은 설명을 모두 고른 것은?

   〈보기〉
   ㉠ 체육과 스포츠의 역사에 관한 견해, 관념 등을 의미한다.
   ㉡ 체육과 스포츠의 역사적 사실이나 사건 등을 기록한 것이다.
   ㉢ 진보 사관, 순환 사관 등에 따라 체육사적 해석이 다른 경우도 있다.
   ㉣ 체육과 스포츠의 역사 서술과 역사가의 견해 형성에 바탕이 되기도 한다.

   ① ㉠, ㉡
   ② ㉡, ㉢
   ③ ㉠, ㉡, ㉣
   ④ ㉠, ㉢, ㉣

3. 부족국가시대에 신체 활동이 이루어진 행사가 아닌 것은?
   ① 대향사례(大饗射禮)
   ② 성년 의식(成年儀式)
   ③ 주술 의식(呪術儀式)
   ④ 제천 행사(祭天行事)

4. 신라 화랑도의 체육 활동과 사상에 관한 설명으로 옳지 <u>않은</u> 것은?

① 무예 활동을 통한 덕(德)의 함양
② 효(孝)와 신(信) 등의 윤리를 강조
③ 무과 별시(別試) 응시를 위한 무예 수련
④ 무사 정신과 임전무퇴의 군사주의 체육 사상을 내포

5. <보기>의 ㉠~㉢에 들어갈 용어는?

─ <보기> ─

고구려에 관한 사료인 (㉠)에 따르면, "풍속에 독서를 즐긴다. 천민의 집까지 이르는 거리에 큰 집을 지어 이를 (㉡)이라고 한다. 여기서 미혼의 자제들이 밤새워 책을 읽으며 (㉢)을/를 익힌다."라고 하였다.

	㉠	㉡	㉢
①	『구당서(舊唐書)』	경당(扃堂)	각저(角抵)
②	『구당서(舊唐書)』	경당(扃堂)	궁술(弓術)
③	『삼국지(三國志)』	학당(學堂)	각저(角抵)
④	『삼국지(三國志)』	학당(學堂)	궁술(弓術)

6. 고려의 민속놀이에 관한 설명으로 옳은 것은?

① 석전(石戰): 공놀이
② 추천(鞦韆): 널뛰기
③ 풍연(風鳶): 연날리기
④ 축국(蹴鞠): 그네뛰기

7. <보기>에서 방응(放鷹)에 관한 설명을 모두 고른 것은?

─ <보기> ─

㉠ 매를 조련하여 수렵에 활용하였다.
㉡ 응방도감(鷹坊都監)에서 관장하였다.
㉢ 무예 훈련의 성격을 띠기도 하였다.
㉣ 삼국시대에도 전담하는 관청이 있었다.

① ㉠, ㉡, ㉢　　② ㉠, ㉢, ㉣
③ ㉠, ㉡, ㉣　　④ ㉡, ㉢, ㉣

8. 조선 시대의 훈련원(訓鍊院)에 관한 설명으로 옳지 <u>않은</u> 것은?

① 국왕의 친위 부대였다.
② 군사의 시재(試才)를 담당하였다.
③ 무예 교육과 훈련을 담당하였다.
④ 『무경칠서(武經七書)』 등의 병서 습득을 장려하였다.

9. <보기>에서 『활인심방(活人心房)』에 관한 옳은 설명을 모두 고른 것은?

─ <보기> ─

㉠ 『활인심(活人心)』을 근거로 하였다.
㉡ 도인법(導引法)은 신체 단련 방법이다.
㉢ 조선시대에 간행된 보건 실용서이다.
㉣ 양생지법(養生之法)과 도인법 등을 다루고 있다.

① ㉠, ㉡　　② ㉢, ㉣
③ ㉠, ㉡, ㉢　　④ ㉠, ㉡, ㉢, ㉣

10. 조선 시대의 식년무과(式年武科)에 관한 설명으로 옳은 것은?

① 소과(小科)와 대과(大科)로 구분하여 실시하였다.
② 초시(初試), 복시(覆試), 전시(殿試)의 단계로 실시하였다.
③ 초시(初試), 복시(覆試), 전시(殿試)에는 강서 시험을 포함하였다.
④ 전시(殿試)는 목전, 철전, 기사, 기창, 격구 등 무예 종목을 실시하였다.

11. 〈보기〉의 설명에 해당하는 체조는?

― 〈보기〉 ―
개화기 학교에서는 정규 과목으로 체조가 편성되었으며 연령과 성별에 따라서 다양하게 실시되었다. 당시의 체조는 군사적 목적을 고려하여 규율에 반응하는 신체를 만드는 데 유효한 방법이었다.

① 유희 체조 ② 병식 체조
③ 리듬 체조 ④ 기공 체조

12. 〈보기〉에 해당하는 시기는?

― 〈보기〉 ―
황국 신민 체조와 함께 검도, 유도, 궁도 등을 여학생에게 실시하게 한 것은 일본의 군국주의를 드러낸 것이었다. 학교체육의 성격은 점차 교련에 가까워졌다.

① 무단 통치기 ② 민족 말살기
③ 문화 통치기 ④ 체조 교습기

13. 〈보기〉에서 문곡(文谷) 서상천(徐相天)의 활동을 모두 고른 것은?

― 〈보기〉 ―
㉠ 우리나라에 역도를 도입하였다.
㉡ 조선 체력 증진법 연구회를 설립하였다.
㉢ 『현대 체력 증진법』, 『현대 철봉 운동법』 등을 발간하였다.
㉣ 조선 체육회의 임원으로 병식 체조를 개선한 교육 체조를 가르쳤다.

① ㉠, ㉡
② ㉡, ㉢
③ ㉠, ㉡, ㉢
④ ㉠, ㉡, ㉢, ㉣

14. 〈보기〉의 설명에 해당하는 교육 기관은?

― 〈보기〉 ―
이 교육 기관은 개항 이후에 일본인의 세력에 대응하고자 설립되었다. 무예반에는 병서와 사격 과목이 편성되었고, 무예반의 비중이 컸다는 점에서 무비자강(武備自强)을 지향했다고 할 수 있다.

① 무예 학교 ② 원산학사
③ 배재학당 ④ 경신학당

15. 1991년에 있었던 남북한 단일팀의 국제 대회 참가에 관한 설명으로 옳지 않은 것은?

① 단일팀은 '코리아', 'KOREA'라는 명칭을 사용하였다.
② 제6회 포르투갈 세계 청소년 축구 대회에서 8강에 진출하였다.
③ 제41회 지바 세계 탁구 선수권 대회의 여자 단체전에서 우승하였다.
④ 제24회 서울 올림픽 경기 대회 중에 열린 남북 회담을 계기로 이루어졌다.

16. 제5공화국의 스포츠 정책으로 옳지 않은 것은?

① 태릉 선수촌이 건립되었다.

② 국군 체육 부대를 창설하였다.

③ 제10회 서울 아시아 경기 대회를 개최하였다.

④ 야구, 축구, 씨름의 프로 리그가 시작되었다.

17. 광복 이후 우리나라 선수단이 최초로 참가한 올림픽 경기 대회는?

① 제14회 런던 하계 올림픽 경기 대회

② 제6회 오슬로 동계 올림픽 경기 대회

③ 제15회 헬싱키 하계 올림픽 경기 대회

④ 제5회 생모리츠 동계 올림픽 경기 대회

18. 광복 이후 제5공화국까지의 체육에서 나타난 사상적 특징으로 옳지 않은 것은?

① 우수 선수의 육성을 우선하는 엘리트주의가 나타났다.

② 「국민체육진흥법」의 국위 선양은 국가주의를 나타낸다.

③ 국가 주도의 강한 신체 훈련을 앞세우는 실존주의가 나타났다.

④ 건전하고 강인한 국민성의 함양을 강조하는 건민주의가 나타났다.

19. '국민 생활체육 진흥 종합 계획(호돌이 계획)'의 내용으로 옳은 것은?

① 제24회 서울 올림픽 경기 대회를 대비하고자 추진되었다.

② 「국민체육진흥법」을 제정하여 스포츠 클럽을 체계적으로 관리하였다.

③ 국민 생활체육 협의회의 창설과 직장체육 프로그램의 보급이 이루어졌다.

④ 전문체육 육성을 위한 국가대표 연금과 우수 선수 병역 혜택의 제도가 도입되었다.

20. 〈보기〉에서 광복 이후 1940년대 말까지 체육의 내용을 모두 고른 것은?

─────〈보기〉─────
㉠ 미국 '신 체육'의 영향을 받았다.
㉡ 일제 강점기에 해산되었던 조선체육회가 재건되었다.
㉢ 조선 체육 동지회의 결성은 민족 체육 재건의 계기가 되었다.
㉣ 학도 호국단이 결성되었고, 많은 체육 교사들이 교관으로 활동하였다.

① ㉠, ㉡
② ㉡, ㉢
③ ㉠, ㉡, ㉢
④ ㉠, ㉡, ㉢, ㉣

2급 스포츠지도사 필기시험

운동생리학(55)

1. 400m 트랙을 약 60초로 전력 질주 시 가장 많이 기여하는 에너지 공급 시스템에서 1분자의 글루코스(glucose) 분해로 얻을 수 있는 ATP 수는?

   ① 2
   ② 4
   ③ 16
   ④ 18

2. 중-고강도 운동 시 필요한 ATP 합성에 사용되지 <u>않는</u> 기질(substrate)은?

   ① 혈중 알부민
   ② 혈중 포도당
   ③ 근육 글리코겐
   ④ 근육 중성지방

3. 〈보기〉에서 장기간의 무산소 트레이닝에 따른 생리학적 적응으로 옳은 것만을 모두 고른 것은?

   ─〈보기〉─
   ㉠ 산화 능력 증가
   ㉡ 근육의 수축 속도 증가
   ㉢ 미토콘드리아 밀도 증가
   ㉣ PCr 또는 PFK 효소의 양 및 활성도 증가

   ① ㉠, ㉡
   ② ㉡, ㉣
   ③ ㉠, ㉡, ㉣
   ④ ㉠, ㉢, ㉣

4. 〈보기〉에서 설명하는 에너지 대사 과정은?

   ─〈보기〉─
   • 무산소성 에너지 시스템이다.
   • 에너지 투자와 에너지 생산 단계로 구성된다.
   • 대사 과정의 최종 산물로 피루브산염 또는 젖산염을 생성한다.

   ① 지방 분해(lipolysis)
   ② 해당과정(glycolysis)
   ③ 동화 작용(anabolism)
   ④ 산화적 인산화(oxidative phosphorylation) 과정

5. 〈보기〉에서 설명하는 감각 수용기는?

   ─〈보기〉─
   • 주동근의 수축을 억제한다.
   • 근육 손상을 예방하는 기능을 한다.
   • 근육-건 복합체의 장력 변화를 감지한다.

   ① 근방추
   ② 파치니소체
   ③ 골지 건기관
   ④ 마이스너소체

6. <보기>에서 장기간 유산소 트레이닝에 의한 생리적 적응 현상으로 옳은 것만을 모두 고른 것은?

― <보기> ―
㉠ 좌심실 용적 증가
㉡ 마이오글로빈 함유량 증가
㉢ 1회 박출량(stroke volume) 증가
㉣ 골격근 내 모세혈관 밀도 증가

① ㉠, ㉡
② ㉠, ㉢, ㉣
③ ㉡, ㉢, ㉣
④ ㉠, ㉡, ㉢, ㉣

7. <보기>의 골격근 수축 과정에 관한 설명 중 ㉠~㉢에 들어갈 용어로 옳은 것은?

― <보기> ―
• 활동전위(action potential)는 가로세관(T-tubles)으로 이동하여 (㉠)에서 (㉡) 방출을 자극한다.
• (㉠)에서 방출된 (㉡)이 트로포닌(troponin)과 결합하게 되면 (㉢)의 위치를 이동시켜 마이오신 머리(myosin head)와 액틴 필라멘트(actin filament)가 강하게 결합하게 한다.

	㉠	㉡	㉢
①	원형질막	아세틸콜린	근절
②	원형질막	칼슘이온	트로포마이오신
③	근형질세망	아세틸콜린	근절
④	근형질세망	칼슘이온	트로포마이오신

8. 그림의 산소-헤모글로빈 해리 곡선을 참고하여 <보기>에서 옳은 것만을 모두 고른 것은?

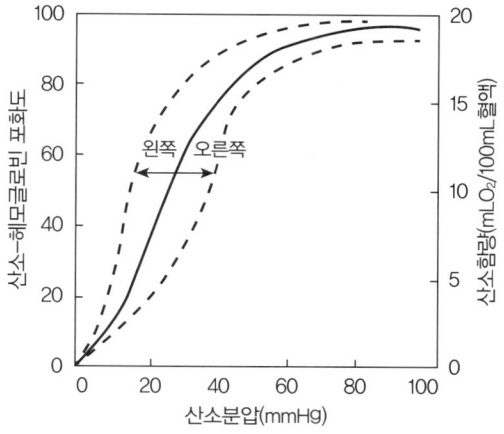

― <보기> ―
㉠ 운동에 의한 체온상승(예 심부온도 상승)은 헤모글로빈의 산소 친화력(affinity)을 높인다.
㉡ 고강도 운동 시 동-정맥 산소 차이(arteriovenous oxygen difference)는 안정 시와 비교하여 감소한다.
㉢ 고강도 운동에 의한 혈중 젖산 농도 증가는 산소-헤모글로빈 해리 곡선을 오른쪽으로 이동시킨다.
㉣ 운동 중 증가한 혈중 이산화탄소는 헤모글로빈의 산소 해리(dissociation)를 높이는데, 이를 보어 효과(Bohr effect)라고 한다.

① ㉠, ㉡
② ㉠, ㉢
③ ㉡, ㉣
④ ㉢, ㉣

9. <보기>에서 건강 관련 체력 요인으로 옳은 것만을 모두 고른 것은?

― <보기> ―
㉠ 근력   ㉡ 유연성
㉢ 근지구력   ㉣ 신체 구성
㉤ 심폐지구력

① ㉠, ㉡, ㉣
② ㉠, ㉢, ㉤
③ ㉡, ㉢, ㉣, ㉤
④ ㉠, ㉡, ㉢, ㉣, ㉤

10. 〈보기〉에서 동방결절(SA node)에 관한 특성으로 옳은 것만을 모두 고른 것은?

〈보기〉
㉠ 심장의 페이스메이커(pacemaker)로 불림
㉡ 전도체계 중 가장 빠른 내인성 박동률을 가짐
㉢ 심실이 혈액을 충만하게 모을 수 있도록 자극 전도 시간을 지연시킴
㉣ 다른 심장 전도 시스템보다 약 6배 빠르게 전기적 자극을 심실 전체로 전달하여 심실의 거의 모든 부위가 동시에 수축할 수 있게 함

① ㉠, ㉡
② ㉠, ㉡, ㉢
③ ㉠, ㉢, ㉣
④ ㉡, ㉢, ㉣

11. 안정 시와 운동 중 심장 주기에 따른 좌심실의 용적과 압력을 나타낸 곡선을 참고하여 〈보기〉에서 옳은 것만을 모두 고른 것은?

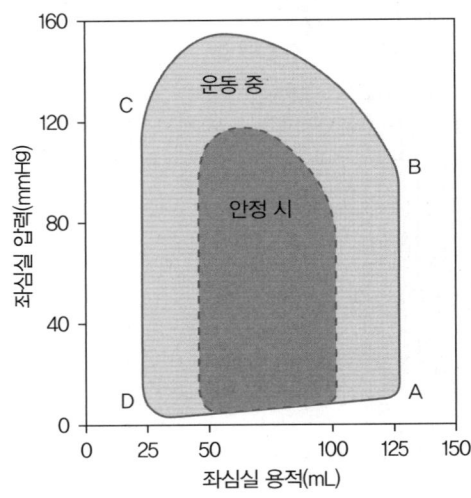

〈보기〉
㉠ A~B 구간은 이첨판(bicupid valve)과 대동맥 판막(aortic valve)이 모두 닫힌 상태이며, 이를 등용적 수축(isovolumic contraction)이라고 한다.
㉡ 운동 중 좌심실 수축력의 증가는 C시점에서의 좌심실 용적 증가로 이어진다.
㉢ 안정 시와 운동 중 좌심실 박출률(%ejection fraction)은 동일하다.
㉣ D~A 구간의 증가는 1회 박출량 증가로 이어진다.

① ㉠, ㉡
② ㉠, ㉣
③ ㉡, ㉢
④ ㉢, ㉣

12. 〈보기〉에서 고지대 환경에서 장기간 노출 시 나타나는 생리학적 적응으로 옳은 것만을 모두 고른 것은?

〈보기〉
㉠ 심박출량 증가   ㉡ 모세혈관 밀도 증가
㉢ 근육 단면적 증가 ㉣ 산소 운반 능력 증가

① ㉠, ㉢
② ㉡, ㉣
③ ㉠, ㉢, ㉣
④ ㉡, ㉢, ㉣

13. 운동 자극에 관한 신체 내 기관(organs)과 기능에 대한 설명이다. ㉠~㉢에 해당하는 것으로 옳은 것은?

기능 \ 기관	뇌하수체	부신	㉠
고온다습한 환경에서 운동 중 체액량 조절을 위한 호르몬을 분비한다.	㉡	○	×
중강도 이상 운동 중 교감신경의 영향을 받아 호르몬 (㉢)을 분비한다.	×	○	×
부교감신경인 미주 신경(vagus nerve)이 위치하며, 운동 종료 후 심박수를 낮춘다.	×	×	○

○: 맞음, ×: 틀림

	㉠	㉡	㉢
①	연수	○	에피네프린
②	뇌간	×	알도스테론
③	대뇌피질	○	에피네프린
④	대뇌피질	×	알도스테론

14. 단축성 수축 시 그림의 골격근 초미세 구조를 참고하여 〈보기〉에서 옳은 것만을 모두 고른 것은?

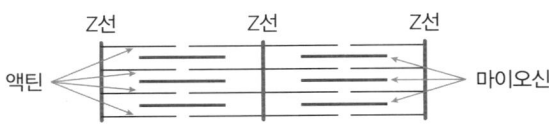

―― 〈보기〉 ――
㉠ I 밴드의 길이는 변하지 않는다.
㉡ A 밴드의 길이는 변하지 않는다.
㉢ 근절(sarcomere)의 길이는 짧아진다.
㉣ 액틴(actin)과 마이오신(myosin)의 길이는 짧아진다.

① ㉠, ㉡ ② ㉠, ㉣
③ ㉡, ㉢ ④ ㉢, ㉣

15. 〈보기〉에서 속근 섬유(type Ⅱ)에 관한 특성으로 옳은 것만을 모두 고른 것은?

―― 〈보기〉 ――
㉠ 피로 저항이 높음
㉡ 수축 속도가 빠름
㉢ 산화 능력이 높음
㉣ 칼슘 이온 방출 속도가 빠름

① ㉠, ㉡ ② ㉠, ㉢
③ ㉡, ㉣ ④ ㉢, ㉣

16. 순환계의 구조와 기능에 관한 설명으로 옳지 않은 것은?

① 혈액의 역류를 막기 위해 하지동맥 내에 판막이 존재한다.
② 호르몬 수송 및 면역기능 조절은 순환계의 기능 중 하나이다.
③ 관상 동맥(coronary artery)은 심장근에 혈액을 공급하는 혈관이다.
④ 폐순환의 주요 기능은 폐에서의 가스 교환(예: 이산화탄소 배출)이다.

17. 〈보기〉에서 설명하는 호르몬은?

―― 〈보기〉 ――
- 간의 글리코겐을 분해한다.
- 췌장 알파세포에서 분비된다.
- 혈중 글루코스 농도를 높인다.

① 인슐린
② 코티졸
③ 글루카곤
④ 에피네프린

18. 골격근의 운동 단위(motor unit) 동원에 관한 설명으로 옳지 않은 것은?

① 동원된 운동 단위의 증가는 근 수축력 증가로 이어진다.
② 운동 단위는 운동 신경과 그에 연결된 근섬유를 지칭한다.
③ 저강도 운동(예 VO₂max 30% 이하) 시 Type IIx 근섬유가 가장 먼저 동원된다.
④ Type I 근섬유의 운동 단위는 Type II 근섬유 운동 단위보다 활성화 역치가 낮다.

19. 〈보기〉의 ㉠, ㉡에 들어갈 용어는?

―― 〈보기〉 ――
- (㉠)은 근육조직에서 산소를 저장하고, 운반하는 데 중요한 역할을 한다.
- 적혈구 용적률이 증가하면 혈액의 점성은 (㉡)한다.

	㉠	㉡
①	헤모글로빈	감소
②	헤모글로빈	증가
③	마이오글로빈	감소
④	마이오글로빈	증가

20. 〈보기〉에서 운동 중 혈류 재분배(blood re-distribution)에 관한 설명으로 옳은 것만을 모두 고른 것은?

―― 〈보기〉 ――
㉠ 운동 시 골격근의 산소 요구량을 충족하기 위해 비활동조직으로의 혈류량은 감소한다.
㉡ 최대 운동 시 심박출량은 증가하지만 안정 시와 비교하여 기관별(예 신장, 내장, 골격근 등) 혈류 분배 비율은 동일하다.
㉢ 고강도 운동에 참여하는 골격근의 세동맥(arterioles) 혈관 저항은 안정 시와 비교하여 감소한다.

① ㉠, ㉡   ② ㉠, ㉢
③ ㉡, ㉢   ④ ㉠, ㉡, ㉢

운동역학(66)

1. 운동역학의 내용과 목적이 아닌 것은?
   ① 운동 기술의 향상
   ② 운동수행 시 힘의 측정
   ③ 운동수행 안전성의 향상
   ④ 인체 내 에너지 대사의 측정

2. 〈보기〉에서 설명하는 동작 분석 방법으로 옳지 않은 것은?

   ─── 〈보기〉 ───
   동작을 측정하거나 계산하지 않는 비수치적 방법으로 지도자의 시각적 관찰로 움직임의 오류를 찾아 운동 기술 향상을 도모한다.

   ① 정량적 자료로 분석한다.
   ② 현장에서 즉각적인 분석이 가능하다.
   ③ 지도자 성향에 따라 결과가 달라진다.
   ④ 분석의 결과는 객관성을 담보할 수 없다.

3. 운동의 종류에 관한 설명으로 옳지 않은 것은?
   ① 직선 운동은 병진 운동의 한 종류이다.
   ② 곡선 운동은 회전 운동에 포함되는 운동이다.
   ③ 병진 운동은 직선 운동과 곡선 운동 모두를 말한다.
   ④ 복합 운동은 병진 운동과 회전 운동이 혼합된 운동이다.

4. 운동역학 사슬(kinetic chain)에 관한 설명으로 옳지 않은 것은?
   ① 힘의 적용 대상이 연결된 일련의 사슬 고리이다.
   ② 사슬에 있는 연결 동작은 힘 전달에 영향을 미친다.
   ③ 닫힌형 운동역학 사슬(CKC)은 기능적이며, 스포츠에 특화될 수 있다.
   ④ 열린형 운동역학 사슬(OKC)에는 스쿼트, 팔굽혀펴기와 같은 동작이 있다.

5. 신체에 작용하는 역학적 부하(load)에 관한 정의로 옳지 않은 것은?
   ① 전단 응력(shear): 조직의 장축을 따라 대칭으로 가해지는 힘
   ② 인장 응력(tension): 두 힘이 서로 떨어지게끔 반대 방향으로 가해지는 힘
   ③ 압축 응력(compression): 반대쪽의 두 힘이 서로 향하는 방향으로 가해지는 힘
   ④ 휨(bending): 축에서 벗어나는 두 힘이 가해져 한쪽에서 인장응력, 다른 한쪽에서 압축응력이 발생하는 힘

6. 〈보기〉에서 내력(internal force)에 관한 설명으로 옳은 것만 모두 고른 것은?

   ─── 〈보기〉 ───
   ㉠ 다이빙 동작에서 작용하는 중력
   ㉡ 높이뛰기의 도약 동작에서 선수가 발휘한 힘
   ㉢ 환경과의 상호작용으로 시스템에 작용하는 힘
   ㉣ 내력만으로 인체 전체의 위치는 이동할 수 없음

   ① ㉠, ㉡
   ② ㉡, ㉣
   ③ ㉠, ㉢, ㉣
   ④ ㉡, ㉢, ㉣

7. <보기>에서 제시한 A학생의 항속 구간 평균 보행 속도는? (단, 반올림하여 소수점 둘째 자리까지 표기)

─── <보기> ───
A학생이 총 30m의 직선 구간을 걸었을 때, 가속과 감속 구간 각 5m씩 총 10m를 제외한 항속 구간에서의 스텝 수는 25회였고, 16초가 소요되었다.

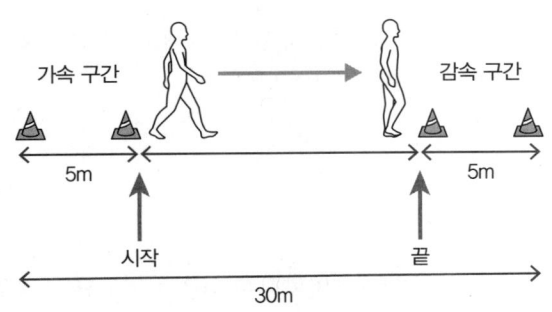

① 0.80m/s   ② 1.25m/s
③ 1.56m/s   ④ 1.88m/s

8. 각가속도에 관한 설명으로 옳지 않은 것은?

① 회전하는 물체의 각가속도가 0이 되면 물체는 멈추게 된다.
② 각가속도는 각속도의 변화량을 시간의 변화량으로 나눈 값이다.
③ 처음 각속도가 30°/s에서 6초 후 90°/s로 변화했을 때 평균 각가속도는 10°/s²이다.
④ 각속도가 양(+)의 방향으로 선형적인 증가를 할 때 각가속도는 일정한 양(+)의 값을 가진다.

9. 그림에 관한 설명으로 옳지 않은 것은? (단, 착지 전략을 제외한 모든 조건은 동일함)

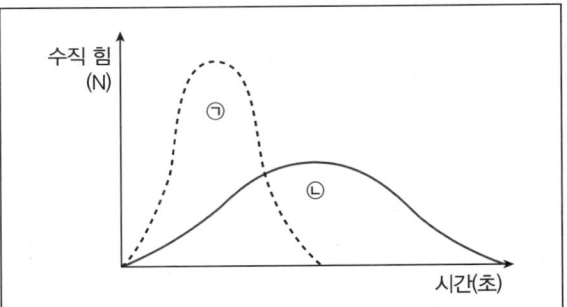

그림은 기계체조 선수가 경기 중 각 1회의 ㉠뻣뻣한 착지와 ㉡부드러운 착지를 수행하였을 때 착지구간에서 시간에 따른 수직 힘의 변화를 나타낸다.

① ㉠과 ㉡의 운동량의 변화량은 동일하다.
② ㉠의 경우 신체에 작용하는 수직 충격력이 더 크다.
③ ㉠의 경우 신체에 작용하는 수직 충격량이 더 크다.
④ 착지 직전의 무게중심의 속도는 ㉠과 ㉡ 모두 동일하다.

10. <보기>에서 임팩트 직후 골프공의 선속도는? (단, 선운동량 보존의 법칙 적용)

─── <보기> ───
• 골프 클럽의 질량: 600g, 골프공의 질량: 40g
• 스윙 시 클럽의 임팩트 직전 선속도: 50m/s, 임팩트 직후 선속도: 45m/s(외부에서 따로 작용하는 힘은 없으며, 운동량의 손실 없이 정확하게 전달됨을 가정함)

① 65m/s   ② 70m/s
③ 75m/s   ④ 80m/s

11. 스포츠에 적용된 각속도(angular velocity)에 관한 사례로 옳지 않은 것은?

① 숙련된 운동선수일수록 각속도를 잘 조절한다.
② 철봉의 대차돌기(휘돌기) 하강 국면에서 발의 무게 중심점은 일정한 각속도를 유지한다.
③ 골프 클럽헤드의 각속도는 0에서 시작하여 최댓값으로 증가했다가 다시 0으로 돌아온다.
④ 야구에서 배트의 각속도가 일정하다면 회전반경이 클수록 임팩트된 공의 선속도는 증가한다.

12. 인체의 움직임에서 토크(torque)에 관한 개념이 적용된 사례로 옳지 않은 것은?

① 사지의 근육은 각 관절을 돌림시키는 토크를 생성한다.
② 덤벨 컬 시 덤벨의 무게는 팔꿈치를 폄하는 토크를 가진다.
③ 외적 토크보다 내적 토크가 크면 근육은 신장성 수축을 한다.
④ 동일한 힘을 낼 때 팔꿈치 각도 90°보다 굽히거나 폄에 따라 모멘트팔이 짧아져 내적 토크도 감소한다.

13. 〈보기〉에서 설명한 내용 중 인체의 관성 모멘트(moment of inertia)를 감소시킨 사례로 옳은 것만 모두 고른 것은?

〈보기〉
㉠ 피겨 스케이팅에서 양팔을 벌리고 회전한다.
㉡ 달리기 시 체공기(swing phase)에 있는 다리를 굽힌다.
㉢ 다이빙에서 공중 앞돌기 시 터크(웅크린) 자세를 만든다.
㉣ 골프 아이언 헤드의 질량 분포를 양 끝으로 넓게 하여 클럽 헤드의 관성을 조작한다.

① ㉠, ㉡
② ㉡, ㉢
③ ㉠, ㉡, ㉢
④ ㉠, ㉢, ㉣

14. 그림에 관한 설명으로 옳지 않은 것은? (단, 공의 높이는 무게중심을 기준으로 함)

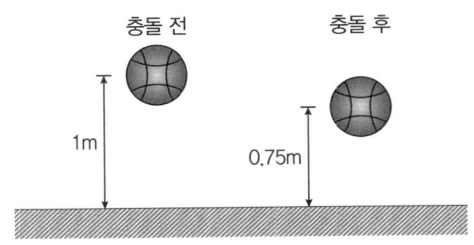

① 비탄성 충돌이다.
② 충돌 전, 후 농구공의 속도는 다르다.
③ 운동 에너지가 보존되지 않았다는 것을 의미한다.
④ 반발 계수(복원 계수, coefficient of restitution)는 0.75이다.

15. 압력 중심점(Center of Pressure, COP)에 관한 설명으로 옳지 않은 것은?

① 압력 중심점은 균형 능력을 평가하기 위한 자료로 활용된다.
② 보행 시 한발 지지기(stance phase)에서 압력 중심점은 변한다.
③ 허리를 앞으로 굽혔을 때, 압력 중심점은 기저면 밖에 위치한다.
④ 압력 중심점이란 지면에 접촉하는 부분 중 지면 반력 전체가 작용된다고 가정되는 어느 한 점을 말한다.

16. 일과 에너지에 관한 설명으로 옳지 않은 것은?

① 에너지는 일을 할 수 있는 능력이다.
② 위치 에너지는 운동 에너지로 변환될 수 있다.
③ 질량이 일정하면 속도 변화는 운동 에너지의 변화를 의미한다.
④ 어떤 물체가 에너지를 갖기 위해서는 움직임이 있어야만 한다.

17. 〈보기〉에서 설명한 A선수의 이동 거리와 변위가 옳은 것은?

― 〈보기〉 ―
육상 장거리 종목의 선수 A는 트랙의 길이가 400m인 경기장을 총 25바퀴를 달렸고, 28분 30초의 기록으로 결승점을 통과했다.

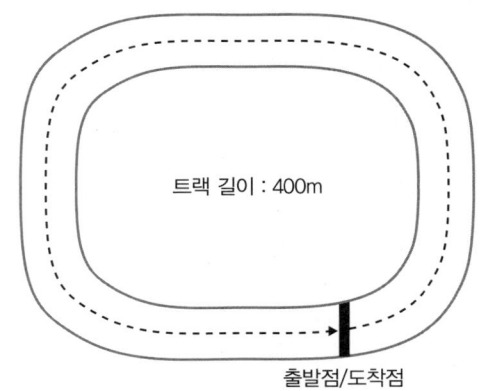

	이동 거리(m)	변위(m)
①	0	400
②	0	10,000
③	10,000	10,000
④	10,000	0

18. 〈보기〉에서 수행한 일과 일률이 바르게 나열된 것은?

― 〈보기〉 ―
물체에 2초 동안 2N의 힘을 가하여 2m를 움직였을 때 수행한 일은 (㉠)J이며 일률은 (㉡)J/s이다 (단, 힘의 작용 방향과 물체의 이동 방향은 일치함).

	㉠	㉡
①	2	1
②	2	2
③	4	2
④	4	4

19. 인체의 안정성을 결정짓는 요인이 아닌 것은?

① 기저면의 크기와 관련이 있으며 형태와는 관련이 없다.
② 무게 중심선이 기저면 밖에 있으면 불안정한 상태가 된다.
③ 무게 중심선이 기저면의 중심에 가까울수록 안정성은 높아진다.
④ 무게 중심의 높이와 관련이 있으며 낮을수록 안정성은 높아진다.

20. 마찰력에 관한 설명으로 옳지 않은 것은?

① 최대 정지 마찰력은 운동 마찰력보다 크다.
② 마찰력은 마찰 계수와 물체 질량의 곱으로 구한다.
③ 마찰력은 물체 표면에 수직으로 작용하는 힘(수직 항력, normal force)과 관계가 있다.
④ 마찰력은 접촉면과 평행하게 작용하며 물체의 운동 방향과 반대 방향으로 작용한다.

스포츠윤리(77)

1. 스포츠 윤리 센터의 주요 역할에 해당하지 않는 것은?

① 체육 관련 입시 비리에 관한 조사
② 스포츠 산업 종사자의 직업 안정성 확보와 처우 개선
③ 스포츠 비리 및 스포츠 인권 침해 방지를 위한 예방 교육
④ 승부 조작 또는 편파 판정 등 불공정에 관한 신고 접수와 조사

2. 스포츠에 관한 가치 판단에 해당하지 않는 것은?

① 도핑을 이용한 실력 향상은 옳지 않다.
② 스포츠에서 희생과 헌신은 승리보다 가치가 있다.
③ 하얀색 복장 착용은 윔블던 테니스 대회의 규정이다.
④ 스포츠에서 승리 추구는 규정 준수보다 더 중요하다.

3. <보기>의 스포츠 상황에 부합하는 개념과 해석은?

〈보기〉
태권도 겨루기에서 소극적인 자세로 경기에 임하는 선수는 제재를 받는다. 적극적이고 공격적인 태도의 요구는 투쟁심을 독려하는 것이지만, 그 폭력적인 성향이 지나치면 또 다른 제재의 대상이 되기도 한다. 이처럼 스포츠는 폭력적인 성향의 분출을 자극함과 동시에 그것을 감시하고 제어한다.

① 게발트(Gewalt) - 스포츠 폭력의 부당성
② 게발트(Gewalt) - 스포츠 폭력의 이중성
③ 희생양(Scapegoat) - 스포츠 폭력의 부당성
④ 희생양(Scapegoat) - 스포츠 폭력의 이중성

4. '타이틀 나인(Title IX)'에 따른 스포츠계의 변화로 가장 적절한 것은?

① 미국 프로 야구 리그의 도핑 실태에 관한 보고서 발간
② 남아프리카 공화국에서 흑인에 대한 차별 정책의 시행
③ 학교 스포츠 프로그램에서 의도적인 성차별 발생 시 재정 지원의 제한
④ 공공 및 민간 스포츠 시설의 출입구 등에 휠체어 이동 통로의 설치 및 확충

5. 세계 도핑 방지 기구(World Anti-Doping Agency)가 정한 '금지 방법'의 분류 목록에 해당하지 않는 것은?

① 기술 도핑
② 화학적, 물리적 조작
③ 유전자 및 세포 도핑
④ 혈액 및 혈액 성분의 조작

6. 레건(T. Regan)의 동물 권리론에 가장 부합하는 태도는?

① 모든 동물에게 자유를 보장하고 스포츠에 동물을 이용하지 않도록 한다.
② 세계시민주의적 사고에 따라 재활 승마에서는 기수와 말의 친화를 강조한다.
③ 천연 거위 털 셔틀콕의 성능이 인조 거위 털 셔틀콕보다 더 좋으므로 생산을 장려한다.
④ 경마나 소싸움은 합법적으로 동물을 활용할 수 있는 종목이며 경제적으로도 유용하다.

7. <보기>의 대화 내용에 해당하는 정의(justice)의 유형에 가장 가까운 것은?

〈보기〉
A: 오늘 테니스 경기 봤어? 한쪽 코트는 해가 정면에서 비치고 다른 쪽은 완전 그늘이더라.
B: 응. 그런 조건이면 한쪽 선수가 불리할 것 같아.
C: 그래서 테니스는 계속 코트를 바꾸면서 경기를 진행해.
A: 그러면 시합을 시작할 때 코트나 서브권은 어떻게 정해?
C: 동전 던지기로 정하는 경우가 많아.

① 평균적 정의
② 절차적 정의
③ 분배적 정의
④ 보상적 정의

2급 스포츠지도사 필기시험

8. 롤랜드(S. Loland)가 분류한 규칙 위반의 유형에 연결한 사례로 옳지 않은 것은?

① 의도적 구성 규칙 위반-축구 경기에서 수비수가 실점을 당하지 않기 위해 손으로 공을 막았다.

② 의도적 규제 규칙 위반-육상 100m 경기에서 경쟁 선수를 방해하기 위해 레인을 침범했다.

③ 비의도적 구성 규칙 위반-골프 경기 중 페어웨이에서 흙이 묻은 볼을 무의식적으로 닦고 진행했다.

④ 비의도적 규제 규칙 위반-농구 경기 중 상대 수비를 피하는 과정에서 의도치 않게 3걸음을 걷고 슛을 쏘았다.

9. 칸트(I. Kant)의 의무론에서 〈보기〉 속 A와 B의 태도에 부합하는 행위 유형은?

〈보기〉

선생님: 도핑을 하면 경기 결과가 달라질 수 있는데, 여러분은 왜 하지 않나요?
A: 저는 도핑이 공정하지 못한 행위이기 때문에 하지 않아요. 제 실력으로 인정받고 싶어요.
B: 저는 사실 도핑 검사에 걸리면 처벌을 받으니까 하고 싶어도 못하고 있어요.

	A	B
①	의무에서 나온 (aus Pflicht) 행위	의무에 합치하는 (pflichtmäßig) 행위
②	의무에 합치하는 (pflichtmäßig) 행위	의무에 위배되는 (pragmatische) 행위
③	의무에 합치하는 (pflichtmäßig) 행위	의무에서 나온 (aus Pflicht) 행위
④	의무에 위배되는 (pragmatische) 행위	의무에서 나온 (aus Pflicht) 행위

10. 부올레(P. Vuolle)가 분류한 스포츠 환경이 아닌 것은?

① 시설(built) 환경-농구, 탁구

② 개발(developed) 환경-골프, 스키

③ 가상(virtual) 환경-e스포츠, 버추얼 태권도

④ 순수(genuine) 환경-스쿠버다이빙, 트레일러닝

11. 뒤르켐의 도덕 교육론에 근거한 스포츠윤리 교육의 내용과 방법으로 옳지 않은 것은?

① 감독의 지도에 의존하는 도덕적 판단력을 길러준다.

② 스포츠를 통한 도덕적 습관과 행동의 변화에 초점을 맞춘다.

③ 스포츠윤리 교육을 스포츠 인성 교육의 유용한 틀로 활용한다.

④ 스포츠맨십을 경험하는 실천적 교육으로 도덕적 인격 형성을 유도한다.

12. 스포츠 조직의 윤리 경영에 관한 설명으로 옳지 않은 것은?

① 스포츠 조직을 투명하고 합리적으로 운영한다.

② 과대 선전 등으로 스포츠 소비자를 속이지 않는다.

③ 스포츠 시설 운영에서 공해, 소음 등으로 인한 사회적 비용을 고려한다.

④ 스포츠 센터의 운영 수익을 더 늘리기 위해 지도자의 노동 강도를 높인다.

2급 스포츠지도사 필기시험

13. 〈보기〉의 사례에서 ㉠에 해당하는 심판의 자질과 ㉡에 해당하는 맹자의 사단(四端)은?

〈보기〉
배구 경기의 주심인 ㉠A심판은 최근 개정된 규정을 정확하게 숙지하지 못하여 오심을 범했다. 부심으로 경기를 관장하던 B심판은 오심임을 알았으나 A심판에 대한 징계가 걱정되어 침묵했다. 시합이 끝난 후 ㉡B심판은 양심의 가책을 지우지 못하고 활동을 중단했다.

	㉠	㉡
①	심판의 청렴성	사양지심(辭讓之心)
②	심판의 전문성	수오지심(羞惡之心)
③	심판의 자율성	시비지심(是非之心)
④	심판의 공정성	측은지심(惻隱之心)

14. 공리주의 윤리 규범을 스포츠에 바르게 적용한 것이 아닌 것은?

① 스포츠에서 결과에 따른 만족을 중시한다.
② 스포츠 규칙 제정은 공정과 평등의 원칙에 근거한다.
③ 스포츠 상황에서 행위의 유용성보다 인성의 바름을 강조한다.
④ 스포츠에서 소수보다 다수의 이익을 우선하는 것이 정당화될 수 있다.

15. 〈보기〉에서 장애 차별의 개선을 위한 스포츠 실천의 조건만을 고른 것은?

〈보기〉
㉠ 참여 종목과 대회는 지도자의 결정에 맡겨야 한다.
㉡ 비장애인과 분리하여 수업하는 것을 원칙으로 한다.
㉢ 활동 장비와 기구에 대한 재정적인 지원을 확보해야 한다.
㉣ 다양한 사람과의 관계를 통해 사회성 함양의 기회를 제공해야 한다.

① ㉠, ㉡   ② ㉡, ㉢
③ ㉡, ㉣   ④ ㉢, ㉣

16. 〈보기〉의 내용에 부합하는 철학자와 개념의 연결이 옳은 것은?

〈보기〉
• 지도자와 선배의 체벌과 폭력이 일상화되어 있다.
• 악은 포악한 괴물이나 악마처럼 괴이하지 않고 합숙소 생활과 같은 일상에 함께 있다.
• 폭력을 멈추게 할 방법은 행위의 내용과 책임을 묻고 반성하는 '사유' 또는 '이성'에 있다.

① 홉스(T. Hobbes) – 리바이어던
② 홉스(T. Hobbes) – 악의 평범성
③ 아렌트(H. Arendt) – 리바이어던
④ 아렌트(H. Arendt) – 악의 평범성

17. 의무주의 윤리 규범에 근거할 경우, 〈보기〉의 괄호 안에 들어갈 내용으로 옳은 것은?

---〈보기〉---
나는 반칙을 하지 않으려고 노력한다. 왜냐하면 ( ) 때문이다.
---

① 퇴장을 당하면 손해를 보기
② 반칙을 하는 것은 옳지 않기
③ 나의 플레이를 보는 사람들을 만족시켜야 하기
④ 사람들이 나를 훌륭한 선수라고 칭송할 것이기

18. 〈보기〉는 트랜스젠더 여성의 여성 스포츠 참여에 관한 설명이다. 이를 지지하는 견해의 근거가 아닌 것은?

---〈보기〉---
국제올림픽위원회(IOC)는 2016년 1월에 올림픽 대회를 비롯한 국제 경기 대회에서 외과적인 수술을 받지 않은 성전환자들도 선수로 출전할 수 있도록 허용해야 한다는 새로운 지침을 발표했다. 이에 따라 트랜스젠더 선수들은 꼭 성전환 수술을 받지 않더라도 일정 요건만 충족하면 올림픽 등 국제 대회에 참가할 수 있게 되었다.
---

① 전통적인 젠더 이분법을 극복하고 양성 평등을 지향
② 트랜스젠더 여성의 스포츠 접근권은 공정성보다 우선
③ 트랜스젠더에 대한 차별과 배제가 아닌 관용과 포용의 정책
④ 트랜스젠더 여성 선수가 불공평한 이득을 가져 스포츠 본연의 의미 변화

19. 함무라비 법전의 탈리오 법칙(Lex Talionis)이 정확하게 적용된 상황은?

① 농구 경기에서 한 경기에 5개의 파울을 한 선수를 퇴장시킨다.
② 축구 경기에서 부상 선수가 발생하면 선수의 안전을 위해 공을 밖으로 걷어낸다.
③ 야구 경기에서 빈볼을 맞게 되면, 상대 팀에게도 동일하게 빈볼을 던져 보복을 한다.
④ 수영과 육상 경기의 결승전에서 준결승의 기록이 좋은 선수를 가운데 레인에 우선으로 배정한다.

20. 인종 차별과 관련된 사례로 맞지 않은 것은?

① 1936년 베를린 올림픽 경기 대회에서 히틀러는 육상종목 4관왕 제시 오웬스에게 시상 거부
② 1948년 런던 올림픽 경기 대회에서 독일과 일본 선수의 참가를 불허
③ 1968년 멕시코 올림픽 경기 대회 시상식에서 미국의 토미 스미스와 존 카를로스의 저항 표현
④ 2008년 미국 여자 프로골프 협회(LPGA) 출전 선수의 영어 사용 의무화

의심이 들어도 상관없어.
내가 가고 싶은 길이니까.

#나만의길 #다잘될거야

마지막까지 부족함 없이 채운
[합격 프로젝트 ❶]

확인하셨나요?

저자 직강을 무료로 볼 수 있다!

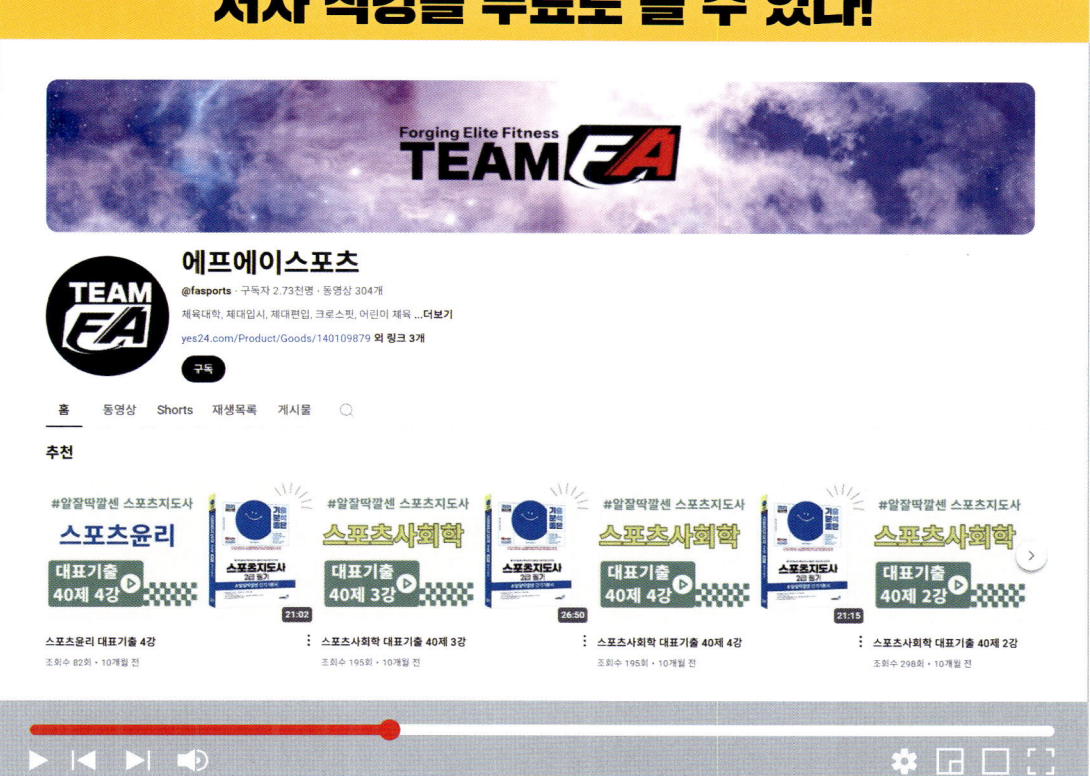

▶ YouTube | 에프에이스포츠
www.youtube.com/@fasports

마지막까지 부족함 없이 채운
[합격 프로젝트 ❷]

확인하셨나요?

시험 직전 최종점검! 빈출형광펜 모음.zip

▲ 바로가기

★ 한국스포츠학회 감수
★ (전)문화체육관광부 제1차관, (전)국민체육진흥공단 이사장 추천!
★ '우생순' 레전드(2004 아테네올림픽 여자핸드볼 국가대표팀),
  (전)핸드볼팀 감독 강력 추천!

2026 최신판
스포츠지도사
2급 필기

2주 합격 프로젝트 + 무료강의

기출 분석 이 책은

출제될 내용만
공부하고
무료강의로
완성하는
합격 프로젝트!

모의고사 3회와 2025년 필기 기출문제
정답과 해설

합격시키는 힘, 합격력을 끌어올리다
콘텐츠의 정확성과 견고함을 기반으로, 자격증수험서의 본질인 합격에 집중하는
시대에듀의 합격력 끌어올림# 브랜드입니다.

— 2026 최신판 —

스포츠 지도사 2급 필기

2주 합격 프로젝트 + 무료강의

모의고사 3회와 2025년 필기 기출문제

정답과 해설

차례

감 잡는 모의고사 1회 ······ 3

감 익히는 모의고사 2회 ······ 18

감 다지는 모의고사 3회 ······ 31

2025 기출문제 ······ 46

감 잡는 모의고사 1회

스포츠사회학 P.372

1	2	3	4	5	6	7	8	9	10
④	②	③	②	③	②	②	①	③	④
11	12	13	14	15	16	17	18	19	20
①	④	①	②	③	③	④	②	②	③

1 ④

스포츠사회학은 사회, 정치, 경제와 스포츠 간의 상호 작용을 연구한다. 스포츠 경기 규칙의 변천 과정은 한국체육사에서 다루는 주제이다.

2 ②

② 게임(Game): 일정한 규칙과 경쟁 요소가 존재하고 승패가 갈릴 수 있는 활동이다.

오답풀이

① · ④ 놀이(Play): 자유롭고 규칙이 엄격하지 않으며, 즐거움 자체를 목적으로 하는 활동이다.
③ 스포츠(Sport): 게임의 성격, 신체적 활동, 제도화가 결합된 활동이다.

3 ③

㉠ 평등화: 모든 참가자가 동일한 규칙과 조건에서 차별 없이 경쟁할 수 있도록 보장하는 것이다.
㉡ 합리화: 스포츠가 전통적 놀이의 즉흥성이 아니라, 명시된 규칙과 제도에 의해 체계적으로 운영되는 것이다.

오답풀이

- 세속화: 스포츠가 종교적 목적에서 벗어나 즐거움, 건강, 명예 등 세속적인 가치를 추구하는 것이다.
- 전문화: 선수의 포지션, 역할, 리그 구조가 세분화되고 전문적으로 운영되는 것이다.

4 ②

㉡ '국가대표의 성공을 개인의 성공으로 동일시하며 자부심을 느낌'은 동일화에 해당한다.
㉣ '정치적 이익을 위해 국민의 관심을 스포츠로 돌림'은 조작에 해당한다.

5 ③

2018년 러시아 월드컵에서의 독일 우승은 정치적 사건과 직접적인 연관이 없다.

오답풀이

① 1980년 모스크바 올림픽 보이콧: 미국을 포함한 65개국이 소련의 아프가니스탄 침공에 대한 항의로 모스크바 올림픽에 참여하지 않았다.
② 2002년 한일 월드컵: 한국과 일본이 공동 개최한 월드컵은 아시아 축구의 위상을 높였다.
④ 1968년 멕시코시티 올림픽에서의 블랙 파워 경례: 미국 육상 선수들이 시상대에서 '블랙 파워' 경례를 하며 인종 차별에 대한 항의 의사를 표명한 사건이다.

6 ②

스포츠 가치 훼손은 스포츠의 지나친 상업주의로 인한 부정적 현상이다.

7 ②

〈보기〉의 내용은 자유 계약(FA)에 대한 내용으로 자유 계약은 계약 종료 후 선수가 다른 구단과 자유롭게 협상할 수 있는 제도를 의미한다.

8 ①

엘리트 선수에게 집중 투자하여 성과를 내고, 이 성과가 대중 참여 확대와 국가 이미지 제고로 이어지는 구조는 '트리클 다운 모델(낙수효과)'를 의미한다. '엘리트 성과가 대중 참여를 촉진하고, 형성된 기반이 다시 엘리트 성과로 이어지는 구조'는 선순환 모델을 의미한다.

9 ③

특정 사건이나 인물을 미디어가 어떤 '틀(frame)'로 보여주느냐에 따라 대중의 해석과 여론이 달라지는 현상을 프레이밍이론이라고 한다.

> 오답풀이 ❶

① 문화규범이론: 미디어가 대중문화를 상업화·통합하며 사회 전반의 가치와 규범 형성에 영향
② 개인차이이론: 사람들은 자신의 욕구와 특성에 맞춰 미디어를 선택적으로 이용
④ 사회관계이론: 스포츠 미디어가 사람들 간의 관계 형성과 강화에 기여

10 ④

㉠ (편중 보도) → 부정적
㉡ (참여 인식 확대) → 긍정적
㉢ (산업 성장) → 긍정적
㉣ (일정 과부화) → 부정적

11 ①

- 지위 분화: 사회에는 다양한 직업과 역할이 존재한다.
- 지위 서열화: 역할의 중요성에 따라 서열이 매겨진다.
- 평가: 각 지위는 사회적 기준에 따라 다르게 평가된다.
- 보수 부여: 높은 평가를 받은 지위에는 더 많은 보상이 주어진다.

12 ④

사회 이동 유형은 대상에 따른 이동(개인적 이동, 집단적 이동), 방향에 따른 이동(수직 이동, 수평 이동), 세대에 따른 이동(세대 간 이동, 세대 내 이동)으로 구분된다.

> 오답풀이 ❶

① 수직 이동: 상향(지위 상승) 또는 하향(지위 하락) 이동
② 수평 이동: 지위 변화 없이 직업이나 지역만 변경
③ 세대 간 이동: 부모와 자녀 세대 간의 계층 이동

13 ①

베블런의 유한계급론: 상류층은 테니스·골프 같은 고급 스포츠를 통해 지위를 과시하고, 대중은 저비용 스포츠(축구·배드민턴)에 참여해 계층 격차가 유지된다.

> 오답풀이 ❶

① 마르크스 계급론: 생산수단 중심 설명 → 본 보기와 직접적 연관이 적다.
③ 라이트의 계급론: 권력관계 세분화 설명 → 과시적 소비 현상과 다르다.
④ 그람시의 헤게모니론: 문화적 지배 강조 → 상류층 스포츠 소비 설명과는 거리 있다.

14 ②

㉠ 스포츠로의 사회화: 가정·학교·또래 등 외부 영향으로 처음 참여하는 과정이다.
㉡ 스포츠 탈사회화: 선수 은퇴·중단처럼 활동을 그만두는 과정이다.
㉢ 스포츠를 통한 사회화: 규칙 준수·협동심 등 사회적 가치를 배우는 과정이다.
㉣ 스포츠 재사회화: 직장인 동호회처럼 중단 후 다시 시작하는 과정이다.

15 ③

행동적 참가는 실제로 스포츠에 직접 뛰거나(1차적), 혹은 코치·심판·운영자·팬·관람자처럼 간접적으로 참여하는 경우(2차적)를 포함한다.

16 ③

승부 조작은 스포츠 탈사회화의 원인으로 적절하지 않다. 탈사회화는 주로 부상, 외부 환경 변화, 심리적 이유 등으로 인해 발생한다.

17 ④

규칙을 무시하는 것은 과소동조이며, 과잉동조는 오히려 지나친 헌신과 규범 준수를 의미한다.

18 ②

전염 이론은 군중 내에서 감정이 전염되듯이 퍼지며 행동이 확산되는 것을 설명하는 이론이다.

오답풀이

① 수렴 이론: 군중은 비슷한 성향을 가진 개인들이 모여 행동을 시작한다는 이론
③ 규범 생성 이론: 군중 행동은 새로운 규범이 형성되면서 발생한다는 이론
④ 부가 가치 이론: 군중 행동은 구조적 요인들이 누적되어 폭발적으로 나타난다는 이론

19 ②

학생 B는 경기장 환경 요인과 보안을 언급한 것으로 물리적 환경 문제와 관련이 있다.

20 ③

세방화는 세계화 과정에서 나타나는 지역적 변형으로, 세계적 스포츠가 단순히 동일하게 확산되는 것이 아니라 각 나라의 문화와 맥락에 맞게 변용·정착되는 현상을 뜻한다.

스포츠교육학 P.376

1	2	3	4	5	6	7	8	9	10
③	②	③	③	③	③	②	①	③	①
11	12	13	14	15	16	17	18	19	20
②	④	②	③	④	④	②	④	④	①

1 ③

포괄형이라도 감독 완화는 위험하다. 사전점검·즉시중단·대응매뉴얼은 안전수업의 기본이다.

2 ②

이해중심 게임수업은 게임 맥락 속 전술 인식 → 의사결정(무엇/어떻게) → 필요한 기술 연습 → 적용의 순서를 강조한다. 기술은 전술 문제를 해결하기 위한수단으로 다뤄진다. 이 점이 '기능중심' 접근과의 가장 큰 차이점이다.

3 ③

연습형은 개별 연습 시간을 제공하고 교사는 개별 피드백을 준다. 학생은 장소·속도·리듬 등 제한된 요소를 스스로 결정한다.

오답풀이

동료 피드백은 상호학습형, 난이도 선택은 포괄형의 단서다.

4 ③

슐만(L. Shulman)은 체육 교사가 효과적인 수업을 위해 갖춰야 할 지식 요소로 내용, 지도 방법, 내용 교수법, 교육과정, 교육 환경, 학습자와 학습자 특성, 교육 목적을 제시하였다. 이 중 내용 지식은 가르칠 교과 내용에 대한 깊이 있는 이해, 체육의 이론적 지식과 스포츠 기술에 대한 폭넓은 이해를 요구한다.

5 ③

1950년대 스포츠교육은 신체적 발달보다는 운동을 통한 교육적 접근이 강조되었다.

6 ③

수행평가는 실제 과제 수행을 관찰한다.

오답풀이

② 준거지향은 외부 기준 충족 여부, 규준지향은 집단 내 상대 위치를 판정한다.
④ 자기지향향 평가는 개인 목표 대비 성취 여부를 스스로 판단한다.

7 ②

「국민체육진흥법」에서 정의하는 '생활체육'이란 건강과 체력 증진을 위하여 행하는 자발적이고 일상적인 체육 활동을 말한다.

8 ①

학교체육진흥법은 학생선수를 학교운동부 소속 또는 관련 체육단체에 선수로 등록된 학생으로 정의한다.

9 ③

심동적 영역은 신체적 운동과 운동기술 발달에 중점을 둔다.

10 ①

㉠, ㉢은 축제화·역할다양성으로 스포츠교육모형의 전형적 장면이다.

오답풀이

㉡은 포괄형(모스턴) 혹은 개별화 지도에서 두드러지는 특징이다.

11 ②

YMCA식 체조는 균형 잡힌 신체 활동을 통해 학생들의 전인적 발달을 목표로 한다.

오답풀이

①은 히치코크식 체조, ③은 서전트식 체조, ④는 스웨덴식 체조에 해당한다.

12 ④

메이거(R. Mager)의 학습 목표 설정 이론에서는 학습자가 기대하는 결과와 목표 달성을 위한 조건을 명시하는 것이 중요하다.

13 ②

자기 점검형 스타일에 대한 설명이다.

오답풀이

① 자기 설계형 스타일: 학습자가 교과 내용을 스스로 탐구하고, 지도자가 제시한 주제에 대해 자신만의 문제를 설정하고 해결한다.
③ 자기 주도식 스타일: 학습자가 학습 과정의 모든 요소를 스스로 주도하며, 자신의 진도를 정하고, 탐구와 발견을 통해 학습을 진행한다.
④ 자기 학습식 스타일: 학습자가 교사의 역할과 학생의 역할을 모두 수행하며, 학습에 대한 모든 결정을 스스로 내린다.

14 ③

상황적 지식은 예상치 못한 상황에서 적절한 의사 결정을 할 수 있도록 도와주는 지식이다.

15 ④

- 연습형은 교사가 과제를 제시(전), 학습자가 수행(중), 교사가 피드백(후)한다.
- 자기점검형은 수행 후 학습자가 스스로 평가한다.
- 포괄형은 난이도 선택을 학습자가 담당한다.

16 ④

정보(시작)로 핵심 단서를 제시하고, 확대로 난이도를 점증하며, 세련에서 질(형태)을 높인 뒤 적용에서 게임·도전 상황에 사용한다.

17 ②

라반(Laban)은 동작 탐구와 교육 무용을 체육교육에 적용하는 교육적 접근을 제안하였다.

18 ④

성인 스포츠는 신체 건강을 유지하고, 사회적 교류 및 취미와 흥미를 확대하며, 사회적 인정 욕구를 충족시키는 것을 목적으로 한다.

19 ④

진단평가는 출발점 확인, 총괄평가은 종단 성취 판정을 목적으로 한다.

20 ①

생활체육 프로그램의 목표는 구체적으로 설정하고, 기대하는 성과를 명확히 제시해야 한다.

스포츠심리학 P.379

1	2	3	4	5	6	7	8	9	10
②	③	④	③	①	②	③	①	①	②
11	12	13	14	15	16	17	18	19	20
③	③	④	④	②	③	①	③	④	②

1 ②

스포츠심리학은 운동 경기와 스포츠 활동에서 나타나는 심리적·행동적 변화를 연구하는 학문으로, 생리학·사회학·철학과 구별된다.

2 ③

응용스포츠심리는 실제 경기현장에서 심리기술훈련(자신감, 집중력, 불안 등)을 적용하여 경기력 향상과 정신적 안정 지원을 목표로 한다.

3 ④

자동적 반응 실행은 반응실행 단계의 특징이지, 감각지각 단계가 아니다.

오답풀이
①, ④ 감각지각 단계: 환경에서 오는 자극을 인식하고 그 정보를 분석하는 단계이다.
②, ③ 반응선택 단계: 자극에 대해 어떻게 반응할지를 결정하는 단계이다.

4 ③

① 스트룹 효과: 여러 감각 정보가 불일치할 때 반응 시간이 늦어지는 현상이다.
② 칵테일 파티 효과: 특정인의 목소리를 소음 속에서도 선택적으로 알아듣는 현상이다.
④ 자동적 처리: 학습이 숙련된 단계에서 나타나며, 많은 주의가 요구되지 않아 동시에 다른 과제에도 주의를 기울일 수 있다.

5 ①

㉠ 번스타인 자유도 모델
㉡ 손다이크 S-R 이론
㉢ 뉴웰 협응 변화 이론

6 ②

계열 연습은 여러 기술을 일정한 순서로 반복하는 방식이다.

> **오답풀이** ❶

① 전습법: 전체 동작을 통째로 연습하는 방법이다.
③ 무선연습: 여러 가지 기술이나 동작을 무작위로 혼합하여 연습이다.
④ 집중연습: 짧은 시간에 휴식 없이 몰아서 같은 기술 반복하는 방식이다.

7 ③

㉠ 높은 파지: 배운 기술을 오랜 시간 지나도 잊지 않고 잘 수행한다.
㉡ 낮은 파지: 학습 후 시간이 지나면서 기술을 잊거나 수행이 어려워진다.

8 ①

① 수평적 전이: 유사한 난이도의 기술 간 전이된다.

> **오답풀이** ❶

② 수직적 전이: 기초 기술에서 고급 기술로 발전하며 발생하는 전이된다.
③ 제로 전이: 이전 학습이 새로운 학습에 전혀 영향을 미치지 않는다.
④ 부적 전이: 이전 기술이 새로운 기술 학습에 방해가 된다.

9 ①

내재적 피드백은 감각 · 신체 내부 정보로 인식하는 것이다(㉠, ㉢).

> **오답풀이** ❶

코치 지도(㉡)나 기록 확인(㉣)은 외재적 피드백에 해당한다.

10 ②

개인별 차이에 따라 발달 속도와 방식은 다르다. 따라서 모든 개인이 동일한 속도로 발달한다는 설명은 틀리다.

11 ③

성장과 세련 단계는 청소년기에 해당하며, 신체적 성장과 성별 차이에 따른 발달 차이가 뚜렷하다.

12 ③

같은 상황에서도 개인의 성격적 특성에 따라 플레이 방식이 달라지는데, 이것이 바로 성격의 독특성에 대한 특성이다.

13 ④

㉠ 매슬로우 욕구 위계 이론
㉡ 레이몬드 캐텔 성격 특성 이론
㉢ 셸던 체형 성격 이론

14 ④

EPQ, 16PF, NEO-PI-R은 질문지법에 해당한다.

15 ②

인지 평가 이론은 과잉정당화 효과라고도 하며, 보상은 동기를 높이기도 하지만, 잘못 주어지면 오히려 내재적 동기를 약화시킨다.

> **오답풀이** ❶

① 자기 인식 이론: 사람들이 자신의 행동을 관찰함으로써 자신의 태도나 감정을 추론한다.
③ 제임스-랑게 이론: 정서는 생리적 반응에 대한 인식에서 발생한다.
④ 캐논-바드 이론: 생리적 반응과 정서는 동시에 독립적으로 발생한다.

16 ③

경기 직전은 상태불안, 평소 성격적 불안은 특성불안, 경쟁 상황에서 반복적 불안은 경쟁특성불안에 해당한다.

17 ①

애프터 전환(반전) 이론은 각성 수준 자체보다 개인이 이를 긍정적 흥분/부정적 불안으로 해석하는 방식이 수행을 결정한다고 본다.

18 ③

ⓒ의 최소화 전략은 적은 노력으로 결과를 얻으려는 태도로, 노력을 극대화하는 것이 아니다.

19 ④

① 뇌 변화 가설 : 운동 후 뇌 발달 및 인지능력 향상
② 생리적 강인함 가설: 장기적 운동 습관으로 스트레스 저항력 강화
③ 모노아민 가설: 신경전달물질 분비 증가로 정서 안정

20 ②

㉠은 전문성, ㉡은 사회적 의무에 해당한다.

한국체육사 P.383

1	2	3	4	5	6	7	8	9	10
③	②	④	②	②	④	④	①	②	④
11	12	13	14	15	16	17	18	19	20
①	②	①	②	①	①	②	③	②	②

1 ③

체육사는 단순히 현대적 발전 과정이나 특정 시대를 연구하는 것이 아니라, 인간이 수행해 온 신체 활동의 역사를 탐구하는 학문이다.

2 ②

삼국시대 체육은 국방력 강화를 위해 활쏘기, 기마술, 수박 등의 무예 활동이 중요하게 다루어졌다. 특히 화랑도, 경당과 같은 제도적 교육 기관을 통해 신체 활동과 정신 수양을 함께 강조하였다. 이는 병농일치 체제와도 연결된다.

3 ④

화랑도의 세속오계는 원광법사가 제시한 다섯 가지 윤리로, 사군이충, 사친이효, 교우이신, 임전무퇴, 살생유택이다. 활인심방은 조선시대 도인법 사상에서 나온 개념으로, 화랑도의 윤리와는 관련이 없다.

4 ②

세계사적 연구는 특정 시대나 지역에 한정되지 않고, 모든 시대와 지역을 통합적으로 연구하는 방법이다.

5 ②

고려시대 귀족 사회에서는 말을 타고 하는 격구가 크게 유행했다. 이는 기마술과 전술 훈련의 성격을 지니면서도 귀족들의 오락적 성격을 띠었다. 격구는 단순한 놀이가 아니라 군사적 기능을 갖춘 귀족 스포츠였다.

6 ④

활인심방은 성리학자인 이황(퇴계)이 도교의 양생 사상을 바탕으로 구성한 의학 서적으로, 조선시대의 체육과 관련이 있다.

7 ④

무과 시험은 군사적 능력을 평가하기 위해 기창, 활쏘기, 격구, 기마술 등을 중심으로 했다. 독서 능력은 문과 시험의 평가 항목으로, 무과에서는 포함되지 않았다. 이는 무과가 실전 전투 기술 중심이었음을 보여준다.

8 ①

고려시대 체육 활동은 주로 국방력을 강화하기 위한 군사 훈련을 중심으로 이루어졌다.

9 ②

격구는 말타기와 공놀이를 결합한 군사 훈련으로, 국방력 강화를 위한 중요한 활동으로 장려되었다.

오답풀이 ❶

① 투호: 화살을 항아리에 던져 넣는 놀이
③ 추천: 그네뛰기로, 주로 단오절에 여성들이 중심이 되어 즐겼던 민속놀이
④ 장치기: 긴 막대기를 쳐서 상대편의 문 안에 넣는 경기

10 ④

무과 시험은 활쏘기, 기마술, 격구와 같은 신체적 능력을 평가하는 시험이다.

11 ①

궁술은 무과 시험의 필수 과목이었다.

12 ②

일제강점기 조선교육령 체육은 민족주의적 체육을 억제하고, 황국신민화 정책과 군사적 체력 양성을 목적으로 시행되었다. 반면, 생활체육 활성화나 스포츠 산업화는 해방 이후에 나타나는 현상이다.

13 ①

한국 근대 체육은 1876년 개항 이후 서양 스포츠와 교육 체계를 도입하면서 시작되었다.

14 ②

전두환 정권은 1982년 프로야구, 1983년 프로축구를 출범시키며 스포츠 산업화를 추진했다. 이는 대중문화 확산과 국민 여가 문화 발전의 중요한 계기가 되었다.

15 ①

개화기 최초의 운동회는 영어 학교에서 개최한 화류회(花柳會)이다.

16 ①

일제 강점기의 체육은 군사적 성격을 강화하며, 일본 제국의 전쟁 수행을 돕기 위한 수단으로 사용되었다.

17 ②

㉠ 체육사는 과거의 역사적 맥락 속에서 체육·스포츠 현상을 탐구하는 학문이다(**예** 고대 올림픽의 의미, 조선시대 무과 제도와 체육).
㉡ 체육학은 과학적 방법을 활용하여 운동과 체육을 탐구합니다. 생리학·심리학·역학·사회학 등 다양한 학문적 접근을 통해 현재와 미래 체육 현상을 분석한다.

18 ③

기술적 연구는 사실을 기록하는 단계이며, 해석적 연구는 그 사실에 의미를 부여하는 단계이다. 두 연구는 상호 보완적 관계로 체육사 연구의 깊이를 더한다.

19 ②

기술적 연구는 사료와 유물을 근거로 과거 사실을 있는 그대로 기록하는 방식이다. 여기서 연구자의 주관적 해석보다는 자료의 객관적 기록과 사실성에 중점을 둔다. 따라서 체육사 연구의 출발점이 되며, 이후 해석적 연구의 토대를 제공한다.

20 ②

양정모에 대한 설명이다.

운동생리학 P.386

1	2	3	4	5	6	7	8	9	10
②	②	①	②	②	②	②	①	③	①
11	12	13	14	15	16	17	18	19	20
②	②	①	①	①	①	①	①	①	①

1 ②

ATP-PC 시스템은 인산크레아틴을 분해하여 매우 빠른 속도로 ATP를 재합성하며, 10초 이내의 순간적인 고강도 운동에 사용된다.

오답풀이

① 젖산 시스템은 30초~2분 중강도 운동에 주로 관여한다.
③ 산화적 인산화는 장시간 유산소 운동에서 에너지를 공급한다.
④ 지방산 β-산화는 저강도·지속 운동에서 중요하다.

2 ②

유산소 트레이닝은 심장의 구조적·기능적 변화(1회 박출량↑), 근육의 모세혈관 밀도↑, 미토콘드리아 밀도↑ 등을 유발한다. 최대심박수는 오히려 낮아진다.

3 ①

빠른 회복기에는 고갈된 크레아틴인산(PCr)이 재합성되고, 느린 회복기에는 젖산 제거와 체온 회복이 포함된다. 이는 EPOC의 대표적 특징이다.

4 ②

ATP는 액틴-미오신의 결합을 끊는 역할을 하여 수축 주기를 가능하게 한다.

오답풀이

① Ca^{2+}는 트로포닌에 결합한다.
③ 트로포닌은 조절 단백질이며, 트로포마이오신이 차단 단백질이다.
④ 액틴은 얇은 필라멘트다.

5 ②

교감신경 활성화는 심박수 증가, 혈중 포도당 증가, 동공 확대를 유도한다. 소화기 혈류는 감소한다.

6 ②

무산소 해당과정에서 포도당 1분자는 순수하게 2ATP를 생성한다. 총 4ATP가 만들어지지만 2ATP가 소모되기 때문이다.

오답풀이 ❶
③ 총 생성량 4ATP를 순수 생산으로 오인한 것이다.
④ 36ATP는 산화적 인산화 결과다.

7 ②

운동 중 정맥 환류의 증가와 좌심실 수축력의 향상, 그리고 프랭크–스탈링 기전이 동시에 작용하여 1회 박출량(SV)이 증가한다.
운동 시 근육 펌프와 호흡 펌프 작용으로 정맥 환류가 증가하고, 교감신경 자극으로 좌심실 수축력이 강해지며, 이로 인해 말기이완기용적(EDV)이 증가하면서 더 큰 혈액량이 박출된다.

오답풀이 ❶
ⓒ ESV(말기수축기용적)은 오히려 감소한다. 수축력이 강해지기 때문에 수축 후 남은 혈액량은 줄어든다. ESV 증가는 심근 수축력 약화 시 나타나는 반대 현상이다.

8 ①

Type II 섬유는 피로 저항성이 낮고, 수축 속도가 빠르며, 해당 효소 활성이 높다. 산화 효소 활성은 낮다.

9 ③

③ 혈중 CO_2 증가, pH 감소, 체온 상승은 해리곡선을 우측으로 이동시키며 조직으로 산소 방출을 용이하게 한다(보어 효과).

오답풀이 ❶
① 체온 감소는 좌측 이동이다.
② pH 증가는 좌측 이동이다.
④ 산소 친화력 증가도 좌측 이동이다.

10 ①

심박출량은 1회 박출량 × 심박수이며, 안정 시 평균 약 5L/min이다.

11 ②

골격근 수축 시 I대는 짧아지고, A대는 길이가 변하지 않으며, 근절 전체 길이는 짧아진다.

오답풀이 ❶
ⓔ 액틴과 미오신의 길이는 변하지 않는다.

12 ②

유산소 트레이닝은 좌심실 용적, 미토콘드리아 밀도, 모세혈관 밀도 증가를 유발한다.

오답풀이 ❶
ⓒ 최대심박수는 오히려 감소하는 경향이 있다.

13 ①

순간적 에너지 시스템은 ATP–PC 시스템이며, 여기서 PCr(인산크레아틴)을 분해하여 ATP를 빠르게 재합성한다. 역도, 20m 달리기, 점프 동작 등에 활용된다.

오답풀이 ❶
② 젖산 시스템은 30초~2분 고강도 운동에서 주로 작용한다.
③ 해당과정은 포도당이나 글리코겐 분해를 통한 ATP 생성이지만 '순간적'은 아니다.
④ 산화적 인산화는 장시간 유산소 운동에서 작동한다.

14 ①

근방추는 근육 길이 변화를, 골지건기관은 근육–건 접합부 장력 변화를 감지한다. 두 수용기는 각각 스트레칭 반사와 억제 반사 기전에 관여한다.

15 ①

교감신경 활성화 시 심박수와 혈중 포도당은 증가한다.

오답풀이 ❶
ⓒ 동공은 확대된다.
ⓔ 소화기 혈류는 감소한다.

16 ①

체온 상승, pH 감소, CO_2 증가 등은 산소-헤모글로빈 해리곡선을 우측으로 이동시키며, 이를 보어 효과(Bohr effect)라고 한다. 조직으로 산소가 쉽게 방출된다.

오답풀이
② 체온 하강은 좌측 이동을 유발한다.
③ 할데인 효과는 CO_2 운반 관련 현상이다.

17 ①

젖산 시스템은 무산소 해당과정의 최종 산물이 젖산이고, 30초~2분 지속되는 고강도 운동에서 주로 사용되며, 산소 없이 작동한다.

오답풀이
④ 36ATP 생성은 산화적 인산화의 특징으로 잘못되었다.

18 ①

운동 시 심박출량은 증가하여 산소 운반 능력이 높아지고, 뇌혈류는 일정하게 유지되어 뇌 기능이 안정적으로 유지된다.

오답풀이
② 골격근 혈류는 증가한다.
③ 피부혈류는 체온 조절을 위해 증가하기도 한다.
④ 신장혈류는 감소하지, 일정하게 유지되지 않는다.

19 ①

Type I 근섬유는 산화 효소 활성이 높고, 피로 저항성이 높으며, 미토콘드리아 밀도가 높다. 수축 속도는 느리다.

오답풀이
ⓒ 수축 속도가 빠른 것은 속근(Type II)의 특징이다.

20 ①

근수축 과정에서 활동전위(action potential)가 T-세관(T-tubule)을 따라 전달되면, 전기 자극이 근형질세망(Sarcoplasmic Reticulum)을 자극해 칼슘 이온(Ca^{2+})을 방출한다. 이 칼슘은 트로포닌(troponin)에 결합하여 트로포마이오신의 위치를 이동시켜 액틴 필라멘트의 결합 부위를 노출시킨다. 그 결과 마이오신 머리가 액틴과 결합해 근수축이 발생한다.

운동역학
P.390

1	2	3	4	5	6	7	8	9	10
③	③	①	④	③	②	①	②	③	④
11	12	13	14	15	16	17	18	19	20
③	②	②	④	①	②	③	③	③	③

1 ③

운동역학은 기술 향상, 손상 예방, 수행력 향상이 주요 목적이다. 에너지 대사 경로의 진단은 운동생리학의 영역이다.

오답풀이
①, ④는 수행 능력 향상과 관련된 목표다.
② 손상 예방 역시 운동역학이 추구하는 목적이다.

2 ③

정성적 분석은 장비 없이 관찰과 코칭만으로 가능하며 수치화된 자료는 필수적이지 않다.

오답풀이
① 현장에서 즉각적 피드백이 가능하다.
② 관찰자의 주관이 개입될 수 있다는 점이다.
④ 기술 향상을 목적으로 한다는 설명이다.

3 ①

① 전단응력은 면과 평행하게 작용한다. 따라서 수직으로 작용한다고 한 설명은 틀리다.

4 ④

항속 구간은 30m이고, 소요 시간은 15초이므로 평균속도는 2.00m/s이다.

5 ③

착지 전 속도가 같으면 운동량 변화도 같고 충격량도 동일하다. 부드러운 착지는 접촉시간을 늘려 피크 힘을 줄일 뿐이다.

> **오답풀이** ❶
> ① 충격량은 동일하다.
> ② 뻣뻣한 착지에서는 피크 힘이 더 크다.
> ④ 같은 조건에서는 착지 전 속도는 동일하다.

6 ②

토크는 힘과 모멘트암의 곱이며 외력이 분절에 수직으로 작용할 때 모멘트암이 최대가 된다.

> **오답풀이** ❶
> ⓒ 관절각이 작아지면 모멘트암은 줄어드는 경우가 많다.

7 ①

정적 안정성은 기저면을 넓히고 무게중심을 낮출수록 커진다.

8 ②

최고 높이는 $h = v^2 \div 2g = 100 \div 19.6 \approx 5.1m$이다. 질량은 상쇄된다.

9 ③

선속도는 $v = r \times \omega = 0.40 \times 3\pi = 1.2\pi \approx 3.77 m/s$이다.

10 ④

운동마찰계수는 정지마찰계수보다 작다. 따라서 항상 크다고 한 설명은 틀리다.

> **오답풀이** ❶
> ① 최대 정지마찰력은 운동마찰력보다 크다.
> ② $F=\mu N$은 마찰력의 기본식이다.
> ③ 마찰력은 접촉면과 평행하게 작용한다.

11 ③

토크는 힘과 모멘트암의 곱이다. 질량과 가속도의 곱은 힘, 힘과 변위는 일, 운동량의 시간 변화는 힘에 해당한다.

> **오답풀이** ❶
> ① 뉴턴의 제2법칙이다.
> ② 일의 정의다.
> ④ 충격량과 관련된 개념이다.

12 ②

무게중심이 높을수록 안정성이 커진다고 한 설명은 틀리다. 무게중심이 낮을수록 안정성이 증가한다.

13 ②

속력은 크기만 가진 스칼라량이다. 크기와 방향을 가지는 벡터는 속도다.

14 ④

일은 힘×변위×cosθ이다. 힘 20N, 변위 5m, cosθ=1이므로 일은 100J이다.

15 ①

토크(Torque)는 힘 × 모멘트팔로 정의된다. 따라서 근육이 더 큰 힘을 내거나, 회전축에서 작용점까지의 모멘트팔이 길어질수록 토크는 커진다. 예를 들어, 팔꿈치를 구부릴 때 같은 근력이더라도 팔을 길게 뻗은 상태에서 들면 더 큰 토크가 발생한다. 이는 회전운동의 효율을 결정하는 핵심 요인이다.

> **오답풀이** ❶
> ⓒ 관성모멘트를 작게 하는 것은 회전 속도에는 영향을 줄 수 있지만, 토크의 크기를 직접적으로 증가시키지는 않는다. 관성모멘트는 회전저항의 개념이다.
> ⓔ 근육의 길이를 줄이는 것은 근육의 생리학적 작용 범위를 바꾸는 것일 뿐, 토크 자체를 증가시키는 물리적 요인은 아니다.

16 ②

다이빙 동작에서 몸을 펴면 신체 길이가 늘어나 관성모멘트가 커진다.

17 ③
팔꿈치 관절은 제3종 지레이다. 근력이 짧은 팔에 작용하고 하중은 먼 쪽에 위치한다.

18 ③
탄성 충돌은 운동량과 운동에너지가 모두 보존되는 충돌이다.

> **오답풀이**
> ① 비탄성 충돌의 특징이다.
> ② 운동에너지만 보존되고 운동량이 손실되는 경우는 없다.
> ④ 운동량과 에너지가 모두 손실되는 경우는 없다.

19 ③
체중 중심은 신체의 자세에 따라 변한다. 항상 배꼽 부근에 고정된다는 설명은 틀리다.

> **오답풀이**
> ① 체중 중심은 신체 각 분절의 질량 중심을 종합한 지점이다.
> ② 자세에 따라 위치가 달라질 수 있다.
> ④ 운동 분석에서 기준점으로 활용된다.

20 ③
가속도는 $F/m = 10/2 = 5m/s^2$이다. 5초 동안 속력은 $5 \times 5 = 25m/s$가 된다.

스포츠윤리 P.393

1	2	3	4	5	6	7	8	9	10
③	④	④	①	②	①	②	③	②	③
11	12	13	14	15	16	17	18	19	20
①	④	③	②	①	③	③	④	②	④

1 ③
윤리는 개인뿐만 아니라 사회 내에서 지켜야 할 강제적 규범으로, 내면적 규범에만 한정되지 않는다.

2 ④
㉠은 민감성이 아니라 품성화에 해당하는 설명이므로 잘못되었다.

3 ④
칸트는 목적론적 윤리가 아닌 의무론적 윤리를 주장하였다. 목적론적 윤리는 결과에 따른 윤리적 판단을 강조한다.

> **오답풀이**
> ① 존 롤스: 정의로운 사회를 위해 공정성의 원칙에 따라 의무를 수행하는 의무론적 윤리를 주장했다.
> ② 피터 싱어: 모든 생명체의 이익을 동등하게 고려하는 결과주의적 윤리를 주장했다.
> ③ 제레미 벤담: 쾌락의 양을 계산하여 최대의 쾌락을 목표로 하는 공리주의를 제시했다.

4 ①
칸트는 결과가 아니라 행위 자체의 도덕 법칙 준수를 중시한 의무론적 윤리 대표 학자이다.

5 ②
수오지심, 측은지심, 사양지심, 시비지심의 사단(四端)은 맹자의 핵심 사상이다.

6 ①

㉠ 아곤 – 승리를 위한 투쟁
㉡ 파토스 – 감정 호소
㉢ 아레테 – 탁월성
㉣ 에토스 – 도덕적 성품, 권위

7 ②

① 스포츠맨십: 규칙 준수는 물론, 스포츠인으로서 존중과 배려를 중시하는 태도
③ 승리지상주의: 승리를 절대적 가치로 두고 과정보다 결과를 우선하는 태도
④ 경쟁윤리: 경쟁 속에서 노력과 실력을 통해 우열을 가리는 윤리

8 ③

사례1 – 경기 성립을 위한 기본 조건 = 구성적 규칙
사례2 – 경기 중 상황 조정 = 규제적 규칙

9 ②

역사적 전통은 여성 중심 권력 강화가 아니라, 남성 중심 권력과 관행이 강화된 것을 의미한다.

10 ③

성인지 감수성은 성별 간의 차이와 불평등을 인지하고, 일상생활 속에서 드러나는 성차별적 요소를 민감하게 감지하며 이에 적절히 대응하려는 능력과 태도를 의미한다.

11 ①

〈보기〉는 특정 인종과 범죄를 연결 짓는 인종 프로파일링에 대한 설명이다.

12 ④

차별은 개인의 능력 부족이 아니라 사회적 인식, 제도, 시설적 요인에서 기인한다.

13 ③

시설환경은 혼합환경이 아니라 완전히 인공적으로 조성된 환경에서 스포츠가 이루어진다.

14 ②

〈보기〉의 내용은 알버트 슈바이처가 주장한 생명중심주의의 내용이다.

오답풀이

① 가이아 이론(제임스 러브록): 지구는 하나의 생명체처럼 작동함을 주장하며 생태중심주의 이론이다.
③ 심층 생태학(아렌 네스): 모든 생명체는 고유한 가치를 지니며, 자연 착취를 반대하는 이론이다.
④ 책임 윤리(한스 요나스): 미래 세대와 자연에 대한 책임 강조한 이론이다.

15 ①

㉠ 도구적 폭력: 특정 목적을 달성하기 위해 이익이나 경기 결과를 얻기 위한 도구로 사용되는 폭력이다.
㉡ 구조적 폭력: 명시적인 폭력이 아닌, 사회구조나 제도를 통해 발생하는 억압에 의해 발생하는 폭력이다.
㉢ 개인적 폭력: 분노나 좌절을 해소하기 위해 상대방에게 고통을 가하는 것이 목적이다.

16 ③

한나 아렌트(H. Arend)는 폭력이 지속되면 정당화·습관화되어 악의 평범성으로 이어진다고 보았다.

17 ③

혈액 도핑은 자가 수혈·EPO 주사를 통해 적혈구 수를 증가시켜 산소 운반 능력을 높이는 방식이지, 단순 수분 섭취가 아니다.

18 ④

- 긍정적 영향에는 경기력 극대화, 부상 예방 및 재활, 데이터 기반 훈련, 장애인 스포츠 활성화, 정확한 경기 분석, 경기 장비 성능 개선, 편파판정 최소화 등이 있다.
- 부정적 영향에는 기술 의존 증가, 부작용 가능성, 비용 부담, 훈련 및 경기 방식 변경, 기술 남용 위험, 과학적 오류 등이 있다.

19 ②

학생 B가 언급한 튜터링 지원은 학습권 보장을 위한 개인 맞춤형 학습 지원에 해당한다.

20 ④

윤리적 객관주의는 도덕 원리를 보편적·객관적으로 타당하다고 보는 입장이므로 설명이 틀렸다.

감 익히는 모의고사 2회

스포츠사회학   P.398

1	2	3	4	5	6	7	8	9	10
②	①	③	③	①	④	②	④	①	②
11	12	13	14	15	16	17	18	19	20
③	①	②	②	④	①	①	③	③	④

1 ②
스포츠 상황에서 인간의 행동과 그 심리적 원인을 분석하는 것은 스포츠심리학의 영역이다.

2 ①
스포츠가 사회적 갈등을 조장하는 것은 스포츠의 역기능에 해당한다.

오답풀이

②, ③, ④ 스포츠의 순기능에 해당한다.

3 ③
스포츠의 순기능은 문화 교류, 건강 증진, 사회 통합 등이다.

오답풀이

ⓔ은 오히려 갈등을 조장하는 역기능이다.

4 ③
스포츠와 정치의 결합은 상징적이거나 메시지를 전달하는 방식으로 이루어지지만, 경기 조작은 그 결합의 부정적 사례이다.

5 ①
국가대표팀의 성과가 국가 이미지와 자부심, 그리고 브랜드 가치로 이어지며, 이러한 승리는 곧 대외 홍보와 관광, 수출 이미지 제고로 연결된다. 성과를 국가 브랜딩에 직결시키는 점에서 '대표성'이 가장 적절하다.

오답풀이

② 상호의존성: 스포츠는 국가와 제도가 서로 의지하며 국위 선양에 쓰인다.
③ 보수성: 스포츠는 기존 사회 질서와 권력을 지키고 변화를 억제한다.
④ 권력투쟁: 스포츠는 정치적 이익과 권력 다툼의 도구가 된다.

6 ④
㉠ 스포츠 구조 변화: 경기 규칙·시간 조정, 리그 체계 변화 등과 같은 운영 방식의 변화
㉡ 스포츠 목적 변화: 상업적 이익, 스타 선수의 상품화, 국가 이미지 활용 등
㉢ 스포츠 내용 변화: 미디어와 연계, 광고·흥행 중심, 콘텐츠 확장 등

7 ②
럭셔리 택스는 구단이 샐러리 캡을 초과했을 때 부과되는 벌금이다.

오답풀이

① 트레이드: 선수 교환을 통해 팀 전력 강화 및 재정 균형을 맞추는 제도이다.
③ 웨이버 조항: 팀이 선수를 공개해 다른 팀이 영입할 수 있도록 하는 절차이다.
④ 스폰서십: 기업이 팀이나 리그를 후원하며 자금을 지원한다.

8 ④
㉠ 외부와 단절된 독자 운영 → 섬 문화
㉡ 지도자의 절대 권위 → 군사주의 문화
㉢ 승리와 성적 최우선, 혹독한 훈련 → 승리지상주의 문화
㉣ 선수를 도구화, 무리한 훈련 → 신체 소유 문화

9 ①
㉠ 인지적 욕구: 경기 기록·통계 등 지식 습득
㉡ 도피적 욕구: 스트레스 해소, 현실 회피
㉢ 통합적 욕구: 공동 응원, 소속감·공동체 의식
㉣ 정의적 욕구: 즐거움, 흥분, 관심, 애착

10 ②
투민(M. Tumin)의 이론에서 지위 서열화는 직업이나 사회적 지위의 중요도에 따라 사회적으로 서열을 매기는 것을 의미한다.

11 ③
〈보기〉에서 청년 선수 개인이 이동의 주체라는 점에서 개인적 이동이다. 또한, 농촌에서 도시로 이주하며 지위가 상승했으므로 수직적 이동에 해당한다.

12 ①
빈칸에 들어갈 용어는 스포츠로부터의 탈사회화로, 스포츠 활동을 중단하거나 은퇴하는 과정을 의미한다.

13 ②
인지적 참가는 스포츠에 대한 지식과 정보를 습득하고 분석하는 참가 유형을 의미한다.

14 ②
코클리(J. Coakley)가 제시한 일탈적 과잉 동조 요인은 구분 짓기, 인내, 몰입, 도전 규범이다.

15 ④
중화이론은 개인이 죄책감을 완화하기 위해 정당화 논리를 사용하는 것을 의미한다.

16 ①
㉠(불명예 행위)과 ㉣(스포츠맨십 결여)은 윤리적 일탈이다.

오답풀이 ❶
㉡은 구조적 일탈, ㉢은 공격적 일탈이다.

17 ①
관중은 대규모 집단 속에서 개인의 익명성이 커지고, 책임감이 줄어드는 현상이 발생한다. 또한, 패배나 심판 판정에 대한 불만, 경기 결과에 따른 감정적 반응이 관중폭력의 주요 원인으로 작용한다.

18 ③
지역 내 부동산 가격과 물가의 상승은 부정적 효과에 해당한다.

19 ③
〈보기〉는 미디어와 통신 기술의 확장과 관련한 내용이다. 미디어와 통신 기술의 확장은 디지털 미디어 성장, 시청 몰입 기술 발전, 스포츠 중계 기술 등을 예로 들 수 있다.

20 ④
㉠ 사회적 통합 지양이 아닌 사회적 통합을 촉진하는 이점을 가진다.

스포츠교육학   P.402

1	2	3	4	5	6	7	8	9	10
①	④	③	①	②	①	②	③	①	③
11	12	13	14	15	16	17	18	19	20
③	②	③	④	③	①	②	②	③	①

1 ①

STAD는 팀 협동과 개인 향상점수를 결합한다.

> 오답풀이 ❶
> ② TAI는 개별화·팀보상 혼합(수학에서 유래)
> ③ 직소는 전문가 집단-원 집단 구조
> ④ TGT는 팀 간 토너먼트 게임을 활용

2 ④

체육 지도자는 학습권 보장과 도핑 방지 교육, 시설 관리 등을 수행하지만, 예산 집행은 학교 행정의 역할이다.

3 ③

스포츠교육 학습자의 역할에는 스포츠 활동에 직접 참여하고, 성취 목표를 설정하며, 자기 피드백을 통해 성장하는 것이 포함된다.
팀 구성과 운영은 스포츠교육 지도자나 행정가의 역할에 가깝다.

4 ①

19세기 후반에는 신체 활동이 철학적으로 확장되어 전인적 발달을 위한 교육이 이루어졌다.

5 ②

학교의 장은 학생 선수의 훈련과 지도를 위하여 학교 운동부에 지도자를 둘 수 있으며, 국가는 학교 운동부 지도자의 자질 향상 및 전문성 강화를 위하여 연수 교육 계획을 수립하고, 이를 실시하여야 한다.

6 ①

상시 안전관리(장비·공간 점검), 자격 있는 지도자 배치, 응급 대응, 문서화가 원칙이다.

7 ②

창의적 체육 수업은 학생의 흥미와 적성에 맞는 활동을 설계하여 자율성과 동기를 유도한다.

8 ③

유소년 스포츠는 신체적, 인지적 발달과 사회적 관계 형성을 목표로 하지만, 전문선수 양성은 주요 목적이 아니다.

9 ①

법·정책은 학생선수의 학습권·인권 보호, 무리한 합숙 자제, 지도자 연수·전문성 제고를 강조한다.

10 ③

존 듀이는 신체적 발달뿐만 아니라 교육을 통해 신체를 활용한 전인적 발달을 중시하였습니다.

11 ③

특정 학생을 상시 관찰자로 고정하는 것은 참여권을 침해할 수 있다. 나머지는 참여·안전 확대 전략이다.

12 ②

학습자 중심의 교육은 스포츠교육자의 모든 활동의 근간이 되며, 학습자의 성장을 목표로 해야 한다.

13 ③

Rink의 내용발달은 정보(단서) → 확대(난이도↑) → 세련(질 개선) → 적용(전이)의 순으로 제시한다.

14 ④

「국민체육진흥법」은 생활체육과 전문체육, 스포츠 정책 개발 및 평가에 초점을 둔다.

15 ③

검사-재검사 상관은 신뢰도의 한 방법이다. 객관도는 채점자 간 일치, 채점 규칙의 명확성과 관련된다.

16 ①

사건표집은 중요한 사건을 발생 시마다 기술한다.

오답풀이 ❶
② 시간표집은 일정 간격으로 상태를 표집한다.
③ 평정척도는 질적 수준 평정이다.
④ 체크리스트는 있음/없음 확인에 가깝다.

17 ②

학교체육 프로그램은 체육 수업과 같은 정규 교과 활동과 방과 후 스포츠 클럽, 교내 대회 등 비교과 활동으로 나뉜다.

18 ②

학교 체육 프로그램은 체육 수업과 같은 정규 교과활동과 방과 후 스포츠 클럽, 교내 대회 등 비교과활동으로 나뉩니다.

19 ③

비교과 활동은 자발적으로 이루어지는 방과 후 활동이나 대회를 포함한다.

오답풀이 ❶
정규 체육 수업은 교과 활동에 속합니다.

20 ①

사전학습을 통해 전개·설명 시간을 줄이고, 수업 중 적용·코칭·피드백을 강화할 수 있다.

스포츠심리학 P.405

1	2	3	4	5	6	7	8	9	10
②	③	④	①	①	③	②	④	②	②
11	12	13	14	15	16	17	18	19	20
①	②	④	②	②	④	③	①	③	④

1 ②

㉠, ㉡, ㉢은 모두 스포츠심리학의 특징에 해당한다.

오답풀이 ❶
㉣은 스포츠행정·체육시설학과 관련된 내용이므로 제외된다.

2 ③

개방회로이론은 피드백 없이 빠르게 동작을 수행한다.

오답풀이 ❶
② 폐쇄회로이론은 피드백을 통해 수정 혹은 조절하는 이론이다.

3 ④

스트룹 효과는 시각적 단어 정보와 색상 정보가 불일치할 때 반응 시간이 지연되는 현상이다.

4 ①

인지 단계 → 연합 단계 → 자동화 단계로 이어지는 피츠(Fitts)와 포스너(Posner) 3단계 모델을 설명하고 있다.

5 ①

- 전습법: 전체 동작을 통째로 연습하는 방법이다.
- 계열 연습: 여러 기술을 일정한 순서로 반복하는 방식이다.
- 무선연습: 여러 가지 기술이나 동작을 무작위로 혼합하여 연습이다.
- 집중연습: 짧은 시간에 휴식 없이 몰아서 같은 기술 반복하는 방식이다.

6 ③

<보기>는 행동의 결과에 대한 정보로, 목표에 얼마나 가까운지에 대한 피드백을 제공하는 결과 지식(KR)을 설명하고 있다. 수행 지식(KP)은 행동의 수행 과정에 대한 정보로, 움직임이나 기술 자체가 어떻게 수행되었는지에 대한 피드백을 제공한다.

7 ②

성별에 따른 성격 차이는 크지 않으므로 ⓒ은 틀리다.

8 ④

웨이스(Wegner)와 아모로스(Amoros)의 스포츠 재미 이론은 사회적 상호작용, 기술적 숙련, 감각적 경험, 성과와 인정, 자율성 등이 재미를 형성한다고 본다.

9 ②

BAI(Beck Anxiety Inventory)는 일상적 불안 증상을 자기보고식으로 평가하는 척도이다.

10 ②

㉠ 점진적 이완 기법과 ㉣ 바이오피드백은 생리적 기법이다.

오답풀이 ❶

ⓒ 인지 재구성, ⓒ 체계적 둔감화는 인지적 기법으로 본다.

11 ①

코치와 팀원의 인정은 관계성, 새로운 기술을 배우며 느낀 성장은 유능감, 경기 참여 선택은 자율성에 해당한다.

12 ②

윤서는 내적·안정적·통제 불가능(능력), 재은이는 내적·불안정적·통제 가능(노력), 오준이는 외적·안정적·통제 불가능(과제 난이도)에 해당한다.

13 ④

대리 경험은 타인의 성공을 보며 자신의 가능성을 믿게 되는 것이다.

14 ②

ⓒ은 넓은-외적 집중에 해당한다.

15 ②

개인 요인에는 개인 성향·만족도·개인차, 리더십 요인에는 리더십 스타일·리더 행동, 팀 요인에는 팀 목표·승부욕 등이 포함된다.

16 ④

불편하거나 부담되는 자극(추가 훈련)을 없앰으로써 바람직한 행동(좋은 성과)을 강화시키는 것은 부적 강화에 해당한다. 또한, 긍정적 자극(경기 참가 기회)을 없앰으로써 바람직하지 않은 행동(잡담)을 줄이는 것은 부적 처벌에 해당한다.

17 ③

수단적 공격은 목표 달성을 위해 공격이 도구로 사용되는 것이며, 단순 분노 표출은 적대적 공격에 해당한다.

18 ①

② LEQ: 일주일 동안의 운동량을 평가하는 여가 시간 운동 설문지이다.
③ PANAS: 현재 감정 상태를 20개 문항으로 평가하는 척도이다.
④ BRUMS: 운동 전후의 짧은 시간 내에 기분 변화를 측정하는 POMS 축소 버전이다.

19 ③

<보기>는 계획된 행동 이론(TPB)이다. 합리적 행동 이론(TRA)은 태도 + 주관적 규범→ 행동 의도→ 행동으로 구성되며, 사람이 합리적으로 사고해 자신의 태도와 주변의 사회적 압력을 고려하여 행동을 결정한다고 보는 것이다.

20 ④

내담자의 기본적인 권리와 존엄성을 존중해야 한다.

한국체육사　　　　P.409

1	2	3	4	5	6	7	8	9	10
②	①	①	③	②	③	①	③	②	④
11	12	13	14	15	16	17	18	19	20
②	②	②	①	①	④	③	②	③	②

1　　　　②
삼국시대의 체육은 군사적 성격이 강했으며, 무예 중심 활동을 통해 국가의 국방력을 강화하는 목적을 지녔다. 활쏘기, 마상무예, 격구 등은 전투 훈련과 직결되었다.

2　　　　①
고구려의 경당은 청소년들에게 활쏘기와 기마술 같은 군사적 기술을 가르쳤다. 이는 병농일치 체제 속에서 군사력을 유지하기 위한 중요한 수단이었다. 따라서 경당은 문무겸전 교육 기관의 성격을 지녔다.

3　　　　①
㉠ 삼국시대는 공동체 결속과 군사 목적이 강조되었다.
㉡ 고려시대는 귀족적 오락과 군사 훈련적 성격을 지녔다.
㉢ 일제강점기는 식민지 통치를 위해 황국신민화와 군사 체력 양성을 목적으로 체육 활동이 이루어졌다.

4　　　　③
고구려에서 기마술은 매우 중요한 신체 활동이었으며, 벽화에서도 이를 확인할 수 있다.

5　　　　②
고구려 경당은 서민을 위한 사립 미성년 교육 기관으로, 활쏘기, 궁술, 기마술 등의 신체 활동이 주로 행해졌다.

6　　　　③
도판희는 널판 위에서 뛰는 놀이이다.

7　　　　①
수박희는 맨손 격투기 형태의 활동으로, 병사들의 전투력과 체력을 강화하는 수단으로 활용되었다. 이는 단순한 민속놀이가 아니라 군사적 목적과 연결된 체육활동이었다.

8　　　　③
고려시대 무예 체육에서는 군사적 기술이 중시되어 궁술이 매우 중요한 요소였다.

9　　　　②
활인심방은 심신의 건강과 장수를 위한 도인법적 신체 수련서이다. 이는 군사적 무예와 달리 건강과 자기 수양에 초점을 맞춘 조선의 체육사상이다.

10　　　　④
• 성균관은 조선시대 최고의 국립 교육 기관으로, 덕(德)을 함양하기 위한 교육을 중점으로 한다.
• 성균관에서는 궁술이 교육 목표 중 하나였으며, 육일각(六一閣)에서 대사례라는 의례를 거행하여 임금과 신하가 함께 예의를 다졌다.

11　　　　②
궁술은 귀족뿐 아니라 일반 백성에게도 널리 행해졌으며, 대중적인 체육 활동으로 인정받았다.

12　　　　②
개화기 학교 체육은 군사적 목적을 가진 병식체조를 중심으로 운영되었다. 이는 신체 단련과 군사 훈련을 동시에 충족하기 위한 것이었다. 이후 점차 구기 스포츠가 도입되었다.

13　　　　②
조선시대 서민들은 씨름과 같은 신체 활동을 즐겼다.

14   ①

개화기 초기 학교체육에서는 주로 병식 체조가 강조되었다. 축구나 야구와 같은 스포츠는 이후에 보급되었다.

15   ①

배재학당은 1885년에 미국 선교사 아펜젤러(H.G. Appenzeller)에 의해 설립된 학교로, 개화기 대표적인 근대 교육 기관이다. 이는 선교사 주도의 교육 기관으로, 민간 주도의 순수 사립 학교로 보기는 어렵다.

16   ④

1986 서울 아시안게임은 1988 서울 올림픽을 준비하는 시험 무대였다. 이를 통해 국제대회 운영 경험을 축적했고, 한국의 대형 스포츠 이벤트 개최 능력을 입증했다.

17   ③

조선 교육령하에서 체육은 민족주의 운동을 장려하는 도구가 아닌, 민족주의 억압과 일본 제국주의 정책을 강화하는 수단으로 활용되었다.

18   ②

1948년 제14회 런던 올림픽에 'KOREA'라는 이름으로 최초로 참가하였다.

19   ③

프로축구는 1983년 출범하여 프로야구와 함께 한국 프로스포츠 시대를 열었다. 이는 한국인의 생활 문화 속에 스포츠가 깊이 자리 잡는 계기가 되었다.

20   ②

건민주의에 대한 설명이다. 건민주의는 부강한 국가를 위해 건전한 국민성을 먼저 길러야 한다는 신념 체계에서 비롯되었다.

운동생리학   P.412

1	2	3	4	5	6	7	8	9	10
④	②	①	②	②	①	①	①	①	②
11	12	13	14	15	16	17	18	19	20
③	①	③	④	③	④	①	①	②	①

1   ④

EPOC에 영향을 주는 요인은 체온 상승, 젖산 제거, 호르몬 회복, 심폐 기능 정상화 등이다. 크레아틴인산은 운동 중 고갈되며, 증가가 아닌 회복 과정에서 재합성되므로 직접 요인이 아니다.

오답풀이

① 체온 상승은 산소 소비 증가에 기여한다.
② 젖산 축적은 제거 과정에서 산소 요구량을 높인다.
③ 지방산 농도 증가는 대사 활성 증가로 이어져 산소 소비를 촉진한다.

2   ②

유산소 트레이닝은 1회 박출량, 모세혈관 밀도, 미토콘드리아 밀도를 증가시킨다.

오답풀이

㉡ 최대심박수는 오히려 감소한다.

3   ①

헤모글로빈은 혈액 내 산소 운반 단백질이며, 마이오글로빈은 근육 내 산소 저장 단백질이다.

4   ②

ATP는 미오신과 액틴의 결합을 끊는 역할을 한다. 결합 해리 후 ATP가 가수분해되면서 힘 행위가 발생한다.

오답풀이

① Ca^{2+}는 트로포닌에 결합한다.
③ 트로포닌은 조절 단백질이며, 차단 단백질은 트로포마이오신이다.
④ 액틴은 얇은 필라멘트다.

5 ②

교감신경 활성화는 심박수 증가, 혈중 포도당 증가, 동공 확대를 유도한다.

오답풀이

ⓒ 소화기 혈류는 감소한다.

6 ①

무산소 해당과정 최종 산물은 젖산이며, 산소가 충분하면 피루브산이 TCA 회로로 들어간다.

오답풀이

② 피루브산은 최종 산물이 아니므로 틀렸다.
③ β-산화는 지방산 분해다.
④ 해당과정은 이미 포도당 분해 단계다.

7 ①

Type I 근섬유는 피로 저항성이 높고, 미토콘드리아 밀도가 높으며, 산화 효소 활성이 높다.

오답풀이

ⓒ 수축 속도는 느리다. 수축 속도가 빠른 것은 Type II다.

8 ①

운동 중 혈압은 심박출량(CO)과 말초저항(TPR)에 의해 결정된다. 심박출량 증가는 수축기 혈압 상승을 유발하며, 말초혈관 수축은 저항을 높여 혈압을 더 높인다. 혈액 점도 증가 또한 흐름 저항을 높여 혈압 상승에 기여한다.

오답풀이

ⓒ 혈관 확장은 오히려 저항이 감소하는 혈압 하강 요인이다.

9 ①

운동 시 근육 혈류는 증가하고, 소화기 혈류는 감소한다. 이는 혈액 재분배의 전형적 패턴이다.

오답풀이

② 뇌 혈류는 일정하게 유지된다.
③ 피부 혈류는 체온 조절을 위해 증가한다.
④ 신장 혈류는 감소한다.

10 ②

② CO_2 증가, pH 감소는 산소-헤모글로빈 해리곡선을 우측 이동시키는 보어 효과다.

오답풀이

① 체온 감소, pH 증가는 좌측 이동을 유발한다.
③ 산소 친화력 증가도 좌측 이동이다.
④ 고산 적응 후는 적혈구 증가와 Hb 농도 변화로 곡선 자체 이동과 다르다.

11 ③

단거리 선수의 장딴지 근육은 주로 속근 섬유(Type II)로 구성되어, 빠른 수축 능력을 가지지만 피로에 쉽게 지친다.
장거리 수영 선수의 팔 근육은 주로 지근 섬유(Type I)로 구성되어, 수축 속도는 느리지만 피로 저항성이 뛰어나다.

오답풀이

① ㉠은 무산소성 운동에, ㉡은 유산소성 운동에 활용된다.
② ㉠은 ㉡에 비해 수축 속도가 빠르고 피로 저항성이 낮다.
④ ㉠은 ㉡에 비해 해당(glycolytic) 능력이 더 우수하고 에너지를 빠르게 공급한다.

12 ①

장대높이뛰기와 같은 짧고 폭발적인 운동에서는 ATP-PC 시스템(크레아틴 인산 시스템)을 주로 사용한다. 이 시스템은 빠른 속도로 ATP를 공급하지만, 지속 시간은 짧다. 이러한 운동은 주로 속근 섬유(Type II)를 사용한다.

오답풀이

② 100m 달리기는 짧고 고강도의 무산소성 운동이기 때문에, 훈련 강도는 VO_{2max}에 가까운 높은 강도로 진행되어야 한다.
③ Type II(속근 섬유)는 폭발적인 힘을 내지만 피로에 약하다. 마라톤 선수는 Type I(지근 섬유) 근섬유 비율이 높아야 장기간 유산소성 운동에 적합하다.
④ 마라톤 선수는 지속적인 지구력 운동을 위해 주로 산소 대사 시스템(유산소 시스템)을 사용한다. ATP-PC 시스템은 주로 고강도 단기 운동에서 사용된다.

13 ③

떨림은 추운 환경에서 체온을 유지하기 위해 발생하는 반응으로, 근육을 빠르게 수축시켜 열을 발생시킨다. 고온 환경에서는 체온을 낮추기 위한 반응이 나타나므로, 떨림이 발생하지 않는다.

오답풀이 ❶

① 고온 환경에서는 체온을 낮추기 위해 심장이 더 많은 혈액을 피부로 보내며, 이에 따라 심박수가 상승한다.
② 고온 환경에서는 땀을 통해 체온을 낮추는 과정이 활발해지기 때문에 땀 분비가 증가한다.
④ 고온 환경에서는 체열을 방출하기 위해 피부 혈관이 확장되어 피부로의 혈류량이 증가한다.

14 ④

저항성 운동은 무산소성 대사를 주로 사용하기 때문에 미토콘드리아의 밀도를 크게 늘릴 필요가 없다. 때문에 미토콘드리아 밀도는 오히려 감소하거나 크게 변화하지 않는다. 미토콘드리아 밀도의 증가는 주로 유산소 운동에 해당한다.

오답풀이 ❶

① 저항성 트레이닝은 주로 무산소 에너지원(글리코겐 대사 등)을 사용하므로, 무산소 대사 능력이 증가한다.
② 저항성 트레이닝을 통해 근원섬유의 수가 증가하면서 근육의 힘이 강해진다.
③ 속근 섬유(type II)의 단면적이 증가하여 더 큰 힘을 낼 수 있게 된다. 이는 주로 고강도, 저반복 운동에서 일어난다.

15 ③

에피네프린은 부신 수질에서 분비되며, 운동 강도와 시간이 증가할수록 분비량이 증가한다. 이 호르몬은 지방 분해를 촉진해 근육 내 지방산을 에너지원으로 사용할 수 있게 도와준다. 또한 혈당을 높이고 심박수를 증가시키는 등의 역할을 한다.

오답풀이 ❶

① 칼시토닌: 뼈의 칼슘 대사에 영향을 미친다.
② 코르티솔: 스트레스 호르몬으로 운동 중 분비될 수 있지만, 지방 분해에 직접적인 역할을 하기보다는 스트레스 대응에 관여한다.
④ 알도스테론: 신장에서 나트륨과 물의 재흡수를 촉진해 혈압을 조절한다.

16 ④

크레아틴인산 농도 증가는 EPOC 요인이 아니다. 오히려 운동 중 고갈된 크레아틴인산을 회복하는 과정이 산소 소비를 높인다.

오답풀이 ❶

① 체온 상승은 대사율과 산소 소비 증가를 유발한다.
② 젖산 제거는 느린 회복기의 주요 요인이다.
③ 심박수·호흡수 회복도 산소 소비를 높인다.

17 ①

수축 시 I대와 H대는 줄어들고, A대는 일정하다.

오답풀이 ❶

㉣ 액틴과 미오신 길이는 변하지 않는다.

18 ①

운동 시 체온 상승은 효소 활성을 높이는 대사효과를 낳고, 이는 산소 소비 증가로 이어진다.

오답풀이 ❶

② 보어효과는 CO_2와 pH 변화로 곡선 이동을 설명한다.
③ 젖산은 체온 상승과 직접 연관이 없다.

19 ②

동방결절(SA node)은 심장의 페이스메이커로 가장 빠른 고유박동수를 가진다.

오답풀이 ❶

① 방실결절은 전도를 지연시키는 역할이다.
③ 푸르킨예 섬유는 전도속도가 가장 빠르다.
④ 히스다발은 심방–심실을 연결한다.

20 ①

교감신경 활성화는 동공 확대, 혈중 포도당 증가, 심박수 증가, 소화기 혈류 감소를 유도한다.

오답풀이 ❶

㉢ 심박수 감소는 부교감신경 반응이다.

운동역학　　　　　　　　　　P.416

1	2	3	4	5	6	7	8	9	10
②	③	③	②	③	②	③	②	②	②
11	12	13	14	15	16	17	18	19	20
①	④	③	④	③	③	②	④	④	③

1　　　　　　　　　　　　　　　　　　　　　　　②

일(work)은 물체에 힘이 작용하여 물체가 힘의 방향으로 변위가 생길 때 정의되는 물리량으로, 힘과 변위의 곱으로 나타낸다. 힘이 아무리 커도 변위가 0이라면 일은 0이 되며, 힘의 방향과 변위가 직각이면 일도 발생하지 않는다. 따라서 일의 정확한 정의는 힘과 변위의 곱이다.

오답풀이
① 질량과 가속도의 곱은 힘의 정의다.
③ 질량과 속도의 곱은 운동량이다.
④ 가속도와 시간의 곱은 속도의 변화량에 해당하므로 일의 정의와는 전혀 다르다.

2　　　　　　　　　　　　　　　　　　　　　　　③

충격량은 힘과 작용시간의 곱이며, 이는 운동량의 변화와 같다는 것이 충격량–운동량 정리다. 하지만 "형상 힘과 속도의 곱으로 계산된다"는 설명은 잘못되었다. 속도의 곱으로 단순히 계산되는 것은 운동량이지 충격량은 아니다.

3　　　　　　　　　　　　　　　　　　　　　　　③

파워(power)는 단위 시간당 수행된 일(work)의 양으로 정의된다. 즉, 힘과 변위가 아니라 힘과 속도의 곱으로 나타낼 수 있다. 따라서 "파워는 힘과 변위를 곱한 값이다"라는 설명은 잘못된 것이다.

4　　　　　　　　　　　　　　　　　　　　　　　②

뉴턴의 제2법칙 $F = ma$를 이용하면, $a = F/m$이다. 힘이 12N이고 질량이 4kg이므로 $a = 12 \div 4 = 3m/s^2$가 된다.

5　　　　　　　　　　　　　　　　　　　　　　　③

속도–시간 그래프에서 면적은 변위를 의미한다. 면적은 시간에 속도를 곱한 값이며, 이는 곧 위치 변화의 크기를 나타내기 때문이다. 따라서 주어진 그래프에서 면적은 변위가 된다.

오답풀이
① 가속도는 속도–시간 그래프의 기울기에서 얻어진다.
② 운동량은 질량과 속도의 곱이므로 그래프 면적과는 관계가 없다.
④ 힘은 가속도와 질량을 곱해야 구할 수 있으며, 그래프의 면적에서 직접 얻을 수 없다.

6　　　　　　　　　　　　　　　　　　　　　　　②

제2종 지레는 하중이 지점과 힘 사이에 위치하는 구조이다. 이는 적은 힘으로 큰 하중을 움직일 수 있는 힘의 이점을 제공하는 지레 형태이다. 대표적인 예는 발목을 축으로 들어 올리는 까치발 동작이다.

오답풀이
① 지점이 가운데에 있는 것은 제1종 지레다.
③ 힘이 가운데에 있는 것은 제3종 지레의 특징이다.
④ 모든 지레가 속도 이점을 가지는 것은 아니며, 제2종 지레는 힘의 이점을 주는 대신 속도는 손해를 본다.

7　　　　　　　　　　　　　　　　　　　　　　　③

선운동과 각운동 사이의 관계는 $v = r\omega$라는 식으로 설명된다. 따라서 각속도에 반지름을 곱하면 선속도가 되고, 선속도를 반지름으로 나누면 각속도가 된다.

오답풀이
ⓒ 각운동량은 질량과 속도의 곱이 아니라 회전 관성과 각속도의 곱이다.

8　　　　　　　　　　　　　　　　　　　　　　　②

비탄성 충돌에서는 운동량은 보존되지만 운동에너지는 일부 손실된다. 예를 들어 자동차 충돌 사고에서 차량이 구겨지는 데 사용되는 에너지가 바로 손실된 운동에너지다.

오답풀이
① 탄성 충돌의 특징이다.
③ 현실적으로 불가능하다.
④ 운동량과 에너지가 모두 사라진다는 설명으로 물리적으로 성립하지 않는다.

9 ②

체중 중심(center of mass)은 신체 각 분절의 질량 중심을 종합하여 계산된 지점이다. 이 지점은 신체의 자세에 따라 위치가 달라질 수 있으며, 때로는 신체 바깥에도 존재할 수 있다.

오답풀이 ❶
① 항상 고정된 위치라는 설명으로 틀리다.
④ 체중 중심은 신체 바깥에도 위치할 수 있다.

10 ②

운동량은 질량과 속도의 곱으로 정의된다. 질량이 1kg이고 속도가 5m/s라면 운동량은 $1 \times 5 = 5\,kg \cdot m/s$가 된다.

11 ①

일(work)=힘×변위×$\cos(\theta)$으로 계산된다. 힘은 바벨의 무게인 1,200N이고, 변위는 바벨이 움직이지 않으므로 0m이다. 변위가 0이기 때문에 각도(θ)는 고려할 필요가 없으며, 따라서 바벨에 대한 일은 0J이다.

12 ④

충격량(impulse)은 힘과 시간의 곱으로 계산된다. 즉, 충격량=힘×시간이므로 각 경우의 충격량을 계산하면 다음과 같다.
① 70N × 2s = 140N·s
② 50N × 3s = 150N·s
③ 40N × 4s = 160N·s
④ 35N × 5s = 175N·s

13 ③

영상 분석은 주로 운동의 위치, 속도, 가속도와 같은 운동학적 변인을 분석하는 데 사용된다. 운동역학적 변인인 힘, 모멘트 등의 직접적인 측정은 일반적으로 힘 센서와 같은 추가적인 장비가 필요하다.

14 ④

스키 점프 착지 시 안정성을 증가시키기 위해서는 일반적으로 다리를 앞뒤로 벌리기보다는 양쪽으로 벌리거나 넓게 벌려서 기저면을 넓히는 것이 필요하다. 앞뒤로 교차하는 것은 중심을 불안정하게 만들어 안정성을 감소시킬 수 있다.

오답풀이 ❶
① 산에서 내려오며 등산용 스틱을 사용하면 기저면이 증가하여 안정성이 높아진다.
② 씨름에서 상대방이 옆으로 당길 때 다리를 좌우로 벌려 균형을 잡는 것은 기저면을 증가시켜 안정성을 높이는 방법이다.
③ 외줄타기 동작에서 양팔을 벌리면 중심을 잡는 데 도움이 되어 안정성이 증가한다.

15 ③

무게중심은 신체가 공중에 있을 때도 정의할 수 있으며, 두 발이 지면에 있을 때만 정의되지 않는다. 이는 공중에서의 운동이나 점프 중에도 무게중심이 존재한다는 사실과 관련이 있다.

오답풀이 ❶
① 무게중심의 위치는 각 부위의 질량과 그 분포에 따라 결정된다.
② 무게중심은 회전 운동을 할 때 회전축을 결정하는 데 중요한 역할을 하며, 이는 안정성이나 회전 방향을 결정하는 데 영향을 미친다.
④ 무게중심은 신체의 자세에 따라 변할 수 있으며, 예를 들어 몸을 기울이거나 팔을 들 때 위치가 달라질 수 있다.

16 ③

운동역학은 운동 기술의 향상, 안정성 확보, 힘의 측정 및 분석에 초점을 두는 학문이다. 반면, 에너지 대사 과정의 규명은 운동생리학의 영역이다.

오답풀이 ❶
① 운동역학은 기술 효율성을 높이기 위한 분석을 수행한다.
② 안정성 확보는 부상 예방과도 관련된 중요한 목표이다.
④ 스포츠 기술 분석과 지도 적용 역시 운동역학의 핵심 목적이다.

17 ②

각운동량 보존의 법칙은 외부 토크가 없으면 일정하다. 팔을 모으거나 tuck 자세를 취하면 관성모멘트가 줄고, 그 결과 각속도가 빨라진다.

오답풀이 ❶
ⓔ 관성모멘트가 커지면 각속도는 오히려 줄어든다.

18 ④

충격량은 곧 운동량 변화량과 동일하다. 따라서 충격량이 커지면 운동량 변화도 반드시 커진다.

19 ④

관성모멘트와 각속도는 반비례 관계다(각운동량 보존 법칙). 따라서 관성모멘트가 작아지면 각속도는 커져야 한다.

20 ③

마찰력은 수직항력에 비례하며 접촉면적과는 무관하다. 또한 최대정지마찰력은 운동마찰력보다 크고, 운동 방향의 반대 방향으로 작용한다.

오답풀이

ㄹ 마찰력은 항상 운동 방향과 반대 방향으로 작용해야 한다.

스포츠윤리 P.419

1	2	3	4	5	6	7	8	9	10
②	③	②	③	①	①	②	③	④	③
11	12	13	14	15	16	17	18	19	20
③	④	③	②	③	④	①	③	③	④

1 ②

㉠ 도덕: 양심에 기반한 개인의 행동 지침이다.
㉡ 선: 단순히 옳은 행동을 넘어, 결과적으로 모두에게 이득이 되는 행동이다.
㉢ 윤리: 개인이 속한 사회나 조직 내에서 지켜야 할 강제적인 규범이다.

2 ③

스포츠윤리는 일반윤리를 기반으로 하지만, 스포츠 상황에 특화된 독자성을 가진다.

3 ②

㉠ 존 스튜어트 밀 – 최대 행복
㉡ 존 롤스 – 정의로서의 공정성
㉢ 아리스토텔레스 – 중용
㉣ 윌리엄 데이비드 로스 – 직관적 선택

4 ③

인간의 본성을 악하다고 본 것은 순자이며, 법과 처벌을 강조한 것은 한비자이다. 맹자는 본성을 선하다고 보았다.

5 ①

아곤은 승리 지향적 투쟁과 경쟁, 우월성 과시를 뜻한다.

오답풀이

② 아레테: 탁월성 · 미덕을 강조
③ 파토스: 감정적 호소
④ 에토스: 성품 · 신뢰

6 ①

㉠, ㉢ → 경기 성립 조건 = 구성적 규칙
㉡, ㉣ → 경기 중 제재 · 상황 조정 = 규제적 규칙

7 ②

사회구조 속 불평등이 원인이라고 설명하는 것은 구조적 불평등 이론이다.

8 ③

성별 임금 격차는 평등이 아니라 불평등을 의미한다.

9 ④

2014년 브라질 월드컵에서 선수들이 바나나를 먹는 퍼포먼스를 통해 인종차별적 상징을 역으로 활용했다.

10 ③

배리어 프리는 장애인이 생활하는 데 장애물이 없도록 물리적 · 제도적 장벽을 제거하는 것이다.

11 ③

축구 경기장, 실내 체육관, 수영장 등은 완전한 인공 시설에서 이루어지므로 시설환경에 해당한다.

12 ④

린 화이트(L. White)는 인간이 자연을 도구화한 기독교적 세계관을 비판하며, 생태 파괴의 원인을 지적하였다.

13 ③

약속과 계약을 성실히 이행해야 한다는 성실(신뢰)의무에 해당한다.

14 ②

탈리오 법칙(Lex Talionis)이란 '눈에는 눈, 이에는 이'로 대표되는 동해보복법으로, 상대가 한 만큼 똑같이 되갚는 원리를 의미한다.

15 ③

지라르는 인간이 욕망을 모방하면서 경쟁과 폭력이 발생한다고 주장하였다.

16 ④

①~③은 모두 유전자 조작에 반대하는 대표적 이유이지만, ④는 오히려 찬성 측에서 주장하는 장점에 가깝다.

17 ①

㉠은 공정성, ㉡은 비리, ㉢은 윤리적 책임 문제로 분류된다.

18 ③

협동과 공정성을 배우는 환경 제공은 장 자크 루소의 주장이다.

19 ③

- 평등적 원칙: 모든 사람이 동등한 권리와 자격을 가질 수 있어야 한다는 원칙이다.
- 절차적 정의: 공정한 절차를 통해 정의를 실현하는 것이다.
- 분배적 정의: 자원을 공정하게 배분하는 것으로, 능력, 기여도, 필요에 따라 자원을 배분하는 것이 목적이다.
- 평균적 정의: 동일한 조건 아래서 동일한 보상을 주는 방식이다.
- 기회 균등 원칙: 기회 균등은 모든 개인이 동일한 기회를 제공받아야 한다는 원칙이다.

20 ④

조사와 조치는 인권침해 사건에 대해 사실 조사 및 관계 기관 협력 조치를 의미한다.

감 다지는 모의고사 3회

스포츠사회학 P.424

1	2	3	4	5	6	7	8	9	10
③	④	②	①	③	③	④	②	②	④
11	12	13	14	15	16	17	18	19	20
①	②	③	①	①	①	④	①	③	④

1 ③
포스트모더니즘은 스포츠 현상이 고정된 의미가 아닌 다양한 맥락에서 해석될 수 있다고 본다. 스포츠가 사회 시스템의 안정성과 기능성을 유지하는 데 기여한다고 보는 관점은 구조기능주의 이론에 해당한다.

2 ④
상징적 상호 작용 이론은 스포츠가 개인 간의 상호 작용을 통해 사회적 의미를 형성한다고 설명한다.

오답풀이
① 갈등 이론: 권력과 자원의 불균형이 스포츠에서도 나타나며, 상류층의 이익을 위해 스포츠를 이용한다고 보는 이론
② 페미니즘 이론: 여성의 스포츠 참여가 제한되는 구조적 문제를 고찰하는 이론
③ 구조기능주의 이론: 스포츠가 사회 시스템의 안정성과 기능성을 유지하는 데 기여한다고 보는 이론

3 ②
② 일자리 창출과 인프라 개발은 긍정적 효과이지 부정적 효과가 아니다.

4 ①
1936년 베를린 올림픽은 나치 독일이 인종 차별을 선전하는 수단으로 사용하였다.

오답풀이
② 1980년 모스크바 올림픽: 미국을 포함한 65개국이 소련의 아프가니스탄 침공에 대한 항의로 모스크바 올림픽에 참여하지 않았다.
③ 1972년 뮌헨 올림픽: 팔레스타인 무장 단체가 이스라엘 선수단을 인질로 삼아 11명을 살해한 테러 사건이 발생하였다.
④ 2002년 한일 월드컵: 한국과 일본이 공동 개최하여 아시아 축구의 위상을 높였다.

5 ③
㉠ 동일화, ㉡ 상징, ㉢ 조작의 사례에 해당한다.

6 ③
드래프트는 신인 선수를 공정하게 배분해 경쟁의 균형을 유지하기 위한 제도로, 팀들이 순서를 정해 신인 선수를 영입하는 방식이다.

오답풀이
① 샐러리 캡: 경쟁 불균형 방지를 위해 한 팀의 연봉 총액에 상한선을 설정
② 자유 계약: 계약 만료 후 자유롭게 다른 팀과 계약할 수 있는 권리
④ 우선 협상권: 구단이 계약 종료 선수와 우선 협상할 수 있는 권리

7 ④
제시된 사례는 과도한 경쟁으로 인해 학생들이 스트레스를 받고 있는 상황에 대한 설명이다.

8 ②
제시된 사례는 미디어가 스포츠에 미치는 부정적 영향 중 비인기 종목의 소외에 해당한다. 특정 종목만을 강조하는 것은 전체 스포츠 산업의 균형적인 발전을 저해할 수 있다.

9 ②
㉠ 보편성: 모든 사회에서 계층 존재
㉡ 역사성: 산업화로 계층 구조 변화
㉢ 영향성: 개인의 삶과 기회에 큰 차이

10 ④
세대 내 이동은 개인이 자신의 삶에서 경험하는 지위 이동을 의미한다.

오답풀이 ❶
수직 이동은 지위 상승(상향 이동)이나 하향 이동을 포함하고, 수평 이동은 동일한 지위를 유지하면서 위치나 장소가 바뀌는 경우이다.

11 ①
스포츠가 사회계층 이동에 미치는 긍정적 영향에는 교육 기회의 확대, 사회적 기술 습득, 직업적 기회 창출, 건전한 태도 형성 등이 포함된다. 반면, 부정적 영향에는 사회적 불평등 심화, 단기적 성공에 의존, 성공 신화의 부작용, 교육 지원의 편중, 스포츠 실패 시 복귀 어려움 등이 있다.

12 ②
수렴 이론은 비슷한 성향을 가진 사람들이 특정 상황에서 모여 집합 행동을 일으킨다고 설명하는 이론이다.

오답풀이 ❶
①은 전염 이론, ③은 부가 가치 이론, ④는 규범 생성 이론에 대한 설명이다.

13 ③
기회 이론에 따르면 일탈 기회가 많을수록 일탈 행동 발생 가능성이 높아진다.

14 ①
ⓒ, ⓔ은 미디어가 스포츠에 미치는 영향으로, ⓒ은 긍정적, ⓔ은 부정적 영향을 설명한 것이다.

15 ①
쿨 매체는 낮은 정보성을 가지고 있어 수용자의 적극적인 참여가 요구된다. 또한 감각 몰입성이 높으며 경기 진행 속도가 빠른 특성을 지닌다.

16 ①
㉠ 미디어 영향, ㉡ 정책 지원, ㉢ 가족 요인에 해당한다.

17 ④
㉠ 사회학습이론: 타인의 행동을 관찰·모방하며 규칙과 행동을 학습한다.
㉡ 구조기능이론: 스포츠가 사회 안정과 질서 유지, 통합에 기여한다.
㉢ 역할이론: 주어진 포지션과 역할에 맞는 행동을 배우고 수행한다.
㉣ 준거집단이론: 소속 집단의 규범과 규칙을 강조하며 행동을 조정한다.

18 ①
학생 A는 역기능만 강조했으나, 학생 B는 제도 개선·전략 변화와 같은 순기능을 제시하며 반박하였다.

오답풀이 ❶
② 스포츠 공정성 훼손 → 일탈의 역기능
③ 선수 건강과 안전 위협 → 일탈의 역기능
④ 팬들의 스포츠 인식 저하 → 일탈의 역기능

19 ③
㉠ 전염이론: 집합행동은 감정이 전염되듯이 퍼진다.
㉡ 수렴이론: 집합행동은 특정 상황에서 개인들이 유사한 성향을 가지고 모이게 되어 나타난다.
㉢ 규범생성이론: 집합행동은 새로운 규범이 형성되면서 발생한다.
㉣ 부가가치이론: 집합행동은 사회적, 문화적 구조적 요인들이 쌓이고 누적되어 폭발적으로 나타난다.

20 ④
학생 B의 내용은 환경과 지속 가능성에 대한 인식 변화에 대한 내용이다. 예로는 친환경 스포츠 도입, 에코 스포츠 장비 등이 있다.

스포츠교육학

P.428

1	2	3	4	5	6	7	8	9	10
④	③	③	②	④	④	②	①	①	③
11	12	13	14	15	16	17	18	19	20
②	④	④	②	①	③	②	②	④	④

1 ④
평가의 유형은 교육과정 전반에서 학습자의 상태와 성취 정도를 파악하기 위해 구분된다. 세 연결 모두 정합적이다.

2 ③
체육 시간을 줄이는 것은 학생들의 신체 활동 기회를 제한하여 건강과 체력 증진이라는 목표에 역행하기 때문에 학교체육의 주요 추진 과제로 적합하지 않다.

3 ③
진단평가는 출발점 행동 확인과 배치·집단 편성에 활용한다.

오답풀이 ❶

형성평가는 수업 중 피드백, 총괄평가는 성취 판정, 수행은 실제 과제 기반 평가를 뜻한다.

4 ②
평가의 타당도를 측정하는 방법에는 내용 타당도, 준거 타당도, 구인 타당도가 있다.

5 ④
엘리트 스포츠 선수 육성을 위한 체육 특기자 제도 확대는 엘리트 스포츠 중심의 정책으로, 소외 계층의 체육 참여 확대와는 직접적으로 관련이 없다.

오답풀이 ❶

① 행복 나눔 스포츠 교실: 소외 계층의 스포츠 접근성을 높이기 위해 마련된 프로그램

② 스포츠 강좌 이용권 사업: 경제적 취약 계층이 스포츠 강좌를 무료 또는 저렴하게 이용할 수 있도록 지원하는 정책
③ 스포츠 버스: 접근성이 낮은 지역을 대상으로 체육 활동 기회를 제공하는 소외 계층 지원 정책

6 ④
존 듀이(John Dewey)의 체육교육은 신체적 결과뿐만 아니라 지적·도덕적·사회적 발전을 모두 포함하는 포괄적인 목표를 가지고 있다.

7 ②
유소년(유아 및 아동) 스포츠 프로그램의 목적은 유아와 아동의 신체적·인지적 발달을 촉진하고, 기본적인 사회관계 형성을 돕는 데 있다.

8 ①
상호학습형은 동료 피드백, 연습형은 전 결정(교사)·중 결정(학습자), 유도발견형은 질문 통해 개념 도달이다.

오답풀이 ❶

ⓒ 자기점검형의 채점 주체는 학습자이다.

9 ①
상위 지침은 중앙(교육부) 소관이 타당하며, 학교장은 학생의 자가학습시간 확보·관리의 실행 주체다.

10 ③
놀이교육은 경쟁보다는 협동과 신체 활동에 대한 긍정적인 감정 형성을 중시하며, 팀워크 강화는 부수적인 결과이다.

11 ②
학습자의 수준에 맞는 도전 과제를 제시하면 성공 경험을 통해 자신감을 키우고, 학습 동기를 더욱 강화할 수 있다.

12 ④
팀 보상은 향상점수 등과 결합되어야 교육적이다. 성과와 무관한 보상은 동기 저하 위험이 있다.

13 ④
스포츠교육 지도자의 전문성 평가는 학습자의 성장과 만족도, 목표 달성도, 지도 방법의 다양성 등을 기준으로 이루어진다.

14 ②
구성 타당도를 위해 다양한 증거를 결합해야 한다.

15 ①
반응화에 대한 설명이다.

> 오답풀이 ❶

② 수용화: 학습자가 정보를 얻기 위해 주의 깊게 보고 듣는 능력
③ 가치화: 특정 활동이나 상황의 중요성을 평가하고, 그 가치를 판단할 수 있는 능력
④ 인격화: 학습자가 내면화한 가치를 실생활에서 행동으로 실천하는 능력

16 ③
스포츠교육의 주요 대상은 특정 연령대나 특정 계층에 국한되지 않으며, 전 연령대에 걸친 학습자를 대상으로 한다.

17 ②
사건표집은 사건 중심 질적 기록, 시간표집은 일정 간격의 상태 추이를 제공해 상호 보완적이다.

> 오답풀이 ❶

평정척도와 체크리스트는 수준/유무 확인에 적합하다.

18 ②
처방적 피드백은 어떻게 수정할지를 제시한다. ①은 결과(KP), ③은 수행 서술(descriptive), ④는 메타인지 유도다.

19 ④
국가와 지방 자치 단체는 민간의 체육 시설 설치를 권장하고 건전하게 운영되도록 해야 한다.

20 ④
학습활동은 활동 내용·시간·방법, 시상·참가비는 운영 요소이지 계획 핵심은 아니다.

스포츠심리학

P.431

1	2	3	4	5	6	7	8	9	10
④	③	④	③	④	③	④	①	③	②
11	12	13	14	15	16	17	18	19	20
②	②	①	④	②	③	①	②	①	④

1   ④
ⓒ은 스포츠사회학의 주된 연구 범위다.

2   ③
㉠ 감각지각 단계: 환경에서 오는 자극을 인식하고 그 정보를 분석하는 단계이다.
㉡ 반응선택 단계: 자극에 대해 어떻게 반응할지를 결정하는 단계이다.
㉢ 반응실행 단계: 선택된 반응을 실제 행동으로 옮기기 위해 근육을 움직이게 하는 단계이다.

3   ④
바닥 효과는 '수행력이 매우 낮아 성과를 내기 어려운 상태'이다.

4   ③
기초적(기본적) 움직임 단계(만 2~6세)는 신체 인식, 균형 발달과 함께 다양한 기초 운동 기술이 습득되는 시기이다.

5   ④
심리적 핵은 가장 깊은 내면으로 쉽게 변하지 않는 안정적인 요소이다. 환경에 따라 쉽게 변하는 것은 역할 행동이다.

6   ③
상태불안은 일시적 상황 불안, 특성불안은 개인 성격적 특성으로 지속적으로 경험하는 불안이다.

7   ④
㉠은 여키스-도슨 역U자 가설, ㉡은 콕스의 다차원적 불안 이론, ㉢은 하닌의 최적수행지역 이론에 해당한다.

8   ①
- 외적 동기: 장학금, 상금, 칭찬 등 외부 보상을 목표로 참여
- 내적 동기: 활동 자체에서 즐거움과 만족감을 얻어 참여
- 무동기: 참여 이유가 없고 무기력한 상태

9   ③
데시와 라이언(Deci & Ryan)이 제시한 자기결정성이론의 외적 동기 유형에는 확인·통합·의무감 규제 등으로 분류되며, 성취 규제는 해당하지 않는다.

10   ②
능력은 개인 내부에 속하며(내적), 쉽게 변하지 않기 때문에 안정적이며, 개인이 통제하기 어려운 요인이다.

11   ②
A는 자기와의 비교(과제목표 성향), B는 타인과의 비교(자기목표 성향)이다.

12   ②
〈보기〉의 설명은 모두 루틴의 주요 기능과 효과를 나타낸 것이다.

오답풀이
① 피드백: 학습자가 수행한 결과나 동작에 대해 제공되는 정보
③ 심상 훈련: 실제 행동을 하지 않고 머릿속에서 장면이나 동작을 떠올려 연습하는 방법
④ 자기 대화: 스스로에게 긍정적·부정적 언어를 사용하는 내적 대화

13   ①
타인 의존은 무임승차, 타인의 무임승차 방지는 반무임승차, 적은 노력으로 결과를 원하는 것은 최소화 전략이다.

14 ④

다차원 리더십 모형에서 원인 변인은 상황 요인·리더 특성·성원 특성이며, 결과 변인은 수행결과, 선수만족으로 구성된다.

15 ②

- 본드(bond)의 자아 이론: 타인의 존재가 수행자의 자의식을 높여, 인정받으려는 동기를 촉진해 수행에 영향을 미친다는 이론이다.
- 샌더스(Sanders) 주의 분산 갈등 이론: 타인의 존재가 주의 자원을 효율적으로 사용하게 만들어 성과를 향상시킨다.

16 ③

공격적 행동은 청소년에게 부정적 영향을 줄 수 있으므로 모델링의 효과라고 볼 수 없다.

17 ①

조깅으로 불안을 완화하고 학습 집중력이 향상된 것은 인지 기능 향상의 효과이다.

18 ②

ⓔ은 실천단계에 대한 설명이다. 유지 단계는 행동을 장기적으로 유지하는 단계로, 변화된 행동을 지속하면서 다시 원래 상태로 돌아가지 않기 위하여 6개월 이상의 운동을 지속하는 단계이다.

19 ①

㉠ 운동 경험·태도·습관은 개인의 심리적·행동적 특성과 관련 있으므로 개인적 요인이다.
㉡ 기후와 안전한 환경은 외부 조건과 환경적 요인이므로 물리적 환경 요인이다.
㉢ 코치와 트레이너의 지도는 사회적 관계 속에서 제공되는 지원이므로 사회적 요인에 해당한다.

20 ④

상담의 역할에는 집중력 강화, 자기 자신감 증진, 상담 및 지원, 팀 분위기 조성이 모두 포함된다.

한국체육사 P.436

1	2	3	4	5	6	7	8	9	10
②	②	②	④	②	①	③	①	②	①
11	12	13	14	15	16	17	18	19	20
②	①	④	②	③	②	③	①	②	②

1 ②

기술적 연구는 과거의 사실을 그대로 기술하는 방식이다. 객관적 자료에 근거해 사건을 나열하며, 체육사 연구의 가장 기초적 단계로 기능한다. 이는 후속 해석적 연구의 기반이 된다.

2 ②

해석적 연구는 역사가의 가치관을 바탕으로 한 연구로, 단순한 사실 나열보다는 의미를 평가하는 방식이다.

3 ②

선사시대 체육활동은 사냥, 채집, 제천행사와 같은 생존과 직결된 활동이었다. 단순히 오락적 성격이 아닌 공동체 의례와 종교적 제의와 결합해 집단적 결속을 강화했다. 이는 이후 삼국시대 체육으로 이어지는 기초였다.

4 ④

세속오계는 화랑도 체육의 기본 윤리로서, 사군이충, 사친이효, 교우이신, 임전무퇴, 살생유택이다.

오답풀이

① 임전무퇴: 전쟁에 임하여 후퇴하지 않는다.
② 사군이충: 충성으로 임금을 섬긴다.
③ 살생유택: 생명을 함부로 죽이지 않는다.

5 ②

백제는 귀족 중심의 무예와 예술 활동이 발달했다. 고구려가 경당, 신라가 화랑도를 통해 집단적 무예 훈련을 장려한 것과 달리, 백제는 귀족 사회의 문화적 세련됨과 외교적 교류에서 체육의 성격을 찾을 수 있다.

6 ①

경당은 고구려 청소년들이 활쏘기와 기마술을 배우던 교육 기관이었다. 반면 화랑도는 군사적 훈련뿐만 아니라 세속오계에 기반한 윤리 교육을 통해 지도자를 양성했다. 두 제도는 성격이 다르지만 모두 문무겸전을 지향했다.

7 ③

국학에서 무예 교육을 담당한 교육 기관은 강예재이다.

8 ①

㉠ 조선시대 성균관의 궁술은 예와 무를 아우르는 유교적 가치를 반영하였다.
㉡ 고려시대의 격구는 귀족 오락과 군사 훈련을 겸한 활동이었다.
㉢ 삼국시대 체육활동은 집단적 결속과 군사 목적을 위해 장려되었다.

9 ②

격구는 국방력 강화와 관련된 활동으로, 군사적 훈련의 성격을 지녔다.

오답풀이 ❶

① 씨름: 각저(角觝), 각력(角力), 상박(相樸), 각지(角支), 각희(角戲) 등 여러 명칭으로 불렸으며, 몸을 맞대고 상대방을 넘어뜨리는 전통적인 신체 활동이다.
③ 추천: 그네를 타는 놀이로, 두 줄을 잡고 몸을 흔들어 발의 탄력을 이용해 공중으로 높이 올라가는 방식의 놀이이다.
④ 석전: 두 편으로 나뉘어 돌팔매질을 하여 승부를 겨루는 놀이이다.

10 ①

활인심방은 도교의 양생사상을 기반으로 한 신체 단련법이다. 심신의 조화를 통해 장수와 건강을 도모하는 목적을 지녔다. 이는 군사적 무예와 달리 개인적 건강과 수양을 강조한 점에서 독특하다.

11 ②

임진왜란과 병자호란 등 전란 이후 군사력 강화의 필요성이 대두되었다. 이에 따라 무예제보, 무예신보, 무예도보통지 등 무예서가 잇따라 편찬되었다. 이는 체육을 군사적 관점에서 제도화한 결과였다.

12 ①

문무겸전(文武兼全)에 해당한다.

13 ④

개화기에는 먼저 축구가 도입되었고, 이어 야구와 농구가 소개되었다. 이는 외국 선교사와 YMCA 활동을 통해 보급되었으며, 학교 교육과 대중적 스포츠로 확산되었다.

14 ②

축구는 1890년대 구기 종목 중 가장 먼저 도입된 종목으로, 이후 야구, 농구 등이 도입되었다.

15 ③

대한체육구락부는 1906년에 조직된 우리나라 최초의 근대적인 체육 단체로, 회원 간의 운동회 및 친선 경기 등을 통해 한국체육의 발전에 기여하였다.

16 ②

오답풀이 ❶

①은 제1기 근대 체육의 태동기(1876~1884년), ③, ④는 제3기 근대 체육의 정립기(1905~1910년)에 대한 설명이다.

17 ③

조선체육회가 조선체육협회로 통합된 시기는 1938년이다.

18 ①

전두환 정권은 프로 야구(1982년)와 프로 축구 리그(1983년)를 도입하며 스포츠 산업화를 촉진하고 국민 여가 문화의 기반을 조성하였다.

19 ②

국민 생활체육 협의회는 생활체육을 체계적으로 지원하고 국민의 체력 향상과 여가 활용을 돕기 위해 설립되었다.

20 ②

통일 한국을 대비한 남북 간 체육 교류는 정치적, 문화적 통합을 위한 중요한 요소로, 한국체육의 미래 발전 방향 중 하나이다.

오답풀이

① 글로벌 스포츠와 지역 체육은 상호 보완적으로 발전해야 하며, 글로벌 스포츠와의 단절은 바람직하지 않다.
③ 전통 체육 보존은 중요하지만, 국제 스포츠 교류와 병행해야 발전적 성과를 얻을 수 있다.
④ 체육 환경 변화에 맞춰 유연하게 대응하고 제도를 개선하는 것이 필요하다.

운동생리학 P.439

1	2	3	4	5	6	7	8	9	10
④	③	②	①	④	①	②	②	②	④
11	12	13	14	15	16	17	18	19	20
③	②	④	①	②	②	②	①	④	④

1 ④

근육 내 크레아틴 인산 저장량 증가는 주로 ATP-PC 시스템과 관련된 고강도 단시간 운동 트레이닝의 효과이며, 지구성 트레이닝과는 관련이 없다.

오답풀이

① 지구성 트레이닝은 미토콘드리아의 수와 크기를 늘려 세포 호흡 능력을 향상시킨다.
② 지구성 트레이닝은 근육 조직 내 모세 혈관 밀도를 증가시켜 산소와 영양소 공급을 최적화한다.
③ 지구성 트레이닝은 유산소 대사 효율을 높여 젖산 축적을 감소시킨다.

2 ③

코리 사이클은 간에서 젖산을 포도당으로 전환하여 에너지원으로 다시 사용하는 과정이다. 이 과정은 고강도 운동 중 젖산이 축적된 후 이를 제거하는 역할을 하며, 젖산 역치(LT)가 발생하는 원인과는 직접적으로 관련이 없다.

오답풀이

① 고강도 운동에서 산소 공급이 부족해지면, 무산소성 대사로 전환되어 젖산이 생성된다. 이로 인해 젖산이 축적되고, 젖산 역치가 발생하게 된다.
② 고강도 운동 시 탄수화물 대사가 지방 대사보다 우세하며, 이는 젖산 생성 증가와 젖산 역치 발생에 영향을 미친다.
④ 고강도 운동 시 무산소성 해당 과정 의존도가 증가하면서 젖산 생성이 활발해지고, 이는 젖산 역치 발생에 영향을 미친다.

3 ②

1회 박출량(Stroke Volume: SV)은 심실이 수축할 때 배출되는 혈액의 양을 의미하며, 확장기말 혈액량(EDV)과 수축기말 혈액량(ESV)의 차이로 계산된다.

오답풀이

① 혈압: 혈관 내에서 혈액이 흐를 때 발생하는 압력
③ 심박동수: 1분 동안 심장이 박동하는 횟수
④ 최대 산소 섭취량: 최대 운동 중 신체가 소비할 수 있는 최대 산소량

4 ①

운동 시 폐동맥의 낮은 산소량은 산소가 부족한 혈액이 폐로 들어오는 것을 의미하며, 이는 폐포에서 폐 모세 혈관으로 산소를 더 많이 확산시키는 원인이 된다. 산소 농도의 차이가 클수록 산소가 더 많이 확산되므로, 낮은 산소 농도를 가진 폐동맥의 혈액은 산소 교환을 촉진한다.

오답풀이

② 폐정맥은 산소가 충분히 공급된 혈액이 심장으로 돌아가는 부분이므로, 산소량이 낮으면 정상적인 상태가 아니다.
③ 이산화탄소 농도가 높다고 해서 산소 교환 효율이 높아지는 것은 아니다. 오히려 이산화탄소 농도가 높으면 산소와의 교환이 원활하지 않을 수 있다. 산소 교환은 폐포와 폐 모세 혈관 내 산소 농도 차이에 의해 이루어진다.
④ 혈류 속도가 높다고 해서 산소 교환 효율이 높아지는 것은 아니며, 지나치게 빠른 혈류는 산소와의 충분한 교환을 방해할 수 있다. 산소 교환 효율을 높이려면 혈류의 속도보다는 산소 농도 차이가 중요하다.

5 ④

㉠ 글루카곤: 혈당이 낮을 때 췌장에서 분비되며, 글리코겐 분해와 지방 분해를 촉진하여 혈당을 높인다.
㉡ 인슐린: 혈당이 높을 때 췌장에서 분비되며, 세포가 포도당을 흡수하도록 촉진하여 혈당을 낮춘다.

오답풀이

알도스테론은 혈당 조절과 관련이 없고, 신장에서 나트륨과 물의 재흡수를 조절하는 호르몬이다.

6 ①

항이뇨 호르몬(ADH)은 뇌하수체 후엽에서 분비되며, 신장에서 물의 재흡수를 촉진하여 수분 손실을 줄이는 역할을 한다. 운동 중에는 체액 균형을 유지하는 데 중요한 역할을 한다.

오답풀이

② 파라토르몬(porathyroid hormone): 주로 칼슘 대사에 관여하며, 신장에서 칼슘 재흡수를 촉진한다.
③ 칼시토닌(calcitonin): 갑상선에서 분비되며, 혈중 칼슘 농도를 낮추는 역할을 한다.
④ 코티졸(cortisol): 부신 피질에서 분비되며, 스트레스 상황에서 혈당을 유지하고 지방과 단백질 대사를 조절하는 역할을 한다.

7 ②

소뇌는 운동의 타이밍과 균형을 조절하고, 고유 수용기로부터 입력된 정보를 바탕으로 운동을 조정하며, 근육의 긴장도와 움직임의 조화를 맞추는 역할을 한다.

오답풀이

㉡ 소뇌는 근육의 수축력 증가를 직접적으로 담당하지 않는다.

8 ②

호흡 교환율(RER)은 0.7에 가까울수록 지방을 주로 사용하고, 1.0에 가까울수록 탄수화물을 주로 사용한다. RER 값이 0.8일 때는 주로 지방을 연료로 사용하는 상태를 의미한다.

오답풀이

① 호흡 교환율이 1.0 이상일 때 이산화탄소 생성량이 산소 소비량보다 많아진다.
③ 고강도 운동에서는 호흡 교환율이 1.0에 가까워지며, 0.8은 비교적 낮은 강도의 운동이다.
④ 호흡 교환율이 0.8일 때는 주로 지방이 사용되지만, 일부 탄수화물도 여전히 에너지원으로 사용된다.

9 ②

㉠ 지방은 주로 유산소 운동 중 주요 에너지원으로 사용된다.
㉢ 지방산은 글리코겐보다 천천히 분해되므로, 고강도 운동보다는 장시간의 저강도 운동에서 더 중요한 에너지원이 된다.

오답풀이

㉡ 운동 강도가 증가하면 지방이 아니라 탄수화물이 주요 연료로 사용된다.

10 ④

고산 지대에서는 산소 농도가 낮아지기 때문에, 에너지를 생성하는 데 산소를 주로 사용하는 유산소 운동에서 경기력 저하가 가장 뚜렷하게 나타난다. 마라톤과 같은 장거리 달리기는 산소를 많이 소모하는 운동이므로 고도에 의한 영향이 크게 나타나며, 이에 비해 단거리 달리기나 수영 등은 산소 소모가 비교적 적기 때문에 고산 지대에서의 영향이 덜하다.

오답풀이

① 100m 단거리 달리기: 고강도, 짧은 시간 내에 이루어지는 운동이므로 산소 부족의 영향이 미미하다.
② 역도: 짧은 시간 내에 힘을 사용하는 운동으로, 고산 지대에서 산소 부족의 영향을 덜 받는다.
③ 단거리 수영: 수영은 물속에서 이루어지며, 비교적 짧은 시간 안에 이루어지므로, 고산 지대에서의 산소 부족에 상대적으로 덜 영향을 받을 수 있다.

11 ③

공기 습도는 수중 운동에서 직접적인 영향을 미치지 않는다.

오답풀이

① 체지방량: 체지방은 열을 보존하는 역할을 하므로, 체지방이 많으면 체온 유지가 쉬워진다.
② 운동 강도: 운동 강도가 높을수록 열이 더 많이 발생해 체온 유지에 도움이 된다.
④ 물의 온도: 물의 온도가 낮으면 체온이 더 빨리 떨어지기 때문에 물의 온도는 체온 유지에 큰 영향을 준다.

12 ②

근육 세포가 활성화되면 체내 pH가 감소하여 근수축을 방해하고 수축력이 저하된다.

오답풀이

① 젖산 역치가 지연되면 근육의 피로감이 감소하여 수축력이 더 오래 유지될 가능성이 높다.
③ 에너지 대사의 활성도가 증가하면 ATP 생성이 촉진되어 근육 수축력이 유지되거나 향상될 가능성이 높다.
④ 근육 내 ATP 저장량이 증가하면 근육의 수축력이 오히려 유지되거나 강화될 가능성이 크다.

13 ④

㉠ 1회 호흡량(tidal volume): 안정 상태에서 한 번의 호흡에서 흡입되는 공기량을 의미한다.
㉡ 기능적 잔기량(functional residual capacity): 안정 시 최대 호기 후 폐에 남아 있는 공기량을 의미하며, 이는 강제로 내쉰 후에도 폐에 남아 있는 공기량을 나타낸다.
㉢ 폐활량(vital capacity): 최대 흡입 후 최대 내쉬는 공기량을 의미하며, 이는 흡기 예비 용량, 호기 예비 용량, 1회 호흡량의 합이다.
㉣ 전체 폐용적(total lung capacity)은 최대 흡기 후 폐에 들어갈 수 있는 총 공기량으로, 폐의 모든 용적을 합친 값이다.

14 ①

신경 세포의 전기적 신호 전달 과정은 '신경 자극 → 수상 돌기 → 세포체 → 축삭 → 축삭 종말'이다. 신경 자극이 수상 돌기로 들어오고, 세포체에서 처리된 후 축삭을 통해 축삭 종말로 전달된다.

15 ②

운동이 시작되면 신체의 산소 요구량이 증가하면서 호흡 빈도와 호흡량이 모두 증가한다. 이로 인해 더 많은 산소를 공급하고, 이산화탄소를 배출하려고 하기 때문이다.

16 ②

가로 세관은 근섬유의 전위 변화가 깊은 근육 세포 내로 전파되도록 도와주지만, 산·염기 평형을 유지하는 역할은 아니다. 주로 전기적 신호를 근형질세망으로 전달하는 역할을 한다.

오답풀이

① 근형질세망(sarcoplasmic reticulum): 근형질세망은 칼슘 이온을 저장하는 역할을 하며, 이는 근육 수축에 필수적이다.
③ 근형질(sarcoplasm): 근형질은 미오글로빈을 통해 산소를 저장하고 에너지 대사를 지원하는 역할을 한다.
④ 근초(sarcolemma): 근초는 근섬유를 둘러싸는 세포막으로, 활동 전위를 전달하여 근육의 수축 신호를 조율한다.

17 ②

글루카곤은 췌장 알파 세포에서 분비되며, 혈중 글루코스 수준을 증가시키는 역할을 한다. 간에서 글리코겐 분해를 촉진해 혈당을 높인다.

18 ①

고지 환경에 단기간 노출되면 일반적으로 혈압이 증가하는 경향이 있다. 이는 산소 공급이 줄어들기 때문에 심장이 일을 더 많이 하게 되며, 그 결과로 혈압이 상승한다.

오답풀이

② 고지 환경에서는 산소 부족을 보상하기 위해 호흡 속도가 증가한다.
③ 고지 환경에서는 산소 부족을 보충하기 위해 심박동수가 증가하는 것이 일반적이다.
④ 고지 환경에서는 산소 농도가 낮아지므로, 호흡수가 증가해 산소를 더 많이 흡입하려고 한다.

19 ④

오답풀이

① 간뇌(사이뇌, diencephalon): 주로 감각 정보를 처리하고 호르몬 조절에 관여한다.
② 소뇌(cerebellum): 운동 조정과 균형 유지에 관여하지만, 심혈관계나 호흡계 조절은 하지 않는다.
③ 기저핵(바닥핵, basal ganglia): 운동 조절에 관여하지만, 다른 기능들은 포함하지 않는다.

20 ④

심장에서 한 번에 박출되는 혈액의 양(1회 박출량)이 증가하면, 혈압은 상승한다. 이는 혈액이 혈관을 통해 더 많이 흐르게 되어 혈압을 높이는 원인이다.

오답풀이

① 혈액량이 감소하면 혈관 내 혈액의 양이 적어져 혈압이 저하된다.
② 혈관의 저항이 감소하면 혈액이 흐르는 데 어려움이 적어지므로, 혈압이 저하된다.
③ 혈관의 탄성이 증가하면 혈관이 더 잘 늘어나고 압력을 조절하는 능력이 향상되므로 혈압이 감소하거나 안정화될 수 있다. 따라서 혈관의 탄성 증가는 혈압 상승의 요인이 아니다.

운동역학 P.442

1	2	3	4	5	6	7	8	9	10
①	③	①	②	②	②	①	①	③	③
11	12	13	14	15	16	17	18	19	20
②	③	③	②	③	③	①	①	①	①

1 ①

인체의 안정성을 높이려면 지지면(기저면)을 넓히고, 무게중심의 높이를 낮춰야 한다. 기저면이 넓어지면 중심이 흔들려도 균형을 유지할 가능성이 커지고, 무게중심이 낮아지면 인체가 전도되기 어려워 안정성이 증가한다.

오답풀이

② 선속도는 안정성과 직접적 관계가 없다.
③ 각속도를 줄여도 안정성이 보장되는 것은 아니며, 안정성은 기저면·무게중심과 더 밀접하다.
④ 선속도는 운동의 빠르기를 의미할 뿐 안정성 요인이 아니다.

2 ③

정성적 동작분석은 측정 장비 없이 관찰과 질문을 통해 오류를 분석하는 방식이다. 따라서 수치화된 자료는 필요하지 않고, 지도자의 경험과 눈으로 얻은 정보를 활용한다.

오답풀이

① 현장에서 즉각적인 피드백이 가능한 것은 정성적 분석의 장점이다.
② 지도자 성향에 따라 결과가 달라질 수 있는 것은 주관적 요소가 개입되기 때문이다.
④ 기술 향상이 목적인 것도 정성적 분석의 중요한 특징이다.

3 ①

① 토크는 T = F × r(힘 × 모멘트팔)로 계산된다. 따라서 근육이 크게 수축하여 힘이 크거나, 관절축에서 떨어진 거리가 길수록 토크가 커진다.

4 ②

충격량은 힘과 시간의 곱(F × t)으로 정의되며, 이는 곧 물체의 운동량 변화량(Δp)과 같다. 또한 충격량이 크면 속도의 변화가 크다.

오답풀이 ❶

ⓒ 같은 운동량 변화를 짧은 시간에 주면 힘이 커지고, 긴 시간에 주면 힘은 작아진다.

5 ②

㉠ 최대정지마찰력은 물체가 움직이기 직전의 마찰력으로, 운동마찰력보다 크다.
ⓒ 마찰력은 항상 물체의 상대 운동 또는 운동 경향과 반대 방향으로 작용한다.
ⓔ 마찰력은 접촉면적이 넓다고 해서 반드시 커지지 않으며, 주로 재질과 수직항력에 의해 결정된다.

오답풀이 ❶

ⓛ 마찰력은 수직항력(N)에 비례하여 F=μN으로 계산된다.

6 ②

해부학적 자세는 인체의 운동 방향과 기준을 설명할 때 사용하는 표준 자세다. 직립하여 정면을 향하는 것이 기본 정의다.

오답풀이 ❶

① 손바닥은 전방을 향해야 한다.
③ 두 발 간격은 특별히 어깨 넓이라는 조건은 없다.
④ 엄지는 내측이 아니라 외측을 향한다.

7 ①

운동역학은 "운동 상황에서 인체에 작용하는 힘과 그 결과를 분석하는 학문"이다.

오답풀이 ❶

② 운동생리학
③ 스포츠심리학
④ 스포츠사회학

8 ①

축구공이 곡선을 그리며 이동하는 것은 물체 전체가 같은 방향과 거리로 이동하는 병진운동(곡선운동)의 한 형태이다.

오답풀이 ❶

② 철봉 회전은 축을 중심으로 하는 회전운동이다.
③ 팔꿈치 굴곡은 관절축을 중심으로 하는 회전운동이다.
④ 다이버의 턱 자세 회전은 축 중심 회전운동이다.

9 ③

충격량은 힘×시간으로 계산한다. 50N×3s=150Ns

10 ③

파워의 단위는 Watt(W=J/s)이다.

오답풀이 ❶

운동에너지·위치에너지·탄성에너지는 모두 에너지 개념으로 단위는 Joule(J)이다.

11 ②

다이빙에서 각운동량이 일정하다면, 관성모멘트가 작아질수록 각속도가 증가한다. 팔과 다리를 모두 몸쪽으로 모은 턱 자세가 관성모멘트를 가장 작게 만들어 가장 빠른 회전을 할 수 있다.

오답풀이 ❶

① 팔과 다리를 모두 펼치면 관성모멘트가 커져 각속도는 느려진다.
③, ④ 일부만 모은 경우도 효과가 있지만, 모두 모은 경우만큼 각속도가 크지 않다.

12 ③

지면반력은 지면이 인체에 주는 반작용 힘이다. "발이 지면에 가한 힘"은 작용력으로 표현해야 맞다.

오답풀이 ❶

①, ② 지면반력기는 지면반력을 측정하는 장치이다. 지면반력은 크기뿐만 아니라 방향까지 측정할 수 있다.
④ 뉴턴의 제3법칙(작용-반작용 법칙)이다.

13 ③

근전도는 근육의 전기적 신호를 측정하는 장치이지, 인체 분절의 위치 변화를 직접 측정할 수는 없다.

14 ②

2차원 영상분석은 평면상의 운동만 분석할 수 있으며, 주로 단순한 움직임의 각도·속도 등을 평가한다.

오답풀이

① 2D는 카메라 한 대로도 충분하다.
③ 지면반력은 별도의 장비로 측정해야 한다.
④ 영상분석으로는 힘의 원인을 직접적으로 측정할 수 없다.

15 ③

장대높이뛰기는 운동에너지(도약), 위치에너지(높이), 탄성에너지(장대 휘어짐)가 모두 중요한 종목이다.

오답풀이

① 높이뛰기는 주로 운동·위치에너지 중심이다.
② 사격은 에너지 변환보다 기술·심리 요소가 중요하다.
④ 마라톤은 지속적 운동에너지 중심이다.

16 ③

ⓒ "항상 보존된다"고 했는데, 역학적 에너지는 이상적 상황(비보존력 없음)에서는 보존되지만, 실제 상황에서는 마찰, 공기저항 등 비보존력 때문에 손실된다.

17 ①

㉠ 질량이 회전축에서 멀리 위치할수록 관성모멘트는 커진다.
㉡ 같은 질량이라도 바깥으로 분포하면 관성모멘트가 더 커진다.
㉣ 관성모멘트는 회전운동에서 회전에 대한 저항성을 의미한다.

오답풀이

ⓒ 피겨스케이터가 팔을 모으면 관성모멘트는 작아져 회전속도가 빨라진다.

18 ①

운동량 보존 법칙은 외부힘이 0일 때 성립한다. 즉, 외력이 없으면 충돌이나 상호작용 전후의 운동량은 일정하다.

19 ①

① 비탄성 충돌은 운동에너지의 일부가 손실되지만, 운동량은 항상 보존된다. 따라서 비탄성 충돌에서도 운동량은 변하지 않는다.

오답풀이

② 운동에너지는 항상 보존되지 않는다(탄성 충돌에서만 보존).
③ 반발계수는 1보다 작아야 한다.
④ 운동량은 줄어들지 않고 그대로 보존된다.

20 ①

평균속도는 전체 변위 ÷ 걸린 시간으로 계산한다. 변위는 출발점에서 도착점까지의 위치 변화량이고, 시간은 그에 걸린 소요 시간이다.

스포츠윤리 P.445

1	2	3	4	5	6	7	8	9	10
②	③	②	③	②	③	②	②	④	②
11	12	13	14	15	16	17	18	19	20
③	④	②	④	③	③	①	③	③	③

1 ②
선은 단순한 옳은 행동을 넘어서 결과적으로 모두에게 이득이 되는 방향을 의미한다.

2 ③
결과보다 행위 자체의 도덕성을 강조하는 것은 의무론적 윤리이다.

3 ②
규제적 규칙은 경기 중 돌발 상황과 질서 유지를 위한 규칙이다.

4 ③
선수 지원 시스템 강화와 심리적 안정 제공은 승부조작의 원인이 아니라 해결 방안에 해당한다.

5 ②
여성의 경기 성과보다 성적 대상화와 적은 보도가 나타나는 현상은 미디어 편향이다.

6 ③
〈보기〉는 남아공에서 제도적으로 시행된 아파르트헤이트 정책에 대한 설명이다.

오답풀이
② 컬러블라인드 인종주의란 인종차별을 없애기 위해 인종을 보지 말아야 한다는 주장이다.

7 ②
㉠ 체육 장비 특성 – 장애 고려 부족
㉡ 사회적 인식 부족 – 편견과 과소평가
㉢ 경제적 자원 부족 – 장비 · 보조 인력 부족
㉣ 스포츠 프로그램 부족 – 참여 기회 축소

8 ②
제레미 벤담(J. Bentham)은 쾌고감수능력을 기준으로 동물의 도덕적 고려를 주장했다.

9 ④
구조적 폭력은 규칙 안의 공격이 아니라 불공정한 대우 · 강압적 훈련 방식에서 발생하는 폭력이다.

10 ②
훌리거니즘은 스포츠 경기에서 폭력적인 관중 행동이 발생하며, 훌리건들이 상대팀 팬이나 선수와 충돌하고 공공시설을 파손하는 행동이다.

11 ③
선수는 약물 복용 기록 제출을 통해 정직성을 유지해야 한다.

12 ④
유전자 조작은 예측 불가능한 부작용 · 윤리적 문제 · 사회적 불평등 등으로 인해 큰 논란이 있다.

13 ②
〈보기〉는 데이터와 인공지능, 가상현실을 활용하는 정보 기술(IT) 분야이다.

14 ④
①~③은 모두 선수 보호 문제이지만, ④는 비리 문제에 해당한다.

15 ③

인성교육은 도덕성, 자기관리, 사회적 책임을 기르는 데 초점이 있으며, 단순히 승리 추구는 목적이 아니다.

16 ③

ⓒ은 형평성이 아니라 투명성과 관련 있다.

17 ①

공정성은 태도의 문제, 전문성은 지식과 판단 능력의 문제이다.

18 ③

심판은 경기 결과를 인위적으로 결정할 권리를 갖지 않는다. 승패는 선수들의 경기력으로 결정된다.

19 ③

심정윤리는 동정심, 선의, 인간적 감정에서 비롯된 도덕적 행동을 강조한다.

20 ③

스포츠윤리센터의 목적은 인권 보장, 비리 예방·대응, 공정성 확보에 있으며, 경기력 향상 훈련은 해당되지 않는다.

2025 기출문제

스포츠사회학   P.452

1	2	3	4	5	6	7	8	9	10
①	②	①	③	③	②	③	④	④	①
11	12	13	14	15	16	17	18	19	20
①	③	③	①	④	②	②	②	④	④

1   ①

'스포츠 기능 향상의 심리적 기전'은 스포츠심리학의 연구 영역이므로 스포츠사회학의 연구 영역에 해당하지 않는다. 스포츠사회학은 스포츠를 사회적 현상으로 보고, 스포츠와 관련된 사회 구조, 문화, 제도, 집단, 불평등 등을 연구한다.

오답풀이

②, ③, ④ 스포츠사회학의 주요 연구 영역에 해당한다.

2   ②

승리 지상주의는 스포츠의 교육적 순기능이 아니라 오히려 역기능(과도한 경쟁, 교육 목표 훼손, 비윤리적 행동 조장)에 해당한다.

3   ①

경기 결과, 선수 정보, 통계 등 지식을 얻고자 하는 욕구는 인지적 욕구에 해당한다. 버렐(S. Birrell)과 로이(J. Roy)는 스포츠 미디어를 통해 충족할 수 있는 욕구 유형을 다음 네 가지로 제시하였다.
- 인지적 욕구: 스포츠에 대한 지식, 경기 결과 및 팀과 선수에 대한 통계적 지적 호기심을 충족하려 함
- 정의적 욕구: 스포츠에 대한 즐거움, 흥미, 관심을 추구함
- 통합적 욕구: 스포츠로 사회 구성원들을 통합, 공동체 의식을 갖게 함
- 도피적 욕구: 스트레스, 불안 등의 감정을 스포츠를 통해 해소함

4   ③

올림픽이나 월드컵 같은 메가 이벤트를 통해 지역 사회 구성원들은 자국 혹은 지역의 팀을 응원하면서 소속감과 자부심을 느끼며, 이는 곧 문화적 정체성 강화와 사회적 통합으로 이어질 수 있다.

5   ③

㉠ 인구 고령화에 따라 노년층 참가의 중요성이 증가하여 고령화에 따른 맞춤형 헬스케어 산업이 발전하고 있다.
㉢ 정보 기술의 발달로 VR·AR·4D 등 첨단 기술, 고화질(4K·8K) 중계, 드론 촬영, AI 기반 자동 하이라이트 생성·경기 분석이 가능해지면서 관람·체험·분석 등 다양한 형태의 스포츠 참여가 이루어지고 있다.
㉣ 환경 보호를 위해 재활용 소재로 제작된 장비, 환경 영향을 최소화한 제품 개발 등이 강조되면서 친환경 스포츠의 중요성이 증가하고 있다.

오답풀이

㉡ 프로 스포츠에서 선수 훈련, 경기력 향상, 부상 방지 모두 스포츠과학이 핵심적인 역할을 하므로 오히려 스포츠과학의 중요성이 증가하고 있다.

6   ②

㉠ 민철과 달리 준형은 부모의 경제적·사회적 지위의 영향을 받아 자연스럽게 골프를 접할 수 있었던 사례로, 이는 계층이 개인의 삶에 큰 영향을 미치며, 여러 분야에서 차이를 유발한다는 투민의 영향성을 잘 보여준다.
㉡ 선영이 자신의 부를 드러내려고 흥미도 없는 요트를 구매한 사례는 상류층이 과시적 소비를 통해 사회적 지위를 드러내는 현상인 베블런의 유한계급론에 해당한다.

7   ③

㉡ 월드컵, 올림픽 등 국제 스포츠 행사는 미디어 보급 및 확산을 촉진하였다(스포츠 → 미디어).
㉢ 스포츠 경기 중계 과정에서 정확한 판단을 위해 정지 화면, 느린 화면, 클로즈업 등의 방송 기법이 발달하였다(스포츠 → 미디어).

오답풀이

㉠ 탁구공 색상 변경은 TV 중계 가시성을 위한 조치로 미디어가 스포츠에 미친 영향을 나타낸다(미디어 → 스포츠).
㉣ 스포츠 관람 인구 증가와 스포츠 활동 생활화는 미디어 보급으로 가능해졌다(미디어 → 스포츠).

8 ④

상징적 상호작용론은 개인의 의미 부여와 상호작용 과정에 주목하는 미시적 관점의 이론이다. 스포츠 참여 경험 이해, 하위 문화 이해, 능동적 인간 행위 강조 모두 상징적 상호작용론의 특징이다.

오답풀이 ❶

① 갈등 이론: 권력과 자원의 불균형이 스포츠에서도 나타나며, 상류층의 이익을 위해 스포츠를 이용한다.
② 비판 이론: 스포츠가 사회적 불평등과 억압을 어떻게 재생산하는지 비판적으로 고찰한다.
③ 구조기능주의 이론: 스포츠는 사회 시스템의 안정성과 기능성을 유지하는 데 기여한다.

9 ④

1995년 남아공 럭비 월드컵은 아파르트헤이트 철폐 이후 개최되어 인종 화합과 국민 통합, 화해 촉진의 상징적 사건이 되었다. 따라서 보이콧이 발생했다는 설명은 사실과 다르다.

10 ①

㉠ 세계적 브랜드 전략 속에 지역 문화를 결합한 사례로, 글로벌 스포츠가 지역 특성에 맞게 변화하는 현상을 의미하는 세방화(glocalization)에 해당한다.
㉡ 문화 적응보다 더 나은 보상을 찾아 이동하는 선수의 모습으로 용병형(mercenaries)에 해당한다.

오답풀이 ❶

- 국제적 고립(global isolation): 국제 스포츠 무대에서 특정 국가나 집단이 정치적·사회적 이유로 배제되거나 참가가 제한되는 현상
- 개척자형(pioneers): 새로운 스포츠 기회를 찾아 미개발 지역으로 이주하는 유형

11 ①

㉠ 사회가 제시한 목표도 거부하고, 그 목표를 이루기 위한 수단도 거부하는 도피주의에 해당한다.
㉡ 사회가 제시한 목표는 그대로 받아들이지만, 합법적인 수단 대신 불법적·편법적인 수단을 사용하는 혁신주의에 해당한다.
㉢ 사회가 제시한 목표는 포기했지만, 정해진 절차와 규칙은 형식적으로 지키는 의례주의에 해당한다.

12 ③

㉠ 상향(지위 상승) 또는 하향(지위 하락) 이동을 하는 것은 수직 이동에 해당한다.
㉡ 집단 전체의 사회적·경제적 위치가 변화하는 것은 집단 이동에 해당한다.
㉣ 지위 변화 없이 직업이나 지역만 변경하는 것은 수평 이동에 해당한다.

오답풀이 ❶

㉢ 세대 내 이동은 한 개인의 생애 내에서 지위가 상승하거나 하락한 경우를 말하며, 부모보다 사회적 지위가 높아지거나 낮아지는 경우는 세대 간 이동에 해당한다.

13 ③

준거 집단 이론은 개인이 속한 집단이나 동경하는 집단을 기준으로 행동과 태도를 형성한다고 보는 것이다.

14 ①

㉠ 참여 관찰, 심층 면담, 해석적 절차로 원인을 탐색하는 것은 질적 연구 방법에 해당한다.
㉡ 선순환 모델은 어떤 결과가 다시 긍정적인 원인으로 작용하여 발전이 계속 이어지는 구조를 의미한다.

오답풀이 ❶

- 양적 연구: 설문 조사, 실험, 통계 분석 등 수치화된 자료를 활용하여 변수 간 관계를 규명하는 연구 방법이다.
- 피라미드 모델: 넓은 저변층을 바탕으로 점차 상위 단계로 선발·축소되어 엘리트 선수가 형성되는 구조를 의미한다.

15 ④

㉠ 모든 경쟁자가 똑같은 조건에서 차별 없이 스포츠에 참가하는 것은 평등성(평등화)에 해당한다.
㉡ 포지션이 다양화되며 역할이 세분화되는 것은 전문화에 해당한다.
㉢ 즐거움, 건강, 경제적 이익, 명예 등 세속적 관심의 충족을 추구하는 것은 세속화에 해당한다.
㉣ 국제 스포츠 연맹이 규칙·기록·운영을 담당하며 경기를 조직적으로 운영하는 것은 관료화에 해당한다.

16   ②

동호회 내 신입 회원이 '민폐 회원'이라는 낙인을 받고 배제·비난당하면서 스스로 위축되어 결국 운동을 포기한 사례로, 일탈자로 낙인 찍힌 개인은 그 역할에 맞춰 지속적인 일탈 행동을 할 가능성이 높다는 낙인 이론의 관점을 설명한다.

> **오답풀이** ❶

① 중화 이론: 일탈 행동을 합리화·정당화하는 것이다.
③ 욕구 위계 이론: 매슬로우가 제시한 이론으로, 인간의 성격 발달을 기본 욕구에서 자아실현까지의 5단계 욕구 계층에 따라 설명한 것이다.
⑤ 인지 발달 이론: 피아제, 콜버그가 제시한 이론으로, 인간은 발달 단계에 따라 사고 능력(인지 구조)이 성장한다는 것이다.

17   ②

스태그플레이션은 경제 침체와 물가 상승이 동시에 나타나는 현상을 의미한다. 이는 코클리가 제시한 상업주의 스포츠 출현 조건과 일치하지 않는다. 코클리는 상업주의로 인해 스포츠가 오락성과 경쟁성, 승리 지향성을 강화하며 대중 소비 중심으로 변화한다고 보았다.

18   ②

스포츠와 정치의 결합 방법은 '상징', '동일화', '조작'으로 구분할 수 있다. 이 중 국민의 관심을 다른 사회 문제에서 돌리거나, 정권 유지·정당성을 확보하기 위해 스포츠를 이용하는 방법은 '조작'에 해당한다.

> **오답풀이** ❶

① 상징: 스포츠를 국가적 상징으로 활용하여 애국심과 국민적 단결을 고취하는 방법
③ 동일화: 국민이 국가 대표팀이나 선수의 성과를 자신의 성취처럼 여기도록 유도하는 방법
④ 전문화: 정치적 목적 달성을 위해 특정 스포츠에 집중적으로 투자하고 체계적으로 육성하는 방법

19   ④

㉠ 스포츠에 관심을 가지고 처음 참여하는 것은 '스포츠로의 사회화'에 해당한다.
㉡ 다른 스포츠로 재적응하는 것은 '스포츠로의 재사회화'에 해당한다.
㉢ 스포츠 활동을 하면서 사회적 가치를 학습하는 것은 '스포츠를 통한 사회화'에 해당한다.
㉣ 스포츠 활동을 중단한 것은 '스포츠 탈사회화'에 해당한다.

20   ④

㉠ 지영은 부모님의 권유로 배드민턴을 시작했으므로 사회화 주관자는 '가족'이다.
㉡ 민수는 주민 센터의 프로그램을 통해 농구에 참여했으므로 사회화 주관자는 '지역 사회'이다.

스포츠교육학

P.457

1	2	3	4	5	6	7	8	9	10
①	③	①	④	②	④	③	②	②	③
11	12	13	14	15	16	17	18	19	20
②	①	④	④	②	③	④	③	①	②

1 ①

생활스포츠 프로그램의 내용은 참여자의 연령·경험·건강 상태·흥미를 고려해 다양성과 개별화를 확보하여 선정해야 한다. 좋은 교육 내용이라고 해도 실천 가능성을 고려하여 선정해야 한다.

2 ③

학교스포츠클럽 지도 시 효과적인 과제 제시를 위해서는 정확한 시범, 간결한 언어 단서 제공, 시각적 정보 활용, 이해 확인이 핵심이다. 따라서 학생의 이해를 돕기 위해서 은유나 비유적 표현을 쓰는 것이 효과적이다.

3 ①

제시된 체크리스트는 학습 전 출발점 행동과 준비 상태를 확인하여 수준별 수업을 설계하려는 용도이다. 따라서 교육 프로그램 시작 전에 학습자 또는 참여자의 특성을 파악하고, 이를 통해 학습자의 수준을 파악하고 맞춤형 지도 계획을 수립하기 위한 목적을 지닌 진단 평가 시 활용하는 것이 적절하다.

4 ④

〈보기〉의 항목들은 생활스포츠 교육 프로그램의 지도 원리 중 통합성에 해당하는 내용이다. 통합성의 원리는 교수·학습 내용의 다양화와 신체 활동의 총체적 체험, 즉 신체·정서·사회적 목표의 통합을 강조한다.

5 ②

난도·복잡성의 점진적 상승, 동일 기능의 단계화 등 〈보기〉의 설명은 링크의 확대형 과제에 해당한다.

오답풀이
① 시작형 과제: 학습자에게 새로 가르칠 기능이나 전략을 먼저 제시하는 것을 의미한다.
③ 세련형 과제: 학습자가 질 높은 기술을 습득하고, 책임감 있는 태도를 형성할 수 있도록 지도하는 것을 의미한다.
④ 응용형 과제: 학습자가 습득한 기능을 실제 상황에 적용하고 응용하도록 지도하여 학습 효과를 극대화하는 것을 의미한다.

6 ④

〈보기〉에서 제시된 특징은 학생 팀-성취 배분(STAD) 모형의 전형적인 절차를 설명하고 있다.
- 1차 평가: 학생 개개인의 점수를 합산하여 팀 점수를 산출한다.
- 팀 학습 활동: 지도자의 조언 아래 팀원 간 협동을 통해 과제를 반복 학습한다.
- 2차 평가: 학습 후 다시 평가를 실시하며, 이전 점수 대비 향상된 정도 (개별 향상 점수)를 반영해 팀 점수를 부여한다.

오답풀이
① 직소(Jigsaw): 과제를 분할하여 각자가 맡은 부분을 학습하고 팀에 다시 가르치는 방식이다.
② 팀-보조 수업(TAI): 개별화 학습과 팀 협동을 결합한 모형이다.
③ 팀 게임 토너먼트(TGT): 퀴즈 게임 형식을 활용하여 팀 간 경쟁을 유도한다.

7 ③

「생활체육진흥법」 제6조(생활체육 진흥 기본 계획의 수립 등) 제1항에 따라 문화 체육 관광부 장관은 생활체육의 진흥을 위한 기본 계획을 5년마다 수립·시행하여야 한다.

오답풀이
① 제3조(국민의 생활체육 권리)에 규정된 내용이다.
② 제8조(생활체육강좌의 설치)에 규정된 내용이다.
④ 제10조(체육동호인조직의 육성 및 지원)에 규정된 내용이다.

8 ②

〈보기〉의 핵심은 학습자 수준·양식에 맞춘 과제·교재·전략의 조합이다. 이는 수준별·차별화 수업(Differentiated Instruction)의 정의와 부합한다. 따라서 다양한 전략을 상황에 맞춰 조합한다는 점에서 차별화 수업을 지칭하는 상호작용 교수가 이에 해당한다.

오답풀이
① 동료 교수: 학생들이 교사 역할과 학습자 역할을 번갈아 가며 협력하여 과제를 완수하는 방식이다.
③ 스테이션 교수: 학습자들을 수업 목표에 맞게 구분하고, 수업 장소를 이동하면서 여러 과제를 동시에 진행하는 협력 수업 방법이다.
④ 자기 교수 전략: 체크리스트·자기 점검 등 자기 조절 중심으로 스스로 문제를 해결하도록 훈련하는 방법이다.

9 ②

㉠ 모스턴의 교수 스타일은 '비대비(non-versus) 접근 방식'에 기초하며, '교사 중심 ↔ 학생 중심'으로 대립하는 것이 아니라 연속체상에서 다양한 스타일을 제시한다.
㉣ 모스턴은 교사의 의사결정을 과제 활동 전(pre-impact), 중(impact), 후(post-impact) 단계로 나누어 설명한다.

오답풀이
㉡ 모든 교수 스타일에서 의사 결정의 주도권이 교사에 있지는 않다. A~E 스타일(재생 영역)은 교사 중심이 강하지만, F 이후(창조 영역)는 학생의 의사 결정권이 점점 확대된다.
㉢ A~E 스타일은 재생 영역에 해당한다. 창조는 F 이후의 교수 스타일에서 나타난다.

10 ③

그리핀, 미첼, 오슬린의 게임 수행 평가 도구는
• 의사 결정: 적절÷(적절+부적절)
• 기술 실행: 효율적÷(효율적+비효율적)
• 보조하기: 적절÷(적절+부적절)
으로 영역별 긍정 지표 비율을 산출한 뒤, 이를 합산(또는 평균)하여 게임 수행 점수를 비교한다. 이에 따른 다은, 세연, 유나의 게임 수행 점수를 계산하면 다음과 같다.
• 다은: 의사 결정=3÷(3+1)=0.75,
　　　기술 실행=3÷(3+1)=0.75,
　　　보조하기=3÷(3+1)=0.75 → 합 2.25
• 세연: 의사 결정=2÷(2+2)=0.50,
　　　기술 실행=5÷(5+0)=1.00,
　　　보조하기=2÷(2+2)=0.50 → 합 2.00
• 유나: 의사 결정=2÷(2+2)=0.50,
　　　기술 실행=2÷(2+0)=1.00,
　　　보조하기=2÷(2+0)=1.00 → 합 2.50
따라서 유나(2.50) > 다은(2.25) > 세연(2.00) 순이므로, 정답은 ③이다.

11 ②

〈보기〉의 항목들은 포괄형에 관한 설명으로, 학습자들은 자신에게 맞는 난이도를 선택해 과제를 수행하고 자신의 학습을 점검한다. 따라서 포괄형 스타일은 다양한 수준의 학습자들이 개별화된 학습이 가능하다.

오답풀이
① 연습형: 학습자가 스스로 연습할 수 있는 시간을 제공하며, 교사가 개별 피드백을 제공한다.
③ 자기 점검형: 학습자가 자신의 수행을 스스로 점검하고 교정하는 방식이다.
④ 상호 학습형: 학습자들이 짝을 이루어 하나는 실시자, 다른 하나는 관찰자가 되어 학습하고 피드백을 제공한다.

12 ①

이해 중심 게임 수업 모형은 '게임 제시 → 전술 문제 인식 → 기술 연습 → 성능 평가'의 흐름으로 진행된다. 따라서 〈보기〉의 ㉠에는 '전술 이해', ㉡에는 '기술 연습'이 들어가는 것이 적절하다.

13 ④

싱글 엘리미네이션 또는 녹아웃 토너먼트에서는 한 번 패배하면 바로 탈락한다. 별도의 패자 부활전 제도가 있을 경우 상위 라운드 진출이 가능하지만, 일반적인 싱글 엘리미네이션 자체만으로는 패배 팀이 상위 라운드로 다시 진출할 수 없다.

오답풀이
① 통합 리그는 모든 팀이 서로 한 번씩 경기를 치르므로 조별 리그보다 경기 수가 많다.
② 스플릿 리그는 1차 리그 후 성적을 기준으로 그룹을 나누어 상위·하위 리그를 운영하는 방식이다.
③ 더블 엘리미네이션 토너먼트는 두 번 패배할 때 탈락하는 방식으로, 경기 수가 많아 모든 팀의 순위 산정이 비교적 용이하다.

14 ④

「국민체육진흥법」(2024. 10. 31. 시행) 제6조 '학교체육의 진흥을 위한 조치'는 학교체육 행사의 정기적 개최, 학생 선수 학습권 보장, 학교 스포츠 클럽 활성화, 지도자 전문성, 지역 연계 등이 핵심 추진 과제이다. 따라서 ㉠~㉣ 모두 학교의 역할에 포함된다.

15 ②

제시된 표는 사건 기록법으로 고수자가 학습자에게 제공하는 피드백 유형(긍정적·부정적·교정적·가치적)을 관찰·기록한 것이다. 사건 기록법은 지도자와 학생의 상호작용을 유형별로 기록하고, 그 빈도와 비율을 간단히 산출할 수 있다.

> 오답풀이 ⓘ

① 질적 정보는 주로 면담, 참여 관찰, 질적 분석을 통해 얻는다. 사건 기록법은 양적 기록이 중심이다.
③ 일정한 시간 간격을 기준으로 하는 방법은 시간 표집법이다.
④ 교수-학습 시간 활용 분석은 시간 분석 기법에서 사용한다.

16 ③

인지적 영역이 학습 영역의 1순위인 학습자는 문제 해결, 전술 이해, 분석·평가·창출 활동이 강조되는 다음과 같은 경우에 해당한다.
㉢ 전술 게임 모형 학습자: 경기 맥락 속에서 전술적 문제를 분석·해결하는 학습이 핵심이므로 인지적 영역이 1순위인 학습자이다.
㉣ 스포츠 교육 모형에서 코치 역할: 전략 수립·분석·지도 역할을 담당하므로 인지적 학습이 중심인 학습자이다.
㉤ 동료 교수 모형에서 개인 교사 역할: 피드백 제공, 과제 분석, 교정 지도 등 인지적 참여가 가장 큰 비중을 차지한다.

> 오답풀이 ⓘ

㉠ 직접 교수 모형 학습자: 주로 심동적 영역(기능 습득)이 1순위인 학습자이다.
㉡ 개별화 지도 모형 학습자: 학습 진도·속도에 맞게 과제를 수행하는 데 초점을 두므로 심동적·정의적 영역이 강조된다.

17 ④

수업 운영 시간은 실제 신체 활동이 아닌 출석 점검(㉠), 이동, 대기(㉣), 정리(㉤), 준비 등 행정·운영적 활동에 소요되는 시간을 말한다.

> 오답풀이 ⓘ

연습(㉡), 시범(㉢)은 실제 교수·학습 활동 시간에 해당하므로 운영 시간이 아닌 교수·학습 시간으로 분류해야 한다.

18 ③

〈보기〉의 ⓐ에 해당하는 부정적 행동 관리 전략은 신호 간섭이다. 신호 간섭은 학습자의 이탈 행동을 예방하고 과제에 집중하게 하기 위해 교사가 간단한 신호(시선 마주침, 손 움직임 등)를 사용하여 학습자에게 알리는 방법이다. 이를 통해 학습자가 과제에서 벗어나지 않도록 조용히 제지할 수 있다.

> 오답풀이 ⓘ

① 퇴장(타임 아웃): 부적절한 행동을 한 학습자를 일정 시간 동안 수업에서 제외함으로써 행동 수정을 유도한다.
② 삭제 훈련: 바람직하지 않은 행동이 나타날 때, 원래 제공되던 강화 자극(보상)을 제거하여 행동을 감소시키는 방법이다.
④ 접근 통제: 교사가 학습자에게 물리적으로 가까이 다가가거나 접촉하여 프로그램 진행을 방해하는 행동을 제지한다.

19 ①

마튼스의 전문체육 프로그램 개발 절차는 '선수에게 필요한 기술 파악 → 기초 자료 수집 및 현재 수준·욕구 파악 등 선수 이해(㉠) → 상황 분석 → 우선순위 결정 및 장·단기 목표 설정(㉡) → 지도 방법 선택 → 연습 계획 수립'의 순서로 이루어진다.

20 ②

㉠ "투구 제한 시간이 몇 초이지?"라는 질문은 이미 배운 사실 지식을 기억하고 재생하도록 요구하는 것으로, 이는 회상형(회고적) 질문에 해당한다.
㉡ '포구 그물에 공을 정확하게 던져 넣는 연습'은 특정 환경과 목표가 고정되어 반복 가능한 상황으로, 정답이 일정하고 변인이 적다. 따라서 폐쇄 기능에 해당한다.

> 오답풀이 ⓘ

- 수렴형(집중적) 질문: 학습자가 사고·분석을 통해 답을 도출해야 하는 경우에 해당한다. 그러나 〈보기〉의 ㉠에서 '몇 초'인지는 단순히 기억한 지식을 묻고 있는 것이므로 맞지 않는다.
- 개방 기능: 경기 상황처럼 환경이 불확실하고 변수가 많은 상황(상대 타자의 반응에 따라 투구하는 실제 게임 상황 등)에서 해당한다. 그러나 〈보기〉의 ㉡에서 포구 그물에 공을 던져 넣는 연습은 목표물이 고정된 폐쇄적 연습이다.

스포츠심리학 P.462

1	2	3	4	5	6	7	8	9	10
②	④	①	①	②	②	③	②	④	②
11	12	13	14	15	16	17	18	19	20
③	①	①	④	③	③	③	④	①	④

1 ②
스포츠심리학자는 의약품을 판매할 수 없으며, 이는 의학적 또는 약학적 영역에 속하는 활동이므로 스포츠심리학자의 역할에 포함되지 않는다.

2 ④
심상이란, 마음속으로 동작이나 상황을 상상해 동기 유발, 감정 조절, 기술 습득 등에 도움을 주는 것이다. 그러므로 부상 회복과 통증 대처에도 심상은 도움이 된다.

3 ①
내적 동기란 활동 자체에 대한 즐거움이나 만족감에서 비롯되는 동기를 말한다. 내적 동기는 외적 보상보다 자율성, 유능감, 관계성이 충족될 때 강화된다. 따라서 내적 동기를 향상하는 전략으로는 ㉠, ㉡, ㉢이 적절하다.

오답풀이 ❶
㉣ 물질적 보상·처벌은 외적 동기 강화 전략에 해당한다.
㉤ 지나치게 높은 목표는 실패 경험을 유발하므로 내적 동기가 저하될 수 있다.

4 ①
목표 설정 이론에 의하면, 수행 목표가 결과 목표보다 효과적이다. 이는 수행 목표는 개인의 통제가 가능하며, 구체적인 행동 변화와 향상에 직접적인 영향을 미치기 때문이다. 따라서 결과 목표보다 수행 목표를 강조해야 한다.

5 ②
운동이 세로토닌, 도파민, 노르에피네프린 같은 모노아민 신경 전달 물질의 분비를 촉진하여 우울 증상을 완화한다고 설명하는 것이 모노아민 가설이다.

오답풀이 ❶
① 열 발생 가설: 운동으로 인한 체온 상승이 긴장을 완화하고 기분을 좋게 한다는 가설이다.
③ 사회 심리적 가설: 운동을 통한 사회적 상호작용과 자존감 향상이 우울 완화에 기여하는 등 심리적 안정이 나타난다는 가설이다.
④ 생리적 강인함 가설: 규칙적인 운동으로 스트레스 저항력을 키우고 생리적 회복력이 강화된다는 가설이다.

6 ②
<보기>의 항목들은 콜먼 그리피스(Coleman Griffith)에 대한 설명이다.

오답풀이 ❶
① 프랭클린 헨리: 운동학, 운동 기술 연구 발전에 기여한 학자이다.
③ 레이너 마틴즈: 아동 스포츠 심리, 청소년 스포츠 참여 연구를 진행한 학자이다.
④ 노먼 트리플렛: 사회적 촉진 연구(사이클 선수 실험)로 유명한 학자이다.

7 ③
고원 현상(plateau)은 일정 기간 동안 수행 향상이 멈춘 것처럼 보이는 현상을 의미한다. 어떤 기능의 수행 과정에서 처음에는 급격히 능력이 향상되지만, 일정 시점에 도달하면 더 이상 눈에 띄는 향상이 나타나지 않고 정체 상태를 보인다. 즉 실제로는 학습이 계속 진행 중이지만, 수행 결과에 즉각 반영되지 않는 구간이다. 따라서 '더 이상의 질적인 변화가 없는 것'이 아니라, 일시적 정체기로 이해해야 한다.

8 ②
루틴이란 경기에 앞서 집중력을 유지하고 불안을 조절하기 위해 반복적으로 실행하는 심리적·행동적 절차를 의미한다. 이는 경기 상황에서 주의 집중을 돕고, 불안이나 산만함을 차단하며, 다음 수행을 준비하도록 해 준다. 따라서 루틴은 일정하게 반복되어야 효과가 있으며, 경기 직전에 임의로 수정하면 오히려 불안감을 일으켜 경기력에 부정적 영향을 줄 수 있다.

9 ④

〈보기〉의 항목들은 체계적 둔감화를 설명한 내용이다. 체계적 둔감화란, 불안 자극에 점진적으로 노출하여 불안을 단계적으로 줄이는 방법이다.

오답풀이

① 자생 훈련: 자기 암시와 이완을 통해 스트레스와 불안을 감소하여 신체적 안정을 유도하는 기법이다.
② 점진적 이완: 근육의 긴장-이완을 반복하며 신체적 이완을 통해 스트레스를 완화하는 기법이다.
③ 인지 재구성: 부정적 사고를 긍정적 사고로 바꾸어 스트레스를 감소하는 기법이다.

10 ②

손다이크(Thorndike) 자극-반응(S-R) 이론에 대한 내용이다.
㉠ 단순 반응 시간: 하나의 자극에 하나의 반응만 있는 경우
㉡ 선택 반응 시간: 여러 자극 중 하나에만 반응하는 경우
㉢ 변별 반응 시간: 여러 자극에 대해 각각 다른 반응을 해야 하는 경우
따라서 반응시간 유형별 적절한 스포츠 상황을 연결하면 '㉠-가, ㉡-다, ㉢-나'이다.

11 ③

친밀한 관계가 있는 사람과는 이해관계 충돌, 객관성 손상, 중립성 약화 우려 등의 문제가 있으므로 상담하지 않는 것이 원칙이다.

12 ①

스펜서의 추동 이론은 욕구가 충족되지 않으면 긴장이 발생하며, 이 긴장이 각성 수준을 높여 운동수행에 영향을 미친다고 본다. 따라서 각성 수준이 높을수록 운동수행도 비례적으로 향상된다고 설명한다.

오답풀이

② 전환(반전) 이론: 각성을 어떻게 해석하느냐에 따라 부정적 불안이 될 수도 있고 긍정적 각성이 될 수도 있다고 본다.
③ 다차원 불안 이론: 인지적 불안과 신체적 불안을 구분하고 각성 수준에 따라 수행에 미치는 영향이 다르다고 본다.
④ 역U 가설: 적절한 각성 수준에서는 수행이 최고에 이르고, 각성이 너무 낮거나 높으면 수행이 저하된다고 본다.

13 ①

㉠ 링겔만 효과: 집단 규모가 커질수록 개인이 발휘하는 평균적 노력이나 생산성이 감소하는 현상이다.
㉡ 사회적 태만: 집단 속에서 개인이 책임감을 덜 느끼고 의도적으로 노력이나 기여를 줄이는 행위를 말한다.

오답풀이

- 플라시보: 실제로는 치료 효과가 없는 자극(가짜 약, 의미 없는 처치 등)을 받았음에도 불구하고, 심리적 믿음으로 인해 긍정적인 신체적·심리적 변화가 나타나는 현상이다.
- 사회적 촉진: 타인의 존재(관중, 동료, 경쟁자 등)가 개인의 수행에 영향을 주는 현상으로, 과제 난이도와 숙련도에 따라 수행이 향상되거나 저하된다.

14 ④

주제 통각 검사(TAT)는 모호한 그림을 제시하고 이야기를 꾸며내도록 하여 성격과 감정을 분석하는 투사법에 해당한다. 투사법에는 로르샤흐 검사, CAT 검사, 문장 완성 검사, HTP 검사, KFD 검사 등이 있다.

오답풀이

①, ②, ③ 질문지 측정법은 피검자가 문항에 대한 자기보고를 통해 심리적 특성을 측정하는 방법이다. 대표적인 도구로는 POMS(기분 상태 검사), MBTI(성격 유형 검사), 16PF(16개 성격 요인 검사) 등이 있으며, 모두 문항에 답하는 형식이다.

15 ③

무관심 단계는 운동 필요성을 아직 인식하지 못한 단계로, 운동 의도가 거의 없는 것이다. 이에 전략은 운동의 긍정적 효과, 건강 증진, 삶의 질 향상 등의 정보를 제공하는 것이 도움이 된다.

오답풀이

① 장시간 고강도 참여 권유는 부담을 줄 수 있다.
② 멘토 역할은 실천·유지 단계에서 적절하다.
④ 운동중독 위험성에 대한 자료 제공은 실천·유지 단계 대상에 적절하다.

16 ③

본능 이론에서는 공격성을 본능적이고 타고난 충동에서 비롯된다고 본다.

> **오답풀이**
> ① 좌절-공격 이론에 대한 설명이다.
> ② 사회 학습 이론에 대한 설명이다.
> ④ 단서 촉발 이론에 대한 설명이다.

17 ③

㉠ 성취 경험: 실제 성취와 성공 경험을 연결하는 것이다.
㉡ 사회적 분위기 : 사회적 지지, 격려에 관한 것이다.
㉢ 자기 조절: 신체적·정신적으로 스스로 준비·통제하는 것이다.

18 ④

주의 집중을 높이는 방법에는 과업 몰두, 분산 환경 노출, 주의 집중 훈련, 주의 초점 전환 연습, 루틴의 설정 및 반복, 최적의 각성 상태 유지, 통제 가능한 요소에 집중 등이 있다.

> **오답풀이**
> ① 경기 중 루틴을 변경하는 것은 주의 집중에 방해가 된다.
> ② 과거 실수를 회상하는 것은 부정적 사고로 이어져 주의 집중에 방해가 된다.
> ③ 경기 전에 최고 기록을 확인하는 것은 불필요한 비교로 압박감을 느껴 주의 집중에 방해가 된다.

19 ①

처벌이 필요한 경우, 처벌의 이유를 명확히 전달해야 선수들이 납득하고 개선이 가능하므로 효과적인 처벌 행동 지침에 해당한다.

> **오답풀이**
> ② 동일한 규칙 위반으로 차별적으로 처벌하는 것은 불공정하다.
> ③ 팀과 관련된 규정은 선수 의견을 반영해 합리적으로 설정해야 한다.
> ④ 전체 앞에서 본보기로 처벌하는 것은 선수에게 모욕감과 위축감 등을 유발한다.

20 ④

맥락간섭이란, 여러 기술을 연습할 때, 연습 순서나 방법의 변화로 인해 발생하는 간섭 효과이다. 여러 기술을 혼합해 다양한 맥락에서 연습하면 능력이 향상되어 장기적으로 더 나은 성과를 보인다.

- 무선연습: 여러 가지 기술이나 동작을 무작위로 혼합하여 연습하는 것으로, A코치의 무선 연습은 맥락간섭 효과가 상대적으로 높다.
- 구획연습: 여러 가지 기술이나 과제를 구획으로 나누어 하나씩 반복해서 연습하는 것으로, B코치의 구획 연습은 맥락간섭 효과가 상대적으로 낮다.
- 계열연습: 여러 기술을 일정한 순서대로 반복하는 순환형 방식으로, C코치의 계열 연습은 B코치의 구획 연습보다 맥락간섭 효과가 높다.

한국체육사

P.466

1	2	3	4	5	6	7	8	9	10
②	④	①	③	②	③	①	①	④	②
11	12	13	14	15	16	17	18	19	20
②	②	③	②	④	①	④	③	③	④

1 ②

고구려의 씨름에 관한 대표적 물적 사료는 각저총 벽화이다. 벽화에는 두 사람이 허리를 맞잡고 힘을 겨루는 장면이 생생히 묘사되어 있으며, 이는 단순한 민속놀이를 넘어 군사적 훈련과 체력 단련의 기능을 함께 지녔음을 보여준다. 따라서 씨름이 고대 사회에서 오락적 성격과 군사적 기능을 동시에 지닌 활동이었음을 알 수 있다.

오답풀이

① 『경국대전』: 조선 시대의 성문 법전이다.
③ 무령왕릉 벽화: 백제 무령왕릉은 고구려가 아닌 백제의 무덤이다.
④ 김홍도의 「씨름」: 조선 후기 화가 김홍도의 풍속화로, 이는 고구려 시대가 아닌 조선 시대 민속놀이 장면을 묘사한 것이다.

2 ④

㉠ 체육사관은 체육·스포츠의 역사에 관한 해석적 관점과 견해를 의미한다.
㉢ 역사는 진보 사관, 순환 사관, 퇴보 사관 등 다양한 역사관에 따라 다르게 해석될 수 있다. 체육사 역시 이러한 사관에 영향을 받는다.
㉣ 체육사관은 단순한 사실의 나열을 넘어 체육사 서술과 역사학자의 견해 형성에 바탕이 되기도 한다.

오답풀이

㉡ 단순한 사실 기록의 정의에 해당하므로 체육사관에 관한 설명으로 적절하지 않다. 체육사관은 사실 기록 그 자체가 아니라 이를 어떻게 해석하고 바라보는가에 초점을 둔다.

3 ①

부족국가시대의 제천 행사에서 씨름, 활쏘기, 달리기 등 집단적인 신체 활동이 이루어졌으며, 성년 의식과 주술 의식에서도 힘과 체력을 시험하는 활동이 병행되었다. 그러나 대향사례(大鄕射禮)는 조선 시대에 실시된 활쏘기 행사인 대사례와 향사례를 이르는 말로, 부족국가시대와는 시기가 다르다.

4 ③

화랑도의 체육 활동은 무예 수련, 신체 단련, 심신 수양을 통해 인격과 덕성을 함양하는 것을 목적으로 하였다. 그러나 무과 별시(별도의 무과 시험) 응시를 위한 무예 수련은 조선 시대의 제도로, 신라 화랑도 시기의 체육 활동이 아니다.

5 ②

『구당서(㉠)』에는 고구려의 풍속에 대해 "큰 집을 지어 경당(㉡)이라 부르고, 미혼의 자제들이 밤새워 책을 읽으며 궁술(㉢)을 익혔다."라고 기록하고 있다. 이는 고구려에서 독서와 무예 수련을 병행하며 문무를 겸비한 인재 양성을 중시했음을 보여주는 대표적인 사료이다.

오답풀이

- 『삼국지』: 위서 동이전에 고구려와 관련된 내용이 있으나, 경당에 관한 기록은 나타나지 않는다.
- 학당: 신라의 교육 기관인 화랑도와 관련된 용어이다.
- 각저: 씨름과 같은 무예로, 『구당서』에 기록된 내용이 아니다.

6 ③

풍연은 바람을 이용한 연날리기를 뜻한다. 연날리기는 삼국시대부터 이어져 온 민속놀이로, 고려시대에도 널리 행해졌으며 군사적 기능(적의 동향을 살피거나 신호 전달 등)을 겸한 활동으로 의미가 있었다.

오답풀이

① 석전: 두 편으로 나뉘어 돌팔매질을 하여 승부를 겨루는 놀이로, 전쟁 훈련과 유사한 성격을 지닌다.
② 추천: 그네를 타는 놀이로, 두 줄을 잡고 몸을 흔들어 발의 탄력을 이용해 공중으로 높이 올라가는 방식의 놀이이다.
④ 축국: 발로 공을 차는 놀이로, 오늘날의 축구와 유사한 성격을 가진 민속놀이이다.

7 ①

㉠ 방응은 매를 길러 사냥에 활용하는 활동으로, 귀족 사회에서 중요한 수렵 문화였다.
㉡ 조선 시대에는 응방도감이 설치되어 방응을 전담 관리하였다.
㉢ 단순한 수렵 오락뿐 아니라 군사적 목적과 무예 훈련의 성격도 지녔다.

오답풀이

㉣ 삼국시대에도 매사냥이 있었지만, 이를 전담하는 관청은 존재하지 않았다. 이후 고려와 조선시대에는 매의 사육과 사냥을 관리하는 관청인 응방도감이 있었을 정도로 중요하게 다루어졌다.

8 ①

훈련원은 조선의 무예 연습과 병서 강습을 가르치며 무인을 양성하기 위한 국가 교육 기관으로, 왕의 신변을 호위하는 친위 부대가 아니다.

오답풀이 ❶
② 훈련원은 병사·무과 응시자의 활쏘기, 기마·무기 운용 등 시재(기예 시험)를 주관하였다.
③ 중앙의 상설 무예 교육 기관으로 무관들이 군사 훈련과 다양한 무예를 연습하였다.
④ 무과와 군제 운영에서 병서 학습을 중시했으며, 『무경칠서』 등의 이론 교육과 전술 이해를 독려하였다.

9 ④

『활인심방』은 명나라 주권의 저술 『활인심』을 바탕으로 조선의 퇴계 이황이 편찬한 보건 실용서이다(㉠, ㉢). 『활인심방』의 내용으로는 양생지법, 도인법(호흡·기혈 순환·체조 등 신체 단련법)이 포함되어 심신 수련과 건강 유지에 활용되었다(㉡, ㉣).

10 ②

조선시대 식년무과는 정기적으로 시행된 무과 시험으로, 초시 → 복시 → 전시의 3단계로 진행되었다. 이를 통해 무예와 학문(병서 이해)을 갖춘 무관 인재를 선발하였다.

오답풀이 ❶
① 소과와 대과 구분은 문과 체제에 해당하며, 무과에는 적용되지 않는다.
③ 무과 시험의 초시·복시·전시에서는 무예 종목 시재가 중심이며, 강서 시험은 문과 영역이다.
④ 전시는 주로 문무를 아울러 국왕이 최종 순위를 확정하는 의례적 성격이 강했으며, 실제로 목전·철전·기사·기창·격구 같은 무예 시재는 초시·복시 단계에서 실시되었다.

11 ②

병식 체조는 개화기 학교체육에서 군사적 목적과 규율성 함양을 위해 채택된 체조 형태로, 학생들에게 신체 단련 및 군사적 소양을 기르게 하려는 목적이 있었다.

오답풀이 ❶
① 유희 체조: 놀이와 오락을 중심으로 한 체조로, 군사적 목적과는 거리가 있다.
③ 리듬 체조: 음악에 맞춘 신체 움직임을 강조하는 체조로, 주로 예술적·심미적 성격을 가진다.
④ 기공 체조: 호흡과 정신 수양을 중시하는 동양 전통 신체 수련법이다.

12 ②

민족 말살기는 중일 전쟁 이후 조선인을 일본 제국의 신민으로 만들기 위한 황국 신민화 정책이 강력히 추진된 시기이다. 이 시기 학교체육에서는 황국 신민 체조, 검도·유도·궁도 등 일본식 무도가 강요되었고, 남녀 학생 모두 교련적 성격의 체육 활동에 동원되었다.

오답풀이 ❶
① 무단 통치기: 헌병 경찰에 의한 강압 통치로, 학교체육은 일본식 병식 체조가 중심이었으나 황국 신민 체조는 아직 등장하지 않았다.
③ 문화 통치기: 일부 문화·체육 활동이 허용되었고, 학생 운동과 민족주의 체육이 전개되었다.
④ 체조 교습기: 학교에 처음 체조가 교과로 편성된 대한제국 시기로, 군사적 색채는 있었지만 일본식 무도의 강제 보급은 이루어지지 않았다.

13 ③

서상천은 개화기와 일제 강점기에 활동한 대표적 체육인으로, 서상천의 활동으로 옳은 것은 다음과 같다.
㉠ 우리나라에 서구식 역도를 도입하였다.
㉡ 체력 향상을 목적으로 한 단체인 조선 체력 증진법 연구회를 조직하였다.
㉢ 근대적 체육 관련 저서인 『현대 체력 증진법』, 『현대 철봉 운동법』을 저술·보급하였다.

오답풀이 ❶
㉣ 병식 체조를 교육 체조로 개선하고 보급한 활동은 일제 강점기 조선 체육회의 활동에 해당한다.

14 ②

원산학사는 개항 이후 함경도 원산 지역의 유력 인사들이 1883년 설립한 근대적 교육기관이다. 일반 교과 외에도 무예반을 두어 병서, 사격, 무예 교육을 실시했으며, 이는 일본 세력에 대응하기 위한 무비자강의 성격을 강하게 띠었다.

오답풀이 ❶
① 무예 학교: 대한제국 시기에 설립된 무관 양성 기관으로, 주로 군사 교육을 담당했다.
③ 배재학당: 1885년 미국 감리교 선교사 아펜젤러가 세운 서양식 학교로, 무예반과는 거리가 있다.
④ 경신학당: 미국 북장로회가 세운 교육 기관으로, 신학문 위주의 교육을 실시하였다.

15 ④

남북한 단일팀 구성은 1988년 제24회 서울 올림픽 경기 대회 중 열린 남북 회담의 결과가 아니라, 1991년 2월 12일 남북 체육 당국 합의 등 별도의 협의에 따른 것이다.

16 ①

태릉 선수촌 건립은 1966년 제3공화국 박정희 정부 시기에 이루어진 것이므로, 제5공화국(1981~1987)의 정책이 아니다.

오답풀이

② 제5공화국 시기에 국군 체육 부대가 창설되어 체육 인재를 군 복무와 연계해 육성하였다.
③ 1986년 제10회 아시안 게임이 서울에서 개최되었다.
④ 1982년 프로 야구를 시작으로 프로 축구(1983), 프로 씨름(1983) 등 프로 리그가 출범했다.

17 ④

광복 이후 우리나라가 처음 참가한 올림픽은 제5회 생모리츠 동계 올림픽(1948. 1~2월)이다.

오답풀이

① 제14회 런던 하계 올림픽(1948. 7~8월)의 경우 광복 후 하계 올림픽으로는 첫 참가이지만, 최초로 참가한 올림픽은 생모리츠 동계 올림픽이다.
②, ③ 제6회 오슬로 동계 올림픽과 제15회 헬싱키 하계 올림픽은 1952년 개최되었다.

18 ③

광복 이후부터 제5공화국까지 우리나라 체육의 사상적 특징은 엘리트주의, 국가주의, 건민주의로 요약된다. 이 시기 체육은 국가 주도의 선수 육성을 통한 국위 선양, 국민 생활체육 장려를 통한 건전한 국민성 함양을 중시하였다. 그러나 실존주의는 개인의 존재·의미 탐구에 중점을 두는 철학 사조로, 국가 주도의 신체 훈련을 설명하는 개념과 거리가 멀다.

19 ③

국민 생활체육 진흥 종합 계획(호돌이 계획)은 1980년대 후반에 국민 생활체육을 진흥하기 위해 수립된 정책이다. 주요 내용에는 국민 생활체육 협의회 창설, 직장체육 프로그램 보급, 지역 사회 중심 생활체육 확산 등이 포함되었다.

오답풀이

① 서울 올림픽 대비 정책은 경기력 향상 위주의 엘리트 체육 정책에 해당한다.
② 「국민체육진흥법」 제정(1962)은 호돌이 계획보다 앞선 시기의 제도이다.
④ 국가대표 연금, 우수 선수 병역 혜택은 전문체육 우대 정책으로, 호돌이 계획은 생활체육 진흥을 목표로 하였다.

20 ④

㉠ 광복 직후 미군정(1945~1948) 시기, 미국 교육 제도의 영향을 받아 '신체육'이 도입되었다.
㉡ 광복 직후, 일제 강점기에 강제로 해산되었던 조선체육회가 재건되었다.
㉢ 조선 체육 동지회가 결성되면서 민족 체육 재건의 중요한 계기가 되었다.
㉣ 1946년 국방 경비대와 관련하여 학도 호국단이 조직되었고, 많은 체육 교사들이 교관으로 활동하였다.

운동생리학   P.470

1	2	3	4	5	6	7	8	9	10
①	①	②	②	③	④	④	④	④	①
11	12	13	14	15	16	17	18	19	20
②	②	①	③	③	①	③	③	④	②

1 ①

400m 트랙을 약 60초로 전력 질주하는 운동은 유산소 대사가 관여할 수 없는 높은 강도의 운동이다. 따라서 이 경우에 산소가 충분히 공급되기 어려우므로 무산소성 해당과정이 주된 에너지 공급 시스템으로 작용한다. 무산소성 해당과정에서 1분자의 글루코스를 분해하였을 때 얻는 ATP는 2ATP이다.

2 ①

혈중 알부민은 단백질이다. 단백질 대사는 일반적으로 운동상황에서 극한의 경우가 아닌 이상 사용되지 않는다. 일반적으로 중-고강도의 운동 시에는 혈중 포도당(글루코스), 근육 내 포도당(글리코겐), 근육 내 지방(중성지방) 등이 사용된다.

오답풀이 ❶
② 혈중 포도당: 혈액 속 포도당은 해당과정을 통해 빠르게 ATP를 생성하는 주요 기질이다.
③ 근육 글리코겐: 운동 시 가장 중요한 탄수화물 저장 형태로, 무산소·유산소 대사 모두에 활용된다.
④ 근육 중성지방: 근육 내 저장지방으로, 특히 중-고강도 운동 시 산화되어 ATP 합성에 사용된다.

3 ②

장기간의 무산소 트레이닝은 주로 ATP-PCr 시스템과 무산소성 해당과정에 적응을 유도한다. 즉 장기간의 무산소 트레이닝에 따른 생리학적 적응은 유산소(지구성)와 무산소(저항성) 트레이닝을 기준으로 구분하면 된다.
ⓒ 근육의 수축 속도 증가: 무산소 트레이닝의 효과이다.
ⓔ PCr의 양과 PFK 효소(해당과정)의 양 및 활성도 증가: 무산소 트레이닝의 효과이다.

오답풀이 ❶
㉠ 산화 능력 증가: 유산소 트레이닝의 적응 효과이다.
ⓒ 미토콘드리아의 밀도 증가: 유산소 트레이닝의 효과이다.

4 ②

〈보기〉의 내용은 모두 해당과정의 특징이다. 해당과정은 무산소성 에너지 시스템으로, 산소 공급이 제한된 상태에서도 ATP를 빠르게 생성한다. 과정은 에너지 투자(ATP 소모)와 에너지 생산(ATP 생성) 단계로 구성되며, 최종 산물은 피루브산이며, 산소 부족 시에는 젖산으로 전환된다.

오답풀이 ❶
① 지방 분해: 중성지방이 글리세롤과 지방산으로 분해되는 과정으로, 유산소 대사에 관여한다.
③ 동화 작용: 소분자를 이용해 대분자를 합성하는 단백질 합성 등의 과정으로 에너지 생성과 직접적 관련은 없다.
④ 산화적 인산화 과정: 미토콘드리아 내에서 산소를 이용해 ATP를 대량으로 합성하는 과정으로, 무산소성 대사가 아니다.

5 ③

〈보기〉의 특징은 모두 골지 건기관의 기능이다. 골지 건기관은 건 속에 위치하며, 근육의 수축으로 인한 장력 변화를 감지한다. 일정 장력이 넘으면 주동근의 수축을 억제하여 근육 손상을 예방하는 역할을 한다.

오답풀이 ❶
① 근방추: 근육의 늘어짐을 감지하고 과도한 움직임을 제한하여 부상을 예방한다.
② 파치니소체: 피부 및 관절 등에 분포하며, 압력과 진동 자극을 감지한다.
④ 마이스너소체: 피부의 감각 수용기로, 가벼운 접촉이나 섬세한 촉감을 감지한다.

6 ④

장기간 유산소 트레이닝은 심폐계와 골격근의 산화 능력을 크게 향상시킨다. 대표적인 적응은 다음과 같다.
㉠ 좌심실 용적 증가: 심장의 용적이 커져 더 많은 혈액을 충만할 수 있다.
ⓒ 마이오글로빈 함유량 증가: 근육 내 산소 저장 및 운반 능력이 향상되어 조직에서 산소를 운반하는 마이오글로빈의 함유량이 증가한다.
ⓒ 1회 박출량 증가: 심실벽의 두께가 두꺼워져, 한 번 수축 시 더 많은 혈액을 방출한다.
ⓔ 골격근 내 모세혈관 밀도 증가: 근육에 산소와 영양을 효율적으로 공급할 수 있게 된다.

7 ④

골격근 수축 과정은 안정 → 자극 전달 → 수축 → 재충전의 단계로 이루어진다. 신경 자극이 근신경접합부에 도달하면 아세틸콜린이 분비되고, 이로 인해 근섬유막에 활동전위가 발생한다. 활동전위는 가로세관을 따라 이동하여, 근형질세망(㉠)에서 칼슘이온(㉡)의 방출을 유도한다. 방출된 칼슘이온이 트로포닌과 결합하면, 트로포마이오신(㉢)의 위치가 이동하여 액틴과 마이오신이 결합할 수 있게 된다. 이후 ATP 분해 에너지에 의해 마이오신 머리가 파워 스트로크를 일으켜 근수축이 일어난다.

8 ④

㉢ 고강도 운동 시 혈중 젖산 및 체온 증가로 곡선은 오른쪽 이동한다.
㉣ 운동 중 이산화탄소 증가 및 pH 감소는 산소 해리를 촉진하며, 이를 보어 효과라고 한다.

오답풀이 ❶
㉠ 운동에 의한 체온 상승은 친화력을 감소시켜 곡선을 오른쪽으로 이동시킨다.
㉡ 고강도 운동 시 조직에서의 산소 사용이 증가하여 동-정맥 산소 차이는 안정 시 대비 증가한다.

9 ④

체력은 건강 유지와 질병 예방, 일상생활 능력 유지와 관련이 있는 '건강 관련 체력'과 경기력 향상과 관련이 있는 '운동(기능) 관련 체력'으로 구분된다.
- 건강 관련 체력 요인: 근력(㉠), 유연성(㉡), 근지구력(㉢), 신체 구성(㉣), 심폐지구력(㉤)
- 운동(기술) 관련 체력 요인: 민첩성, 평형성, 협응성, 스피드, 순발력, 반응 속도

10 ①

㉠ 동방결절은 심장의 전기적 활동을 시작하는 구조로, 심장의 '페이스메이커'로 불린다.
㉡ 스스로 작동하므로 전도체계 중 가장 빠른 내인성 박동률을 가진다.

오답풀이 ❶
㉢ 자극 전도 시간을 지연시켜 심실 충만을 돕는 역할은 방실결절의 기능이다.
㉣ 심실 전체에 전기 자극을 빠르게 전달하는 역할은 퍼킨제 섬유(푸르킨예 섬유)의 기능이다.

11 ②

㉠ A~B 구간은 이첨판과 대동맥 판막이 모두 닫힌 상태에서 좌심실 압력이 급격히 상승하는 시기로, 이를 등용적 수축 구간이라고 한다.
㉣ D~A 구간은 이완기 충만 구간으로, 이 구간이 증가할 경우 심실 충만량(EDV)이 늘어나 1회 박출량(SV) 증가로 이어진다.

오답풀이 ❶
㉡ 운동 중 좌심실 수축력 증가 시 끝수축용적(ESV)이 감소하여 C점이 왼쪽으로 이동한다. 즉, 용적은 감소한다.
㉢ 운동 중 좌심실 박출률(EF)은 수축력 증가와 ESV 감소로 인해 안정 시 대비 상승한다.

12 ②

㉡ 저산소 환경에 적응하기 위해 근육 내 모세혈관 밀도가 증가하여 산소 이용 능력이 향상된다.
㉣ 적혈구 수와 혈색소 농도가 증가하여 혈액의 산소 운반 능력이 증가한다.

오답풀이 ❶
㉠ 초기에는 심박수 증가로 심박출량이 늘지만, 장기간 적응 후에는 안정 시 심박출량은 정상 수준으로 돌아가거나 오히려 감소하는 경향이 있으므로 일반 시보다 증가하지 않는다.
㉢ 근육 단면적 증가와는 관련이 없으며, 고지대에서는 저산소로 인해 에너지 대사가 제한되고 단백질 분해가 촉진되므로 오히려 감소하는 경향이 있을 수 있다.

13 ①

- 연수(㉠): 부교감신경인 미주 신경이 위치하여, 운동 종료 후 심박수를 낮추는 역할을 한다.
- 뇌하수체: 고온다습한 환경에서 운동 중 체액량 조절을 위해 항이뇨호르몬을 분비한다(㉡).
- 부신: 중강도 이상의 운동 시 교감신경 자극에 의해 호르몬 에피네프린(㉢)을 분비하여 심박수·심박출·대사율을 높인다.

14 ③

ⓒ A 밴드 길이는 마이오신 필라멘트의 전체 길이에 해당하므로 수축 시에도 변하지 않는다.
ⓒ 근절의 길이는 Z선과 Z선 사이로 정의되며, 수축 시 길이는 짧아진다.

오답풀이 ❶

㉠ I 밴드는 액틴단 존재하는 구간으로, 수축 시 길이가 줄어들 수 있다.
㉣ 액틴과 마이오신의 경우 각각의 필라멘트 자체 길이는 변하지 않는다.

15 ③

ⓒ 수축 속도가 빠른 것은 속근 섬유의 특성이다.
㉣ 칼슘 이온 방출 속도가 빠른 것은 속근 섬유의 특성이다.

오답풀이 ❶

㉠ 피로 저항이 높은 것은 지근 섬유의 특성이다.
ⓒ 산화 능력이 높은 것은 지근 섬유의 특성이다.

16 ①

혈액의 역류를 막기 위해 존재하는 판막은 정맥 내부에 위치한다. 특히 하지 정맥은 중력에 거슬러 혈액을 심장으로 되돌려야 하므로, 판막 구조가 잘 발달되어 있다. 반면 동맥에는 판막이 존재하지 않는다.

17 ③

글루카곤은 췌장의 알파세포에서 분비되는 호르몬으로, 간에 작용하여 글리코겐을 분해하고 혈당을 상승시킨다.

오답풀이 ❶

① 인슐린: 췌장의 베타세포에서 분비되어 혈당을 낮추는 작용을 한다.
② 코티졸: 부신피질 호르몬으로, 단백질·지방 분해 및 포도당 신생 합성을 촉진한다.
④ 에피네프린: 부신수질 호르몬으로, 혈당 상승에도 관여하지만 주요 작용은 교감 신경 흥분 반응이다.

18 ③

운동 단위는 하나의 운동 신경에 연결되어 있는 근섬유를 지칭한다. 운동 단위의 동원이 늘어나면 더 많은 근섬유가 수축하여 근 수축력의 증가로 이루어진다. 운동 단위 동원은 Type I → Type IIa → Type IIx 순으로 강도 증가에 따라 동원된다. 저강도(예 VO₂max 30% 이하)에서는 Type I이 먼저 동원되며, Type IIx는 고강도에서 마지막에 동원된다.

19 ④

- 마이오글로빈: 근육 세포 내에 존재하는 단백질로, 산소를 저장하고 필요 시 방출하여 근육 내 산소 운반 및 저장에 중요한 역할을 한다.
- 헤모글로빈: 적혈구에 존재하며, 폐에서 조직으로 산소를 운반한다.
- 적혈구 용적률: 혈액 내 적혈구 비율을 의미하며, 이 값이 증가하면 혈액의 점성도 증가한다.

따라서 근육 조직에서 산소를 저장·운반하는 물질은 마이오글로빈(㉠)이며, 헤모글로빈은 혈액 내에서 작용한다. 또한 적혈구 용적률이 증가하면 혈액의 점성은 증가(ⓒ)하게 된다.

20 ②

㉠ 운동 중 혈류 재분배는 활동근에 혈액을 집중적으로 공급하기 위해 일어나는데, 운동 시 골격근의 산소 요구량이 증가하므로 내장·신장 등 비활동 조직으로 가는 혈류량은 감소한다.
ⓒ 고강도 운동에 참여하는 골격근의 세동맥 혈관 저항은 안정 시보다 감소하여 혈류 공급을 증가시킨다.

오답풀이 ❶

ⓒ 최대 운동 시 심박출량이 크게 증가하지만, 기관별 혈류 분배 비율은 동일하지 않고 변화한다(예 골격근 비율↑, 내장·신장 비율↓).

운동역학

P.475

1	2	3	4	5	6	7	8	9	10
④	①	②	④	①	②	②	①	③	③
11	12	13	14	15	16	17	18	19	20
②	③	②	④	③	④	④	③	①	②

1 ④

운동역학은 역학적 원리를 적용하여 인체의 운동을 분석하는 학문으로, 주요 목적 운동 기술의 향상(①), 운동수행 시 힘의 측정 및 분석(②), 운동수행의 안전성 향상(③) 등이 있다. 그러나 인체 내 에너지 대사의 측정 운동생리학의 연구 주제이며, 운동역학의 범위에 포함되지 않는다.

2 ①

운동 기술의 분석 방법은 크게 정성적 분석과 정량적 분석으로 나뉘는데, 정성적 분석은 주관적인 관점에서 평가하는 것이며 정량적 분석은 객관적인 근거로 분석하는 것이다. 〈보기〉에서 '비수치적 방법'과 '지도자의 관찰'을 통해 운동 기술 향상을 도모한 것은 정성적 분석 방법을 사용한 것으로 볼 수 있다. 따라서 정량적 자료로 분석한다는 설명(①)은 옳지 않다.

3 ②

운동의 종류는 크게 병진 운동(선운동)과 회전 운동(각운동)으로 나눌 수 있다. 곡선 운동은 직선이 아닌 곡선을 따라 이동하는 운동으로, 병진 운동(선운동)의 한 형태이다. 따라서 곡선 운동이 회전운동에 포함된다는 설명(②)은 옳지 않다.

오답풀이 ❶

① 직선 운동은 물체 전체가 동일한 방향으로 같은 거리를 이동하는 병진 운동의 한 형태이므로 옳은 설명이다.
③ 병진 운동은 직선 운동과 곡선 운동을 모두 포함하므로 옳은 설명이다.
④ 복합 운동은 병진 운동과 회전 운동이 동시에 일어나는 운동이므로 옳은 설명이다(예 달리기 중 팔의 흔들림, 자전거 페달링).

4 ④

단순한 물리나 역학과 달리 인체역학은 인체의 수많은 분절(관절)과 근육에 의한 움직임을 연구한다. 이때 하나의 근육은 하나의 뼈대에 작용하는 것을 넘어 그 뼈대와 연결되어 있는 수많은 분절과 상호작용하는데, 이것을 운동역학 사슬이라고 부른다. 운동역학 사슬은 분절로부터 가장 먼 부분이 다른 물체나 벽체에 고정이 되어있는지 또는 아닌지를 구분하는데, 열린형 운동역학 사슬(OKC)은 사지 말단이 자유롭게 움직일 수 있는 형태(예 레그 익스텐션, 덤벨 컬)이다. 반대로 스쿼트, 팔굽혀펴기와 같은 동작은 닫힌형 운동역학 사슬(CKC)에 해당한다.

오답풀이 ❶

① 운동 사슬은 힘의 적용 대상이 연결된 일련의 고리로 이해할 수 있다.
② 각 사슬의 연결 동작은 힘의 전달과 운동 효율에 직접적인 영향을 미친다.
③ 닫힌형 운동역학 사슬(CKC)은 사지의 말단이 고정된 상태(예 스쿼트, 팔굽혀펴기, 걷기)로 기능적이고 실제 스포츠 동작과 유사한 경우가 많다.

5 ①

신체에 작용하는 힘을 부하라고 한다. 부하가 작용하는 방향과 특징에 따라서 신체가 압박, 비틀림, 전단, 굽힘, 끊어짐, 장력(인장) 등이 일어난다. 응력은 발생한 부해(힘)이 단위 면적당 작용하는 힘을 의미한다. 전단 응력은 조직의 장축(가장 긴 축)을 따라 서로 반대 방향으로 가해지는 힘을 의미한다. 예를 들어, 머리를 왼쪽으로 밀고 몸통을 오른쪽으로 미는 경우와 같이, 조직의 상·하부 또는 전·후방에 서로 다른 방향의 힘이 작용할 때 발생한다.

오답풀이 ❶

② 인장 응력: 두 힘이 서로 반대 방향으로 잡아당겨 조직이 늘어나거나 끊어질 수 있는 힘이다.
③ 압축 응력: 서로 마주 보는 방향으로 힘이 작용하여 조직이 압박·눌림을 받는 힘이다.
④ 휨: 축에서 벗어난 두 힘이 작용해 물체가 휘어지는 것을 말하며, 한쪽에는 인장 응력, 반대쪽에는 압축 응력이 동시에 발생한다.

6 ②

운동역학에서 근육 뼈대 계통에 작용하는 힘은 크게 내적인 힘(내력)과 외적인 힘(외력)으로 구분할 수 있다. 내력은 주로 근육이 작용하는 직접적인 힘과 그 힘에 영향을 받은 간접적(수동적)인 힘이고, 외력은 신체 외부로부터 작용하는 힘이며 대부분 중력에 의해서 발생한다.
ⓒ 높이뛰기 도약 동작에서 선수가 근수축으로 발휘하는 힘은 내력에 해당한다.

ⓔ 내력만으로는 인체 전체의 위치(질량 중심)를 이동시킬 수 없다. 외력이 0이면 계의 질량 중심은 변위하지 않는다는 원리인 운동량 보존 원칙에 따라, 전신을 앞으로 움직이려면 지면 반력·중력·공기저항·외부 접촉력 같은 외력이 필요하다.

> **오답풀이 ❶**
> ㉠ 다이빙 동작에서 작용하는 중력은 외력에 해당한다.
> ㉢ 환경과의 상호작용으로 시스템에 작용하는 힘(지면 반력, 도구 접촉력, 물의 부력·항력 등)은 외력에 해당한다.

7 　②

평균 보행 속도는 전체 이동한 거리(m)를 시간(t)으로 나눈 값이다. 먼저 항속 구간을 구하면 총거리 30m 중 가속과 감속 구간이 각각 5m씩 있으며 이 부분은 항속 구간에서 제외하여 전체 항속 구간은 30m-10m=20m가 된다. 해당 구간에서 걸린 시간은 16초이므로 항속 구간의 평균 보행 속도는 20m÷16s=1.25m/s이다.

8 　①

회전하는 물체의 각가속도가 0이면 물체는 회전을 유지한다.

> **오답풀이 ❶**
> ② 각가속도는 각속도의 변화량을 시간의 변화량으로 나눈 값을 의미한다.
> ③ 처음 각속도 30°/s에서 6초 후 90°/s로 변화하였을 경우 90°-30°(각속도의 변화량)÷6s이므로 10°/s²가 된다.
> ④ 각속도가 양의 방향(시계 반대 방향)으로 증가를 하는 것은 각가속도가 존재한다는 의미이며, 선형적이라는 것은 각가속도가 일정하다는 것을 의미한다.

9 　③

제시된 그래프는 수직 방향으로 작용한 힘과 작용한 시간을 나타낸 그래프로, 공중에서 지면으로 착지할 때 신체에 작용하는 힘을 의미하며 순간순간 가해지는 힘(충격력)이 모이면 신체가 받은 전체 충격량(힘과 시간의 곱)이 된다. 다시 말하면 충격량에 대한 그래프이다. ㉠과 ㉡의 그래프는 뻣뻣한 착지와 부드러운 착지를 했을 때의 차이를 말하며 조건에서 착지 전략을 제외한 나머지 조건(선수의 무게, 속도 등)은 동일하기에 ㉠과 ㉡의 면적, 즉 충격량은 동일하다는 것을 알 수 있다. 그랬을 경우 ㉠은 뻣뻣한 착지로 순간마다 받는 충격력이 강한 것으로 보이며 ㉡은 부드러운 착지로 무릎을 굽히면서 충격력이 작용하는 시간을 늘려 단위 시간당 전해지는 충격력이 감소하는 그래프이다. 따라서 ㉠의 수직 충격량은 ㉡과 차이가 없다.(③)

> **오답풀이 ❶**
> ① 운동량의 변화량=충격량이므로 ㉠과 ㉡의 충격량은 같다.
> ② ㉠의 경우 뻣뻣한 착지는 신체에 작용하는 수직 충격력이 더 크다.
> ④ 착지 직전의 무게중심의 속도는 ㉠과 ㉡ 모두 동일하다.

10 　③

선운동량 보존의 법칙에 따라 임팩트 직전의 골프 클럽의 운동량과 임팩트 직후 운동량의 차이는 골프공의 운동량과 같다. 골프 클럽의 질량은 0.6kg, 골프공의 질량은 0.04kg이며, 클럽의 선속도는 임팩트 직전은 50m/s, 임팩트 직후는 45m/s이다. 충돌 전 클럽의 운동량은 0.6×50=30kg·m/s, 충돌 후 클럽의 운동량은 0.6×45=27kg·m/s로 운동량 변화는 3kg·m/s이다. 이 운동량이 그대로 골프공에 전달되므로 0.04×V(골프공의 선속도)=3 → V=3÷0.04=75m/s가 된다. 따라서 골프공의 임팩트 직후 골프공의 선속도는 75m/s이다.

11 　②

철봉의 대차돌기 하강 국면에서는 발의 무게 중심점에 중력이 작용한다. 발의 무게 중심점에 작용하는 힘은 토크를 발생시켜 각속도를 증가시킨다. 따라서 발의 무게 중심점이 일정한 각속도를 유지한다는 설명(②)은 옳지 않다.

12 　③

근육·힘줄이 관절 축에 대해 만드는 돌림힘을 내적 토크, 중력·도구 등 외부 힘이 만드는 돌림힘을 외적 토크라 한다. 신장성 수축은 내적 토크보다 외적 토크가 클 때 일어난다.

> **오답풀이 ❶**
> ① 근육은 관절을 기준으로 돌림힘(토크)를 생성한다.
> ② 덤벨 컬 시 덤벨의 무게는 팔꿈치를 폄(신전)시키고, 상완이두근은 팔꿈치를 굽힘(굴곡)시킨다.
> ④ 같은 근력이면 모멘트 팔의 길이에 따라 토크가 차이가 난다. 중심축과 관절각이 90°인 경우 모멘트 팔의 길이가 가장 길어지므로 관절각이 90°보다 커지거나 작아지면, 즉 90°보다 더 굽히거나 펴면 내적 토크도 감소한다.

13 ②

ⓒ 달리기 시 체공기에 있는 다리를 굽히면 질량이 회전축에 가까워져 질량 분포가 감소하므로 관성 모멘트가 감소한다.
ⓔ 다이빙의 터크 자세는 웅크린 동작으로, 질량을 몸통 쪽으로 모아 질량 분포 감소에 따른 관성 모멘트 감소를 유도한다.

오답풀이 ❶

ⓐ 피겨 스케이팅에서 양팔을 벌리면 질량이 축에서 멀어져 질량 분포가 증가하므로 관성 모멘트가 증가한다.
ⓓ 골프 아이언 헤드의 질량 분포를 양 끝으로 넓게 하면 질량이 축에서 멀어져 관성 모멘트가 증가한다.

14 ④

공이 1m에서 자유 낙하하여 바닥에 충돌한 뒤 0.75m까지 튀어 오른 경우, 충돌 전후의 에너지가 같지 않으므로 비탄성 충돌에 해당한다. 충돌 과정에서 일부 운동 에너지가 열, 소리 에너지 등으로 손실되었기 때문이다. 반발 계수(복원 계수)는 다음과 같이 계산한다.

$$e = \sqrt{\frac{h_2}{h_1}} = \sqrt{\frac{0.75}{1.00}} \approx 0.87$$

따라서 반발 계수는 약 0.87이다.

오답풀이 ❶

① 충돌 후에 다시 튀어나온 높이가 다르므로 비탄성 충돌에 해당한다.
② 같은 질량의 공이 충돌 전후에 서로 다른 높이를 가지므로 속도 또한 달라진다.
③ 충돌 전후의 속도가 다르므로 이는 운동 에너지가 보존되지 않았다는 것을 의미한다.

15 ③

압력 중심점은 지면에 작용하는 수직 반력의 합력이 작용한다고 가정되는 점으로, 균형 능력 평가에 중요한 지표이다. 보행 시 한발 지지기 동안 압력 중심점의 위치는 지속적으로 변한다. 다만 허리를 앞으로 굽히더라도 압력 중심점은 발이 닿아 있는 기저면(발바닥 면적) 안에 위치하며, 기저면 밖으로 벗어날 수는 없다. 참고로, 무게 중심은 신체 외부에도 존재할 수 있지만, 압력 중심점은 항상 지면과 접촉한 면적(기저면) 위에 위치한다.

16 ④

에너지는 반드시 움직임이 있어야만 존재하는 것이 아니다. 예를 들어, 위치 에너지는 물체가 정지해 있어도 높이에 따라 잠재적으로 에너지를 보유할 수 있다.

오답풀이 ❶

① 에너지는 일을 할 수 있는 능력, 물리량을 의미한다.
② 역학적 에너지 보존의 법칙에 따라 위치 에너지와 운동 에너지는 상호 변환될 수 있다.
③ 운동 에너지는 물체의 질량에 비례하고 속도의 제곱에 비례하므로, 질량이 일정할 때 속도의 변화는 곧 운동 에너지의 변화를 의미한다.

17 ④

- 이동 거리: 물체가 실제로 이동한 총길이를 의미한다. 트랙 1바퀴가 400m이고, 25바퀴를 달렸으므로 이동 거리는 400×25=10,000m이다.
- 변위: 시작점에서 끝점까지의 직선 거리(위치 변화량)를 뜻한다. A선수는 출발점에서 출발하여 25바퀴를 돌고 다시 출발점으로 돌아왔으므로, 최종 위치는 시작 위치와 동일하다. 따라서 변위는 0m이다.

18 ③

ⓐ 일은 작용한 힘과 이동한 거리의 곱으로 계산한다. 따라서 2N×2m=4J이다.
ⓑ 일률은 단위 시간 동안 한 일을 의미한다. 따라서 4J을 단위 시간 2초로 나누면 $\frac{4J}{2s}$ =2J/s이다.

19 ①

인체의 안정성은 기저면의 크기뿐 아니라 형태와도 밀접하게 관련이 있다. 즉 같은 크기라도 좁고 긴 모양보다 넓고 고른 모양의 기저면이 더 안정적이다.

20 ②

마찰력은 마찰 계수와 수직 항력의 곱으로 구한다. 단지 수평면에서 다른 수직 방향 힘이 없을 경우 결과적으로 질량에 비례하는 것처럼 보일 수 있으나, 마찰력은 물체 질량과 직접적인 곱이 아니라 수직 항력과의 곱으로 정의된다.

스포츠윤리

P.479

1	2	3	4	5	6	7	8	9	10
②	③	②	③	①	①	②	①,②,③,④	①	③
11	12	13	14	15	16	17	18	19	20
①	④	②	③	④	④	②	④	③	②

1 ②

스포츠 산업 종사자의 직업 안정성 확보와 처우 개선은 노동 정책이나 체육 행정의 영역이다. 스포츠 윤리 센터는 국민체육진흥법에 따라 체육계 인권 침해와 스포츠 비리 예방을 위해 설립되었으며, 그 주요 역할은 체육인의 인권 보호 및 공정성 확보이다. 스포츠 윤리 센터의 주요 목적과 기능은 다음과 같다.
- 통합 신고 관리 시스템을 통한 신고 접수와 처리
- 징계 정보 시스템 운영
- 스포츠 비리 및 체육계 인권 침해 방지를 위한 예방 교육 제공
- 실태 조사 및 연구 수행
- 인권 보호관 제도 운영

2 ③

가치 판단은 스포츠에서 옳고 그름, 바람직함과 같은 규범적 · 윤리적 평가를 의미한다. ③은 사실 판단, 즉 사실에 관한 진술이므로 가치 판단에 해당하지 않는다.

오답풀이

① 도핑 행위에 대한 윤리적 · 규범적 평가는 가치 판단에 해당한다.
② 희생과 헌신이 승리보다 더 가치 있다고 가치의 우선순위를 따지는 주장은 가치 판단에 해당한다.
④ 승리 추구가 규정 준수보다 더 중요하다는 규범적 비교는 가치 판단에 해당한다.

3 ②

〈보기〉에서는 태권도 경기에서 선수에게 요구되는 공격적 · 투쟁적 태도가 경기력 향상에 도움이 되지만, 그 정도가 지나쳐 폭력적 성향으로 표출되면 제재를 받게 되는 상황을 설명하고 있다. 이는 스포츠 속 폭력이 필요성과 동시에 위험성을 함께 지닌 양면적 성격, 즉 이중성을 드러낸 것이다. 게발트는 힘 · 권력 · 폭력의 개념으로 스포츠 폭력의 맥락을 지칭한다.

오답풀이

- 희생양: 희생양은 집단 내 갈등이나 문제의 책임을 특정 개인이나 집단에 떠넘기는 현상을 말한다.
- 스포츠 폭력의 부당성: 스포츠 폭력이 정당화될 수 없다는 뜻이다.

4 ③

타이틀 나인(1972년 미국 교육 개정법 제9조)는 교육 및 활동 전반에서 성차별을 금지하는 법률이다. 이 법의 시행으로 학교체육 및 스포츠 프로그램에서 남녀 간 동등한 참여 기회를 보장해야 하며, 의도적 성차별이 발생할 경우 해당 학교나 기관은 연방 정부의 재정 지원이 제한될 수 있다.

오답풀이

① 미국 프로야구 도핑 실태 보고서는 타이틀 나인과 무관하다.
② 남아프리카공화국의 인종 차별 정책은 '아파르트헤이트'와 관련된 정책이다.
④ 휠체어 이동 통로 설치는 장애인차별금지법이나 ADA(미국 장애인법)과 관련된 조치이다.

5 ①

기술 도핑은 전신 수영복, 특수 신발 등 특수 장비나 용품을 활용해 경기력을 향상시키는 개념으로, 세계 도핑 방지 기구가 정한 공식 금지 방법의 분류에는 해당하지 않는다. 세계 도핑 방지 기구가 정한 '금지 방법'의 분류 목록은 다음과 같다.
- 혈액 및 혈액 성분의 조작
- 화학적, 물리적 조작
- 유전자 및 세포 도핑

6 ①

톰 레건의 동물 권리론은 동물을 단순히 인간의 이익을 위한 수단이 아니라, 삶의 주체로서 고유한 권리를 가진 존재로 본다. 따라서 동물에게 자유를 보장하고, 스포츠에 동물을 이용하지 않아야 한다는 입장과 부합한다.

오답풀이

② 세계시민주의적 사고에 따른 재활 승마는 동물 복지적 관점에 더 가깝다.
③ 천연 거위 털 셔틀콕 생산을 장려하는 것은 동물을 수단화하는 행위로, 레건의 동물 권리론과 대치된다.
④ 경마나 소싸움과 같은 합법 · 경제적 활용은 동물 권리를 부정하는 대표적 사례로 볼 수 있다.

7 ②

〈보기〉의 대화에서 테니스 경기에서 발생할 수 있는 불리함을 줄이기 위해 코트를 교대하거나 서브권을 동전 던지기로 결정하는 절차를 강조하고 있다. 이는 결과 자체보다 공정한 절차를 통해 정의를 구현하는 방식으로, 절차적 정의에 해당한다.

오답풀이 ❶
① 평균적 정의: 동일한 조건에서 동일한 보상을 주는 방식이다.
③ 분배적 정의: 각자의 능력이나 상황에 따라 차등적으로 분배하는 방식이다.
④ 보상적 정의: 잘못된 행위나 손해에 대해 보상하거나 처벌하는 개념이다.

8 ①, ②, ③, ④

롤랜드는 규칙을 크게 '구성 규칙'과 '규제 규칙'으로 나누고, 위반 의도 여부에 따라 다시 구분하였다.
- 구성 규칙: 스포츠 자체를 성립시키는 기본 규칙(예 축구에서 손 사용 금지, 농구에서 드리블 없이 3보 이상 이동 금지 등)
- 규제 규칙: 경기 과정의 공정성과 안전을 보장하기 위해 마련된 파생 규칙(예 반칙 방지, 안전 규정, 장비 규정 등)
- 의도적/비의도적: 선수의 의도성 여부에 따른 구분

제시된 사례를 보면, 규칙의 성격 분류가 잘못 연결되어 있다.
① 축구 수비수가 손으로 공을 막은 것은 경기 성립의 기본 규칙 위반이므로 구성 규칙 위반은 맞지만, 실점 방지라는 분명한 의도가 있으므로 의도적 구성 규칙 위반은 맞다. 그러나 실제 롤랜드 분류에서 '구성 규칙'은 통상 비의도적 위반으로 다루는 경우가 많아 논란이 있다.
② 육상에서 레인 침범은 구성 규칙(경기 성립 기본 조건) 위반이므로, 의도적 규제 규칙 위반으로 분류한 것은 옳지 않다.
③ 골프에서 볼을 닦는 행위는 경기 성립 자체의 규칙 위반과 직접적 관련이 없으므로 구성 규칙 위반이라 보기 어렵다.
④ 농구에서 3걸음은 구성 규칙 위반이므로, 비의도적 규제 규칙 위반으로 분류한 것은 옳지 않다.

따라서 제시된 ①~④ 모두 롤랜드의 분류와 정확히 부합하지 않아, 모두 옳지 않다.
※ 출제 오류로 복수 정답 처리된 문제이다.

9 ①

〈보기〉의 대화는 도핑을 하지 않는 이유를 통해 행위 동기를 구분하고 있다.
- 의무에서 나온 행위: 행위의 동기가 도덕 법칙에 대한 존중이어서 하는 것으로, 결과나 처벌·이익과 무관할수록 도덕적 가치가 인정된다. A는 도핑이 공정하지 않다는 이유, 즉 도덕 법칙 그 자체를 존중하는 태도로 도핑을 거부하고 있어 의무에서 나온 행위에 해당한다.
- 의무에 합치하는 행위: 겉으로는 도덕 법칙에 맞지만 처벌 회피나 이익 추구 등의 동기로 인한 행위로, 합법성만 충족한다. B는 도핑을 하면 처벌을 받기 때문에 하고 싶어도 못한다고 하고 있어 외적 제재를 회피하려는 동기에서 규칙을 지키고 있으므로 의무에 합치하는 행위에 해당한다.

오답풀이 ❶
의무에 위배되는 행위: 의무에 맞지 않는 행위, 즉 도덕 법칙에 어긋나는 행위를 말한다.

10 ③

가상 환경은 현대 e스포츠 맥락에서 등장한 새로운 환경 유형일 뿐 부올레의 분류에 포함되지 않는 개념이다. 부올레는 스포츠가 이루어지는 환경을 세 가지 유형으로 분류하였다.
- 시설 환경: 인위적으로 설치된 시설에서 이루어지는 스포츠로, 농구, 탁구 등이 해당한다.
- 개발 환경: 자연환경을 인간이 일정 부분 가공·정비하여 활용하는 스포츠로, 골프, 스키 등이 해당한다.
- 순수 환경: 자연 상태 그대로의 환경에서 이루어지는 스포츠로, 스쿠버 다이빙, 트레일러닝 등이 해당한다.

11 ①

뒤르켐의 도덕 교육론은 개인의 자율적 도덕성의 함양을 핵심으로 한다. 즉 타인의 권위에 의존하는 것이 아니라, 사회적 규범을 내면화하고 스포츠 경험을 통해 스스로 도덕적 판단을 내리는 능력을 기르는 데 초점을 둔다. 따라서 감독의 지도에 의존하는 도덕적 판단력은 뒤르켐의 도덕 교육론에 맞지 않는 설명이다.

12 ④

스포츠 조직의 윤리 경영은 투명성, 합리성, 공정성, 사회적 책임을 기반으로 운영되어야 한다. 따라서 ④의 '수익을 위해 지도자 노동 강도를 높이는 행위'는 노동 착취에 해당하므로 윤리 경영에 부합하지 않는다.

13 ②

㉠ A심판이 최근 개정된 규정을 숙지하지 못해 오심을 발생시킨 것은 '심판의 전문성' 부족 문제이다.
㉡ B심판이 오심을 묵인한 것에 대해 양심의 가책을 느껴 활동을 중단한 것은 '수오지심'에 해당한다.
맹자의 사단은 다음과 같다.
- 수오지심: 옳지 못함을 부끄러워하는 마음을 이른다.
- 측은지심: 타인을 불쌍히 여기는 마음을 이른다.
- 사양지심: 겸손하고 양보하려는 마음을 이른다.
- 시비지심: 옳고 그름을 분별하는 마음을 이른다.

14 ③

③의 '행위의 유용성보다 인성의 바름을 강조하는 것'은 칸트의 의무론적 윤리관과 일치한다. 공리주의는 최대 다수의 최대 행복을 지향하는 윤리 규범으로, 스포츠에 적용하면 행위의 결과와 유용성을 중시한다.

15 ④

㉢ 활동 장비와 기구에 대한 재정 지원 확보는 장애인의 스포츠 참여를 실질적으로 보장하는 필수 조건이다.
㉣ 다양한 사람과의 관계 형성 기회 제공은 사회성 함양과 차별 개선에 중요한 요소이다.

오답풀이 ❶

㉠ 참여 종목·대회를 지도자에게 전적으로 맡기는 것은 개인의 자율성을 침해하고 차별적 요소가 될 수 있으므로 적절하지 않다.
㉡ 비장애인과 분리한 수업은 통합적 참여 보장 원칙에 위배된다.

16 ④

한나 아렌트는 폭력이 계속되면 그것을 이상하다고 생각하는 힘이 사라지고, 결국 악이 평범한 일상이 된다고 보는 악의 평범성을 주장하였다.

오답풀이 ❶

홉스는 만인의 투쟁 상태를 끝내기 위해 개인이 권리를 절대군주(리바이어던)에 양도하여 사회적 평화와 안전을 확보한다는 이론인 사회계약론을 주장하였다.

17 ②

의무론적 윤리 규범은 행위의 결과가 아니라 도덕 법칙과 원칙 그 자체를 따르는 것을 강조한다. 따라서 〈보기〉의 문장을 의무론적 윤리 규범에 따라 완성하면 "나는 반칙을 하지 않으려고 노력한다. 왜냐하면 '반칙을 하는 것은 옳지 않기' 때문이다." 정도가 적절하다.

오답풀이 ❶

①, ③, ④ 반칙을 피하는 이유가 퇴장당하면 손해이기 때문이거나, 관중을 만족시켜야 하기 때문이거나, 칭송받기 위함인 것은 모두 결과 중심의 사고에 가깝다.

18 ④

트랜스젠더 여성의 스포츠 참여를 지지하는 입장은 성평등, 포용성, 차별 철폐를 핵심 근거로 한다. 따라서 ④의 주장은 지지 근거가 아니라 반대 측의 논거에 해당한다.

19 ③

함무라비 법전의 탈리오 법칙은 '눈에는 눈, 이에는 이'라는 표현으로 잘 알려진 동해 보복법이다. 즉 상대가 가한 피해와 똑같은 방식으로 보복하거나 응징하는 것을 의미한다.

오답풀이 ❶

① 농구 경기의 퇴장 규정은 경기 규칙에 따른 징계 조치이다.
② 축구에서 부상 선수를 보호하기 위해 공을 밖으로 걷어내는 것은 페어플레이 정신으로 볼 수 있다.
④ 수영과 육상 경기에서 기록이 좋은 선수를 좋은 레인에 배정하는 것은 공정한 경기 운영 원칙에 해당한다.

20 ②

1948년 런던 올림픽에서 독일과 일본이 불참한 이유는 2차 세계대전의 전범국으로 국제 사회에서 배제되었기 때문이다. 즉, 인종 차별이 아니라 정치적 관계에 의한 참여 배제에 해당하는 사례이다.

오답풀이 ❶

① 1936년 베를린 올림픽에서 히틀러가 흑인 선수 제시 오웬스에게 시상을 거부한 사건은 인종 차별적 태도의 대표적 사례이다.
③ 1968년 멕시코 올림픽 시상식에서 토미 스미스와 존 카를로스가 흑인 인권 저항 세리머니를 한 사건은 인종 차별 저항의 사례이다.
④ 2008년 미국 여자 프로골프 협회에서 외국 선수에게 영어 사용을 의무화한 것은 특정 인종·국적에 불리하게 작용하는 차별 사례로 지적되었다.

시대에듀#은 시대에듀의 퀄리티 끌어올림# 브랜드입니다.

2026 기분좋은 스포츠지도사 2급 필기
2주 합격 프로젝트 + 무료강의

개정 1판1쇄 발행	2026년 01월 05일(인쇄 2025년 10월 29일)
초 판 발 행	2025년 01월 05일(인쇄 2024년 12월 10일)
발 행 인	박영일
출 판 책 임	이해욱
저 자	김종걸 · 신승아 · 전기제 · 최광휘
개 발 편 집	박종옥 · 변도윤
표 지 디 자 인	장미례
본 문 디 자 인	하한우 · 신지연
발 행 처	㈜시대고시기획시대교육
출 판 등 록	제 10-1521호
주 소	서울시 마포구 큰우물로 75[도화동 성지빌딩]
전 화	1600-3600
홈 페 이 지	www.sdedu.co.kr
I S B N	979-11-434-0154-0 (13690)
가 격	31,000원

이 책은 저작권법의 보호를 받는 저작물이므로 무단 전재 및 복제, 배포를 금합니다.
파본은 구입하신 서점에서 교환해 드립니다.

의심이 들어도 상관없어.
내가 가고 싶은 길이니까.

#나만의길 #다잘될거야